Espaço Jurídico Vazio
e a
Tutela da Intimidade

EDITORA AFILIADA

Visite nossos *sites* na Internet
www.jurua.com.br e
www.editorialjurua.com
e-mail: *editora@jurua.com.br*

ISBN: 978-85-362-2067-3

Av. Munhoz da Rocha, 143 – Juvevê – Fone: (41) 3352-3900
Fax: (41) 3252-1311 – CEP: 80.035-000 – Curitiba – Paraná – Brasil

Ferreira, Carlos Alberto Goulart.
F382   Espaço jurídico vazio e a tutela da intimidade./ Carlos Alberto Goulart Ferreira./ Curitiba: Juruá, 2008.
482p.

1. Tutela. 2. Direito à privacidade. I. Título.

CDD 340.1(22.ed)
CDU 340.1

0158

Carlos Alberto Goulart Ferreira

Espaço Jurídico Vazio
e a
Tutela da Intimidade

Curitiba
Juruá Editora
2008

A proteção jurídica da individualidade, desde as civilizações primitivas, egípcias, hebraicas, assírias, mesopotâmicas – inclusive a era greco-romana, até a modernidade, em suas múltiplas concepções, frente à liberdade de expressão.

Análise interdisciplinar do tema, envolvendo aspectos não só jurídicos, como sociológicos, históricos, filosóficos e antropológicos sobre a intimidade.

A base do tema decorreu da dissertação apresentada à Banca Examinadora da Pontifícia Universidade Católica de São Paulo, como exigência para obtenção do título de Mestre em Direito das Relações Sociais – área de concentração em Direito Civil, sob a orientação do Professor Dr. Renan Lotufo – PUCSP. Mas a pesquisa original sofreu mudanças.

DEDICATÓRIA

Dedico esta investigação científica ao nobre e culto Professor Doutor Renan Lotufo, que, com o seu vasto conhecimento geral, filosófico e jurídico, propiciou-me a realização desta obra. Um de seus escritores preferidos, Chesterton, afirmou: "há grandes homens que fazem com que todos se sintam pequenos. Mas o verdadeiro grande homem é aquele que faz com que todos se sintam grandes". Meu eterno agradecimento por ter-me sentido 'grande' ao seu lado. Em seu nome, permita-me oferecer esta obra aos meus amigos e colegas Magistrados.

À Flávia Elaine Remiro, que sempre soube e sabe o sentido verdadeiro e feliz do amor romântico e confluente, afetuoso e recíproco, a minha gratidão eterna pelo seu apoio e carinho, a todo instante – mesmo nas horas mais difíceis.

A Lucas Veronez Goulart Ferreira e a Thiago Veronez Goulart Ferreira, meus filhos, a minha esperança sólida e sincera de que os momentos de que vos subtraí sejam recompensados pelo amor e carinho, pela educação e atenção, que dedico constantemente a vocês, ainda que fisicamente ausente.

Aos meus pais, Waldomiro Goulart Ferreira e Neuza Tavares Goulart Ferreira, os mestres da minha essência e exemplos de vida digna, a certeza de que sem vocês nada disso estaria ocorrendo. O apoio e o amor a mim dedicado – com exclusividade por dezoito anos e, a seguir, com a 'concorrência' do meu estimado e carinhoso irmão, Cristiano Marcos Goulart Ferreira – somente foram sementes que, bem regadas, deram os frutos que, hoje, tenho certeza, vocês estão colhendo e desfrutando. Certamente, vocês poderão ser recompensados por isso, algum dia, na casa do Pai.

Aos amigos, Doutores Carlyle Popp e sua digna mulher, Mágeda Popp, exemplos vivos de amor recíproco e confluente, a certeza de que a amizade, a atenção e o apreço que a mim e à Flávia *foram dedicados, constituem frutos muito mais da bondade de vocês, do que mérito nosso. Espero – e também falo em nome da Flávia –, algum dia poder retribuir-lhes à altura do que verdadeiramente merecem. Permita-me, em seus nomes, oferecer esta obra aos meus amigos e colegas advogados e aos auxiliares da justiça.*

À douta Comissão Julgadora da dissertação original, composta pelos Professores da PUC, Doutores Renan Lotufo, Maria Garcia e Carlyle Popp –, que, em face de seus peculiares e consubstanciosos dotes intelectuais, somente aperfeiçoaram esta investigação científica.

Dedico, outrossim, esta pesquisa científica aos meus amigos e colegas de Ministério Público, que, de forma incansável, cada qual dentro de sua labuta diária, lutam pela defesa da dignidade do brasileiro, povo sofredor e, paradoxalmente, feliz por natureza. Meus verdadeiros amigos de Ministério Público sabem que seria praticamente impossível declinar o nome de cada um nesse pequeno espaço. Sabem, também, que sou eternamente grato pelo apoio que tanto me dedicaram, e continuam me dedicando, nas horas mais tormentosas de minha vida, sem, às vezes, eu fazer por merecer.

Por fim, a todos os religiosos e religiosas que crêem num ser superior, criador do Universo, que verdadeiramente dedica amor ao santo e ao pecador, que sabe ser misericordioso e conforta-nos nas horas alegres e tristes. A ti, Deus, o meu louvor pela alegria conquistada. E aos meus demais parentes e amigos, amigas e colegas, a minha contribuição científica.

SUMÁRIO

INTRODUÇÃO 15

Capítulo I –   AS TRANSFORMAÇÕES SOCIAIS E AS ORIGENS DA INTIMIDADE 29
1.1   A evolução dos hominídeos e o Direito Privado 29
1.2   As fases paleolítica e neolítica e a vida íntima 34
1.3   As civilizações egípcia, hebraica e assíria e a intimidade 37
    1.3.1   O Direito do Egito antigo e a intimidade religiosa e familiar 37
    1.3.2   Os direitos da personalidade entre os hebreus. 43
    1.3.3   Os assírios e o 2º Império da Babilônia 47
1.4   As civilizações mesopotâmicas e a intimidade 49
    1.4.1   Os sumérios, os acádios e os amoritas: o Código de Hammurabi 50
    1.4.2   O 2º Império da Babilônia, os persas e o sigilo financeiro 53
    1.4.3   Os hindus, o Código de Manu, os macedônios e os essênios 54

Capítulo II –   A CONSTRUÇÃO JUSFILOSÓFICA GREGA 59
2.1   As concepções cosmogônicas e cosmológicas a respeito da intimidade 61
2.2   As relações sociais entre os integrantes da família e dos genos 64
2.3   A formação das frátrias e seus reflexos no instituto da intimidade 69
2.4   A interdependência entre a família e a vida pública 71
2.5   As orgias e o culto à intimidade introspectiva (as escolas filosóficas) 75
2.6   O princípio antrópico e a afirmação do respeito à intimidade 83
2.7   Os ideais sofistas, o pensamento ilustrado e a democracia 90
2.8   Os fundamentos aristotélicos sobre o direito à intimidade 97

Capítulo III –   O REGIME POLÍTICO GREGO E A INTIMIDADE 111
3.1   As reformas jurídicas de Sólon e seus reflexos 111
3.2   O Positivismo jurídico e a individualidade 115
3.3   A tirania da lei 118

3.4　O princípio de governo na formação do Estado e o indivíduo diante dessa nova realidade 125
3.5　O Direito Romano e a doutrina do Estado 128
3.6　A Igreja dos Cristãos e seus efeitos políticos 133
3.7　A influência do cristianismo na construção do Estado e na formação constitucional dos direitos individuais 136

Capítulo IV –　O SISTEMA FEUDAL E O MODERNISMO NA CONSTRUÇÃO DO DIREITO À INTIMIDADE 151
4.1　O Feudalismo e a vida privada 151
4.2　O Renascimento e o direito à intimidade 158
4.3　A Era das Luzes, a vida social e individual perante teorias do poder 166
4.4　As Declarações Políticas internacionais e os fundamentos do direito à intimidade 172
　　4.4.1　O período pós-revolucionário e a tirania instalada 176
　　4.4.2　Reações filosóficas à tirania da intelectualidade e a tentativa de reconhecimento concreto dos direitos naturais (Thomasius, Leibniz e Kant) 179

Capítulo V –　AS VERTENTES DO IDEALISMO E A FORMULAÇÃO DO DIREITO À INTIMIDADE 183
5.1　O idealismo hegeliano 185
5.2　O positivismo social comtiano 186
5.3　O materialismo histórico 187
5.4　O anarquismo 190
5.5　O idealismo jurídico-social e a dignidade da pessoa humana 194
5.6　Os regimes totalitários modernos e o ser individual 197
5.7　As declarações universais contemporâneas de proteção aos direitos fundamentais e a definição do direito à intimidade 207
5.8　O princípio da coexistência equânime entre os direitos fundamentais constitucionais e os direitos civis do Código Civil de 2002 216
5.9　A influência jurisprudencial e doutrinária no fortalecimento do direito à intimidade no século XIX e no início do século XX 217

Capítulo VI –　A ESTRUTURA PRINCIPIOLÓGICA DO DIREITO À INTIMIDADE E SUA EXPRESSÃO 229
6.1　Os princípios e sua influência no sistema jurídico 231
6.2　Os sujeitos de direito como valor 237
6.3　A intimidade e a liberdade como direitos inatos 244

6.4 O princípio da liberdade: fundamento da intimidade e da liberdade de expressão – seus reflexos em vista do princípio da dignidade humana 254

6.5 O pluralismo axiológico e o valor da intimidade 268

Capítulo VII – A ONTOLOGIA DA INTIMIDADE 281

7.1 A filosofia existencial e a intimidade 283

7.2 A ilimitação do exercício ativo da intimidade 288

7.3 A analítica existencial da intimidade 295

7.4 As diversas caracterizações ontológicas da intimidade e sua expressão 301

    7.4.1 A intimidade e os sentimentos 303

    7.4.2 A intimidade e o homossexualismo 307

    7.4.3 A intimidade e a teoria de Hubmann 315

    7.4.4 A intimidade e o transexualismo 319

    7.4.5 A intimidade, a sexualidade e o afeto 324

    7.4.6 A intimidade como direito e suas características jurídicas 328

7.5 A positivação jurídica da intimidade na época contemporânea 334

    7.5.1 No Brasil 334

    7.5.2 Na França 340

    7.5.3 Nos Estados Unidos da América 342

    7.5.4 Na Itália 344

    7.5.5 Na Alemanha 345

    7.5.6 No Reino Unido 346

    7.5.7 Em Portugal 348

Capítulo VIII – A LIBERDADE DE EXPRESSÃO SOB O PARADIGMA DA PROTEÇÃO À INTIMIDADE 351

8.1 Liberdade de expressão do pensamento 354

8.2 A Liberdade de expressão e a crença religiosa 359

8.3 A liberdade de expressão nas relações familiares. O relacionamento homoerótico familiar 363

8.4 A inviolabilidade domiciliar e a vida íntima 373

8.5 Do sigilo da correspondência e das comunicações de dados – sua violação 376

8.6 A liberdade de expressão, o homossexualismo e o transexualismo 389

8.7 Liberdade de expressão, intimidade e a SIDA 395

8.8 A liberdade de expressão do sigilo profissional 399

8.9 A liberdade de expressão e a liberdade de informação 402

8.9.1 A liberdade de informação jornalística 404
8.9.2 A liberdade de informação publicitária 412
8.9.3 A liberdade de informação pela internet 416

Capítulo IX – O CONFLITO ENTRE O DIREITO À INTIMIDADE E A LIBERDADE DE EXPRESSÃO 427

9.1 A lei lógica da não-contradição 428
9.2 Os princípios da unidade, da razoabilidade ou proporcionalidade e da convivência justa das liberdades 429
9.3 Os direitos fundamentais da vida íntima e da pesquisa do genoma 436
9.4 O princípio da razoabilidade à luz da jurisprudência 438
9.5 Limites ao direito à intimidade nesse conflito 440
9.6 Limites à liberdade de informação e à de informática 443
9.7 Da responsabilidade: a exigência de reparação do dano 448
    9.7.1 O dano moral 448
    9.7.2 Dano patrimonial 454

CONCLUSÃO 457

REFERÊNCIAS 461

ÍNDICE ALFABÉTICO 471

INTRODUÇÃO

Indubitavelmente, o direito ao respeito à intimidade sempre acompanhou o desenvolvimento humano social. Basta lembrar que as "cavernas", logo depois do fenômeno da sedentarização, constituíram a primeira expressão da intimidade sexual e religiosa.

Logo depois, a instituição das famílias conduziu ao aperfeiçoamento do instituto da intimidade. Com efeito, as relações jurídicas afloraram a partir do instante em que o relacionamento familiar se desenvolveu. O culto e sua iniciação eram um grande indicativo da constituição familiar. Foi assim que as primeiras regras de convivência social surgiram.

A figura do *patria potestas* assumiu importante e permanente papel na constituição do Direito. O senhor da família assumiu a condição de executor dos negócios familiares, legislador dos assuntos domésticos e juiz dos atos de sua família, sem qualquer controle externo.

Somente mais tarde, reações burguesas da Idade Moderna trouxeram um maior aparato jurídico à esfera de privacidade do homem; isto porque o século XVIII marcou época ao deixar como herança principal o pensamento iluminista ou racionalista, dele surgindo o liberalismo e o positivismo. É por meio da corrente liberal que o respeito à intimidade se procurou afirmar.

A idéia de que o Direito Romano, a base das principais codificações da época iluminista, teria sido algo acabado e perfeito não surtiu tanto efeito. Isto se deve ao fato de o Direito Romano ter desenvolvido uma ideologia voltada, principalmente, para o individualismo, baseado na vontade. Daí a origem da revogada regra do art. 85 do Código Civil de 1916. Por outro lado, porém, o individualismo possibilitou o amadurecimento do direito ao recato ou à intimidade, conforme se observa desde a época da filosofia grega.

A intimidade é entendida e explicada desde a passagem, ainda que lenta, da fase gregarista – na qual os grupos sociais se organizavam coletivamente – para a fase individualista, em que se deu maior ênfase ao espaço individual e introspectivo do homem, principalmente por intermédio do humanismo grego.

Na verdade, o direito privado e as relações privadas surgiram, como explica Fustel De Coulanges – em sua obra clássica **La Cité Antique** –, das relações familiares decorrentes do poder paterno, com influência nas concepções de família, de propriedade, de herança e de autoridade.

No direito primitivo, tanto na Grécia como em Roma, as famílias eram verdadeiramente a base da sociedade; tanto assim que ao pai se permitia a venda do filho, como se fosse um objeto; permitia-se, até mesmo, tirar a vida do filho e da própria mulher.

O direito antigo privado, assim, surgiu muito antes de formulações legislativas impostas, quer pela "*polis*", na Grécia, quer pela "*civitas*" em Roma, influenciado por crenças religiosas. Era o império do "*pater*", cuja origem mitológica vem da qualificação permanente do Deus supremo dos indo-europeus.

Isso implicava a ausência absoluta dos 'direitos' da personalidade, mas, de outra banda, situava tal direito como de origem natural e, por vezes, religiosa. Daí por que uma das facetas do recato, cuja origem surgiu do chamado direito natural, vem desenhado nitidamente no livro bíblico do Gênesis (cap. 3, versículos 7 a 10), quando Adão e Eva descobrem estar nus e, por isso, se escondem, num claro sentimento de manter o segredo carnal, um dos aspectos ontológicos da intimidade.

Segundo alguns pensadores, a passagem bíblica descortina a intimidade como um direito natural ou divino. Aliás, essa referência religiosa é por demais importante, principalmente porque constitui importante dado histórico a justificar a própria natureza jurídica do direito ao recato.

A propósito, Giambattista Vico (1668-1744), pensador napolitano, excêntrico e anticartesiano, revalorizou a história como ponto de partida para o estudo do Direito, em pleno desprestígio em sua época iluminista. Segundo o filósofo, *verum ipsum factum* ("só o feito é verdadeiro").

Vico, citado pelo inglês Peter Burke[1], da Universidade de Cambridge, assevera "*que a história sagrada é mais antiga do que todas as*

---

[1] BURKE, Peter. **Vico**. Tradução de Roberto Leal Ferreira. São Paulo: Unesp, 1997. p. 76.
É verdade, porém, – diga-se de passagem – que, a partir do Renascimento, muitos autores afirmavam que a civilização mais antiga seria a egípcia, de onde teriam surgido os deuses gregos. Aliás, explica Burke, o sábio egípcio Hermes Trismegistus já conhecia o Cristianismo, muito embora tenha *supostamente* vivido antes de Cristo. Mas as testemunhas dessa assertiva, como o sacerdote egípcio Manetho (que teria vivido no século III a.C.), foram arroladas pelo próprio Hermes. E em seus textos, analisados no século XVI, afirmava-se que a civilização egípcia remontava há mais de trinta e seis mil anos. Contudo, o jesuíta Martino Martini, que viveu entre 1614 a 1661, ao estudar os clássicos da história chinesa, concluiu que o 1º imperador chinês reinou em 2952 a.C. Seja como for, fico com o pensador e historiador Peter Burke que conclui que "*a chamada 'sabedoria antiga' dos egípcios não era absolutamente antiga (...); que Manetho exagerara loucamente (...); e que os livros atribuídos a Hermes Trismegistus haviam sido, na realidade, redigidos nos primeiros tem-*

mais antigas histórias profanas que chegaram até nós (N2.165)" e que, no Antigo Testamento, os judeus *"preservaram cuidadosamente suas memórias desde o início do mundo (N2.54)"*. A preservação da história, em especial da memória, demonstra a necessidade da proteção do direito ao respeito à cultura. Como a cultura decorre de nossa consciência, a intimidade surge com o seu vigor filosófico.

Assim, o livro do Gênesis, que, para alguns – como o erudito Isaac de la Peyrère (1594-1676) –, seria a realidade de uma pequena parte da terra (ou a história de um povo), constitui um marco histórico-jurídico a fundamentar a existência natural da intimidade.

A retração física das personagens bíblicas, oriunda da influência cristã na formação dos direitos da personalidade, revela a preocupação humana com a esfera íntima, ainda que de forma tímida.

Acentua Hanna Arendt, na obra *Entre o Passado e o Futuro* (Perspectiva: São Paulo, 1972), que o chefe de família, no direito primitivo, governava como um déspota, dominando de forma absoluta os membros de sua família e os escravos de sua casa. O seu reino, conhecido como *Oikos*, mergulhava nas sombras da esfera privada.

Por outro lado, o episódio bíblico também representa a nítida relação entre a intimidade e a liberdade, pois o Criador conferiu ao Homem autonomia para desfrutar ou não da "maçã proibida".

Tem-se aí a idéia clara de autodeterminação ligada à esfera pessoal e peculiar de cada sujeito de direito. A liberdade permite ao homem revelar ou não os seus segredos. Daí, aliás, a origem da Teoria dos Direitos Subjetivos do franciscano Guilherme de Ocam.

Todavia, a intimidade, oriunda dos chamados "direitos de personalidade" – ou, para alguns, dos "direitos humanos" –, teve lento progresso de desenvolvimento e afirmação jurídica, assim como, de resto, os demais direitos, conhecidos hoje como "direitos fundamentais do homem", apesar de sua existência e constância, menor ou maior, na história das civilizações.

Por isso mesmo, os filósofos gregos desenvolveram uma linha individualista e privada dentro das relações sociais públicas, que foi se afirmando progressivamente, sempre em torno da liberdade natural. Sofistas e

---

pos do cristianismo, de modo que foram os egípcios a tomarem emprestado dos judeus e dos cristãos (...)", o mesmo ocorrendo em relação aos chineses; afirma Burke que *"alguns estudiosos identificaram esses imperadores com figuras bíblicas, como Noé..."* e conclui: *"um dos estudiosos que mais energicamente afirmou que a história dos judeus era a mais antiga do que a dos egípcios ou dos chineses era ninguém menos do que o Sir Isaac Newton, que, de fato, passou grande parte de sua maturidade no estudo de problemas cronológicos"*, publicando o famoso livro **Cronologia corrigida dos reinos antigos** (1728), com o que concordou, plenamente, o filósofo Vico, que até remeteu a Newton cópia de sua obra **Ciência Nova**.

estóicos, já naquela oportunidade, reivindicavam liberdades decorrentes do jusnaturalismo, baseados na ideologia judaica.

A democracia direta de Péricles, de um lado, impunha a participação dos cidadãos na vida pública, mas de outro, exigia da vida privada um caráter de, segundo Celso Lafer[2], *"refúgio necessário"*, longe dos *"holofotes da publicidade"*.

O grande filósofo Sócrates, citado por Hannah Arendt[3], estabeleceu parâmetros à intimidade, ao proclamar: *"Conhece-te a ti mesmo. Sê como gostarias de parecer para os outros"*.

A concepção socrática revela, a princípio, o espaço de intimidade inerente a todo e qualquer sujeito de direitos, cuja publicidade depende, por conta da liberdade eventualmente conquistada, do detentor daquela esfera privada. Revela, outrossim, a liberdade de se permitir a influência externa naquele espaço.

No mesmo sentido, mais tarde, Hegel, citado por Hannah Arendt[4], esclarece que, embora o estoicismo, o epicurismo e o ceticismo tivessem ideologias opostas, convergiram para um único propósito: *"tornar a alma indiferente a tudo o que o mundo real tinha a oferecer"*. A alma seria o recôndito, a individualidade.

Muito embora, e isto já proclamava Aristóteles num dos trechos da **Ética a Nicômano**, a sociedade não seja feita de iguais, mas, ao contrário, de pessoas diferentes e desiguais, o fato é que a garantia à intimidade deve ser resguardada de forma indistinta, principalmente nos dias atuais em que o processo de desenvolvimento tecnológico permite a rápida violação e a desconcertante publicidade da esfera íntima.

Vivemos, atualmente, um momento delicado, em que a liberdade individual vem sofrendo ataques e invasões constantes por parte de outra categoria de liberdades, o que decorre das chamadas "liberdades públicas", dentre elas a invasão estatal, bem como da liberdade de informação, compreendendo a informática e a publicidade.

O conflito se acirra quando a publicidade, principalmente pela imprensa falada, revela, em questão de segundos, aspectos íntimos da pessoa, em flagrante violação a um dos princípios cardeais de qualquer sociedade dita verdadeiramente organizada: a dignidade.

---

[2] LAFER, Celso. **A reconstrução dos direitos humanos – um diálogo com o pensamento de Hannah Arendt.** São Paulo: Compania das Letras, 1991. p. 261.

[3] ARENDT, Hannah. **A dignidade da política.** Tradução de Helena Martins. Rio de Janeiro: Relume Dumará, 1993. p. 100.

[4] ARENDT, Hannah. **A vida do espírito – o pensar – o querer – o julgar.** 3. ed. Rio de Janeiro: Relume Dumará, 1995. p. 116.

Salienta Alexandre de Moraes[5] que

o direito à vida privada, à intimidade, à honra, à imagem, entre outros, aparecem como conseqüência imediata da consagração da dignidade da pessoa humana como fundamento da República Federativa do Brasil. Esse fundamento afasta a idéia de predomínio das concepções transpessoalistas de Estado e Nação, em detrimento da liberdade individual.

Foi o art. 1º, inc. III, da Constituição Federal brasileira, ainda que tardiamente, que proclamou e reconheceu o princípio da dignidade da pessoa humana, por meio do qual podemos fundamentar a intimidade que, ao lado de outras vertentes da personalidade humana (a privacidade, a imagem, a honra) é afirmada no art. 5º, inc. X, da CF como direito fundamental e, ao mesmo tempo, como garantia individual.

Em consonância com outros preceitos fundamentais, a Constituição brasileira de 1988 garantiu, também, a livre expressão do pensamento em suas múltiplas implicações, bem como a atividade de comunicação, independentemente de censura ou licença (art. 5º, IX), e o acesso à informação (art. 5º, XIV).

Não se pretende fazer apologia do segredo absoluto. Claro está que, às vezes, torna-se imprescindível o acesso à informação sigilosa, quer pela imprensa, quer pelo Estado. Mas, devem ser estabelecidos critérios para essa invasão.

Aliás, o grande escritor Machado de Assis esclareceu, com toda a propriedade e ironia, em suas crônicas de **A Semana**, que "*o pior pecado, depois do pecado, é a publicação do pecado*"; mais a frente, asseverou: "*corrupção escondida vale tanto como pública; a diferença é que não fede*".

Contudo, não se pode, em nome do "fedor", violar desenfreadamente os direitos fundamentais. A violação deve ser, sempre, excepcional, fundamentada e permitida por autoridade judicial.

A imprensa, reconhecida por alguns – menos informados é claro – como um "quarto poder", não pode ser temerosa, mas também não deve ser leviana. Da mesma maneira que se garante o direito à informação, garante-se o direito ao respeito à intimidade. A imprensa, e qualquer outra pessoa, não podem substituir poderes ou órgãos estatais legitimados a proceder à violação do segredo.

Tudo deve ser sopesado de forma coerente, numa tentativa de se buscar a convivência harmônica das chamadas "liberdades públicas". Se de

---

[5] MORAES, Alexandre. **Direitos humanos fundamentais e a Constituição de 1988**. São Paulo: Atlas, 1999. p. 68. Texto inserido na obra **Os Dez anos da Constituição Federal**, sob a coordenação de Alexandre de Moraes, ed. Atlas, São Paulo, 1999.

um lado a ditadura cala, de outro a democracia assegura a liberdade e a dignidade; não deve, porém, um país democrático, como o nosso – ao menos constitucionalmente –, plasmar-se pela língua viperina, odiosa.

Nesse confronto democrático de liberdades, aliado ao avanço tecnológico dos meios de informação, que tornaram o mundo uma verdadeira comunidade global, o princípio da proporcionalidade e o da razoabilidade assumem papel sistematizador do conflito. Na minha visão, o princípio da razoabilidade, ou da proporcionalidade, é parte integrante do princípio da dignidade da pessoa humana.

Há pouco tempo, Ron Davies, ministro para Assuntos de Gales no Gabinete do 1º Ministro inglês Tony Blair, foi obrigado a renunciar ao cargo, por conta de um secreto encontro amoroso.

Não bastasse a renúncia, o ex-ministro foi alvo de um escândalo público e nefasta invasão de sua intimidade pelo *The Mail on Sunday*, o que o obrigou a fugir com a família, muito embora imoralidade alguma tivesse praticado no exercício de suas funções públicas. Tudo em razão da imprensa sensacionlista.

A respeito, o digno jornalista Vargas Lhosa publicou, no dia 11.11.1988, no jornal *O Estado de S. Paulo,* artigo sob o título *Novas Inquisições,* no qual deixou assentado o seguinte:

> *o jornalismo escandaloso, marrom, é um perverso filho bastardo da cultura da liberdade (...) A raiz do fenômeno está na banalização lúdica da cultura dominante, na qual o valor supremo agora é divertir-se, entreter-se, acima de qualquer outra forma de conhecimento ou ocupação (...) Em tese, a Justiça devia fixar limites além dos quais uma informação deixa de ser de interesse público e fere o direito dos cidadãos à privacidade.*

E a mesma situação se repetiu com o episódio Bill Clinton *versus* Mônica Levinsk, no qual se pôde constatar, novamente, uma drástica invasão pública, pela imprensa e pelo Estado, da intimidade do então Presidente dos Estados Unidos da América. Saliente-se que o fato somente interessava a sua mulher e ao próprio casal.

Esse conflito leva a uma questão positivista, que começou a se solidificar a partir da revolução francesa e que envolve o direito natural e o direito positivo, embate esse já proclamado por Sófocles na tragédia grega *Antígona*.

No direito natural, localizamos a liberdade natural de cada pessoa indistintamente, conquistada a partir de 1789. Antes da revolução napoleônica, a liberdade natural era destinada a um grupo limitado de pessoas: somente aquelas que detinham *status*, na feliz expressão de Henry Summer

Maine, possuíam liberdade; as demais não detinham qualquer liberdade. Ela pertencia aos grupos privilegiados.

Isto ocorreu em todas as sociedades em que a escravidão, o absolutismo ou o autoritarismo era a viga-mestra da convivência social, política e econômica. Nas sociedades orientais da antiguidade, por exemplo, as organizações políticas sequer conheciam os direitos da personalidade.

O Estado onipotente, a que Thomas Hobbes denominou *Leviatã*, não permitia qualquer liberdade aos indivíduos, senão no momento em que alcançassem *status de personae*. Esse momento somente ocorria quando o próprio Estado reconhecesse o direito.

O *status* detinha uma relação íntima com o poder político – ora por meio do reinado ou império, ora por meio da Igreja –, com o poder econômico – decorrente da aristocracia –, e até mesmo através do poder familiar – derivado do *pater familiae*, que, por sinal, teve muita influência na formação da *polis*, da *civitas* e do próprio Estado.

Tanto que Platão e Aristóteles, citados por Hannah Arendt (*in:* **Entre o Passado e o Futuro**), fundamentam a noção de autoridade pública na figura do pai diante das relações domésticas vividas pelos gregos na Grécia antiga.

Esse estado de sujeição e potestatividade, decorrente do *status*, conferia aos seus detentores amplos poderes perante os vassalos ou súditos, o que inibia o exercício da intimidade destes.

Com as revoluções dos séculos XVII e XVIII – refiro-me à inglesa, de 1688; à americana, de 1776, e à francesa, de 1789 –, a liberdade foi estendida a todas as pessoas, exatamente porque elas, principalmente as escravas, passaram a deter a propriedade, ainda que através da mão-de-obra, bem como a liberdade contratual.

Na era do Iluminismo, a escola do direito positivo passou, então, a regular a liberdade conquistada, mas numa visão de organização social de grupo, e não individual. Por isso, a liberdade poderia sofrer restrições pela lei. Foi a era da *liberdade negativa*, a liberdade das restrições, um paradoxo em si mesmo.

Isidore-Auguste-Marie-Xavier-Comte, ou Augusto Comte, foi considerado o fundador do Positivismo Social. No início do século XIX, foi expulso da escola politécnica de Paris, por conta de seu ideais antimonarquistas, anti-absolutistas e democrático-republicanos. Contemporâneo da Revolução Francesa, ligado às revoluções de 1848 – "primavera dos povos" –, Comte procurou também se preocupar com o controle social, assumindo, a partir daí, posições anti-revolucionárias, pois ele preocupava-se em desenvolver uma ciência dirigida à organização positivada da sociedade.

É clara, pois, a preocupação de Comte em resolver os problemas sociais da época, oriundos da anarquia instalada pelo processo revolucionário burguês e pelo liberalismo econômico, político e filosófico. Ele critica os dois primeiros estágios – teleológico e metafísico – que procuraram explicar a realidade do mundo e da vida.

Comte propõe um terceiro estágio – o positivo – o qual, segundo ele, procura superar as explicações insuficientes, dadas pelos estados religiosos e metafísicos, com a criação de estudos racionais e formulações de leis científicas, de modo a dominar o conhecimento e, assim, a própria individualidade.

O Positivismo Sociológico contribuiu, de certa forma, para a reorganização da sociedade e provocou diversas reações sociais em vários países, como o próprio Positivismo jurídico. Na França, surgiu o Código de Napoleão (1804), como forma social de rompimento com a monarquia real.

Ao mesmo tempo, o código cultuou o individualismo, estabelecendo os novos protagonistas da época: o proprietário, o contratante, o comerciante, o marido e o testador. A cultura do voluntarismo provocou o surgimento de um sistema jurídico fechado, baseado em direitos absolutos.

Não podemos perder de vista, contudo, que o Positivismo foi uma reação ao Liberalismo, pois Rousseau, em sua obra-prima **Discurso Sobre a Origem da Desigualdade Entre os Homens**, considerou a sociedade e os seus costumes como a causa do homem corrupto, pois o ser humano é naturalmente bom.

Daí por que os juristas franceses, alicerçados no entendimento de Rousseau, entendiam que se a natureza das coisas é simples e unitária, o direito deve ser assim também. Porém, o Código de 1804 revelou-se extremamente formal.

O norte da revolução francesa, que introduziu o liberalismo racional, estava calcado no fato de que muitas leis eram fruto de corrupção. Na obra **Fragmento das Instituições Republicanas**, Saint-Just, citado por Norberto Bobbio[6], já afirmara: "*as longas leis são calamidades públicas. A monarquia se afogava nas leis; e visto que todas as paixões e as vontades dos senhores se tornavam leis, não havia mais entendimento...são necessárias poucas leis. Onde elas são muitas, o povo é escravo*". Escravo da lei.

Todavia, se de um lado o ideal liberal serviu para acabar com a tirania, de outro serviu para criar "males sociais", identificados com o estágio metafísico, pois provocou repulsa e desprezo às instituições parlamentares, não havendo uma perfeita noção de direitos individuais, muito menos de direitos da personalidade.

---

[6] BOBBIO, Norberto. **O Positivismo Jurídico**. São Paulo: Ícone, 1996. p. 66.

Tanto assim que, hoje, as violações ao preceito fundamental da intimidade decorrem daquela "banalização lúdica" da liberdade. De outro lado, a sociedade positiva do século passado preconizava o social e o individual, não garantindo, porém, o exercício da chamada *liberdade positiva*.

Pouco avanço, portanto, tivemos em relação aos direitos da personalidade mesmo com o Positivismo, até porque os ideais positivistas, principalmente aqueles preconizados por Comte, identificavam-se com governos fortes, autoritários, em perfeita sintonia com a chamada "ditadura científica".

Onde há ditadura, inexiste liberdade e, por isso mesmo, a privacidade e a intimidade. Tanto que a forma de governo que melhor se amolda ao Positivismo é o da república autoritária e centralizada, mas baseada numa valorização da solidariedade social. Mas um valor 'imposto'; por isso, Comte propôs a sua própria religião, em 1849.

De qualquer sorte, a liberdade jurídica não foi plenamente estabelecida, tanto que houve, logo em seguida, a reação constitucional, que teve a virtude de fortalecer os valores humanísticos, de modo a se firmar a pessoa como sujeito de direitos.

Ainda assim, verificamos que a Declaração dos Direitos do Homem e do Cidadão, de agosto de 1789, procurou, em seu art. 4º, formular uma liberdade moderna ou jurídica, com o espaço de atuação privada autônoma, mas vinculada à prepoderância do poder econômico, do capital.

Declarou-se a liberdade positiva ou jurídica, contida, porém, na imperiosa necessidade da comunicação e da sociabilidade do homem, com a imposição das restrições legais; mas restringir não é libertar. Seja como for, a contenção foi operada através de textos legais, alcançados e aprovados por um grupo social racional.

No Positivismo, a liberdade de consciência, a soberania popular e a individualidade – elementos intrínsecos de uma sociedade burguesa – perdem o caráter que o direito constitucional lhes confere atualmente. A visão jurídica do positivismo, extraída principalmente do constitucionalismo, procurou resgatar tais liberdades.

Lamentavelmente, algumas delas, como a vida privada e a intimidade, sempre careceram de uma sistematização jurídica mais eficaz. Tanto assim que a doutrina a respeito foi construída a partir dos anos 40 do século passado. E, ainda assim, verificamos crescentes episódios violadores do direito ao recato, por conta do vedetismo, do hedonismo, do autoritarismo e, principalmente, do consumismo, pois a própria sociedade, já influenciada, lhes dá reconhecimento e respaldo.

A propósito, o professor de ética jornalística, Carlos Alberto Di Franco, no jornal *O Estado de S. Paulo*, de 30.05.1998, deixou claro que a mídia transformou-se num "entretenimento mundo-cão, apoiada numa sórdida manipulação do conceito de liberdade de expressão", decorrente, a nosso ver, da ausência de um efetivo sistema jurídico protetivo das violações à vida íntima.

A doutrina de Comte não foi suficiente. Muito embora tenha ela o mérito de garantir uma unidade e uma sistematização da vida humana num sentido de solidariedade – "viver para o outro" – e num sentido de amor à pátria – "ordem e progresso" –, peca por definir uma "ditadura científica" e por criar em si mesma um paradoxo.

Não tem sentido negar a garantia da individualidade em prol do social e, ao mesmo tempo, garantir a privacidade do seu próprio culto, principalmente nas questões que envolvem aspectos do clero positivista, do qual, por sinal, são excluídos a mulher e o proletário. Ou então, afirmar-se a existência da liberdade individual e, ao mesmo tempo, restringi-la pela lei.

De qualquer sorte, restou, assim, um espaço livre de agir, a que Norberto Bobbio denominou de "espaço jurídico vazio", sem qualquer sistematização. Muito embora se entenda que esse espaço constitua uma esfera intocável juridicamente, as conseqüências da falta de um sistema jurídico eficaz provocaram formas desiguais de convivência, exercício de tiranias sociais cruéis, ou propiciaram violações injustificáveis aos direitos fundamentais.

Basta lembrar que, sob o manto da liberdade de informação, a intimidade de uma pessoa pode ser violentamente invadida, sem a possibilidade de retorno ao *status quo ante*, como, por exemplo, o último episódio envolvendo a Princesa Diana e o seu relacionamento amoroso secreto.

Considere-se, então, o que vem ocorrendo com a publicidade abusiva, com propagandas apelativas ao pudor público; as indevidas intromissões, via Internet, em informações íntimas; a quebra do sigilo, quer pela ação social privada, quer pela autoridade pública, sem qualquer fundamento fático, ou quer pelo não reconhecimento de direitos aos transexuais e aos homossexuais.

Recolhe-se da liberdade natural um desdobramento imediato, que se refere à própria existência da pessoa humana, à autodeterminação em matéria de sexualidade, de vida familiar, de informações pessoais, conjunto que a doutrina denomina vida íntima. Trata-se de um tema delicado e que envolve o direito da personalidade.

As limitações que devam ocorrer nessa área podem trazer conseqüências ora benéficas, ora maléficas. Daí a dificuldade de se delimitar tal tipo de liberdade. Aliás, as vertentes do positivismo tiveram influência paradoxal no sistema brasileiro: de um lado, com a proclamação da República, baseada num ideal "comteano", procurou-se ordenar a sociedade; e, de outro, numa feição contrária a Comte, tentou-se conquistar os ideais liberais, vertente esta denominada "positivismo ilustrado" (dos dissidentes ortodoxos e livres a Comte)[7].

Importante salientar que as duas vertentes positivistas tiveram seguidores de renome. O positivismo de Émile Littré (1801/1881), que só não admitia a religião 'comteana', deu início ao positivismo inglês com Stuart Mill (1806/1873) e, posteriormente, com Herbert Spencer (1820/1903). Entretanto e concomitantemente, Tobias Barreto (1839/1889), seguindo a visão sociológica e jurídica de Rudolf Von Ihering, rompeu com a escola positivista, provocando, aqui no Brasil, a fundação da Escola de Recife, que buscava uma visão ideal do direito.

Caminhamos para uma delimitação jurídica mais eficaz. O "plexiforme" do *Right to privacy* norte-americano, ou então, o *Allgemeine Persönlichkeitsrecht* do direito alemão, ou, ainda, o *droit au respect de la vie privée* da corte européia, mostram-se meios significativos de proteção ao respeito do direito à intimidade.

No Brasil, somente em 1988, com promulgação da Constituição Federal, em 5 de outubro, destacaram-se a intimidade e a vida privada como facetas dos direitos da personalidade (art. 5º, X), principalmente por força de um dos princípios cardeais e de estruturação de nossa República: a dignidade da pessoa humana. Mas, o reconhecimento destes direitos mostra-se em evolução. Nesta concepção, é preciso delimitar o espaço jurídico vazio.

Procuraremos, com esta monografia, demonstrar a origem do direito à intimidade e à vida privada, como integrantes da liberdade natural ou dos direitos da personalidade. Desenvolveremos uma abordagem histórica para encontrar a origem destes direitos e seus múltiplos reflexos no relacionamento social.

O direito, cioso de sua função social integradora e como intermediário da convivência social, procurou uma redefinição de seus conceitos a partir do idealismo jurídico, adotando o sentido de "justeza social", que vai ao ponto de desvendar a razoabilidade da norma e a proporcionalidade das respostas às liberdades naturais e públicas, como, aliás, prevê expressamente o art. 111 da Constituição do Estado de São Paulo.

Todavia, num país como o nosso, em que o Estado é gigantesco *Leviatã* e paradoxo por natureza – pois prega o liberalismo (ou melhor, neoliberalismo), mas intervém em todos os segmentos sociais –, a intimidade é facilmente violada por meio de publicidades abusivas, e, às vezes, o é em proporções tão imensuráveis que chegam a ferir interesses coletivos e difusos.

---

[7] TORRES, João Camilo Oliveira. **O Positivismo no Brasil**. 2. ed. Petrópolis: Vozes, 1957. p. 266.

É o que ocorre, nessa linha de pensamento, com a intimidade familiar, concepção interessante dada pelo Magistrado espanhol e doutor José Luis Concepción Rodríguez, em sua obra **Honor, intimidad e imagen** (Barcelona: Bosch, 1996). Por vezes, a família é obrigada, sem a incidência de qualquer norma que a vincule, a suportar ataques aos seus valores morais.

Os desmandos neoliberais conduzem a aberrantes violações aos direitos fundamentais, por sinal considerados cláusulas pétreas (CF/88, art. 60, § 4º, inc. IV) e, assim, inalteráveis, mesmo por emenda constitucional.

O fenômeno da globalização aumentou, consideravelmente, as possibilidades de violações ao respeito à intimidade negocial (as violações de arquivos em HD). Com o mundo globalizado, empresas contrataram investigadores profissionais para invadir informações sigilosas e, assim, obter resultados econômicos mais expressivos.

Quando das privatizações no Brasil, sigilos negociais foram rompidos. E o que é pior, muito do dinheiro arrecadado com as privatizações foi destinado, prioritária e lamentavelmente, a credores externos[8].

A flexibilização do direito administrativo e do direito do trabalho, além da supressão de direitos sociais, decorreram, mais uma vez, do neoliberalismo. Daí se entender o porquê de o governo das leis, e de muitas leis, ser tirano e corrupto, o que, invarialvelmente, se reflete no exercício pleno do direito fundamental ao respeito à intimidade.

A propósito, o sociólogo David Riesman, em sua obra **The Lonely Crowd** ("A Multidão Solitária"), observa o grande vazio existente na maioria das pessoas, principalmente após as duas grandes guerras mundiais. Não existe mais, observa ele, o "giroscópio íntimo", figura utilizada por ele para designar a pessoa com a verdadeira autonomia de vontade, liberdade suficiente para destacar-se e não se adaptar.

O psicoterapeuta Rollo May[9] esclarece que "*é fácil verificar como um período de vazio teria que seguir-se à era dos 'homens de ferro'; tirando-*

---

[8] HAGGARD, S.; KAUFMAN, R. O Estado no início e na consolidação da reforma orientada para o mercado. *Apud* LOURDES, Sola. **Estado, Mercado e Democracia**. Rio de Janeiro: Paz e Terra, 1993, p. 18.

[9] MAY, Rollo. **O Homem à procura de si mesmo**. 26. ed. Tradução de Áurea Brito Weissenberg. Petrópolis: Vozes, 1999. p. 18. Muito a propósito, o *doctor* faz a seguinte comparação com o desaparecimento do homem giroscópio: "*como o dinossauro, ele teve **poder** sem a capacidade de evoluir, e **força** sem a capacidade de aprender*". As palavras proféticas de T. S. Eliot, escritas já em 1925, bem traduzem o gravíssimo problema que a sociedade contemporânea, inclusive a norte-americana, atravessa, por conta das crises externas que desembocam na vida íntima das pessoas: "*somos homens vazios – somos homens empalhados – uns nos outros apoiados – cabeça cheia de palha, aí! Forma sem feito, sombra sem cor, paralisada força, gesto sem ação...*". (*Op. cit.*, p. 16)

se o giroscópio resta o vazio", que, no mundo jurídico, provoca as sucessivas produções legislativas (é a tirania das leis), sem qualquer espaço de domínio privado, notadamente, agora, com a Lei brasileira que permite a quebra administrativamente do sigilo bancário pela própria receita.

Com freqüência, certos direitos da mesma categoria, cuja tutela jurídica seja igualmente devida – como ocorre entre a liberdade de informação e o direito à vida íntima – entram em constante conflito. Há necessidade, obrigatoriamente, de se verificar qual e quando um direito de alguém deve ceder a outro direito, e qual destes direitos conflitantes deve preponderar.

Consoante asseveram Phillippe Ariès e Georges Duby[10], "*cada ser tem o seu segredo; no devaneio, sem os outros saberem, ele encontra a paz, a liberdade, o arrependimento; há uma solidão entre amigos, entre amantes e entre todos os homens*".

---

[10] ARIÈS, Phillippe; DUBY, Georges. **História da Vida – Do Império Romano ao ano mil**. Tradução de Hildegard Feist. São Paulo: Companhia das Letras, 1989. v. I, p. 219.

Capítulo I

AS TRANSFORMAÇÕES SOCIAIS E AS ORIGENS DA INTIMIDADE

1.1 A EVOLUÇÃO DOS HOMINÍDEOS E O DIREITO PRIVADO

Contribuiu, significativamente, para o presente estudo a grandiosa obra de Charles Darwin – **A Evolução das Espécies** –, de 1859, a partir da qual os pesquisadores foram convencidos da existência de ancestrais biológicos, o que lhes propiciou uma visão evolucionista dos ancestrais humanos, circunstância, de resto, influenciadora do modo idealista da origem da vida. Como é sabido, o passado justifica o presente e, este, o futuro!

A análise desse tema, aliada às descobertas das fontes históricas escritas e ágrafas e ao uso de métodos científicos (como a genética e o DNA), para a verificação da respectiva época, permitiram desvendar verdadeiras civilizações antigas, como a dos egípcios, dos mesopotâmicos, dos hebreus, assírios, fenícios, persas, micênicos, dórios, aqueus, gregos e romanos, dentre outros.

As grandes e recentes descobertas de fósseis – entre eles os vestígios do *Homo erectus*, posterior ao *Australopithecus*, localizados no Quênia, na Etiópia e na Tanzânia (África), em Java (Indonésia) e na China (Ásia) –, justificam a evolução dos hominídeos, possibilitando a análise de suas formas e estruturas de vida – nas quais se insere a intimidade –, principalmente pelo estudo dos instrumentos de trabalho por eles deixados.

É certo que tenhamos certa ascendência nos macacos; somos "parentes próximos" de alguns deles, como, notadamente, o *Ramapithecus*, que viveu há mais de doze milhões de anos na África, na Europa e na Ásia.

O *Ramapithecus* vivia nas florestas e, por necessidade de adaptação ao seu meio, acabou por desenvolver habilidades nos membros inferiores, tornando-se bípede com postura ereta. Evoluímos, a seguir, para o *Australopithecus*, há três milhões de anos, e deste, para o *Homo erectus*.

Ocorre, contudo, que recentes descobertas têm alterado o quadro genealógico da espécie humana, de modo a se concluir que existem vários ramos das raízes humanas. A evolução é mesmo multilateral, com grande diversidade de espécies e extinção de algumas.

Tudo indica que o *Homo erectus ou Pithecanthropus*, surgido há cerca de um milhão de anos, ao leste da África, trabalhava em conjunto, dentro de uma certa organização. Num vale, foi localizado, numa fábrica de *ferramentas* (g.n.), a "machadinha de pedra".

Os hominídeos traziam as pedras das montanhas para serem lapidadas, fazendo com elas um instrumento como se fosse uma faca ou um canivete. Nesse período, registre-se que a mente humana era "padronizada", pois somente fabricavam aquele instrumento, com o qual sobreviviam e se defendiam. Não tinham qualquer criatividade e possivelmente não conversavam.

A produção constante de um determinado instrumento de trabalho ou de caça revela uma tipo de organização social coletiva. O trabalho socializado do *Homo erectus* nos permite estabelecer alguns aspectos jurídicos de convivência social.

Em primeiro lugar, a sociedade formada era extremamente fechada e, por isso mesmo, unida dentro de seus ideais de justiça. Em segundo lugar, as obrigações contraídas entre eles, ou mesmo com outras organizações sociais, eram coletivas e, assim, a sua execução também o era. O inadimplemento poderia acarretar castigos corporais a todos. O exercício da vida íntima era pouco, ou quase nada, reconhecido, tendo em vista os interesses coletivos.

Evoluímos, a seguir, para o *Homo neanderthalensis* ou *Neanderthal*, há 100.000 anos (nome derivado do local onde foi localizado o primeiro fóssil de sua característica – vale de Neander, Alemanha). Este era um pouco mais semelhante ao homem de hoje. Viviam como "caçadores", à busca de suas presas. Como tal, juridicamente, buscavam a expansão de seu território pela força. O domínio era essencialmente imperial, mas sem qualquer organização de poder político. O chefe era o mais forte fisicamente e, como tal, poderia escolher suas mulheres, numa completa desigualdade jurídica.

Os neandertais, localizados na Europa e também na Austrália, possuíam uma massa corporal muito forte, com o rosto quase sem bochecha e nariz grande. Não exibiam quaisquer sinais de arte. Eram violentos, mas viviam isoladamente, como se cultivassem o recôndito, o segredo. Seus instrumentos de caça – a lança, por exemplo – eram pesados, de modo que a caça ocorria bem próximo dele. Não eram criativos nem racionais.

O processo de evolução, porém, foi lento. Apenas após cinqüenta mil anos, o homem passou a criar e, portanto, desenvolver sua sensibilidade (conhecimento sensorial). Na Turquia, foram localizadas diversas "contas", utilizadas para ornamentação, de 43 mil anos. Elas, inclusive, eram perfuradas (mas não por um instrumento perfurante, e sim pela própria pedra), o que revela certa criatividade, interação humana, além de identidade social, expressão social e visual, bem como influência da condição feminina.

Foi quando surgiu o *homo sapiens* ou o *homem de Cro-Magnon* (há 90.000 ou 50.000 anos), com os caracteres do homem atual, cuja origem, geneticamente e a princípio, devemos à Africa, e, curiosamente, a uma mulher, denominada *Eva mitocondrial*. Tanto o *Neanderthal* como o *Cro-Magnon* – embora este fosse racionalmente mais desenvolvido que aquele – possuíam uma vida religiosa e comunitária (a interatividade social e a intimidade religiosa).

A religião, de certa forma, deu certo sentido para a vida em sociedade. Mais tarde, o seu sentido caminhou para o recôndito, com a religião grega órfica. Considerada aspecto inerente à vida íntima do hominídeos, era uma forma psíquica de justificar a existência de algo sem comprovação racional, mas de união comunitária e convivência pacífica.

O *Cro-Magnon* ou o *Homo sapiens* produzia instrumentos de caça muito mais leves, o que revela mais racionalidade. Além disso, fabricava as "contas", as quais eram enterradas juntamente com seus mortos, com a crença de que os mortos delas necessitariam. A sua técnica, enfim, era muito mais apurada, o que o levou a exercer, com mais autonomia, a liberdade individual, outro aspecto inerente à intimidade.

Por conta da liberdade, os *Homo sapiens* costumavam viajar; tanto assim que na Rússia (a origem do *Homo sapiens* é africana) se localizaram fósseis do *Cro-magnon*. Viviam envolvidos numa grande rede de informações, o que possibilitou desenvolvimento social, político e econômico.

Faziam "pinturas" nas cavernas, e nelas havia quartos (na Turquia, em Merlin, foi localizada uma caverna com quarto, de cerca de 40 mil anos). As pesquisas científicas constataram pigmentos de saliva na tinta usada. Retratavam, geralmente, o "bode" e a "floresta", expressões de vida natural, saudável e íntima.

Interessante notar, todavia, que pesquisas científicas inovadoras, deste século (início de 2002), revelam que o *Homo sapiens* saiu da África há 100.000 anos e relacionou-se com o *Homo neanderthalensis*, que, certamente, já se encontrava na Europa e na Ásia. A pesquisa contraria a suposição de que aquele, mais violento e dotado de um pouco mais de inteligência, acabou por eliminar os neandertais. Na verdade, ambos acabaram por manter relações familiares, sociais e, portanto, íntimas!

Segundo o pesquisador e biólogo Alan Templeton, da Universidade de Washington, a Idade da Pedra foi marcada por uma constante e gradual absorção, em meio a um processo de miscigenação, dos grupos mais primitivos (os neandertais) pelos grupos mais racionalizados – os do *Cro-Magnon*[11].

Bem por isso, a pesquisa concluiu terem sido duas as migrações ocorridas, e não apenas uma, como se supunha com a pesquisa em torno da figura científica da *Eva mitocondrial*; a primeira, há cerca de 600.000 anos, com o *Homo heidelbergensis* (localizado na África, na Ásia e na Europa), que acabou por se acasalar com os primatas da África Oriental, não havendo, pois, extermínio de raças, mas, sim, o surgimento dos neandertais; a segunda, há 95.000 ou 50.000 anos, com os *Homo sapiens*, que se acasalaram com os neandertais.

Dessa forma, o *Homo heidelbergensis* evoluiu para o *Homo neanderthalensis* na Europa e na Ásia, e para *Homo sapiens,* na África. Muito embora estas duas últimas espécies (*Neandertais* e *Cro-Magnon* ou *Homo sapiens*) tenham tido uma origem comum, as diferenças anatômicas são gritantes, o suficiente para se afirmar, extraordinariamente, que ambas são espécies diversas, o que confirma a multilateralidade do tronco genealógico.

Mas o encontro de um fóssil de uma criança de quatro anos, em Portugal, em 2002, pelo antropólogo americano Erik Trinkaus, revela que essas duas espécies se acalasaram e reproduziram um *ser híbrido,* de tal modo que força física e racionalidade passaram a integrar o "homem moderno".

O americano Alan Templeton efetuou pesquisas com base nas mutações verificadas nas amostras de DNA recolhidas de pessoas dos quatro continentes. Das dez regiões pesquisadas, oito delas revelam que as amostras possuíam características semelhantes à do *Homo sapiens* antes de sua saída da África, tese reveladora da evolução multilateral da espécie humana.

Concluiu o biólogo que, *"se as outras espécies tivessem sido exterminadas, essas 'assinaturas genéticas' mais velhas não apareceriam nos genomas de pessoas vivendo hoje em diferentes partes do planeta"*[12].

Tanto assim que, em 2001, na África Central, nas bordas do Deserto do Saara, no Chade, os paleontólogos franceses Michel Brunet e Patrick Vignau, da Universidade de Poitiers, descobriram um crânio de um hominídeo de **sete milhões de anos**. Passa a ser o mais **antigo ancestral** humano encontrado (g.n.).

A recente descoberta científica propiciou uma séries de novas conclusões. A primeira, a de que o período em que ocorreu a separação genética entre o homem e o chipanzé foi há muito tempo (o parente mais próximo do homem – "Lucy", o *australopithecus afarensis*, encontrado ao leste da África, e o esqueleto mais preservado –, demonstra essa assertiva; viveu no vale do

---

[11] TEMPLETON, Alan. "Eles eram da mesma família". **Veja**, São Paulo, n. 10, ed. 1.742, p. 81, 13 mar. 2002.
[12] *Idem*, p. 81.

Grande Rift, que vai da Tanzânia à Etiópia, passando pelo Quênia, e foi achado na Etiópia em 1974).

Em segundo lugar, o *sahelanthropus tchadensis*, apelidado de "Toumai" (nome das crianças nascidas próximo da estação das secas), é mais antigo que "Lucy" – até então o hominídeo mais longínquo – e apresenta caracteres semelhantes aos hominídeos muito mais recentes, como o *homo habilis*, de cerca de 2,5 milhões de anos.

O terceiro ponto fundamental é que "Toumai" possui características marcantes do chipanzé e dentes menores com esmalte espesso, o que revela que os primeiros hominídeos possuíam uma dieta mais equilibrada – constante de vegetais – do que os chipanzés, bem ao contrário do que muitos afirmam. A própria racionalidade em torno de uma vida sadia sustenta o culto às relações familiares e, assim, íntimas.

E mais: os sobrolhos são muito marcados na testa do Toumai, característica inexistente no *australopithecus*, a espécie anterior ao *homo*. Na verdade, causa espanto o fato de o crânio de Toumai ter caracteres mais avançados que o dos *australopithecus*, o que antecedeu o *homo*.

Há uma enorme mudança nesse quadro, mas revela a simpatia dos "Toumais" pelos frutos e vegetais, e não pela carne. Outro detalhe: a separação genética entre o homem e o macaco, que teria ocorrida há cem mil anos – com a *célula mitocondrial* –, na verdade, diante da nova descoberta, ocorreu há sete milhões de anos. Assim, as características modernas do homem, que até então só existiam de cem mil anos para cá, passaram a ocorrer desde **sete milhões de anos**.

Bem pertinente a indagação de Daniel Hessel Teich e de Natasha Madov, autores da reportagem acerca do *"homem de 7 milhões de anos"*: *"como se explica que Toumai tenha dentes mais modernos que muitos hominídeos que viveram milhões de anos depois dele?"*[13]. Veja-se, ainda, que o "Toumai" vivia em *habitat* de abundância vegetal e aquática e que, possivelmente, era ereto, o que, com os seus *australopithecus* somente teria ocorrido bem depois.

Constatamos, dentro da crescente revolução tecnológica a que assistimos, que a engenharia genética, a paleontologia, a antropologia, enfim, o poder racionalista do homem contemporâneo tem influenciado e alterado conceitos *até então padronizados* (g.n.) e que, invariavelmente, provocaram mudanças nas análises jurídicas da morfologia social.

Talvez pela abundância vegetal e a padronização social entre eles, a vida jurídica dessas pessoas era organizada naturalmente, de forma coerente,

---

[13] TEICH, Daniel H. e MADOV, Natasha. "Homem de 7 milhões de anos". **Veja**, São Paulo, p. 74-77, 17 jul. 2002.

cada qual com sua atividade específica, formando, ainda que embrionariamente, uma família.

Os diversos e importantes fósseis e os sítios arqueológicos (como o Portal ou Porta de Ishtar, relevante monumento da Mesopotâmia, descoberto entre 1899 e 1917 e a cidade de Pompéia, destruída em 79 d.C. pelo vulcão Vesúvio e descoberta em 1748) são descobertas reveladoras da existência de diversas civilizações antigas, com *modos de produção* próprios, primeiro passo do futuro e imponente sistema capitalista.

Da mesma forma, as pinturas e os escritos em rochas (como a Pedra de Roseta, no Egito, descoberta entre 1798 e 1801 por Jean François Champollion, em expedição chefiada por Napoleão Bonaparte, e que possibilitou a decodificação da escrita hieroglífica), os escritos decodificados do sacerdote e escriba Manethom (datados do século III a.C., sob o reinado ptolomaico) e as escritas cuneiformes (desenvolvidas pelos sumérios em 2000 a.C. e encontradas no final do século XIX) demonstram a peculiar história antiga e um certo grau de organização jurídico-social, o que nos permite afirmar a existência embrionária do respeito à intimidade familiar e religiosa.

Devemos considerar, outrossim, a tumba do faraó Tutancâmon (localizada em Luxor, no Egito, em 1922) e os manuscritos do Mar Morto (encontrados pelo pastor beduíno Muhammad edh-Dib, em 1947, nas cavernas do Deserto da Judéia – ruínas de Qumran, antigo Monastério essênio), que comprovam a existência dessas grandes organizações sociais, surgidas após a *revolução neolítica,* e revelam traços da intimidade familiar.

1.2   AS FASES PALEOLÍTICA E NEOLÍTICA E A VIDA ÍNTIMA

Importante salientar que, entre 2,7 milhões de anos e 10.000 a.C. – fase conhecida como *Paleolítica*, ou Idade da Pedra Lascada –, a vida humana se concentrava no fenômeno do *nomadismo*, com o deslocamento constante dos primatas em grupos, em busca de lugares novos, para sua sobrevivência. Mais um argumento para a *teoria da miscigenação da raça humana* ou de sua *multilateralidade.*

Era a fase do *homem-caçador*, que se utilizava de instrumentos feitos com lascas de pedra, de ossos ou de madeira, visando à caça e à pesca. Nesse período, o nômade não desenvolveu qualquer sentimento que pudesse preservar a sua privacidade, pois ela era parte integrante da natureza e, como tal, aflorava de forma instintiva. Daí por que as obrigações contraídas entre os nômades eram coletivas.

Numa subfase posterior, mas ainda na Paleolítica, há 40.000 a.C., os hominídeos passaram a se organizar em bandos, dessa feita, dentro de cabanas ou, notadamente, de cavernas, local de encontro de importantes registros arqueológicos, como as *pinturas rupestres,* que reproduziam cenas de seu cotidiano e do próprio valor dispensado ao meio ambiente, com a pintura do "bode" e da "floresta".

A vida religiosa, um dos aspectos integrantes do respeito à intimidade humana, também tornou-se mais evidente, principalmente porque a ociosidade, gritante na época, levava os indivíduos a cultivarem uma divindade que pudesse superar o vasto tempo de solidão que vivenciavam, bem como que justificasse o medo e, ao mesmo tempo, tudo aquilo que a razão não revelasse ao homem.

A mutação genética ocorrida e que se refletiu no *Cro-Magnon* foi significativa. Esse processo de mutação se deve, notadamente, à **interação**; foi a causa do desenvolvimento da inteligência humana. Numa pesquisa com chipanzés, porém, ficou claro que eles interagem de forma isolada, assim como faziam os neandertais; não atuam em conjunto. Seu comportamento é padronizado e isolado.

A interatividade do *homo sapiens* se desenvolveu por meio de outro fundamental instrumento de relação social: a **linguagem**. Por meio dela, transmitiam-se informações, processo vital de relacionamento social e jurídico.

Segundo Fustel de Coulanges, "*como todos originariamente tivessem um mesmo patrimônio indivisível, o uso e mesmo a necessidade ditaram que a toda (ou genos, grupos de famílias de linhagens comuns ou ramificadas) o respondesse pelas dívidas de qualquer dos membros e pagasse o resgate do prisioneiro ou a multa do condenado*"[14].

No Brasil, as pinturas rupestres foram localizadas na cidade de São Raimundo Nonato, no Piauí, bem como em Lagoa Santa, Minas Gerais. Evidenciam a presença, certamente, de asiáticos em nosso país, há mais de vinte mil anos. Destaque para os *ianomamis,* os *tupis-guaranis* e os *xavantes,* que viviam – e poucos ainda vivem – da caça e da coleta agrícola, além de cultivarem uma forma de convivência natural, dentro de uma concepção de vida bem íntima.

Aliás, por aqui chegaram, possivelmente, depois de passarem, de início, pelo estreito de Bering, ao norte da América, onde também se estabeleceram, tanto que o primeiro fóssil na América foi encontrado em Meadowcroft, na Pensilvânia, EUA, datado de cerca de vinte mil anos. Assim, inúmeras tribos se formaram, como a dos *esquimós,* no Alasca; os *pueblos,* na América do Norte e os *aruaques,* na América Central[15].

---

[14] COULANGES, Fustel. **A Cidade Antiga**. Tradução de Jean Melville. São Paulo: Martin Claret, 2002. p. 119.
[15] Destaque, na América Central, para os **olmecas**, que se tornaram uma verdadeira civilização entre 1500 e 1200 a.C., com a valorização da religião, expressa na construção de grandes templos,

Seja como for, **a caverna** "*deu ao homem antigo sua primeira concepção de espaço arquitetônico, seu primeiro vislumbre da faculdade que tem um espaço emparedado de intensificar a **receptividade espiritual e a exaltação emocional**"[16] (g.n.), aspectos intrínsecos da intimidade dos primatas.

Assevera Lewis Mumford que

a câmara pintada dentro de uma montanha prefigura o túmulo da pirâmide egípcia, também esta uma montanha feita pelo homem e propositadamente imitativa. As variações desse tema são incontáveis; todavia, a despeito das suas diferenças, a pirâmide, o zigurate, a gruta mitraica, a cripta cristã, todas têm o seu protótipo na caverna da montanha[17].

Por intermédio da caverna e suas subseqüentes variações, o homem sempre buscou o seu refúgio emocional e espiritual, aspectos inerentes ao princípio do respeito à intimidade, que floresce a partir da época primitiva paleolítica. Desenha-se, claramente, o sub-princípio da inviolabilidade domiciliar, que se concretizou, mais tarde, nas *tribos*, com suas cabanas.

Foi com o fenômeno da *sedentarização humana*, ocorrida após a última glaciação – verificada entre 100000 a.C. a 10000 a.C. –, que as *tribos* começaram a se formar, a partir da fixação do homem em lugares que fossem dotados de clima e área tropicais, o que possibilitou o cultivo de plantas e a domesticação de animais. Passa a ocorrer o domínio do homem sobre a natureza; até então, ele disputava sua sobreviência com o meio.

As primeiras tribos chegaram ao Brasil pelo litoral da Colômbia e da Venezuela, atingindo a região Amazônica; lá foram localizados vestígios de sofisticadas cerâmicas, o que permite a conclusão de que a cultura amazônica – conhecida por cultura *marajoara* e surgida no ano 1000 a.C. – era bem desenvolvida e já cultuava a intimidade familiar.

Bem por isso, a Idade Neolítica, surgida pela sedentarização e marcada pelo grande desenvolvimento agrícola, foi uma fase revolucionária, perdurando de 10000 a.C. a 4000 a.C., quando se inicia a chamada *Idade dos Metais*, época da dominação humana pela força militarizada e dominadora.

Evidentemente, a agricultura desenvolver-se-ia largamente, e com plena robustez, próximo aos grandes rios, onde a fertilidade da área era mais

---

e com o desenvolvimento da agricultura e da escrita hieroglífica. Mas acabaram desaparecendo por volta de 440 a.C., por causa da invasão dos povos nômades oriundos do Norte da América. **Maias** e **Astecas** surgiriam apenas a partir do século IV d.C. Estas duas grandes civilizações se aproveitaram de muitas conquistas dos **olmecas**.

[16] MUMFORD, Lewis. **A Cidade na História**. Tradução de Neil R. da Silva. Belo Horizonte: Itatiaia, 1965. v. 1, p. 18.
[17] *Op. cit.*, p. 19.

segura. O encontro, por exemplo, dos *sambaquis* (do tupi '*tamba*', que significa marisco, e do tupi '*Ki*', amontoamento), revela que os primeiros povoamentos surgiram nas margens de rios e mares, principiando as relações econômicas da época.

Desenvolvem-se, ainda na fase Neolítica, o fogo, empregado, principalmente, na fundição dos metais, em especial o bronze, utilizado no final dessa era – *Idade da Pedra Polida* –, por volta de 4000 a.C., como arma. O fogo ainda foi utilizado no cozimento dos alimentos (por isso, o *Homo erectus* teve sua dentição reduzida, pois o alimento deixou de ser duro). Foi descoberta, ainda, a *escrita*, quando então se pôde ter notícia mais clara das primeiras civilizações.

Observaremos que as civilizações da antigüidade desenvolveram sua cultura e sua economia próximo (ou às margens) de grandes rios ou mares. Esclarece Fraud Salvador[18]: "*como é natural, a instalação humana só pôde acontecer em lugares onde havia água em abundância, fosse ao redor dos* **cenotes** *ou nas cercanias das muitas* **aguadas** *cisternas naturais ou artificiais, ou ambas às vezes*".

Por isso que o *nexum* (execução corporal da dívida) caminhou no sentido de seu próprio desmantelamento, com a excepcional manutenção atual da prisão civil por dívida de alimentos e pelo fato do depositário infiel.

1.3 AS CIVILIZAÇÕES EGÍPCIA, HEBRAICA E ASSÍRIA E A INTIMIDADE

1.3.1 O Direito do Egito antigo e a intimidade religiosa e familiar

A *civilização egípcia* desenvolveu-se às margens do rio Nilo, no extremo nordeste da África, na Idade Neolítica. As cheias beneficiavam os egípcios com o grande depósito de húmus nas margens, fato que os obrigou, por necessidade, à construção de grandes obras hidráulicas (diques e canais), possibiltando uma rica agricultura e o desenvolvimento da engenharia civil.

A riqueza sempre expressou suntuosidade e, esta, o poder, a força garantidora das obras de irrigação às coletividades dos *nomos* (uma espécie de tribo), os quais se submetiam ao regime de servidão coletiva pró-poder (ao faraó), o que impedia o exercício pleno da liberdade e, por conseguinte, da intimidade.

---

[18] SALVADOR, Fraud. As Civilizaciones pré-hispanicas de América – Los Mayas. *In*: PINSK, Jaime; BRUIT, H. (Orgs.). **História da América através de textos**. 2. ed. São Paulo: Contexto, 1990. p. 18-19.

Mas, essa submissão teve resistências, iniciadas, aliás, pelos próprios nomos (as aldeias), de tal sorte que, por volta de 3500 a.c., formaram-se dois reinos: ao sul, o do Alto Egito; ao norte, o do Baixo Egito, num período conhecido como *pré-dinástico*.

Coube ao reinado do sul, do Alto Egito, por meio de seu governador Menés (ou Narmer, ou Men, ou Meni), a *unificação dos reinos*, o que provocou o início de uma *monarquia teocrática* no Egito, com a transferência da capital para Tinis, sem a possibilidade de se garantir quaisquer liberdades.

A monarquia teocrática acentuou a falta de liberdade familiar e religiosa. Além disso, fundamentalmente, provocou a um só tempo, a personificação do poder estatal e religioso na figura do *faraó*. Paralelamente, consolidou-se o sistema *hereditário* de transmissão do poder, impedindo-se qualquer ascensão democrática.

O culto à divindade decorria da personificação do faraó, o qual, por isso mesmo, exercia grande domínio sobre as pessoas. Tanto que, caso não fosse, cuidava de ser carismático; desde essa época, não havia liberdade de crença e culto religioso, e sim imposição.

A primeira fase de unificação perdurou por cerca de mil anos, entre 3200 a.C. e 2300 a.C., e foi considerada o Antigo Império egípcio, o início do período dinástico. Foi nesse período, aliás, que os faraós *Queóps, Quéfren* e *Miquerinos*, da IV Dinastia, construíram suas monumentais e respectivas pirâmides, como forma de expressar diversos aspectos de suas vidas privadas, dentre eles a religião, com a crença de vida após a morte.

O domínio era tão grande que os faraós, que podiam ter várias mulheres – embora possuíssem uma "rainha" –, determinavam a construção das pirâmides também para dar espaço a grandes templos funerários, que serviam de depósito do corpo deles e de toda sua extensa família, por meio do processo de *mumificação*.

Eles acreditavam no retorno à vida, tamanho o egocentrismo que cultuavam. Desde aquela época já se pensava na eternidade (atualmente, é o que se pretende com a *clonagem humana*); e, de certa forma, conseguiram a vida eterna!

A organização política egípcia partia do comando absoluto do faraó, para, em seguida, abranger os sacerdotes e os chefes militares, que descendiam dos *nomarcas*. Eles, o dominando os nomos ou aldeias, recebiam, em troca, terras dos faraós, mas apenas para o desfrute. A seguir, a hierarquia abrangia os escribas, conhecedores da escrita hieroglífica, de cunho sagrado, e que, por isso mesmo, registravam a contabilidade do Egito.

A teocracia acabou por criar um extraordinário absolutismo do faraó que, inclusive, conduziu o relacionamento amoroso e sexual, puro e simples, à formação simultânea do *casamento* e, opostamente, da *prostituição*. A primeira forma de relacionamento implicava a identidade dos filhos e a hereditariedade do sistema político e do poder em geral; a segunda, a liberação da libido masculina.

    O desejo sexual do homem, inlusive, foi transformado em rito religioso, com a "santificação", na verdade, da prostituição. Tanto assim que, mais tarde, na Arábia, o "Xeique", uma das figuras representativas do poder absoluto, em quaisquer dos casamentos dos súditos, poderia passar a primeira noite de núpcias com uma esposa virgem – fato, aliás, repetido, mais tarde, na Idade Média, com o senhor feudal no casamento de um de seus súditos ou vassalos.

    Não demorou muito para as comunidades oferecerem ao Xeique, mensalmente, uma mulher virgem, dado ao *status* adquirido por ela, já que aquele era o representante de "deus" na terra, assim como ocorre nos governos presididos pelos chamados "tiranos".

    O *status* adquirido pela mulher em razão do relacionamento sexual mantido permitia a sua família escolher com quem – se fosse de uma família rica, naturalmente – ela iria se casar, de tal sorte que as diversas classes privilegiadas disputavam a sua mão, em virtude da "honra" por ela adquirida com essa relação. Esse "sacramento" foi disponibilizado também para os sacerdotes, de tal sorte que era muito comum a família nobre oferecer-lhes uma filha bonita e virgem.

    Note-se que o detentor do poder, bem numa linha *heterônoma* de ser (o oposto da autonomia), procurava se sustentar no poder agradando seus súditos imediatos (chefes guerreiros e sacerdotes), com a distribuição de terras, sem lhes conferir a propriedade, e com a entrega de mulheres, que apenas serviam aos nomarcas.

    Tornando-se mais adultas, as mulheres, que passavam por essa experiência considerada "religiosa", deixavam seus afazeres íntimos por meio de ostentosas cerimônias religiosas, que as consagravam como *nobres sacerdotisas*, podendo, por isso mesmo, casar-se com nobres, devido ao respeito que se dava ao ato – tudo, na verdade, para se instituir, *formalmente*, a prostituição[19].

---

[19] Proibida a "prostituição informal" – por causa da sucessão –, instituiu-se a "prostituição formal" com vestes religiosas, porque o casamento tornou-se monogâmico; repita-se, em função da sucessão hereditária. A **prostituição sagrada ou religiosa** existiu até o século IV, quando o Imperador Constantino, em 325 d.C., extinguiu-a por decreto. Na Índia, ainda hoje, existe a *prostituição religiosa*; diversos templos aceitam mulheres (moças) para satisfazerem, de forma secreta, as necessidades sexuais dos sacerdotes. Hoje, no Egito, a prostituição, embora proibida, foi institucionalizada nas *famílias*, e a empregada doméstica, de origem pobre, é a vítima. O pai e marido, até mesmo os filhos, servem-se dessa mulher para a satisfação de suas libidos, violando a liberdade íntima dela. Aliás, elas não cobram e, geralmente, não têm doença venérea. O marido

Com muita maestria, a psiquiatra egípcia Nawal El Saadawi[20] esclarece que,

antes do patriarcado, fundamentado na posse de terras, em questões de herança e na opressão de escravos e mulheres, o ser humano venerava deuses de ambos os sexos. Em muitas das mais antigas civilizações, inclusive a do Antigo Egito, as mulheres ocupavam uma posição especial dentro da sociedade e as deusas controlavam muitos campos de ação. Porém, tão logo fortificaram-se os novos sistemas econômicos filiados ao patriarcado, os deuses do sexo masculino monopolizaram as religiões monoteístas. As antigas deusas desapareceram, e funções de sacerdotes e profetas tornaram-se uma esfera de domínio exclusivamente masculino.

Mais adiante, verificaremos que, muito embora a religião dionisíaca tenha tido suas falhas, ela procurou desenvolver uma sociedade *matriarcal*, regida pela grande "Deusa mãe" (foi o que ocorreu no Egito antigo e o que ocorreria em Creta, mas *por pouco tempo*).

Na sociedade matriarcal, considerava-se crime tudo aquilo que violasse o corpo, a natureza, a vida. Nesse sentido, se houvesse violação à integridade corporal, o crime violentava a grande "Deusa", de onde provinha a vida e sua regência.

Contra a violação, o castigo era imanente, pois significava a *purificação*. Tanto que os mortos, as vítimas, tinham um lugar de honra na cidade, dentro da concepção grega de *diké thanontôn* (justiça dos mortos).

O homicídio na linhagem familiar, por exemplo, era muito grave, pois poderia provocar a extinção dos *genos* (ou tribos, no sentido amplo), pois vigorava a famosa pena de *talião* (de *tales*: tal e qual). Ou então, ocasionava as chamadas "maldições hamárticas" – de geração a geração (*personae sanguine coniunctae)*, uma espécie de conexão hereditária amaldiçoada. O ato violento contra o corpo, assim, constituía crime e, portanto, uma violação à "mãe natureza".

Tamanha a importância sexual dada à mulher naquela oportunidade, que, no final do século XX, logrou-se encontrar, em tumbas, diversos documentos egípcios, confirmando o fato de que elas exaltavam, em poesias, o *"amor"*, expressão singela do exercício da intimidade.

Certamente, essa exaltação constituiu aspecto inerente à sociedade matriarcal. Mas, instituída a sociedade patriarcal, o "afeto" passou a ser

---

assim age porque seu casamento, no geral, é motivado por questões econômicas; os filhos, porque a prostituição, sendo proibida, é cara, além do que o sentimento de culpa é menor que numa relação com a irmã, a prima, ou a colega de classe (o que, também, é muito comum).

[20] SAADAWI, Nawal. **A Face oculta de Eva – As Mulheres do Mundo Árabe**. Tradução de Sarah G. Rubin; Therezinha Ebert Gomes; Elisabeth Mara Pow. São Paulo: Global, 2002. p. 22.

apenas uma pretensão ou uma expressão reprimida, pois as relações de subordinação, a partir de então, passaram a impedir o livre desenvolvimento amoroso.

No entanto, mais tarde, a história faria justiça, quando as relações conjugais – inclusive as homoeróticas, familiares ou de união estável –, passaram a se fundamentar no "afeto", no amor. Aliás, o sentimento do amor foi muito mais desenvolvido pelas mulheres, as quais, por meio desses *escritos*, elogiavam a beleza do parceiro e o convidavam a se deitar com ela.

Por isso mesmo, as mulheres egípcias casadas tinham *identidade própria*, com a possibilidade de, em caso de separação, ficar com todos os bens do casal; posteriormente, essa situação se modificou, prevalecendo o patriarquismo.

O faraó podia se casar com primas ou até mesmo com suas irmãs, em função da hereditariedade do sistema político e econômico. Tudo indica, porém, que, afora o faraó, os demais egípcios admitiam apenas o casamento monogâmico, exatamente por causa dos bens pertencentes aos nomarcas. Bem por isso, redigia-se um documento escrito, no qual se fixavam as obrigações pecuniárias entre os cônjuges. O casamento realizava-se por meio de um "contrato".

Segundo Jean Gaudemet[21], um papiro de Turim, que pertenceu à XX e à XXII Dinastia, revela que o egípcio não podia se casar com estrangeira e que, naquele documento escrito, o marido estabelecia os bens que deveriam pertencer à mulher em caso de repúdio. Note-se que as estrangeiras não detinham *status familiare*.

A monogamia, surgida para consolidar o sistema hereditário de poder, não impediu, porém, de se instituir a prostituição. E nem tinha como; a ordem natural das coisas vinculou-se à satisfação do desejo sexual, que nem sempre era atingido no casamento.

Note-se que o *casamento,* dada a sua natureza jurídica de "contrato", a par de resguardar o sistema hereditário político e econômico, abarcou para si, também, o regime das *arras*, por influência dos fenícios.

A relação monogâmica propiciou, mais tarde, o surgimento do sistema patriarcal, que "*surgiu quando a sociedade atingiu certo estágio de desenvolvimento e precisou impor à mulher um só marido, enquanto o homem ficava livre para ter várias esposas*"[22].

---

[21] GAUDEMET, Jean. **Institutions de l' Antiquité**. Paris: Sirey, 1967. p. 62 e 71.
[22] *Idem*, p. 69. Esclarece a psiquiatra egípcia que "*a confusão entre os filhos do marido e os da amante implicaria o inevitável colapso da família patriarcal, erigida tão-somente em torno do nome do pai. A História nos mostra que o pai sempre foi ávido em saber quem realmente eram seus filhos, unicamente com o propósito de legar-lhes seu patrimônio (...) a circuncisão, o cinto*

Segundo Nawal El Saadawi, a sexualidade feminina, outrora idolatrada (como em Creta), foi subjugada pelo sistema patriarcal, por conta do perigo que ela representava para as questões sucessórias, principalmente para as de caráter econômico e político.

Contudo, as ostentações político-econômicas acarretaram, na X Dinastia, reações internas entre os próprios nomarcas, o que, aliado às revoltas sociais – principalmente em função da fome, das pestes e da excessiva tributação –, propiciaram, ainda que por pouco tempo, o esfacelamento do poder central e a divisão do poder entre os nomarcas.

É certo que, entre 2000 e 1580 a.C. – época do Médio Império –, o poder voltou a ser centralizado por conta da revolta liderada pelo faraó *Mentuhotep II* (entre 2061 e 2010 a.C.), que logrou derrotar os nomarcas dissidentes, com o apoio da nobreza tebana (de Tebas). Por isso mesmo, a capital do Egito passou a ser a cidade de Tebas e o regime econômico ainda o da servidão coletiva.

Foi esse regime de submissão – riqueza de poucos e pobreza de muitos –, bem assim o domínio religioso – representado nos relevos do Egito faraônico (obras faraônicas) –, e as respectivas revoltas, que permitiram a invasão do Egito pelos *hicsos (povos nômades,* de origem asiática), dentre eles os *hebreus* e os *assírios*, estes em 662 a.C., sob o comando de Assurbanipal.

Importante salientar que as famosas *obras faraônicas* retratavam cenas de triunfo e da divindade do faraó, no intuito evidente de convencimento psicológico pela imposição do medo, aspecto ditatorial do exercício da intimidade.

Toda essa estrutura egípcia marca a origem da *"imagem retrato"* (a 'imagem reputação' surgiu da elevação da honra), como forma de convencimento, um instrumento de *marketing,* hoje, significativo para o desenvolvimento selvagem do capitalismo em razão da falta de controle dos abusos, em que pese o disposto no art. 37, do Código de Defesa do Consumidor brasileiro.

Justificava-se a teocracia pelo convencimento apoiado na religião. Aliás, os regimes totalitários impunham sua própria religião, como forma de convencer pela fé. Tanto assim que a "Pedra de Rosetta", descoberta pelo Francês Jean-François Champollion em 1823, revela que os sacerdotes egípcios, ainda que em troca de certos privilégios, apoiavam o império egípcio.

---

de castidade e outros costumes sanguinários aplicados à mulher são, basicamente, o resultado dos interesses econômicos que governam a sociedade. A permanência de tais práticas em nossa sociedade, ainda hoje, indica que esses interesses econômicos ainda têm prioridade". (Op. cit., p. 70)

1.3.2 Os direitos da personalidade entre os hebreus

Dentre os hicsos, especial análise merece o *povo Hebreu*, de origem semita, que se estabeleceu nas margens do rio Jordão, *na Palestina* – e que só em março de 2002 foi reconhecida pela ONU como um país em busca de sua independência (embora haja acirrada oposição israelense).

Os hebreus chegaram àquele local por volta de 2000 a.C., derrotando, ainda que parcialmente, os *cananeus* ou os *canaanitas* (de Canaã, a terra prometida de Abraão, ou a Palestina), que ali já se encontravam. Os palestinos viviam nas montanhas, enquanto os canaanitas viviam na região dos vales, muito mais fértil.

Interessante notar que os *hebreus* – que, segundo a Bíblia, tiveram em Abraão o seu primeiro *patriarca* –, pregavam uma **nova religião**, diferente da dos egípcios, baseada no *monoteísmo*, uma nova forma de adoração religiosa.

Eles cultivavam a intimidade religiosa fundada no Deus único, chamado Javé ou Jeová, que não poderia ser personificado num ser humano. A fé era um aspecto íntimo muito sublime e idolatrado pelos hebreus, o que contribuiu para a solidificação do monoteísmo.

Sucederam Abraão os patriarcas Isaac e Jacó. Os herdeiros deste último formaram as conhecidas *12 tribos de Israel*, nas quais, aliás, reinava a servidão coletiva e fiscal como modo de produção.

O monoteísmo provocou o início de um processo de mudança interna no homem. Esse processo decorreu da afirmação da "introspecção" humana como forma de análise da conduta e das relações sociais. É pela introspecção que o homem começou a se entender como um ente dotado de *razão* e de *liberdade*, o que conduziu à afirmação embrionária dos direitos da personalidade.

Por isso mesmo, o livro bíblico do Deuteronômio codificou a relação conjugal hebraica como monogâmica. Mas a *poligamia* era bem praticada entre os hebreus. Os chefes de família possuíam esposas e concubinas; aquelas, possuíam direitos iguais, enquanto as concubinas, geralmente escravas, encontravam-se numa situação de inferioridade, exatamente por causa da sucessão política e econômica.

Nas relações familiares, paulatinamente a tendência monogâmica foi tomando forma entre os hebreus, sem qualquer condenação formal à relação poligâmica anterior, até porque, paralelamente, instituiu-se a *prostituição* (o lado oposto e negro do casamento).

Em Tobias (VII-13), a Bíblia atesta a existência de um *contrato de casamento*, no qual se estipulava uma espécie de "arras confirmatórias", conhecidas como *mohar*, um sinal dado pelo esponsal ao pai da mulher. Alguns vêem no *mohar* um presente dado por aquele a este.

Seja como for, caso não houvesse o casamento por culpa do pretendente, este perdia a soma (ou sinal) dada; se por culpa do pai da noiva, este restituía àquele o valor em dobro, como assevera Jean Gaudemet[23]. Parecia ser um contrato de compra e venda e, por isso mesmo, indicava sua própria instabilidade e precariedade.

Em Tebas, porém, os hebreus foram derrotados pelo faraó AMÓSIS I, que os expulsou do Egito. Em 1250 a.C., o povo hebreu, segundo a Bíblia, liderado por MOISÉS, logrou fugir do Egito, fuga essa conhecida por *Êxodo*[24], um dos marcos históricos do início *do Novo Império* egípcio, que perdurou até 525 a.C., quando então o Egito foi tomado pelos Persas.

---

[23] *Op. cit.*, p. 188.

[24] Durante o **Êxodo**, Moisés permaneceu por quarenta anos no deserto, período no qual Deus lhe teria ditado os dez mandamentos. Com essa nova perspectiva religiosa, o povo de Moisés, agora liderado por JOSUÉ, retornou à Palestina. Deus havia incumbido Moisés de levar seu povo para **Canaã**, onde se encontravam os **cananeus** (a Palestina, a terra prometida). Ocuparam a cidade de Jericó, em Jerusalém, e decidiram nomear **juízes** para combater os **filisteus**, que estavam no litoral da Palestina. Entre os chefes militares, destaque para GIDEÃO, SANSÃO e SAMUEL, o qual procurou **unir as tribos de Israel** (g.n.), o que efetivamente ocorreu sob o comando do primeiro rei dos hebreus, SAUL. O sucesssor de Saul, o rei DAVI (1006 a 966 a.C. – por sinal, digno de nota o encontro, em 1993, de uma pedra de basalto do século IX a.c. com a inscrição "rei Davi"), logrou estabelecer condições próprias para a afirmação de uma nação hebraica soberana, em que pese opiniões em contrário. Os arqueólogos dizem que o chamado "Estado hebraico" não passou de uma tribo, a de Judá, pois, nessa época, há indícios da existência dos canaanitas (diferente do relato bíblico – confira-se a **Revista Super Interessante**, n. 178, abril, São Paulo). O filho de Davi, o rei SALOMÃO – que, por sinal, teve setenta mulheres e trezentas concubinas – conseguiu manter a hegemonia hebraica, tanto que foi construído um templo dedicado a Jeová, o **Templo de Jerusalém ou Templo de Salomão**, do qual, atualmente, só resta o chamado **muro das lamentações**. Como os camponeses deviam servir ao poder, com trabalho compulsório e pesados impostos, as reações ao sistema hebraico foram levadas às últimas conseqüências, de modo que, com a morte de Salomão, entre 884 a 873 a.C., ocorreu o **Cisma hebraico**, isto é, a divisão do povo hebreu em dois reinos: o de Israel, com capital na Samaria, e o de Judá, com capital em Jerusalém. O de Israel desenvolveu-se de forma espetacular, inicialmente, pelas mãos do rei Omri. O filho de Omri, o rei AHAB, conseguiu importantes acordos comerciais com a Assíria e o Egito, donde a construção dos palácios de Megiddo e as muralhas de Hazor. Mas, com a divisão hebraica, os **assírios** e, pouco depois, os povos babilônicos, chefiados por Nabucodonosor, invadiram Jerusalém. Aliás, Nabucodonosor saqueou Jerusalém escravizou os hebreus, levando-os para a Mesopotâmia. Os hebreus foram libertados pelos persas, retornando à Palestina, mas submetidos ao império persa. Alexandre o Grande, de origem macedônica e discípulo de Aristóteles, em 332 a.C., ainda invade a Palestina, dando início ao chamado período **Helenístico**, marcado por forte influência grega na política e na religião judaica. E mais, um dos generais de Alexandre, SELÊUCO I, fez da Judéia uma província do Império Selêucida, o qual, em 167 a.C., **proíbe a religião judaica**; sua prática, aliás, constituía **pena de morte**. O Templo de Jerusalém é transformado no **santuário do deus grego Zeus**. É JUDAS MACABEU quem lidera, em 166 a.C., a revolta vitoriosa contra os selêucidas. Em 63 a.C., por fim, é a vez do Império Romano, liderado pelo general Pompeu, conquistar a Judéia e torná-la sua província. Constantes guerras entre esse dois países – Israel e Palestina – sempre estiveram presentes, e ainda estão, por conta, notadamente, do domínio da faixa de Gaza, onde se encontra Jerusalém, a cidade santa.

É certo que, em 722 a.C., Judá, que até então era composta por algumas tribos da região desértica do Sul da Palestina, foi tomada pelos **assírios**, bem assim a região Norte, Israel. Os israelenses tornaram-se escravos dos assírios, enquanto os palestinos pagavam impostos ao governo assírio, exatamente porque o território de Judá não era economicamente interessante.

Jerusalém, porém, diante da escravidão instalada em Israel, cresceu e cidades como Lachish, passagem para Judá, foram fortificadas. Foi então que Judá foi escolhida por Deus para tornar-se o império dos hebreus e Josias (da casa de David), o escolhido para reinar. Judá revoltou-se contra a Assíria, mas o rei Senaqueribe conquistou a vitória para os assírios. Lachish foi destruída e, conforme consta do Deuteronômio, ela aparece em destaque em Nínive, ex-capital da Assíria, fatos, aliás, demonstrados pela arqueologia.

O Êxodo, por outro lado, serviu para, diante dos mandamentos divinos recebidos por Moisés, atribuir ao casamento a idéia de uma união sólida e estável, com o estabelecimento de direitos e deveres comuns, no intuito de se atribuir à família o *status* que ela verdadeiramente merecia. Bem por isso, é de nossa tradição a afirmação de que a "família é a base da sociedade".

Não devemos nos esquecer de que o casamento foi instituído por uma necessidade econômica e política, notadamente em razão das conseqüências sucessórias da herança e do poder. Ao lado dele, também não façamos 'vistas grossas' à prostituição, que, por sinal, além das conseqüências penais estabelecidas ao longo do tempo, mereceu especial atenção de Miguel Reale, que, no art. 1.727 do Código Civil de 2002, estabeleceu que "*as relações não eventuais entre o homem e a mulher, impedidos de casar, constituem concubinato*".

Tanto assim que, independentemente do relato bíblico – incluído também na Torah –, há quem diga que os episódios do Êxodo, do Dilúvio, e das Dez Pragas do Egito foram escritos pelos rabinos apenas nos séculos VII ou VI a.C., bem depois da datação bíblica (1250 a.C.), visando, na verdade, uma reforma social e religiosa. Desejaram, e conseguiram, combater o politeísmo e o culto às imagens, muito crescentes entre os judeus.

Foi por isso, então, que os rabinos inventaram um código de leis e de histórias vivenciadas por patriarcas heróicos, que recebiam os ensinamentos de Deus, com o intuito de, com isso, cultivar ainda mais a confiança dos fiéis no monoteísmo, na monogamia e na felicidade pela justiça. A "Bíblia" e a "Torah" foram compêndios escritos nesse sentido.

Mesmo o dilúvio bíblico, na verdade, foi um relato histórico de convencimento ao "deus único", por meio do qual os rabinos ("escribas"), visavam retomar a confiança dos hebreus, que haviam retornados do *Cativeiro da Babilônia*, imposto por Nabucodonosor (séc. VI a.C.). Os rabinos pretendiam reconstruir seus templos e reescrever sua religião, começando pelo "Gênesis".

O Dilúvio foi baseado, porém, no mito babilônico de *Galgamesh*, este sim ocorrido, efetivamente, há mais de 7.600 anos, em 5600 a.C., na região hoje ocupada pela Turquia, em Anatólia. Numa catástrofe ambiental, o volume do Mar Mediterrâneo cresceu, atravessou o Estreito de Bósforo e deu origem ao Mar Negro, fato descoberto, em 2000 d.C., por Robert Ballard, o mesmo que localizou os destroços do *Titanic*[25].

Relembre-se que, mais tarde e mais uma vez, no século VI a.C., os hebreus tornaram-se escravos pelas mãos de Nabucodonosor, o rei do 2º Império Babilônico, episódio conhecido pelos judeus como o *Cativeiro da Babilônia*.

É certo que Ciro I, além de introduzir o *Império Persa* no cenário histórico-político da época, em 539 a.C., libertou os hebreus, que retornaram à Palestina, mas permaneceram subjugados pelos persas e, logo depois, ao império da Macedônia, por Alexandre – o Grande, e pelo seu general Selêuco I, que, por sinal, proibiu não só o culto, como a crença na religião de Javék introduzindo a pena de morte para os fiéis cristãos.

Geneticamente, o biólogo Michael Hammer, da Universidade do Arizona, pôde afirmar que diversas populações judaicas, tão perseguidas ao longo dos tempos – principalmente os palestinos –, além de serem parentes próximos entre si, mantém parentesco, também, com libaneses, sírios e árabes.

Todos são originários de uma mesma comunidade ancestral, conforme, aliás, assinala a Bíblia, segundo a qual árabes e judeus são descendentes de um tronco comum: o patriarca Abraão[26], confirmando-se a igualdade biológica e formal entre eles (todos são iguais perante Deus).

---

[25] ROMANINI, Vinícius. **Super Interessante**. São Paulo, n. 178, p. 42-50, abr. 2002. Segundo o autor da reportagem, *"a prova de que esses textos são lendas estaria nas inúmeras incongruências culturais e geográficas entre o texto e a realidade. Muitos reinos e locais citados na jornada de Moisés pelo deserto não existiam no século XIII a.C., quando o Êxodo teria ocorrido. Esse locais só viriam existir 500 anos depois, justamente no período dos escribas deuteronômicos. Também não havia um local chamado Monte Sinai, onde Moisés teria recebido os dez mandamentos. Sua localização atual, no Egito, foi escolhida entre os séculos IV e VI* **d.C., por monges cristãos bizantinos**, *porque ele oferecia uma bela vista. Já as dez pragas seriam o eco de um desastre ecológico ocorrido no Vale do Nilo quando tribos nômades de semitas estiveram por lá"*.

[26] HAMMER, Michael. "Irmãos de Sangue". **Veja**. São Paulo, n. 20, ed. 1.649, p. 86, maio 2000. Se bem que, segundo a magnífica reportagem da **Super Interessante**, já citada, impossível ter ocorrido a emigração de Abraão em 1850 a.C., de Ur, na Mesopotâmia, para Canaã, já que, nessa época, os camelos não eram domesticados para uma viagem dessa grandeza. Ademais, Hebron e Bersheba nem existiam naquela época. Mesmo Jericó, que nem muralhas tinha (segundo a Bíblia, o Cerco de Jericó foi o levante dos hebreus, ajudados pelos céus, contra os canaanitas),

Muito embora os hebreus, ao longo da história, tenham vivido diversas *diásporas*, e mesmo o *Cisma hebraico*, recente pesquisa revelou que o cromossomo Y de 1.371 homens, de vinte e nove comunidades, é o mesmo e é originário de um único *Adão*, que teria vivido na terra há mais de 140.000 anos.

Perfeita e comum é a *identidade biológica judaica*, independentemente da facção adotada, o que revela um elo coeso de ligação genética e que deveria prevalecer sobre a intolerância que, até hoje, assola aquele território.

De qualquer sorte, os hebreus contribuíram para a formação dos direitos da personalidade. A vida familiar passou a ser constituída pela monogamia. A intimidade religiosa passou a ser cultuada pelo monoteísmo. Estabeleceu-se a igualdade formal, muito embora não se permitisse o casamento com estrangeiros. Por fim, a própria instituição do "Decálogo de Moisés" foi um passo decisivo para a concepção mais justa, ainda que formal, das relações sociais da época.

A identidade biológica, contudo, não foi motivo para impedir que os egípcios, no Novo Império, lograssem expandir seu território, chegando ao Sudão, ao sul, e à Mesopotâmia, ao leste, derrotando *fenícios e sírios*.

Por isso, acabaram por reconstituir o poder centralizado, a ponto de, com o faraó Amenófis IV, adotar o monoteísmo e a crença no deus Aton, representado pelo sol, possivelmente influenciado pelo legado monoteísta deixado por Moisés. A religião doméstica grega, por sua vez, teve por cerimônia fundamental o culto ao "fogo", o calor da vida, a sua energia.

Amenófis IV, então, declarou-se *Akhenaton*, "deus do sol", e o absolutismo de seu poder foi tão grande que ele passou a exigir dos súditos a adoração diretamente ao sol! Segundo os arqueólogos, tudo indica que sua tumba não foi localizada (embora a de seu sucessor tenha sido), porque ele foi morto pelos nomarcas, tamanha a sua tirania, intolerância e imbecilidade.

1.3.3 Os assírios e o 2º Império da Babilônia

Com a morte de Amenófis IV, o faraó TUTANCÂMON restabeleceu o politeísmo e, em seguida, RAMSÉS II, entre 1292 e 1225 a.C., foi um grande guerreiro, tendo derrotado os ***hititas***[27] (povo de origem asiática).

---

foi, na verdade, tomada pelos hebreus, que viviam nas montanhas, diante do declínio das cidades canaanitas existentes nas terras, até então férteis, dos vales.

[27] É bom registrar que os *Hititas* adotavam a poligamia, pois o rei possuía, além da rainha, uma esposa associada a sua vida oficial e religiosa; os filhos de uma ou de outra podiam herdar o trono do rei. Além disso, o rei tinha direito a um harém. O casamento poderia ser estabelecido pelo rapto ou, o mais comum, pela compra, com o pagamento da *kusata*, semelhante às arras penitenciais.

O Império egípcio atingiu o seu apogeu e sofreu, quase que em seguida, a sua pior derrota, ocorida em 662 a.C., época em que o Egito foi invadido pelos *assírios*, liderados por Assurbanipal[28].

É certo que, entre 655 a.C. e 610 a.C., o faraó Psamético I liderou a luta contra os assírios, derrotando-os, durante a fase conhecida como *renascimento Saíta*, numa referência a Saís, a última capital do Egito.

Não demorou muito para o violento povo assírio desaparecer da face da terra, quando foram derrotados pelos *caldeus* e, a seguir, pelos *medos*, em 612 a.C., iniciando-se **o 2º Império na Babilônia com Nabucodonosor**.

Destaque, nesse período, ainda, para a *grande navegação* feita pelos fenícios – povo subjugado pelos egípcios –, e financiada pelo faraó Necao. O povo fenício, que adotou a **talassocracia** (governo pelo mar), desenvolveu a navegação fenícia, tecnicamente bem desenvolvida, tendo chegado a contornar a costa africana, fato que se repetiria somente vinte séculos depois!

Ainda dentro do *renascimento saíta*, o casamento, uma das formas de exteriorização da intimidade e expressão do Direito Privado com influência no poder político, atingiu sua forma semelhante à atual. Veja-se que um dos requisitos era o consentimento recíproco, com a confecção de um documento escrito, no qual se previa a comunhão de bens, que deveriam ser administrados pelo marido. Mas a mulher podia dispor dos bens que recebesse por sucessão. E, no caso de dissolução, o esposo deveria prover as necessidades dela e dos filhos.

Mesmo entre os *assírios,* o casamento era marcado por uma simbologia própria e pelo caráter de irrevogabilidade. Segundo o § 42 das Leis Assírias, da tabuleta A, "se um homem, no curso de uma unção verteu óleo sobre a cabeça de uma filha de *awilu* (cidadão) ou forneceu os pratos para a festa, nada haverá que devolver".

A beleza era cultuada nessa época pelos detentores do poder. Os egípcios, por exemplo, valorizavam-na como forma de expressar alegria e vaidade. Freqüentemente, usavam cosméticos e adornos. Eles valorizavam

---

[28] **O império Assírio** organizou-se ao norte da Mesopotâmia (do grego *meso*: meio; e *potamos*: água – terra entre rios), por volta de 3000 a.C., próximo ao rio Tigre. Povo guerreiro e famoso por ser cruel. Desenvolveram uma forte nação militarizada. Seu Deus era Assur, sua Capital. A população era submetida ao poderio militar e os derrotados em guerras, escravizados. Foi o que aconteceu, no século VII a.C., com os Hebreus, libertados posteriormente pelos Persas. O sacerdotes e os chefes militares eram a base da organização política dos assírios. Foi durante o século VII a.C. que o império assírio atingiu o seu apogeu, durante o reinado de Assurbanipal, que organizou a famosa biblioteca de *Nínive*. Após a sua morte, o império entrou em decadência, o que permitiu a invasão dos *caldeus*, centralizados próximo ao Golfo Pérsico, e seu domínio pelo 2º Império Babilônico com Nabucodonosor (séc. VI a.C.), que, como vimos, também escravizou o povo hebreu (episódio conhecido entre os judeus como o *Cativeiro da Babilônia*), posteriormente libertado pelos persas (com Ciro I, em 539 a.C.).

cabelos longos, enquanto elas, o corpo esguio e o uso de vestidos justos; ambos se utilizavam de jóias e roupas de linho.

Sob o enfoque do respeito à vida, ressalte-se que os egípcios representavam em seus sarcófagos um dos mais importantes e vitais órgãos do corpo humano: o *coração* (do latim *"cor"* – representando o sangue – e do grego *"cardia"* – numa referência aos batimentos cardíacos), pois, naquela época, era a única parte do corpo humano que se podia ouvir e sentir.

Após a morte do egípcio, o coração era pesado numa balança; se fosse leve, a pessoa era considerada do bem e seria levada para junto dos deuses. Se fosse pesado, seu lugar era o mundo das trevas, conforme se constata num papiro do **Livro dos Mortos**.

Mas em 525 a.C., *os persas*, liderados por Cambises, *derrotaram* o povo egípcio na batalha conhecida por *Batalha de Pelusa*. Iniciou-se a *dinastia ptolomaica* ou *lágida*, de origem macedônia (período *helenístico*), sob a liderança da macedônica Cleópatra (que, por sinal, mandou matar seus dois irmãos, por causa de herança) e do imperador romano Júlio César, com a formação de um poder político imperial.

O Egito, então, a partir daí, passou a ter influências gregas e deixou de ser independente por cerca de 2.500 anos (até 1914). Por conta de suas constantes guerras, os egípcios perderam suas forças militares, mas deixaram uma legado cultural extraordinário, que influenciou, e muito, os gregos. E, até hoje, sua cultura é diuturna e rigorosamente analisada, constituindo palco do início da implantação das relações privadas.

1.4 AS CIVILIZAÇÕES MESOPOTÂMICAS E A INTIMIDADE

A *civilização Mesopotâmica* também cresceu próximo às águas, agora dos rios Tigre e Eufrates. Em suas terras, foi desenvolvido complexo sistema hidráulico, com a construção de diques, barragens e canais de irrigação. O sistema econômico era agropecuário e as relações sociais, de sujeição e potestatividade.

Enquanto o Egito pregou a **monarquia teocrática**, personificada na figura do faraó, a Mesopotâmia foi marcada pela existência de diversas aldeias (ou "cidades"), com seus respectivos governos, denominados *patesis*, que reuniam em si as figuras de chefe militar e chefe religioso não personificando a divindade.

Diferente do sistema egípcio, as *patesis* não se confundiam, porém, com as *pólis* gregas ou mesmo com as *civitas* romanas. Os patesis eram designados pelos reis, e conseguiam, principalmente por seu carisma, cativar o povo. Um grande político da época – aliás, surgido bem depois de Hammurábi e de Nabucodonosor –, foi Ciro I, que conseguiu unificar o Império Persa, o qual teve, por isso mesmo, uma grande estabilidade política.

Cabia à população o dever de servir a Deus, e havia vários deuses, tanto que as terras eram consideradas propriedade deles e deveriam ser cultivadas para os seus representantes. A divindade persa encontrava-se muito além da natureza humana.

O direito de propriedade também era restrito e pertencia aos *deuses*, muito embora dela se serviam os *patesis*. Com Ciro I, aliás, foram instituídas as *satrápias* (ou Estados, administrados pelos sátrapas), ou províncias, a origem, de certa forma, das *pólis* e a base do sistema *federalista*.

Por outro lado, havia necessidade de se construir templos, denominados *zigurates*, onde as pessoas podiam expressar sua *intimidade religiosa*, também expressiva fonte de convencimento e coesão entre os membros de cada povoado. O grande zigurate construído foi a *Torre de Babel*, por meio da qual os povos desejavam alcançar os céus.

Em linhas gerais, a poligamia imperava nas relações amorosas, além do que não havia qualquer construção jurídica em torno do direito à intimidade, até mesmo porque a liberdade era restringida pela vontade do soberano.

1.4.1 Os sumérios, os acádios e os amoritas: o Código de Hammurabi

Foram os *sumérios* os primeiros povos a ocuparem as cidades da Mesopotâmia e a desenvolverem a *escrita cuneiforme*, o que permitiu grandes descobertas culturais, além de mais uma fonte de convencimento social – a jurídica –, com o desenvolvimento dos institutos do testamento (a documentação da sucessão do poder e dos bens), do contrato (a documentação dos negócios jurídicos, principalmente no comércio), bem como da institucionalização da *vingança privada*, a qual, aliás, decorria da vida em "hordas" (ou nomadismo).

Os sumérios, porém, foram derrotados pelo povo *acádio*, que, mesmo incorporando a cultura sumérica, logo desapareceu (viveu entre 2400 a 2100 a.C.). O filme "Escorpião Rei", de repercussão nacional e mundial, exibido em 2002, retrata a existência, a dominação e a violência dos acadianos, dentro daquela concepção jurídica de submissão e poder.

Naquela oportunidade, o sucesso da produção agrícola fez com que as cidades desenvolvessem avançados mecanismos de defesa militar para proteger a agricultura, como as cidades de Uruk, além de Ur e Lagash. Pagavam-se impostos, só que aos *patesis*.

Comparado ao Egito, o sistema político na Mesopotâmia era descentralizado, mas absolutista, concentrado nas mãos dos patesis. A descentralização do poder ocorria por meio do que, hoje, chamamos de "autarquia", o *longa manus* do poder central.

Outra população da Mesopotâmia que mecere destaque foi composta pelos *amoritas*, originários do deserto árabe, os quais, ao sul, conseguiram, por volta de 2100 a.c., derrotar os *acádios*, que ali também já haviam se instalado.

Os *amoritas* ocuparam a cidade de Babilônia e mantiveram diversos conflitos com outras cidades, até que, no século XVIII a.C., Hamurábi, rei da Babilônia, logrou unificar toda a região da Mesopotâmia, de modo a fundar o **1º Império Babilônico**.

A suntuosidade do poder também foi expressa por grandes obras, como a Torre de Babel ou o Zigurate de Babel, por meio do qual o homem desejava chegar ao céu. Ela também foi construída para homenagear o mais importante deus da Mesopotâmia, *Marduk,* além, é claro, do seu código. A propósito, observa Pietro Cogliolo: *"criado o órgão está assegurada a função"*, de modo a se estabelecerem as formalidades para os atos.

O rei da Babilônia, Hamurábi, de origem amorita, foi o primeiro, na civilização humana, a organizar um código de normas escritas, que previa tipos penais, tipos de natureza cível, e mesmo processuais, só que de natureza tópica.

Não se pode considerá-lo, porém, um código sistematizado. Na verdade, o código de Hammurabi "institucionalizou" a pena de Talião (de *tales*: tal e qual), para qualquer fato do qual decorresse prejuízo a alguém, independentemente da causa.

A tradição hamurabiana foi mantida. Não só o Código Civil de 1916 (art. 159), como também o art. 927, do Novo Código Civil, estabeleceram que "aquele que, por ato ilícito (arts. 186 e 187), causar dano a outrem, fica obrigado a repará-lo". Trata-se de uma regra milenar, cuja responsabilidade, porém, naquele estágio da vida humana, era essencialmente corporal.

A fase da *"compositio"*, surgida para evitar a dizimação dos grupos sociais inadimplentes, foi tão-somente para institucionalizar a vingança privada, dentro, porém, de regras previamente estabelecidas. É bom lembrar que os gregos, com Sólon, no século V a.C., e os romanos, com a *Lex Poetelia Papiria*, no século IV a.C., eliminaram, entre os cidadãos, a responsabilidade corporal. Isto somente foi ocorrer com os germanos, na Idade Média.

O Código de Hammurabi, e mais tarde a Lei das XII Tábuas (tábua 3ª), previram o *nexum*, o vínculo corporal ao cumprimento das obrigações civis, quer pela escravidão (*manus iniectio*), quer pela morte por esquartejamento, em tantas partes quantas fossem os credores.

O Código ainda estabeleceu o *penhor*, mantendo-se a escravidão como forma de se solver dívida não cumprida. Diga-se de passagem que o *penhor* foi a origem do instituto da *penhora privada* (retenção dos bens do devedor até o pagamento da dívida), instituída entre os romanos, antes da figura do pretor e da execução judicial.

Dentre outras hipóteses no campo penal, previa o Código que, "*se um homem batesse em seu pai, teria as mãos cortadas*". Ou então, "*se alguém penetrasse por arrombamento numa casa, teria de morrer*". Vislumbra-se, nesse dispositivo, parte da origem do princípio da inviolabilidade domiciliar, aspecto inerente ao respeito à intimidade.

No campo da responsabilidade civil, nota-se que a execução pelo inadimplemento levava à execução corporal, como no caso do médico que, se tratasse de um grave ferido com "punção de bronze quente" e ele morresse, teria as mãos decepadas.

Interessante notar que o fundamento do Código de Hamurabi tinha eficácia apenas para os homens da mesma classe, numa flagrante desigualdade social. Tanto assim que "*se um homem cegou o olho de um homem livre, o seu próprio olho será cego*"; todavia, "*se um homem cegou um olho de um plebeu ou quebrou-lhe um osso, pagará uma mina de prata*"; "*se cegou o olho de um escravo ou quebrou-lhe um osso, pagará metade de seu valor*".

Como o contrato exigia forma escrita e a presença de testemunhas, à semelhança do dos egípcios, a civilização babilônica previu o *riksâti*, o **contrato de casamento**. Era preciso, para se casar, um documento escrito, no qual se fixava o valor do sinal – o *terhatum* –, que deveria ser entregue pelo esponsal ao pai da noiva. Este, por sua vez, entregava-lhe a filha.

O § 128 do Código de Hammurábi previa que, "*se um homem tomou uma esposa e não redigiu seu contrato, esta mulher não é sua esposa*". O contrato, então, surge como uma necessidade jurídica de formalização da união entre pessoas de sexos diferentes. O vínculo do casamento a um contrato ocorre, *mutatis mutandis,* com o "contrato de união estável", somente hoje expresso num código (art. 1.725, do Novo Código Civil brasileiro).

A propósito e na esteira do "*terhatum*", mesmo na união estável, a nova legislação civil brasileira previu a possibilidade de o convivente ou a companheira participar da sucessão do outro, quanto aos bens adquiridos onerosamente na vigência da convivência comum, ainda que dentro das condições estabelecidas pelo art. 1.790 do Código Civil de 2002.

É a influência jurídica do passado no presente, cuja evolução foi demorada, pois sempre centralizada na figura do *patria potestas*, em que pese a fase, superada, do *matriarcado*, tão bem demonstrada por Bachofen em 1861. A mulher passou a ser, apenas, o centro familiar da designação do parentesco. De qualquer sorte, desenhava-se a origem formal do respeito à intimidade familiar, por meio de um contrato formal.

1.4.2 O 2º Império da Babilônia, os persas e o sigilo financeiro

Com a morte de Hammurábi, o império se enfraqueceu e, apesar de sua prosperidade, surgiram novas ondas de invasões, pelos povos *hititas*[29] e *cassitas*, os quais, porém, foram subjugados, em 1300 a.c. pelos *assírios*.

Como vimos, em 612 a.c., porém, os *assírios*, embora considerados um povo militarizado e violento – famosos por sua crueldade –, foram derrotados pelos *caldeus*, povo que deu origem ao **2º Império Babilônico**.

O caldeu Nabucodonosor, no século VI a.c., conduziu Babilônia novamente a seu ponto de destaque no cenário da civilização humana e, como não poderia deixar de ser, construiu grandes templos, muralhas e palácios, cercados pelos famosos *jardins suspensos*. Era a afirmação do império babilônico faraônico e a consagração do princípio do respeito à intimidade religiosa.

Tanto assim que, em seu reinado, ocorre o chamado *processo de laicização do comércio*; os templos, em razão da confiança que deles decorria – aspecto indispensável na vida íntima –, eram utilizados como verdadeiras casas bancárias, com operações de depósitos e empréstimos.

Surgiram as instituições bancárias privadas, como a de "Igbi de Suppar" e "Muraschu de Nippur", e, por meio delas, a instituição dos juros, bem como a necessidade de se guardar sigilo nas operações bancárias. Interessante notar a origem da relação de confiança e segredo, notadamente o sigilo financeiro, uma das relevantes formas de intimidade.

A necessidade de se manter o sucesso nos negócios econômicos conduziu ao absoluto segredo das contas dos investidores. Era imperioso manter a confiança nas aplicações financeiras, o que se conquistou pela instituição do secreto. Só bem mais tarde é que se permitiu a violação justificada da *intimidade financeira*.

Nabucodonosor chegou a saquear Jerusalém e escravizou o povo hebreu (Cativeiro da Babilônia). Com a sua morte, o império enfraqueceu-se,

---

[29] Entre os hititas, não se sabe se havia ou não poligamia. É sabido que o rei possuía, além da rainha, uma outra esposa, que tinha relevante função religiosa – era a *sakouwassar*, a "verdadeira, a justa", cujos filhos também poderiam herdar o reinado. Havia duas formas de casamento: pela compra, cujo sinal era conhecido por *Kusata* (semelhante ao dos hebreus e dos babilônicos) e pelo rapto (como do Direito Romano – rapto das sabinas).

o que permitiu a invasão dos *persas*, liderados pelo grande político CIRO I, em 539 a.C.

O povoamento do Império Persa, cuja origem remonta ao século VI a.C., iniciou-se no planalto iraniano. O império atingiu seu apogeu com CIRO I, que foi um homem muito hábil para dominar os povos e os territórios que conquistou, como a Mesopotâmia, a Palestina e a Fenícia, além da Ásia Menor (no Ocidente) e a Índia (no Oriente). O filho de Ciro, CAMBISES, embora tenha conquistado o Egito, em 525 a.c. (batalha de Pelusa), revelou-se, bem ao contrário de seu pai, um rei despótico e autoritário.

O Império Persa, muito embora constituído por uma forte e grandiosa base militar, não resistiu aos *medos (*nas Guerras Médicas), povo dissidente que, já no século VII a.c., se achava organizado como uma nação. O 1º rei Medo, Dejoces, foi sucedido por Fraorte, que conquistou as tribos persas. Sucedeu-lhe o rei Ciaxares, que acabou derrotando os assírios, os citas e os sumérios.

Os persas possuíam uma cultura religiosa dualista: de um lado, o deus do bem (*Ormuz-Mazda)*; de outro, o deus do mal (*Arimã)*. Na dualidade entre o bem e o mal na terra, era o imperador quem representava o bem. Era uma forma psicológica de se impor. Mas, os persas acreditavam, assim como os hebreus, na vinda do Messias, um salvador dos homens na terra. Sua religião ficou conhecida como *zoroatrismo* ou *masdeísmo* e é representada pelo livro sagrado *Zend-Avesta*, que teria sido escrito por um personagem lendário chamado *Zoroastro* ou *Zaratustra*[30]. Tal religião influenciou, e muito, as três principais que se seguiram: o cristianismo, o judaísmo e o islamismo.

Interessante notar que os *persas*, ao lado dos *hindus*, constituíram um grupo cuja origem é comum: o indo-europeu, que partiu do Cáucaso em direção ao sul, próximo da Ásia. Esse grupo, por volta do século XVIII a.C., dividiu-se em dois novos grupos que tomaram direções diferentes. Um deles fixou-se no planalto do Irã e constituiu os *persas* e os *medos*.

1.4.3 Os hindus, o Código de Manu, os macedônios e os essênios

O outro grupo dirigiu-se ao vale do Indu, na península do Hindustão, ao sul do Himalaia, acabando por criar a **civilização *hindu***[31], que deu origem

---

[30] Diferentes dos Persas, os **fenícios**, que ocuparam o litoral da Síria, norte da Palestina (onde se localiza o Líbano), desenvolveram com notabilidade o comércio marítimo. Possuíam vários deuses, inclusive com a prática de cultos violentos e até sacrifícios humanos. Era comum entre os fenícios o oferecimento pelos pais de suas filhas a visitantes, como sinal de boas-vindas.

[31] **Os hindus, de origem ariana**, comum aos persas, são originários do norte do mar Negro. Permaneceram no Cáucaso, ingressaram na Índia e por ali ficaram, desde o século XVI a.C., domi-

aos indianos. No período clássico, entre os indianos, doze livros e cerca de 2.685 artigos compunham o famoso **Código de Manu**, que também estabelecia diversos tipos jurídicos. Interessantemente era escrito em 'versos', dada a facilidade de "decorar" suas normas e de mantê-las vivas.

Entre os indianos, a mulher era venerada, tanto que, num dos versos do Código, lia-se: *"não se bate em uma mulher nem com uma flor, qualquer que seja a falta cometida por ela"*. Mesmo venerada, é bom que se diga, ela permanecia subordinada; se viúva, ao filho mais velho; se casada, ao marido; se solteira, ao pai.

Bem nítida entre os indianos a filosofia de Karl Marx no tocante ao "materialismo histórico". Em outras palavras, o sistema de casta fazia com que as pessoas que nascessem em determinadas castas, nelas permanecessem. Cada uma delas tinha a sua importância e características próprias.

Para Manu, *"o brâmane não deve comer arroz de nova colheita sem oferecer as primícias ao fogo, pois o fogo sagrado é ávido de cereal e, não se sentindo honrado, arruína a vida do brâmane negligente"*. Hindus, e mais gregos e romanos, tinham a idéia de que os deuses necessitavam não só

---

nando, inicialmente, os *drávidas*, antigos habitantes da região. Ocuparam a planície indo-gangética, na região do Pendjab, península do Hindustão, ao sul do Himalaia, numa área banhada, a leste, pelo mar de Omã; a oeste, pelo golfo de Bengala. A Índia muito contribuiu para o princípio da integração do poder político-religioso, institucionalizando propositadamente, as discriminações de classe. Tanto assim que sua própria história política é esquematizada em três sistemas religiosos: *o védico, o bramânico e o búdico*. Não significa que um anule o outro; até hoje, podem ser encontrados os três sistemas religiosos, entre outros. O período védico é marcado pelo seu desenvolvimento no Afeganistão (onde foram construídos monumentos de Buda, que, em 2001, o então governo talibã destruiu). Não havia sacerdotes e nem templos. A reconstrução da história da Índia, nessa fase, é feita pelos hinos sagrados *Vedas*. A **filosofia de vida religiosa era baseada estritamente na introspecção**, um dos aspectos da nossa intimidade e por onde se começa a desenhar a liberdade de pensamento e de crença. O Período Bramânico é marcado por uma sociedade formada por "castas", que se superpõem de acordo com o grau de importância ou hierarquia de cada uma. Surge a figura dos sacerdotes – os *brâmanes* –, que ocupavam a casta mais importante, pois se diziam originários da cabeça do deus Brama, o qual participava de uma tríade (ou trimurti) de deuses (além dele, havia o Siva e o Vichnu). Os guerreiros, conhecidos por *xátrias*, ocupavam a casta imediatamente inferior, pois afirmavam ser os braços daquele deus. Os agricultores e comerciantes, conhecidos por *vaísias*, afirmavam ter surgido do ventre de Brama. Por fim, o servos, conhecidos por *sudras*, eram originários, por sua condição, dos pés de Brama. Os *párias* eram aqueles que não se classificavam em qualquer uma das castas e, por isso, eram infelizes e não tinham quaisquer direitos. O Período Búdico, iniciado no século VI a.C., é marcado por reações ao sistema bramânico. Seu líder foi Sidarta Gautama, ou Sáquia Muni, ou popularmente conhecido por Buda ("o iluminado", em sânscrito). Era filho de um nobre rajá. Incrivelmente, nessa época surgiu alguém que pregava os princípios da igualdade, da fraternidade, da tolerância (ou resignação) e se intitulava, ao contrário do que muitos pensam, um *filósofo*. Tanto que, embora filho de nobre, rico e príncipe, viveu uma vida de desapego às coisas materiais e, por sete anos, foi eremita, renunciando à nobreza e aos seus bens. Sua filosofia visava o "nirvana" (o estado pessoal total de paz), pois a existência humana, segundo ele, implicava sofrimento. Os hindus se dedicaram ao estudo da medicina, da matemátia e, principalmente, da filosofia. Estabeleceram seu próprio Código, o de Manu.

de honras e respeito, mas também de bebida e alimento, não sendo isso diferente entre os persas, embora tivessem religião própria.

Também merece destaque, no mundo Asiático, por força de suas atualíssimas assertivas, o Mestre Kung, por nós conhecido por Confúcio (551 a 479 a.c.) ou Kung-Fu-Tsé, para quem o valor jurídico da justiça poderia ser assim explicado, desde a antiga China: "*se se dispõe de homens justos, o governo prosperará; sem eles, o governo desaparecerá*"; ou então, "*pode-se obrigar o povo a seguir os princípios da justiça e da razão, mas não se pode obrigar a compreendê-los*" (*In*: Lin-yu, VIII, 9).

Registre-se, ainda, a resistência ao império persa pelos *macedônios*, com *Alexandre o Grande* (em 332 a.C.), que deu início ao chamado período *helenístico*, marcado pela absorção da cultura grega e por forte influência grega e pagã nas civilizações até então conhecidas. Por isso, ele foi conhecido como o Magno, o que conseguiu unificar praticamente todas as civilizações antigas.

Da mesma forma, os *medos*, um dos povos do império persa – mas dissidente –, foram derrotados pelos gregos, os quais foram dominados, posteriormente, pelo filho de Filipe II (Alexandre o Grande), que poupou apenas Atenas, terra, aliás, de seu preceptor Aristóteles.

Alexandre o Grande, da Macedônia[32], conquistou também a Palestina, dando início ao *processo de helenização*. A Judéia sofreu nas mãos do Império Selêucida, de greco-sírios. Com efeito, em 197 a.C., o imperador Selêuco I, um dos generais de Alexandre, tornou a Judéia província do seu império.

---

[32] A Macedônia ficava ao nordeste da Tessália. Era uma região central fértil, mas sem portos, o que dificultava o escoamento de seus produtos. Ela tem sua história derivada da Grécia antiga, graças à liderança, em 360 a.c., de Filipe II, pai de Alexandre – o Magno, que assume o poder em 336 a.c. Filipe II foi prisioneiro em Tebas e, por isso mesmo, pôde observar a decadência grega. Aliás, a Grécia, como veremos, ao norte ocupou a Tessália, antes da assunção dos macedônios. Filipe II desenvolveu, e muito, atividades militares, criando a *falange* (tropa de grande poder ofensivo). Sob pretexto religioso, invadiu Elêusis e, em seguida, conseguiu dominar a Grécia e ocupar fortalezas espartanas. Preparou-se para invadir o império persa, quando foi assassinado em Pela, então capital da Macedônia, em 336 a.C. Assumiu o poder então, aos vinte anos, Alexandre o Grande, o qual, por sinal, teve como preceptor, nada mais, nada menos, do que Aristóteles. Mas, ele, de início, devido a sua tenra idade, foi menosprezado pelos inimigos; pouco tempo depois, porém, aos trinta e três anos de idade (qualquer semelhança, é mera coincidência), Alexandre conseguiu dominar e extender seu império por quase todo o mundo antigo. Tebas foi a primeira cidade grega a ser arrasada; poupou, apenas, a casa de Píndaro, o seu poeta grego preferido. Em Atenas, ele restabeleceu a Liga de Corinto, que foi fundada por seu pai. Já conhecido como *hégemon*, retoma o projeto paterno de atacar o império persa, iniciando as lutas, na Ásia Menor, em 334 a.C. Em 333 a.C., derrotou os persas na planície de Isso, por onde conseguir ingressar na Síria, pelo vale do Eufrates. Derrotou os fenícios, mesmo com a forte resistência de Tito. A seguir, invadiu Gaza, na Palestina. Contudo, antes de prosseguirmos com as grandes conquistas de Alexandre, mister a análise, na seqüência, da Grécia.

Por conta disso, em 167 a.C., a prática do judaísmo foi absolutamente proibida. A prática dessa religião era apenada com a morte, muito embora a *Torah*, o livro sagrado judaico, pregasse, em linhas gerais, o amor, a amizade, a inteligência e o valor, numa referência constante ao coração, símbolo desses sentimentos.

Por força do processo de *helenização*, o Templo de Salomão passou a ser dedicado ao deus grego Zeus. Em 166 a.C., todavia, com o apoio de todos as facções judaicas (essênios, fariseus, zelotas, sicários e saduceus) e sob a liderança do sacerdote essênio Matias e de seus filhos, os irmãos Macabeus, o império Selêucida foi derrotado.

A propósito, os *essênios*, uma das facções judaico-hebraicas, cultuavam o celibato e também o casamento para a procriação. Recusavam sacrifícios e juramentos e defendiam a vida em comunidade, a partilha de bens e a dedicação aos estudos e à introspecção oratória.

A vida dos essênios passou a ser conhecida modernamente por meio dos escritos encontrados nas ruínas de Qumran, em 1947, conhecidos por *Manual da Disciplina* ou *Preceito da Comunidade*. Eles eram radicais, criticavam os líderes religiosos da época e, inclusive, pela recente tradução dos escritos, é possível afirmar a proximidade entre os essênios e João Batista (não há qualquer referência a Jesus), conforme assinala Emmanuel Tov, da Universidade Hebraica de Jerusalém e coordenador da última fase da tradução dos Manuscritos de Qumran[33].

Não devemos nos esquecer, a propósito da não referência a Jesus, que Qumran fica a 250 km de Jerusalém, e os essênios, em 150 a.C., refugiaram-se às margens do Mar Morto, em cavernas, onde penetravam, com mais segurança, no recôndito religioso. Importante frisar, por fim, que os essênios cultuavam o monoteísmo e a monogamia, princípios fundamentais do cristianismo.

Destaque, a seguir, ao Direito Grego, construído por uma das civilizações também importantes do mundo jurídico (e óbvio, da cultura em geral) e que merece a nossa atenção, principalmente porque ali se desenvolveu e se buscou ideais relevantes, ligados, notadamente, à sistematização da ciência humana, quer pelo estudo da origem do universo (cosmologia), quer pela análise interior do homem (princípio antrópico), com inegáveis avanços jurídicos, principalmente em relação ao tema eleito.

---

[33] FRANÇA, Martha San Juan. "Documentos Santos". **Galileu**. São Paulo, n. 128, p. 34, mar. 2002.

Capítulo II

A CONSTRUÇÃO JUSFILOSÓFICA GREGA

Interessante notar que a intimidade, como instituto ontologicamente conceituável, originou-se do culto doméstico ou familiar, de modo a se ter um juízo, ainda que restrito, da intimidade familiar e da intimidade religiosa.

Entre os gregos, o exercício da intimidade religiosa experimentou aspectos politeístas, ligados a um misticismo próprio, impregnados de emoções e paixões humanas, inclusive, políticas, muito mais próximos da razão humana e do seio familiar.

Tanto assim que havia perfeita interação entre as famílias e um dos atos mais importantes da religião: o casamento. As cerimônias ocorriam na casa do pai da noiva; em seguida, na casa do marido e, após, diante do fogo sagrado[34].

> *A religião ensinou ao homem que a união conjugal é bem mais que a relação de sexos ou do afeto passageiro, unindo os dois esposos pelo laço poderoso do mesmo culto e das mesmas crenças. A cerimônia das núpcias era, além disso, tão solene, e produzia efeitos tão profundos, que não devemos nos surpreender se esses homens julgaram não ser permitido nem possível ter-se mais do que uma mulher. Essa religião não podia admitir a poligamia*[35].

Por isso mesmo, desenvolveu-se uma religião monoteísta, atrelada à expressão de uma religiosidade interior e, ao mesmo tempo, com reflexos políticos, o que propiciou ao homem o desenvolvimento de decisões intros-

---

[34] Nesse sentido, também foi o **casamento romano**, que compreendia a *traditio*, a *deductio in domum* e a *confarreatio*, cujo sentido era essencialmente político e sucessório.
[35] COULANGES, Fustel. **A Cidade Antiga**. Tradução de Jean Melville. São Paulo: Martin Claret, 2002. p. 51-52. Apenas, certamente para serem diferentes, os romanos criaram a *coemptio* ou o *usus*, formas de casamento perfeitamente dissolúveis. O casamento religioso era, de qualquer forma, mais difícil de ser dissolvido, o que poderia ser feito apenas pela *diffarreatio* (rejeição do bolo perante o fogo sagrado).

pectivas e racionais, longe das adorações místicas e culminando em grandes avanços tecnológicos e jurídicos.

A religião, efetivamente, formou a família. Sendo assim, ao formá-la, exigiu-lhe imperiosamente a sua continuidade. Segundo Coulanges, "*família desaparecida é culto morto*"[36]; parentesco interrompido, sucessão patrimonial e política prejudicada.

Cícero, no seu tratado "Das Leis", transcreveu lei que "proibia o celibato". A propósito, em Esparta, ainda que a finalidade fosse a defesa da pólis, a Lei de Licurgo punia severamente o homem que não se casasse.

Íntima, portanto, a ligação entre a religião, a família e a organização social, pois, esclarece Fustel de Coulanges, "*o fim do casamento, para a religião e para as leis, estaria na união de dois seres no mesmo culto doméstico, fazendo deles nascer um terceiro, apto a continuar esse culto*"[37].

Assim, o primeiro aspecto da história grega está ligado ao que os filósofos chamavam de "*teogonia*", doutrina que procurava demonstrar a origem dos deuses, para justificar a existência do universo, do ser e do próprio Direito.

A teogonia também teve muita influência no parentesco. O "princípio do parentesco" não decorria do *ius sanguinis*, mas, sim, do culto doméstico, cujo respeito era dedicado à família. Poderia ocorrer de um filho emancipado (que renunciara ao culto anterior) ser irmão de outro, pertencente a outra família, quer pela adoção, quer pelo casamento.

Disso pode-se concluir que não havia possibilidade de ser parente por parte de mulher. Ela não transmitia o culto. E, assim, o culto aos mortos era realizado por meio dos ancestrais[38] masculinos. Íntima, pois, a relação entre a intimidade religiosa e a intimidade familiar, de modo a se estabelecer a base sólida da sociedade.

---

[36] *Op. cit.*, p. 54.
[37] *Idem*, p. 55. Tanto assim que o casamento só poderia ser anulado em caso de "esterilidade" da mulher; isto era assim tanto na Grécia, como na Índia – Leis de Manu, IX, 81 e em Roma, e assim permanece até os dias atuais. A viúva que não tivesse tido filhos, deveria se casar com o parente mais próximo do defunto, e o filho nascido do segundo casamento era considerado filho do defunto (Leis de Manu, IX, 69, 146). O mesmo ocorria entre os hebreus (Deuteronômio, 25). A finalidade do casamento, tanto na Grécia, como em Roma e na Índia, não era atingida se nascesse uma filha; ela não poderia presidir os cultos domésticos. Ao contrário, o nascimento do filho constituía uma cerimônia ímpar, um verdadeiro "batismo", consistente no fato de que o rebento era reconhecido, perante a família, num ato formal de purificação, como filho do pai. O instituto da **adoção** nasceu por necessidade, ou seja, a de perpetuar o culto doméstico (Leis de Manu, IX, 10); o adotado assumia a nova religião familiar e renunciava à anterior. Ao contrário da adoção, foi concebida a "*emancipatio*", segundo a qual o filho renunciava à religião original familiar – era o "*sacrorum detestatio*".
[38] O parentesco do homem em relação ao antepassado de até 7º grau era conhecido por *sapindas*; até o 14º, por *samanôdacas*, sendo ambos conhecidos no Direito Romano como "*agnados*".

O parentesco por agnação foi adotado pela Lei das XII Tábuas. Mas, mais uma vez, para contrariar os gregos, os romanos instituiram o parentesco pela *cognatio*, cujas normas eram absolutamente distintas do direito familiar religioso dos gregos, pois se passou a dar valor ao parentesco pelo nascimento.

Em seguida, desenvolveu-se a *"cosmogonia"*, oportunidade em que os filósofos estabeleceram a teoria acerca da origem do universo para fundamentar a origem do homem. É nesse momento que surge a *filosofia (*de *filo:* amizade; *sofia*: sabedoria).

Por fim, segue-se a *"cosmologia"*, estudo do universo pela racionalidade humana. Tais análises justificam o surgimento, pela primeira vez no mundo, da *política* (do grego *pólis*), processo pelo qual as decisões são tomadas em conjunto pela própria sociedade, pelo próprio cidadão, muito embora nem todos os habitantes (porque escravo não era considerado homem) fossem cidadãos. Logo, filosofia e política constituem atributos indispensáveis ao processo da evolução humana, e elas nós devemos aos gregos.

2.1 AS CONCEPÇÕES COSMOGÔNICAS E COSMOLÓGICAS A RESPEITO DA INTIMIDADE

O direito grego e as novas tendências jurídicas da época – que repercutem até hoje – iniciaram-se exatamente no momento da passagem da fase da *cosmogonia* – quando se procurava explicar a origem do homem pela origem dos deuses –, para a *cosmologia*, momento em que a explicação racional, pelo *logus* (origem da *lógica* ou razão), cinge-se ao estudo do homem em si, e a matéria é explicada de forma sistemática e racional (pela razão e pela liberdade).

O homem passa a ser considerado, ainda que filosoficamente e pela primeira vez, como ente jurídico dotado de *vontade racional*, por conta da afirmação do princípio da liberdade e do poder racional humano, de forma igualitária. Consagra-se, então, o princípio da liberdade positiva, muito embora as relações jurídicas tenham permanecido, de um modo geral, sob o regime ditatorial.

Bem antes de ser invadida por "Alexandre – o Grande", a Grécia antiga – localizada na região dos Balcãs e nas ilhas do Egeu (no Mediterrâneo e no mar Jônico – Sudeste da Europa) –, em sua preciosa cidade (Atenas) produziu grandes pensadores, e sua civilização foi considerada uma das mais evoluídas do mundo.

Destaque para Creta, ao sul do Egeu, cuja civilização – a cretense – foi, inicialmente, descoberta a partir de 2000 a.C., em função das referências feitas por Heródoto (o pai da História) e por Tucídides, historiador da guerra do Peloponeso.

Em 1898, o arqueólogo inglês Sir Artur Evans descobriu a cidade de Cnossos e o palácio de uma rainha cretense, chamado de "Palácio de Minos" por Homero. Com essa descoberta, constatou-se a existência de uma *sociedade matriarcal*.

Os cretenses, que atingiram seu apogeu entre 1700 e 1580 a.C., deram importância às artes (esculturas, estatuetas e pintura mural, com o intuito de provocar muita admiração), à engenharia hidráulica (com a construção de grandes reservatórios e canalizações), bem como à arquitetura (com a criação de higiênicas salas de banho e instalações sanitárias), de modo a consagrar o princípio da liberdade de expressão, efeito relevante do princípio do respeito à intimidade.

Creta chegou a formar uma verdadeira unidade política e foi também uma das únicas civilizações antigas (o Egito antigo também chegou a cultuar, ainda que por breve tempo, o matriarquismo) que desenvolveu a sociedade *matriarcal*, reverenciando-se a figura da "Grande Mãe", sua principal divindade.

Por isso mesmo, o "Palácio de Minos" pertenceu a uma rainha. Nessa época, a mulher possuía os mesmos direitos que os homens e era valorizada pela sua condição humana livre e racional. Por aí se vê que a individualidade feminina, muito antes do iluminismo, já havia sido consagrada, a ponto de ter o *status* que sempre mereceu.

Bem a propósito, na Antiga Grécia, uma lei permitia às mulheres ter vários maridos, possibilitando a *poliandria* (algumas tribos ao sul da Índia, ainda hoje, permitem a poliandria), devido à escassez da população masculina.

Mesmo em Esparta – sociedade organizada de forma militar e pelos homens, a partir dos sete anos de idade –, a *poliandria* foi permitida (em razão da morte de muitos homens nas constantes guerras). Isso sob a condição de a mulher ter apenas um filho, e sadio, como veremos.

Foram os *aqueus*, que viviam ao norte da Península Balcânica, os que dominaram os cretenses, por volta do século XV a.C. A fusão entre cretenses e aqueus deu origem ao *povo miceniano ou civilização micênica*, centrada na cidade de Micenas, no Peloponeso (ligada a Atenas pelo istmo de Corinto).

Micenas perdurou até o século XII a.C. Ao contrário dos cretenses, a sociedade micênica, resultado da fusão entre aqueus e cretenses, foi extremamente *patriarcal*, em razão da sucessão político-econômica dos patriarcas.

A passagem do matriarquismo para o patriarquismo, naquele momento, decorreu da dominação masculina pela força. Bem por isso, as leis daquela época permitiam que as terras ocupadas fossem agregadas à nação invasora, como decorrência natural do direito de propriedade.

A sociedade patriarcal concebeu, na *Antiga Grécia*, toda espécie de relação sexual extraconjugal, sob a condição de não prejudicar a saúde do homem ou de não permitir que a herança fosse parar nas mãos de classes inferiores.

Valorizava-se, no entanto, a "religião doméstica". Mas, a preocupação com a sexualidade, já nessa época, era muito forte, pois o sexo constituía a principal fonte de alívio psíquico.

A civilização micênica foi extinta por volta do século XII a.C., em virtude da invasão dos *dórios*, que também se formaram na Península Balcânica, entre os séculos XX a XII a.C. Os *eólios* e os *jônios* também ali se desenvolveram e todos eles tinham o mesmo modo de produção agrícola.

Rebeldes e violentos, os dórios dominaram os micênicos e expulsaram eólios e jônios da Grécia Continental; esses dois últimos grupos humanos, que tinham a mesma origem que os dórios, foram obrigados a se dirigir para as Ilhas do Egeu e para o litoral da Ásia Menor, fenômeno esse conhecido como *a primeira diáspora grega*.

Os *dórios* provocaram um verdadeiro *colapso comercial e cultural* das cidades, obrigando os gregos a se voltarem para a atividade agrícola, dando-se oportunidade à formação dos genos. Homero registra as reações ao domínio dos dórios, os quais inventaram a moeda e tornaram-se potentes na navegação, no comércio e no artesanato.

Surgiu, então, a *Idade Média Grega* ou "*Tempos Homéricos*" (entre os séculos XII e VIII a.C. – período Homérico), parte da história da Grécia pré-helênica, conhecida pelas grandiosas obras de Homero, poeta grego e autor de **Ilíada** (que narra a Guerra de Tróia e a ira de Aquiles) e da **Odisséia** (que narra as aventuras de Ulisses, herói grego, e seu retorno para a Ítaca pré-troiana).

Discussões à parte sobre o *caso homérico* (não se sabe ao certo se ele realmente existiu), a primeira publicação oficial desses dois poemas data da época de Pisístrato, tirano ateniense do século VI a.C. E foi oficial, porque os homéricos – os bardos – eram os únicos que poderiam recitar os poemas de Homero, fato que contrariava o tirano. É inegável que, nesse momento, os poemas, que foram escritos em jônico, passaram para o ático ateniense.

As obras homéricas, dada a sua extrema qualidade literária (segundo Voltaire, Homero foi um "sublime pintor") e sua apreciação pelos *unita-*

ristas (diferentes dos *analistas*, discípulos do alemão F. A. Wolff, que afirmou, em 1795, que os poemas eram compilações de trabalhos de vários outros poetas), marcaram a história dos épicos.

Mesmo *Gilgamesh* (épico do Dilúvio), escrito pelos sumérios mil anos antes, não teve a mesma qualidade sublime que Homero conseguiu. Os épicos homéricos desenvolveram uma sólida base cultural do instituto da intimidade.

A referência às obras de Homero merece destaque à parte, pois, além de constituir o registro da história do povo grego, constituiu, também e principalmente, uma das maiores expressões da *intimidade cultural*.

No período homérico, encontramos as *comunidades gentílicas*, formadas por pequenas unidades agrícolas auto-suficientes (os *genos*), em decorrência da invasão dória e da 1ª diáspora. Os dórios acabaram expulsando micênicos, eólios e jônios.

E os *genos*, formados pelos povos expulsos, eram controlados pelo *pater familiae*, uma nova forma de *patesis* da Mesopotâmia, ou *patriarca* dos hebreus, com uma diferença fundamental: o *patria potestas* (ou *pater familiae*) reunia poderes autoritários, inclusive os de julgar condutas dos integrantes da família e, também, das pessoas dos genos.

O poder paterno decorria da religião doméstica, e era o "deus" que os gregos chamavam de "*estia despoina*" – "senhor do lar", pois a família e o culto se perpetuavam por seu intermédio. Por isso, Aristóteles idolatrava o homem, em detrimento da mulher, porque somente ele podia gerar. Ela era submissa ao marido, que detinha o "*manus*" (poder).

2.2 AS RELAÇÕES SOCIAIS ENTRE OS INTEGRANTES DA FAMÍLIA E DOS GENOS

Nesse período, cultuou-se significativamente a *intimidade familiar-religiosa*, sob a ótica dos direitos do homem. Percebe-se, com clareza, a nítida relação entre a religião (o culto ao fogo) e a família. Parece-me que a razão dessa relação estava na necessidade de serem estabelecidas regras para a convivência e o futuro da família. E a religião deveria ser o meio psíquico mais eficaz para se impor as regras.

O Código de Manu, como posteriormente em Roma, bem sintetizava o papel da mulher naquelas sociedades: "*a mulher, em sua infância, depende do pai; durante a mocidade, de seu marido; na morte, do marido ou de seus filhos; se não tem filhos, dos parentes próximos de seu marido, porque a mulher nunca deve governar a sua vontade*" (V, 147). A igualdade feminina demorou a chegar (CF/88, art. 226, § 5º).

O pai, portanto, era o *"homem forte que protegia os seus e que tinha também a autoridade de fazer-se obedecer; o pai era, além disso, o sacerdote, o herdeiro do lar, o continuador dos ancestrais, o tronco dos descendentes, o depositário dos ritos misteriosos do culto e das fórmulas secretas da oração. Toda a religião residia no pai"*[39]. E a religião tinha uma sede, o lar, a propriedade.

O aumento da população e a falta de terras produtivas, enfim os conflitos por terra na Grécia, causaram a decadência dos *genos*. A economia doméstica e agrícola, dentro de um regime patriarcal e pastoril, não se sustentou, muito embora a propriedade fosse privada, mas, repita-se, a colheita não. A infelicidade batia às portas dos gregos.

Ainda que haja dúvidas acerca da ocorrência da Guerra de Tróia, contada na **Ilíada** (composta de 24 livros), o poema deve ser interpretado ainda que de forma metafórica. Por isso mesmo, Aristóteles, em **Poética**, teceu alguns comentários acerca da divina inspiração de Homero, procurando demonstrar como o grande poeta, pobre e dotado de grande sabedoria, vislumbrava uma sociedade livre e feliz.

A felicidade – decorrente da constante expressão utilizada "aurora pintada de rosa" –, buscada no interior de sua magnífica introspecção, revela, ao lado de uma outra – o "mar escuro como vinho" – como a guerra e a constante luta dos opostos eram encaradas como um modo de ser feliz.

No momento em que Homero descreve as últimas seis semanas dos dez anos do retorno de Ulisses da Guerra de Tróia, constata-se, de um lado, a incansável violência humana e o seu gritante sofrimento pela luta. Mas, de outra banda, reflete, ainda quando do retorno, a imagem vitoriosa de sua integridade, até mesmo pela espera de seu cão.

Mesmo depois da guerra e da morte de várias pessoas, o último canto da **Ilíada** retrata as honrarias nos funerais de Heitor. Os mortos, na Guerra de Tróia, também foram heróis.

Em meio às guerras, alguns *genos* se uniram, para acabar com os conflitos, e essa união levou à constituição da *"fratria"*. Diversas frátrias foram constituídas. As frátrias, para somarem forças e pressões sociais, uniram-se para formarem as *tribos*, que, reunidas, deram origem ao *demos* (povoado), cujo chefe – o "basileu" – era escolhido entre os *eupátridas* (os bem-nascidos e reconhecidos pelo *pater*), os "senhores feudais" gregos.

Por estas razões, explica Fustel de Coulanges, *"cada família tinha o seu lar e os seus antepassados. Esses deuses podiam ser adorados pela família e só ela protegiam; eram sua propriedade"*[40].

---

[39] COULANGES, Fustel. *Op. cit.*, p. 96.
[40] *Op. cit.*, p. 66.

Ainda que dois ou mais lares representassem divindades distintas – e por isso mesmo os lares eram isolados, incomunicáveis –, a necessidade de se agruparem para se defender, ou mesmo, para formar comunidades, fez com que eles próprios criassem o "deus do isolamento", ou o *"Penates"*, sob o epíteto de **erkeios**.

O *"erkeio"*, segundo Eurípedes (*in*: **Tróia**) e Virgílio (*in*: **Eneida**), era o "fogo sagrado", uma espécie de "deus da cerca", que demarcava a propriedade de cada família.

Não é por menos que o consagrado Fustel de Coulanges esclarece, com base em Cícero, que *"nessa casa a família é senhora e proprietária; a divindade doméstica lhe assegura tal direito. A casa é consagrada pela presença perpétua dos deuses; a casa é o templo que os guarda (...), **o domicílio era inviolável**"*[41] (g.n.).

Foi, então, por conta da constituição das frátrias, que a religião induziu o homem a construir sua casa, a morada da divindade e dos mortos; no caso destes, o solo passava a ser sagrado e, portanto, inalienável (*in*: **Tratado das Leis**, Platão; *in*: **Política II**, 4, 4 e 3,7, Aristóteles).

A lei romana declarou o solo **imprescritível** (*in*: **De Legibus**, I, 21, Cícero). A família passou a se vincular, de forma indissolúvel, à propriedade por causa de seus mortos, havendo necessidade de se proteger seus integrantes. Firma-se, assim, a inviolabilidade domiciliar.

Muito interessante essa relação social e, ao mesmo tempo, jurídica. A família vinculou-se à propriedade por causa dos seus mortos, tornando-a inalienável. Os mortos eram as divindades, porque ninguém em sã consciência sabia o que poderia ocorrer depois da morte. Parece até que o "medo" fez com que o homem adorasse os mortos, até mesmo com oferendas. E essas divindades precisavam de um lugar para habitar.

A incorporação entre a religião, a família e a propriedade foi inegável. Aristóteles nos apresenta uma série de pólis que proibia a venda das terras, no intuito de o manter a família e a religião (*in*: **Política IV**, 2,5). É certo que a Lei das XII Tábuas manteve a inalienabilidade do solo sagrado, mas não do campo.

É o que ocorre, hoje – ou deveria ocorrer – com a reforma agrária e com as casas adquiridas pelo Sistema Financeiro de Habitação, no Brasil; as terras e as casas não podem ser vendidas. Na Grécia, a venda passou a ser admitida sob a condição de se realizarem certas cerimônias religiosas da **mancipação** perante o *libripens*.

A Lei das XII Tábuas, porém, proibiu a penhora (ou a expropriação em função de exílio) da propriedade do devedor, muito embora ele pudesse

---

[41] *Idem*, p. 69.

responder com o seu corpo pelo inadimplemento. Certa Lei dos Gregos também proibia a hipoteca da terra (*in*: **Política VII**, 2, Aristóteles). Em linhas gerais, a religião acabou por instituir, atualmente, o "bem de família", tornando-o impenhorável.

Posteriormente, encontrou-se certa dificuldade para, a partir da *Lex Poetelia Papiria*, se determinar a penhora principalmente das terras do inadimplente, por razões religiosas. Desaparecendo o *nexum,* a solução, para a satisfação do crédito, foi separar a **posse** sobre a colheita (*"bona"*) da propriedade da terra, permitindo-se o ato de constrição aquela.

A propriedade implicava, necessariamente, a **herança**. Interessante notar que o homem herdava, mas a mulher não. A mulher, retratada por Homero como a "Helena de Tróia", possuía uma posição de destaque na sociedade, mas ainda permanecia escrava. Para quem pensa ter sido Helena a causadora da guerra, não nos esqueçamos da insensatez e da ganância masculina retratada no épico.

O **princípio da hereditariedade** masculina decorria de uma necessidade; o filho herdava *ipso iure heres exsistit*. Era o "herdeiro necessário" (**Digesto**, XXXVIII, título 16, 14), tanto que entre pai e filho não existia doação nem testamento. O filho era a perpetuação do culto doméstico e, desta forma, da família e da propriedade. Era o seu "direito natural", o reconhecimento do respeito à intimidade familiar-religiosa.

A Lei Vocônia, bem antes de Cícero, não admitia à mulher o direito de ser herdeira, ainda que casada, solteira, ou mesmo filha única. Tal Lei foi revigorada por Catão. Mais tarde, o democrático Cícero foi quem permitiu uma certa abertura para que a mulher também herdasse, desde que fosse ela herdeira por **testamento**.

Antes de Cícero, de pleno direito ela nada herdava, e muito menos por testamento. Assim também previa a Lei das XII Tábuas. A propósito, era inadmissível o testamento, porque a herança deveria ser transmitida à própria família e suas futuras gerações[42].

A única forma de a filha herdar era por meio de seu casamento, até mesmo com seu irmão, caso o pai deixasse apenas os dois filhos e eles não tivessem nascidos da mesma mãe. Caso a mulher fosse a única filha (deno-

---

[42] Aliás, a respeito do **testamento**, PLATÃO, em seu **Tratado das Leis**, XI, descreve interessante diálogo entre aquele que está para morrer e o legislador: *"Ó deuses! Não é muito cruel que eu não possa dispor de meus bens como bem entenda, em favor de quem quiser, deixando mais a este, menos àquele, segundo o afeto que demonstraram?"* O legislador responde ao homem em seu leito de morte: *"Tu, que não podes garantir a ti mesmo mais um dia, tu que apenas passas pela terra, acaso te compete decidir tais negócios? Não és o senhor nem de teus bens, nem de ti mesmo; tu e os teus bens pertencem a tua família, isto é, aos teus antepassados e a tua posteridade".*

minada "*epícleros*", ou seja, aquela que está ao lado da herança, e não herdeira), a sucessão era feita a favor do herdeiro mais próximo, o qual, aliás, tinha o dever jurídico de se casar com ela. Era muito comum, assim, o casamento de tios com sobrinhas, o que, inclusive, foi alvo de uma moderna e condicional tipificação civil própria[43].

Se não houvesse filhos do pai, o herdeiro poderia ser o irmão consangüíneo do falecido e, na falta deste, o filho do irmão. Nesse sentido era a previsão da Lei das XII Tábuas; na falta de herdeiro legítimo, a herança pertenceria ao agnado mais próximo.

Constata-se, destarte, que a base do direito ao respeito à intimidade foram as crenças religiosas, as quais, por sinal, hoje, constituem a origem de diversos conflitos sociais e mundiais. Naquela época, embora sobre outro objeto e manto, a disputa era a mesma.

A propriedade, assim, era imutável e sua imutabilidade conduzia à sua indivisibilidade. Daí a importância do "*primogênito*", que, naturalmente, tinha deveres para com os antepassados e para com as gerações futuras. A questão do chamado "arrimo de família" tem muito reflexo, por exemplo, em nossos dias, no caso da dispensa do serviço militar obrigatório.

Herdeiro dos hinos, o primogênito passaria a ser o chefe religioso e familiar, tanto que era inadmissível a partilha de bens com seus irmãos, e somente ele tinha o direito de herdar tudo, por ser o primeiro a vir ao mundo. Muito mais um direito religioso do que jurídico e justo. Filha e demais irmãos poderiam ser amados, mas nada herdavam. Eles poderiam herdar noutra família, pela adoção ou pelo casamento.

Enquanto isso, a mulher-filha era ou não cedida em casamento pelo seu pai; ela até podia ser repudiada. Se morresse, tinha ela um tutor, previamente designado pelo marido. Ela não tinha o direito de divorciar-se, nem aos seus dotes, não podia emancipar-se ou adotar. E, caso cometesse o adultério, poderia ser morta pelo próprio marido, que também podia rejeitar eventual prole adulterina.

Em que pese a proibição ao adultério, cuja pena seria a capital – com Demóstenes, a punição seria outra –, o incesto era perfeitamente permitido e natural, a fim de ficar assegurada a perpetuidade da família, da propriedade e do culto íntimo.

---

[43] Note-se que, caso o tio fosse casado, deveria divorciar-se para se casar com a sobrinha, o mesmo ocorrendo com ela. Era uma aberração jurídica, mas tudo girava em torno da perpetuação do binômio família paterna-propriedade. O mesmo previa a Lei de Manu: "*aquele que não tem filho varão pode encarregar a sua filha de lhe dar um filho que tomará como seu e que, em sua honra, realizará cerimônia fúnebre (...) Eu te dou, enfeitada de jóias, esta filha que não tem irmão; o filho que dela nascer será meu filho e celebrará meus funerais*" (IX, 127, 136. Também Vasishta, XVII, 16). Com Demóstenes, o parente mais próximo foi dispensado de se casar com a "epiclere".

Por outro lado, a unidade e a indivisiblidade patrimoniais impediam os consortes (de "*sors*", patrimônio), mas não o desfrute dos "*sors*" por todos da família. Nesse sentido, o Código de Manu estabelecia: "*que o primogênito tenha por seus irmãos mais novos o afeto do pai pelos seus filhos e estes, por sua vez, o respeitem como a um pai*".

A sociedade, porém, isolada em diversas propriedades familiares, foi conduzida, naturalmente, a um verdadeiro isolamento, pois até mesmo a venda da propriedade era proibida.

A inalienabilidade e a indivisibilidade do patrimônio começaram a impedir o desenvolvimento econômico, social e político da sociedade. Daí por que houve a necessidade natural de se criar mecanismos mais racionais de agrupamentos humanos, surgindo, então, os gens e as fátrias.

2.3 A FORMAÇÃO DAS FRÁTRIAS E SEUS REFLEXOS NO INSTITUTO DA INTIMIDADE

A unificação das frátrias ocorreu pela religião familiar. Mas, os helenos, racionalmente, criaram uma nova e globalizada religião – o culto a Dionísio –, baseando-se na imagem e na semelhança do próprio homem.

Os deuses gregos criados eram movidos pelas emoções estritamente humanas. Para atingir a *gnôsis* (conhecimento), era necessária a purificação; daí os rituais de purificação (*kátharsis*) dos desejos humanos[44]. Purificados, poderiam atingir a "*athanasia*", a imortalidade.

Na Grécia clássica, a sexualidade era praticada livremente. Como um dos conteúdos do hodierno *princípio* ao respeito à intimidade, a vida sexual entre os homens era livre, exatamente porque ele, em função do poder paterno que exercia, podia tudo.

A mitologia grega, baseada no seu extremado patriarquismo (exceção feita à civilização cretense), registra a existência do famoso casal bisse-

---

[44] Um dos rituais, por meio da *ékstasis*, era a "dança frenética", que gerava o entusiasmo, apesar de alguns cientistas terem descoberto que o entusiasmo (ou a possessão) era adquirido por meio de ingestão de drogas. Possuído, o homem se libertava da condição de humano, colocando-se em *ékstasis*, para, em seguida, tornar-se um herói (*anér*). Esse estado de possessão atribuía ao homem uma sensação de poder, de heroísmo, de força, de poder. Bem por isso, o culto a *Dioniso*, mais tarde, com o surgimento das *pólis*, se oporia à religião oficial dos "deuses do Olimpo", da Acrópole, a *Apolínea* (a religião do *métron*, da medida, isto é, da ponderação). Para os cultores de Apolo, os *dionisíacos* eram *hypocrithés*, pois a tudo respondiam em êxtase, como se fossem outra pessoa (um ator) e, por isso, se excediam e, com os excessos, praticavam *vis*. Não agiam de forma racional. Para os apolíneos, a possessão acarretava tragédias e a ira dos deuses; a possessão provocava ao possuído uma loucura (*ánoia* – anomalia). Para combater os possuídos ou as tragédias, a religião oficial instituiu, por volta das século VII a.C., concursos literários, nos quais as tragédias gregas passaram a ser contadas pelos atores, que passaram a representar o guerreiro vencedor.

xual Zeus e Ganimedes, bem como o relacionamento amoroso entre Aquiles e Patroclo, além dos raptos de jovens por Apolo.

Desde aquela época, dada a afirmação da liberdade sexual como forma de expressão autoritária (não tanto quanto a um alívio psíquico), o homoerotismo era perfeitamente praticado. Aliás, ele constituía a iniciação sexual dos *efebos*, meio de se adquirir a sabedoria. Há registro rupestre do "juramento" a que o preceptor submetia os efebos.

A pederastia se justificava entre os homens, porquanto havia o *tabu* de que o homem, na infância e na puberdade, identificava-se como uma mulher. Para se desvincular dessa crença e ingressar no reino masculino (na sociedade patriarcal, onde só o homem mandava), era preciso aprender e exercer a vida homossexual. Note-se que esse rito fazia parte da cultura e da religião gregas.

Essa forma de exercer a intimidade inseria-se no contexto social daquela época, assim como o heterossexualismo era encarado, apenas, para fins de procriação. Todavia, aquela forma representativa da individualidade grega constituía "*poder*", porque era honroso receber conhecimento geral – inclusive sexual – do preceptor, geralmente um grande guerreiro ou sábio (mais tarde, filósofo).

A mulher era mantida alheia a esse contexto cultural, pois, segundo os gregos da fase homérica, ela não sabia apreciar o belo, e servia apenas para procriar e cuidar dos afazeres domésticos. Aqui está a origem do culto ao *amor paixão* por parte da mulher, a que se refere Anthony Giddens, em sua obra **A Transformação da Intimidade**, da Editora Unesp (1992).

Se bem que, no final do século V a.C., as constantes guerras levaram os gregos, por conta de muitos deles terem abandonados suas mulheres por causa dos conflitos, a tolerar, a permitir e a ampliar a *liberdade sexual* feminina.

Hipócrates, considerado "pai da medicina", descobriu, naquela época, que o útero precisava de constante irrigação pelo sêmen; privando-se a mulher dessa fonte íntima, ela poderia sofrer grande *histeria* (aliás, do grego *hystera*, que significa útero) e provocar sérios problemas para aquela culta sociedade.

Em que pese a liberdade sexual da mulher, justificada por motivo de guerra, nem dote a mulher podia ter; seus dotes pertenciam ao marido. Em suma, o pai, marido ou o primogênito era o "*patria potestas*".

O paternalismo cultural manteve-se por muitos séculos e alcançou o Direito Romano, que acabou por influenciar o Brasil. Os protagonistas machistas do Código Civil de 1916, influenciado pelo ordenamento jurídico romano, foram o marido – como chefe do casal –, o pai – como dono dos filhos –, e o testador – como o indicador da sucessão.

Por muito tempo, a mulher foi "projetada" – pois não era considerada sujeito de direitos – para "procriar" e cuidar da saúde dos filhos. Jamais teve qualquer independência cultural. A sua relação de sujeição e potestatividade somente se alterou a partir da metade do século XX, com os movimentos feministas.

2.4 A INTERDEPENDÊNCIA ENTRE A FAMÍLIA E A VIDA PÚBLICA

A distinção entre esfera privada e a esfera pública, questão fundamental do saber jurídico para Radbruch[45], trouxe grande influência na para a formação da cultura jurídica em geral dos helenos, especialmente nos direitos privados e nos direitos públicos.

Na antigüidade grega, era nítida a diferença entre a vida pública e a privada, pois, de um lado, havia, segundo Aristóteles, citado por Jean-Marie Breuvart[46], a "nobreza natural", ligada à elite dos nobres – e que podia tudo –, e, de outro, a "virtude cívica", esta ínsita aos governantes e aos cidadãos.

Estas duas vertentes da personalidade indicavam, respectivamente, a natureza humana e seus talentos (nas *oikos*), bem como a vida em sociedade (*Koinon*) – ambas, no entanto, oriundas do *status* que as pessoas ocupavam na sociedade formada, inicialmente, pelos genos ou *gens*, e, em seguida, pelas fratrias, depois, pelas tribos e pelos demos.

Interessante notar que os genos decorreram de uma *"associação política de várias famílias em sua origem estranhas umas às outras; e na falta de laço de sangue, a cidade teria estabelecido entre elas uma união fictícia e um parentesco convencional"*[47].

Ainda que a associação política entre as famílias fosse convencional, a ponto de, mesmo entre pessoas de sangue diferente haver direito à herança, o ponto em comum entre elas era o culto exclusivo.

Asseverava Fustel de Coulanges que, *"se procurarmos o deus que cada um adora, verificaremos que é sempre o seu antepassado divinizado (...) Em Atenas, os Eumólpidas veneram Eumolpos, ancestral de sua raça"*[48], e assim sucessivamente.

---

[45] RADBRUCH, Gustav. **Filosofia do Direito**. 4. ed. Tradução de L. Cabral de Moncada. São Paulo, 1950.
[46] BREUVART, Jean Marie. Le Concept Philosophique de la Dignité Humaine. **Le Supplément-Revue D'Éthique et Théologie Morale**. Paris, n. 191, décembre de 1994, p. 103.
[47] COULANGES, Fustel. *Op. cit.*, p. 114.
[48] *Idem*, p. 114.

Em Roma, não foi diferente, pois os Júlios descendiam de Júlio, à semelhança de outras poderosas famílias. Daí, aliás, a força do poder político dessas famílias, que se agrupavam; adoravam o mesmo deus e, portanto, tinham as mesmas idéias e detinham propriedade (riqueza).

Por isso mesmo, o filósofo alemão Jürgen Habermas[49] esclarece, com toda a propriedade, que a participação do cidadão grego

> *na vida pública dependia, porém, de sua autonomia privada como senhores da casa. A esfera privada estava ligada a casa não só pelo nome; possuir bens móveis e dispor de força de trabalho tampouco constituía substitutivos para o poder sobre a economia doméstica e a família, assim como, às avessas, pobreza e não possuir escravos já seriam, por si só, empecilhos no sentido de poder participar na **polis**: exílio, desapropriação e destruição da casa são uma só coisa.*

Vê-se, claramente, que a posição política e, portanto, pública, naquela oportunidade, somente era adquirida pelo *status* alcançado dentro da esfera privada, ou seja, o espaço doméstico e seus reflexos. O poder privado era pressuposto da autonomia para participação da vida social e pública. Mas, o *status* era a *conditio sine qua non* para a aquisição da autonomia na esfera pública.

A autonomia conquistada na esfera privada constituía símbolo de *poder*. A propósito, a jurista portuguesa Ana Prata[50] construiu uma definição clara e moderna de autonomia privada, que se amolda a essa inter-relação cultural.

Autonomia privada, segundo Prata, era o "*poder **reconhecido** pela ordem jurídica ao homem, prévia e necessariamente qualificado como sujeito jurídico, de juridicizar a sua atividade (designadamente, a sua atividade econômica), realizando livremente negócios jurídicos e determinando os respectivos efeitos*". Essa juridicização decorria, na Grécia e em Roma, do poder exercido pelo chefe da clã, o *pater* ou o eupátrida.

É nessa linha de pensamento que Savigny desenvolveu sua teoria sobre a vontade, salientando que os direitos subjetivos constituíam uma categoria própria e distinta do direito objetivo, o que, de certo modo, já veio desenhado desde aquela época.

Jürgen Habermas[51] acrescenta, a propósito, que o *status* na *polis* fundamentava-se

---

[49] HABERMAS, Jürgen. **Mudança Estrutural da Esfera Pública**. Tradução de Flávio R. Khote. Rio de Janeiro: Tempo Brasileiro, 1984. p. 15.
[50] PRATA, Ana. **A Tutela Constitucional da Autonomia Privada**. Coimbra: Almedina, 1982. p. 11.
[51] *Op. cit.*, p. 16.

*na posição de déspota doméstico: sob o abrigo de sua dominação, fazia-se a reprodução da vida, o trabalho dos escravos, o serviço das mulheres; transcorriam o nascimento e a morte; o reino da necessidade e da transitoriedade permanecia mergulhado nas sombras da esfera privada. Contraposta a ela, destacava-se a esfera pública – e isto era mais evidente para os gregos – como reino da liberdade e da continuidade. Só à luz da esfera pública é que aquilo que conseguia aparecer, se tornava visível a todos (...). Assim como nos limites do **oikos** a necessidade de subsistência e a manutenção do exigido à vida eram escondidos com pudor.*

O estudo do *pater familiae* ou do *patria potestas*, bem como sua influência nas relações familiares, na antigüidade, mostra-se necessário, pois dele extraem-se vários reflexos jurídicos, principalmente para a evolução dos direitos de personalidade.

Observa Fustel de Coulanges[52] que

a família não recebeu suas leis da cidade. Se tivesse sido a cidade a estabelecer o direito privado, teria provavelmente elaborado algo diverso, teria regulado de acordo com outros princípios o direito de propriedade e o direito de sucessão, pois não era de seu interesse que a terra fosse inalienável e o patrimônio fosse indivisível. A lei que permite ao pai vender ou até mesmo tirar a vida de seu filho, lei que encontramos tanto na Grécia como em Roma, não foi imaginada pela cidade. Ela teria antes dito ao pai: "– a vida de tua mulher e de teu filho não te pertencem e nem a sua liberdade; eu os protegerei mesmo contra ti; não serás tu que os julgarás, que os executarás se eles se tornarem culpados: eu serei seu único juiz".

Prossegue o renomado autor (na mesma página): "se a cidade não fala assim, é porque ela não pode, pois o direito privado existia antes dela. Quando ela começou a estabelecer suas leis por escrito, já encontrou esse direito estabelecido, vivo, enraizado nos costumes, forte através de uma adesão universal. Ela o aceitou, por não poder agir de outro modo, e não ousou modificá-lo senão com o correr do tempo. O direito antigo não é obra de um legislador, mas antes se impôs ao legislador. Foi na família que ele nasceu. Saiu espontaneamente e todo formado dos antigos princípios que o constituíam. Decorreu de crenças religiosas que eram universalmente admitidas, na era primitiva de tais povos, e que exerciam um império sobre suas inteligências e sobre suas vontades".

A lenta evolução dos direitos do homem, de onde extraímos a cultura jurídica, revelou-nos, em sua origem, uma completa ausência de liberdade para todos, não, porém, para aqueles que detinham *status,* muito embora

---

[52] COULANGES, Fustel. **La Cité Antique**. 9. ed. Tradução de Jean Melville. São Paulo: Martin Claret, 2002. p. 92. (Origem: Paris: Hachette, 1881. p. 93)

a civilização cretense tivesse conhecido uma sociedade matriarcal e com mais liberdade. Ressalva-se, ainda, a condição da mulher e sua liberdade sexual frente às sucessivas guerras; mas isto, porque os homens permitiram!

Os gregos cultuavam tanto sua individualidade – e porque não dizer o *egocentrismo* – em razão da religiosidade natural, pois seus deuses provinham do próprio culto doméstico. Posteriormente, em razão das necessidades econômicas, políticas e sociais com os genos, os deuses não só foram criados à imagem do homem, como também possuíam todas as mesmas virtudes e vícios, desejos e paixões humanas.

Por isso, os gregos criaram os seus deuses e a eles atribuíram o domínio das forças naturais. A nosso ver, foi uma linguagem utilizada por eles para o convencimento popular de suas idéias. Tanto que os seus deuses viviam num lugar – o Olimpo –, fruto da própria imaginação grega.

Para Fustel de Coulanges, a associação política em torno de troncos familiares comuns, ainda que não do mesmo sangue (com numerosos ramos ou linhagens), não passou de uma construção política, certamente para a perpetuidade do poder[53].

Tanto que, explica Coulanges, "*o verdadeiro significado de **família** é propriedade; designa o campo, a casa, o dinheiro, os escravos; por isso, as Doze Tábuas, referindo-se ao herdeiro, o chamam **familiam nancitor**, o que aceita a sucessão. Quanto à **oikós**, é claríssimo que não sugere nenhuma outra idéia senão a de propriedade ou de domicílio*"[54].

A idéia do culto doméstico foi levada adiante para efeito de uma comum ideologia política dos genos (ou *genus*, do substantivo *genitor*), que também correspondiam, em sua origem, à palavra *ghonéus* ou *homogálactes*, significando "*pessoas que se alimentam do mesmo leite*" (FILOCORO. **Fragmentos Históricos gregos**, t. 1, p. 399). Hodiernamente, corresponde às grandes corporações, que sempre legislam (no amplo sentido) em causa própria.

Daí a criação racional do "Olimpo", por vários deuses e presidido por Zeus. Criaram Hera (esposa de Zeus, protetora das mulheres e do casamento), Apolo (deus da luz e das artes), Hermes (deus do comércio e mensageiro dos deuses), Afrodite (deusa do amor), Atena (filha de Zeus, deusa da razão e da sabedoria, protetora de Atenas), Dionísio (deus do vinho), Poseidon (deus das águas), Hades (senhor dos infernos) e Artêmis, os mais aceitos. E, também, os *semideuses* ou heróis, como Hércules[55].

---

[53] *Op. cit.*, p. 115-117.
[54] *Op. cit.*, p. 115.
[55] Conforme salientamos, o *ékstasis* provocava a sensação de possessão. Por isso que a sacerdotisa *pitonisa*, no templo de Delfos, no século VII a.C., ao iniciar seus rituais, entrava em transe e

O pensamento místico-religioso que antecede o surgimento da *pólis* é marcado pela presença contundente da *alétheia* (o sufixo "a", em grego, é negativo; a palavra significa não esquecimento, ou seja, a verdade). Há uma relação entre o oráculo e o reino dos mortos (*Hades*), onde aquele – o oráculo – vê a "verdade". A verdade surgia dos cultos. Foi imposta pela religião doméstica e, posteriormente, citadina, pois, sabemos, o culto cativa, emociona, convence.

2.5 AS ORGIAS E O CULTO À INTIMIDADE INTROSPECTIVA (AS ESCOLAS FILOSÓFICAS)

Com os genos e as fátrias, a figura do sacerdote (poeta, adivinho ou mestre-da-verdade), na sociedade grega, assume importante papel social, pois, após passar pela *Léthe* (água do esquecimento) ou *Mnemosýne* (água da memória), dirigia-se ao oráculo para buscar a "verdade". Mas, para tanto, ele deveria passar pelas *orgias* (rituais de purificação).

Acreditava-se que cada ser humano possuía uma potência divina (o *daímon*), que iria governar o destino da alma de cada um de nós, assertiva, aliás, repetida, mais tarde, com o movimento da *reforma* de Lutero.

Acreditavam os gregos na reencarnação da alma após a morte; mas, para tanto, havia necessidade da participação nos cultos, a fim de que, ouvindo os conselhos de seu *daímon*, purificassem suas almas. Diferentemente da religião homérica (de exterioridade), a religião órfica passou a cultuar a religiosidade interna (a alma), mas com reflexos políticos.

Segundo Marilena Chauí,

> *a religiosidade dos mistérios órficos irá expandir-se nas colônias gregas e na Grécia Continental, reavivando o culto a Dionisos, de um lado, e dando um novo conteúdo ao culto de Apolo Delfo ou religião Délfica, de outro. No pórtico do templo de Apolo, em Delfos, surge a máxima inscrita na pedra:* **Conhece-te a ti mesmo***. Desenvolve-se a doutrina da* **sophrosýne** *e a exigência de que o homem não perca os limites do humano. Em outras palavras, os mistérios órficos fazem com que a religião homérica seja transformada, pois, tanto do lado do culto de Dionisos como do lado do culto de Apolo, a preocupação com a alma, com a interioridade, torna-se mais importante do que o culto externo aos deuses*[56].

---

fazia revelações futuras, fato que marca, efetivamente, a participação feminina, mas, por ordem dos gregos, numa classe absolutamente patriarcal. Mas o curioso é que, segundo o geólogo holandês Jelle de Boer, em recente pesquisa realizada junto com a Universidade Wesleyan, de Connecticut, EUA, constatou, as revelações decorriam de causas provavelmente *terrenas*, pois a equipe de cientistas encontrou *etano, metano e etileno*, famosos por seus efeitos narcóticos, nas fendas das rochas do oráculo de Delfos.

[56] CHAUÍ, Marilena. **Introdução à História da Filosofia – Dos Pré-Socráticos a Aristóteles**. São Paulo: Cia. das Letras, 2002. p. 66.

Essa preocupação introspectiva leva à afirmação da *alétheia*, que passa a exercer um poder de influência, de convencimento, implicando soberania, criando-se as figuras do *louvor* (a adoração) e da *censura* (o afastamento), no intuito de apoiar ou desmistificar alguém importante na sociedade grega.

Além disso, os gregos fizeram da *alétheia* uma palavra com força de justiça (no grego, *díke*), confiança, fidelidade e persuasão (no grego, *peithó*), bem dentro da nossa concepção atual (mas bem antiga) de "corporativismo".

Sob o aspecto da religiosidade grega, um dos conteúdos mais fervorosos da intimidade religiosa e da liberdade de culto, os primeiros filósofos não romperam com a religião. Ao contrário, a filosofia se aliou à religião.

Se é certo que o nascimento da filosofia coincide com o nascimento da *pólis* e da *política*, não é menos certo que a Escola Jônica (na Ásia Menor), a primeira a estruturar a filosofia como conhecimento racional e universal, foi influenciada pela *alétheia* – incluídas as concepções religiosas – e, ao mesmo tempo, pela **isegoria** (liberdade de expressão; do grego *dóxa*).

É bom ressaltar, no entanto, que a Escola Pitagórica surgiu logo após a Jônica, na passagem da concepção *dionisíaca* (das tragédias para a *apolínea* (da contemplação) da racionalidade do homem).

A propósito, devemos a Nietzsche – século XIX – a ímpar interpretação de concepção dualista, antagônia e simultânea, envolvendo os princípios gregos *dionisíacos* (do conflito) e *apolíneos* (da contemplação, como justificadores da evolução do Direito na Grécia antiga).

Nessa evolução, a vida pública era marcada pelo *status* – a projeção familiar ou econômica –, cuja identificação era dada pelo "*nomen*", oriundo da família. Aí a origem do direito ao nome, como direito da personalidade, mas, naquela época, muito mais como um direito familiar próprio.

Tanto assim que "*a identidade de nascimento e de culto era indicada pela comunhão de nome. Cada gens transmitia, de geração em geração, o nome do antepassado e perpetuava-o com o mesmo cuidado com que continuava o seu culto*"[57].

É bom frisar que, após o Cristianismo e até o século XII, o nome da pessoa era designado pelo ato formal religioso do *batismo*, de modo a tornar tal direito absolutamente individual e a guardar a identidade e a liberdade pessoal. Os apelidos de família, ou os patronímicos, surgiram na Idade Média, com o *mercantilismo*.

---

[57] COULANGES, Fustel. *Op. cit.*, p. 119.

Diversas **Escolas filosóficas** surgiram nesse período histórico (pós-homérico) e elas procuraram, diante do poder racional descoberto, encontrar explicações lógicas para a natureza e para o homem.

Pairava sobre o homem, já naquela época, uma significativa preocupação com a sua origem e o seu destino. *"O que poderia haver de mais conflitante que viver em uma sociedade civil, tendo cada família seus deuses particulares?"*, perguntou Fustel de Coulanges[58].

A partir de então, o homem procurou desenvolver uma "religiosidade racional", de forma a conceber explicações para a natureza segundo sua razão. Assim, paulatinamente, com o surgimento da filosofia, o homem foi se desvinculando dos mitos estabelecidos de forma natural.

Surgiram, então, as primeiras escolas (a Jônica, a Pitagórica, a Eleata e a Atomista), que foram consideradas "**pré-socráticas**", pois desenvolveram uma linha de pesquisa baseada em explicações racionais voltadas para o entendimento da natureza e, portanto, do mundo.

As Escolas "**socráticas**", cujas concepções foram iniciadas a partir de diálogos entre Sócrates e Platão e mantidas com Aristóteles, concentraram os estudos no **princípio antrópico**. Em relação ao estudo do homem, preferimos desenvolver uma "ascese" (depuração do ser) baseada nas concepções aristotélicas, por entendermos serem mais eficazes. Assim mesmo, procuraremos revelar posições em sentido contrário. Aliás Aristóteles, diante de qualquer aporia, realizava uma "anamnese" (estudo das causas).

Não é por menos que Karl Jaspers, ao comentar as variadas tendências surgidas no mundo antigo, logrou encontrar, bem no centro do século V a.C., um período que denominou a *"Era Axial"*, e no qual o homem, numa visão humanística, passou a ser considerado um ente político em igualdade essencial, dotado de razão e liberdade, em que pese as mais variadas distinções culturais entre os povos.

A Escola Jônica, pré-socrática (existente entre o século VI a.C. e o início do século IV a.C.) – porque sua investigação cingia-se à *phýsis* –, procurou estudar a fonte originária de tudo, o processo de fazer surgir e desenvolver-se – a *ratio essendi* de tudo –, com base na natureza. Por isso, os jônicos procuraram racionalizar e sistematizar o problema da gênese, das mudanças e da conservação do mundo, bem como da própria justiça. Por isso, era importante considerar a liberdade e a razão humanas como fontes dos direitos naturais.

É com base na análise dos pré-socráticos que verificamos a passagem da *teogonia* para a *cosmogonia* e desta para a *cosmologia*. Por conse-

---

[58] *Op. cit.*, p. 121.

guinte, inicia-se uma sistematização racional das estruturas sociais, políticas e jurídicas da época.

Na teocracia, o culto à divindade – a um ser universal – toma forma de sistema político, econômico, social e jurídico. Já na cosmogonia, o culto religioso, representado pela *tragédia* (ou "canto do bode"), revela a morte e o renascimento do deus Dioniso, de modo a mostrar o princípio bárbaro e cruel da dominação pelo conflito. É o que Nietzsche denominou de princípio *dionisíaco*.

Paralelamente, os filósofos pré-socráticos desenvolveram o princípio *apolíneo*, completamente oposto àquele outro. Nele, paradoxalmente, busca-se, por meio da filosofia (de filo, amizade, e de *sophia*, sabedoria), a moderação, a serenidade, o bem comum, a harmonia. Pode-se afirmar que o princípio apolíneo foi o responsável pela origem da filosofia entre os gregos[59], no período da Grécia Arcaica.

Assim, o culto ao conhecimento racional provocou, também, a afirmação do princípio referente ao respeito da individualidade e da **autonomia privada**, de modo a se valorizar a liberdade e a razão, aspectos inerentes e naturais ao ser humano.

A escola fundada pelo primeiro filósofo, Tales, surgiu no Período da *Grécia Arcaica* (ou Período dos Sete Sábios – final do século VIII e início do século V a.C.), oportunidade em que os gregos, após a 2ª diáspora (a das conquistas), agruparam-se para construir cidadelas fortificadas para sua própria defesa, surgindo as pólis de Atenas, Tebas, Megara, no continente; Esparta e Corinto, no Peloponeso; Mileto e Éfeso, na Ásia Menor. Passou-se da monarquia agrária à oligarquia urbana, com o artesanato e o comércio, com o surgimento dos demiurgos (os comerciantes).

Com base no estudo da *phýsis*, as escolas pré-socráticas procuraram desvendar o *arkhé* (ou arquétipo – princípio, origem) de tudo; por isso, diz-se que a *phýsis* torna visível o *arkhé*, que é oculto, e está relacionado à natureza do ser e ao seu psiquismo (corpo e alma). Esse processo de criação e diferenciação entre os seres – seja pela dominação, seja pela luta entre os

---

[59] O princípio apolíneo é reafirmado no *classicismo* (início do século XIX) por GOETHE, para quem a filosofia nasceu entre os gregos, pois *liberdade* e *harmoniosa* unidade de sistemas político, econômico e social são virtudes inexistentes em qualquer outra cultura, notadamente oriental. Em sua obra **História da Filosofia**, HEGEL afirma que os gregos transformaram a substância indefinida em definida, determinada e qualificada. Segundo Marilena Chauí (*Op. cit.*, p. 29), a partir de então, "*o ser pôde ser visto, nomeado e pensado, porque possui forma e qualidades, possui diferenças internas e nele os indivíduos existem (coisas, animais, vegetais, homens) sem perder sua realidade individual*". É bom salientar que a unidade oriental é composta por seres irreais ou inconsistentes, imaginários ou abstratos, como os magos. A unidade grega identifica as diferenças reais no próprio ser, de modo a torná-lo real, consistente, concreto, por meio da razão, do pensamento.

opostos –, seres ligados por um sentimento comum, recebeu o nome de *cosmogonia*.

Mas da cosmogonia passou-se para a *cosmologia*, na qual os primeiros filósofos gregos *"despersonalizam os elementos, não os tratam como deuses individualizados, mas como potências ou forças impessoais, naturais, ativas, animadas, imperecíveis, embora ainda divinas, que se combinam, se separam, se unem, se dividem, segundo princípios que lhe são próprios, dando origem às coisas e ao mundo ordenado"*[60].

Aliás, a filosofia tomou forma pela *cosmologia*, ou seja, pelo estudo da ordem universal, pela determinação de um princípio racional e originário: a *logia* (de *logos*, que significa razão, pensamento, causa).

Afirma-se a cosmologia pelo nascimento da *pólis*, radical da palavra *política*, pelo exercício da liberdade de expressão (isegoria), do debate, do diálogo, e não das imposições. Desapareceu, então, a figura do poeta, do adivinho, ou do Mestre da Verdade.

As decisões políticas são tomadas racionalmente e em grupo (é a expressão da isegoria, iniciada pela *doxá* – opinião –, encerrando-se com a *alethéia*, a verdade). Filosofia, política e pólis têm um nascimento simultâneo, com muitos reflexos na constituição do princípio antrópico, fundamento do respeito à intimidade.

O mundo, até então, era a guerra dos contrários, das oposições decorrentes da individualidade de cada ser, assertiva, aliás, confirmada posteriormente pela *dialética hegeliana*. Da individualidade, parte-se para a multiplicidade e, assim, da autonomia privada (família) segue-se para a ordenação do direito individual e o da pólis.

E o conceito de justiça não seria diferente. É num conflito de interesses, de oposições, decorrentes das necessidades ilimitadas de cada ser, em busca do "bem" – que é limitado –, que se localiza a justiça. Por isso, então, a justiça passa a ser um fenômeno natural, de luta entre os opostos.

Heráclito de Éfeso foi um dos mais importantes pré-socráticos e, embora escrevendo após Pitágoras (logo, conheceu os ideais pitagóricos), pertenceu à Escola Jônica.

Curioso notar que, embora fosse descendente de família aristocrática – pois o seu pai descendia do rei Andóclos, fundador de Éfeso –, Heráclito renunciou ao direito de usar os títulos políticos (o de ser chamado "arconte", o de usar o manto e o cetro), em favor de seu irmão.

De acordo com os fragmentos por ele deixados – aliás, um dos poucos filósofos pré-socráticos que deixou seu legado filosófico –, Heráclito

---

[60] *Op. cit.*, p. 33.

de Éfeso era muito crítico. Criticava o politeísmo da época, a aristocracia, a tradição contida nos poemas de Hesíodo e Homero, bem como a erudição de Pitágoras. Salienta, num de seus fragmentos, que a *"a guerra é o rei e o pai de todas as coisas"* e, ainda, que *"somos e não somos"*.

Heráclito lança as bases do racionalismo, dando a entender que o conhecimento é adquirido por meio de *signos* ou sinais enviados pelo nosso *lógos*, de modo que as liberdades de pensamento e de expressão são imprescindíveis no mundo da cultura.

O arquétipo do mundo é a razão (o *lógos*), dentro, naturalmente, de um devir eterno, numa luta constante, movimentada (a *Kínesis* – movimento). Por isso, "somos e não somos", ou seja, nascemos e morremos (ou, dormimos e acordamos; amamos e odiamos; transformamos, criamos e destruímos), sempre travando "guerras", pois, dizia ele, a "guerra é o pai de todas as coisas", e justiça, então, é conflito.

A "guerra", termo que não significa necessariamente o caos ou a arbitrariedade, revela o fluxo de transformação natural da vida. Na verdade, ao contrário do que afirmam Homero e Anaximandro, *"a justiça é a discórdia e tudo acontece conforme a discórdia e a necessidade"*.

A justiça é feita não pela concórdia ou pela paz, mas, sim, pelas discórdias. É imperiosa a luta dos contrários; é nela, na luta dos opostos, que encontramos a harmonia e o equilíbrio, de tal sorte que é na multiplicidade que encontramos a unidade.

Para os demais pré-socráticos, a multiplicidade nasce da unidade, num processo constante de separação e diferenciação. A unidade dá origem à multiplicidade, a qual é limitada naturalmente.

Para Heráclito, porém, a multiplicidade está na unidade, sempre por meio de um processo constante de mutação (fogo ardente, sempre vivo), que se acende e apaga, de acordo com a medida. E note-se que o termo "medida" em grego significa mensurar, mas também *moderar, ponderar*.

Heráclito, então, estabelece os parâmetros para a origem do **princípio da razoabilidade** ou da moderação, ou da proporcionalidade, como forma de se obter uma escolha, pois é na multiplicidade que encontramos a unidade.

Em outras palavras, o conflito dos opostos, que leva ao conceito de multiplicidade, deve, por meio da moderação, buscar a unidade e assim sucessivamente, de forma a haver compensação entre os contrários. Essa busca não pode ser opulenta, tirana ou violenta. Muito ao contrário, deve ser atingida por meio da moderação ou pelo justo (a *díke*).

O elo entre a multiplicidade, onde se localiza a unidade, e a moderação é atingido pelo conhecimento verdadeiro, muito embora não exista o sábio pleno. A sabedoria está no *lógos*. Segundo Plutarco, *"procurei-me a mim mesmo"*.

Procurar a si mesmo é ouvir a razão própria e comum, pois, no mundo (na multiplicidade), existe a razão comum de outros sábios (a unidade). Essas assertivas influenciaram o princípio do respeito à intimidade, bem como a democracia grega e, posteriormente, a teoria do contrato social ou o contratualismo do período do *renascimento humanístico*.

Segundo Diógenes de Laércio, em **Vidas e Doutrinas dos Filósofos Ilustres** (IX, 7), *"não encontrarás limites da alma, percorrendo todo o caminho, tão profundo o **lógos** ela tem"*. A razão humana não tem limites e pode levar a natureza a sérias descobertas ou complicações, até mesmo destrutivas. O caminho profundo da racionalidade, porém, deve ter limites; daí o surgimento da ética, com Sócrates e Platão, depois com Aristóteles.

A religião grega passou a cultuar a **interioridade humana**, início do *princípio antrópico* e base do *idealismo ético* de Platão, a ponto de constar no Templo de Delfos, repita-se, a inscrição "**conhece-te a ti mesmo**".

O ideal de purificação da alma, que parte da luta entre o lado trágico da vida (princípio dionisíaco) e o seu lado do bem, da razão (princípio apolíneo), suplanta o culto homérico aos deuses.

A introspecção humana provocou o surgimento da liberdade de pensamento (de fé e de crença), bem como a de expressão, em suas múltiplas formas, de modo a se poder construir a política e as novas formas de organização social, pilares mestres da futura teoria do contrato social.

A propósito, Pitágoras fundou uma confraria secreta, visando satisfazer, ainda que psicologicamente, as necessidades secretas de seus membros. Ele ainda mantinha sua fé em Apolo Delfo (a racionalidade do bem) e rejeitava Dionisos (a tragédia).

Sua doutrina influenciou, inclusive, a política de Siracusa, Sibaris, Tarento, Metaponto e Crotona. Nesta última pólis, a ordem pitagórica assumiu o poder. O aristocrata Quílon desejou participar de sua doutrina, mas foi recusado; a ordem não admitia a aristocracia. Houve uma revolta a favor de Quílon e Pitágoras foi obrigado a abandonar Crotona, refugiando-se em Metaponto, onde faleceu próximo a 496 a.C.

Mas o seu legado foi significativo. Pitágoras foi o primeiro filósofo a afirmar a possibilidade da *reencarnação* e da *transmigração das almas*. A alma também deveria ser purificada por meio da *theoria* (vida contemplativa), e não através das *orgias* (rituais de purificação).

A contemplação era obtida por meio do *silêncio* ou do *isolamento*, além de *abstinências* (jejum alimentar, sexual, de bebida e de futilidades). Essas formas de contemplação conduziam à inspiração, por sinal *divina*, e, portanto, à inspiração íntima. A vida contemplativa pitagórica não se revelava por meio de cultos, como os da "religião doméstica" reportada por Fustel de Coulanges, com a adoração ao fogo e aos mortos.

O pitagorismo, como muitos preferem (ante a inexistência de fragmentos a seu respeito), catalogou os três tipos de ser interior (da alma), conforme relata a insigne Marilena Chauí: "*as cúpidas, presas às paixões; as mundanas, presas às vaidades da fama e da glória; e as sábias, voltadas para a contemplação*"[61].

Essa classificação, segundo a ilustre Catedrática de História da Filosofia e de Filosofia Política da Universidade de São Paulo, foi retirada de uma análise comparativa feita por ele acerca dos *jogos olímpicos*, aos quais compareciam três tipos de homens: "*os que vão para comerciar e ganhar às expensas dos outros; os atletas, que vão para competir e exibir suas qualidades ao público; e os que vão para contemplar os torneios e avaliá-los*"[62].

Na *theoría* de Pitágoras, a natureza (*phýsis*) poderia ser explicada por meio de um sistema ordenado de proporções ou números, obtidos da oposição e, ao mesmo tempo, da concordância entre eles. Esse sistema foi criado, inicialmente, pela adoração ao que chamamos hoje de *musicoterapia*; as confrarias realizavam exercícios espirituais por meio do som da lira órfica ou lira tetracorde (composta por quatro cordas, como um cavaquinho).

Os sons produzidos pelos acordes criavam uma concordância sonora por meio de vários sons ou notas discordantes. Não só o universo, mas também a alma e a própria justiça, poderiam buscar a harmonia e a concórdia dentro das discórdias.

Bem por isso, Aristóteles (em **Metafísica** I, 5) esclarece que "*o princípio das matemáticas é o princípio de todas as coisas (...) afirmaram a identidade de determinada propriedade numérica com a justiça, outra com a alma e o intelecto e, assim, todas as coisas estariam em relações semelhantes...*". Assim, a justiça é "tríada", porque comporta a unidade sintetizada e a "díada" (a opinião dúbia).

O pitagorismo levou em conta, inicialmente, o estudo da *tetráktys da década*, ou seja, o dez constituído por quatro pontos. A soma do 1, 2, 3 e 4 é igual a dez; no dez, encontramos quatro pares e quatro ímpares. No tetra, localizam-se as principais figuras geométricas (o um é o ponto; o dois, a linha; o três é o triângulo; o quatro, o quadrado etc.).

O sistema decimal e a geometria contribuíram, sobremaneira, para o desenvolvimento da matemática, do tempo e das ciências contábeis e econômicas. E mais: o estudo matemático foi conduzido ao campo das ciências

---

[61] *Op. cit.*, p. 68.
[62] *Idem*, p. 68.

sociais para se afirmar que, assim como os números, as coisas são relações, proporções, associações e dissociações.

Tanto assim que a *unidade* (o um) representa o "princípio da permanência"; a *dualidade* (o dois), o "princípio da mudança". A proporção na *phýsis*, então, é a concordância dos pares de opostos, assertiva esta que mereceu a repreensão de Heráclito, para quem a harmonia, ou a justiça (a concordância), é a *luta dos contrários* (a guerra).

Evidentemente, Pitágoras também tentou ordenar a sociedade, composta de muitas oposições, as quais, a toda evidência, necessitavam de melhores e muito mais escolhas. Daí a razão pela qual Heráclito de Éfeso elaborou estudo sobre o princípio da razoabilidade, ou proporcionalidade, para se atingir a escolha justa.

Os críticos sofistas, que condenavam a aristocracia, fortaleceram a *doxá*; mas, a partir de Sócrates, fortaleceu-se, com exclusividade, a "verdade". É o momento em que a ética e a essência humana passam a ser consideradas ciências, dentro de uma visão *contemplativa*, teórica (do grego, *theoría*, que significa contemplação desinteressada). É a constituição do princípio antrópico.

Em suma, a concepção pitagórica, esclarece Paulo Nader[63], *"foi aplicada aos domínios da Filosofia do Direito, pois definiram a justiça como* **igualdade entre o fato e a conduta correspondente***: um crime, uma penalidade; uma tarefa, uma retribuição. Expressa na fórmula 'aquilo que um sofre por algo', considerada certeira por Truyol y Serra, a noção pitagórica de justiça como igualdade foi mais tarde desenvolvida pelo gênio Estagirita".*

2.6 O PRINCÍPIO ANTRÓPICO E A AFIRMAÇÃO DO RESPEITO À INTIMIDADE

O culto à interioridade foi um passo significativo para a afirmação do princípio do respeito à intimidade. A propósito, afirma Fábio Konder Comparato[64] que *"a justificativa religiosa da preeminência do ser humano no mundo surgiu com a afirmação da fé monoteísta (...) Os deuses antigos, de certa forma, faziam parte do mundo, como super-homens, com as mesmas paixões e defeitos do ser humano. Iahweh, muito ao contrário, como criador de tudo o que existe, é anterior e superior ao mundo".*

Assim, pela concessão divina, o homem poderia também criar e transformar (Gênesis 1, 26). Para tanto, segundo Xenófanes, a sabedoria, a

---
[63] NADER, Paulo. **Filosofia do Direito**. 8. ed. Rio de Janeiro: Forense, 2000. p. 103.
[64] COMPARATO, Fábio Konder. **Afirmação Histórica dos Direitos Humanos**. São Paulo: Saraiva, 1999. p. 1.

prudência e a justiça deveriam ser os ideais do cidadão da nova pólis. O homem, então, deveria buscar esses ideais, pois não existiam na cidade tradicional grega – aristocrática.

Por isso, os sofistas já haviam procurado desenvolver o próprio universo do homem, de modo que ele não permanecesse estático e subserviente.

Em *Prometeu Acorrentado*, o poeta Ésquilo (que o escreveu entre 445 e 470 a.c.) critica "deus" num diálogo entre o titã e o corifeu, salientando: "ouça agora as misérias dos mortais e perceba como, de crianças que eram, eu os fiz seres de razão, capazes de pensar. Quero dizê-lo aqui, não para denegrir os homens, mas para mostrar minha bondade para com eles. No início eles enxergavam sem ser, ouviam sem compreender e, semelhantes às formas oníricas, viviam sua longa existência na desordem e na confusão. Eles desconheciam as casas ensolaradas de tijolo, ignoravam os trabalhos de carpintaria; viviam debaixo da terra, como ágeis formigas, no fundo de grotas sem sol. Para ele, não havia sinais seguros nem do inverso nem da primavera florida, nem do verão fértil; faziam tudo sem recorrer à razão,

> *até o momento em que eu lhes ensinei a árdua ciência do nascente e do poente dos astros. Depois, foi a vez da ciência dos números, a primeira de todas, que inventei para eles, assim como as letras combinadas, memória de todas as coisas, labor que engendra as artes. Fui também o primeiro a subjugar os animais (...) Fui o único a inventar os veículos com asas de tecido, os quais permitem aos marinheiros correr os mares.*

No mesmo diapasão, Parmênides de Eléia (Sul de Salermo, Itália meridional, hoje, Vélia), também da escola Eleata, que por sinal teria se encontrado com Sócrates – segundo Platão –, foi um legislador, mas expunha seus pensamentos em poemas. Em *Sobre a Natureza*, ele rebate Pitágoras (e a filosofia dualista par-ímpar), bem como Heráclito (e a filosofia da identidade entre a multiplicidade e a unidade).

O poema parmenidiano parte de que "*é preciso que de tudo te instruas*". O conhecimento deve atingir a *alétheia* (caminho do ser) e a *dóxa* (caminho do não-ser). E quem observa isto, no poema, é uma deusa, que, na verdade, significa a *razão*. Não é por menos que Parmênides **é considerado o pai dos dois princípios fundamentais e lógicos do pensamento**: o da *identidade* (o ser é o ser, ou seja, impossível afirmar-se uma coisa e seu contrário ao mesmo tempo); e o da *contradição* (se o ser é, o contrário não é).

Por meio de tais assertivas, ele também foi considerado o criador da *ontologia* e da *lógica* (a idéia da força invencível do pensamento), aspectos do conhecimento humano atrelados à introspecção, à interioridade cultural.

Nesse sentido, Parmênides sustenta o ser como algo eterno, indestrutível, porque não tem origem. Se tivesse origem, o que existiria antes do ser? Exatamente, o não-ser, aquilo que inexiste. Por isso é que ele procura desmistificar a origem do homem e encontrar respostas para aquilo que não se consegue obter. Se não é um ser, não existe!

É lógico que, por conta do "não-ser", na cosmologia, Parmênides revela que o ser deve ser *limitado*, pois não se pode buscar o infinito no ser cosmológico, dada a sua indeterminação e constante movimentação.

Mas, por outro lado, não é na multiplicidade que se localiza a unidade (luta dos contrários). Para o filósofo de Eleata, a multiplicidade decorrente do movimento é impensável; o ser é a própria identidade. A multiplicidade é o "não-ser".

A "aspiração do ser à justiça", expressão extraída de seu poema, decorre da racionalidade do próprio ser, que deve estabelecer os *limites*[65]. Não se trata de forças obscuras naturais, como entendeu Anaximandro. Cuida-se, isto sim, de se extrair do pensamento o contraditório e afirmá-lo como uma realidade própria, sem a presença de dados fornecidos pela experiência. Com Parmênides, surge o *método* para se conhecer.

Discípulo de Parmênides, Zenão de Eléia, aporético, é considerado o criador da *dialética*, muito embora para Hegel (do século XIX) o seu inventor tenha sido Heráclito. Segundo ele, ao se confrontarem duas teses opostas, pode-se afirmar ou que nenhuma delas é verdadeira ou que só uma delas é falsa.

Na verdade, Zenão procurou demonstrar que a razão difere da experiência sensorial, de modo a instituir o conhecimento racional e o conhecimento empírico. Como o pensamento possui leis próprias, é possível até mesmo negar a existência dos dados sensoriais.

É o famoso exemplo da tartaruga e do corredor Aquiles, que, bondoso, concede-lhe uma certa vantagem; Aquiles jamais a alcançará, pois,

---

[65] Os princípios da "identidade" e da "contradição", adotados por Aristóteles, desembocam nos limites a serem buscados no próprio ser. Esse postulado, que não deixa de ser jurídico – pelo contrário, é a principal aporia jurídica que se conheceu –, será a viga-mestre da Declaração dos Direitos do Homem e do Cidadão de 1789. Tanto que seu art. 1º dirá: "*os homens nascem livres e iguais em direitos. As distinções sociais fundam-se na utilidade comum*". Ocorre que a liberdade conquistada deveria ser restringida pela própria existência dos princípios da identidade e da contradição. É impossível todos agirem da maneira que bem desejarem. Mas os limites, melhor analisados por Aristóteles – e, futuramente, com o renascimento humanista, que antecedeu o iluminismo –, deveriam decorrer de uma lei. A própria declaração estabeleceria que "*o exercício dos direitos naturais só tem por limite os direitos dos outros*". Essa limitação, após a revolução francesa, foi exercida de forma injusta, até porque era a classe dominante (os aristocratas) que estabelecia as leis e, portanto, as limitações. E na *pólis* aristocrática não foi diferente. As leis seriam firmadas pelo Conselho dos Eupátridas (os bem-nascidos), que, à evidência, buscavam, com as leis, atender aos seus próprios interesses.

para vencê-la, primeiro deverá vencer a metade da distância entre ele e o vagaroso animal; depois, a metade da metade e assim sucessivamente; são premissas dialéticas!

As aporias tiveram a finalidade de demonstrar que, longe da via lógica e ontológica, não existe conhecimento. É pela primeira vez que, por meio do conhecimento racional, o homem se liberta do conhecimento experimental.

Heráclito de Éfeso, nesse sentido, também procurou valorizar a racionalidade humana, de modo a demonstrar onde o homem deveria permanecer diante da *luta dos opostos*; daí sua crítica às tradições dionisíacas. Ambos (Parmênides e Heráclito), portanto, procuraram distinguir a aparência e a realidade, distinção essa feita somente pelo pensamento.

Claro está, porém, que a filosofia de Parmênides e a de Heráclito são antagônicas. O "ser" heraclitiano (o devir, a luta dos opostos) é o "não-ser" parmenidiano. Aquele projeta o conhecimento para ser. Para Heráclito, o essencial é o autoconhecimento humano e, segundo Hegel, a filosofia da luta constante entre os opostos – a dialética – surgiu em Éfeso, e não entre os eleatas.

De qualquer sorte, a filosofia apresentada pelos pré-socráticos deixou um grande vazio, principalmente na área jurídica. Isto porque o paradoxal e eterno conflito do "ser" e do "não ser" provocaram um "mundo real de ilusões", sem muita concretude social.

Veja-se que um dos principais direitos da personalidade – a vida – não pertencia à mulher e nem ao filho do pai, pois eles não detinham "sabedoria". Aliás, Aristóteles, em **Ética a Nicômaco**, deixou assentado que somente "o sábio é feliz", porque detém a sabedoria. E o sábio era o homem (exceção, não nos esqueçamos, à civilização cretense e parte da egípcia, principalmente com Cleópatra).

O cultivo da sabedoria, da intelectualidade revela a essência da sociedade grega socrática: idealista, cultural e introspectiva, voltada para a felicidade (o bem deles). Para o Filósofo, felicidade e sabedoria consistem na prática da virtude, ou seja, a prática do bem.

Trata-se do princípio *apolíneo* (de Apolo, deus da luz, sobre o conhecimento), do qual Nietzsche escreve para sustentar o lado bom dos gregos, em contraste com o seu lado mal, segundo o princípio *dionisíaco* (de Dionísio, deus da luta).

Aliás, a natureza e a religião tiveram grande influência na formação do direito privado, porque o filho somente poderia ajudar o pai; essa ajuda, sob o prisma do direito natural, exigia uma subordinação. Entretanto, essa relação era permanente sob o prisma religioso, o que permitiu o esvaziamento daquele "poder paterno".

Fustel de Coulanges[66] observa que

a natureza dá ao filho uma maioridade que a religião não lhe concede. De acordo com os antigos princípios, o lar é indivisível e a propriedade é como ele; os irmãos não se separam pela morte do pai, com muito maior razão não podem se separar dele durante a vida. No rigor do direito primitivo, os filhos continuam unidos ao lar paterno e, assim sendo, ficam submetidos à sua autoridade. Enquanto o pai viver, os filhos são considerados menores.

As antigas leis gregas, e mesmo as romanas, reconheciam um poder ilimitado aos pais, assim como fez a religião nos primórdios em relação aos sacerdotes. Três eram as categorias de direitos em que a figura do pai se destacava: era o pai o chefe religioso, o senhor da propriedade e o juiz. É certo que o poder paterno contribuiu para a formação do Estado; por isso, lemos: "a família é a base da sociedade". Porém, não é menos certo que a figura do *patria poetestas* conduziu à formação do Estado absoluto.

Fustel de Coulanges – em referências feitas a "Heródoto, I, 59" e a "Plutarco, **Alcibíades**, 23" – nos revela o quão era absoluto o poder paterno. O pai poderia reconhecer ou rejeitar seu próprio filho no ato do nascimento. E ainda assim era necessário o seu consentimento para a iniciação dele no culto. Ele poderia repudiar a mulher no caso de esterilidade, já que a família não poderia ser extinta, bem como no caso de adultério, pois a família e a decência não poderiam ser abaladas.

O pai também podia ceder a filha em casamento, outorgando ou não os seus poderes ao genro ou a qualquer pessoa. O filho também podia ser cedido em casamento, pois o casamento do filho interessava à perpetuação da família.

Tanto assim que, Esparta, organizada numa diarquia (dois reis, que se dedicavam às funções religiosas) e localizada às margens do Eurotas (região do Peloponeso), organizou-se como uma grande família. Aliás, os recém-nascidos que não apresentassem condições físicas de robustez e perfeição eram eliminados. As crianças saudáveis eram separadas de suas famílias aos sete anos, quando então iniciavam sua formação militar.

Os homens espartanos eram treinados para o combate e, aos dezoito anos, ingressavam no exército fortemente armados, sendo então chamados de *hoplitas*. Isso se deve ao fato de que, vindos da Grécia central, no século IX a.C., os povos dórios invadiram a região do Peloponeso e acabaram com a civilização micênica (aquela formada pela fusão entre cretenses e aqueus); para a manutenção do seu reinado, os dórios tinham que investir na militarização, na força e no poder.

---

[66] *Op. cit.*, p. 96.

Os dórios fundaram a pólis de Esparta. Os espartanos foram conhecidos como "um exército acampado em território inimigo", a Grécia de Homero; só os *esparciatas ou espartanos*, como eram conhecidos os invasores (descendentes dos dórios), tinham acesso à magistratura e aos comandos militares (veja-se que Alexandre – o Grande teve muitos exemplos de combate militar bem próximo dele).

Os *periecos* (habitantes da periferia, pequenos comerciantes ou artesãos) e os *hilotas* (os servos da pólis espartana – descendentes da população dominada), não possuíam quaisquer direitos políticos; os hilotas, por serem servos das propriedades do governo, não tinham sequer direitos civis.

Nas relações familiares ainda se via a figura do *patria potestas*, que também possuía o direito de emancipar e, portanto, o de excluir um filho da família e do culto. Também abrangia o poder de, ao morrer, designar um tutor para a mulher e para os filhos. De outro lado, o filho não podia adquirir e nem receber coisa alguma; os bens, os frutos ou os lucros que auferisse, pertenciam ao seu pai. Exceção feita ao primogênito, no caso de morte do pai.

O filho poderia até mesmo ser vendido pelo pai, pois o filho era considerado mera propriedade paterna, mas ele não ficava na condição de escravo, já que havia a possibilidade de retrovenda. Aliás, a própria Lei das XII Tábuas (450 a.C.) autorizou esta operação por três vezes; ocorrida a terceira, o filho seria libertado do pai.

A justiça, nessa época, era exercida pelo pai, o que perdurou até as medidas legais tomadas por Sólon, dentro de algumas concepções filosóficas traçadas pelos socráticos. Praticado um crime pelo filho, era o pai quem o julgava. O mesmo ocorria em relação à mulher; o juiz das condutas femininas era o chefe da família.

O pai exercia a autoridade judicial, em virtude de sua autoridade conjugal ou paterna conferida sob os olhos das divindades. Ele até poderia condenar à morte, e ninguém poderia modificar a sua sentença, inclusive sua mulher e filhos. No seio da família, o pai era o único magistrado. Essa realidade mostrava um mundo desorganizado em função da multiplicidade das decisões paternas no âmbito das relações familiares.

Em Esparta, as funções legislativas e judiciárias *lato sensu* eram exercidas pela *gerúsia* (órgão formado por 28 espartanos, com mais de 60 anos). As funções executivas estavam acometidas aos *éforos* (cinco espartanos). Tanto a gerúsia como os éforos eram escolhidos por espartanos maiores de trinta anos, numa grande assembléia conhecida por *ápela*.

Note-se, contudo, que os registros históricos, levantados por Coulanges, esclarecem-nos que o *patria potestas* não era considerado um poder arbitrário, tirano. Seu poder decorria das crenças que estavam no fundo das almas, e os limites de seus poderes se encontravam nessas mesmas crenças, decorrentes dos *tabus*. Eram perfeitamente *naturais* os poderes atribuídos ao *pater*. Por isso mesmo, na origem do Direito Penal, fala-se em "infrações totêmicas" (decorrentes das violações aos "tabus" religiosos).

A cultura do *patria potestas*, mesmo com a designação do *basileus*, de administrar os interesses comuns das famílias, deu origem à formação dos "genos" e, com a união deles, das fátrias (associação política dos genos).

Isto provocou a formação da classe *aristocrática* e das oligarquias, de modo que a política grega passou a cultuar a aristocracia. Os filósofos, até então, preocupavam-se com as visões cosmológicas, bem distantes da realidade que viviam.

Por isso que no coração da Grécia, situada na região da Ática (sul da Grécia), a *pólis* de Atenas, fincada numa fortaleza, denominada *Acrópole* – por sinal, construída pelos cretenses por meio de Teseu, seu herói, que conseguiu unir doze comunidades de sua região (essa união foi chamada de *Sinecismo Ático* ou *demos*) –, inicialmente adotou o regime da aristocracia. A democracia surgiria bem depois, ainda que só para os cidadãos atenienses (mulheres, escravos e estrangeiros não eram considerados cidadãos). A exclusão provocou reações filosóficas socráticas.

A Acrópole, pouco depois, foi destinada ao culto, à introspecção espiritual, e os atenienses, no regime aristocrático – formado por *eupátridas* (os nobres aristocratas), *geômoras* ou *georgoi* (trabalhadores rurais) e *demiurgos* ou *thetas* (artesãos e pequenos comerciantes, aliás, marginalizados na partilha de terras) – formaram pequenas comunidades que se estenderam ao redor da Acrópole, dando início ao processo de formação das *pólis* e, pouco mais adiante, da *política*.

À vista da escassez de terras na Grécia e visando expandir seu território, muitos gregos se dirigiram para o Mediterrâneo, notadamente ao sul da península itálica, na Ilha da Sicília e às margens do Mar Negro, processo social de sobrevivência conhecido como a *segunda diáspora grega*. A organização das pólis deveria decorrer de alguma unidade heraclitiana ou parmenidiana; a unidade imutável encontrada foi a **lei**, que surge com a política.

Depois da criação da figura política do *polemarca* (o governador da cidade, escolhido pelos chefes das famílias, semelhante ao *Basileus* romano), os atenienses criaram a figura do *areópago*, conselho formado por aristocratas (os eupátridas), que elegia e fiscalizava os *arcontes*, as nove pessoas – por sinal, de uma mesma família, classe ou partido – que compunham o *Arcontado*, a magistratura que governava Atenas. O regime era *oligárquico*, controlado pelo areópago.

A história revela que as oligarquias não eram auto-sustentáveis. Por isso que, paralelamente à segunda diáspora grega, formou-se uma nova classe social em Atenas, composta pelos *demiurgos* (os comerciantes) que, devido a sua ascensão econômica – principalmente após a extinção do *nexum* (a execução corporal das dívidas) –, passaram a questionar o poder dos eupátridas.

Nesse sentido, a filosofia tomou outro rumo. Surgiram os *sofistas*, que deixaram de lado as incursões sobre a cosmologia e partiram para o estudo da ética, inaugurando-se nova fase da filosofia: a investigação em torno do homem como o centro de todas as relações humanas e a base sobre a qual se assentava todo o poder político.

Nessa fase, denominada por Hans Welzel[67] de *"ilustração"*, houve o surgimento de debates em praças públicas, principalmente sobre questões ligadas ao exercício do poder político. Surgiu, então, o direito à *"isegoria"*, ou seja, a liberdade de expressão, de modo a se permitir o advento dos pensadores *individualistas* ou *subjetivistas*.

Nesse sentido, os sofistas entendiam que todas as pessoas tinham o direito natural de pensar e agir como quisessem. É a plenitude do ser como ser individual, e não holista. Tanto assim que, segundo eles, não havia uma justiça natural, pois se existisse um justo o natural, todas as leis deveriam ser iguais.

É interessante notar que, de um lado, a política era feita pelos poderosos dentro de uma relação de subordinação e potestatividade (a aristocracia); de outro, com os sofistas, pretendia-se a total e plena "liberdade individual" diante da escravidão até então vivida.

2.7 OS IDEAIS SOFISTAS, O PENSAMENTO ILUSTRADO E A DEMOCRACIA

Desse duelo, surge uma nova corrente de pensamento, que, oprimida na era cristã, ressurge apenas com as principais revoluções dos séculos XVII e XVIII d.C. É o fenômeno filosófico-social do *"renascimento humanístico"* ou *"humanismo"*, ou *"renascença"*, bem como, logo em seguida, o do *"iluminismo"* ou *"contratualismo"*.

A palavra "iluminismo" foi uma variação da palavra "ilustração", que bem marcou o início de nova era grega, com a criação de diversos institutos jurídicos democráticos, partindo-se da ética.

Nomeado arconte ou basileu, Sólon procurou, dentro do pensamento sofista, introduzir reformas na democracia grega, exatamente porque muitos desentendimentos, até violentos, estavam ocorrendo, principalmente entre os aristocratas e os menos favorecidos. Por outro lado, conforme deixou assentado, a jurisdição civil grega era muito parcial, o que provocava repulsa e desordem sociais.

---

[67] WELZEL, Hans. **Introducción a la Filosofía del Derecho**. 2. ed. espanhola. Madrid: Aguilar, 1971. p. 6.

Por isso mesmo, Sólon contribuiu, em 621 a.C., para a aprovação do primeiro código ateniense, atribuído a *Drácon*. Aliás, foi este quem mandou confeccionar os dracmas (as moedas gregas). A par da ascensão social dos demiurgos (comerciantes), Sólon criou a "mistofarria" (participação da classe pobre nos empregos públicos).

Também, criou a *"Bulé"* (órgão composto por cidadãos que elaboravam projetos de lei), a *"Eclesia"* (órgão que aprovava ou não os projetos de lei) e o *"Helieu"* (o tribunal da justiça), cujo acesso era indiscriminado.

Era a afirmação da democracia grega pela instituição das leis e dos poderes constituídos, as bases fundamentais do princípio do respeito à intimidade. Paralelamente, a religião também deveria ser purificada, razão pela qual Apolo, o "deus *kathársios*" (o da purificação), passou a ser a nova divindade cultuada.

Explica Marilena Chauí que

> *linguagem e religião foram as primeiras invenções que propiciaram aos homens o sentimento da estabilidade, regularidade e repetição das coisas. Esse sentimento e a capacidade da linguagem de permitir a retenção das coisas na memória criaram a experiência, isto é, a capacidade para intervir sobre as coisas de modo regular, estável e contínuo. Com a experiência, surgiram as técnicas e, com elas, a vida em sociedade foi finalmente organizada*[68].

Demócrito, considerado impropriamente filósofo materialista[69], afirmou, então, que as ciências foram uma descoberta humana, e não um dom divino concedido por Deus aos homens.

---

[68] *Op. cit.*, p. 127.

[69] Alguns entendem que Demócrito e Leucipo são considerados filósofos *materialistas* e *atomistas*, porque, para eles, tudo é matéria, ou átomos. O conhecimento decorre de contatos entre as diferentes formas de átomos. Mas aquela designação é indevida. Na verdade, até Sócrates e Platão, ninguém afirmara acerca de alguma outra realidade que não a corpórea ou alguma força externa ao ser (por exemplo, o *lógos* de Heráclito; o "ser" de Parmênides; o binômio "amor-ódio" de Empédocles, constituem realidades materiais). E Demócrito sustentou a existência do "vazio", ou seja, uma realidade **imaterial**. Assim, a designação de filosofia "materialista" decorreu, *a posteriori*, da própria Igreja, que passou a dar maior valor ao aspecto espiritual do ser. O próprio Platão, embora contemporâneo de Demócrito, não fez qualquer referência a suas idéias, demonstrando total desprezo ao materialismo; aliás, Platão defendeu a existência de uma forma externa e autônoma ao ser: a "idéia". Para o eleata Melissos de Samos, o ser é infinito e não tem limite; é, porém, indivisível; é impossível a divisibilidade do ser; o intervalo entre as suas partes corresponderia ao "não-ser", de tal sorte que inexiste vazio. Também para os pitagóricos, o ser é ilimitado, mas, ao mesmo tempo, limitado, *dotado de limites*, representados pelos *números*; segundo Aristóteles, o número é a forma mais íntima do ser e somente é alcançável pela razão. Para os atomistas Leucipo e Demócrito, nada se "engendra por acaso, mas por razão (*týkhe*) e necessidade (*moîra*)". Nesse sentido, para os atomistas existe o "vácuo" ou o "vazio", o não-ser existente; "o espaço é real sem ser corporal", esclarece Marilena CHAUÍ (*Op. cit.*, p. 121);

Protágoras, aliás, contemporâneo de Demócrito, afirmava que "o homem é a medida de todas as coisas". Assim, por necessidade, o homem acabou por descobrir diversas ciências. A partir do instante em que ele entendeu que não bastava rezar para conseguir o seu alimento, mas era preciso lavrar a terra, descobriu a agricultura. Inventou a arquitetura no momento em que ele compreendeu que não bastava orar para possuir seu abrigo, mas que era preciso construí-lo.

Prossegue Marilena Chauí afirmando que

> *não bastava rezar aos deuses para curar as doenças, mas era preciso conhecer suas causas e os modos de atuar sobre elas (criaram a medicina). Que não bastava ter filhos para assegurar a continuidade da vida, mas era preciso educá-los (inventaram a pedagogia). Que não bastava viverem reunidos para haver sociedade, mas era preciso leis e instituições (inventaram a política)*[70].

Destarte, o filósofo atomista e de transição Demócrito preocupou-se com o princípio antrópico e, portanto, com o estudo da ética. Nesse sentido, deixou assentado, em seus fragmentos, um rol de comportamentos éticos, colecionados, por sinal, pela insigne filósofa Marilena Chauí, dos quais tomo a liberdade de citar alguns:

– "*belo é conter o homem injusto; ou ao menos não participar de sua injustiça*";

---

para os atomistas, a *phýsis* são os átomos e o vácuo, o princípio *constitutivo* de todas as coisas, "*geradas pelo contato entre os átomos que se movem no vácuo, chocando-se, ricocheteando uns contra os outros, fazendo as coisas nascer, mudar e perecer*" (*Idem*, p. 121). A *kinésis* do átomo é espontânea e inerente a ele, independentemente de qualquer outra força externa. Os átomos não se diferem pelas qualidades, quente ou frio, leve ou pesado, cores, odores, mas sim pela quantidade, em função da forma (figura, ordem e posição), da direção e da velocidade. Aliás, as qualidades decorrem de "convenção" do próprio homem. O nascimento do ser decorre, então, da agregação dos átomos; sua morte, da desagregação; a velocidade e a ordem dos átomos determinam o movimento ou o seu próprio dever. A constituição do ser decorre de ações recíprocas, pois os opostos, as partículas diferentes, não se atraem, arremata Aristóteles, em **Da geração e corrupção das coisas físicas**, com base em Empédocles. Destarte, a cosmologia atomista levou, na verdade, à constituição da ciência da *física*. Tanto assim que, para os atomistas, esclarece Chauí, são "*as diferenças nas formas dos átomos que provocam o efeito perceptivo ou subjetivo de qualidades. Assim, o azedo decorre da forma angulosa de certos átomos; o doce, de átomos cujas formas são arredondadas e pequenas... as sensações e os pensamentos dependem, portanto, objetivamente das formas dos átomos e **subjetivamente**, das disposições de nosso corpo*" (*Idem ibidem*, p. 124). E, por isso, o conhecimento sensível ou intelectual ocorre por "contato", em função das imagens que as coisas reproduzem; essas imagens entram em choque com o nosso corpo; o choque é a causa de nossa percepção, de tal sorte que o pensamento recebe imagens internas, produzidas pela percepção ou pela sensação. A sensação é o contato material entre os corpos (o primeiro choque); o pensamento também constitui um contato material, só que decorrente das imagens produzidas pela sensação ou percepção, por vezes armazenadas em nosso corpo.

[70] *Idem*, p. 128.

- ou então, *"aquele que comete injustiça é mais desgraçado do que aquele que a sofre"*; e mais: *"quem for completamente dominado pelas riquezas não pode ser justo"*;
- uma outra lição: *"os insensatos tornam-se sensatos com a desgraça"*. Por isso que *"os insensatos aspiram à vida por temerem a morte"*;
- *"desejar violentamente uma coisa é tornar-se cego para as demais"*;
- *"é alvidez falar de tudo e nada escutar"*;
- ou ainda, *"quem a ninguém ama, por ninguém é amado"*;
- por fim, *"o melhor para o homem é viver com o máximo de alegria e o mínimo de tristeza, o que acontece quando não se procura prazer em coisas perecíveis"*.

Foi com base nessas posturas éticas, por sinal retratadas por Aristóteles, que procuramos estabelecer os critérios jurídicos dentro da história grega, notadamente a afirmação de princípios que justificam as causas dos problemas sociais atuais e que interferem, diretamente, na vida íntima das pessoas.

Notável a contribuição de Sócrates para as concepções holistas de poder e justiça. Inicialmente, destaque para a sua Teoria das Idéias, as quais eram constituídas por um processo de análise e decisão acerca da cultura e vida humanas. Tal processo, porém, constituía um ser autônomo, independente do homem.

Críticas à parte, devemos a Sócrates o embrião da teoria do conhecimento (pelo método, aliás, da "ironia") e das explicações cosmológicas, a partir do homem. Daí o motivo de suas célebres frases: *"a única coisa que eu sei é precisamente que nada sei"*, razão pela qual era necessário o autoconhecimento; por isso, então, o *"nosce te ipsum"* (*"conhece-te a ti mesmo"*), inscrito no oráculo de Delfos. Tais aspectos racionais da vida grega explicam a radical mudança na política, na concepção de Estado e de família.

A começar pelo conceito de "justiça", valor equiparado por Sócrates à "lei". Por isso repondeu a Hípias: *"eu digo que o que é legal é justo"*, ou então, *"quem obedece às leis do Estado obra justamente; quem as desobedece obra injustamente"*. Pregou Sócrates o *"positivismo jurídico"* extremado, pois, até mesmo para as relações privadas, era necessário o estabelecimento de leis e a sua observância.

Nessa ordem de idéias, Guido Fassó[71] assevera ter o grande filósofo antecipada a construção da *"teoria contratualista"*, que renasceria apenas

---

[71] FASSÓ, Guido. **Historia de la Filosofia del Derecho**. 3. ed. Madri: Pirâmide, 1982. v. 1, p. 44.

muitos séculos depois. Foi por isso que o "Mestre da razão", no diálogo "*As Leis*" de Platão, afirmou que o mundo dos sentidos era imperfeito, razão por que deveria ser ordenado por leis.

No mesmo diapasão, Platão, no diálogo "*O Político*", entende que o governante deve obediência à lei, construindo, então, um verdadeiro "Estado de Direito", para que se evite a anarquia. No diálogo "*As Leis*", Platão reconhece o princípio do "respeito à personalidade humana", adstrito, porém, ao "homem livre" ou ao "cidadão". Mulheres, crianças, escravos e estrangeiros não eram cidadãos, muito embora estivessem sujeitos à lei.

Ainda assim, segundo Christian Meier, citado por Jorge Miranda,

> *os cidadãos antigos não usufruem de direitos do homem e do cidadão e nem sequer de liberdade no plural ou no singular, mas só de deveres... Os atenienses apenas gozam da liberdade que o Estado lhes deixa; um Estado moderno não cuida da moralidade dos cidadãos, salvo nos casos expressamente definidos, enquanto que o direito de um cidadão antigo de perscrutar a vida dos seus concidadãos era ilimitado, mesmo se não exercido na prática*[72].

Sócrates desenvolveu, também, toda uma linha jurídica "naturalista", pois, num dos diálogos com Hípias, reconheceu a existência de "leis não escritas", que tinham o caráter universal e a origem divina. A prática da justiça visava ao "bem comum", valor esse inerente à lei não escrita, que deveria ser preservada universalmente.

Aliás, entre os pré-socráticos, na Hélade, bem como na Antígone de Sófocles, localizamos essa diferença fundamental, entre o "justo por convenção"e o "justo por natureza", exatamente para se evitar a influência religiosa na direção política da nação.

O professor de Aristóteles, o ateniense Platão (427 a 347 a.C.), fundador da "Academia", desenvolveu toda a teoria do Estado no diálogo "*A República*", entendendo que o governo deveria ser exercido por "sábios", que deveriam fazer e agir com justiça. A idéia de Estado surgiu por uma necessidade do todo (da coletividade) em busca da justiça, pois cada cidadão não teria condições de, isolada e diretamente, atingir o bem que necessitasse.

O Estado, então, deveria ser um ente coletivo, organizado racionalmente, atuando de forma harmônica e com a finalidade de buscar e atingir a justiça. Todavia, considerando as disputas praticadas pelas instituições da "família" e da "propriedade", o Estado teria a missão de assumi-las, de tal

---

[72] *Apud* MIRANDA, Jorge. **Teoria do Estado e da Constituição**. Rio de Janeiro: Forense, 2002. p. 27.

sorte que família e propriedade seriam organizadas por leis e, assim, perderiam a autonomia de outrora.

A justiça visada pelo Estado, entre os sofistas, tinha características distintas. Para Trasímaco, legalidade e justiça eram traduzidas por quem detinha a força. Para Cálicles, a justiça decorre do direito natural e é exercida pelos mais fortes, enquanto a legalidade surge pelos fracos, que se contentam com a igualdade, não com a superioridade.

Outros sofistas, como Hípias, vêem a justiça na convenção entre os homens, de modo a esboçar a teoria contratualista. Salienta Miguel Reale que essa doutrina encontra eco em outros filósofos, como Epicuro, para quem o Direito é *"uma convenção feita entre homens cansados de agressões mútuas, exaustos do estado selvagem, cheio de perigos recíprocos, de insegurança para todos"*[73].

Tanto assim que Platão, em meio a essas idéias lançadas pelos sofistas, procura organizar o Estado. Cada cidadão, dentro do Estado ideal, deveria exercer suas atividades de acordo com suas aptidões. Mas a sociedade seria formada pelos artesãos (agricultores e comerciantes), pelos guerreiros (a força pública) e pelos magistrados (administradores e juízes). Na obra **As Leis**, escrita por Platão na velhice, foram alteradas algumas concepções de Estado, surgidas na "República".

No lugar das três classes sociais, passariam a coexistir quatro classes, cuja distinção se operacionalizaria de acordo com a renda individual. Reconheceu-se, então, a instituição do "casamento monogâmico" e a existência da "propriedade privada", com certas restrições. Contudo, o seu Estado ideal, a partir de um determinado instante, não deveria ter lei, pois a justiça deveria ser feita pelos juízes. Mas a "família" retoma o seu lugar no Estado[74].

Dentro de sua visão idealista, Platão sistematiza as formas de governo, classificando-as como formas "reais" – ou seja, a timocracia, a oligar-

---

[73] REALE, Miguel. **Filosofia do Direito**. 20. ed. São Paulo: Saraiva, 2002. p. 623.
[74] Interessante ressaltar os estudos desenvolvidos por Fustel de Coulanges acerca da "família" e da origem do Estado. *"Cada família tem sua religião, seus deuses e sacerdócio. No isolamento religioso se funda a sua lei; o seu culto é o seu segredo. Mesmo na morte, ou na existência pós-túmulo, as famílias não se confundem: cada família continua a viver à parte em seu túmulo, de onde todo o estranho é excluído. Cada família tem também a sua propriedade, isto é, a sua parte de terra, a que está inseparavelmente ligada pela religião: os seus deuses. Termos guardam-lhe os limites e os seus manes a protegem. O isolamento da propriedade torna-se de tal maneira obrigatório que dois domínios não podem confinar um com o outro, devendo deixar entre si uma faixa de terra sem dono e que fosse inviolável [a propósito, foi em função dessa faixa que se ergueu a teoria de proteção ambiental, como as áreas de preservação permanente]. Enfim, cada família tem o seu chefe, como qualquer nação teria o seu rei. Tem as suas leis, sem dúvidas não escritas, mas gravadas pelas crenças religiosas no coração de cada homem. Tem a sua justiça interna, à qual nenhuma é superior e apelável. Tudo aquilo que o homem tem rigorosa necessidade para a sua vida material ou moral, a família o possui. De nada necessita vindo de fora; a família é um Estado organizado, uma sociedade auto-suficiente"*. (Op. cit., p. 122)

quia, a democracia e a tirania – e formas "ideais" – isto é, a monarquia e a aristocracia.

A propósito, veja-se que Aristóteles desenvolveu as formas "puras" de governo – a monarquia, a aristocracia, e a politeia ou democracia –, bem como as formas "degenerativas" – a tirania, a oligarquia e a demagogia.

Dentro das concepções aristotélicas, que analisaremos no capítulo a seguir, verificaremos a importância e a finalidade de um valor fundamental em todas as civilizações: a felicidade e o meio de atingi-la. Por esta razão, procuro desenvolver, a seguir, um estudo a respeito da filosofia aristotélica – sempre viva – até porque são comuns as análises paralelas com outros filósofos, dentre eles Platão.

A propósito, a felicidade atingia a família. Era ela quem a exercia dentro de suas próprias concepções religiosas e filosóficas. Mas a necessidade econômica – sempre ela – contribuiu para o seu crescimento rumo à formação do Estado, como ente coletivo. A necessidade do pobre em relação ao rico, e deste para com aquele, fez surgir o servo.

O servo, porém, não poderia exercer sua atividade livremente nas famílias, por causa do isolamento familiar e do não recebimento de estranhos. Por isso, havia uma iniciação religiosa do servo – um batismo –, como ocorria no casamento e na adoção. Contudo, ao adquirir o direito de orar, perdia o direito de liberdade, porque, com a religião, ele se integrava à família e a ela estava sujeito.

Frise-se que o servo poderia ser libertado pelo *patria potestas*. Mas, mesmo liberto, o servo ainda continuava ligado à família, por força da religião. A essas pessoas dava-se o nome de "cliente" ou "liberto". Ao contrário do que afirmou Rômulo, a "clientela" surgiu na Grécia, e não em Roma. E o patrono tinha deveres para com o cliente; protegê-lo, pela força, como guerreiro; pela oração, como sacerdote; pela lei, como juiz. E o cliente poderia ser herdeiro.

A "clientela" contribuiu para o nascimento do Estado; primeiro, com o surgimento das fátrias e, depois, das tribos. Com a clientela, as concepções religiosas e filosóficas puderam alcançar outras famílias.

Muito embora a religião proibisse a união de famílias, a intersecção de alguns pontos religiosos em comum contribuiram para uma proximidade entre elas. Em seguida, as necessidades econômicas fizeram a união familiar. A junção entre algumas famílias, ante a comunhão e a identidade de alguns pontos em comum, contribuiram para o surgimento das "fátrias" ou "frátrias", muito embora a religião, inicialmente, proibisse essa união. A língua latina denominou essa associação política de famílias de "cúria".

Essa associação contribuiu para o surgimento de uma nova e própria religião. As frátrias tinham o seu próprio altar e o seu "deus protetor", assim como a sua própria administração. Elas se ampliaram a partir do momento em que se adotou o *princípio da hospitalidade*, segundo o qual aquele que participasse do banquete sagrado passaria a fazer parte integrante da fátria ou cúria. Daí o diálogo de Evandro para os troianos: *Communem vocate deum* (*In*: **Eneida**, de VIRGÍLIO, VIII, 275).

Foi então que surgiu o "basileus" (chefe, curião ou fatriarca), e as fátrias se organizaram com pontos em comum próprios do Estado, surgindo as "Tribos" (união de fátrias). Cada Tribo tinha sua própria religião e os seus próprios interesses político-econômicos.

Ressalta Fustel de Coulanges que "*a tribo, como a fátria, tinha assembléias e promulgava decretos a que todos os seus membros deviam se submeter. Tinha tribunal e jurisdição sobre os seus membros. Tinha um chefe, o **tribunus, phylobasileus**"*[75]. Na religião, o deus da tribo era comemorado num determinado dia, o dia do "*herói epônimo*".

Em que pese a existência de duas religiões (a familiar e a coletiva, ou da natureza), tem-se o embrião da "pólis", da democracia e de certos direitos fundamentais, que sustentam o instituto da intimidade desde aquela época.

2.8 OS FUNDAMENTOS ARISTOTÉLICOS SOBRE O DIREITO À INTIMIDADE

A vontade aristotélica bem desenhou as condições éticas e políticas em que uma sociedade poderia se desenvolver de uma forma sadia e feliz, dentro da realidade de cada comunidade. Aliás, felicidade, para ele, era tudo aquilo que fosse desejável numa sociedade, sem que se dependesse de outro bem.

Tanto assim que todo o arcabouço filosófico aristotélico foi alvo de análise por diversos pensadores, pouco antes das grandes revoluções (inglesa, americana e francesa). Destaque para Kant, Hegel, Tomás de Aquino, dentre outros. Aliás, a Igreja católica o considerou, claro que dentro de uma nova releitura, como um filósofo da Igreja de Cristo.

Ocorre que a efetiva vontade humana racional, em especial a dos detentores do poder, não se coadunou – e ainda não se subsume a elas – com as posturas lançadas por Aristóteles. Ao desenvolver as ciências teóricas, em especial a *praxis*, afirmou que a Ética, de onde decorre o Direito, dependia da *vontade racional* do homem. E o homem, lamentavelmente, sempre se mostrou, ao longo da história, com desejos e práticas irracionais.

Ao analisar a cultura grega, Nietzche (século XIX), estabeleceu dois grandes princípios que sempre se opuseram nas sociedades de um modo

---
[75] *Op. cit.*, p. 131.

geral, particularmente na Grécia. Cuidam-se dos *princípios dionisíaco* (expressão derivada de Dionísio, deus das trevas, revelado pelas "tragédias", que, posteriormente, seriam representadas pelo teatro por meio do *draco* – a vida do homem público) e o *apolíneo* (vem de Apolo, deus da luz e da palavra, da moderação e da serenidade).

As tragédias, decorrentes das representações teatrais gregas, somente foram sufocadas muito tempo depois, com o *Renascimento Humanista*, por meio das representações da vida cotidiana, privada e íntima, dando-se valor à cultura da intimidade.

Somente nessa época surgiram os *romances*, sinal, aliás, da passagem do relacionamento amoroso baseado na "paixão" (numa sociedade eminentemente patriarcal) para o relacionamento "romântico", oportunidade em que o casamento deixa de ser sinônimo de procriação e sucessão.

Aristóteles viveu, praticamente, no final da chamada *Era Axial* (entre os séculos VIII e II a.C.), período em que o Homem passou a ser considerado, pela primeira vez na história, como um ser dotado de "razão" e "liberdade", inobstante as diversas diferenças culturais da época.

É de se notar que, no centro desse período (século V a.C.), conviveram grandes filósofos de praticamente várias partes do mundo (os pensadores Gregos; Buda na Índia; Confúcio na China; Zaratustra na Pérsia), que desenvolveram grandes e fundamentais princípios de convivência humana. Tanto assim que, posteriormente, o curso histórico seguiu o caminho traçado, ao menos em sua base, por esses princípios.

Os ideais aristotélicos revigoram tais princípios de modo, porém, muito mais racional e sistemático, ante a uma visão de unidade de sistema político-social. Essa unidade sistêmica partiu, necessariamente, da cultura grega como a linha-mestre do conhecimento racional, mola propulsora das futuras formas de organização social, principalmente pelo surgimento da *pólis*, da *política*, da *ética* e da *filosofia primeira* (expressão de Aristóteles), como modo de analisar e sistematizar o conhecimento.

Nessa evolução, a religião da natureza – a dos deuses gregos – não nasceu em um só dia. Cada família criava e zelava os seus deuses como divindades domésticas. Assevera, porém, Fustel de Coulanges que *"dessa forma de religião se originaram os milhares de cultos locais, cuja unificação nunca pôde se estabelecer. Daí as lutas de deuses, de que o politeísmo está cheio e que representam lutas de famílias, de cantões ou de cidades"*[76].

A religiosidade passou a ser sinônimo de prosperidade econômica; a família que cultuasse um determinado "deus" e obtivesse sucesso, toda a cidade a desejaria adotar e prestar-lhe culto público, para alcançar as mesmas

---

[76] *Op. cit.*, p. 135.

graças. O surgimento da filosofia passou a provocar dúvidas em torno das prosperidade religiosas.

A **mutação qualitativa** verificada com os gregos revela que a filosofia rompeu com as posturas religiosas e que o conhecimento filosófico nasceu mesmo na Grécia, com Tales de Mileto.

É certo que Aristóteles, em sua obra **Livro da Magia**, assevera que devemos aos magos persas, aos caldeus, aos egípcios, também aos druídas[77], parte do conhecimento racional, o que não deixa de ser verdadeiro. Tanto assim que houve uma certa continuação filosófica entre os *estóicos* e Jesus Cristo, por meio da Escola Patrística de Santo Agostinho.

Bem por isso, a tese orientalista, segundo a qual a filosofia teria nascido muito antes, é reforçada pelo fato de que diversas concepções sobre a natureza ressurgiriam na filosofia grega. Assim, como para Buda, também para os gregos, a "cosmogonia" (origem do mundo) foi definida como uma "unidade universal divina", que criava os seres e, a um só tempo e por meio de um único processo de geração, calcado na luta entre os contrários, atribuía-lhes as diferenças.

O processo de geração, tanto para um, como para o outro, decorria – assim como decorre – de um processo de luta entre forças opostas e conexas (amor-ódio, caos-ordem, justiça-injustiça, união-separação, vida-morte, segundo, aliás, a visão de Empédocles), dentro, outrossim, de uma realidade dualista entre a "alma imortal" e o "corpo mortal".

Hesíodo, em *"Teogonia"*, procurou diminuir a distância entre o divino e o homem. Tanto que ele procurou "humanizar os deuses" e "racionalizar os mitos", como assevera Marilena Chauí[78]. Esse processo decorreu, aliás, da própria religião, notadamente no momento em que começou a se solidificar o *"monoteísmo"*, com a possibilidade da introspecção do homem. A religião passa a ser o culto à interioridade, à introspecção, importante passo para a construção doutrinária do direito à intimidade.

Da associação política entre as tribos, assim como ocorreu entre as fátrias, surgiu a "cidade". E foi o culto à religião quem estabeleceu essa união. Conforme assevera Fustel de Coulanges, *"as tribos agrupadas para formar*

---

[77] A propósito, "druída" é uma palavra latinizada e advém da palavra galesa *dryw*, que significa "conhecimento do carvalho", a árvore sagrada que correspondia a um elo entre os homens da terra e outros mundos, inclusive o mundo divino. O elo era realizado pelos sacerdotes intermediários, de origem celta, conhecidos por "druídas", que agiam em prol tanto dos bretões como dos gauleses. A classe dos druídas era hierarquizada e presidia sacrifícios, praticava magias, adivinhações e realizava cultos. Também estabelecia "leis", dando importância aos Estados teocráticos (como o Irã) e conservava a tradição dos celtas. Nas histórias de Asterix, existe um druída chamado *Panoramix*, que consegue salvar sua aldeia de gauleses do império, por meio de suas porções mágicas, que conferiam ao usuário poderes mágicos.

[78] *Op. cit.*, p. 33.

a cidade jamais deixaram de acender o fogo sagrado e de ter uma religião comum"[79]. Nesse momento, a religião comum é a "pitagórica", a da introspecção. Lembremo-nos da inscrição no oráculo de Delfos: "Conhece-te a ti mesmo".

Mas, ainda assim, o poder humano de alterar o estado das coisas decorria do poder divino. Verificaremos que, na Idade Média, muitos príncipes e reis, para assumirem o poder, deveriam se curvar diante da autoridade religiosa, em sinal de respeito e de "subordinação divina". Era o "batismo real".

O surgimento da filosofia e as constantes mudanças filosóficas provocaram a formação da *doxá* (opinião) e da *alethéia* (a verdade), de modo que todas as decisões políticas eram tomadas em discussão, por meio da *isegoria* (liberdade de expressão do pensamento). Tudo isso contribuiu para a formação das "cidades-estados" e, ao lado delas, da "urbe", o lugar de reunião ou o santuário da sociedade.

Veja-se que a *"sociedade humana, nessa raça, não cresceu como um círculo que se alastrasse pouco a pouco, mas, ao contrário, pela agregação de pequenos grupos, de há muito constituídos*", afirma Coulanges. Por isso mesmo, no início, "*a cidade era uma confederação... que se viu obrigada, pelo menos durante alguns séculos, a respeitar a independência religiosa e civil das tribos, das cúrias e das famílias; não teve, no princípio, o direito de intervir nos negócios particulares de cada um desses pequenos corpos*"[80].

Contudo, arremata Fustel de Coulanges, "*as necessidades, ou os sentimentos, aproximaram-nos. Imperceptivelmente se uniram em pequenos grupos, de quatro, de seis*", como os "*quatro burgos da planície de Maratona que se associaram para em conjunto adorar Apolo Delfiniano*"[81].

É certo que havia muitas dificuldades para se manter as sociedades regulares numa cidade, tendo em vista a diversidade de costumes e ideais. Havia necessidade de algo mais forte que a própria força física ou qualquer interesse para a organização social, ou seja, a própria "crença", que, segundo Coulanges, "*nada de mais poderoso existe sobre a alma*"[82].

Veja-se que da "família" e dos seus deuses domésticos – ou "*theo patro, dii gentiles*" –, caminhou-se para a formação das "frátrias" ou "cúrias", com o seu deus único – "*teós phratios, juno curialis*". Após, surgiu a "tribo" e o seu próprio deus – *théos phylios*". A seguir, o homem caminhou para a formação das "cidades" e a criação de um deus único para todos – "*theos polieus, penates publici*".

---

[79] *Op. cit.*, p. 138.
[80] *Op. cit.*, p. 138.
[81] *Idem*, p. 141.
[82] *Idem, ibidem*, p. 143.

A religião foi o sopro inspirador da organização político-social das cidades, pois eram os deuses quem revelavam as leis nas cidades, bem como foi ela o primeiro fundamento da intimidade.

O descontentamento dos *demiurgos* (os pequenos comerciantes) e o elevado número de escravos provocaram reações populares contra a aristocracia, o que contribuiu para a criações de novos órgãos, dessa feita, democráticos.

O revolucionário Sólon (ex-arconte), por exemplo, criou a *bulé* (o conselho dos 400), que discutia e apresentava projetos de leis, assim como a *eclésia*, a assembléia popular que aprovava as leis. Da mesma forma, foi criado o *Helieu*, o tribunal de justiça.

Criava-se, então, um sistema jurídico em que reinava a tripartição dos poderes, mas dentro de uma democracia direta. Inclusive, a "mistoforia", criada por Péricles, foi uma forma de se dar oportunidade ao homem livre "pobre" de participar das decisões políticas.

Para tanto, contribuíram para as reformas os *sofistas*, os novos filósofos, como Protágoras – a quem devemos o princípio da razoabilidade, pois, dizia ele, "o homem é medida de todas as coisas". Aliás, as críticas dos sofistas eram endereçadas ao poder aristocrático.

A propósito, porém, Aristóteles, em *Política IV,* afirmava que as eleições eram aristocráticas, e não democráticas, pois eram escolhidos aqueles que alguns chamavam de "melhores", como, aliás, ocorre ainda hoje. Tanto assim que, em *Política III,* o Filósofo dizia que, tanto na oligarquia como na democracia, havia muitos pobres. A diferença entre um sistema e outro estava na pobreza ou na riqueza. Assim, onde quer que os homens governassem pela riqueza e para a riqueza, fossem eles muitos ou poucos, sempre haveria oligarquia.

Pinto Ferreira[83] bem observa a existência e a importância da democracia direta, esclarecendo que *"essa modalidade de governo do povo pelo povo encontrou concretização histórica nos antigos Estados-Cidades, florescendo nas sociedades grega e romana do mundo clássico..."*.

É certo que Manuel Garcia-Pelayo[84] apresenta duas causas para justificar a extinção gradativa da democracia direta. Primeiro, a "impossibilidade técnica" do seu exercício (como por exemplo, o número de pessoas a decidir, atualmente). Segundo, "a substituição da idéia de povo como algo tangível e visível pela idéia de nação".

Em que pese as críticas lançadas a esse tipo de governo, o fato é que ele se mostrou adequado e conveniente. Não vejo tantas dificuldades

---

[83] FERREIRA, Pinto. **Comentários à Constituição brasileira**. São Paulo: Saraiva, 1989. v. 1, p. 196.
[84] GARCIA-PELAYO, Manuel. **Derecho Constitucionale Comparado**. 4. ed. Madrid: Manuales de la Revista de Occidente, 1957. p. 177.

para, hoje em dia, além do sufrágio universal e da iniciativa popular, como também do exercício da ação popular, implementar-se uma democracia – diria – "viva", por meio do "plebiscito" e do "referendo". Às vezes, há necessidade de uma decisão firme e forte, como a de um poder ditador. Mas, mesmo na democracia, é imperiosa a tomada de decisões.

Afirmar-se, como fez Montesquieu[85], que o povo não reúne condições de decidir o que é melhor para si, constitui, isto sim, o exercício da tirania de poucos, a afirmação de um egocentrismo exagerado e a desconsideração política para quem natural e soberanamente detém o poder.

De qualquer sorte, o legado grego exprime bem o exercício efetivo da democracia direta, pois, com a política e a ética, as *pólis* se tornaram livres e organizadas por leis aprovadas por conselhos populares. Mesmo no início, quando da formação do *arcontado* e suas três classes (polemarco, epônimo e thesmothetas), as decisões políticas eram tomadas de forma democrática, ainda que pela classe dominante dos aristocratas.

Com a afirmação da *cosmologia*, por meio da qual se superou o mito das superstições primitivas, a teogonia passou a ser apenas conto fantasioso (por isso, o estudo, hoje, da Teologia, a lógica de Deus). A cosmologia decorreu de um processo filosófico, que procurou afastar os mitos, os mistérios, fazendo com que as questões sociais fossem explicadas e resolvidas pela própria sociedade ou por seus filósofos.

Daí a célebre frase, de domínio público, de que "*nada vem do nada e nada retorna ao nada*". Sob o prisma jurídico, cada cidadão poderia intervir nas decisões políticas, quer participando das votações, quer estabelecendo suas instruções aos seus representantes, quer destituindo seu mandatário. Foi a afirmação da autonomia da vontade racional, que, por sinal, foi a base da teoria da soberania popular.

Na visão cosmológica, os princípios geradores das estruturas sociais passaram a ser naturais (com base nos elementos naturais), mas principalmente impessoais e racionais. Por isso, os mitos tiveram a finalidade apenas de, psicologicamente, resolver as tensões sociais não explicadas no plano real; por isso, as religiões, de um modo geral, prometem a felicidade eterna, ou o paraíso, fora do plano humano.

Com as reformas de Sólon, frise-se, a democracia concretizou-se ainda mais. A classe dominante cedeu lugar aos *demiurgos* (os comerciantes, excluídos da partilha das terras), que passaram a questionar o monopólio oligárquico do *areópago* (conselho dos eupátridas).

Sólon criou o Conselho dos Quatrocentos (a "Bulé", autora dos projetos de lei) e a Assembléia Popular, que as aprovava ou as rejeitava (a

---

[85] **Do Espírito das Leis.** 2. ed. São Paulo: Abril, 1979. "Os Pensadores", p. 32.

"Eclésia"), possibilitando a participação de qualquer cidadão grego, rico ou pobre. Tanto que seu sucessor criou a "mistoforia", a participação do cidadão pobre nos atos da administração pública.

Contudo, assevera Marcos Antônio Striquer Soares[86], "*no contexto atual do Estado podemos dizer que o povo participa do processo político, mas não tem exclusividade quanto ao querer, como pretendia a teoria da soberania popular, pelo contrário, a decisão propriamente foi entregue ao Poder Legislativo. Diante das limitações da teoria da soberania popular (inviabilidades técnicas para a participação do povo) emerge uma formulação teórica dando novo fundamento à titularidade e ao exercício do poder, bem como ao próprio Direito Público; é a teoria da soberania nacional*", cuja vontade, porém, é ditada pelos mandatários políticos, que, a cada quatro, ou oito anos, só sabem pedir votos!

Aristóteles afirmou que o método não é a dialética e que inexiste um mundo sensível separado, fora do ser. A unidade e permanência de sistema pretendida por Platão deve ser buscada dentro do próprio ser, individual ou holista. Daí o fundamento holista encontrado entre os gregos, nas "Pausânias I, 43", diante de uma indagação: "*os megarianos perguntaram certo dia ao oráculo de Delfos como a sua cidade poderia ser feliz, e o deus respondeu-lhes que a cidade o seria se tivessem o cuidado de sempre deliberarem com o maior número*".

Por isso, o filho de Nicômaco construiu e tentou realizar a unidade dentro de uma multiplicidade desordenada. Em outras palavras, procurou criar um sistema jurídico uno para cada sociedade, cheia de problemas sociais, econômicos e políticos. A dialética platônica constituía, apenas, probabilidades (*pode ser ou não*), ou *persuasão*, que teria lugar somente como exercício preparatório para a lógica.

Garcia Morente, citado por Marilena Chauí[87], aponta alguns argumentos contra as posturas lançadas por Platão. Entre elas, merecem destaque o argumento segundo o qual seria desnecessária a dualidade platônica da realidade entre o mundo da sensibilidade (o que sentimos em função do real) e o mundo das idéias.

A teoria de Parmênides – a dualidade conflitante entre o mundo do "ser" e o do "não-ser" –, na linha de raciocínio de Morente, também não teria qualquer sentido, pois aquilo que é, efetivamente deve ser, até mesmo por força do princípio da identidade.

Outro argumento interessante, no que deixa a desejar a "teoria das Idéias", é o fato de que não se pode exigir que os seres iguais tenham idéias

---

[86] SOARES, Marcos Antônio Striquer. **O Plebiscito, o Referendo e o exercício do Poder**. São Paulo: Celso Bastos, 1998. p. 22-23.
[87] *Op. cit.*, p. 352.

semelhantes. O princípio da igualdade formal bem esclarece essa questão. Todos são iguais perante a lei, na medida em que se igualam.

E mais: mesmo entre os iguais, à evidência, existem diferenças ideológicas, as quais, por sinal, garantem a existência da democracia. Além do mais, uma sociedade de escravos é igual, mas não é a ideal. Ao contrário, provoca injustiças.

Também devemos considerar, dentro da visão de Morente, que a teoria das idéias não conseguiu explicar o princípio das coisas, sua origem, exatamente porque ela não explica a *"Kinéses"*, ou seja, o movimento, o processo de transformação (a mudança da forma).

E mais: Platão não conseguiu explicar o mundo sensível, já que, para ele, as idéias somente poderiam ser compreendidas pela razão. Bem a propósito, Kant afirmará que a *liberdade* seria um *direito inato*, independente da razão, muito mais afeto ao mundo sensitivo. Daí, aliás, o fundamento do Direito Natural: a liberdade.

Segundo Fernando Bastos de Ávila, o *"direito natural cria direitos subjetivos e seus deveres correspondentes, que recebem sua força imperativa, não de uma deferência do Estado ou de sanções por ele impostas, mas da própria natureza livre, racional e social do homem. É aquilo que é reto, por ser o homem quem é, ente dotado de consciência e de liberdade"*[88].

A teoria platônica acerca da unidade deixa de lado as "categorias" de uma coisa, especialmente o "gênero" e ao menos uma "espécie". A se considerar a teoria de Platão, aquilo que vier a ser definido será uno, não comportando gênero e espécie.

Ao falar sobre a ética, Platão expõe a necessidade de se positivar a vida – pública e também privada – das pessoas, a fim de que os juízos enunciados pelas leis sejam "universais" e "duradouros".

É certo que o positivismo platônico encerra a unidade do sistema, mas, de outro lado, não permite a aplicação justa da lei ou de qualquer juízo sobre a justeza da lei. O juiz passa a ser um mero intérprete da lei, como desejará a Escola da Exegese, com Savigny.

Bem ao contrário, Aristóteles defende a existência, dentro da vida humana, de um "espaço jurídico vazio" – denominação nossa –, por meio do qual se garante a autonomia privada, a liberdade e a independência, de acordo com a "vontade racional", pressupostos do princípio do respeito à intimidade.

Daí por que a liberdade aristotélica parte da existência e da garantia de uma vontade, mas uma "vontade racional", por meio da qual se possa

---

[88] ÁVILA, Fernando Bastos. **Pequena Enciclopédia de Moral e Civismo**. Rio de Janeiro: Fundação Nacional – Ministério da Educação, 1972. p. 235.

eliminar os desejos irracionais, permitindo-se o "livre desenvolvimento da personalidade", conforme, aliás, estabelece a Constituição Federal de Bonn, na Alemanha.

Aristóteles, então, defende a idéia de que os juízos enunciados na ética e na política são "contingentes" e "particulares", da mesma forma que a vontade racionalizada, que visa ao "bem".

Na concepção aristotélica, bem *"é aquilo que contribui para aumentar ou conservar a independência do agente"*. Ou então, *"tudo o que torna o agente menos dependente dos outros"*, esclarece a douta Marilena Chauí[89].

O grande filósofo bem define o que é "ser livre": *"o poder de dar a si mesmo seu próprio fim e ser para si mesmo seu próprio fim"*[90]. Por isso, ele, então, conclui que a *filosofia* é o único saber que é verdadeiramente livre, cujo desejo é a busca "livre" do prazer intelectual.

Ainda que o mundo seja repleto de *aporias* (dificuldades), num eterno *devir* (expressão de Heráclito de Éfeso), a pluralidade dos opostos nos leva a buscar, pela sensibilidade e pela racionalidade e por meio da vontade, a reflexão e a solução, para se atingir a *"unidade dentro da multiplicidade"*[91], dentro de um processo de movimento, que não cessa. Se cessar, teremos atingido a perfeição! Não terá sentido a vida.

Assim, a *ascese* (a depuração da verdade pelas causas; segundo Aristóteles, em **Segundos Analíticos**, "só há ciência quando conhecemos pelas causas") somente pode ser alcançada pelo modo de ser livre da pessoa. Daí por que liberdade e razão constituem um binômio inseparável e relacionável, que, somente depois de muito tempo, veio a constituir o fundamento da 1ª Geração dos Direitos fundamentais.

Tanto assim que Benjamin Constant[92] estabelece bem a diferença entre a "liberdade dos antigos" (ou liberdade-participação, ou liberdade negativa) e a "liberdade dos modernos" (liberdade-autonomia, ou liberdade positiva).

A primeira

> *consistia em exercer coletiva, mas diretamente, várias partes da soberania, em deliberar na praça pública sobre a guerra e a paz, em concluir com estrangeiros tratados de aliança, em votar as leis, em pronunciar sentenças, em examinar as contas, os atos e a gestão dos magistrados, em fazê-los comparecer perante o povo, em submetê-los a acusações, em condená-los ou absolvê-los; mas, ao mesmo tempo em que se dava isso que os antigos*

---

[89] *Op. cit.*, p. 349.
[90] *Apud* CHAUÍ, Marilena. *Op. cit.*, p. 329-381.
[91] *Idem*, p. 82.
[92] CONSTANT, Benjamin. Cours de Politique Constitutionnele, IV. **De la Liberté des anciens comparée à celle des modernes.** Paris, 1820, p. 238-241. Editora Paris.

chamavam liberdade, eles admitiam como compatível com tal liberdade coletiva a sujeição completa do indivíduo à autoridade do conjunto. Todas as ações privadas estavam sob uma vigilância severa. Nada era concedido à independência individual, nem no tocante à religião.

E mais

entre os antigos, o indivíduo, soberano quase habitualmente nos assuntos públicos, é escravo nos assuntos privados. Como cidadão, decide da paz e da guerra; como particular, aparece circunscrito, observado, reprimido em todos os seus movimentos; enquanto porção do corpo coletivo, ele interroga, destitui, condena, despoja, exila, fere de morte os seus magistrados ou seus superiores; enquanto submetido ao corpo coletivo, pode, por sua vez, ser privado do seu estado, despojado de suas dignidades, banido, condenado à morte pela vontade discricionária do conjunto de que faz parte.

E conclui, Benjamin Constant: "*entre os modernos, pelo contrário, o indivíduo, independente na sua vida privada, não é soberano, mesmo nos Estados mais livres, senão na aparência...*".

Na essência do Direito, não localizamos uma liberdade sem limites. É certo que a concepção de *liberdade negativa* (a liberdade com limites), como desejaram os contratualistas, é, por si mesma, paradoxal. Não existe liberdade com restrições. Ou se garante o livre arbítrio, ou se restringe a ação humana.

Por isso mesmo, a expressão de Norberto Bobbio – *liberdade positiva* (ou liberdade-autonomia, expressão de Jorge Miranda[93]) – é muito feliz, na medida em que se deve garantir o quanto mais for possível de liberdade. Excepcionalmente, as restrições devem ser impostas, exatamente porque entram em cena interesses outros, também legítimos.

É errado pensar que a intranqüilidade étnica, religiosa e política tenha sido provocada pela opressão política. A opressão, por vezes, é necessária. Na verdade, esclarece Robert D. Kaplan, a própria liberdade política quase sempre despertou a violência que as sociedades liberais abominam.

Esclarece o escritor: "*não há nada mais volátil e que necessite de mais orientação disciplinada e esclarecida do que grandes populações de trabalhadores sub-remunerados, subempregados e com educação insuficiente, divididas por etnias e crenças*"[94].

Prossegue o insigne escritor, na mesma página:

em particular, será cada vez mais difícil promover a paz, porque para ter sucesso, diálogos sobre a paz exigem a centralização do poder (...) A de-

---

[93] *Op. cit.*, p. 26.
[94] KAPLAN, Robert. **Políticos Guerreiros – A arte de liderar ao longo da história da Roma Antiga até hoje**. Tradução de Maria Cláudia Ratto. São Paulo: Futura, 2002. p. 26.

mocratização é um processo longo e irregular, que irá gerar governantes fracos e inseguros antes de dar origem a organizações estáveis. Alguns dizem que a paz com Israel só virá quando o mundo árabe se democratizar: não necessariamente. A liberalização em países como o Egito e a Síria pode desencadear forças extremistas que, a curto prazo, provocarão ainda mais instabilidade no Oriente Médio.

A consciência, o primeiro sinal de liberdade e de razão, com o destemor que lhe é inerente, afirma a todos os homens de todos os tempos e culturas: façamos o bem, evitemos o mal, reparemos o mal praticado. Nesse sentido, ao fixar os princípios cardeais da justiça, Ulpiano deixou assentado: *"honest viverum, alterum non laedere* e *suum cuique tribuere"* (viver honestamente, não causar prejuízo a ninguém, dar a cada um o que é de direito).

É da consciência – da vontade racional –, inerente a todo o homem, que brota o sentido da justiça para se atingir a felicidade. Há uma perfeita integração entre a vontade racional, a justiça e a felicidade.

Pela autonomia da vontade, o que pressupõe liberdade, o homem estabelece, por vezes, leis, que visam à justiça; se assim, ocasionalmente, não ocorrer, alguém, escolhido pela sociedade, deve repelir a lei e aplicar a justiça. Visa-se à felicidade.

Segundo Aristóteles, felicidade é "aquilo que torna a vida desejável e não carece de nenhum outro bem". É o bem mais perfeito da vida. Ela é sempre uma "virtude". Não podemos nos esquecer que o contrário de virtude é "vício", ou seja, a "falta de medida", a falta de moderação, a falta do justo meio.

A "virtude" é sempre alcançada por meio do processo de atualização das potências, num constante movimento (ou devir) em busca da felicidade. O "motor" do movimento é o *"télos"*, expressão grega que identifica a "causa final". A perfeição, ou o justo meio, pode decorrer de uma "ação racional" ou de uma "ação natural".

Na ação natural, o ato de agir surge por necessidade, não por possibilidade; ela não é variável. São significativas as expressões aristotélicas a respeito: "a natureza não delibera", ou "a natureza nada faz em vão".

Por isso mesmo, na grandiosa obra **República**, o tribuno romano Cícero (106-43 a.C.) comenta a existência de uma *"lei verdadeira, reta razão, conforme a natureza, difusa em todos, constante, eterna, que apela para o que devemos fazer, ordenando-o, e que **desvia do mal, que ela proíbe**"* (g.n.). Essa lei *"não é diferente em Roma ou em Atenas; não será diferente hoje, nem será amanhã; mas, sim, lei única e eterna, imutável; ela será para todas as nações e para todos os tempos"*[95].

---

[95] *Apud* CAVALIERE, Sérgio Filho de. **Você conhece a Sociologia Jurídica?** 6. ed. Rio de Janeiro: Forense, 1997. p. 2.

De fato, entendemos haver um princípio geral natural de justiça, tão simples – mas de difícil aplicação –, segundo o qual se proibem as ações más e se permitem as boas ações. Sabemos que a pobreza é um mal que aflige, guardadas as devidas proporções, o Brasil ou a África, a Europa ou os Estados Unidos. Por outro lado, o combate à pobreza constitui uma ação boa. Naturalmente, sabemos dessa gloriosa distinção. Por vezes, outros interesses falam mais alto, o que é de se lamentar.

Ainda que a Escola Histórica do Direito, que surgiu na Alemanha com Frederico Charles de Savigny, no século XIX, tenha procurado romper com o princípio natural da justiça, as ações natural e racional sempre existiram na formação do Direito e, portanto, do bem ético. Tanto assim que o lado oposto da causa final – a irracionalidade – pode ser vista tanto na ação racional como na ação natural.

Afirmar-se, como pretendeu a Escola Histórica, que o Direito provém da "consciência coletiva do povo" (*Volks geist*), significa que a ação racional de uma comunidade, determinada por uma vontade entre escolhas possíveis, está presente. Se a razão, fruto natural da consciência humana, está presente numa sociedade organizada, o sentimento natural da boa ou má opção também é perfeitamente identificável.

A "virtude" – o "meio justo" – é uma sentimento e um princípio natural, invariável e universal. As Escolas Sociológicas do Direito de Comte (1798 a 1857), de Herbert Spencer, de Émile Durkeim (1858 a 1917) ou a de Max Weber (1864 a 1920) – que deram proeminência às inter-relações sociais e suas variáveis regras – não conseguiram destruir essa concepção maior e última da Ética e do Direito, embora tentassem.

O conflito de direitos reclama escolhas, opções. A preferência decorre do chamado "comportamento acrático" (ou "*akrasía*"), que surge em função de "desejos conflitantes". A *akrásia* decorre de uma fraqueza racional (para Platão, a *akrásia* provém da ignorância; faz-se o mal, porque não se conhece o bem). Na verdade, o mal pode existir, mesmo que se conheça o bem. O comportamento acrático leva à necessidade de se operacionalizar a "causa eficiente" (a educação em torno da Ética).

É muito comum o comportamento acrático no conflito de normas constitucionais, como a intimidade financeira e a violação do sigilo bancário. A intimidade é um valor que se deve preservar, porque é virtuoso preservá-la. Mas, a partir do momento em que há notícia de prática ilícita em torno da conta bancária, a virtude passa para a violação do sigilo e, ainda assim, pelos mecanismos legais, o procedimento ético mais adequado.

Para se evitar a chamada "fraqueza racional", a própria prudência nos remete às "virtudes intelectuais" ou "virtudes dianoéticas". Bem por isso, em **Ética a Nicômaco**, Livro VI, Aristóteles define o homem prudente como "*aquele que é capaz de bem deliberar sobre as coisas boas e úteis para si, e isso não de maneira parcial, como, por exemplo, que coisas são boas para a saúde e para a força física, mas com respeito ao bem-viver em sua totalidade. São também prudentes aqueles que sabem calcular em vista de algum fim honesto...*".

Com muita propriedade, Marilena Chauí reúne numa tabela[96] a paixão natural suscitada, os extremos relacionados a ela e o respectivo justo meio. Assim, a "confiança" pode ocasionar, por contingência, o perigo ou a dor; seu vício por excesso pode levar à temeridade; o vício, por falta, pode ocasionar a covardia. O justo meio da confiança é a coragem.

Interessante o quadro das virtudes em relação ao "convívio". Por contingência, o convívio surge necessariamente nas relações sociais. Um de seus extremos (o vício por excesso) é a zombaria; o outro (o vício pela falta), a grosseria ou a indiferença. A virtude é a agudeza de espírito.

Por isso que, para realizar o justo meio, é preciso muita "prudência", que, por sinal, garante a "*autárkeia*" (autarquia ou autonomia) e nos remete às virtudes intelectuais ou "dianoéticas" (a "*areté*"). Tanto assim que a sabedoria teórica é a condição e a forma mais alta das virtudes do intelecto, conduzindo-nos à "*felicidade perfeita*"[97].

É certo que Platão procurou vincular o sábio ao político e unificá-los. Aristóteles rompeu, ainda bem, com essa unidade, de tal sorte que somente o sábio pode atingir a sabedoria teórica. O político, se for sábio, poderá atingi-la. Por vezes, o político crê ser sábio e acaba causando prejuízos irreparáveis.

Diferentemente de Platão, Aristóteles estabelece o "prazer" como princípio aquisitivo das virtudes intelectuais. O prazer intelectual "*é um instante pleno e completo, que acontece e desaparece*", segundo a insigne Marilena Chauí[98]. Não há devir. Apenas prazer intelectual e bem estar social, visando à justiça.

Na opinião de Paulo Nader, a teorização aristotélica sobre justiça foi tão bem feita que "*se pode afirmar, sem receio de erro, que muito pouco se acrescentou, até nossos dias, àquele pensamento original*"[99].

Ao afirmar que justo é o homem que respeita a lei, Aristóteles não pretendeu transmitir o sentido que desejou o positivismo platônico. Na verdade, o estagirita deu uma dimensão e um sentido maiores à lei. Em primeiro lugar, Lei tinha o sentido de Direito; em segundo, o seu conteúdo visava à justiça e à felicidade de todos.

---

[96] CHAUÍ, Marilena. *Op. cit.*, p. 453.
[97] *Idem*, p. 457.
[98] *Idem*, p. 458.
[99] *Op. cit.*, p. 110.

Em **Ética a Nicômaco** (Livro V, cap. 1), o Filósofo esclarece que "*nas disposições que tomam sobre todos os assuntos, as leis têm em mira vantagem comum, quer de todos, quer dos melhores ou daqueles que detêm o poder ou algo nesse gênero; de modo que, em certo sentido, chamamos justos àqueles atos que tendem a produzir e a preservar a sociedade política, a felicidade, e os elementos que a compõem*".

Nesse sentido, o estagirita acolheu os ideiais pitagóricos de **igualdade** e de **proporcionalidade**. Sob estes aspectos, a justiça aristotélica abrangeria quatro elementos, "*... porquanto duas são as pessoas para quem ele é de fato justo, e duas são as coisas em que se manifestam os objetos distribuídos*"[100]. A par da igualdade, a justiça deveria ser proporcional, ou seja, ter "*igualdade de razões*".

A herança aristotélica foi traduzida e implementada no art. 5º, da Lei de Introdução ao Código Civil, que "*na aplicação da lei, o juiz atenderá aos fins sociais a que ela se dirige e às exigências do bem comum*". A intelectualidade de um magistrado prudente a serviço da comunidade é a aplicação da justiça social (a propósito, v. art. 174, *caput*, da CF/88).

O preclaro Miguel Reale[101], ao discorrer sobre as espécies de "modelos jurídicos", esclarece que a referida lei de introdução "*pode, no seu todo, ser considerada um modelo jurídico, visto como um complexo de regras diversas, correlacionadas entre si, em razão de um objetivo comum, que consiste em disciplinar diversas hipóteses de interpretação e aplicação da lei*".

Não obstante as críticas lançadas por Maquiavel, no século XVI, por Thomas Hobbes, no século XVII, e por Karl Marx, no século XIX, as concepções aristotélicas em torno do Estado mantiveram-se firmes e bem atuais, principalmente pelos filósofos cristãos.

Justo é o Estado uno e indivisível, porque não há tantas diferenças. A função social do Estado é o bem-estar da sociedade. E os agentes políticos devem ser, necessariamente, virtuosos.

Por conta das diversas diferenças sociais, econômicas, religiosas e políticas, a *akrasia* parece ter dominado o homem atual. Daí a reação constitucional e legal, ainda que tímidas. Mas, não deixa de haver reações, como a do Código Civil de 2002, que procurou resgatar a idéia de eticidade e socialidade do Direito.

---

[100] **Ética a Nicômaco**, Livro V, Cap. 3.
[101] REALE, Miguel. **Fontes e Modelos do Direito**. São Paulo: Saraiva, 1994. p. 63.

Capítulo III

O REGIME POLÍTICO GREGO E A INTIMIDADE

3.1 AS REFORMAS JURÍDICAS DE SÓLON E SEUS REFLEXOS

No auge da civilização grega, as reformas de Sólon permitiram uma nova formulação de Estado, que contribuiu, sobremaneira, para o desenvolvimento atual da pessoa jurídica de direito público, bem como para se permitir a relação jurídica entre poder público e poder privado.

As reformas consistiram na adoção de princípios calcados na liberdade, a essência do princípio do respeito à intimidade. Nesse sentido, o conceito grego de liberdade construiu a liberdade contratual (de compra e venda de terras), a liberdade de trabalho (a dos camponeses), bem como a extinção do *nexum* (eles não mais se sujeitavam à escravidão por inadimplemento) e a liberdade de acesso à magistratura.

Além disso, criaram-se a *Bulé* e a *Eclésia*, órgãos de representação popular, que tinham a missão de elaborar e aprovar projetos de lei. A *Bulé* era um órgão estatal-popular, composto por quatrocentos membros, cuja função era a de elaborar projetos de lei. Seus membros eram eleitos dentre os cidadãos das cidades-estados.

A *Eclésia* era a assembléia do povo que aprovava as leis confirmadas pela Bulé – uma espécie de *referendum*. Também foi criado o *Helieu* (tribunal de juízes que recebiam e decidiam sobre as reclamações dos cidadãos), cujo acesso tornou-se mais democrático.

Na verdade, Sólon contribuiu para a desagregação da elite eupátrida, principalmente porque limitou a extensão da propriedade com a adoção da divisão censitária[102]. Democratizou o poder estatal, permitindo uma maior participação popular no governo.

---

[102] A renda censitária era baseada em medidas de trigo, azeite ou vinho; 500 medidas seriam destinadas aos eupátridas; 300 medidas, aos cavaleiros; 200 medidas, aos *zeugitas*; e, abaixo de 200

Sólon, ainda, afastou a Lei de Talião, de modo a substituí-la pela justiça do Helieu, dando origem ao princípio da indeclinabilidade ou inafastabilidade jurisdicional, de modo a afastar, de vez, a justiça privada. Instituiu, inclusive, o "júri popular", conforme se observa da trilogia de Ésquilo em "As Fúrias", "As Erínas" e "As Eumênides". Afastou, ainda, a pena de morte, substituindo-a pelo exílio (o ostracismo) ou outro tipo de penalidade.

Bem por isso, o poeta Hesíodo parece ter contado em verso e prosa os grandes feitos de Sólon. Diante do *"Khaos"*, Zeus é transformado, saindo das trevas em direção à luz. A sociedade grega emerge, a partir do século V a.C., da desordem para a ordem democrática.

Por isso, em *Teogonia,* comemorou-se o casamento de "Zeus" (o grande deus grego) com "Têmis", a deusa da justiça divina, da norma, da boa convivência, relacionamento do qual nasceram as "Horas", as filhas da verdade. "Horas" representa a *"eunomia"* (a ordem legal), a *diké* (a justiça retributiva) e a *Irene* (representante da paz). Desrespeitada a ordem (a eunomia), surgem as *"Nêmesis"* (a pena justa), acompanhadas do *"Edo"* (a vergonha), de modo a se restabelecer o equilíbrio social.

Já em *Trabalhos e Dias*, Hesíodo afirma a existência da ética, por meio de dois postulados fundamentais, até hoje imprescindíveis numa sociedade como a nossa: a necessidade do trabalho e o dever de ser justo. Aristóteles irá afirmar que a ética é uma virtude, a qual deve ser praticada; e o Filósofo demonstra como praticá-la.

Interessante notar que o interlocutor do poema *"Trabalhos e Dias"* é *Perses*, irmão de Hesíodo; na partilha dos bens deixados pelo seu pai, Perses se apodera da cota parte do irmão. Ele (Perses, o irmão de Hesíodo), porém, gasta tudo e experimenta a miséria; busca a ajuda do irmão e dele recebe os conselhos éticos do trabalho e da responsabilidade pelos seus atos. É, de certa forma, parte da antecipação da parábola cristã do filho pródigo.

Ésquilo, em sua trilogia *Orestéia*, também deixa a sua marca quanto à nova sociedade que emerge a partir do século V a.C. Orestes matou sua mãe, sendo julgado por um júri popular; mas, consegue sua absolvição por meio de um dos princípios basilares do Direito Processual Penal: *in dubio pro reo*.

Interessante notar que as "Fúrias", enraivecidas com a morte da mãe Clitemnestra, a princípio desejavam vingança de talião. Foram convencidas, porém, por Athená (Minerva) a se converterem em *eumênides*, pois os tempos eram outros. *Eumênides* eram as deusas protetoras da raça

---

medidas, aos *thetas*. Ficaram fora da divisão os *metecos* (estrangeiros) e os escravos, que não eram *considerados cidadãos*.

humana[103]; daí a origem da palavra e do sentido de *eunomia* (a lei, substituindo a vingança).

Notamos a forte influência dos filósofos e dos poetas em relação ao estabelecimento de uma ordem social mais adequada, o que deveria ocorrer por meio de uma *lei*, democraticamente votada por uma assembléia popular, constituída diretamente pelo povo ou por seus representantes. Até porque "*todo poder emanava do povo e em seu nome deveria ser exercido*".

Não foi por outro motivo que Sófocles, em *Antígona*, procurou demonstrar seu descontentamento com as imposições ditadas pelos ditadores e as trágicas conseqüências dessa imposição real. Sófocles exorta a heroína, contestadora de uma lei imposta pelo rei Creonte. O rei a impediu de enterrar o seu irmão Polínice, que falecera como inimigo.

Impedida de realizar o ritual fúnebre do enterro, simbolicamente Antígona joga terra no corpo do irmão, mas o rei interpreta o seu ato como uma rebeldia e, agindo de forma desproporcional e tirana, condena-a à morte, sendo executada. Ocorre que o filho do rei, Hêmon, amava Antígona. Creonte tenta, influenciado pelo dor do filho, rever sua decisão, mas já era tarde. E o pior estava por vir: Hêmon, diante da perda de sua amada, suicidou-se[104].

Antígona estaria correta em revoltar-se contra o rei? Ela mesma responde:

> *Sim, pois não foi Zeus que a proclamou (a "lei" de Creonte)! Não foi a justiça, sentada junto aos deuses infernais; não, essas não são as leis que eles tenham algum dia prescrito aos homens, e eu não imaginava que tuas proibições pessoais fossem assaz poderosas para permitir a um mortal descumprir aquelas outras leis, não escritas, inabaláveis, as leis divinas! Estas não datam nem de hoje nem de ontem, e ninguém sabe o dia em que foram promulgadas... (versos 450 – 460)*[105].

É a instituição da "desobediência civil", o direito de se opor contra o poder.

Descortina-se profundo e interminável conflito entre o aparelhamento estatal e o direito de exercer livremente a vida privada. Ao mesmo tempo em que o Estado é estruturado de forma racional, abre-se a oportunidade de, mesmo por meio de lei, invadir o espaço privado. O embate perdura até hoje e não comporta solução genérica.

A partir do momento em que começam a surgir formas de organização social, passa a se entender que a família constitui a base da sociedade e

---

[103] ÉSQUILO. **Orestéia**. Tradução de Mário Gama Cury. Rio de Janeiro: Zahar, 1991. p. 25.
[104] SÓFOCLES. **Antígona**. Tradução de Mário Gama Cury. Rio de Janeiro: Zahar, 1991. p. 47
[105] *Apud* COMPARATO, Fábio Konder. *Op. cit.*, p. 13.

do Estado. Daí por que a democracia ateniense estava diretamente ligada à idéia de participação do cidadão nas decisões da pólis. E mais: procurou-se firmar, pela própria conquista da racionalidade, a liberdade individual.

Mas a lei que garantia a força e a invasão do Estado, era a mesma que garantia a intimidade dos cidadãos. O respeito à intimidade estaria acima da decisão tomada coletivamente através de lei?

Para pensar e decidir, era preciso ter liberdade, autonomia, tão bem defendida por Aristóteles; por isso, defendia ele a escravidão, muito embora o Filósofo encontrasse dificuldades em justificá-la. Até mesmo anteviu algumas possibilidades de libertação aos escravos, como a decorrente de consentimento pessoal do senhorio, fruto do exercício da liberdade.

Veja-se que a democracia soloniana permitiu uma maior possibilidade de participação popular nos interesses públicos. Tanto que, no momento em que ocorre a revolução proletariada grega, a classe inferior passa a fazer parte integrante da democracia e, assim, começa a se solidificar o princípio da igualdade política.

Com isso, o Direito se tornou público. Não foi mais manifestado por meio de cantos sagrados e misteriosos, feitos apenas pelos sacerdotes, com acesso somente aos chefes familiares. O direito deixou de ser mistério religioso. Tornando-se público, o Direito ganhou *status* de prevalência sobre o interesse pessoal. Até que ponto se poderia levar adiante essa prevalência?

Tamanha a importância do princípio da publicidade que, hoje, tomou forma de pressuposto de validade de uma lei (LICC, art. 1º) e passou a ser norma constitucional cogente na prática dos atos administrativos (CF/88, art. 37). Todavia, noutro extremo, as Constituições modernas garantiram o princípio do respeito à intimidade, até mesmo como forma de se entender de onde partir o poder estatal.

Não é por menos que a inovação soloniana se encontra na representação pública dos interesses do povo por parte do legislador. Com Sólon, o legislador passa a ser o representante do povo e não mais da religião. É o que encontramos, ainda hoje, no art. 1º, parágrafo único, da CF, com mais alternativas democráticas. O referido artigo garante: "*todo o poder emana do povo, que o exerce por meio de representantes eleitos ou diretamente, nos termos desta Constituição*". Plebiscito, referendo, direito de peticionar (ou representar) aos órgãos públicos correcionais, direito de apresentar projeto de lei, de contestar as contas públicas, são alguns instrumentos jurídicos que nasceram na Grécia de Sólon e foram recepcionados de forma mais vigorosa por nossa Constituição de 1988.

Por ser obra humana, a lei deixa de ter o caráter de imutabilidade. Ela passa a ser mutável e, portanto, discutível, alterável. Segundo Tito Lívio (VII, 17; IX, 33-34), "*aquilo que os sufrágios do povo ordenaram por último, essa é a lei*".

Também devemos considerar o fato de que, com a publicização da lei, qualquer um dos cidadãos, inclusive o plebeu, poderia invocá-la para defender seu direito, até mesmo perante um tribunal. Ocorre a democratização da justiça e o estabelecimento do princípio da inafastabilidade jurisdicional, tal como previsto no art. 5º, inc. XXXV, da CF/88.

É significativa a mudança na ordem social, com reflexos na ordem jurídica, tanto do direito romano como do direito ateniense. Segundo Fustel de Coulanges,

> à medida que as classes inferiores progridem na ordem política, alguma nova modificação se introduz nas regras do direito. Primeiro, o casamento vai ser permitido entre patrícios e plebeus. A seguir, a Lei Papíria proíbe ao devedor empenhar a sua pessoa ao credor. É o processo que simplifica, com grande proveito dos plebeus, a abolição das ações da lei. É enfim o pretor aquele que, seguindo o caminho aberto pelas Doze Tábuas, traçará, ao lado do direito antigo, um direito absolutamente novo, não ditado pela religião e cada dia mais próximo do direito natural[106].

3.2 O POSITIVISMO JURÍDICO E A INDIVIDUALIDADE

Desestabilizada a sociedade construída por influência da religião – necessariamente aristocrata –, surgiria, então, a idéia de se organizar a sociedade por meio de algum comando que estabelecesse sanções: a "lei". Surge, de forma racional, o *positivismo jurídico*, que tanto influenciou o relacionamento social do homem, ao longo dos tempos.

Não se cuidou de um positivismo setorial, ou baseado na vingança privada. Mas sim de um positivismo racional. Essa foi a posição tomada por Platão em sua obra **Leis**:

> aquele que tencione dar a uma cidade leis que disponham sobre a conduta dos cidadãos no exercício das funções públicas e oficiais, e julgue não ser preciso regular os atos privados; aquele que permita a cada um passar como entende seus dias e, em vez de sujeitar tudo a uma regra, deixa os negócios privados seguirem o seu curso livre de qualquer lei... **esse labora em erro**[107]. (g.n.)

A influência jurídica foi tão grande que, em Atenas, em trinta anos, dois códigos marcaram época. O primeiro, o do eupátrida Drácon, foi redigido durante a luta social entre as classes dos aristocratas e dos excluídos

---

[106] *Op. cit.*, p. 338.
[107] *Apud* CHEVALLIER, Jean-Jacques. **História do Pensamento Político**. Tradução de Roberto Cortes de Lacerda. Rio de Janeiro: Guanabara Coogan, 1982. t. 1, p. 71.

(*thesmothetas*). Nessa oportunidade, os eupátridas não tinham sido derrotados e, por isso, o Código draconiano teve muita influência aristocrata, religiosa e do direito antigo.

Com a vitória da classe inferior, surgiu o grande democrata Sólon, que procurou atender à justiça social, de modo a atender aos anseios da revolução social ocorrida. Era nítida a possibilidade de ser ter leis de cunho social ou leis de caráter classista. A Grécia antiga já antevira essa possibilidade, que vem ocorrendo, infelizmente, em nosso país.

Interessante notar que o positivismo platônico, tão em voga nos países em desenvolvimento, procurou estabelecer, hipoteticamente, todas as relações jurídicas privadas. Por força dessa teoria, a autonomia privada, onde se assenta a intimidade, perderia praticamente sua eficácia. Cairíamos no absurdo de admitir restrições legais a certas particularidades naturais do ser humano, como as opções religiosas, filosóficas, sexuais, culturais.

Esse confronto impede o livre desenvolvimento da personalidade humana, aspecto inerente à convivência social sadia e harmoniosa. Poderíamos chegar à ditadura da lei; não que ela não seja relevante, mas o extremo que ela pode ocasionar é perigoso.

Inicialmente, verifica-se que a lei é igual para todos; é a afirmação positiva do princípio da *igualdade formal,* de modo a se propiciar o acesso de todos à justiça (ao Helieu). Assim como a Lei das XII Tábuas, o Código de Sólon afastou-se do direito antigo, muito embora, em alguns pontos, tivesse permanecido alguma semelhança.

Nesse sentido, todos deveriam ter tratamento igualitário diante de uma sociedade organizada. Antigamente, só o filho primogênito poderia herdar; com Sólon, constata-se que "*os irmãos partilharão do patrimônio*" (*In*: ISEU. **De Apollod. hered.**, 20).

Sólon, porém, se prende ao passado quando permite, sendo herdeira apenas a filha, que o agnado mais próximo herde os bens. Mas – e esta a inovação – ele determina que o agnado se case com aquela filha. Também poderia ser herdeira a irmã do *de cujus*, na falta de irmãos ou filhos destes[108].

Era o início da participação da mulher, em decorrência do direito natural, nas relações jurídico-sociais de um modo geral. Aliás, a outra novi-

---

[108] Nesse sentido, quanto ao direito sucessório, dispunha a Lei de SÓLON: "*se um pai, morrendo intestado, não deixar senão uma filha, herda o agnado, mais próximo, casando com a filha. Se não deixar descendente, herda seu irmão, não sua irmã; o seu irmão germano ou consangüíneo, não seu irmão uterino. À falta de irmãos ou de filhos de irmãos, a sucessão passa à irmã. Se não há irmãos, nem irmãs, nem sobrinhos, herdam os primos e os filhos do primo, do lado paterno. Se não se encontram primos do lado paterno (isto é, entre os agnados), a sucessão é deferida aos colaterais do lado materno (quer dizer, aos cognados)*". (*In*: ISEU. **De Hagniae hereditate**, p. 11-12)

dade de Sólon – a instituição do testamento – permitiria à mulher a sua participação até mesmo nos assuntos políticos.

É certo que o testamento somente era possível não havendo herdeiro necessário; apenas não tendo filhos, o homem poderia testar, regra que, de certa forma, perdurou até os dias atuais (porque tendo herdeiros necessários, o homem não pode testar a totalidade de seus bens – somente até a metade).

O positivismo soloniano limitou, ainda, a venda do filho a três vezes, a partir do que estaria livre, rompendo com o *nexum* previsto na Lei das XII Tábuas. Mais do que isso, no entanto, Atenas de Sólon permitiu ao filho, atingindo à uma certa idade, subtrair-se ao poder paterno. Foi o início do instituto da "maioridade civil" e, assim, da garantia do princípio da individualidade de qualquer pessoa.

Aliás, uma lei de Atenas passou a determinar ao filho que alimentasse seu pai velho ou enfermo, o que implicaria no pressuposto de o filho ter acesso à propriedade paterna, fato que revela a sua independência. Essa lei, todavia, não existiu em Roma.

De qualquer sorte, as leis antigas correspondiam às crenças das antigas gerações. Comparadas à eqüidade, verificaremos total conflito valorativo. Esse conflito surgiu no momento em que ao homem é reconhecida a vontade racional de alterar as imutáveis leis de cunho religioso.

Mesmo antes de Sócrates, alguém já havia escrito nas Rochas de Termópilas: *"Viandante, vai dizer a Esparta que alguém morreu aqui para obedecer às suas leis"*. A santidade das leis antigas conduzia a sua imutabilidade. Por isso mesmo, as novas leis não revogavam as antigas, ainda que houvesse manifesta contradição.

Em razão do exercício da realização de leis, passou-se à exigência das razões legais (dos "considerandos"), o que propiciou ao homem uma certa racionalidade para admitir essa ou aquela lei. Nesse sentido, o Código de Sólon e a Lei das XII Tábuas permitiram ao pretor essa faculdade, pois deveria ser levado em conta o conteúdo da lei, e não mais a autoridade de quem a impunha.

Nesse sentido, a realeza, vinculada à religião, foi preservada – para os cultos e a propriedade –, mas despojada de certos poderes. Isto porque, embora sumo sacerdote, o rei vivia ao lado dos *patria potestas*, que formavam o senado. Nos negócios importantes da cidade, o rei deveria consultar os chefes das famílias, o senado (CÍCERO. **De Republicae – II**, 8).

Depois, a consulta passou a se estender às cúrias (reunião dos chefes dos genos). E, assim, surgiram os grandes conflitos entre a realeza e o senado (os *patres*). O episódio dos sete reis bem demonstra o ocorrido em Roma[109].

---

[109] COULANGES, Fustel. *Op. cit.*, p. 272-273.

Debelando-se contra os eupátridas, o rei buscava apoio no povo e, assim, ora a realeza apoiava as classes inferiores contra os aristocratas; ora o contrário, os eupátridas se fortificavam e conseguiam derrubar o rei[110]. O exercício democrático sempre propiciou a miscigenação de idéias; porém, a história revela a manutenção de certos privilégios a certas classes sociais. A igualdade jamais foi entendida pelo ser humano.

3.3   A TIRANIA DA LEI

Está claro que o exagerado positivismo jurídico platônico poderia se transformar – como viria a ocorrer ao longo ao século XIX –, em tirania, dessa feita, a "tirania legal". Mas, não podemos descartar a idéia de que também era preciso delimitar a liberdade individual, quer garantindo-a – porque não existia –, quer limitando-a, mas de forma democrática, racional e com responsabilidade.

Teoricamente, pela lei, a democracia grega visou a afirmação do princípio da igualdade material ou substancial, que só mais tarde viria ser reconhecida, com os iluministas. Tanto que Antifonte (480 a 411 a.C.), ao criticar a clássica divisão entre gregos e bárbaros, assevera, com propriedade, que

> ... os que descendem de ancestrais ilustres, nós os honramos e veneramos; mas os que não descendem de uma família de ilustre, não honramos e nem veneramos. Nisto, somos bárbaros, tal como os outros, uma vez que, pela natureza, bárbaros e gregos, somos todos iguais... todos conseguem prover a essas necessidades nas mesmas condições... respiramos o mesmo ar com a boca e o nariz, todos nós comemos com o auxílio de nossas mãos...[111].

Mesmo os estóicos, a iniciar com Zenão de Cítio, em Atenas (em 321 a.C.), defendiam a idéia da unidade moral do homem e de sua dignidade. Levando em conta que ele era filho de Zeus, o homem possuía direitos inatos e iguais em todo o mundo, como a liberdade interna, aspecto inerente à intimidade, independentemente da existência de lei.

É a afirmação da existência dos *direitos naturais* e *inatos*, bem como do princípio da igualdade material ou essencial. A filosofia estóica foi desenvolvida até o século III d.C. Seus princípios, no entanto, permanecem até hoje, muito embora sempre tenham sido de difícil implementação.

---

[110] Por isso, a assertiva de CÍCERO. *In*: **De Republicae – II**, 13, eternizou-se: *"quanquam populus eum in curiatis comitiis regent esse jusserat, tamen ipse de suo imperio curiatum legem tulit"*.
[111] *Apud* COMPARATO, Fábio Konder. *Op. cit.*, p. 14.

Bem por isso, a *"Kinésis"* grega, no qual se apoiou o *movimento catártico* de Gramsci[112] – ou seja, a transição social em busca do justo –, decorria, e ainda decorre, ora de uma "grande política", ora de uma "pequena política". A primeira está ligada à formação de novos Estados; a segunda, à política do dia-a-dia.

Dentro de uma concepção moderna de liberdade, deve-se garantir um mínimo de autonomia privada e, ao mesmo tempo, um mínimo de autonomia pública. Essa correlação implica na organização e no ordenamento de sociedade, da forma mais justa possível.

Desse sentir, é a posição de Miguel Reale, seguindo a linha jurídica da *jurisprudência de valores*, em sua Teoria das *Invariantes Axiológicas*, por meio da qual encontramos o "culturalismo histórico" (a busca incessante do homem em torno da liberdade) e o "personalismo" (ou "personalismo ético" de Karl Larenz – o início e o fim do Direito é o homem; a afirmação e preponderância do "ser humano" e não do "ter").

Teoricamente, os filósofos gregos atingiram uma gama de ideais justos, com muita influência na formação do direito após Sólon. Demóstenes, outro exemplo, em virtude do princípio do respeito à intimidade, estabeleceu a dispensa do casamento entre o agnado e a filha única (a *epiclere*, a filha herdeira, cujo pai não tinha herdeiros, que não poderia dispor dos bens, dada a sua condição natural). O grande político admitiu, então, o parentesco entre as mulheres.

Com Demóstenes, mesmo entre os irmãos, a partilha deveria ser igualitária. Ele, na verdade, além de manter o rompimento com os direitos de primogenitura, estabeleceu a igualdade na partilha dos bens do *pater*. Outrossim, ele permitiu que o dote fosse restituído a quem de direito no caso de dissolução do casamento; aliás, a própria viúva poderia permanecer com o dote, no caso de dissolução marital por morte do marido.

Mas, a visão dionisíaca (a do conflito, da luta, da discórdia) prevaleceu. Os gregos não souberam lidar com a *kinésis* (parece-me que nós, atualmente, não estamos conseguindo conviver com ela). Tanto assim que os gregos não conseguiram se libertar, na realidade, das tragédias, que foram muitas e acabaram por destruí-los.

---

[112] GRAMSCI, Antonio. **Cadernos do Cárcere**. Rio de Janeiro: Civilização Brasileira, 2000. v. 3, p. 21. Segundo Gramsci, **o movimento catártico desenvolve-se em três níveis** (g.n.): *o primeiro, decorre do clamor dos excluídos (subalternos e marginalizados), que conseguem superar os corporativismos existentes; o segundo ocorre dentro dos próprios grupos coorporativos, cujos membros conseguem se libertar do seu egocentrismo e contribuem para a transformação social; o terceiro refere-se ao âmbito de atuação privada, no momento em que a catarse liberta o próprio ser de sua individualidade, por vezes, egocêntrica, para, dentro dos demais níveis e numa força conjunta, lograr-se atingir a transformação social justa.*

Aliás, a "democracia" surgiu a partir do momento em que os efeitos das guerras atingiram as classes inferiores. Para sua defesa, as cidades eram obrigadas a dar armas aos *thesmothetas*, aos *hypoméiones*, aos lacônios, enfim, aos das classes inferiores. Com isto, elas se armaram e puderam, então, provocar a sua própria revolução. Por isso, a democracia grega foi o regime político dos pobres!

O exagerado individualismo atribuído às civilizações da época e, em especial, ao *patria potestas* e aos aristocratas da época, na verdade, foi a própria conseqüência da ruína da *polis* e da invariável, mas marcante, unificação do mundo antigo, sob o poder de Alexandre O Grande, iniciando-se o *helenismo* (misto de cultura greco-oriental, ou misto da cultura grega com os costumes dos povos dominados).

Foram centros do helenismo: Alexandria e Náucratis, no Egito; Pérgamo, na Pérsia; Antioquia, na Síria. Com a morte de Alexande, seu reino foi fragmentado e entregue a seus generais: Macedônia ficou com Antigônidas; A Ásia, com os Selêucidas e o Egito com Ptolomeu, da dinastia dos Lágidas (de Lagos, pais de Ptolomeu).

A vitória do império da Macedônia não retirou dos gregos o feliz monopólio filosófico e político em torno da sociedade justa e do homem justo. Os critérios de justiça e as bases de uma sociedade fraterna e solidária foram lançados, de forma sistemática, por Sócrates (469-400 a.C.), por Platão e, logo em seguida, por Aristóteles.

O grandes filósofos reconheceram o homem como um ser essencialmente social e racional – dono de suas ações, mas participante de uma sociedade. Os helenos defendiam uma ideologia referente ao ser desprendido da vida material, dando importância ao desenvolvimento intelectual e social. Estavam atentos ao *movimento catártico*, dentro das reformas de Sólon.

Dentro desse contexto, o ilustre escritor francês Louis Dumont[113], antropólogo, distinguiu, analiticamente, o 'ser' sob dois aspectos: "*de um lado, o sujeito empírico, que fala pensa e quer, ou seja, a amostra individual da espécie humana...*", a que chama de *individualismo*. "*Do outro, o ser moral independente, autônomo e, por conseguinte, essencialmente social, portador de valores supremos...*"[114], a que se denomina de *holismo ou holista*.

---

[113] DUMONT, Louis. **O individualismo – uma perspectiva antropológica da ideologia moderna.** Rio de Janeiro: Rocco, 1993. p. 37.
[114] *Op. cit.*, p. 37. A propósito, Louis Dumont esclarece que a sociedade indiana sugere essas duas categorias sociais. Segundo ele, "*a sociedade impõe a cada um uma interdependência estreita, a qual substitui as relações constrangedoras para o indivíduo, tal como o conhecemos; mas, por outro lado, a instituição da renúncia ao mundo permite a plena independência de quem quer que escolha esse caminho. A propósito, esse homem, o renunciante, é responsável por todas as inovações religiosas que a Índia conheceu. Além disso, vê-se claramente nos textos antigos a*

No direito primitivo, verifica-se uma exacerbada cultura do individualismo, mas num único sentido,ou seja, para a glória e o poder do *patria potestas* ou, por via reflexa, da *anchisteia* (uma espécie de província), que reuniam em si a condição de sujeito empírico e sujeito moral, *centralizador do poder*. Tanto que o seu poder individual sobre a mulher e os filhos, que se refletia na sociedade, derivava do seu poder moral, oriundo da religião.

Mesmo no Direito Romano, essa influência foi muito forte, pois os romanos também censuravam os "impotentes" – os adolescentes, as mulheres e os escravos. Essa censura tinha um requinte de exercício da intimidade, pois a passividade sexual levava à exclusão do poder. A propósito, Sílvia Morici esclarece: *"fica clara a relação entre masculinidade-poder político e passividade-feminilidade-carência de poder"*[115].

Sob a ótica atual, as leis gregas e romanas, que reconheciam, de certa forma, o poder ilimitado do pai, foram ordenamentos carregados de gravíssimas violações aos direitos subjetivos individuais. Basta lembrar que era o pai quem cedia a filha ou o filho em casamento, bem como designava, ao morrer, um tutor à mulher. Entre outras palavras, os filhos e a própria mulher viúva não tinham direito a estabelecer parâmetros para sua própria intimidade. Esse aspecto contrário ao direito da intimidade, na verdade, constituiu um marco para o seu posterior reconhecimento.

O mesmo se diga, *en passant*, em relação ao direito de viver do filho; caso fosse condenado à morte, a decisão do pai, como juiz, não poderia ser contestada por nenhuma outra autoridade da cidade. No direito contemporâneo, é evidente que esse antigo direito constitui grave violação aos direitos da personalidade. Todavia, é sempre bom lembrar que, ainda hoje, em algumas *sociedades tribais*, ritos de puberdade violam, de maneira drástica, o direito à intimidade[116].

---

origem da instituição, que é facilmente compreensível: o homem que busca a verdade última abandona a vida social e suas restrições para consagrar-se ao seu progresso e destino próprios. Quando ele olha para trás de si, para o mundo social que abandonou, vê-o a distância, como algo desprovido da realidade, e a descoberta do 'eu' confunde-se para ele, não com a salvação no sentido cristão, mas com a libertação dos entraves da vida, tal como é vivida nesse mundo".

[115] MORICI, Sílvia. **Homossexualidade**: um lugar na história da intolerância social, um lugar na clínica. Formulações psicanalíticas atuais. Porto Alegre: Artmed, 1998. p. 157.

[116] GAARDER, Jostein, e outros. **O Livro das Religiões**. Tradução de Isa Mara Lando. São Paulo: Cia. das Letras, 2000. p. 29-30. Esclarece o autor de **O Mundo de Sofia** que "*é comum a circuncisão dos órgãos sexuais, tanto masculinos como femininos. Não se sabe ao certo a origem desse rito, mas em alguns casos ele pode ser associado à crença de que o ser humano originalmente era hermafrodita. O rito realça a diferença entre os sexos e mostra aos homens e às mulheres o lugar que devem ocupar na sociedade. Enquanto nos meninos a circuncisão pode prevenir certas doenças, nas mulheres reduz a capacidade de desfrutar da atividade sexual. Em conseqüência, existe hoje uma pressão para se banir a circuncisão feminina, mais corretamente chamada de excisão do clitóris, uma mutilação dos órgãos geni-*

A situação retratada por Fustel de Coulanges perdurou na Grécia e em Roma por um bom tempo, mesmo durante o início da formação das *pólis* na Grécia e das *civitas* em Roma. Essa formação não fez diminuir o poder exercido pelo chefe de família (v. p. 121, de Fustel de Coulanges). A confederação de famílias – as quais, reunidas, nomeavam o rei ou *basileus* (*primus inter pares*) – apenas criou a figura do líder, não, porém, o chefe absoluto da cidade.

Tanto assim que, explica Fustel de Coulanges,

> *essas crenças subsistiram depois das cidades e nações estarem formadas, e até por muito tempo. O homem não se liberta facilmente das opiniões que o dominaram por um bom tempo. Essas crenças puderam, portanto, durar, embora já contraditórias com o estado social. De fato, o que poderia haver de mais conflitante que viver em uma sociedade civil, tendo cada família seus deuses particulares?*[117].

Importante ressaltar que a estruturação da cidade sofreu um grave problema. Não havia como transferir o poder familiar para o *basileus*; e mais, não havia fundamentação religiosa para essa transferência. Foi por isso que Sólon, em Atenas, procurou uma harmonia entre o poder político e o poder do *patria potestas*.

Explica Jean Gaudemet[118] que

> *a família representa um elemento constitutivo da cidade. Nesse ponto, o direito antigo da Ática confirma as opiniões que professava Aristóteles sobre as relações entre família e **pólis** (A cidade se forma com a federação das famílias, mas a transcede porque só ela dispõe de força suficiente para impor ao homem a virtude – **Política 1252a.**). A célula básica é a família no sentido estrito, criada pelo casamento, agrupando pai, mãe e filhos. É a casa (**oikos**) ou o lar ('**hestia**'). Um grupo familiar mais largo e que, por conseguinte, não postula mais a vida em comum é constituído pela "anchisteia". Ele reúne os descendentes de um mesmo trisavô, e se estende até os primos germanos. A "anchisteia" exerce a vingança de sangue em caso de assassinato de um dos seus membros... A sucessão é transmitida entre os homens e, na sua falta, às mulheres.*

Nesse sentido, como vimos, Sólon procurou limitar o poder absoluto do *patria potestas* e dos aristocratas da época, dentro da visão já traçada

---

tais femininos". Ao lado de outros rituais de tortura (espancamentos, mutilações), essa simbologia tem por fundamento a criação do mundo; a morte (a tortura) revela o caos e o nascimento (suportar as dores), o equilíbrio.
[117] *Op. cit.*, p. 121.
[118] GAUDEMET, Jean. **Institutions de l'antiquité**. Paris: Recueil Sirey, 1967. p. 205.

por Platão em suas **Leis**, para quem o homem deve viver em sociedade de forma ordeira. Foi por isso que as leis de Sólon proibiram a venda dos filhos (Plutarco, *Sólon,* 23) e, em Roma, a Lei das XII Tábuas passou a limitar a três vezes a oportunidade de vender o filho.

Só que, na Grécia, visava-se ao aperfeiçoamento individual e, em Roma, a sua grandeza. O império romano inicia-se na Península Itálica, passa pelo Mediterrâneo pela Gália, por fim, atinge o norte da África e o Oriente Próximo. Começam a se delinear alguns aspectos ligados, a um só tempo, ao Estado e à privacidade e, em particular, à intimidade pessoal, somados àquele já existente desde os primórdios – a sodomia, mas tudo para a grandeza de Roma, um novo império.

A bem da verdade, o *helenismo* foi o exercício do imperialismo grego, pela influência aristotélica na educação de Alexandre, o Grande. O seu império atingiu não só a Grécia, como a Ásia Menor, a Pérsia e a Índia, nas margens do rio Indo. A cultura grega, que supervalorizava o homem, foi levada a todas as grandes civilizações da época, entre os séculos IV a II a.C. e reapareceu, incrivelmente, muito mais tarde, apenas no século XV d.C. (helenismo vem da palavra *helenos*, nome atribuído pelos gregos a si próprios), com o renascimento humanista ou humanismo.

Interessante notar, ainda, que Empédocles de Agrigento, médico e poeta, também se voltou contra o imperialismo grego, falando de *amor* e *ódio* como forças naturais igualitárias e conflitantes. Por isso que, num de seus fragmentos, ele deixou assentado que, nessa correlação, "*das misturas derramam-se as inúmeras raças dos seres mortais*".

Daí a razão pela qual ter concordado com Parmênides, que considerava o ser "esférico", sem princípio e nem fim. Mas dele discordava quando afirmava que o ser era homogêneo, único. Empédocles, por conta de sua "teoria das misturas", considerava o ser múltiplo, dentro de um processo evolutivo constante de amor e ódio.

Ao final do processo, porém, entende que o amor sempre vence e organiza tudo. Essa evolução envolve, outrossim, critérios de semelhanças e diferenças, de modo que os opostos nunca se atraem; o diferente repele o diferente, ao passo que o semelhante atrai o semelhante.

Sob o ponto de vista ético, podemos adaptar a teoria de Empédocles para concluir que o bem atrai o bem; o mal repele o mal. Ainda que, dentro dessa multiplicidade de seres, tenhamos semelhantes e diferentes, bem e mal, cabe ao *pensamento* e ao *conhecimento,* que deve ser adquirido pela experiência sensorial, valorizar a percepção. Daí por que, se o administrador público fosse ético, não precisaríamos de uma Lei de Improbidade Administrativa ou uma Lei de Responsabilidade Fiscal para se separar o bem do mal.

Teofrasto, discípulo de Aristóteles, em **Da Sensação**, de forma metafórica, classifica o homem como sábio e lerdo, dependendo das partículas de conhecimento que ele adquire por natureza e, segundo Kant, pelas oportunidades que lhe são dadas.

Anaxágoras, assim como Empédocles, também confirma a existência concomitante da imutabilidade e da mutabilidade, ou então, da unidade ou da pluralidade, de modo que *"há em cada coisa uma porção de cada coisa"* ou *"todas as coisas estão juntas"*[119]. A diferença está em que, para Anaxágoras, por mais minúscula que seja a matéria, sempre haverá *mistura*, jamais qualidades separadas.

Analisando Anaxágoras, Marilena Chauí esclarece, com toda a propriedade, que *"o que diferencia um ser de outro é a proporção das qualidades misturadas e a predominância de uma delas sobre as outras"*[120].

Essa predominância, também na leitura de Heráclito e de Parmênides, é encontrada pela razão, auxiliada pelo conhecimento empírico e mesmo racional (dada a possibilidade de ver o que é invisível). A diferença para Anaxágoras é que, conforme relata Teofrasto, *"as coisas semelhantes não podem ser afetadas por outras semelhantes"*, porque o prazer, o deleite, a felicidade decorrem das semelhanças. E a razão, pela sensação, constitui, esta sim, um *"choque entre diferentes"*[121].

Foi o conflito de razões (dos diferentes) que fez – e ainda faz com os outros impérios –, que o império grego, e todos os demais, fossem à bancarroca. O homem, nem mesmo o filósofo, soube trabalhar, na realidade, com as diferenças culturais, econômicas, políticas, privadas etc. O princípio dionisíaco sempre prevaleceu, e ainda prevalece, *agora*, com o *império americano*.

Não foi por outra causa que o princípio da *predominância* sempre prevaleceu na construção dos grandes impérios. Dentro de cada um, as diferenças foram sufocadas pela predominância de um interesse maior, pertencente à classe dominante.

De qualquer sorte, os helenos, especialmente, contribuíram para o desenvolvimento cultural do homem, no sentido de, pelo menos, buscar, na razão, conhecimentos suficientes para se atingir a felicidade de todos. Parece-me que os detentores do poder não souberam utilizar da filosofia (e ainda não sabem; daí a crítica recente de Alain de Libera acerca da ignorância americana em torno de questões religiosas com influências político-econômicas com outros países. (**Folha de S. Paulo** – Caderno Mais de 22 set. 2002)

---

[119] *Apud* CHAUÍ, Marilena. *Op. cit.*, p. 115.
[120] *Idem*, p. 116.
[121] *Idem, ibidem*, p. 119.

3.4 O PRINCÍPIO DE GOVERNO NA FORMAÇÃO DO ESTADO E O INDIVÍDUO DIANTE DESSA NOVA REALIDADE

Ocorre que a razão de alguns passou a predominar por meio das "leis", como, aliás, desejava Platão. A democracia grega nasceu ainda impregnada pelo interesse de alguns, em que pese as reformas de Sólon, Péricles e Demóstenes. A política e a lei são instituições que nasceram juntas, visando suplantar a soberania de um ou de outro grupo. Eurípedes, em **As Suplicantes** (verso 432), escreveu: "uma vez escritas as leis, o fraco e o rico gozam de um direito igual". Deveria ser assim, mas não foi!

Do helenismo, por influência alexandrina, surgiram novas correntes: o *estoicismo*, que procurou desenvolver a filosofia da felicidade, por meio da adoração às alegrias, ao bem, sabendo enfrentar as tristezas, o mal; o *epicurismo*, por sua vez defende somente a adoração do bem, do prazer, da felicidade, dentro da visão apolínea de vida. O império romano, porém, apoderou-se, e muito, da cultura grega, além do que, por meio da força bruta e violenta, dominou e subjugou outros povos e culturas.

A igualdade essencial preconizada não passou mesmo de *theoria* (contemplação). Nesse ponto teórico, os estóicos, lançando mão dos conceitos de *hypóstasis* (em latim, traduziu-se para *substantia*, essência ou individualidade, alma) e de *prósopon* (em latim, traduziu-se para *persona*, personagem – máscara), lograram estabelecer, pelo menos teoricamente, o princípio da *unidade substancial* do ser.

Assim é que Epicteto afirmou, em **Manual**, XVII: *"lembra-te que és ator de um drama, breve ou longo, segundo a vontade do autor. Se é um papel (**prósopon**) de mendigo que ele te atribui, mesmo este, representa-o com talento (...) Pois cabe-te representar bem o personagem (**prósopon**) que te foi confiado, pela escolha de outrem"*.

Sob este enfoque, Epicteto lança as bases para a filosofia moderna da existência dos dois egos, como preconizariam Durkhein e Heidegger, ao afirmarem que o papel representado na vida social não pode ser confundido com o da vida íntima de cada pessoa.

O ser holista, designado pelo grego como "matéria", tem o seu papel a desempenhar e, caso ele se apresente com sua própria individualidade, o ator trágico pode desaparecer. Só sobreviverá se mantiver intacta sua vida íntima (*In*: **Discursos**, Livro I, capítulo XXIX, p. 41-43)[122].

---

[122] Na tragédia grega, a designação metonímica para os sapatos era o "coturno" (calçados altos), que também representava a luta em prol da vida. Na comédia, utilizavam-se calçados baixos – "soco". Por isso, mais tarde, CAMÕES, nos **Lusíadas** (canto X, estrofe VIII), ao se referir às grandes descobertas portuguesas do século XV, afirmou "matéria é de coturno e não de soco".

O princípio do ser individual e universal foi levado adiante por Paulo de Tarso que, em "Epístola aos Gálatas" – 3, 28 –, assevera que "já não há nem judeu nem grego, nem escravo nem livre, nem homem nem mulher". Tanto que Jesus Cristo, sob a ótica dos apóstolos Mateus (8, 10-12 e 21, 43) e Lucas (13, 28-29), condenou o conceito regionalizado e nacionalista de religião, expressado no Antigo Testamento. A concepção de que Deus teria eleito e privilegiado um único povo, o povo de Israel, foi, aliás, abraçada pelo Judaísmo, mas dela discordou o cristianismo.

Todavia, adverte Fábio Konder Comparato, *"essa igualdade universal dos filhos de Deus só valia, efetivamente, no plano sobrenatural, pois o cristianismo continuou admitindo, durante muitos séculos, a legitimidade da escravidão,* [e eu acrescento, a pena de morte] **a submissão doméstica da mulher ao homem e a inferioridade natural dos indígenas americanos**"[123].

Muito embora a Bíblia, o livro sagrado dos cristãos, tenha acolhido, em nome do princípio da igualdade, o Velho Testamento, o fato é que, no plano real, as desigualdades foram expressivas, por vezes praticadas e convalidadas pela Igreja cristã. Mesmo com a adoção, desde 325, em Nicéia, da doutrina estóica acerca da identidade única de Jesus Cristo (*hypóstasis* e *prósopon* numa mesma pessoa), visando afastar a multiplicidade de opiniões sobre a Sua vida, as desigualdades ocorreram e continuam ocorrendo.

Bem a propósito, as gritantes violações à isonomia, ocorridas ao longo da era cristã, foram fruto, essencialmente, da *intolerância*, termo, aliás, utilizado somente na modernidade e pelos iluministas.

É certo que muitos atribuem ao filósofo oriental Averróes (1126 a 1198) a afirmação desse postulado, notadamente em relação à "tolerância religiosa", em referências ao paraíso "Andaluz", onde judeus, cristãos e muçulmanos viviam em comunidade. É o que desejam os cristãos de 2005, ao pregarem a paz pela solidariedade religiosa.

Como o conhecimento racional procurou superar as tradições, a "tolerância" surgiu, conforme esclarece o Professor de filosofia e teologia da Pontifícia Universidade Católica de São Paulo, Luiz Felipe Pondé[124], *"como um tipo sofisticado de 'preguiça' intelectual"*. Nesse sentido, foi a postura do Professor da Universidade de Paris e de Genebra, Alain de Libera, quando indagado por aquele acerca da tolerância, na mesma reportagem.

Segundo Alain de Libera (um dos principais especialistas em filosofia medieval), *"para falar em tolerância é preciso pressupor a idéia de que não vale a pena, por uma série de razões, discutir os argumentos teoló-*

---

[123] *Op. cit.*, p. 17.
[124] **Folha de S. Paulo**. Caderno Mais, na reportagem Descompasso da razão, de 22 set. 2002, p. 3.

gicos do outro". Por isso que, ao se referir à Idade Média, o filósofo de Libera esclarece que "*sua característica diferencial, é sua batalha de argumentos; não há tolerância de idéias; o que há é a busca de consenso argumentativo, o que implica necessariamente a idéia de que as partes entendem que é importante compreender logicamente e avaliar as formas religiosas de vida e de pensamento do outro*"[125].

Hoje, afirma o professor de filosofia medieval,

> *toda essa discussão sobre o diálogo inter-religioso e o drama do fundamentalismo religioso atualmente é um exemplo claro da ignorância pósmedieval: pensamos que podemos discutir com indivíduos cujas formas de vida estão alicerçadas em Deus, unicamente a partir de pressupostos socioeconômicos, psicológicos ou políticos. Obviamente tais pressupostos fazem parte do tratamento intelectual de problemas humanos, mas não há como discutir fundamentalismo religioso sem conhecimento sólido de religião e teologia*[126].

Conclui Alain de Libera, na mesma reportagem, que constitui um "*erro clássico do ocidental moderno pensar que seus argumentos anti-religiosos tenham o mesmo valor para alguém como o religioso fundamentalista; o terreno da discussão é antes de tudo teleológico e filosófico, o diálogo deve ser aberto nesse lugar em que religião e pensamento se encontram*".

Esse diálogo deve ser realizado tendo em mira, sempre, o interesse social. Fustel de Coulanges já afirmara o novo princípio de governo, o "interesse público", no capítulo IX, do Livro quatro, de sua grandiosa obra **A Cidade Antiga**.

O novo princípio surge no momento em que o domínio da classe sacerdotal e patriarcal desaparece. É a revolução e a assunção da classe inferior. É o que a democracia permitiu no Brasil, no início do novo século, com a eleição de seu novo presidente.

Assevera Coulanges que "*a religião fora, durante longos séculos, a única orientação de governo. Era preciso encontrar outro princípio capaz de substituí-la e que, como ela, pudesse governar as sociedades, resguardando-as, tanto quanto possível, de flutuações e conflitos. O princípio que a substituiu, dali em diante, foi o interesse público*"[127].

Tal princípio passa a ser cultivado, **após** o conhecido *período axial* (entre os séculos VIII e II a.C.), expressão de Karl Jaspers, como o elo, a

---

[125] *Op. cit.*, p. 3.
[126] *Idem*, p. 3.
[127] COULANGES, Fustel. *Op. cit.*, p. 343.

ligação entre a mitologia e a filosofia. Os mitos religiosos tradicionais, até então existentes, são questionados principalmente pelos gregos, e o poder político do homem entra em cena.

Segundo Fábio Konder Comparato, *"foi durante o período axial que se enunciaram os grandes princípios e se estabeleceram as diretrizes fundamentais de vida, que vigoram até hoje"*[128].

As tragédias gregas, muito antes da psicanálise, e pela primeira vez na história da humanidade, representaram um certo espírito de introspecção do homem, em busca da razão humana, longe das paixões e da emoções. A relação humana com a religião tornou-se muito mais pessoal e privada. Após a era Cristã, porém, procurou-se estabelecer um monoteísmo universal (Isaías, 2, 2-4: "... *a Ele acorrerão todas as nações... Ele julgará as nações... Ele corrigirá a muitos povos... Uma nação não levantará a espada contra a outra...*").

3.5 O DIREITO ROMANO E A DOUTRINA DO ESTADO

A Era romana constituiu uma fase histórica de dominação, de sujeição, de suntuosidade e potestatividade. Essa fase, na evolução dos direitos, representa um relativo avanço em sua formação. De um lado, a Lei das XII Tábuas refletiu um certo espírito de liberdade – como a liberdade pessoal do cidadão e do direito à propriedade, em especial, à casa, onde se celebravam os cultos domésticos sagrados.

Na verdade, Roma, na época do império, foi marcada por intenso controle da vida privada. Os romanos preocupavam-se muito mais com suas vidas pessoais que com a vida pública, mas sempre a favor da pátria romana, de sua solidificação e expansão. Bem por isso, a Tábua 3ª, da Lei das XII Tábuas, foi revogada pela *Lex Poetelia Papiria*, em 386 a.C.; a morte de alguém pelo *nexum*, mesmo escravo, poderia prejudicar a expansão romana.

Para se entender com clareza o direito romano, deve-se estar atento ao momento histórico em que aquele povo vivia. Muito embora a cultura grega tenha influenciado a cultura romana, Roma sempre consagrou o indivíduo ao Estado. Horácio já dizia: *"Dulce et decorum est pro patria mori"* (*Odes*, III, 2, 13), isto é, *"é doce e belo morrer pela pátria"*.

Voltado para essa ideologia de dominação, o direito romano foi estruturado no sentido de instucionalizar conceitos como nação e pátria. Daí por que o poder absoluto do pai foi perdendo a sua força – mas usado como modelo de ditadura –, de modo que não mais se reconheceu o direito de matar o filho, pois ele seria o futuro soldado do Estado Romano. O pretor, figura

---

[128] COMPARATO, Fábio. *Op. cit.*, p. 8.

instituída nessa época, exercia o papel de institucionalizador do consenso entre terceiros.

O princípio do "*hominum causa omne ius constitum est*" é plenamente reconhecido em Roma. Por isso mesmo, a Lei das XII Tábuas assegurou um certo espírito de liberdade e propriedade, fato sentido por Pérez Luño[129].

Plenamente justificável, repita-se, o juízo lançado por Jürgen Habermas em relação aos romanos. Para ele,

> *a participação na vida pública dependia, porém, de sua autonomia privada como senhores da casa. A esfera privada estava ligada a casa não só pelo nome; possuir bens móveis e dispor de força de trabalho tampouco constituíam substitutivos para o poder sobre a economia doméstica e a família, assim como, às avessas, pobreza e não possuir escravos já seriam por si empecilhos...*[130].

Já nessa oportunidade, desenhava-se o princípio da inviolabilidade domiciliar, que tem plena ligação com o direito à intimidade, embora com ela nem sempre se confunda. O *status* exercido pelos romanos foi significativo no sentido da construção dos direitos da personalidade, mas sempre voltados para a prevalência dos interesses da pátria.

Entretanto, não nos devemos esquecer que "*no âmago da política romana, desde o início da república e, virtualmente, até o fim da era imperial, encontra-se a convicção do caráter sagrado da fundação, no sentido de que, uma vez alguma coisa tenha sido fundada, ela permanece obrigatória para todas as gerações futuras*", assinala Hannah Arendt[131].

O *status* romano era, pois, dirigido à grandeza de Roma. A participação na vida política de Roma significava, fundamentalmente, a preservação da fundação da cidade de Roma, cuja importância teve reflexo até mesmo na fundação da Igreja Católica Romana. Eis a razão pela qual, anota Hannah Arendt[132],

> *os romanos foram incapazes de repetir a fundação de sua primeira pólis na instalação das colônias, mas conseguiram ampliar a fundação original, até que toda a Itália e, por fim, todo o mundo ocidental estivesse unido e administrado por Roma, como se o mundo inteiro não passasse de um quintal romano. (...) A fundação de Roma –* **tanta molis**

---

[129] LUÑO, Antonio E. Pérez. **Derechos Humanos, Estado de Derecho y Constitución**. Madrid: Tecnos, 1995. p. 110.
[130] HABERMAS, Jüegen. *Op. cit.*, p. 15.
[131] ARENDT, Hannah. **Entre o passado e o futuro**. 2. ed. São Paulo: Perspectiva, 1972. p. 162.
[132] *Op. cit.*, p. 163.

erat Romanam condere gentem, como Virgílio resume o tema constante da *Eneida*, que todo o sofrimento e vaguear atinge seu final objetivo *dum conderet urbem (...)* – forma o conteúdo profundamente político da religião romana.

A idolatria romana pela pátria continua na passagem da república para o principado, com Otávio Augusto, em 30 a.c., após a morte de seu rival Marco Antônio, que seria o virtual herdeiro de Júlio César. Por isso mesmo, Otávio Augusto, naquela oportunidade, pediu apoio ao Senado para o exercício de sua autoridade, fato bem representado no filme **O Gladiador**, lançado no Brasil, em maio de 2000.

Augusto recebeu, então, do Senado, os títulos de Supremo Magistrado da República – *Princeps* – e de Sumo Pontífice do Culto – *Summum Pontifex*, iniciando aí a república romana, que, na verdade, teve muito mais sentido de monarquia absoluta, fato que representou graves entraves na política romana, principalmente no que toca à sucessão por morte do imperador.

Foi assim de Augusto até Vespasiano, que inaugurou o sistema hereditário. O Senado era um mero órgão chancelador das decisões tomadas pelo Imperador; a nomeação do cavalo de Calígula para o Senado bem transmite a idéia da pouca importância dessa assembléia, tida como uma representação da urbe. Mas Império e Senado romanos, relata o poeta mantuano Virgílio, em *Eneida*, eram tidos como uma emanação divina, ou então, como já afirmara o historiador Tito Lívio, em *As décadas*, um culto à deusa Roma. Toda essa importância dada à vida política de Roma se refletiu na formação dos direitos da personalidade.

Para os romanos, personalidade restringia-se às pessoas que reunissem três *status*, ou seja: o *status libertatis*, *status civitatis* e o *status familiae*. O *status* estava ligado à liberdade, de modo que quem não a possuísse, como os escravos, não detinha personalidade[133]. A propósito, Sílvio de Salvo Venosa[134] esclarece que *status* era o *"conjunto de atributos de uma posição que o indivíduo ocupava na sua condição de ser livre ou escravo (**status libertatis**); na sua condição de cidadão romano (**status civitatis**) e na sua condição familiar (**status familiae)**"*.

Esses estados podiam ser alterados, com a perda total ou parcial por meio da *capitis deminutio*. Com isso, a perda da liberdade chamava-se *capitis deminutio maxima*. A perda da cidadania romana chamava-se *capitis deminutio media (*quando o cidadão fosse feito escravo, se se naturalizasse cidadão de outro Estado, se se tornasse membro de uma colônia latina ou

---

[133] CHAMOUN, Ebert. **Instituições de Direito Romano**. 5. ed. Rio de Janeiro: Forense, 1968. p. 48.
[134] VENOSA, Sílvio de Salvo. **Direito Civil – Teoria Geral – Introdução ao Direito Romano**. 4. ed. São Paulo: Atlas, 1996. p. 111.

fosse condenado a certas penas perpétuas (como a deportação). A perda do estado de família denominava-se *capitis deminutio minima* (quando a pessoa, por qualquer modo, se transferisse de família ou se ausentasse dela, notadamente para a participação em guerras).

Nota-se, claramente, que a plena personalidade no direito romano pressupunha dois requisitos fundamentais: ser livre e cidadão romano. Mas o momento histórico bem revela a necessidade da exigência desses pressupostos: era preciso ampliar a soberania romana. Tanto assim que a qualidade de cidadão romano "deixou de ser requisito para a aquisição da personalidade jurídica", quando se atribuíram certos direitos ao "estrangeiro", o qual, "desde que se lhe reconheceram direitos em Roma, tinha personalidade jurídica", observa Moreira Alves[135].

Esclarece Vicente Greco Filho[136], porém, que

> *a preocupação romana...foi o relacionamento interindividual, alcançando, como se sabe, o processo romano, alto grau de evolução ainda hoje admirado. Em suas três fases processuais (das ações da lei, o período formulário e o da **cognitio extra ordinem**) foi aprimorando a aplicação do direito, mas em nenhum momento o mecanismo judicial se estruturou no sentido de garantir a pessoa – sua essencialidade, sua singularidade, seus segredos – contra a vontade do imperador.*

Tanto assim que, segundo a ilustre Desembargadora sulista Maria Berenice Dias[137], *"em Roma, a sodomia não se ocultava. O preconceito da sociedade romana decorria da associação popular entre passividade sexual e impotência política. A censura recaía somente no caráter passivo da relação, na medida em que implicava debilidade de caráter"*.

Mesmo o direito justinianeu revela-nos ser o escravo uma pessoa que não detinha liberdade (era o *caput servile)*. Não sendo livre, passava a ser objeto de propriedade de qualquer cidadão (o detentor do *status* ou o *caput liberum*), podendo, assim, ser libertado, negociado ou até mesmo morto. Até mesmo um filho do escravo já nascia escravo, de modo que, nesta hipótese, a ausência de *status libertatis* decorria do próprio nascimento. O *status libertatis* poderia ser declarado perdido, repita-se, por meio da *capitis deminutio*, como na hipótese de punição para o insolvente, para o ladrão, para o desertor de uma guerra.

---

[135] MOREIRA ALVES, José Carlos. **Direito Romano**. 3. ed. Rio de Janeiro: Forense, 1971. v. I, p. 110.
[136] GRECO FILHO, Vicente. **Tutela Constitucional das Liberdades**. São Paulo: Saraiva, 1989. p. 26.
[137] DIAS, Maria Berenice. **União homossexual – O preconceito & a justiça**. Porto Alegre: Livraria do Advogado, 2000. p. 25.

Os cidadãos eram as únicas pessoas que possuíam capacidade jurídica plena e, por isso, detinham o *status civitatis*. Quem não possuísse capacidade, não era considerado cidadão romano. Ao lado dos cidadãos, havia os *latinis*, que habitavam as colônias romanas e os *perigrinis* que eram os estrangeiros. Ambos possuíam capacidade jurídica reduzida. Aliás, na Roma clássica, os estrangeiros eram considerados inimigos.

Apenas no período Imperial, em 212 a.C., o imperador Caracala outorgou o *status civitatis* a todos os habitantes do Império; apenas os latinos não podiam pertencer aos quadros da Magistratura Romana. Os latinos coloniais não podiam ser votados e nem exercer o voto. Não podiam casar-se com o cidadão romano.

Já a família romana era constituída por um grupo de pessoas subordinadas ao *pater familias*. Ele era o chefe, o administrador e o sacerdote da família; ele possuía capacidade plena, e por isso, era chamado de *sui iuris*. Os demais integrantes da família tinham capacidade jurídica reduzida e eram chamados de *alieni iuris*; estes eram submissos ao *pater familias*. Era ele quem administrava o patrimônio da família e somente ele poderia praticar atos ligados à administração patrimonial e até mesmo pessoal de sua família. Os *alieni iuris* não podiam praticar qualquer ato civil privado.

Eis porque o poder paterno é uma das peças fundamentais para se compreender a antiga concepção de família, de propriedade, de herança, de autoridade e até mesmo dos direitos da personalidade. Na verdade, antes da Lei das XII Tábuas, brotada sem qualquer antecedente legislativo-histórico, não se reconhece qualquer registro histórico que pudesse fundamentar as liberdades.

Se de um lado os costumes ancestrais eram admitidos, desde que não se opusessem à ordem romana, de outro *"tiveram de suportar a concorrência do Direito Romano, e a superioridade técnica deste favoreceu seu triunfo em certos domínios (...) Será no entanto preciso que Diocleciano se oponha com múltiplas constituições à sua penetração no Direito Romano"*, assinala Jean Gaudemet[138].

Verifica-se, desde logo, que no direito justinianeu não se falava em direitos da personalidade. Tanto assim que a designação *persona* servia para designar a pessoa livre ou escrava. Isto significa que qualquer ser humano, romano ou não, naquela época, era considerado *persona* e *caput*.

Contudo, existem autores, como Robleda[139], que afirmam que, apesar de o escravo não possuir o poder de disposição, pois pertencia ao senhor, o simples fato desta disponibilidade revelava que ele era, em Roma, sujeito,

---

[138] GAUDEMET, Jean. **Institutions de l'Antiquité**. Paris: Recueil Sirey, 1967. p. 571-572.
[139] ROBLEDA, Olis. **Il diritto degli schiavi nell'antica Roma**. Roma: U. Greg, 1976. p. 71.

e não objeto, porque só se pode vedar ou outorgar o poder de disposição de alguma coisa a uma pessoa, e nunca a uma coisa.

Alguns textos jurídicos revelam o escravo como sujeito de direitos; a *lex petronia* previa a perda do *ius abutendi* ao senhor. As constituições de Antônio previam a punição do senhor que injustamente matasse seu escravo. O escravo também participava da religião. E mais: o escravo tinha direito de pleitear em juízo a sua própria liberdade, quando, por exemplo, ocorria a supressão de cláusula testamentária onde o "*dominus*" concedia a alforria ao escravo (D. 35, 1, 51). Desta forma, para esta corrente, os escravos e os estrangeiros também eram "personas".

É importante ressaltar que, no Direito Romano, a personalidade não decorria da lei, nem esta lhe servia de substrato. Pelo simples fato de nascer humano, a pessoa adquiria a personalidade, possuindo-a tanto o homem livre, como também, como assevera Correia e Sciascia, o escravo[140] (corrente conciliadora, baseada no direito natural).

Muito embora se reconheça o início da teoria sobre personalidade no Direito Romano, a maioria dos autores é unânime em afirmar que não havia, naquela época, uma teoria protetiva dos direitos da personalidade. Galan, citado por Tobeñas[141], afirma que "*a consciência ôntica e ética do homem como personalidade, é algo desconhecido do mundo greco-romano*". A proteção ocorria de forma isolada e tímida, através da *actio injuriarum*, quando houvesse ofensa à integridade física ou à vida da pessoa.

Posteriormente, evoluiu-se para a proteção contra as ofensas injuriosas, de acordo com o livre arbítrio do pretor. Em seguida, a *Lex Cornelia*, promulgada em 81 a.C., passou a proteger o domicílio contra sua violação, considerada crime, e, a seguir, a *Lex Aquilia*, que deu direito de ação à tutela da integridade física.

Claro está, porém, que a sistematização da teoria dos direitos de personalidade, que se tem hoje, não foi descortinada, nem de raspão, naquela época. Mas verifica-se no direito romano já o "berço" da personalidade, isto em razão, é óbvio, da absoluta relação interindividual entre Roma e seu cidadão.

3.6 A IGREJA DOS CRISTÃOS E SEUS EFEITOS POLÍTICOS

Com a morte de Justiniano e a ascensão de Diocleciano, no Baixo Império, já no império Bizantino (284 a 565 d.C.), desenvolve-se a última fase do Direito Romano – a chamada época do Dominato – momento em que

---

[140] SCIASCIA, Gaetano; CORREIA, Alexandre. **Manual de Direito Romano**. São Paulo: Saraiva, v. II, 1951. p. 39.
[141] TOBEÑAS, José Castan. **Los Derechos de La Personalidad**. Madrid: Instituto Réus, 1952. p. 9.

é extinto o sistema processual do "formular" ou "período formulário" e se passa a adotar o sistema *extra ordinem*, com o surgimento do "processo estatal" como forma jurídica de solucionar conflitos de interesses.

Nesse período, surgem os chamados *Editos* de Constantino e de Teodósio (312 e 395 d.C.), que tornam o cristianismo a religião oficial do Estado Romano. Isto graças à devoção de seus iniciantes, que deram início a uma estruturação jurídica própria, baseada em princípios morais, e à própria decadência de Roma. Perfeitamente entendível, no que toca a essa passagem, o seguinte ensinamento bíblico, quando Jesus Cristo se encontra com o soldado romano Paulo e lhe pergunta: "Paulo, por que me persegues?".

A respeito, esclarece Jean Gaudemet[142]: *"a aparição da Igreja Cristã introduz na vida política romana um dado novo e que o problema que ela criará ficará sendo, daí por diante, o de todos os Estados Ocidentais. Nos Estados antigos, a religião era sempre associada ao poder público. As coisas mudam totalmente com o Cristianismo. A amplitude que tomou a nova religião, graças ao proselitismo de seus primeiros adeptos, a organização da Igreja como sociedade, tendo suas regras e suas instituições próprias, a vontade de seus pastores e de seus doutores de fazer respeitar certos princípios de Moral, e portanto de vida social, colocaram muito depressa o problema fundamental e difícil das relações entre a sociedade religiosa e a sociedade civil"*.

Contudo, assevera Louis Dumont[143],

> *os estóicos de Roma exerceram pesados cargos no mundo e um Sêneca foi percebido como vizinho próximo pelos autores da Idade Média e até por Rosseau (...) Entretanto, não é difícil detectar a permanência do divórcio original: o indivíduo que se basta a si mesmo continua sendo o princípio, mesmo quando age no mundo. O estóico deve manter-se desligado, deve permanecer indiferente*

fundamentalmente, muito embora o estoicismo tenha como característica principal a adaptação da sabedoria (a vida do renunciante – a esfera íntima) ao mundo (a vida em sociedade – a esfera pública), bem como ao contrário dos helenísticos – que postulam a ideologia do sábio como um ser desprendido da vida social.

Verificaremos, a seguir, que o cristianismo veio reforçar as idéias do direito natural, de raízes estóicas, apoiado na "Paidéia" grega dos primeiros filósofos e polemistas cristãos. Por isso mesmo, desde logo, observa o filósofo Cláudio de Cicco[144], pouco depois da fundação da ordem *Jesuíta*, em 1534,

---

[142] *Op. cit.*, p. 685.
[143] *Op. cit.*, p. 40.
[144] DE CICCO, Cláudio. **Direito**: Tradição e Modernidade. São Paulo: Ícone, 1995. p. 64.

por Santo Inácio de Loyola, espanhol de Biscaia, entram os primeiros jesuítas em Portugal, conseguem o apoio junto ao rei D. João III e participam já em 1549 da comitiva do primeiro governador geral do Brasil, Tomé de Souza. De formação estóica, os jesuítas – com destaque para Suárez, Vasquez, Molina – tiveram muita importância na implantação dos primeiros colégios no Brasil (São Paulo, Bahia, Espírito Santo, Olinda, Rio de Janeiro), propagando a cultura cristã, renascentista e barroca, com violenta diminuição das tendências absolutistas na Península Ibérica.

O princípio do *debet in pietate non in atrocitate consistere* (a piedade não se constitui em atrocidades), pregado pelo apóstolo Paulo (Colossenses: 3,21), proibia, assim, a morte do filho, sua venda ou entrega a um credor pelo pai, bem como o *jus noxae dandi* e o *jus vitae ac necis*. O apóstolo das Gentes, ex-soldado romano, clama pelo amor mútuo entre pais e filhos, como entre os esposos. É a afirmação do princípio da intimidade amorosa.

O decálogo mosaico chega ao Ocidente com o cristianismo e o sacerdócio passa a ser exercido pelo clero. Isto representa grande avanço na concepção dos direitos da personalidade e os de sua relação com o Estado – pelo amor ao próximo –, cultura essa trazida ao Brasil, como se disse, pelos jesuístas.

Sob este enfoque, o princípio do respeito ao interesse público passou a ter por pressuposto "o amor ao próximo". O novo princípio é *"o princípio regulador que daqui em diante sustenta e dá vida a todas as instituições, o único que é superior às vontades individuais e que pode obrigá-las a se submeter"*[145].

Contudo, se de um lado o cristianismo pregou o amor ao próximo – "amar ao próximo como a si mesmo", peculiar modo de ser da vida íntima da pessoa –, de outro, passou a considerar o homossexualismo uma aberração da natureza humana e, assim, passou a estabelecer as suas próprias convicções e posturas.

Tanto que, no século V, logo depois da fundação da Igreja Católica, o médico romano Caelius Aurelianus entendeu por bem, influenciado pelo catolicismo, classificar a passividade sexual do homem como uma "perturbação da mente".

Bem diferente dos gregos e dos romanos, segundo a Igreja, o sexo só se justificava como meio de se procriar, dentro daquele postulado cristão: "crescei e multiplicai-vos" (em 1179, o III Concílio de Latrão considerou a sodomia – pois não se falava em homossexualismo – como "crime", até mais grave que o incesto).

---

[145] COULANGES, Fustel. *Op. cit.*, p. 343.

Edificada a Igreja com base na filosofia cristã, incrivelmente a religião retornou ao cenário político, chegando a influências violentas, como as cruzadas. Passou a influenciar até mesmo as nomeações dos dirigentes políticos, por meio do "batismo real". Fique claro, porém, que não prego a alienação da Igreja na política; apenas entendo que a sua intervenção deve se cingir à orientação, ao oráculo.

3.7 A INFLUÊNCIA DO CRISTIANISMO NA CONSTRUÇÃO DO ESTADO E NA FORMAÇÃO CONSTITUCIONAL DOS DIREITOS INDIVIDUAIS

A queda do Império Romano e o nascimento do Cristianismo foram fatos que exerceram influência recíproca na formação do Estado e dos direitos da personalidade. É certo que Roma, no século II, atingia seu apogeu em termos de expansão territorial; porém, não é menos certo que a maioria das pessoas viviam mal e sem esperança de uma vida mais digna.

O modelo econômico vitorioso (aristocrata), aliado ao escravismo, àquela altura, mostrava-se despótico e de baixa produtividade. Diversos latifúndios, por serem auto-suficientes, romperam com Roma. Cessava o intercâmbio comercial. Aproveitando-se disso, os povos bárbaros começaram a ocupar, de forma pacífica ou não, os espaços abandonados pelo controle romano. A par disso, reunindo numa única pessoa a figura do *governo* e do *deus*, o imperador não conseguia mais perspectivas de uma vida feliz aos romanos.

Por isso mesmo, o cristianismo revelou-se insuperável, pois, desde o dissidente romano Saulo de Tarso – o apóstolo gentílico Paulo –, passou a pregar a *igualdade entre os homens*, princípio basilar dos direitos fundamentais do homem, além de um "paraíso" celestial e sanção para os poderosos, que deveriam repartir o que tinham.

Ao fundar a Escola Patrística, Santo Agostinho, o Bispo de Hipona, esclarece, em **As Confissões** (Livro Terceiro, cap. VII), que a verdadeira justiça interior se faz quando os costumes estejam de acordo com a Lei divina. Por outro lado, a Lei positiva teria por fundamento a lei eterna, que é a Lei de Deus, baseada na conservação da ordem natural.

Claro que a afirmação cristã dos direitos humanos chocou-se, frontalmente, com a "divindade" do imperador romano, que também representava o Estado. Perseguidos, os cristãos superaram a discórdia, principalmente pela sabedoria e pela retórica, bem como pelo medo dos romanos de perder todo o território conquistado ao longo de anos de derramamento de sangue. Precisavam de aliados. Aliás, Aristóteles já tinha deixado importante legado nesse sentido: a sabedoria se conquista pelo conhecimento e este traz a felicidade; por isso, o sábio é feliz!

O Édito de Milão, decretado pelos imperadores Constantino e Licínio, em 313, e oficializado pelo Imperador Teodósio em 380, confirmou a cristandade como a religião oficial do Estado Romano. Pouco antes, é bom lembrar, Damaso I (366-384) lutou pela primazia da igreja católica e apostólica, invocando, aliás, as palavras de Jesus Cristo sobre o apóstolo Pedro (Mt.: 16,18). Em seguida, Leão I – o Magno (440-461) – codificou a ortodoxia, num combate fervoroso às heresias e, além disso, verticalizou a estrutura de bispos existentes na Igreja.

Bem a propósito, Talcott Parsons[146] esclarece que

> *uma razão básica para a adoção final do Cristianismo como religião do Estado foi a necessidade de legitimidade cultural do Império, a qual não poderia ser dada pela antiga cultura religiosa, pois a nova religião tinha potencialidade para preencher essa lacuna. No entanto, a religião cristã, no seu primeiro estágio de desenvolvimento, era por demais atemporal para auxiliar na integração de qualquer sociedade, e foi uma força antes desagregadora da sociedade romana; no segundo momento, ela se enxertou no mundo romano para poder crescer como a estrutura de uma nova sociedade, atualizando seu potencial de legitimação e regulamentação de um mundo novo.*

O surrealismo da primeira fase do cristianismo decorreu, notadamente, das posturas lançadas por Santo Agostinho, em **De Civitate Dei**, que afirmou que o homem, antes do pecado original, tinha uma vida esplendorosa, porque os homens, ao acatarem o direito natural, eram imortais, iguais e puros.

Após o pecado original, e a conseqüente queda do homem, surgiu a Cidade Terrena e com ela a mortalidade, a miséria, a desigualdade. Para tentar se igualar à Cidade de Deus, Agostinho propôs a criação de um ente jurídico, dotado de poderes, que procurasse evitar o mal; esse ente, porém, estaria subordinado à Igreja e, assim, a lei positiva estaria condicionada à lei eterna.

A toda evidência, o cristianismo teve, de um lado, o papel de inovar o personalismo ético, mas, de outro, conseguiu influenciar o modo de ser espiritual e psíquico de cada pessoa, invadindo a esfera de intimidade de cada um, de modo a impor seus postulados, além do que passou a ter influências políticas.

Por isso mesmo, Gelásio I (492-496), saudado como "Vicário de Cristo", criou a teoria de Estado segundo a qual dois poderes – Igreja e Estado – deveriam governar o mundo. Um, consagrado pelos bispos e superior,

---

[146] PARSONS, Talcott. **Sociedades**: Perspectivas Evolutivas e Comparativas. São Paulo: Pioneira, 1969. p. 148.

posto que delegado por Deus – *sumus et verus imperator* –; outro, decorrente do poder imperial terrestre, mas "batizado" pelos bispos.

É certo que diversos papas, até o século VIII, principalmente porque originários do Oriente, combatiam a supremacia romana; porém, não é menos certo que os povos bárbaros, com a desagregação do império do ocidente, ao contrário, assumiram o Cristianismo em sua forma original, o que provocou uma certa divergência na Igreja, sendo, pois, *ab initio,* uma força "desagregadora" da sociedade romana.

Mas, a conversão cristã de Clóvis (496), rei dos francos – povo numeroso (dominavam a maior parte de Gália e tinham influência sobre os germanos e os visigodos) –, possibilitou o avanço das estruturas eclesiásticas na Europa Ocidental. A propósito, a Espanha manteve-se fiel a sua linha ideológica cristã.

O mesmo ocorreu por conta da criação da ordem dos beneditinos, por Bento de Norcia, que, a exemplo dos eremitas orientais e seguindo essa visão anti-holista do helenísticos – ideal bem visto e seguido pelos orientais –, retirou-se a um lugar desértico (em Subiaco, centro da Itália), para viver uma vida de solidão, postura, aliás, bem clara do direito à intimidade, embora radical.

Bento de Norcia fundou o Mosteiro de Monte Cassino (529) e muitas pessoas, influenciadas pelo momento histórico que a Europa atravessava, procuraram refúgio nos mosteiros e ali passaram a viver como monges, o que possibilitou a edificação de diversos mosteiros no Ocidente, principalmente em território germânico. E Gregório I – Magno (590-604) –, o primeiro monge beneditino a ocupar o poder eclesiástico de Roma, ofereceu ampla proteção a sua ordem.

Todo esse avanço eclesial revela, de certa forma (em que pese os problemas políticos da época), a afirmação dos principais princípios que deram forma aos direitos da personalidade, em particular o da intimidade, calcado nos ideais da igualdade dos homens perante Deus e do livre-arbítrio (liberdade).

É certo, contudo, que sua plena afirmação derivou muito mais das reações ao Cristianismo, do que dele próprio. Daí São Paulo afirmar, em relação ao princípio da igualdade, que "não há mais grego, nem judeu, nem escravo".

Acrescenta Hannah Arendt[147] que

> *o vigor e a continuidade extraordinários desse espírito romano submeteram-se a um teste decisivo, reafirmando-se indiscutivelmente, após o declínio do Império Romano, quando a herança político-espiritual de*

---

[147] *Op. cit.*, p. 167.

Roma passou à Igreja. Confrontada com essa tarefa mundana bem real, a Igreja tornou-se tão 'romana' e adaptou-se tão completamente ao pensamento romano em matéria de política que fez da morte e ressurreição de Cristo a pedra angular de uma nova fundação, erigindo sobre ela uma nova fundação, uma nova instituição humana de incrível durabilidade.

Acrescenta Tobeñas[148], por outro lado, que *"o cristianismo constitui a mais solene proclamação dos direitos da personalidade humana, através da idéia de uma verdadeira fraternidade universal, que implica a igualdade de direitos e a inviolabilidade da pessoa, com todas as suas prerrogativas individuais e sociais"*.

Não obstante a preocupação com o lado espiritual, o Cristianismo intensificou o desejo do homem de estar só, numa visão puramente introspectiva ou íntima. Tanto assim que Santo Agostinho (século IV), o principal representante da primeira escola cristã – a Patrística –, defendeu a idéia da subordinação da razão humana à fé, à revelação; é a fase da *ancilla Theologiae*, onde se exalta a religião, como explica Miguel Reale, em sua clássica obra **Filosofia do Direito**.

O filósofo Agostinho, explica Vicente Greco Filho[149], *"concebeu o Estado terreno como profundamente imperfeito e somente justificado como transição para o Estado divino, a **Civitas Dei**. O direito natural era, por outro lado, manifestação pura da vontade de Deus, à qual os direitos terrenos deveriam submeter-se"*.

Especificamente, o ilustre historiador e sociólogo da Igreja Católica, Ernst Troeltsch, com sua célebre obra **Les Doctrines Sociales des Églises et Groupes Chrétiens**, publicada em 1911, partindo do alemão revolucionário Hegel (que tinha fascínio pela *pólis* ideal), formula muito bem a universalidade do individualismo, baseado na influência do cristianismo, o que traz reflexos ao direito individual.

Segundo Ernst, o indivíduo em sua introspecção – que chama de "alma individual" – recebe um valor absoluto e eterno de sua relação estreita com Deus, e é nesse relacionamento que se funda a fraternidade humana.

Por isso, se me permitem expor minha crença religiosa, mesmo o pior dos pecadores (dentre eles, Pôncio Pilatos) pode ganhar a redenção eterna e morrer em paz, uma das facetas ideais do cristianismo. Essa assertiva, seguida desde Santo Agostinho, transcende o plano terrestre (o mundo do homem) e revela o mundo espiritual, conteúdo do ser 'intimidade', aspecto inerente aos direitos da personalidade.

---

[148] TOBEÑAS, José Castan. **Los Derechos de la Personalidad**. Madrid: Reus, 1969. p. 115.
[149] *Op. cit.*, p. 27.

Concomitantemente, o valor individual provocou a desvalorização do mundo terrestre, estabelecendo um dualismo entre Deus e o homem, os quais, porém, devem se entrelaçar. Apenas, no intuito de tornar claro esse juízo, o homem contemporâneo, como lembrado pelo psicanalista Rollo May, tornou-se "vazio" e prefere adaptar-se à realidade que o cerca e não alterá-la; alguém, chamado por Thomas Hobbes de "Deus mortal" (o Estado), fá-lo por ele, muitas das vezes de forma a desvalorizar os valores da fraternidade e igualdade que existem naquela relação Deus-Homem.

Aquele dualismo se reflete na existência de oposições acirradas entre este mundo e o além, entre a alma e o corpo, entre a Igreja e o Estado. A passagem bíblica *"dai a César o que é de César e a Deus o que é de Deus"* demonstra essa dicotomia, porém ordenada no sentido cristão de se valorizar o individualismo na relação com Deus e dirigido a Ele, o que, para nós, representa grande avanço na harmonia entre a vida mundana e o subjetivismo cristão do indivíduo.

Claro que, para se crer nessa verdadeira filosofia de vida, era preciso criar uma expectativa individual nas pessoas, a de que o Messias viria, algum dia, estabelecer o seu reino, aspecto, porém, duvidoso, se considerarmos que a introspecção, conteúdo fervoroso da intimidade, pode possibilitar o contato presente entre o homem e Deus, o que, invariavelmente, nos conforta.

Contudo, os romanos, mesmo com a interferência cristã, mas influenciados pelo estoicismo, cuidaram de aclarar a diferença entre a moral e o direito. O jurisconsulto Paulo deixou assentado, contra o positivismo platônico, que *"non omne quod licet honestum est"* (nem tudo que é lícito é justo).

Marco Aurélio, por sua vez, concebeu o direito natural e o bem humanitário, a ponto de beneficiar até mesmo os escravos. Nesse sentido, Epíteto, que havia sido escravo, construiu toda uma teoria para a afirmação da "liberdade interna". Tanto assim que ele adotava a postura religiosa de que Deus criou o homem como um ser livre.

A par disso, importante salientar que o cristianismo desenvolveu diversos postulados intimamente ligados aos conhecidos direitos fundamentais do homem, a começar pelo direito à liberdade e ao recato entre Adão e Eva, passando pelo apostolado de Paulo, no sentido de não haver qualquer discriminação entre os povos; todos são iguais perante Deus.

O fenômeno do holismo puro acabou desaparecendo, numa combinação entre a razão e a fé cristã, postulado, aliás, defendido pela segunda escola tradicional do cristianismo, a Escolástica, que teve em São Tomás de Aquino (final da Idade Média – século XIII) seu fervoroso defensor, que pregava, entre outros postulados, a heterossexualidade e esta como a forma exclusiva de procriação.

A propósito, Tomás de Aquino, assevera Vicente Grego Filho[150],

*afasta-se da concepção pessimista da realidade humana, buscando, à semelhança de Aristóteles, no homem, a natureza associativa e a potencialidade da constituição de um Estado justo e aceitável. Daí Santo Tomás prever três categorias de leis: a **lex aeterna**, decorrente da própria razão divina, perceptível através de suas manifestações; a **lex naturalis**, consistente nas regras determinadas pela participação da criatura racional na lei eterna; e, finalmente, a **lex humana**, consistente na aplicação da **lex naturalis** em casos concretos.*

Verifica-se, assim, que os primeiros cristãos, alicerçados nos ideais agostianos – repetidos, em parte por Tomás de Aquino – assemelhavam-se à figura do renunciante indiano, o qual, segundo Louis Dumont[151], ao buscar a verdade,

*abandona a vida social e suas restrições, para consagrar-se no seu progresso e destinos próprios. Quando ele olha para trás de si, para o mundo social que abandonou, vê-o a distância, como algo desprovido da realidade, e a descoberta do **eu** confunde-se, para ele, não com a salvação no sentido cristão, mas com a libertação dos entraves da vida, tal como é vivida neste mundo.*

É uma afirmação clara da existência da individualidade.

Segundo o citado antropólogo francês, "*o renunciante basta-se a si mesmo, só se preocupa consigo mesmo. O pensamento dele é semelhante ao do indivíduo moderno, mas com uma diferença essencial: nós vivemos no mundo social, ele vive fora deste*"[152]. Em que pese as ideologias cristã e hinduísta divergirem, o fato é que o "distanciamento" do mundo social é a condição do desenvolvimento espiritual individual, aspecto ínsito à intimidade.

Em Tomás de Aquino verifica-se a participação do homem, que é filho de Deus sem qualquer distinção, na fé cristã por meio, porém, da razão humana, o que implica na vida em sociedade. A crença em Deus, vista ainda no íntimo de cada um, por outro lado, também é racional.

Assim, consoante observa Guido Fassò, a indiferença inicial do cristianismo quanto ao estabelecimento da teoria do Estado, deu lugar, muito rapidamente, à efetiva preocupação com a afirmação de um direito para a Igreja e para o Estado. Isto porque as concepções religiosas passaram a esta-

---

[150] *Op. cit.*, p. 27.
[151] DUMONT, Louis. **Le Renoncement dans les religions de l'Inde**. Paris: HH, 1959. p. 37.
[152] DUMONT, Louis. **O individualismo – Uma perspectiva Antropológica da Ideologia Moderna**. Tradução de Álvaro Cabral. Rio de Janeiro: Rocco, 1993. p. 38.

belecer regras de convivência social. Surgiu, então, sérios conflitos entre duas poderosas instituições da Idade Média: a Igreja e e o Estado.

As duas escolas cristãs, que no fundo pregam a liberdade, a igualdade e a fraternidade, criaram, de outra banda, por conta de suas claras divergências, situações embaraçosas, como veremos.

A iniciativa do projeto de lei pertencia até mesmo aos *thesmothetas*. Em que pesem as dificuldades, hoje a nossa Constituição prevê a iniciativa popular, assim como a possibilidade, relativa, de todos ocuparem cargos na Administração Pública. Em Atenas, todos os cidadãos deveriam, no seu tempo devido, ocupar o cargo de magistrado (ou "heliasta").

É certo que, para diversos cargos públicos, os pré-requisitos são invencíveis; a indicação de Ministro do Supremo Tribunal Federal é exclusiva do Presidente da República. Parece-me injusto esse privilégio, assim como todas as indicações e funções exclusivas; democracia não combina com exclusividade.

De qualquer sorte, adverte Fustel de Coulanges que

> *qualquer que seja a forma de governo, monarquia, aristocracia ou democracia, há dias em que a razão governa, mas também há outros em que a paixão se superpõe. Jamais Constituição alguma suprimiu as fraquezas e as imperfeições da natureza humana. Quanto mais minuciosas forem as regras, mais revelam como é difícil e cheio de percalços o governo da sociedade. A democracia só pode durar à força de prudência*[153].

A partir de então, surge um conceito moderno de pessoa humana, baseado na dignidade e na valorização dela mesma, virtudes essas descortinadas, principalmente, pelo Cristianismo e, recentemente, adotadas, de um modo geral, pelo Novo Código Civil.

O escolasta Santo Tomás de Aquino afirmou que pessoa é uma substância individual dotada de uma certa dignidade, sendo que a sua suprema dignidade é a razão como elo de ligação à fé, princípio esse estabelecido pela Constituição de 1988 (CF, art. 1º, inc. III).

Por isso mesmo, a idéia de dignidade teve origem na concepção cristã de pessoa como substância racional e no princípio da imortalidade da alma. Passa a dignidade da pessoa a se identificar com a liberdade (ou o livre-arbítrio, do cristianismo), em que pese a postura de Tomás de Aquino de rejeitar a sodomia e valorizar o heterossexualismo dentro do casamento e só para fins de procriação.

---

[153] *Op. cit.*, p. 358. A seguir, Coulanges relata todo o trabalho dos atenienses para manter o regime democrático, a fim de justificar como a democracia exigia dos homens (p. 359).

Isso decorre da separação que se procurou fazer entre as coisas do homem e as coisas de Deus. A metafísica tomista chegou a influenciar a política medieval, na qual é afirmado o princípio da dignidade da pessoa humana, cuja liberdade, porém, é reivindicada contra o absolutismo da época. Para Tomás de Aquino, pessoa é aquilo que é revestido de dignidade.

A propósito, José Carlos Vieira de Andrade[154] salienta que

> *o cristianismo deu uma nova intensidade ao conceito de dignidade humana, sobretudo durante a Idade Média, depois de São Tomás e da poderosa influência escolástica. O homem e todos os homens são filhos de Deus, iguais em dignidade, sem distinção de raça, cor ou cultura. Por outro lado, o homem não é qualquer criatura, participa do divino através da razão, a qual, iluminada e completada pela fé cristã **(recta ratio)**, lhe indica o caminho a seguir. A distinção entre o Bem e o Mal era assim acessível ao homem, que podia conhecer o Direito Natural, anterior e superior ao poder temporal – a Lei divina que governava o Universo.*

Com base no Sermão da Montanha, Ernst Troeltsch, citado por Louis Dumont[155], esclarece, a propósito, que

> *a idéia diretora é a idéia de Deus como Lei da Natureza universal, espiritual e física, que reina uniformemente sobre todas as coisas e como lei universal do mundo ordena a natureza, produz as diferentes posições do indivíduo na natureza e na sociedade, e torna-se no homem a lei da razão, a qual reconhece Deus e, assim, é uma com ele...*

Conclui o renomado antropólogo que

> *a Lei da Natureza comanda, pois, de uma parte, a submissão ao curso harmonioso da natureza e ao papel atribuído a cada um no sistema social; e, de outra, a elevação interior acima de tudo isso, a liberdade ético-religiosa e a dignidade da razão, a qual, sendo una com Deus, não poderia ser perturbada por nenhum evento exterior ou sensível. (p. 52)*[156]

Assim, o cristianismo, iniciado na Idade Média e reconhecido como a religião oficial do Estado Romano, em 380, com o Imperador Teodósio I, constrói, mas não reconhece, ainda que não de forma científica, fundamentos para a afirmação da democracia e do direito à individualidade, baseados nos seus ideais de liberdade ético-religiosa e dignidade racional ligada à fé cristã.

---

[154] ANDRADE, José Carlos Vieira de. **Os Direitos Fundamentais na Constituição Portuguesa de 1976**. Coimbra: Almedina, 1987. p. 12.
[155] DUMONT, Louis, p. 46. **O individualismo...** Rio de Janeiro: Rocco, 1993.
[156] *Idem*, p. 46.

Ainda que, segundo Troeltsch, a doutrina cristã, nessa época, seja "imperfeita e confusa" do ponto de vista científico, na prática, ela adquire "*o mais alto significado cultural e social, e tornar-se-ia algo como o dogma da civilização da Igreja*" (p. 173)[157].

Ainda que se entenda que o estoicismo (de *Stoa*) já pregasse, há três séculos antes de Cristo, a moralidade subjetiva e a ética interior – pelos quais o 'bem' é que torna o homem independente, livre das influências mundanas –, a doutrina cristã exaltou a fé em Deus como o indicador primaz da razão humana. Segundo Dumont, "*a vontade do indivíduo é a fonte de sua dignidade e de sua integridade*"[158], fruto da razão divina.

Apenas, essa vontade, que mais tarde torna-se estritamente humanista, no período medieval está enraizada aos desígnios divinos – *magister discit* (é o magistério cristão, seus dogmas e argumentos, influenciando a vontade humana).

Contudo, é bom lembrar que, a par da crítica ao cristianismo – a de ser "imperfeito" cientificamente –, algumas contradições na doutrina cristã se mostravam latentes. Refiro-me aos escravos da época, comandados até mesmo pela Igreja, no sistema feudal. Ora, segundo o apóstolo gentílico Paulo, não deveria haver "*nem grego, nem judeu, nem escravo...*". Mas, na realidade medieval, existia (é bom não nos esquecermos de que até o Padre Anchieta possuía escravos!).

Esse regime aristocrata e de *status* contribuiu, sobremaneira, para diversas violações aos princípios da dignidade e da liberdade ética, tão propalados pela Igreja medieval. O direito à intimidade, mais uma vez, embora existente, não era plenamente respeitado e, portanto, não exercido. A justificativa eclesiástica (logo, a dos homens representantes de Deus) para tanto, era a de que o exercício do poder divino pelo homem sobre os escravos destinava-se à "santa" causa de Deus e sua valorização.

Interessante notar que "*o Estado tinha, em suma, dado um passo fora do mundo na direção da Igreja, mas, ao mesmo tempo, a Igreja tornou-se mais mundana do que fora até aí*"[159]. Tanto a Igreja, que desejava ser superior, como o Império, que defendia concessões a ela e não intromissões, passaram ao campo do conflito doutrinário.

Essa divergência doutrinária culminou com a elaboração de um cristianismo unificado[160], que desencadeou a condenação do arianismo, do

---

[157] *Apud* DUMONT, Louis. **O individualismo...** *Op. cit.*, p. 47.
[158] *Idem*, p. 47.
[159] DUMONT, Louis. **O individualismo...**, p. 53.
[160] *Idem*, p. 54. O Papa Gelásio I, em 500, elaborou essa nova doutrina, no sentido de que a autoridade imperial, tal como está na Bíblia, vem de Deus: os sacerdotes prestam contas até dos atos

monofisismo e do monotelismo, movimentos presentes nas antigas Igrejas de Alexandria e Antioquia, que passaram a ser considerados heréticos.

Tudo isso decorreu da dificuldade de se estabelecer corretamente a união entre o homem e Deus (a "encarnação do valor"), o que, posteriormente, provocou outro desassossego eclesial: a afirmação do movimento iconoclasta. Essas dificuldades fizeram eclodir, ainda, um outro movimento religioso: o Islã, dos muçulmanos (*"o sagrado não pode ser figurado"*[161]).

Contudo, a inacreditável contradição surgida dentro do próprio cristianismo, em torno do movimento iconoclasta e da assunção do Islamismo, levou a Igreja a tomar uma postura nunca antes vista. Pepino, procurado pela Igreja, foi confirmado em sua realeza e até recebeu o título de "patrício dos romanos" e protetor da Igreja romana.

Meio século após, o papa Leão III (795-816) coroava Carlos Magno imperador, em São Pedro de Roma, em 800, no dia de Natal. *"Logo depois, Leão III ajoelhou-se diante de Carlos Magno como sinal de respeito e submissão. Seria a última vez na história que um papa se curvaria diante de um imperador"*[162]. Seja como for, conclui Louis Dumont[163]: *"o divino pretende*

---

dos reis ao Senhor, mas se curvam diante das normas públicas, ditadas pelos imperadores, pois o poder imperial deriva do poder divino.

[161] *Idem*, p. 54. Aliás, o Islã surgiu não só por conta dessas dificuldades que assolaram a Igreja, como também pelo fato de ainda haver tribos que viviam sob religião politeísta, com influências cristãs das mais variadas vertentes, com origens na Etiópia, pelo sul, e em Bizâncio, pelo norte. Havia, ainda, colônias judaicas espalhadas pelas cidades-oásis. O movimento iconoclasta provocou uma reação, oriunda em 612, com o comerciante Maomé, que pregava uma nova religião monoteísta. Foi expulso de Meca em 622, pelos politeístas, refugiando-se em Yatrib (ou Medinat an-nabí), a cidade do profeta. Essa data marca o início do calendário islâmico. A crença aqui se reveste da adoração de um Deus único – o Alá. Maomé foi apenas o profeta da nova religião, que escreveu seus ideais num livro – o Alcorão –, ditado a ele pelo anjo Gabriel. O Islã organizou-se sem muita formalidade (não havia sacramentos, e nem clero); os únicos lugares de adoração eram as cidades santas de Meca, Medina e Jerusalém. Maomé morreu em 632, mas conseguiu filiar toda a Arábia a sua doutrina. O Islã conquistou o império dos persas, territórios de Bizâncio, todo o Norte da África e, em 711, ingressa na Ibéria, sendo detido em Constantinopla, em 718, e nas fronteiras dos francos em 732. Ciente disso o Imperador Bizantino Leão III (717-741) inicia campanha contra o movimento iconoclasta para tentar reverter aquela situação provocadora, inclusive com guerras sangrentas. Mas a situação agravou-se, pois os ocidentais (dentre eles, os bárbaros convertidos) adoravam as imagens, já que elas substituíam seus antigos ídolos. Não concordando com a decisão do Imperador Leão III, o Papa Gregório III (731-741) a condenou formalmente, excomungando-o, bem assim os patriarcas orientais. O governo bizantino reagiu e, por isso, ocupou as terras do papado, na Itália e na Ilíria, acirrando, ainda mais, a distância entre as duas vertentes do cristianismo (os pró e os contra a iconoclastia). Finalmente, essa divergência foi resolvida no II Concílio de Nicéia (VII Concílio Universal), em 787, sob a direção da Imperatriz Irene (775-802) e do Papa Adriano I (772-795), que condenaram a iconoclastia. Ocorre que a decisão não foi aceita pelo rei dos francos, Carlos, fato que fez com que o Papa Estéfano II (752-757) ou Estevão II (753-754) se deslocasse até o reino dos francos e solicitasse ajuda a Pepino, o Breve, que havia assumido o poder por conta de uma decisão papal de Zacarias, o último papa grego, para quem a realeza nascia do poder, o que possibilitou a assunção de Pepino.

[162] *Apud* ROIO, José Luiz Del. **Igreja Medieval**. São Paulo: Ática, 1997. p. 31.

agora reinar sobre o mundo por intermédio da Igreja, e a Igreja torna-se mundana num sentido em que não o era até então".

Os papas[164], por uma opção histórica, anularam a formulação *lógica* de Gelásio da relação entre a função religiosa e a função política e escolheram uma outra. A diarquia hierárquica de Gelásio é substituída por uma monarquia de um tipo sem precedentes, uma monarquia espiritual. Os dois domínios ou funções são reunidos e sua distinção é relegada do nível fundamental para um nível secundário (...). A nova unificação representa uma transformação de uma antiga unidade (...) à realeza sacrossanta, o que implica numa influência direta na liberdade de crença, um dos conteúdos da intimidade.

Interessante notar que o valor subjetivo e introspectivo, dado inicialmente pelo cristianismo ao homem, como ser digno de virtudes – o 'bem' – decorrente da crença divina pela razão, passa, a partir dessa unificação, a ter um outro conteúdo, com a sua transposição para o mundo dos homens, valorizando-se, unicamente, a razão humana.

Daí por que a submissão incondicional a Alá defendida pelo Islã – a segunda maior religião do mundo (difundida em vastas regiões da Ásia e África) – mostrou-se mais próxima da vida subjetiva do homem, com influência direta até mesmo na interpretação do Direito dos países islâmicos, dentre eles o Irã, onde a denominação *Shia* é a base do islamismo (nome derivado do quarto califa ou sucessor – "Shiat Ali", filho do tio de Maomé, Abu Talib, e genro de Maomé). Por causa da liderança da religião, duas facções se formaram: a dos *xiitas (de Shiat Ali)* e a dos *sunitas*. Para os primeiros, a liderança deveria ser hereditária; para os segundos, não.

A propósito, esclarece Jostein Gaarder[165] que, *"após a morte de Ali, o califado teve sede em Damasco por algum tempo e a seguir instalou-se em Bagdá, onde permaneceu por um período de quinhentos anos. Depois disso, a liderança passou para o sultão turco de Istambul. O último sultão foi derrubado em 1924 e, desde então, o mundo islâmico deixou de ter um califa como líder".*

A importância de se tecer alguns comentários acerca do Islamismo decorre do enfraquecimento do cristianismo em função das próprias

---

[163] *Op. cit.*, p. 59-60.
[164] Denominação de todos os clérigos, que, posteriormente (século V), receberam o nome de bispos, no ocidente; no oriente, patriarcas (em Constantinopla, Jerusalém, Antióquia e Alexandria). Em 1703, Gregório VII (1073-1085), por decreto, restringiu o seu emprego só ao bispo romano. A designação *Sumo Pontífice* era própria do imperador, até o ano de 527. Somente entre 1458 e 1464, com Pio II, é que a designação *papa* passou a ser a titulação exclusiva do chefe da Igreja Católica, com a fixação de princípios que, reafirmados no Concílio Vaticano I (1870), deram uma nova postura para a Igreja Romana. Dentre eles, afirmaram-se os princípios de que a Igreja fora fundada somente pelo Senhor e que o título de pontífice pertencia ao Papa.
[165] *Op. cit.*, p. 122.

posturas traçadas pelo Islã, o que provoca um novo enfoque sobre a individualidade.

Veja-se que, na expressão "Alá Hu Akbar" – Deus é o maior –, encontramos toda a filosofia monoteísta do Islã (aliás, Alá relaciona-se, etimologicamente, com a palavra "El", o Deus dos hebreus). Daí por que não há clero e a salvação decorre da graça de Deus. Se no Cristianismo Jesus é a salvação ("E o verbo se fez carne e habitou entre nós" – João, 1,14), no Islamismo, Maomé é apenas um profeta, como foram Adão, Abraão, Moisés, Davi e Jesus.

Essa ideologia, que contraria frontalmente a Trindade – porque esta seria politeísta –, prega que o Alcorão, ao contrário da Bíblia, não foi criado; ele é a expressão de Alá. Segundo o livro islâmico, o muçulmano é "impuro" por conta de suas funções corporais e sociais, inclusive a derivada das relações sexuais. Por isso, antes da sura (a oração deles), devem se lavar.

Dentro do islamismo, vamos encontrar várias concepções que negam o direito à intimidade, mas que, de outra banda, provocam reações contrárias. Ora, se as relações sociais, inclusive as sexuais, constituem impurezas no mundo muçulmano, verificamos uma clara violação ao recato, pois é inconcebível, racionalmente, que, para a introspecção pessoal, a pessoa tenha que se lavar!

Também se proíbe comer porco e tomar álcool; constitui impureza. E mais: durante o *Ramadan* (nono mês do ano lunar), é proibido comer, beber (crianças e gestantes também fazem o jejum, só que em outra ocasião), fumar e manter relações sexuais, salvo no período noturno. O mês do jejum teria sido a primeira revelação a Maomé. Em que pese a crença, verifica-se aí outra afronta ao princípio do respeito à vida íntima. O mesmo ocorre na obrigação de os peregrinos se prostrarem no monte Arafat (onde Adão e Eva se reencontraram após a expulsão), entre o meio-dia até o pôr-do-sol, sem qualquer proteção para a cabeça!

Pior ainda quando a sura 4:31 afirma que "*os homens têm autoridade sobre as mulheres porque Deus os fez superiores a elas*", restando a elas a sura 2:228, segundo a qual "*as mulheres devem, por justiça, ter direitos semelhantes àqueles exercidos contra elas*".

Por conta disso, ainda que as muçulmanas tenham direito a um dote por ocasião do casamento, os homens podem ter quatro mulheres, enquanto elas, apenas um marido. É que a poligamia evitaria o divórcio (só que o índice de divórcios, hoje, nos países árabes é o mais alto do mundo). E, ainda, em relação às mulheres, o marido tem o direito de puni-las fisicamente no caso de desobediência (sura 4).

Por fim, o *chador* – aquele véu – tradicionalmente é de uso obrigatório. Verificamos, claramente, o não reconhecimento, em sua amplitude necessária e racional, do direito à beleza feminina, um dos aspectos do respeito à intimidade.

Note-se que a crença islã não implica apenas numa adoração. Por tradição, não há qualquer diferença entre a religião e a política. A lei é uma só: a lei sagrada *Xariá* – "caminho para o oásis" –, expressada, sobretudo, por meio do Alcorão. Nas lacunas da lei, levam em conta princípios como o da similaridade (ou analogia) e o do consenso, o que visa, na verdade, proibir a aplicação de outras leis.

Registre-se aqui a importância deste estudo, principalmente porque o Paquistão[166] e o Irã, notadamente após os conhecidos levantes da década de 1970, acentuaram o reconhecimento do islã no domínio social, político, econômico e jurídico.

É claro que a influência ocidental contemporânea permitiu que a Líbia, por exemplo, aprovasse, em 1972, a sua lei penal. E a Turquia, após a derrubada do seu último califa, Mustafá Kemal, influenciada pela cosmovisão ocidental, separou Estado e Igreja. E, em 1926, a xariá foi substituída por um código civil, que, aliás, proíbe a poligamia.

Toda essa incursão pelas duas vertentes do cristianismo e mesmo do Islamismo revela a nossa preocupação em mostrar, inclusive com exemplos verídicos, que a intimidade, embora sempre tenha existido, nem sempre foi exercida. Daí a reação da Turquia à *Xariá*.

Contudo, retornando ao cristianismo, é bom lembrar que, a partir do momento em que a Igreja Católica se curva diante do imperador Carlos Magno, toda a doutrina cristã, agora revitalizada pelos francos, germanos e romanos, encontra força na espada do imperador, o que dá início às Cruzadas.

Mas, o imperador logo morreu, e a dura realidade social e a fraca economia da época impuseram uma forte tendência para a economia fechada, surgindo, então, os feudos, fundados na concepção da *fidelitas,* a começar pela divisão das terras entre os três filhos do *de cujus* (para Luís – o Germânico –, as regiões alemãs; para Lotário, parte da Itália, parte de Ródano e o Reno; para Luís – o Calvo – a França) e, posteriormente, entre os seus descendentes, o que, 'para variar', desencadeou sucessivos conflitos em torno da disputa das terras e do poder imperial.

---

[166] É certo que o islã avançou para o oriente, atingindo a Índia e a Indonésia. Mas a Índia tinha sua religião baseada nos escritos 'Upanishads', os mais lidos hoje, frutos de conversas entre mestre e discípulo; ambos trazem a noção de Brahman, uma força espiritual que dá vida ao universo e, por isso, o seu conceito-chave é o *Karma* – ato –, além do sistema discriminatório de castas. Temendo-se uma guerra entre indus e muçulmanos, com a independência da Índia, estabeleceram-se dois Estados: "*a Índia, com maioria hindu, e o Paquistão, com a maioria muçulmana. O Paquistão Oriental depois se tornou independente, com o nome de Bangladesh*" (ob. cit., p. 123). Hoje, a Índia é um Estado laico ou secular.

Acentuaram-se os regionalismos. Passa-se a valorizar a propriedade privada – pois a posse da terra passa a ser a única forma de riqueza e poder –, criando-se pequenas comunidades, mas com costumes e economia próprios. Os senhores feudais, eclesiásticos ou não, passaram a ter influência no domínio da Igreja[167]. Daí por que Calvino esclarece, com toda a propriedade, que a Igreja tinha atingido a última forma que ela poderia adotar sem desaparecer.

Assim, acrescenta Jürgen Habermas[168], *"no âmbito da constituição feudal, o particular estava munido de interesses privados, como imunidades e privilégios"*. Não havia, absolutamente, qualquer estrutura social que pudesse reconhecer o direito ao recato. Muito ao contrário, a capacidade de introspecção era considerada, segundo Pérez Luño[169], privilégio das mais altas esferas *"de la nobleza o de quienes (...) renunciaban a la vivencia comunitária: monjes, pastores, bandidos..."*.

---

[167] Tanto assim que, explica José Luiz Del Roio, *"os próprios templos, construídos pelos poderosos, eram convertidos em propriedade pessoal, devendo os sacerdotes, que ministravam serviços, prestar reverência a seus patrões. Era difícil falar em vocação em se tratando de homens que entravam para as estruturas da Igreja somente por interesse econômico e que sonhavam com uma vida dissoluta. (...) Nos primeiros lustros do século X, quem praticamente comandou o Vaticano foi uma rica patrícia, Marózia, que fazia e desfazia papas como bem o desejasse. Não foram poucos os pontífices assassinados durante o período. Enquanto império e papado se enfraqueciam em seus conflitos internos, a cristandade latina era atacada ao sul pelos sarracenos, que se instalavam em território italiano: ao norte, os normandos...; ao leste, os húngaros, pressionados pela última onde migratória dos povos advindos da Ásia".* (*Op. cit.*, p. 34-35)
[168] *Op. cit.*, p. 19.
[169] LUÑO, Antonio E. Pérez. **Derechos Humano, Estado de Derecho y Contitucion**. 4. ed. Madrid: Tecnos, p. 321. No mesmo diapasão, confira-se José Luis Concepción RODRIGUEZ. *In*: **Honor, Intimidad e Imagen**. Barcelona: Bosch, 1996. p. 19-20.

Capítulo IV

O SISTEMA FEUDAL E O MODERNISMO NA CONSTRUÇÃO DO DIREITO À INTIMIDADE

4.1 O FEUDALISMO E A VIDA PRIVADA

Segundo Luhmann[170], citado por Alberto Febbrajo, a Idade Média se situou como uma sociedade em transição, em transformação, para a Era Moderna, em que cada vez mais se acentuaram as diferenças entre as três classes: clero, nobreza e povo.

Dentro dessas classes existiam subdivisões, como a do clero secular e clero regular, a nobreza de espada e a nobreza de toga, os servos e os burgueses ou artesãos. A complexidade crescente dessa época não explica os comportamentos desviantes das *Santas Inquisições*, para quem as verdades absolutas – e "Deus é a verdade" –, compreendidas por meros argumentos de autoridade, não poderiam ser contraditadas, sob pena de se cometer heresia.

Assevera José Luiz Del Roio[171] que

> *a violência intermitente, invasões, saques, deram origem à precisão de defesa. Esta se configurou na construção de castelos fortificados e muralhados (...) onde viviam os senhores feudais e os cavaleiros; acentuou-se a exploração sobre o camponês que, proibido agora de deixar a terra onde nascia, transformou-se em servo da gleba. Consolidou-se uma sociedade trinária na qual o cavaleiro e o senhor feudal viviam para o combate, o clero para a oração e o servo para a produção.*

Sob o aspecto do individualismo, Calvino, citado por Louis Dumont[172], esclarece que *"o indivíduo está agora no mundo e o valor individualista reina sem restrições, nem limitações"*. Diferente de Lutero – para

---

[170] FEBBRAJO, Alberto. **Funzionalismo Strutturale e Sociologia Del Diritto nell'Opera di Niklas Luhmann**. Milão: Giuffrè, 1975. p. 113-117.
[171] *Op. cit.*, p. 39.
[172] *Op. cit.*, p. 63.

quem localizamos Deus sem a mediação institucionalizada (aliás, o chefe da Igreja é Cristo), por meio da consciência humana, da fé; os templos estão em nós –, Calvino vê em Deus a vontade humana, oposta ou superior à razão, o que, de certa forma, marca o início de uma nova era jurídica. Tanto assim que *"não é a Igreja que faz dos crentes o que eles são, mas os crentes que fazem da Igreja o que ela é"* [173].

Esperava-se, pois, uma reação a essa complexa sociedade medieval, *"fracionada em centenas de pequenas entidades estatais autônomas, como baronatos, ducados, principados, bispados, cidades-estados e outras formas de organização, com limites pouco definidos e existência passageira (...) e freqüentemente em guerra umas com as outras"*, conclui Del Roio[174].

Régine Pernoud[175] aponta, bem a propósito, as principais diferenças entre a *família na **polis*** *e nos territórios feudais*:

> *a sociedade medieval era composta de famílias, a sociedade na **pólis**, de cidadãos. O indivíduo tem o primado na vida pública na cidade ("cives"), votando, legislando, participando nas assembléias e comícios. Na vida privada é o **dominus**, o proprietário, o senhor absoluto de seus bens, da vida de seus filhos e de sua mulher, tem sobre eles, como sobre seus escravos, o **ius utendi et abutendi**; a família vive através da personalidade do pai, chefe militar e sacerdote, com direito de até praticar o infanticídio... Nada desta concepção subsiste na Idade Média. O que agora importa não é o indivíduo, mas o grupo **(la lignée)**. Daí a preponderância da vida privada sobre a vida pública. O direito de propriedade não era do indivíduo, mas da família, o bem familiar, o solar, cujo usufruto é detido pelos membros dela, mas não podendo ser alienado pelo seu chefe.*

Foi, aliás, o que preconizou o *direito visigótico*, que muito influenciou o período medieval e que levava em consideração não os interesses do poder paterno, mas, sim, os interesses dos filhos; claro que permaneceu a reverência, mas não a submissão ou a sujeição inclusive mortal.

Na Idade Média, o *direito visigótico* teve seu papel fundamental na formação estrutural dos feudos. Surgiu por conta da invasão dos *vikings* e normandos, pelo norte, e sarracenos e mouros, pelo sul da Europa Ocidental, por conta do enfraquecimento romano. Nesses grupos sociais, a família, que reunia filhos, mulher e agregados (mulher e descendentes dos filhos, os empregados), era dirigida pelo *patriarca*, verdadeiro rei em miniatura (ou *sire* – senhor). Este,

---

[173] *Apud* DUMONT, Louis. *Op. cit.*, p. 69.
[174] *Op. cit.*, p. 40.
[175] PERNOUD, Régine. **Lumière du Moyen Age**. Paris: Bernard Grasset, 1954. p. 12-16.

porém, comparado ao direito romano clássico, teve seus poderes limitados, tanto que, caso castigasse cruelmente seus filhos, poderia sofrer a perda do pátrio poder.

O senhor feudal regido pelo direito visigótico – de origem germânico-romano e estritamente histórico e tradicional –, não era o senhor absoluto; ao contrário, sua autoridade sofria restrições. Era muito mais um organizador das atividades do feudo do que propriamente um déspota. Essa idéia teve influência na criação da figura do rei, dentro de um território que continha vários feudos; essa figura desempenhava o papel de moderador dos conflitos entre os feudos. E mais: os filhos tinham a livre administração de seus bens. Acentua-se, aqui, o caráter *laico* do direito natural (ou sua *laicidade*), pois se reduz a complexidade, criada pelo direito romano, entre as instituições familiar, imperial e religiosa.

De um modo geral, porém, a sociedade medieval, desorganizada como um todo, com suas duas principais instituições (Igreja e Império) enfraquecidas, clamava pela formação de um poder superior capaz de coibir os abusos aos direitos da personalidade, em especial o da intimidade, de distribuir justiça e delimitar as fronteiras.

Por isso mesmo, Michel Villey[176] se vale das concepções agostinianas – segundo a qual a 'cidade do homem' está sob o pecado – para compreender a necessidade de se buscar no poder divino o restabelecimento da justiça plena.

Daí a razão do movimento religioso e social chamado *reforma*, iniciado com a fundação do mosteiro beneditino de Cluny, na cidade da Borgonha, pelo duque Guilherme de Aquitânia, em 909. Os monges – que deveriam prestar reverências ao senhor feudal –, a partir de então se concentraram apenas nas orações, e os leigos nos trabalhos manuais. É o que pretendeu Lutero, ao dar plena ênfase ao teocentrismo, inclusive com a instauração do celibato, e com o fim da simonia. Cluny teve resistência. Por isso, o papa João XII, na época, pediu ajuda ao rei da Alemanha, Oto I, Magno, que ampliou o domínio da Igreja sobre as terras.

Mas a doutrina de Cluny apresentava contradições, que, inclusive, violavam a identidade da instituição Igreja – refiro-me à liberdade da pessoa jurídica. Se a ideologia foi traçada para se buscar em Deus as respostas para os constantes conflitos e terminar com a ingerência do império na Igreja, paradoxalmente o que ocorreu foi um aprisionamento total da *libertas ecclesiae* e um Estado laico. Tanto que, na Alemanha, os Bispos eram escolhidos pelo imperador.

---

[176] VILLEY, Michel. **La Formation de la Pensée Juridique Moderne**. Paris: Montcherétien, 1975. p. 83-85.

Posteriormente, o mesmo passou a ocorrer em Roma, firmando-se a corrente ortodoxa da Igreja Cristã latina. Contra isto, o papa Gregório VII (que reinou entre 1073-1085, e em 1606, tornou-se santo), discípulo de Cluny, se rebelou, surgindo mais guerras. Gregório chegou até a ser preso pelo imperador Henrique IV, que logrou conquistar Roma (1084); foi solto pelos normandos e levado para o Sul da Itália, para Salermo, onde morreu.

E, assim, Roma passou novamente a se fortificar, seguindo as trilhas traçadas pelo movimento gregoriano. Tanto que, já sob o governo do papa Urbano II (1088-1099), a Igreja, por meio do Concílio de Clermont (1095), denominado "Deus assim o quer", conseguiu arrebanhar forças militares dos nobres e dos servos, para o fim único de arrancar os muçulmanos dos lugares santos da Palestina.

Era o início das *Cruzadas,* aliás, revitalizadas com o papa Inocêncio III (1198-1216, que se intitulava, além de sucessor de Pedro, vicário de Cristo), o qual, aliás, adotou o órfão Frederico II, desde os seus quatro anos, tornando-se, mais tarde (1215-1250), imperador, conhecido, por isso mesmo, como "imperador dos padres".

Mas, a nosso ver, a ideologia gregoriana também cometeu erros; primeiro, o de introduzir na Igreja o celibato, o que, para nós, também constitui violação ao direito à intimidade; segundo, o de, em nome de Deus, incitar guerras, já que eles próprios defendiam a idéia de que Deus é amor. A situação se amenizou com o papa Pascoal II (1099-1118), quando propôs que os bispos eclesiásticos (ou regulares) renunciassem aos bens temporais; Henrique V (1106-1125) aceitou a proposta. Porém, no Concílio de Latrão II (1116), a Igreja voltou atrás, pois a suntuosidade era sinal de progresso da fé.

Em 1122, na Alemanha, Igreja e Estado chegaram a um acordo, no sentido de o imperador desistir de escolher o bispo e somente entregar as terras da Igreja, numa cerimônia imperial, após a votação eclesiástica.

Foram formas surgidas no sentido de se procurar a liberdade e a paz. Aliás, os primeiros postulados do direito de convivência social feliz. Porém o crescimento da população, a circulação de diversas moedas, instituídas pelos feudos, o surgimento de novas línguas e novos feudos, o aparecimento de problemas de âmbito público (abastecimento de água, serviços de higiene etc) e o choque de diversas ideologias existentes nessa época intensificaram os conflitos sociais na Idade Média.

Seja como for, de tudo que se pretendeu no sentido de se buscar a paz social no período medieval, o documento que mais expressa diversos direitos fundamentais do homem é a Magna Carta do rei inglês João-Sem-Terra, de 1215 (tornada definitiva em 1225), surgida por pressão social dos

Barões ingleses, que não suportavam mais aqueles conflitos. Seu âmbito de aplicação social, porém, era restrito.

Segundo Maitland[177], a notoriedade da Magna Carta conferiu-lhe papel importantíssimo no desenvolvimento e positivação das liberdades públicas inglesas. Positivou-se a liberdade de consciência e religião, separou-se a Igreja do Estado e constituiu-se uma espécie de sistema estamental (grupal) próprio do feudalismo, pelo qual os senhores feudais decidiam pelo *consenso* (situação bem retratada logo no início do filme *O Patriota*, lançado no Brasil, em agosto de 2000), o que Edward Coke chamou (no início do século XVII) de uma espécie de "resistência parlamentar" às pretensões dos reis. Introduziu-se o princípio da proporcionalidade entre o crime e a pena, o do devido processo legal e o do livre acesso à justiça.

Vale lembrar a advertência de Albert Noblet (*In*: **A Democracia Inglesa**), citado por José Afonso da Silva[178], sobre a Magna Carta: "*longe de ser a Carta das liberdades nacionais, é, sobretudo, uma carta feudal, feita para proteger os privilégios dos barões e os direitos dos homens livres. Ora, os homens livres, nesse tempo, ainda eram poucos que podiam contar-se, e nada de novo se fazia a favor dos que não eram livres*".

Não é menos certo, porém, rebate o insigne constitucionalista brasileiro, que

> *essa observação de Noblet é verdadeira, mas não exclui o fato de que ela se tornasse um símbolo das liberdades públicas, nela consubstanciando-se o esquema básico de desenvolvimento constitucional inglês e servindo de base a que juristas, especialmente Edward Coke com seus comentários, extraíssem dela os fundamentos da ordem jurídica democrática do povo inglês*[179].

Conforme assevera Jorge Miranda[180], a Magna Carta foi confirmada por seis vezes por Henrique III, três vezes por Eduardo I, catorze vezes por Eduardo III, seis vezes por Ricardo II, seis vezes por Henrique IV, uma vez por Henrique V e uma por Henrique VI; daí sua reconhecida importância.

Paralelamente, o rei de Sicília, Frederico II (1215-1250), homem culto, conhecido como "Imperador dos padres", tenta reduzir os poderes dos

---

[177] MAITLAND, F.W. **The Constitucional History of England**. 14. ed. Cambridge: Cambridge University Press, 1961. p. 425.
[178] SILVA, José Afonso da. **Curso de Direito Constitucional Positivo**. 18. ed. São Paulo: Malheiros, 2000. p. 156.
[179] *Op. cit.*, p. 156.
[180] MIRANDA, Jorge. **Textos Históricos do Direito Constitucional**. 2. ed. Lisboa: Imprensa Nacional, 1990. p. 13.

senhores feudais e do clero, por meio de decretos conhecidos como *Constituição de Amalfi* (1231).

Paradoxalmente, Frederico II permitiu, na Alemanha, a ampliação dos poderes dos senhores feudais. De qualquer sorte, a Igreja se rebelou contra ele, a ponto de chamá-lo de a "besta do apocalipse", daí surgindo mais conflitos.

O sucessor de Frederico II, Conrado IV (1250-1254), perdeu a posse das terras que a Alemanha ocupava na Itália e reduziu o seu poder imperial ao espaço alemão, onde os nobres alemães, já influenciados pela Magna Carta, eram quem decidiam sobre os destinos do Império.

Merece destaque, ainda, a carta espanhola de León e Castella, de 1188, pela qual o rei Afonso IX prometia sustentar a paz e a justiça do reino, por meio do reconhecimento de relevantes direitos da personalidade, ainda que de forma restrita, como a inviolabilidade domiciliar, a garantia da propriedade e da segurança, dentre outros. Da mesma forma, a carta de Aragão (1265), que reconhecia tais direitos no âmbito, porém, dos nobres.

Conclui-se, pois, que os importantes fatos históricos ocorridos na Idade Média contribuíram, sobremaneira, para o surgimento do *princípio* das leis fundamentais do reino, pelo qual se poderia limitar o poder absoluto do monarca ou dos senhores feudais, princípio esse oriundo da teoria do direito natural e que deu origem ao movimento filosófico chamado *Humanismo Moderno* (século XIV)[181] ou *Renascimento*.

Bem a propósito, assevera o filósofo Cláudio de Cicco[182],

> com o andar dos anos, sem dúvida por influência do neo-estoicismo do final da Idade Média, que prepara o humanismo, o que era um método de pesquisa da "natureza das coisas" se torna um determinado código de

---

[181] Importante frisar que a ideologia do *Humanismo* foi alicerçada já na antigüidade greco-romana, com Sócrates, em Atenas, o qual, aliás, deu fim a sua própria vida, exatamente por dar valor absoluto à *razão humana*; por conta de sua liberdade de consciência, sentindo-se injustiçado pela decisão condenatória tomada por um júri, em crime de ofensa aos deuses da época, que ele teria praticado, o grande filósofo, para não cumprir a decisão, deu cabo a sua vida. Sócrates não implorou compaixão e ingeriu um copo de veneno. Ele era *racionalista* e, por isso mesmo, dizia que em cada um de nós havia um "deus" que direcionava nossa conduta, para o certo ou para o errado. Afirmava, ainda, que, se fizéssemos o mal, é porque não conhecíamos nada melhor. Ele deu muita importância à convicção interna das pessoas, razão por que entendia que a sabedoria humana tinha limites; e o limite estava naquilo que não se conhecia! Da mesma forma, o *estoicismo*, escola filosófica surgida em Atenas, em 300 a.C., teve sua principal influência na cultura romana, entre 150 a.C. e 200 d.C. Os *estóicos* entendiam que o bem e o mal, o certo e o errado deveriam ser encontrados na natureza, numa lei natural, imutável e universal. Também davam valor à *consciência* da pessoa; aliás, entendiam que o homem perante o outro é inviolável. Essas concepções atenienses, revigoradas no século XIV com o *Renascentismo*, deram origem à formação dos direitos da personalidade.

[182] CICCO, Cláudio de. **Direito**: Tradição e Modernidade. São Paulo: Ícone, 1995. p. 48.

direitos fundamentais, racionalmente explicáveis, desde logo assimiláveis aos "princípios do Cristianismo", interpenetrando agora as máximas do Direito Civil de idéias filosóficas e sobretudo éticas de sabor estóico, procurando uma "justiça natural" no Direito Positivo, e a longo prazo pretendendo que o Direito não seja somente um sistema que busca a ordem e a paz social, mas a realização da justiça, de acordo com os modelos que mesclam inspiração cristã evangélica, natureza racionalmente entendida e controlada, direitos individuais, enfim, modelos ecléticos que triunfarão até a crítica de Kant, no século XVIII, que os submeterá a rigorosa revisão, reservando para o Direito a modesta mas sólida posição que lhe assinala uma razão prática.

Assim, entre os séculos X e XIV, relevantes e graves fatos históricos marcaram a era medieval, por estarem relacionados às constantes violações dos direitos da personalidade, em particular o da intimidade. Não só o sistema feudal comprimia o direito ao recato – pois os escravos não tinham liberdade, privilégio somente dos nobres, mesmo com as "cartas magnas" – como também as *cruzadas* e as *santas inquisições*. Elas constituíram verdadeiras perseguições da Igreja contra os chamados *heréticos*, mas numa clara violação à liberdade de pensamento, religião e crença, pressuposto fundamental do direito ao recato.

A Inquisição, determinada por decreto em 1184 com o papa Lúcio III e intitulada *ad abolendem*, reafirmada pelo papa Gregório IX em 1233 e adotada por Alexandre IV em 1252, sob o nome *ad extirpanda*, era constituída, inclusive, de tortura contra os heréticos, com o intuito de obrigá-los a reconhecer o erro – a heresia, do grego *haíreses*, que significa escolha –, denunciar os participantes e seus defensores, aplicando-se-lhes penas corporais, inclusive a morte. A inquisição atingiu, também, o comportamento sexual irregular dos juízes, tidos como não-ortodoxos, a feitiçaria, a blasfêmia e a falsa conversão dos judeus.

O movimento religioso *ad abolendem*, ainda, proclamou o homossexualismo, conhecido na época como sodomia, como crime grave, pior que o incesto entre filho e mãe, passível de severas penas, como até mesmo a morte. Isto porque se entendia que o homossexualismo masculino prejudicava a perpetuação da raça humana; já o feminino, era considerado mera luxúria.

Paralelamente, outro movimento religioso – *as cruzadas* –, iniciado com o papa Alexandre III, em 1179, na região francesa e, posteriormente, consolidado por Inocêncio III para atingir outras regiões, também contribuiu para as gritantes violações. Tal movimento, formado por *routiers* (soldados de aventura e assassinos) e tendo por alvo os cátaros, constituiu-se de verdadeiros massacres e violações à intimidade.

Valendo-se da obra épica **Chanson de la Croisade**, José Luiz Del Roio, em sua valiosíssima obra **Igreja Medieval**, também descreve a estrada das cruzadas em Marmande: "*corre-se até cidade com as armas cortantes, dando início ao impressionante massacre. Os barões, as damas, as crianças, homens e mulheres são desnudados...*"[183].

Dentro desse quadro negro, as resistências religiosas, oriundas da própria Igreja Católica e que deram origem a novas ordens e à *Reforma*, as resistências exercidas pelos muçulmanos, e ainda o movimento filosófico do *humanismo moderno* fizeram das Cruzadas e da Inquisição uma decadência total.

Esclareça-se, porém, que, em 1478, na Espanha, os reis católicos Fernando e Isabel revigoraram o decreto da inquisição. Sob o pretexto de combater as heresias, mas com a real intenção de reconquistar o território espanhol dominado pelos árabes (parte sul da Espanha, Córdoba) e descobrir novas terras, aumentando o poder político e principalmente o econômico, os espanhóis ampliaram as inquisições para Lima (1570), para a Cidade do México (1571) e para Cartagena (1610).

O mesmo ocorreu em Portugal, em 1536, com o rei João III, que instituiu a inquisição real, sob o mesmo pretexto, ampliando-a para Goa, na Índia, em 1560; os suspeitos de heresias no Brasil eram julgados em Lisboa. Portugal, porém, extinguiu a inquisição, estrategicamente, em 1821, pois, logo no ano seguinte, por força das pressões brasileiras regionalizadas e temendo perder o poder, o imperador decretou a "independência" do Brasil. E a Espanha, da mesma forma, somente em 1833 extinguiu a inquisição real, uma das facetas violadoras do respeito ao direito à intimidade.

4.2 O RENASCIMENTO E O DIREITO À INTIMIDADE

A nova visão filosófica – *humanismo moderno* –, surgida no século XV, com as grandes descobertas culturais, procurou retornar às origens da civilização humana, às culturas pré-cristãs da Grécia e de Roma, em claro rompimento com a Idade Média, época cheia de obscuridades e barbáries, provocadas pela ditadura cristã.

Segundo Paulo Nader,

> *o vigoroso movimento intelectual atingiu não somente o setor das artes em geral, mas alcançou ainda o domínio das idéias políticas, filosóficas e jurídicas, especialmente com Nicolau Maquiavel, Bodin e Hugo Grócio. Durante a Idade Média o Direito foi concebido como ordem fundada em lei natural vinculada a Deus, enquanto que o Estado, por sua dependência ao Direito, também se apoiava naquele princípio transcendental. Com os novos tempos inverteu-se a ordem de subordinação. A partir da con-*

---

[183] *Op. cit.*, p. 74.

cepção ideológica do Estado, fundado este na razão, cogitou-se da ordem jurídica lastreada na idéia de um Direito Natural baseado no homem e não de origem divina[184].

Ainda especial destaque merece, nessa época, Leonardo da Vinci, que saiu da aldeia de Vinci, em 1469, e foi para Florença, centro da Renascença, na Itália central. Grande estudioso das artes e das ciências, ele se preocupou em estudar o homem, o centro de tudo e o maior mistério do universo, dentro de uma visão vinculada ao princípio antrópico.

Tanto que, nas artes, retratou figuras nuas, fato considerado herético pelo pensamento medieval. Essa retratação era a principal linguagem utilizada por Da Vinci e atingia o ser humano como pessoa, ente dotado de caráter e personalidade, numa clara tendência ao rompimento entre a pseudo-preservação da intimidade e a liberdade de expressão artística.

Valorizou-se a *razão humana*, pela qual se deveria explicar a natureza segundo suas próprias leis. O homem, a partir de então, é visto como algo grandioso e belo. Por isso, deveria ele ser *livre*, para conhecer seu potencial ilimitado. Marca-se, assim, um processo de *descristianização* ou *secularização*. Mesmo na Espanha e em Portugal, que ainda aderiam à Inquisição – a real –, o Renascimento teve sua influência; é nessa época que ocorreram as grandes descobertas, em especial as teorias afetas à liberdade do homem, essência positiva do respeito à intimidade.

Por outro lado, já no século XVI, a Igreja católica sofreu grande transformação eclesiástica, que influenciou, principalmente, a Europa ocidental, por conta dos descalabros ocorridos, em particular, as Cruzadas e as Inquisições. Trata-se do movimento denominado *Reforma*.

Isso se deveu, também, ao fato de a Igreja católica perder seu domínio, principalmente no Oriente, com a conquista dos turcos, em 1453, de Constantinopla. Outrossim, influenciado pelo monge ortodoxo Filatov – que preconizava Moscou como uma "terceira Roma" –, Ivan III (1462-1505) transformou a capital da Rússia em principal centro do lado ortodoxo da Igreja.

O rei inglês Henrique VIII, ainda, rompeu com a Igreja de Roma, notadamente porque o papa negou-lhe consentimento para se divorciar. A visão cristã pura de que "o que Deus uniu, o homem não separa", levou ao rei da Inglaterra, influenciado pela visão humanista do direito – cujo centro de concepção ligava-se à *liberdade* –, a cortar relações com a Igreja, tamanha a violação à intimidade de sua majestade.

Tal fato repercutiu na *Reforma*, iniciada com Calvino e com o alemão Martinho Lutero (1483-1546); aliás, hoje, a igreja luterana é a mais impor-

---

[184] *Op. cit.*, p. 129.

tante na Alemanha, ao lado da Igreja Católica, e, nos países escandinavos, é a principal, em particular na Noruega onde a Igreja é estatal.

Por influência inglesa, os Estados Unidos da América adotaram o luteranismo que, hoje, representa a quarta maior comunidade eclesiástica americana. Diversos príncipes e nobres apoiaram o luteranismo, o que fortaleceu a reforma protestante.

Interessante notar que Lutero entendia que cada pessoa trazia dentro de si a Igreja de Cristo, de sorte que não havia necessidade de uma estrutura física e hierárquica eclesiástica. Lutero também afirmou que a Igreja de Cristo poderia receber pessoas de outras religiões, sem necessidade de qualquer ato de conversão obrigatório. Admitiu-se o sacerdócio feminino e proibiu-se o uso de força humana para se justificar perante Deus.

A ideologia cristã luterana veio reforçar a visualização do respeito ao direito à intimidade, pois se deu ênfase ao individualismo religioso, que possibilitou o reconhecimento da liberdade de pensamento, crença e religião[185].

Nesse período, René Descartes (1596 a 1650), fiel ao movimento renascentista e dentro da chamada "cosmovisão moderna", iniciada no século XV, adotou os preceitos do dogmatismo, apoiando a distinção feita entre a matéria (*res extensa*) e o espírito (*res cogitans*) – o chamado dualismo cartesiano –, sendo ambas substâncias impenetráveis e separadas.

O grande racionalista rompeu com a tradicional concepção unitária do homem, substituindo-a por uma visão dupla, de corpo e alma. São elas duas substâncias completas e perfeitas, as quais se unificam, com a finalidade de se corresponder mutuamente, formando a parte fisiológica e psicológica do homem. Assim, Deus seria a causa de tudo, enquanto o "eu", a parte pensante.

Descartes reativa a concepção platônica do corpo e da mente, desta feita analisando o intelecto e os sentidos; afirma que as emoções e as crenças, oriundas dos sentidos, em nada influenciam a compreensão do intelecto, o qual, por sinal, contém idéias inatas e prévias à experiência, que devem ser abandonadas, pois são as responsáveis pelos *demônios da dúvida*.

O pensamento, nesta linha racional, é o atributo fundamental dos demais feitos da consciência, tal como a vontade, que é a sua forma e a essência do "eu". Logo, a personalidade não seria outra coisa que não a pura consciência.

---

[185] Em sua obra **La Formation de La Pensée Juridique Moderne** (*Op. cit.*, p. 276-337), Michel VILLEY revela que a *reforma* foi, sob o aspecto jurídico, uma continuação da visão de Santo Agostinho sobre as "Duas Cidades". Dava-se valor à monarquia absoluta do Estado, cuja base política se assentava na Bíblia. Por isso mesmo, a "Teoria do Direito Divino dos Reis" justificou o poder do rei Jaime, na Inglaterra anglicana. Assim, o homem, corrompido pelo pecado original, somente encontra o bem nas lições da Bíblia.

Do mesmo modo que os pensadores medievais, Descartes define a natureza da personalidade como substância. Todavia ele se afasta do entendimento medieval ao afirmar que o 'ser' não seria algo que existe por si, mas, sim, em razão de sua consciência, seu pensamento: "penso, logo existo". É o reconhecimento filosófico do princípio da liberdade de pensamento e de expressão, por onde se firmou o princípio do respeito à intimidade.

A filosofia, a partir de então, passou a se preocupar com o conhecimento humano, valorizando-se o homem como ente que conhece. Surge daí a *gnoseologia*. Aliás, pouco antes, afirmara Galileu Galilei (1564-1642), em sua esplendorosa obra **Diálogo sobre os principais Sistemas do Mundo**, que a verdade não está escondida em nós; não é algo obscuro. Ao contrário, assim que ela desperta, *"sua luz imediatamente dispersa as sombras do obscurecimento"*, numa clara visão de afirmação da liberdade de pesquisa.

Esclarece o psicoterapeuta Rollo May[186] que *"a dicotomia de Descartes deu ao homem moderno uma base filosófica para livrar-se da crença em feiticeiras, o que contribuiu, consideravelmente, para o desaparecimento da bruxaria no século XVIII"*, numa acentuada afirmação da ciência humana, superando-se, pois, a superstição, a magia e as "verdades" de autoridade.

Começou a surgir uma nova Europa ocidental, marcada pela *razão humana* e pelos métodos científicos de conhecimento, dentre eles o *racionalismo* e o *empirismo*. Adverte, todavia, o insigne membro do Departamento de História Moderna da Universidade de Oxford, Felipe Fernándes-Armesto[187], que

> isto não significou que sistemas de raciocínio formal tenham obtido muita atenção de início. A razão exaltada pelo iluminismo europeu foi combinada com outros ingredientes: hostilidade para com a autoridade, rejeição do dogma, fé no impulso progressivo da história, interesse pelos modelos mecânicos da realidade do universo da época e (...) fascínio pelo método científico. Se a lógica importava, era a do tipo indutivo – raciocínio que tem como ponto de partida a experiência ou a observação –, que havia sido negligenciado anteriormente, porque não era facilmente expresso em silogismos.

Por isso mesmo, o *Humanismo moderno* atingiu seu apogeu, no âmbito jurídico, apenas no século XVIII, com o *Iluminismo* (ou humanismo contemporâneo), por meio dos principais filósofos jus-racionalistas daquela era.

---

[186] MAY, Rollo. **O Homem à procura de si mesmo**. 26. ed. Tradução de Aurea Brito Weissenberg. Petrópolis: Vozes, 1999. p. 60.
[187] FERNÁNDEZ-ARMESTO, Felipe. **Verdade – Uma História**. Tradução de Beatriz Vieira. Rio de Janeiro: Record, 2000. p. 136.

É por demais importante destacar, outrossim, na Idade Moderna, o eminente escolástico Guilherme de Occam, monge franciscano que, já no século XIV, construiu, embora não sendo jurista – mas sim um religioso e lógico –, a **teoria subjetiva do direito**, com a revalorização do individualismo, deixando entrever noções de liberdade, soberania popular e contrato social, consoante esclarece o antropólogo Louis Dumont[188], também professor da Universidade de Oxford, apoiado nos estudos de Villey.

Bem a propósito, esclarece Louis Dumont que Occam distingue, de um lado, as coisas e, de outro, os sinais, de tal sorte que

> *as coisas só podem ser, por definição, "simples", "isoladas", "separadas"; ser, é ser único e distinto...na pessoa de Pedro nada mais existe senão Pedro, e ainda nenhuma outra coisa que se distinga "realmente" ou "formalmente" dele. (...) Como diríamos hoje, as nossas classes e idéias não devem ser **coisificadas**. Occam, em sua polêmica com o papa, chega ao ponto de negar que exista algo como a "ordem franciscana": há somente monges franciscanos dispersos por toda a Europa*[189].

Essas assertivas o identificam como um dos teóricos positivistas e subjetivistas, que, baseado no realismo de Santo Tomás, deste divergiu (para Aquino, o "ser" é uma entidade auto-suficiente, mas as categorias ou classes de seres também o são).

Destarte, conclui Louis Dumont,

> *de um modo geral, e no plano social propriamente dito, já não há lugar para a idéia de comunidade. Ela é suplantada pela **liberdade do indivíduo**, que Occam estende do plano da vida mística ao da vida em sociedade. Implicitamente, pelo menos, trocamos a **comunidade** por uma **sociedade**, e as raízes religiosas dessa primeira transição, tão decidida quanto decisiva, são evidentes*[190].

Na Idade Moderna, portanto, começou a surgir, embrionariamente, um conceito de *ius imaginis*, com a absorção plena da máxima *dominus membrorum suorum nemo videtur*, que dizia respeito ao direito de alguém a seu próprio corpo, nele incluída a liberdade de pensamento. No Direito

---

[188] *Op. cit.*, p. 76-79.
[189] **O individualismo...**, *op. cit.*, p. 77. Consigne-se que, por conta de sua teoria subjetiva, para Louis DUMONT, Guilherme de Occam é o fundador da teoria subjetiva do direito (p. 78); a pessoa passa a ser reconhecida socialmente como uma entidade dotada de poder, assim como o é o legislador. Interessante notar que sua teoria decorreu daquela polêmica com o Papa, o que o levou a tratar, de forma sistemática (pela lógica), o direito. É que, na época, a ordem franciscana, que se consagrara originalmente ao voto da pobreza, estava cada vez mais rica e, ainda, a Igreja a obrigara a aceitar a propriedade dos bens que usufruía de fato. Foi contra essa política que Occam se rebelou.
[190] *Idem*, p. 79.

Romano, é certo, teve-se uma visão inicial, tímida porém, de toda a teoria dos direitos da personalidade, mas, nunca é demais repetir, dirigida à glória do Império de Roma.

É certo que, no século XV, tentou-se conciliar os interesses da Igreja e do Estado, como ocorreu no Concílio de Constança, em 1414. Muitos sábios, baseados na teoria occamista, defenderam a idéia vitoriosa de que, acima do poder papal, existiria um concílio, que tinha a missão de controlar os atos do papado, de acordo com os ideais populares. Mas o Concílio, por diversas vezes manipulado, restaurou a monarquia papal, o que contribuiu, também, para o desencadeamento da Reforma.

Contudo, jesuístas e dominicanos, professores de Salamanca, no século XVI, desenvolveram toda uma teoria de Estado, por meio da qual se procurava traçar caminhos *contratualistas* para Igreja e Estado, de forma a rebater a filosofia luterana da reforma. Surgia o movimento da *Contra-Reforma*.

A *contra-reforma* teve por alvo a doutrina luterana e ganhou apreço justamente na Península Ibérica, onde portugueses e espanhóis, nesse século, adotavam a Inquisição real, quando a Igreja dela se despedia. Claro que a finalidade da Inquisição real era aumentar o domínio político e econômico de Portugal e da Espanha.

O novo movimento religioso defendia a ideologia racionalista, baseada no direito natural, por meio do qual o homem poderia chegar por si mesmo, sem se socorrer das escrituras, aos ideais de justiça e do bem.

A nova visão filosófica, preconizada pelos jesuístas Molina, Vasquez e Suárez, bem como pelos dominicanos Vitória, Soto e Las Casas, construiu as bases do "contrato social", por meio do qual o detentor do poder poderia ser morto caso não respeitasse a vontade popular, diferente da linha filosófica desenvolvida por Lutero.

Outro aspecto de máxima importância, assevera Joseph Höffner[191], foi o reconhecimento dos direitos dos índios, como entes humanos, os quais, para Lutero, estavam fora da proteção divina. Independentemente da fé que os animava, os índios eram reconhecidos pela própria condição de serem humanos. Foi por isso que jesuítas e dominicanos jamais aplaudiram as arbitrariedades praticadas por imperadores e colonos contra os índios, na época dos "descobrimentos" (séculos XV e XVI).

Essa visão protetiva dos índios levou o movimento da *Contra-Reforma* a se solidificar, notadamente no Brasil, onde, a partir do século das grandes descobertas (na verdade, o exercício da posse), os jesuítas aqui penetraram e lograram afirmar seus ideais, intimamente ligados à formação dos

---

[191] HÖFFNER, Joseph. **Colonialismo e Evangelho**. Rio de Janeiro: Presença-Edusp, 1973. p. 251-255.

direitos de personalidade, com reflexos nos países conquistadores – em especial, Portugal e Espanha.

O individualismo se firma a ponto de, a um, dar um caráter absolutamente privatístico ao Direito Civil e, a dois, fortalecer os poderes dos soberanos, sem sua intervenção naquele ramo do direito. Desta forma, o direito de família, o de casamento e o das relações entre pais e filhos passaram a se resumir ao direito de propriedade, "*matéria que não pode ser regulada pelo soberano como bem lhe aprouver, porque envolve as leis naturais de perpetuação e preservação da espécie*", esclarece o insigne filósofo e jurista Cláudio de Cicco[192].

Pugliese atribuiu a Donello a fixação de muitos conceitos de personalidade no século XVI, que constituem a moderna teoria sobre esse direito[193]. Todavia a proteção clara e efetiva da personalidade só encontra suas origens no liberalismo, que se desenvolveu na América do Norte e na Europa, em particular na Inglaterra, no final do século XVII.

Contribuiu para isso o fato de que, ao contrário dos demais países da Europa Continental, a Inglaterra não ter adotado o regime da monarquia absolutista, preferindo a monarquia constitucional, a partir da Idade Média, com a Magna Carta, ainda que ela tivesse um âmbito restrito de efetividade.

Com efeito, com a revolução dos barões contra o rei João-Sem-Terra, em 1215, institucionalizou-se, na Grã-Bretanha, a monarquia constitucional, na qual vamos encontrar alguns dispositivos que protegem a personalidade, constituindo o embrião da teoria moderna acerca da vida privada e da intimidade. O Parlamento inglês impedia, pelo consenso, o absolutismo do rei, enquanto, nos demais países, se impedia o reconhecimento da *persona*.

No século XVIII, inicia-se nova fase do Direito, com os contratualistas, surgindo, assim, a monarquia legal, a teoria da tripartição dos poderes, o sistema representativo e, principalmente, a intangibilidade dos direitos fundamentais do homem "*a partir do direito de resistir à perseguição de um tirano, o qual se fundamentava na idéia de um contrato entre governante e governados*", afirma Louis Dumont[194].

O desenvolvimento da ciência jurídica nesse sentido, esclarece o ilustre docente francês de Oxford,

> *levaria à afirmação do direito do indivíduo à liberdade de consciência. Assim, a liberdade de consciência constitui o primeiro, cronologicamente, de todos os aspectos da liberdade política e a raiz de todos os demais. Os*

---

[192] CICCO, Cláudio de. **Direito**: Tradição e Modernidade. 2. ed. São Paulo: Ícone, 1995. p. 57.
[193] PUGLIESE, Giovani. **Aspetti Civilistici della Tutela del Diritto della Personalità nell Ordinamento Italiano**. Milano, 1964, p. 153.
[194] *Op. cit.*, p. 85-86.

teóricos jesuítas do direito natural desenvolveram a teoria moderna que alicerça o Estado num contrato social e político, considerando a Igreja e o Estado duas sociedades distintas, independentes, exteriores uma à outra. Finalmente, "todas ou quase todas essas idéias, utilizadas praticamente na resistência contra o rei da Espanha, produziram nos países baixos, em seus pensadores, em suas universidades, um centro de saber esclarecido donde saiu, em grande medida, a educação política do século XVII"[195].

Daí por que, conclui o filósofo Norberto Bobbio[196],

o Estado Moderno, liberal e democrático, surgiu da reação contra o Estado absoluto. Este nascimento, que tem como fases culminantes as duas revoluções inglesas do século XVII e a revolução Francesa do século XVIII, foi acompanhado por teorias políticas cujo propósito fundamental é o de encontrar um remédio contra o absolutismo do poder do príncipe. Na tradição do pensamento político inglês, que ofereceu a maior contribuição para a solução deste problema, dá-se o nome de "constitucionalismo" ao conjunto de movimentos que lutam contra o abuso do poder estatal.

Nesse sentido, foram as posturas traçadas por Jean Bodin (1530 a 1596), que entendia que a política do Estado deveria ser indivisível. Por isso mesmo, sua teoria foi dirigida contra as divisões religiosas francesas de sua época.

Se Mniccolò Machiavelli (1469 a 1527), na Itália, entendia que o Estado deveria se unificar pelo fortalecimento, a qualquer custo, do poder político, Bodin preconizou a indivisibilidade do Estado pelo Direito, o que pressupunha um grande "contrato" na sociedade, de modo a se firmar a "República".

Para Bodin, no regime republicano, o soberano se sujeitaria às leis, as quais, aliás, deveriam se adaptar às condições do meio em que fossem vigorar. Desta forma, ele preconizou não só a construção da teoria do Estado de Direito, como também antecipou Montesquieu na teoria do **De l'Espirit des Lois**, em 1748.

Também merece um comentário à parte a doutrina do jurista humanista Hugo Grócio (1583 a 1645), que atingiu seu apogeu com a obra **De Jure Belli et Pacis**, publicada em 1625. Considerado o pai do "Direito Natural" moderno, o holandês Grócio, precursor da Escola Clássica do Direito Natural, entendia que o direito se revelava pela razão humana, e não por uma inspiração ou ação divinas.

---

[195] *Idem*, p. 86.
[196] BOBBIO, Norberto. **Direito e Estado no Pensamento de Emanuel Kant**. 4. ed. Brasília: UnB, 1997. p. 15.

Nesse sentido, o Direito Natural deveria ser concebido por meio de um "contrato social", historicamente demonstrado, e não presumido. Além disso, alguns direitos naturais seriam inatos. Outrossim, ao se estabelecer o contrato, ele deveria ser cumprido, pois Grócio dava, nesse sentido, muito valor ao princípio da obrigatoriedade contratual – *pacta sunt servanda*.

Todos esses movimentos e idéias deram origem a três grandes grupos de teorias, que se desenvolveram ao longo dos séculos XVII e XVIII, dando início à fase do humanismo contemporâneo ou *Iluminismo*.

4.3 A ERA DAS LUZES, A VIDA SOCIAL E INDIVIDUAL PERANTE TEORIAS DO PODER

Nesse estágio da evolução do Estado, iniciado no século XVII por conta dos pensamentos racionais da época, torna-se imperioso destacar as três principais teorias que dizem respeito à justificação ou *legitimidade* do poder estatal (extensão ou âmbito do poder) e as outras três teorias, que estão ligadas ao *fundamento* do poder de Estado (a forma pela qual o poder deve ser exercido), visando à análise da garantia da individualidade ante a prepotência do Estado, tão bem caracterizada na Idade Média.

No tocante ao aspecto do *âmbito do poder*, a primeira teoria, fundada nos direitos naturais ou no jusnaturalismo moderno, afirma que o poder estatal sofre um limite externo e natural. Antes do direito imposto pelo príncipe – o direito positivo –, existe uma categoria de direitos pertencentes ao indivíduo, oriunda da própria condição humana, independente da vontade de alguém ou da do indivíduo nesta ou naquela nação. Cabe ao Estado reconhecê-los e respeitá-los e, por isso, ele se torna um *Estado liberal*.

A segunda teoria, decorrente da separação dos poderes, concebe o Estado com os limites internamente estabelecidos, independentemente da existência dos direitos naturais. O poder e suas funções não podem estar concentrados nas mãos de uma única pessoa. Assim, cada órgão do Estado deve ter uma parcela de poder, exercendo-a de forma equilibrada por meio do controle recíproco. Trata-se do *Estado constitucional*, no qual se pode verificar a garantia ao respeito dos direitos de personalidade.

A última teoria, ligada à legitimidade do poder, decorre da soberania popular, na qual o Estado sofre limites pela participação de todos os cidadãos. Há, aqui, uma mudança incondicional do titular do poder. Assim, os abusos do poder devem ser freados pelo consenso popular, o natural e legítimo titular dos poderes conferidos ao Estado.

No que concerne ao *fundamento do poder* de Estado (de que maneira deve ser exercido), a teoria do fundamento teológico justifica-o no poder divino. É a teoria do direito divino dos reis, proclamada ao longo da

Idade Média e, em especial, no século XVII pelos defensores da monarquia absoluta.

Mas, é importante ressaltar que tal teoria também foi defendida pelos teóricos do Estado democrático, para quem "a voz do povo, é a voz de Deus", o que, de certa forma, impedia o livre desenvolvimento do direito da personalidade, como a liberdade de crença ou de pensamento e, em especial, o da opção sexual.

Já a segunda teoria fundamenta o poder de Estado em fatos históricos, segundo sua *tradição*. Assim, se alguém resistisse ao poder, estaria se colocando contra a autoridade da tradição, vista tanto sob o ângulo do monarca como sob o ponto de vista do indivíduo.

A terceira teoria fundamenta o poder em sua constituição voluntária, por meio de um contrato entre os integrantes de uma sociedade e o monarca. É a doutrina do contratualismo ou voluntarismo, aplaudida, mais propriamente, pelos defensores do Estado limitado.

Embora contratualista, Thomas Hobbes defendeu a soberania absoluta e ilimitada do Estado, na qual os seus integrantes, num estado natural, se despojam, voluntariamente, de seus direitos a favor do Estado civil. Concluído o acordo, eles a ele se submetem, o que, efetivamente, rompe com o livre exercício da personalidade.

Dentro destas categorias de teorias, verificamos que os direitos da personalidade foram melhor acolhidos na teoria voluntarista ou contratualista do poder, dentro de um Estado liberal – que pressupõe a existência dos direitos naturais e no qual a ordem do soberano pode ser considerada injusta e resistida –, democrático e com funções separadas.

Importante destaque merecem os principais filósofos da época, que procuraram justificar o Estado e dar-lhe um fundamento adequado, a ponto de se desenhar um Estado que efetivamente respeitasse o direito ao livre desenvolvimento da personalidade e não abusasse de sua força. Nesse sentido, quero crer que o regime constitucional de 1988 chegou bem próximo desse ideal.

O jurista calvinista Giovanni Althusius *(*chamado de *monarcomaci),* logo no início do século XVII (em 1603), lançou sua grandiosa obra – **Politica Methodice Digesta** – contra o Absolutismo, verificado principalmente no período das guerras religiosas ocorridas no final do século anterior.

Em sua obra – esquecida no final do século XVII, mas reativada no século XIX pelo jurista alemão Otto Von Gierke –, o escritor *monarcomaci* e jusnaturalista defende o Estado contratual, só que formado por meio de dois contratos: o *pactum societatis* (os indivíduos abandonam o seu estado natural, isolado, e eles próprios instituem um acordo de convivência pacífica) e o *pactum subiectionis* (a nação institui, agora, um poder coercitivo sobre si, para aquela convivência).

Firme em relação à teoria da soberania popular do poder, Althusius afirma que, dentro do segundo pacto, a sociedade civil apenas delega ou concede – e não transmite – o poder ao soberano, que deve exercê-lo dentro dos limites da convenção. Ela se desenvolve por meio de duas fases: a eleição (o soberano é eleito pelos éforos ou magistrados inferiores) e o compromisso (feito pelo povo, que deve obedecer ao soberano eleito, e por este, que deve obediência às leis humanas e divinas).

É radicalmente contra a tirania, tanto que dedica a ela um capítulo de sua obra. Isto revela sua preocupação com os direitos fundamentais do homem, tanto que entende ser lícita a resistência contra o tirano, direito esse exercido pelos éforos ou pelo povo, de forma coletiva. Mas, mesmo o indivíduo, isoladamente, pode exercer uma resistência, ainda que passiva ou por meio de uma legítima defesa contra atos do tirano.

Pouco tempo depois, durante a revolução inglesa – que surge com a reabertura do Parlamento inglês pela guerra civil (em 1640) e vai até a gloriosa revolução de 1688, passando pela ditadura de Cromwell e pela restauração monárquica dos Stuars – outros filósofos contratualistas se seguiram.

Thomas Hobbes (1588-1679), embora contratualista, defendia, em sua grandiosa obra de **Leviatã** (1651), a monarquia absoluta, certamente influenciado pelo fato de ter sido tutor do lorde Harwick e ter retornado à Inglaterra em 1637, época em que aquele país vivia a guerra civil entre os monarcas e os parlamentaristas protestantes. Aliás, em 1640, deixou a Inglaterra rumo à França, momento em que os monarquistas começavam a ser executados.

A teoria hobbesiana partia do princípio de que o homem, em seu estado natural, é mau e, por isso, vivia em constante medo; o homem era o lobo do homem *homo homini lupus*. Entre o medo recíproco e o medo imposto pelo soberano – aliás Hobbes dedica um capítulo ao estudo do medo – era preferível este último, de modo que a obediência ao soberano, oriunda de um contrato, constituía o Estado civil. Sendo o estado natural um estado de constantes guerras, o homem tendia ao instinto natural de sobrevivência, garantida pelo Estado civil, evitando-se guerras *bellum omnium contra omnes*.

Para tanto, ele deveria renunciar todos os seus direitos naturais e atribui-los, por meio de uma convenção, a um poder supremo. O homem adquiriria a segurança abdicando – e este era o preço da servidão – de seus direitos naturais em favor do soberano, circunstância teórica absolutamente desfavorável ao desenvolvimento do respeito à intimidade.

Muito embora a teoria de Hobbes tenha dado origem ao Estado como um ente jurídico formado por convenção de seus integrantes, ela deixou a desejar em relação aos direitos fundamentais do homem. Isto porque, para suprimir a anarquia, o homem deveria renunciar seus direitos naturais em favor do soberano, a quem deveria absoluto respeito, mesmo que injusto o comando, sem qualquer possibilidade de resistência. Havia, pois, renúncia do homem aos seus direitos naturais (ou fundamentais, na teoria contemporânea). Essa renúncia implicava o não conhecimento do direito à individualidade.

Mas devemos reconhecer a importância de seu legado, pois, consoante assevera Martyn Oliver[197],

> *a influência de Hobbes é tão poderosa que a teoria política ainda não conseguiu fugir da dicotomia anarquia/ordem, na qual se inseria sua justificativa do Estado. Até mesmo a tradição liberal que, exagerando, considera Estado como um mal a ser controlado, não consegue se livrar totalmente da idéia de que sem ele não poderia existir democracia. Numa época em que o poder das nações está sob constante ameaça e o estabelecimento de autoridades estatais internacionais apresenta uma situação nova, a receita de Hobbes é tão relevante quanto no passado.*

Já o jusnaturalista John Locke (1632 a 1704), em sua magnífica obra **O Segundo Tratado sobre o Governo Civil**, em 1690, formulou a mais completa ideologia de *Estado liberal*. Parte do princípio, assim como Hobbes, de que o homem, vivendo em estado natural, é o juiz de sua própria causa, donde esse estado se transforma em constantes guerras. Para deixar o estado de guerra, o homem, por convenção, cria o estado civil com a finalidade de preservar a vida.

Mas, diferente de Hobbes, Locke entende que a finalidade da criação do estado civil é, também, a proteção de outro direito que considera natural: o da *propriedade,* que surge, não da lei do Estado (HOBBES) nem de acordo entre os indivíduos (PUFFENDORF), mas de uma atividade pessoal de cada indivíduo: o *trabalho.*

Daí por que a relação propriedade-contrato ser o elemento fundamental na teoria do direito subjetivo, após o século XVIII; com a mão-de-obra, livremente alcançada, o homem poderia dela dispor – aspecto ínsito à propriedade – por meio do contrato.

Ao afirmar, outrossim, que cada um tem a propriedade de sua própria pessoa, John Locke atesta a existência natural dos direitos da personalidade, natureza essa defendida por nós. A vida e a propriedade são os direitos naturais ou fundamentais do homem, os quais, por isso mesmo, são irrenunciáveis.

---

[197] OLIVER, Martyn. **História Ilustrada da Filosofia**. 1. ed. Tradução de Adriana Toledo Piza. São Paulo: Manole, 1998. p. 69.

Ao contrário de Hobbes, Locke entende que, ao entrar no estado civil por meio da convenção, o homem não renuncia seus direitos naturais. Ele quer que o Estado (ente político) garanta seus direitos naturais, ainda melhor do que ocorria no estado natureza.

Desse sentir é o apostolado de Emmanuel Kant, que, aliás, inspirou-se em Locke para reforçar seu pensamento filosófico, que será o fundamento, para nós, de justificação a da essência do direito à individualidade frente ao Estado, embora, para alguns, seja Rousseau.

Se o estado civil é oriundo do consenso, ele é essencialmente limitado. A um, porque deve garantir a soberania dos direitos naturais, pois as leis da natureza constituem normas eternas para todos os homens. A dois, porquanto o consenso é conferido ao soberano sob a condição resolutiva de ele exercê-lo dentro dos limites previamente estabelecidos na convenção. A três, porque esse poder, constituído pela convenção, não pode ser delegado pelo soberano, já que o delegado nada delega. A quatro, pois se institui o direito à resistência à tirania.

Dentro dessa visão de garantia dos direitos naturais, o iluminismo propiciou o rompimento entre o Estado e a Igreja e, por isso, a partir da metade do século XVII, a conduta social se despreendeu dos comportamentos ditados pela Igreja, enfraquecendo-se as heresias e as inquisições. Desta forma, conquistada a liberdade de pensamento e crença, o prazer sexual, por exemplo, não foi mais visto como uma conduta herética ou criminosa. O 'afeto' passou a ser mais valorizado, aspecto inerente à construção do princípio do respeito à intimidade.

Por isso mesmo, por demais importante registrar o pensamento de Jean-Jacques Rousseau (1712-1778), o último jusnaturalista e que, segundo Hanna Arendt, foi o filósofo da concepção teórico-jurídica da intimidade. Ele não segue a visão de Locke, acerca do estado natural (onde o homem renúncia os seus direitos naturais, exceção feita à liberdade e à propriedade, em favor do soberano). Mas sim o pensamento de Hobbes, para quem o homem renuncia seus direitos naturais; contudo com uma fundamental diferença: para Rousseau, cada pessoa renuncia seus direitos naturais em favor de todos os outros da sociedade, e não do Estado.

Em outras palavras, o estado civil de Rousseau, diferente do de Hobbes, não é incompatível com a liberdade. Deve-se buscar uma solução conciliatória entre a liberdade, pressuposto fundamental do direito à intimidade, e o Estado. O resultado alcançado dá início ao fundamento do Estado democrático de Direito. O homem deve renunciar sua liberdade natural em favor de toda a comunidade, a fim de conquistar outra mais importante: *a liberdade civil* ou *a liberdade no estado* (o *pactum subiectonis* de Hobbes dá lugar ao *pactum societatis*), decorrente da vontade geral.

Assevera Rousseau, no capítulo VIII de sua grandiosa obra: "... *a liberdade consiste na obediência à lei que prescrevemos a nós mesmos*". Tem-se aí a constituição da liberdade civil e, diante dela, o homem continua livre pois é autônomo e a autonomia – diferente da heteronomia (princípio do estado autocrático) – é o princípio do estado democrático. Este aspecto tem relevante importância no estudo da autonomia privada, a par de ter influência no pensamento de Kant. Foi por esta razão que Rousseau, logo no início da obra **O Contrato Social**, afirmou que "*o homem nasceu livre e está acorrentado por toda a parte*", indicando o paradoxo da liberdade natural.

Por isso, esclarece Norberto Bobbio[198],

> *a diferença entre o estado liberal do tipo de Locke e o estado democrático pode ser reduzida, em última análise, a uma diferença entre duas concepções da liberdade: o liberal entende a liberdade como* **não impedimento**, *ou seja, como a faculdade de agir sem ser dificultado pelos outros, e cada um então tem liberdade tão maior quanto maior for o âmbito no qual pode mover-se sem encontrar obstáculos; o democrático, todavia, entende a liberdade como autonomia, e cada um então tem liberdade tão maior quanto mais a vontade de quem faz as leis se identificar com a vontade de quem deve obedecer essas leis (...) No primeiro, o problema fundamental da liberdade coincide com a salvaguarda da liberdade natural; no segundo, com a eliminação da liberdade natural, que é anárquica o problema está na sua transformação em liberdade civil, que é obediência à vontade geral (...) Liberdade não é desordem, mas a participação consciente e de acordo com a lei do Estado.*

Locke, claramente, antecipa as visões jurídicas sobre autonomia, como, por exemplo, a de que ela é preceptiva numa visão de "igual liberdade social".

Digno de nota, ainda, o pensamento do francês Voltaire (1694-1778), que desenvolveu todo um trabalho dirigido às infâmias praticadas na França em nome de Deus. Seus escritos atacavam a opressão religiosa e os abusos do poder. Tanto que, por diversas vezes, foi preso e colocado em liberdade com a condição de sair do país. Foi quando conheceu a Inglaterra.

Acreditava Voltaire que existia Deus, o qual, porém, jamais se revelou de forma sobrenatural e era pura criação da mente humana, razão pela qual criticava o dogmatismo religioso da época, quando se fortificou o *deísmo*. Também acreditava na força da razão humana, na trilha do caminho filosófico traçado por Aristóteles, só que expresso numa linguagem mais popular.

---

[198] BOBBIO, Norberto. Ob. cit., p. 48.

Por isso mesmo, afirma Vânia Siciliano Aieta[199], "*a concepção aristotélica propiciou meios para que, mais tarde, a necessidade de tutelar as esferas da intimidade do 'eu' e do 'outro' pudesse ser justificada pela ética do respeito e da tolerância, cujo baluarte foi Voltaire*".

Por conta desses ideais, afirmados por diversos filósofos iluministas, foi lançado a base do direito natural moderno, com destaque para a liberdade civil de Rousseau e para o Estado democrático. Otto Gierke, citado por Louis Dumont[200], em sua grandiosa obra **O Direito Natural e a Teoria da Sociedade**, deixou assentado o seguinte:

> *O Estado deixou de derivar como um todo parcial da harmonia decretada por Deus... Ele explica-se simplesmente por si mesmo. O ponto de partida da especulação já não é mais o conjunto da humanidade, mas o Estado soberano individual e auto-suficiente, e esse mesmo Estado individual alicerça-se na união, ordenada pelo direito natural, de homens individuais numa comunidade revestida de poder supremo.*

4.4 AS DECLARAÇÕES POLÍTICAS INTERNACIONAIS E OS FUNDAMENTOS DO DIREITO À INTIMIDADE

Os ideais liberais europeus, calcados na fundamentação do Estado civil pelo contrato social e no reconhecimento dos direitos naturais individuais, foram transportadas para a América do Norte pelos ingleses, por meio das diversas colônias inglesas ali existentes. Desta forma, em 12.06.1776, surgiu a Primeira Declaração da Colônia de Virgínia, que foi estendida para as demais colônias inglesas, nos Estados Unidos.

A declaração de Virgínia proclamava, em seu art. 1º,

> *que todos os homens são, por natureza, igualmente livres e independentes, e têm certos direitos inatos, dos quais, quando entram em estado de sociedade, não podem por qualquer acordo privar ou despojar seus pósteros que são: o gozo da vida e da liberdade com os meios de adquirir e de possuir a propriedade e de buscar e obter felicidade e segurança.*

Tem-se o início do processo de constitucionalização dos direitos fundamentais e dos direitos do Estado, primeiro passo para a confecção de um novo direito constitucional. Note-se que a Declaração de Virgínia reconheceu, por meio do consenso popular (e não dos que detinham *status*), a existência dos direitos naturais, com destaque para o direito à vida e à liber-

---

[199] AIETA, Vânia Siciliano. **A Garantia da Intimidade como Direito Fundamental**. Rio de Janeiro: Lumen Juris, 1999. p. 7.
[200] **O individualismo...**, p. 87.

dade, pressupostos para a aquisição de outros direitos fundamentais: a felicidade e a segurança (como foi, aliás, a revolução social democrática na Grécia antiga).

A constituição, em especial, do direito à liberdade foi o início do reconhecimento formal e social do direito ao respeito à individualidade, direito pessoal, próprio do homem, como sujeito de direitos e obrigações na ordem jurídica. Isto porque a liberdade de pensamento – e as demais daí decorrentes (crença, religião, intimidade, inviolabilidade de correspondência e do domicílio) – está intimamente ligada ao direito individual. Todos, a partir daí, podiam *optar* por esse ou aquele partido político, por essa ou aquela religião, por esse ou aquele relacionamento amoroso, de acordo com sua razão.

É bom lembrar que a Declaração de Virgínia teve por viga mestra importante documento já elaborado em 1647, denominado *pacto do povo*, firmado pelo pequeno partido inglês dos *niveladores*, durante a revolução inglesa, que expressava, naquela época, o projeto da futura constituição inglesa.

No preâmbulo do *pacto do povo* afirmava-se: "*nós, povo livre da Inglaterra... concordamos em oferecer segurança ao nosso governo, abolir qualquer poder arbitrário e colocar limites e impedimentos a qualquer autoridade*". Essa postura revelava o reconhecimento dos direitos da personalidade, pois se limitavam os poderes do soberano, que, por isso mesmo, não poderiam ser arbitrários.

O citado art. 1º ainda constituía o princípio do sufrágio universal a partir dos vinte e um anos. Qualquer pessoa (inclusive a mulher), obedecida a idade mínima, poderia, independentemente de *status*, votar e ser elegível. Tal dispositivo, essencialmente democrático, mereceu críticas do General Ireton, genro de Cromwell, que sustentava *não* haver direitos inatos referentes ao poder, mas somente aquele direitos reconhecidos pela constituição, numa visão estritamente legalista. Esqueceu-se, o Sr. General, que o poder só poderia decorrer do *consenso popular*, pressuposto básico do chamado *poder constituinte originário*.

Aliás, frise-se – apenas por amor ao estudo – que o art. 30 do *pacto do povo* instituía o controle da constitucionalidade, ao dispor que "*todas as leis feitas, no passado e no futuro, que sejam contrárias a qualquer parte deste Pacto, estão sujeitas a ser anuladas e destituídas de validade*". Esta disposição instituía, também, o remédio constitucional de garantia e proteção aos direitos consagrados na constituição, em especial o direito geral da personalidade: "*o direito de ter direitos*".

A Declaração dos Direitos do Estado de Virgínia foi de capital importância para a constituição da Declaração de Independência dos Estados

Unidos, de 04.07.1776. Este precioso documento, redigido por Thomas Jefferson (1743 a 1826), o autor intelectual da revolução americana, reconheceu os direitos naturais e fundamentais do homem como a liberdade, a igualdade, a felicidade e o consenso popular, dentro da visão essencialmente liberal democrática de Rousseau, voltada contra a política de decretos arbitrários do governo inglês.

É bom lembrar, porém, que os britânicos só foram derrotados pelos americanos em 1781, sob a liderança de *George Washington* e do *Congresso Continental*, que contou com a ajuda dos franceses, os quais, mais tarde, se tornariam livres dos alemães pelas mãos americanas (refiro-me à 2ª Guerra Mundial).

Importante destaque merece a seguinte passagem da Declaração de Independência Americana do Império Britânico (1776), fundada no pensamento iluminista:

> *Acreditamos que essas verdades são evidentes por si mesmas: que todos os homens foram criados iguais; que receberam de seu Criador certos Direitos inalienáveis, entre os quais o direito à vida, à liberdade e à busca da felicidade; que, sempre que uma forma de governo passar a agir de maneira destrutiva em relação a esses objetivos, é Direito do povo alterá-lo ou destruí-lo para instituir um novo governo, baseando seus fundamentos sobre tais princípios e organizando seus poderes da forma que lhes parecer melhor para a promoção de sua segurança e felicidade*[201].

Segundo Julius Stone, citado por Carlos Galves[202],

> *quando a declaração de independência declarou como coisa evidente serem os homens dotados com os direitos à vida, à liberdade e à busca da felicidade, assim como ficar o povo autorizado a substituir qualquer governo que atentasse contra esses direitos – ela marcou o início da carreira espetacular do* **Direito Natural no desenvolvimento do Direito Constitucional norte-americano**. (**Human Law and Human Justice**, p. 89)

Foram, pois, inseridos os princípios da liberdade, da igualdade e da proteção da pessoa humana ante a prepotência do Império, os quais, posteriormente, foram previstos na Constituição Federal americana de 1788. Encontramos ali um rol de direitos da personalidade, dos quais outros surgiriam, futuramente, positivados, muito embora estivessem subentendidos. Reconhecidamente, também a *França* teve um papel de destaque para a criação da

---

[201] *Apud* OLIVER, Martyn. *Op. cit.*, p. 95.
[202] GALVES, Carlos Nicolau. **Manual de Filosofia do Direito**. 2. ed. Rio de Janeiro: Forense, 1996. p. 208.

Declaração dos Direitos do Homem, cujos fundamentos, como vimos, foram extraídos da filosofia dos grandes pensadores iluministas Hobbes, Locke, Rousseau e Voltaire.

O Marquês de Lafayette, crente nos ideais liberais da época e tendo a oportunidade de recepcionar, em Paris, o então embaixador americano Thomas Jefferson, sofreu a influência iluminista da época, aplicando-a a seu país.

Com a derrubada da monarquia absolutista dos Bourbons – **A queda da Bastilha** – pela revolução de julho de 1789, a Assembléia Nacional, recém-fundada, instituiu o Estado Liberal com base no individualismo. Promulgou-se, no mesmo ano, no dia 26 de agosto, a Declaração dos Direitos do Homem e do Cidadão, orientada de acordo com os princípios político-filosóficos iluministas e instituídos pela revolução, o quais foram adotados pelas Constituições francesas de 1791, 1793 e de 1814[203].

Veja-se que o art. 1º da Declaração dos Direitos do Homem e do Cidadão de 1789 previa que "*os homens nascem e são livres e iguais em direitos*". E o art. 4º, que "*a liberdade consiste em poder fazer tudo aquilo que não prejudique outrem; assim, o exercício dos direitos naturais de cada homem não tem por limite senão o gozo dos mesmos direitos. Estes limites apenas podem ser determinados por lei*".

Daí por que, com toda a propriedade, afirmou Fábio Maria de Matia[204] que

> *a escola jusnaturalista e a Revolução francesa consagraram os direitos fundamentais e essenciais do indivíduo, sendo certo que o reconhecimento daqueles decorria do fato de sua condição de indivíduo. A Revolução Francesa (...) de 1789 reduziu tais direitos aos seguintes: igualdade, liberdade, segurança, propriedade e resistência à opressão. Os revolucionários de 1789 pretenderam, com a vigência desses direitos, liquidar o velho sistema feudal e abrir uma nova era para a humanidade. Esta caracterizar-se-ia pela liberdade e igualdade de todos os homens perante a lei.*

Sobre a Declaração francesa, René Ariel Dotti[205] afirma que ela, "*elaborada sob os auspícios do Direito Natural, representava como tema central o indivíduo reivindicando ao Estado a liberdade do ser e do agir*".

---

[203] Relembre-se o fato de que, em 1792, houve uma segunda revolução, liderada pelo patriota populista Maximilien Robespierre (1758-1794), que defendia a ideologia da soberania *popular absoluta* e, por isso, iniciou-se o período pós-revolucionário do *terror da revolução*, que culminou com a "guilhotinada" de Luís XIV, em 1793. O poder era tão absoluto nessa época que Luís XIV chegou a dizer que "*l'État c'est moi*" e, ao morrer, o seguinte: "espero que meu sangue garanta a *felicidade do povo francês*"!
[204] MATTIA, Fábio Maria. Direitos da Personalidade: aspectos gerais. **RF** 262/79.
[205] DOTTI, René Ariel. **Proteção da Vida Privada e Liberdade de Informação**. São Paulo: RT, 1980. p. 12

Ainda, a propósito, Alexis de Tocqueville[206] esclarece que a primeira fase da revolução francesa foi "*o tempo de juvenil entusiasmo, de orgulho, de paixões generosas e sinceras, tempo do qual, apesar de todos os erros, os homens iriam conservar eterna memória, e que, por muito tempo ainda, perturbará o sono dos que querem subjugar ou corromper os homens*".

É a partir desse momento de conquistas que a liberdade de pensamento e de expressão assume significativa importância, notadamente em relação a seu aspecto político. A propósito, a revista "Exame-Vip", de São Paulo, edição de dezembro de 1998, relata uma série de reportagens a respeito da queda de Napoleão Bonaparte, as quais, efetivamente, prestaram um verdadeiro serviço à democracia da época.

4.4.1 O período pós-revolucionário e a tirania instalada

Todavia, os franceses experimentaram, logo após as revoluções de 1789 e de 1792, um período, por incrível que pareça, de *monarquia institucionalizada*. Para alguns, como Martyn Oliver[207],

> *quando o espírito democrático é levado a sua conclusão lógica, o resultado é a tirania da maioria. Independente de sua causa, não há dúvida de que o terror foi conseqüência do período pós-revolucionário da França. Essa situação levou a especulações sobre se, em período de mudanças radicais, a necessidade de consolidar o poder pode tornar-se mais importante do que os princípios que procura promover.*

E o mesmo ocorreu na Inglaterra. Após a revolução Gloriosa de 1688, não se logrou controlar a tendência ao abuso do poder, consolidando-se, constitucionalmente – o que é pior –, a monarquia e, assim, o rompimento com a construção do direito à intimidade.

Bem a propósito, o genial inglês *Thomas Paine* (1737 a 1809), por meio das grandiosas obras **Commom Sense** e **The Rights of Mans** (1791) – que, em 1774, partiu para os Estados Unidos e influenciou a revolução americana, retornando em 1791 para a Inglaterra –, também defendia os ideais liberais democráticos como respeito e proteção aos direitos naturais do homem, inalienáveis e que deviam ser protegidos pelo Estado, considerado por ele um "mal necessário". No mesmo sentido era o pensamento do filósofo inglês William Godwin (1756-1836), cuja filha, liberal e democrática, foi autora do romance Frankenstein.

---

[206] TOCQUEVILLE, Alexis de. **O Antigo Regime e a Revolução**. Brasília: UnB, 1979. p. 72.
[207] *Op. cit.*, p. 93.

Sustentava Paine, citado por Pérez Luño[208], que "*são direitos naturais os que cabem ao Homem em virtude de sua existência. A esse gênero pertencem todos os direitos intelectuais, ou os direitos da mente, e também todos os direitos de agir como indivíduo para o próprio bem-estar e para a própria felicidade que não sejam lesivos aos direitos naturais dos outros*". Nesse sentido, o direito à intimidade deveria se desenvolver de forma natural, pessoal e livre, com o mínimo de obstáculos sociais e legais.

Mas, pouco depois da revolução inglesa, Paine afirmou, em sua obra *Commom Sense*, que apesar "*de termos sido suficientemente sábios para fechar as portas à monarquia absoluta, fomos tolos o bastante para colocar a coroa nas mãos de quem tinha as chaves*"[209].

Daí por que, quando os romanos quiseram fundar o seu Império, utilizaram-se da força para tanto; e o mesmo havia ocorrido com o gregos, logo após a revolução social que elegeu Sólon. Situação semelhante ocorreu em relação à afirmação dos Estados francês e inglês. Por conta das circunstâncias oriundas do sistema feudal, era preciso, para ser restabelecida a ordem em tempos de desordens sociais, a implantação de um governo forte.

Para tanto, o primeiro passo seria a unificação legislativa, em decorrência das várias leis e estruturas estatais surgidas no feudalismo, como as Ordenações francesas (do rei Francisco I) e as portuguesas (Afonsinas, Manoelinas e Filipinas), e o próprio Direito Canônico.

O final do século XVIII é marcado por uma severa luta pelo poder entre a Igreja e o Reino, em que pese o reconhecimento dos direitos naturais nas revoluções francesa e inglesa. Significativo o conflito entre Napoleão e o Papa Pio VII, o qual negava reconhecer o casamento civil e a prole daí oriunda sem a chancela da Igreja. O Direito canônico sempre considerou o casamento um rito sacramental, e não natural ou jurídico.

Tal fato repercutia no estado religioso dos filhos oriundos do casamento civil, pois, não sendo reconhecidos pela Igreja, os pais eram considerados pagãos e não podiam *batizar* seus filhos, ante a proibição do Cânon 750. Por via de consequência, os filhos nasciam e continuavam pagãos, muito embora nem vontade própria detinham.

O batismo é um instituto eclesiástico por demais importante, ainda que no âmbito psicológico, de entronização da pessoa na fé cristã, o qual, porém, constituía (e ainda constitui, pois muitos padres não batizam filhos de pais pagãos e divorciados, já que a Igreja Católica não reconhece o divórcio) gritante violação ao direito de respeito à intimidade religiosa.

---

[208] LUÑO, Antonio E. Pérez. **Derechos Humanos, Estado de Derecho y Constitución**. 5. ed. Madrid: Tecnos, 1995. p. 119.
[209] *Apud* OLIVER, Martyn. *Op. cit.*, p. 96.

É certo que a origem deste dispositivo canônico decorreu da *Inquisição*, que considerava *heresia* o fato de o pagão, em especial o judeu, não se converter para o catolicismo ou converter-se falsamente. Seja como for, o cânon sobrevive até hoje. É verdade que muitos padres não o consideram. Claúdio de Cicco[210] assevera a respeito, com brilhantismo, que

> *trata-se de uma situação "ardita", pois a verdade é que a criança não sabe o que está se passando, nem como seu "consentimento" está sendo dado para seu ingresso na igreja. Trata-se de uma ficção, de Direito Canônico, que sempre timbra em dar um caráter de liberdade a todos os atos de significação religiosa, para justificar o batismo com tenra idade, quando o que na realidade se tinha presente era o perigo de a pessoa não se tornar cristã, com o correr dos anos, nunca vindo a ser batizado, não ingressando na Igreja, e escapando a todas as regras que regiam uma sociedade oficialmente católica.*

Situações como essa é que permitiram o surgimento do *dogmatismo*, novo pensamento jurídico da época que estabelecia uma visão crítica aos digestos de Justiniano e que culminou com o surgimento, na França, do famoso Código Civil Napoleônico de 1804, mais um poderoso instrumento da soberania absoluta, agora, do Estado, que criara um sistema jurídico fechado em si mesmo.

Sim, porque os tipos civis ali previstos deveriam ser aplicados, até mesmo por analogia, mas com o intuito de não se furtar às regras estabelecidas, tanto assim que, por muito tempo, juízes franceses se recusaram a decidir por "falta de amparo legal". Para essa falta de amparo legal, criou-se o mecanismo da analogia, fechando, ainda mais, o sistema jurídico.

Com toda a propriedade, esclarece Felipe Fernández-Armesto[211] que

> *a razão atrai os intelectuais. Como o pensamento parece autônomo, livre – potencialmente, ao menos – de elementos externos à mente, atrai os individualistas: afinal, qualquer técnica de apuração da verdade que envolva sentimento, seja nas vísceras ou na ponta dos dedos, conta com algo disponível para ser sentido; e técnicas que dizem respeito ao consenso ou à autoridade fazem terríveis exigências de humildade para mentes soberanas. Como o pensamento tem uma reputação criativa – um poder de originar idéias, de postular objetos que não existiam antes – atrai **os amantes da força**. Não seria de surpreender, portanto, que a razão tenha tido seu momento de maior prestígio e aceitação no mundo ocidental dos séculos XVII e XVIII, em uma era de absolutismo e iluminismo.*

---

[210] *Op. cit.*, p. 51.
[211] *Op. cit.*, p. 136.

Seja como for, já advertia Thomas Paine[212], *"é impossível que os governos que existiram até agora no mundo tenham começado por outros meios que não a total violação de todos os princípios sagrados e morais"*.

4.4.2 Reações filosóficas à tirania da intelectualidade e a tentativa de reconhecimento concreto dos direitos naturais (Thomasius, Leibniz e Kant)

Cristiano Thomasius (1665 a 1728) é considerado por muitos o jusfilósofo que logrou estabelecer as pertinentes diferenças entre moral, direito e decoro, de modo a possibilitar o **resgate** aos direitos naturais, finalidade incorporada e que se tornou realidade com Leibniz (1646 a 1716).

Nesse sentido, as idéias lançadas, notadamente na obra **Fundamenta Iuris et Gentium** (1705), visaram combater a teoria da razão, base do positivismo jurídico. Assim, o Direito teria por fundamento o *justum*, enquanto que a Moral, o *honestum* e a Política, o *decorum*, valores que transcendem qualquer ordem positivada.

O postulado do "justo" se fundamenta no *"quod tibi non vis fieri, alteri ne feceris* (não deves fazer aos demais aquilo que não queres que eles façam a ti). Já o preceito da "honestidade" refere-se ao *"quod vis ut alii sibi fariant, tute tibi facies"* (podes fazer a ti o que quiseres que os demais façam a si mesmos). E o fundamento do "decoro": *"quod vis uti alii tibi fariant, tu ipsis facies* (faze aos demais o que quiseres que eles façam a ti).

Essa separação entre o *forum internum* (âmbito da Moral) e o *forum externum* (âmbito do Direito) decorreu do momento histórico em que se vivia. Veja-se que a humanidade estava bem próxima das principais revoluções iluministas. Sob esse aspecto, era imprescindível, para o êxito das novas ideologias, garantir a "liberdade de consciência" e a "liberdade religiosa", já que a Igreja também abarcara funções políticas. Essas "liberdades públicas" estariam sob o âmbito da Moral, e não da ação do Direito.

Na verdade, o foro das ideologias deveria ser garantido pelo Direito, e não controlado, ao ponto até de alguém ser punido por pensar de forma diferente do detentor do poder político. Daí por que Thomasius foi o pioneiro em insurgir-se contra o emprego de tortura, bem como contra a aplicação das penas capitais e infamantes.

Fundador da Escola Histórica do Direito, nos primeiros cinqüenta anos do século XVIII, Charles Louis de Secondat, mais conhecido por *Barão de Montesquieu* (1689 a 1755), e também Giambatista Vico (1668 a 1744)

---

[212] *Apud* OLIVER, Martyn. *Op. cit.*, p. 97.

desenvolveram uma linha filosófica que combateu o racionalismo e, portanto, a vontade racional produtora das regras de convivência social.

Tanto assim que, na sua grandiosa obra **De L'Espirit des Lois**, Montesquieu assevera que o valor "justiça" não pode se subordinar ao conteúdo da lei. Segundo ele, *"dizer que não há nada de justo nem de injusto senão o que as leis positivas ordenam ou proíbem, é dizer que antes de ser traçado o círculo todos os seus raios não eram iguais"*[213].

Além disso, toda e qualquer lei não pode ser produto apenas da vontade racional do legislador. Na verdade, o comando normativo encontra sua ressonância nos fenômenos sociais, naturais e culturais. Por isso mesmo, o Barão desenvolveu uma extensa abordagem sobre a Sociologia do Direito.

Bem ao contrário do que sustentavam os adeptos da Escola Clássica do Direito Natural – que apontavam a razão como a sua fonte –, Leibniz, discípulo de Descartes, preconizou que, na natureza, havia direitos inatos, do que, como se sabe, discordou John Locke com o seu *"sensismo"*.

Para sustentar a sua teoria de idéias e direitos inatos, Leibniz (1646 a 1716) procurou reaproximar Direito e Teologia em sua **Teodicéia**, tanto que, na sua obra **Monadologia**, afirmou que na ordem universal havia uma harmonia preestabelecida, inata, inerente à condição da essência divina. Note-se, de outra banda, que Hugo Grócio e Puffendorf procuraram separar o Direito da Teologia.

Seja como for, o fato é que o **jusnaturalismo** atingiu o seu apogeu no século XVIII, com a Declaração de Independência dos Estados Unidos da América e a Declaração dos Direitos da França, ao mesmo tempo em que influenciou as codificações da Áustria, da Prússia e a francesa.

E continua influenciando os sistemas jurídicos do ocidente, de forma geral. No Brasil, é histórica a influência do jusnaturalismo na Constituição de 1988. Em linhas gerais, principalmente com Rousseau, estabeleceram-se princípios que revelam a construção de um Direito Natural, baseado na razão, a partir de um direito inato, denominado "liberdade".

A racionalidade do Direito Natural, porém, marcou época com Emmanuel Kant (1724 a 1804), o qual, por sinal, é conhecido como o jusfilósofo que extinguiu a Escola Clássica e inaugurou a Escola do Direito Racional, dando início ao movimento filosófico chamado "criticismo kantiano".

Com o *criticismo,* Kant, baseado na *dúvida metódica* de Descartes, procurou temperar a temeridade do dogmatismo e o desespero do ceticismo. É certo que, inicialmente, Kant foi influenciado pelo dogmatismo de Wolff,

---

[213] **O Espírito das Leis**, L. 1, capítulo I.

mas, aos poucos, absorveu a doutrina empirista de David Hume, o qual, conforme confessou Kant, "despertou-o de seu sono dogmático".

Pai do equilíbrio, Kant, revigorando a doutrina *aristotélica*, procurou temperar, ainda, o racionalismo e o empirismo, com a construção de seu *"apriorismo"*. Segundo a doutrina apriorística, existem conhecimentos inatos, próprios da essência humana, como a liberdade, ou as noções de quantidade, qualidade, tempo e espaço, modo e relação.

Dentro dessa visão eqüitativa, Kant ainda propôs a doutrina do *"fenomenalismo"*, a qual procura conciliar os movimentos filosóficos do "realismo" (existência das coisas independentemente do ser cognoscente, que as capta como elas são) e do "idealismo" (onde tudo parte de nossa consciência, numa tese, antítese e síntese, como explicou Georg Wilhelm Friedrich Hegel).

No *fenomenalismo*, o ser conhece as coisas pela aparência. O conhecimento da coisa em si é inacessível à percepção. Daí a necessidade do intelecto, aspectos, aliás, bem semelhantes à teoria aristotélica do conhecimento e da psicologia. Por isso, criou os *"juízos analíticos"* e os *"juízos sintéticos"*.

Nos juízos analíticos, a propriedade enunciada integra a essência do ser; daí por que são juízos *a priori*, acessíveis ao conhecimento, independentemente da experiência. Os juízos sintéticos pressupõem o conhecimento empírico; são, pois, *a posteriori*. Apenas, é bom lembrar, que os juízos sintéticos, excepcionalmente, podem ser *a priori*, como ocorre com as noções formais da geometria e da matemática.

Na Ética, Kant inspirou-se nas concepções aristotélicas. Ao distinguir a Moral do Direito, dentro da visão de Cristiano Tomásio, afirmou que aquela decorre da prática do "bem", sem qualquer retorno; trata-se de uma ação positiva. No âmbito do Direito, a "liberdade"é o valor fundamental garantido a todos, de forma a se criarem condições de convivência entre o arbítrio individual e o social, harmonizando-se a lei universal da liberdade.

O princípio da liberdade foi erigido à categoria de direito inato, essencial e natural ao ser humano, independentemente de sua cor, raça ou credo. Foi por aí que o direito à intimidade seguiu o seu caminho, fundamentado na liberdade, ou seja, na liberdade de optar, de ser, de expressar e de pesquisar, de viver e de conviver.

Capítulo V

AS VERTENTES DO IDEALISMO E A FORMULAÇÃO DO DIREITO À INTIMIDADE

O século XVIII, a era das Luzes, exaltou a vontade humana. A exaltação desse poder humano advém, segundo Desné, citado por François Châtelet[214], do fato de que "*a segurança do filósofo é a segurança do burguês que deve a sua inteligência, ao seu espírito de iniciativa e de previdência, o lugar que tem na sociedade (...) A emancipação do homem, na qual Kant vê o traço distintivo do iluminismo, é a emancipação de uma classe, a burguesia, que atinge sua maioridade*".

Por conta do individualismo racional, fortalece-se, de um lado, o Estado, em especial o Estado totalitário, e de outro, o sistema legal (com o positivismo) fechado e individualista, com um sistema capitalista liberal, como meio de produção predominante, principalmente com o advento da máquina a vapor, o que provoca uma *revolução industrial*.

O fortalecimento da lei é tão grande que o contrato, por exemplo, é equiparado a uma lei – *pacta sunt servanda* –, o que provocaria, sob o manto protetor da lei, uma série de injustiças, como o trabalho do menor, da mulher, em condições insalubres, e as cláusulas leoninas.

E, o que é pior, instalou-se o sentimento judicial, principalmente nos Estados Unidos, de que as *trucks actis (as leis de proteção trabalhista)* deveriam ser consideradas inconstitucionais, por violarem o princípio de que o contrato faz lei entre as partes. Esta situação, especificamente, perdurou até o início do século XX (idos de 1920).

Ao concentrar as preocupações humanas do século XIX no desenvolvimento industrial e na aprovação de leis que garantissem esse desenvolvimento, vigiado pelo Estado, que necessita de mais poder para garantir o crescimento industrial – econômico, o homem acabou se esquecendo de seus direitos fundamentais, que haviam sido conquistados há pouco. Os holofotes

---

[214] CHÂTELET, François. **História da Filosofia**. (8 v.). Rio de Janeiro: Zahar, 1980. v. 4, p. 74.

do capitalismo e do desenvolvimento econômico ofuscaram o ser enquanto sujeito de direitos.

No final do século XVIII e início do séulo XIX, o alemão Immanuel Kant (1724 a 1804), ao criar suas principais obras **Crítica da razão pura** e **Crítica da razão prática**, antecipou uma série de aspectos que formaram toda a linha ideológica do Direito, numa tentativa de resgatar os direitos fundamentais expressos nas declarações iluministas.

Relembre-se que Kant pretendeu superar a dicotomia racional e empírica, justificando seu pensamento – o chamado *idealismo transcendental* – no sentido de que o conhecimento humano consta de juízos universais, bem como advém da experiência sensível, organizada por formas *a priori* da nossa sensibilidade.

O conhecimento *a priori* ou inato antecede a experiência e até escapa aos sentidos, pois decorre da própria substância do ser, de sua própria existência, como a *liberdade* em relação ao homem.

Nesse sentido, Kant inovou o pensamento moderno, ao afirmar que a realidade não é um dado externo ao intelecto a que devemos nos conformar, mas, sim, um elemento cognoscente interno que construímos em função daquilo que "aparece" – os *fenômenos*.

Claro que, em sua primeira obra, Kant acabou por criar a teoria do *agnosticismo* em relação às realidades metafísicas. Por isso mesmo, desenvolveu, na segunda obra, toda uma teoria sobre a *moralidade*, de onde deduziu, notadamente, a *liberdade humana*, além dos juízos da imortalidade da alma e da existência de Deus.

Sua teoria está ligada ao *idealismo transcendental* (todo conhecimento que trata de nossos conceitos *a priori* dos objetos), no qual nosso *espírito*, graças às estruturas humanas inatas, constrói a ordem universal.

Por demais importante seu pensamento, porque, se negarmos o conhecimento *a priori,* o homem jamais poderá ter certeza da verdade quando se deparar com ela. Ao revelar seu *imperativo moral*, Kant dá ênfase à liberdade e à dignidade do homem – princípios que justificam o direito à harmonia social, como veremos –, cujos postulados foram a causa da filosofia política do contemporâneo *Jürgens Habermas*.

Ao se analisar o pensamento de Kant, verifica-se a verdadeira importância da ideologia da *liberdade* e de sua amplitude especial, pela qual se percebe, claramente, que os direitos fundamentais nasceram dessa virtude inata da personalidade. De fato, sem liberdade não há vida digna, mas, sim, escravidão, restrição, desolação. O afeto e a tolerância sociais desaparecem.

Adverte, a propósito, Maria Berenice Dias que, "*ainda que se quisessem considerar indiferentes ao Direito os vínculos afetivos que aproxi-*

mam as pessoas, são eles que dão origem aos relacionamentos que geram as relações jurídicas e que fazem jus ao **status** de família"[215]. A afetividade, vista, por exemplo, na *affectio maritalis* ou na *affectio societatis*, decorre, em sua origem, da liberdade.

Quando a *natureza* liberta o *homem* de sua condição impúbere, ele adquire sua liberdade plena, com a possibilidade de caminhar com os seus próprios passos para a construção de uma vida feliz. Todavia, levada esta concepção a um círculo social maior, constata-se que os chamados *guardiões de bom grado* procuram se encarregar da tutela sensorial daqueles que foram libertados pela natureza.

A arte e o poder natural de pensar constituim relevante aspecto do direito justo. Ainda hoje derrama-se sangue para se conquistar a liberdade. Entretanto, alguns grupos que se dizem amantes da liberdade, procuram conquistar o apoio da massa popular, para atingir o poder e impor seus ideais, que nem sempre colidem com os anseios populares.

Kant procurou demonstrar, ao definir o que denominou *ilustração*, como uma sociedade, que desde o início é reduzida à tutela de seus guardiães por uma série de influências, permanece sob jugo, mesmo que estimulada por outros a se rebelar. Ela não consegue a ilustração, pela completa ausência de *liberdade*.

Quer me parecer que, fazendo alusão à ilustração, Kant revelou como a sociedade moderna permaneceria sob jugo dos poderosos, em especial do Estado, fato que inibiria a conquista plena da liberdade, impedindo, por via reflexa, o reconhecimento dos direitos da personalidade – em especial o da intimidade – ante as estruturas jurídicas milenares, como o Estado, a propriedade, o contrato e a família.

Bem a propósito, vale aqui lembrar que, sem a liberdade, a pessoa não pode exercer, com plenitude, sua própria intimidade. É o fenômeno da **desolação**, expressão utilizada pela filósofa judaica Hanna Arendt (g.n.).

5.1 O IDEALISMO HEGELIANO

Hegel, ao desenvolver sua teoria idealista – o chamado *idealismo hegeliano* –, afirmava que

> *o homem tem de viver em dois mundos que se contradizem (...). O espírito afirma o seu direito e a sua dignidade perante a anarquia e a brutalidade da natureza, à qual devolve a miséria e a violência que ela o faz experimentar. Mas esta divisão da vida e da consciência cria para a cultura*

---
[215] Ob. cit., p. 56.

moderna e para a sua compreensão a exigência de resolver uma tal contradição[216].

Para a solução da contradição, G. W. F. Hegel (1770 a 1831) cria uma *dialética* entre o real e a razão, ao afirmar que "*o real é o racional e o racional é o real*", para concluir que não pode haver um mundo objetivo sem que tenhamos a possibilidade de explicá-lo. Não se pode explicar as coisas sem considerar também suas relações, suas funções. Tudo gira em torno da *dialética* e a verdade se alcança pelo todo.

O processo dialético hegeliano tem muita influência no exercício pleno do direito à harmonia social. De um lado, verificamos, analisado o objeto em apreço, a liberdade individual – a força motriz da intimidade – e, de outro, a liberdade social, a qual, por vezes, não admite a expressão dos direitos fundamentais.

Assim, nenhum evento histórico encontra-se separado dos outros. E a história revelou, segundo Hegel, que teve influência kantiana, que o espírito da racionalidade é a *liberdade*, que se conquista pela própria natureza racional do homem, que a promove de acordo com os princípios de validade universal.

Interessante notar que *a dialética hegeliana*, surgida do pensamento kantiano, deu origem ao *Existencialismo*, movimento filosófico por meio do qual procuramos justificar a razão de ser da individualidade, ante as imposições externas. Nesse sentido confira-se Martyn Oliver[217].

Note-se, contudo, que Auguste Comte (1798 a 1857), considerado o pai do positivismo social, se aproveitou das idéias de Kant para, de modo contrário, formar sua sociedade positivista, baseada nos ideais da "ordem" e do "progresso", com absoluto rompimento com a filosofia. Por isso mesmo, García Morente considerou o positivismo como suicídio da filosofia!

5.2 O POSITIVISMO SOCIAL COMTIANO

Para Comte, o homem encontra-se submetido à consciência coletiva e não tem possibilidade de se utilizar da consciência individual para intervir nos fatos sociais. Por isso, considera imodificável a ordem social, assim como o é a ordem natural.

Aliás, Comte cria sua própria religião, que ainda hoje existe, para a sua sociedade. Porém, alerta o professor Verdenal, citado por François

---

[216] *Apud* ARANHA, Maria Lúcia Arruda. **Filosofando – Introdução à filosofia**. 2. ed. São Paulo: Moderna, 1999. p. 118.
[217] *Op. cit.*, p. 118.

Châtelet²¹⁸, "*o exame da religião positiva põe-nos, mais uma vez, diante das ambigüidades comtianas: trata-se de uma racionalização do sagrado ou de uma sacralização do racional?*".

Tudo isso para se alcançar a verdadeira "ordem" e o verdadeiro "progresso". Está perfeitamente claro que Comte procurou desenvolver uma ciência social positivista, visando a instalação do Estado ditatorial, o que, de fato, conseguiu, como, por exemplo, no Brasil, mesmo após a consolidação da república, com o conseqüente *militarismo* que se viu.

Segundo Verdenal, *apud* Châtelet²¹⁹, "*a idéia de ordem está ligada à idéia de hierarquia como sistema de subordinação rígida da parte ao todo, do inferior ao superior, do processo ao resultado, e isso dá a chave da famosa palavra de ordem: pelo progresso para a ordem*". É o cerne do Estado totalitário, criado no Brasil no regime militar, no qual os direitos pessoais foram sacrificados por muito tempo.

À toda evidência, o direito à intimidade foi relegado a um outro plano. O regime totalitário revela um sistema jurídico baseado, apenas, na força da lei. O Direito é reduzido à lei. É o retorno ao positivismo platônico, no qual se considerava jurídico apenas aquilo que estivesse na lei. Se as leis fossem justas, o direito poderia ser justo. Mas, se injustas, o direito nada poderia fazer.

5.3   O MATERIALISMO HISTÓRICO

Também foram contra o idealismo hegeliano, mas num sentido mais social que ditatorial, os filósofos Karl Marx (1818 a 1883) e Friedrich Engels (1820 a 1895), os quais, querendo romper com o liberalismo e o positivismo jurídico instalados na época, afirmavam que o espírito humano não conseguia explicar a vida social do século XIX; se, de um lado, houve um avanço técnico, de outro, o que se viu foi a escravização crescente da classe operária, que cada vez mais ficava empobrecida.

Assim, afirmava Marx que não era a consciência dos homens que determinava o seu ser, mas, sim, o seu 'ser social' que, de forma inversa, determinava a sua consciência. Daí por que Marx e Engels inverteram o idealismo dialético e criaram o *materialismo dialético*, no qual o mundo material precede ao mundo espiritual do homem e este mundo surge daquele.

O mundo material é a encarnação absoluta da consciência social, isto é, a matéria é um dado primário e é a fonte da consciência humana. A liberdade humana passa a ser restringida pelo ser social, de modo que a ação humana é determinada pelas condições materiais existentes.

---

²¹⁸ *Op. cit.*, v. 5, p. 229.
²¹⁹ *Op. cit.*, v. 4, p. 205.

O materialismo dialético leva em consideração os fenômenos materiais, que surgem por meio das transformações sociais – os *processos*. Não se negam as idéias do homem, mas é a própria estrutura material da sociedade que explica os pensamentos humanos.

Por isso mesmo, a dialética marxista prega que, no lugar dos grandes homens, deve haver a luta das classes sociais; no lugar das idéias, estão os fatos materiais ou sociais, o que, efetivamente, impede o livre exercício individual da pessoa.

No contato estabelecido entre os homens e a natureza, para transformá-la por meio do trabalho, visando à satisfação da vida, é que se descobre o correto modo de viver. Para se estudar a sociedade, não se pode partir do que os homens pensam ou imaginam, mas, sim, da forma como produzem os bens materiais necessários para a sua sobrevivência.

São as causas econômicas que dão origem ao Estado e ao Direito, daí a razão que levou Marx a afirmar que o Estado tem a finalidade de proteger a classe dominante (e na época – e ainda é – era a classe capitalista, aristocrata), para lhe possibilitar a exploração da classe operária.

Isto implica em dizer, como aliás o fizeram Marx e Engels, que "*Estado e Direito estão fadados a desaparecer da face da Terra*", caso desapareçam as causas econômicas da exploração do trabalhador pelo capitalista. É a revolução do proletariado, tanto que, segundo Marx, "*quem não trabalha não come*" e, trabalhando, cada um recebe conforme o seu produto; é a aplicação da "*justiça distributiva*" aristotélica.

Efetivamente, a doutrina marxista foi implantada, notadamente, com a revolução Comunista, no início do século passado, ocorrida na Rússia (1917), na China (1920), em Cuba, nas nações asiáticas e nas africanas marxistas. Todavia, colocada em prática, observou-se, muito ao contrário da doutrina, o fortalecimento do Estado e o ressurgimento do regime totalitário (como no absolutismo medieval).

A face obscura do marxismo é a ditadura, que impede a transformação democrática da sociedade, o regime ideal e justo das sociedades contemporâneas, principalmente em relação à dignidade do homem e, especialmente, ao direito à harmonia.

A ditadura marxista teve muita influência no Direito, tanto que Hans Kelsen[220] já afirmava que "*a teoria soviética jurídica se adapta, submissamente, a todas as mudanças políticas do Governo soviético*".

Instalado o comunismo, coube ao estadista Wladimir Lênin (1870 a 1924) conduzir, inicialmente, os rumos do novo Estado Soviético. Todavia,

---

[220] KELSEN, Hans. **Teoria Comunista del Derecho y del Estado**. 2. ed. Buenos Aires: Emece, 1958. p. 14.

uma primeira e relevante dificuldade se revelava: segundo a doutrina marxista, o Socialismo deveria ser implantado imediatamente. Mas como deveria ser implantado? Não haveria uma fase de transição do Capitalismo para o Socialismo? A doutrina nada esclarecia.

Além disso, pregava Marx que a revolução seria conduzida por todos os proletariados. Mas, não foi isto que ocorreu. Apenas um grupo de intelectuais participou da revolução, o que impediu o exercício pleno da liberdade e, por via reflexa, o da verdadeira justiça social.

E mais: segundo o marxismo, o Direito e o Estado desapareceriam; entretanto, o direito vigorava, com as adaptações necessárias. E o Estado surgiria mais forte. Talvez por isso, recentemente, o Estado soviético tenha se desmoronado, pois foi construído sem qualquer *'alicerce'* social. Hoje, por mais paradoxal que seja, a antiga URSS depende do Capitalismo!

Mesmo com o vigor e até mesmo com uma nova visão imprimida por Stalin (1879 a 1953), o marxismo foi, na verdade, sufocado. Contrariando Marx, Stalin reviu o pensamento marxista, partindo, porém, da própria valorização espiritual do ser humano.

Interessante verificar que, sofrendo influências da Guerra espanhola e da própria II Guerra Mundial, Stalin fortaleceu ainda mais o Estado soviético, cuja atuação totalitária incidia sobre a vida social e individual dos soviéticos, de modo a não lhes ser reconhecido os direitos fundamentais.

Tanto que Marx afirmava que as superestruturas não tinham qualquer influência sobre as infra-estruturas, pois destas surgiria a reforma proletária, que detinha a força econômica necessária para a transformação da sociedade.

Stalin, porém, *inovou*, afirmando que os elementos que constituem a superestrutura – como as novas ideologias, os partidos, as ciências –, se adiantados tecnologicamente, poderiam exercer influência sobre as infra-estruturas.

Por isso mesmo, Stalin, que dizia não ter inovado a doutrina de Marx – apenas efetuou um progresso –, governou com mão de ferro todos os círculos sociais. De forma implacável, acabou com toda a divergência política ou críticas a sua nova "filosofia", impedindo o exercício pleno da liberdade.

Considerava traidor e, portanto, criminoso, quem não pensasse e nem agisse de acordo com o seu marxismo revisto; o criminoso traidor era perseguido, processado, condenado, eliminado ou silenciado. Foi o que aconteceu com Eugênio Bronislavocich Pashukanis (1891 a 1937), que chegou a ser vice-Ministro da Justiça de Stalin, mas, por conta de sua adesão integral ao marxismo, poucos anos depois desapareceu misteriosamente.

O pensamento de Eugênio Bronislavocich, traduzido na obra **Teoria Geral do Direito e Marxismo**, de 1924, de grande repercussão na Rússia até hoje, obrigou o Governo russo, após os anos sessenta, a adotar uma doutrina oficial do Direito e do Estado, o que revela a instalação do *positivismo jurídico russo*, muito ao contrário do que sustentava Marx.

O direito positivo russo determinava, aliás conforme já preconizava Hans Kelsen, que o Estado faz o Direito conforme os seus interesses políticos, econômicos e sociais. Direito e Estado jamais devem desaparecer; muito ao contrário, devem se tornar cada vez mais fortes, a ponto de 'dominar' a sociedade e a vida individual.

Há quem diga, e dentre eles está Martyn Oliver, que *"grande parte da máquina do Estado e da ideologia coercitiva necessária para o stalinismo foram estabelecidas por Lênin antes que Stalin assumisse o poder"*[221].

Assim, doutrinariamente, o marxismo desejou extinguir o Direito e o Estado, por conta do excessivo império da lei e da tirania instalada pelo governo burguês[222]; porém, na realidade, a doutrina de Marx reforçou o Estado totalitário, forte, ditador e violador dos direitos fundamentais, em especial o direito ao respeito à intimidade.

Tanto assim que o jurista Eugênio B. Pashukanis afirmava que as relações entre o Estado e a sociedade eram disciplinadas segundo as conveniências estatais e sua discricionariedade. É a negação absoluta da existência dos direitos naturais, a mola propulsora do direito à intimidade.

5.4 O ANARQUISMO

Em contrapartida, o inglês William Godwin (1756 a 1836) desenvolveu a idéia, segundo Martyn Oliver, de que *"o governo é, sempre, um mal. Ele deve ser utilizado o menos possível. O homem é um ser cuja excelência depende de sua individualidade e cuja grandeza e sabedoria dependem diretamente de sua independência"*[223]. Foi por isso que Godwin foi considerado o filósofo do *anarquismo*, mas ferrenho defensor da liberdade individual, fundamento do instituto em análise.

Valorizava, por excelência, o ser humano individualmente, tanto que, para ele, conhecimento e razão deveriam, sempre, ser mais valorizados

---

[221] *Op. cit.*, p. 109.
[222] Aliás, após a Revolução Francesa, a França passou por um período de transição do Absolutismo para a Monarquia liberal (1788 a 1791). Entre 1791 a 1792, a França conheceu a República liberal. Em seguida, de 1793 a 1799, a França conheceu o despotismo jacobino e, com o golpe de Brumário, ressurgiu o Estado Totalitário (1800 a 1815).
[223] *Op. cit.*, p. 103.

que a lei. Godwin seguiu Rousseau ao criticar a teoria hobbesiana; mas daquele se distinguia, pois, para ele, não deveria existir governo.

O filósofo francês afirmava que caberia ao Estado garantir os direitos naturais do homem em sociedade; para o inglês Godwin, os direitos naturais tinham a sua existência própria, independentemente da existência do Estado.

O Anarquismo, que pretendia uma sociedade governada pela *autogestão*, por meio de um grande júri, teve muita influência na Guerra civil espanhola (1936 a 1939) contra a ditadura de Franco e o fascismo.

Aliás, o fascismo italiano do ditador Benito Mussolini encontrou, também, seu opositor na própria Itália. Trata-se do filósofo italiano Antonio Gramsci (1891 a 1937), que, em 1924, assumiu o Parlamento italiano, mas, em 1926, foi preso por Mussolini até a sua morte (por onze anos).

A prisão de Gramsci decorreu da ideologia que desenvolvera, no sentido de que a classe governante somente poderia se valer da *força* quando do domínio do poder, por um curto período de tempo, até o momento em que se conseguisse o consentimento popular das classes trabalhadoras.

Nesse sentido, Gramsci adotava o marxismo, mas dele se distinguia por entender que era muito mais fácil toda a sociedade pensar de forma coerente e unânime do que apenas um grupo de intelectuais agir daquela ou desta forma. Ele valorizava, ao contrário do marxismo, *os direitos naturais*, de modo a respeitar a individualidade humana.

Citado por Martyn Oliver, Gramsci entendia que *"uma estratégia política e econômica global, que deseje criar e assegurar o socialismo internacional, deve encontrar um ponto de contato com a vida cotidiana, simples, primitiva, banal e trivial; um ponto de contato com os desejos das grandes massas..."*[224]. É a valorização da vida privada das pessoas.

Outro italiano, socialista, que merece destaque e que teve especial atenção do insigne filósofo Cláudio de Cicco na obra **Uma Crítica Idealista ao Legalismo**, da editora Ícone, é Gioele Solari, nascido em 1872, aluno de *Giuseppe Carlele* e professor de *Norberto Bobbio*. Nessa época, já havia cessado o poder temporal dos Papas nos Estados Pontifícios.

Aliás, em 1848, surgiu na Itália movimento político visando a unificação da Itália e, em 1870, as tropas garibaldinas efetivamente conquistaram Roma. E o "Estado papal" extinguiu-se, quando a famosa Casa de Savóia foi reconhecida como soberana da Itália.

Ao desenvolver um estudo em Grócio sobre a influência religiosa no poder de Estado, Gioele Solari observou os momentos históricos da

---

[224] *Op. cit.*, p. 113.

época, esclarecendo que o século XIX ainda era marcado pelas guerras de religião, surgidas após a reforma luterana e calvinista, com o fim de que os súditos somente pudessem crer no "deus" do seu soberano – *cujus regio ejus religio*[225].

Sob este aspecto, Hugo Grócio levantou questão fundamental sobre a liberdade de crença e religião, aspecto exterior e relevante da vida íntima de um sujeito de direitos. O filósofo holandês questionou a possibilidade de o monarca ter poder sobre a *consciência individual*. Como se poderia respeitar a *esfera interior da consciência*, sem haver descumprimento do ordenamento jurídico estatal do rei?

É muito importante considerar que Grócio *revaloriza o direito natural*, ao afirmar que, acima do poder normativo estatal, existe um *direito de razão* aceitável na sociedade, denominado *direito natural racional*.

Claro está que Grócio justifica a autoridade suprema do soberano, mas, de outra banda, privilegia o exercício da função religiosa somente para os sacerdotes, de modo que Estado e Igreja resolvam suas questões separadamente, ambos convergindo, porém, para um mesmo sentido.

Assim, constata-se que Solari, ao valorizar Grócio, é um neo-estóico, que supera o *mecanicismo* e, ao lado de Rosmini, valoriza a contribuição pessoal do homem no processo de evolução social. Afasta-se da dialética marxista e do próprio liberalismo individualista de *Adam Smith*.

Gioele Solari aceita um *idealismo*, que parte da valorização individual – como o fizeram Platão, Agostinho e Rosmini –, *socialista*, no qual o homem só se realiza quando em coletividade, como o fizeram Aristóteles e São Tomás. Porém não é simpatizante de Hegel, pois acredita na coexistência da vida individual e corporativa, assim como Kant.

Claro está que a visão idealista de Solari, iniciada por Kant, surgiu em meio às contradições da Revolução Francesa. Basta lembrar que, no apogeu dos princípios da liberdade e da igualdade, o primeiro Cônsul francês proclamou, por *decreto*, o término da revolução!

A sociedade européia, nessa época, era formada por muitos aristocratas e monarcas, pessoas que detinham poder econômico e político e que tinham governado seus feudos de forma totalitária. Logo, era bem possível que esse sentido de governo fosse transmitido para o governo 'liberal'.

Tanto que a discussão, naquela época, recaía sobre qual pessoa poderia ser o "príncipe de Machiavelli". E para evitar o caos nas fábricas e indústrias da época e o conseqüente crescimento econômico, o Código Penal francês

---

[225] Por isso que na Alemanha prussiana só era admitido o Luteranismo; na República Teocrática de Genebra e na Holanda somente o Calvinismo; na Inglaterra, só o Anglicanismo; na Espanha, somente a religião católica. Na Escócia, o Presbiterianismo, tão-somente.

de 1810 definia como crime a reunião de pessoas, ainda que visando melhores salários; proibia-se, incrivelmente, a liberdade de associação.

Insta salientar que Solari dá muita importância a Kant, principalmente depois que *David Hume* o "despertou do sono dogmático". David Hume não admitia nenhum juízo universal, pois somente se conhecem dados isolados.

No intuito de salvar o sentido da razão e não menosprezar o ceticismo absoluto de David Hume, Kant construiu, partindo do conhecimento *a priori*, um sentido de conhecimento sintético fundamentado na unidade da percepção. Desejou Kant, e conseguiu, conciliar o conhecimento empírico e o racional.

A partir desta concepção, Kant fundamentou a moral na idéia de dever – o imperativo categórico –, conforme salienta Solari, citado por De Cicco[226]:

> o homem não está em condições de conhecer a causalidade do inteligível sobre o sensível, mas não há dúvida sobre a existência de leis morais que a sua consciência empírica se revelam como dado racional, ao qual deve conformar a conduta. Ora, na consciência do dever está implícita a consciência da liberdade: todo ser sabe que não pode agir de outro modo senão sobre a idéia de liberdade e, por isso, do ponto de vista prático, é realmente livre.

Aliás, é este imperativo transcendental – a idéia de liberdade – que nos fornecerá a razão de ser do Direito.

Daí por que Kant e Solari *resgatam o jusnaturalismo* e eram radicalmente contra qualquer forma de despotismo, fosse este de um rei, de uma nação, legítimo ou não. Segundo Cláudio de Cicco[227],

> em qualquer forma de despotismo via em Kant o predomínio do arbítrio da vontade particular de um só ou de um grupo, associado no seu particularismo e no seu subjetivismo. Particularmente severo, se mostra contra o despotismo na forma ética, iluminista, de sua pátria, como na forma racional, democrática de Rousseau. Por isto, Kant não aceitou a formulação de exigência igualitária implícita na doutrina de Rousseau, mas a sua posição não se pode chamar liberal no significado em que o liberalismo é entendido por Locke, por Montesquieu... O Estado kantiano é liberal no sentido de que ele surge pelo consenso para garantir a cada homem as condições exteriores de aplicação da atividade econômica e moral.

---

[226] CICCO, Cláudio de. **Uma Crítica Idealista ao Legalismo**. São Paulo: Ícone, 1995. p. 60.
[227] *Op. cit.*, p. 60.

A análise de Gioele Solari sobre os filósofos contratualistas bem responde à indagação acerca de quem teria sido beneficiado pela Revolução, cuja resposta servirá para justificar o surgimento dos Estados totalitários, paradoxalmente!

Se Rousseau justifica a liberdade civil pela vontade geral e esta é a vontade da maioria, como ficariam as minorias? Por isso que Kant admite a *desigualdade*, mas *proporcional* à condição peculiar de cada um. E o Estado deveria fornecer oportunidades para todos, que concorreriam entre si em busca do bem desejado.

A revolução francesa, porém, assevera De Cicco, foi a derrocada do iluminismo dos aristocratas; não sendo uma revolução popular, de massa, ela

> *consagrou uma aliança entre o ouro do capital e o dourado dos brasões. Com ela lucrou a alta burguesia, de que Kant se poderia chamar o fiel intérprete: 'como os revolucionários franceses, que declaravam que todos os homens eram iguais e livres, mas excluíam do direito de voto os **serviteurs à gages**, a inferioridade política da classe trabalhadora surgia necessariamente da concepção política do Rechsstaat (Estado de Direito) e foi Kant lógico ao afirmá-la*[228].

Tanto que o *liberalismo kantiano*, sob o prisma ético, afirma o indivíduo em sua liberdade própria, longe de qualquer servidão ideológica; sob o prisma econômico, a liberdade atua de forma negativa para se reconhecer os obstáculos que se opõem às conquistas; juridicamente, a liberdade individual é limitada em relação à dos outros e essa limitação é externa, pública, superior, feita pela lei.

5.5 O IDEALISMO JURÍDICO-SOCIAL E A DIGNIDADE DA PESSOA HUMANA

Gioele Solari, citado por De Cicco, acerca do *liberalismo* esclarece:

> *o Estado jurídico, ou seja, liberal no sentido kantiano, deve se constituir de modo a garantir a cada um de seus membros a liberdade como homem, a igualdade como súdito, a independência como cidadão. O Estado deve em primeiro lugar impedir que o homem sirva a outro homem, se torne, também só exteriormente, instrumento para fins de outrem. A escravidão, ainda em sua forma econômica, era por Kant implicitamente condenada. Isto não impedia que alguém se obrigasse com outrem, submetendo-se ao seu desejo, mas as obrigações deveriam ser livres, recíprocas e jamais lesivas à personalidade moral*[229].

---

[228] *Op. cit.*, p. 62.
[229] *Op. cit.*, p. 63.

Contudo, como Kant parece ter desenvolvido apenas uma igualdade formal – perante a lei –, verifica-se que Solari admirava mais a Rousseau e a Hanna Arendt. Seja como for, Solari critica o Estado de Direito liberal, para apoiar o Estado de Direito de Igualdade e Justiça Social.

Os ideais do Liberalismo não foram cumpridos; ao contrário, a partir do momento em que o sistema liberal é codificado, principalmente com o Código Civil francês de 1804, reforçam-se as desigualdades econômicas e legitimam-se classes sociais com base na posse e na herança.

O Código prussiano, de Frederico II, de 1794, porém, não foi tão liberal, mas muito mais nacionalista, por influência do sistema feudal alemão, conjugado com o Direito romano.

Por outro lado, a crítica ao positivismo jurídico é de cunho ontológico, ou seja, não se poderia fazer com o Direito o que se fez com as ciências da natureza. Não haveria possibilidade de se reduzir o cultural ao determinismo científico, pelas constantes transformações sociais que a cada dia surgiam.

Gioele Solari foi o único a reivindicar o "social" para o "idealismo", revela Cláudio de Cicco[230], o que, a nosso ver, teve influência nos pensamentos jurídicos dos principais filósofos contemporâneos, como Norberto Bobbio, Pietro Perlingiere, Miguel Reale e do próprio De Cicco.

A propósito, esclarece De Cicco que,

> sem ceder ao Estado-absoluto de Hegel, Solari não transfere, como o fez Comte (negando-se a si mesmo), para a Humanidade, (puro conceito abstrato) a primazia em seu sistema. Supera o positivismo comteano com seu argumento mesmo, valorizando o social (daí o adjetivo aposto ao substantivo 'Idealismo'), mas sem absolutismo, vendo muito mais a sociedade concreta e empiricamente organizada (...) como apenas uma fórmula de reação contra o predomínio do contratualismo racionalista, mas de modo algum cedendo o lugar ao papel preponderante da inteligência e vontade ordenadora do homem, criador da pólis grega, como do Direito e do Estado romano, como da estrutura feudal...[231].

O *idealismo social e jurídico* de Gioele Solari é constituído pela união fraternal do *historicismo* de Bendetto Croce e do pelo *atualismo* de *Giovanni Gentile*, correntes filosóficas que procuravam dar valor à dignidade humana individual e coletiva. Daí a razão pela qual um breve estudo deste pensamento expressivo da Era Contemporânea se faz necessário.

Muito embora Giovanni Gentile, o filósofo otimista e atual do *neo-hegelianismo,* tenha se comprometido com o fascismo, por conta de suas

---

[230] *Op. cit.*, p. 69.
[231] *Idem*, p. 69.

premissas históricas – *rinascimento, risorgimento, rinnovamento,* num paralelo com Machiavelli, Mazzini e Gioberti, para justificar uma Itália mais nacional do que romana –, na verdade, ele contribuiu, segundo Uberto Scarpelli[232], para uma *"filosofia subjetivista, individualística, que resolve no indivíduo e sua vontade os conceitos mesmos de vontade e de Estado".*

Esse aspecto em Gentile, aliado ao processo histórico de Croce – para quem a dialética de Hegel deve ser concreta, pois se resolve numa síntese também concreta, e não abstrata –, contribuiu para o desenvolvimento da filosofia de Solari e do idealismo social e jurídico.

Saliente-se que Croce expressa um dualismo permanente entre forças opostas, mas que, ao contrário de Hegel, resolve-se numa síntese das realidades, de modo que a história e a filosofia são sinônimas.

Gentile, porém, adota a posição crociana e vai além ao fazer a Filosofia coincidir com a História, pois o mundo é vontade individual e representação social simultâneas. Gentile não aceita a visão mecanicista de Croce, segundo a qual espaço e tempo na história são sempre relativos; aquele defende a idéia de que o passado só tem significado juntamente com o presente.

Tais pensamentos justificam, de forma oposta, a teoria do individualismo e do socialismo. Croce, atento para o seu idealismo dualista, numa perspectiva relativística e de cunho liberal, vê no Direito um "jogo de interesses individuais", bem próximo da teoria do direito subjetivo de Ihering, que se resolve por categorias próprias – a do direito subjetivo e a do direito objetivo –, num respeito mútuo, ou seja, numa síntese real.

Já Gentile, ao analisar a moral, concepção individualista e íntima, a vê como algo que se exterioriza pela vontade individual em consonância com a vontade coletiva do povo, na linha de pensamento de Rousseau e do próprio Solari. Na visão gentiliana, a lei é o limite para a liberdade e, portanto, para a individualidade do sujeito, enquanto originada de uma vontade social, representada pelo Estado, que garante aquela. O Estado existe pela manifestação do sujeito.

Daí por que Gioele Solari, seguindo Gentile, valoriza o sujeito do idealismo, mas deste discorda por fundamentar um Estado e uma sociedade de "espírito objetivo" (e não "subjetivo", como Gentile). Para Solari, o Estado, em sua existência objetiva e concreta, independe do indivíduo, que, por sua vez, independe da sociedade, de modo que subjetivamente se concebe o Estado como instrumento de realização dos fins sociais.

Por isso mesmo, o aspecto integrador da ética, o da realização da "igual dignidade social" e do utilitarismo moral são princípios que, como

---

[232] SCARPELLI, Uberto. **La Filosofia del Diritto di Gentile e de Critiche di Gioele Solari**. Turim: Giappichelli, 1954. p. 397.

veremos, dão suporte ao conceito jurídico contemporâneo de justiça social, na visão solariana.

Observa, com propriedade, Scarpelli[233] que "*a lógica interna de seu pensamento determina em Gentile uma certa insensibilidade com a liberdade e a justiça social e o leva a ter fé no progresso fundado sobre a atividade criadora do espírito individual*".

De Cicco[234], por sua vez, esclarece que Solari não concorda com a conjugação gentiliana entre Direito e Moral, campos diversos de estudo do comportamento humano, e "*não aceita que o Direito seja apenas emanação da vontade do sujeito e nada tenha a ver com a comunidade em que tal sujeito vive...*".

Daí se entender que Gentile, considerado – injustamente – o filósofo máximo do fascismo, tenha seguido a doutrina hegeliana de modo, porém, a combinar o subjetivismo da visão ideal alemã com a "*voluntas*" romana da tradição renascentista latina. A norma, então, dependeria do sujeito; a norma seria, considerada em si mesma, a emanação do "eu".

Contudo, a história revelou que o *atualismo gentiliano* converteu-se, parece-me que inadvertidamente, em *voluntarismo individualista*, abandonando-se o determinismo hegeliano; Estado e sociedade são apenas momentos de atualização do "eu", que cria em si e por si a ordem ética absoluta, diferente de Kant, o qual admitia uma ordem racional pela qual os homens criavam suas regras de conduta.

Seja como for, Giovanni Gentile prestou grande auxílio à tese de Mussolini, de que "tudo o que foi e é nacional é nosso", é fascismo, momento histórico de grande importância para a futura remodelagem formal do direito, principalmente no sentido da dignidade humana.

5.6 OS REGIMES TOTALITÁRIOS MODERNOS E O SER INDIVIDUAL

Interessante notar que, se de um lado, o ideal liberal do século XVIII propiciou o ressurgimento e o reconhecimento formal dos direitos fundamentais do homem, com exaltação da autonomia privada, de outro, porém, surgiu a necessidade de se estabelecer limites para a evolução humana, quer sob o aspecto econômico, quer sob os aspectos social e político.

Houve a necessidade de se revigorar um sistema – o constitucional – que pudesse, a um só tempo, garantir liberdade e resguardar outros direitos fundamentais, de modo a possibilitar a coexistência dos direitos (e não pro-

---

[233] *Op. cit.*, p. 398.
[234] *Op. cit.*, p. 130.

priamente sua restrição) de todos que integram uma sociedade organizada, inclusive o Estado e seus órgãos.

Surgiu, então, o Estado Constitucional Democrático de Direito, baseado no sistema contratualista. Ocorre que, paradoxalmente, esse tipo de Estado necessitou de muito nacionalismo para legitimar-se e, principalmente, solidificar-se. Percebe-se que o constitucionalismo é revigorado juntamente com o nacionalismo. As primeiras constituições, assim, são de índole individualista, como a Carta Constitucional de 1824, no *Brasil*.

O movimento nacionalista pregava a necessidade de os nacionais de um Estado doar-lhe suas riquezas, quer através do poder econômico, quer por meio da força de trabalho, a fim de se manter um forte sentimento de identidade, até mesmo o ponto de se tratar as demais nações como nações inferiores ou inimigas.

Bem interessante o ponto de vista de Louis Dumont[235], ao tecer um comentário sobre a tradução da obra de *Gierke* por *Ernest Barker* e a divergência havida entre a obra original e a tradução. Para Gierke, *"o olhar dirigido para o 'real' recusa reconhecer, na unidade de existência viva e permanente de um povo, mais do que uma aparência sem substância, e rejeita como ficção jurídica o fato de elevar essa unidade à categoria de uma pessoa"*.

Barker, todavia, numa nota, esclarece (*apud* DUMONT, mesma página) que

> *o leitor pode muito bem simpatizar com o "olhar dirigido para o real" e pode ser assim conduzido a duvidar de que o que Gierke chama a* **Daseinseinheit eines Volkes** *seja verdadeiramente uma substância no sentido de um ser ou de uma pessoa. Pode-se sustentar que a unidade de existência que se encontra num povo é a unidade do conteúdo comum de numerosos espíritos, ou de uma finalidade comum, mas não a unidade de um Ser de Grupo ou de uma pessoa coletiva.*

Conclui Dumont que a tradução de Barker foi publicada em 1934, ou seja, um ano após o aparecimento de Hitler, e pode-se pensar que suas reservas foram reforçadas pelos eventos contemporâneos!

Essa unidade de Ser de um grupo é que os governos totalitários, por conta do domínio e da expansão econômico-político, procuraram atingir, desenvolvendo, porém, um imperialismo obsessivo.

A obsessividade era tanta que levou o filósofo italiano Giuseppe Mazzini a revelar a falsa aparência positiva do nacionalismo; segundo ele, a cultura comum numa nação deve influenciar o progresso humano, em função da ideologia duradoura e fecunda revelada.

---

[235] *Op. cit.*, p. 77.

A ideologia da "purificação" social ganhou terríveis contornos *racionais* – o que é pior – na Alemanha de Hitler, na Rússia de Stalin ou na Itália de Mussolini, dentre outras nações, mutilando-se, sob o manto protetor da "purificação", os direitos fundamentais do Homem, em especial a liberdade individual.

Também contribuiu para essa ideologia o pensamento do alemão Karl Schmitt (1888 a 1985), nascido, aliás, um ano depois do Führer. Ele, fiel ao realismo – principalmente por ter presenciado os horrores da 1ª Guerra Mundial – reavaliou o conceito de Estado liberal democrático constitucional, defendendo a teoria nacionalista social.

Para Karl Schmitt, que se formou em Direito, a dialética entre amigos e inimigos era o ponto-chave da política. Para ele, a vida política tem por objetivo a definição racional de quem são os amigos e os inimigos, para se obter o controle dos escassos recursos econômicos.

Por isso mesmo, as questões da religião, da ética, da economia moral – nas quais nos deparamos com a individualdade do ser – resumiam-se, num eventual confronto de idéias, a critérios envolvendo a separação entre amigos e inimigos, sem qualquer exceção. Assim, os inimigos, para ele, eram destituídos de qualquer dignidade humana e, portanto, deveriam se destruídos.

Os ideais de justiça e da verdade jamais poderiam estar acima da *autoridade*, pois, caso estivessem, os conflitos seriam eternos. Sua teoria reascende o fenômeno do *Absolutismo*, agora como o nome do *Imperialismo*.

Fichte, considerado por muitos o filósofo da revolução Francesa, na verdade deve ser considerado o grande pensador do *nazismo* e construtor do *pangermanismo* (teoria que vincula o Estado à potencial vontade coletiva do povo), conforme esclarece o historiador Meinecke.

Interessante notar que Fichte, fiel ao princípio da igualdade, desenvolveu, porém, uma teoria diretamente ligada à hierarquia. Ligado a Kant e a Hegel, ele pertence a um pensamento *universalista*, diferente do *herderiano ou histórico (ou monádica)*, mas a um universalismo ligado à excelência do caráter alemão, da língua alemã, da cultura alemã, em especial do Direito Germânico, ao qual todos os povos deveriam estar submetidos.

Numa obra dedicada à exaltação da revolução Francesa – **Contribuições para a Retificação dos Juízos de Público sobre a Revolução Francesa (de 1793)**, Fichte desenvolve uma teoria *hierarquizante*, de acordo com a qual o Estado deve ser subordinado ao indivíduo, numa *interessante formação social de quatro círculos concêntricos*.

Segundo sua teoria, o individualismo (domínio de consciência) contém o domínio do direito natural, o qual contém o domínio dos contratos em geral (as relações jurídicas) e este o domínio do Estado, o que, certamente, contribuiu para a teoria dos círculos concêntricos da personalidade de Hubman.

É proposital a dialética em Fichte, mas diferente da em Hegel, o qual procura eliminar o aspecto hierárquico de sua teoria. Tanto que o fundamento de sua filosofia, na concepção paradoxal entre a hierarquia e o liberalismo encontrada em sua obra, é a dialética do "eu" e do "não-eu".

Explica Louis Dumont que, *"num primeiro nível, o Eu é indiferenciado, é o Eu absoluto; num segundo nível, o Eu postula em si mesmo o Não-Eu e, simultaneamente, situa-se em face do Não-Eu. Portanto, o Não-Eu está, de uma parte, no Eu e, de outra, é o seu oposto"*[236].

É certo que a concepção fichtiana formulou um conceito interessante do ser individual, partindo de um "eu" absoluto, senhor de seus atos, para, ao se relacionar em sociedade, postular o seu "não-eu". Mas, não é menos certo que, levada às últimas conseqüências, sua teoria justifica o imperialismo, pois *"nada de surpreendente, para ele, que um determinado povo oposto a outros, como o Eu ao Não-eu, encarne, numa dada época da humanidade, o Eu humano inteiro"*[237].

A igualdade defendida por Fichte era universal e, por isso mesmo, não admitia a dominação do homem pelo homem, mas preconizava a figura de uma autoridade, em função do princípio da hierarquia, que zelasse, igualitariamente, pela sociedade.

Daí o sentido tomado da obra de Fichte, segundo o qual, na sociedade francesa da época, a pessoa era homem por natureza e francês por acidente, e assim em relação aos demais povos. Todavia, do lado alemão, a pessoa era essencialmente alemã e homem devido a sua condição de alemão. O homem (alemão) era reconhecido de imediato como um ser social.

Assim,

> *os alemães, reconhecendo a individualidade de cada um, preocuparam-se em ordenar as nações na humanidade em função do valor delas ou de seu poderio. Observar-se-á que o velho etnocentrismo ou sociocentrismo que leva a exaltar os **nós** e a desprezar os **outros** sobrevive na era moderna, mas de maneira diferente: os alemães posavam e tentavam impor-se como superiores em sua qualidade de alemães, ao passo que os franceses só postulavam conscientemente a superioridade da cultura universalista, mas identificavam-se ingenuamente com ela, ao ponto de se tomarem por mestres-escolas do gênero humano*, salienta Louis Dumont[238].

---

[236] *Op. cit.*, p. 134.
[237] *Idem*, p. 136.
[238] *Op. cit.*, p. 139.

Defensor do regime nacional-socialismo, Hitler, em sua obra **Mein Kampf** ("Minha Luta"), analisada pelo já citado cientista político, opôs-se ao movimento marxista (o socialismo comunista), preconizando a idéia de que a luta das classes deveria ser substituída pela "luta das raças".

Era o socialismo nacional, que tinha a missão de combater a ordem econômica capitalista, erguida sobre a base individualista, numa continuação da guerra contra a "Entente Cordiale" (pacto de amizade anglo-francês de 1904), de modo a conduzir o povo alemão ao socialismo prático e ao retorno a suas melhores e mais nobres tradições.

Interessante notar que, nessa época, o discurso populista de Lênin, pregando a superioridade econômica russa sobre a comunidade burguesa ocidental, é defendido por Hitler, o qual, porém, utiliza-se desse forte instrumento de convencimento popular para impor seus ideais.

Assevera Louis Dumont que, naquela oportunidade, crescia

a pretensão da vontade de certos homens de fazerem a história e, para tanto, disporem do poder de manipular os homens. Isso começa à sombra de teorias ambiciosas, ao abrigo de desígnios em certo grau humanitários e, libertando-se aos poucos de todo e qualquer constrangimento, culminará no serviço da vontade do poder de um grupo determinado, ou de um homem...[239].

O Direito, como um todo, foi reduzido ao *velle* (vontade do legislador), dando-se ênfase, porém, ao *agere* (vivência histórica). O primeiro aspecto, aliado ao segundo, justificou o imperialismo, como forma de garantir uma vida melhor para os povos, exatamente aquilo que a burguesia ocidental não havia conseguido. Apenas verificam-se, nessa oportunidade, num momento histórico dramático, nefastas violações aos direitos da personalidade, legislando-se sob a forma do "*velle-agere*", pela qual se ergueu o "princípio do chefe" (*Führerprinzip*) sobre a base do "espírito do povo" (*Volksgeist*), num sentido imperial-positivista.

Bem a propósito, Michel Villey[240] esclareceu que

o positivismo jurídico exacerbou-se e despojou-se daquele parapeito salutar que constituía, em Guilherme de Ocam, a autoridade preponderante das leis positivas divinas. A lei humana da consciência, colocada em seu lugar por Hobbes ou Locke sob o nome de lei natural (moral), é demasiado frouxa e inconsistente, demasiado vazia de conteúdo jurídico, para constituir uma barreira igualmente eficaz. O positivismo jurídico quis

---

[239] *Op. cit.*, p. 144.
[240] VILLEY, Michel. **La Formation de la Pensée Juridique Moderne**. Paris: Les Éditions Montchrestien, 1968. p. 269.

*fundar todo o direito apenas sobre a vontade **dos homens**. Sabemos aonde, pelo menos logicamente, esta via conduz: às ficções do contrato social, à idolatria coletiva da opinião contemporânea por uma "democracia" mística, finalmente à ditadura da força e do arbitrário; ao estatismo, ao império absoluto, sobre o direito, do poder constituído.*

O imperialismo de Hitler tinha uma vertente significativa, e que nos interessa de perto, ligada a uma ideologia anti-semítica, pela qual o homem político deve evitar o campo da religião. Diferente dos demais nazistas, o anti-semitismo de Hitler, porém, era racial, constituindo, para ele, uma verdadeira doutrina positiva.

Esclarece Louis Dumont que, para Hitler,

a raça judia é a personificação do mal, a causa que desde Moisés intervém sempre de novo para provocar o desvio do curso normal das coisas, o fator antinatural na história. Portanto, basta intervir – é o aspecto "positivo" – para que as coisas retornem a seu curso natural. Além disso, encontra-se assim uma causa única por trás de todos os males e todos os inimigos contemporâneos: marxismo, capitalismo, democracia formal, cristianismo. Esse ponto de vista harmoniza-se perfeitamente com o que Nolte chama do caráter infantil e monomaníaco do próprio Hitler...[241],

o qual, aliás, achava que os judeus pretendiam organizar um movimento semelhante e das mesmas proporções que o seu.

Num dos capítulos de sua obra – **O povo e a raça** –, Hitler colocou um retrato contrastado do Ariano (considerado o criador de toda a civilização) e do Judeu, concluindo que todos os problemas daquele provieram deste e do não-reconhecimento dessa questão.

Conhecem-se os ataques do Führer à democracia formal e ao parlamentarismo, formas impotentes de poder, bem como ao marxismo. Segundo ele, a igualdade é uma arma judaica para a destruição de um sistema político, pois os judeus são responsáveis pelo capitalismo perverso, como a transformação da terra em mercadoria, bem como pelo egocentrismo, os grandes males da sociedade moderna.

Por outro lado, seu sistema político está ligado à honra e à fidelidade – "minha honra chama-se fidelidade" –, bem como ao princípio aristocrático natural, bem próximo do darwinismo social, pelo qual o forte prevalece sobre o fraco.

Ao lado dessa visão holista de Hitler é imperioso notar, para um bom desenvolvimento científico de nossa pesquisa, que há a outra visão, a

---

[241] *Op. cit.*, p. 155.

individualista, mais obscura, mas tratada por Louis Dumont, e que tem reflexo em nosso trabalho. Disto resulta o pensamento político de Hitler: holista-individual ariano, que acarretou uma série inesquecível de horrores humanos.

      Hitler sempre foi desconfiado e, por isso mesmo, exaltou o pensamento de Friedrich Wilhelm Nietzsche (1844 a 1890), o qual foi conhecido como o "apóstolo da dúvida". Aliás, para *Nietzche*, criador do ceticismo filosófico, não havia verdade fundamental – moral ou natural científica – a conduzir nossa existência; as poucas referências às verdades decorriam da necessidade cultural da convivência social.

      Tudo deve girar em torno da vontade, o poder de superar a moralidade e o sofrimento dos outros[242]. Daí a sua profecia, na obra **Assim Falou Zaratustra** (de 1883), de que *"deus morreu"*, querendo dizer que a moralidade do escravo, na cultura burguesa européia, iria morrer, como, de fato, desejou Hitler.

      Por isso mesmo, o imperialista alemão desconfiava das ideologias, pois elas poderiam influenciar sua doutrina positivista de submeter a massa à força. Numa 'coisa' ele acreditava: a luta. Segundo ele,

> *a idéia do combate é tão antiga quanto a própria vida, pois a vida perpetua-se graças à morte em combate de outros seres vivos... Nesse combate, os mais fortes e os mais hábeis levam a melhor sobre os mais fracos e os mais ineptos. A luta é a mãe de todas as coisas. Não é em virtude dos princípios de humanidade que o homem pode viver ou manter-se acima do mundo animal, mas unicamente pela luta mais brutal...*[243].

      Mas essa luta deveria ser atingida por meio da legitimidade, que pressupunha a observância das leis alemãs; daí sua primeira ação, em 1933, de forma camuflada, foi a de atear fogo no *Reichstag*, para o fim de expulsar os comunistas do cenário político alemão, com quem, inicialmente, se aliara. Foi uma de suas várias ações estratégicas e clandestinas, que lhe propiciaram muitas vitórias.

---

[242] Bem a propósito, Nietzsche asseverava não existir verdade moral, de modo que não poderia existir o "bem" e o "mal". A luta do "bem" sobre o "mal" constitui um grande erro, pois torna o homem "escravo da moralidade", em detrimento do instinto da conquista, da aventura, da liderança, do conhecimento. Para ele, o Cristianismo dominou o coração do homem, negando-lhe os valores do sucesso. Em suas obras, ele clamava pelas virtudes da ira e da vingança, da purificação da raça humana, pelo extermínio das pessoas inferiores e do Cristianismo, com uma ética voltada para a força como razão. Morreu doente e só, mas sua obra teve profundo impacto na doutrina existencialista de Sartre, neste século, como veremos no próximo capítulo, bem como no pensamento pós-moderno dos anos 90, que aprofundou as idéias destrutivas de Nietzsche relacionadas aos valores dominantes de nossa existência.

[243] *Apud* DUMONT, Louis. *Op. cit.*, p. 165.

Entretanto, a reprovação da ordem universal revela a existência de um pacto sobre valores, dirigido ao homem, a razão de ser de nossa existência, ao qual está subordinado o poder político. A essência da vida humana não é uma luta brutal de todos contra todos, mas, sim, a procura (e não luta) do caminho da paz e da felicidade, pela liberdade, o fundamental direito natural do homem, negado pela doutrina positivista.

É certo que a negação do Direito natural atingiu seu apogeu no positivismo jurídico, que dominou o cenário político-social desde a primeira metade do século XIX até o fim da Segunda Guerra Mundial (1945). O Direito Natural, notadamente o direito de liberdade de pensamento e de imprensa, não passava de mero direito público subjetivo, de natureza preceptiva, denominado, aliás, pelo papa Pio VI como "direito monstruoso".

Monstruosa foi, na verdade, a política tirana desenvolvida por Hitler e Stalin, como bem retratou a filósofa alemã, mas de família judia, Hannah Arendt, a qual conviveu com os horrores da época. Foi exilada em Paris e depois Nova Iorque, após a assunção de Hitler ao poder em 1933, pois pregava o dom da liberdade, na visão nostálgica de Platão.

Hannah Arendt, em sua grandiosa obra **As Origens do Totalitarismo**, afirmava que a Revolução Industrial e a expansão econômica criaram uma sociedade de massa, também mecanizada e, por isso mesmo, politicamente inativa; portanto, facilmente dominável pelo poder imperialista da época.

A brutalidade do regime nazista foi investigada por Hannah Arendt, em sua obra **Eichmann em Jerusalém**. Nela afirmou não entender que pessoas, absolutamente normais, pudessem participar das gritantes violações aos direitos da personalidade. Eichmann, em seu julgamento, alegou estar cumprindo a lei, dever de um cidadão responsável; afinal, Direito, dentro da visão hitlerista positivista, antijusnaturalista, era o cumprimento da lei alemã, sem qualquer valor da pessoa humana como "valor-fonte" da vida em sociedade.

Pondera, bem a propósito, Celso Lafer [244] que

> é isto precisamente o que ocorre com o totalitarismo no poder, que considera que os seres humanos são e devem ser vistos como supérfluos e descartáveis, daí advindo, na análise de Hannah Arendt, a ruptura com a tradição. Dessa ruptura se dá conta explicitamente Perelman, ao discutir como o nazismo colocou, para a Filosofia do Direito, o problema de um Estado criminoso que positiva leis cujos fins são patentemente injustos. Aponta ele, neste sentido, que a nova retórica, da qual é um dos expoen-

---

[244] LAFER, Celso. **A Reconstrução dos Direitos Humanos. Um Diálogo com o Pensamento de Hannah Arendt**. 3. ed. São Paulo: Companhia das Letras, 1999. p. 283.

*tes, é uma resposta do pensamento jurídico do segundo pós-guerra a este problema, através da revalorização da concepção de Aristóteles, pois esta enseja a busca de princípios gerais, servindo os **topoi** – que são o comum do Direito da Política – como fórmula de procura desses princípios gerais que transcendem o Direito Positivo.*

Importante crítica, outrossim, feita por Hannah Arendt, é a que diz respeito a outra faceta dominativa do totalitarismo: a "desolação", que impede a privacidade e conseqüentemente a intimidade, reflexo do ser individual livre.

Segundo o insigne jurista Celso Lafer,

*a desolação faz desaparecer a intimidade, que é, para ela, essencialmente uma descoberta positiva e importante do mundo moderno. A desolação, além do mais, é um óbice à **vita contemplativa**, pois nela não se dá o estar-só ensejador do diálogo socrático do eu consigo mesmo, que explica a frase atribuída a Catão por Cícero: **nunquam minus solum esse quam cum solus esset**. De fato, na desolação a pessoa está sozinha, porque, não tendo mais identidade, não consegue fazer-se companhia na solidão. É, portanto, aquela situação em que (...) eu estou em falta comigo mesmo e não tenho tranqüilidade para pensar, e o pensamento, para ela, ao questionar prejulgamentos, torna possível uma autêntica **vita activa**. Para esta situação, que não abre espaço para **The Life of the Mind**, o totalitarismo concorre poderosamente, através da propaganda e da ideologia instrumentalizadas pelo terror, ao prender as pessoas do mundo das aparências e ao agudizar, através da atomização do indivíduo na massa, o estar sozinho da desolação*[245].

Daí o importante elo de ligação entre o direito à intimidade e a liberdade – em especial, a liberdade de pensamento, crença e religião –, como direito inato e essencial à existência do homem em sua individualidade e na sociedade, numa visão a ser exposta no capítulo seguinte, ontológica da vida íntima, que guarda estreita relação com o jusnaturalismo moderno.

Por isso mesmo, observa Norberto Bobbio[246] que,

apesar da crítica antijusnaturalista, as proclamações dos direitos do homem e do cidadão não só não desapareceram, mesmo na era do positivismo jurídico, como ainda continuaram a se enriquecer com exigências sempre novas, até chegarem a englobar os direitos sociais e a fragmentar o homem abstrato em todas as suas possíveis especificações, de homem e mulher, criança e velho, sadio e doente, dando lugar a uma proliferação de cartas de direitos, que fazem parecer estreita e inteiramente inadequa-

---

[245] *Op. cit.*, p. 239.
[246] BOBBIO, Norberto. **A Era dos Direitos**. Tradução de Carlos Nélson Coutinho. Rio de Janeiro: Campus, 1992. p. 127.

da a afirmação dos quatro direitos da Declaração de 1789 – justiça, fraternidade, igualdade e liberdade.

Mesmo assim, digno de nota a observação feita pelo filósofo contemporâneo Jürgen Habermas, em seu artigo "*Modernity versus Postmodernity*", escrito em 1981, segundo o qual "*o projeto da modernidade ainda não foi cumprido*"[247]. Segundo Habermas, as comunidades sociais são estruturadas e motivadas a dominarem o mundo em nome do interesse particular, próprio de cada grupo social. Ao se buscar uma forma *individualista* mais bem-sucedida de organização social, acaba-se desconsiderando os valores metaindividuais.

Ao explicar a teoria de Habbermas, Martyn Oliver[248] esclarece que

> *os valores religiosos, por exemplo, que já ajudaram a unir nossas vidas, devem ser abandonados em nome da luta por interesses individuais maiores. Na época do Iluminismo, valia a pena pagar tal preço, pois o resultado era o abandono da superstição e da crença religiosa a fim de abrir caminho para as instituições políticas que atendiam a uma diversidade maior de opiniões. Contudo, logo ficamos com poucos valores universais que possam fornecer uma base para a ação e melhorar o bem-estar e a compreensão social.*

Daí Habermas sugerir uma "teoria da ação comunicativa", composta de valores universais e duradouros, por meio da qual consigamos um acordo de amplo alcance, com respeito à identidade pessoal e, assim, ao direito à intimidade, o que, invariavelmente, se reflete no jusnaturalismo, dessa feita renovado, para o fim de ser cumprido.

Observa-se aí a nítida distinção que se deve manter entre a vida pública e a vida privada, conforme salienta Hannah Arendt em **Public Rights and Private Interests** e que Celso Lafer esclarece ser "*um dos sérios problemas que avassala o Direito contemporâneo, proveniente do conhecido fenômeno da publicização do Direito Privado e da privatização do Direito Público, pois este fenômeno leva à identificação e não à diferenciação entre a esfera do público e do privado*"[249].

Mostra-se relevante o retorno ao pensamento clássico grego do *idion* – aquilo que é pessoal, próprio –, sem nos esquecermos da importância dos direitos humanos na vida pública – o *koinón*. Parece-me viável a conjugação das duas esferas da ação humana, sem a perda da identidade de cada uma, "*para se evitar um novo estado de natureza totalitário*", arremata Lafer[250].

---

[247] *Apud* OLIVER, Martyn. *Op. cit.*, p. 168-169.
[248] *Idem*, p. 169.
[249] *Op. cit.*, p. 237-238.
[250] *Idem, ibidem*, p. 238.

5.7 AS DECLARAÇÕES UNIVERSAIS CONTEMPORÂNEAS DE PROTEÇÃO AOS DIREITOS FUNDAMENTAIS E A DEFINIÇÃO DO DIREITO À INTIMIDADE

O preâmbulo do Estatuto das Nações Unidas, surgido após os horrores da Segunda Guerra Mundial, fez menção à proteção dos *direitos do homem* fora e acima dos Estados, de modo que o ser humano passou a ser considerado sujeito de direitos internacionais, adquirindo uma nova cidadania, a "cidadania mundial" (não mais nacional). Mais que isso, constatou-se a revalorização e o ressurgimento do Direito Natural Universal.

Como tal, pôde-se exigir o respeito do Estado pelos direitos fundamentais. É o que Kant denominou de o "direito cosmopolita" em *A Paz Perpétua*, ou seja, o direito natural a se ter direitos de todos os cidadãos e de diversos Estados entre si. Em outras palavras, a liberdade de ter direitos, supondo-se ser ela um direito inato (o direito a ter direitos).

Por isso, já dizia Schopenhauer haver só duas formas de libertação da vontade, parte integrante de nossa individualidade: uma, pelas artes; a outra, pela ascese ou renúncia, pois cristãos ou budistas, sob o manto da liberdade de religião, apenas anulavam a vontade, aspecto comum a essas religiões ou a quaisquer outras. Na maioria das vezes, foi pela renúncia armada que se conquistou a liberdade, pressuposto básico e fundamental do ser individual.

Assim surgiu a mais famosa Declaração Universal dos Direitos do Homem, proclamada pelos Estados que a firmaram, em 10.12.1948 e votada pela Assembléia Geral da Organização das Nações Unidas (ONU), em 19.02.1949.

Ela consagrou, dentre outros, o direito à liberdade, à dignidade e à fraternidade da pessoa humana; o direito à igualdade formal, bem como o direito à vida, e o direito à inviolabilidade do domicílio, da correspondência, da vida em família e da vida privada.

É a primeira vez que um documento jurídico faz alusão à proteção da vida privada e, assim, à proteção da individualidade de cada pessoa. Em 04.11.1950, foi promulgada a Convenção Européia dos Direitos do Homem e das Liberdades Fundamentais, na linha filosófica traçada pela Declaração global, com inclusão do direito ao respeito à intimidade.

A Declaração Universal preocupou-se, essencialmente, assevera Celso Ribeiro Bastos[251], com

---

[251] BASTOS, Celso Ribeiro. **Curso de Direito Constitucional**. 17. ed. São Paulo: Saraiva, 1996. p. 160.

quatro ordens de direitos individuais. Logo de início, são proclamados os direitos pessoais do indivíduo: o direito à vida, à liberdade e à segurança. Num segundo grupo encontram-se expostos os direitos do indivíduo em face das coletividades: direito à nacionalidade, direito de asilo para todo aquele perseguido (salvo os casos de crime comum), direito de livre circulação e de residência, tanto no interior como no exterior e, finalmente, direito de propriedade. Num outro grupo, são tratadas as liberdades públicas e os direitos públicos: liberdade de pensamento, de consciência e religião, de opinião e de expressão, de reunião e de associação... Num quarto grupo figuram os direitos econômicos e sociais: direito ao trabalho, à sindicalização, ao repouso e à educação.

Todas essas categorias de direitos fundamentais decorreram de uma resposta aos horrores cometidos pelos regimes totalitários deste século (nazismo, fascismo e stalinismo, dentre outros), regimes absolutamente viciados, como já proclamava Aristóteles.

A propósito, esclarece Flávia Piovesan[252], "*em face do regime de terror, passa imperar a lógica da destruição, na qual as pessoas são consideradas descartáveis, em razão da não-pertinência a determinada raça: a chamada raça ariana*", que provocava o conhecido fenômeno da *desolação* (o oposto da intimidade).

O corte epistemológico procedido pelos regimes totalitários em relação ao jusnaturalismo levou a uma necessidade, sem precedentes, de reconstruir os direitos humanos. Essa reconstrução decorreu de um novo jusnaturalismo, baseado na *dignidade humana*, assentada, porém, em princípios e valores naturais, decorrentes da própria essência humana.

Daí o retorno à filosofia de Kant e a sua íntima ligação com a nossa pesquisa. Tanto assim que, com base em Hermann Helmholtz (1821-1894), Friedrich Albert Lange (1828 a 1875) e J. F. Fries (1773 a 1843), revalorizou-se o *a priori* kantiano como uma estrutura físico-psíquica, de modo a superar o materialismo sem menosprezar as ciências. Assim, asseverava Fries, o conhecimento é o valor fundamental do sujeito como dominador de sua atividade interior.

O homem atinge a plenitude de sua vida íntima quando consegue dominar, de forma privilegiada, seu próprio intelecto e suas razões. Daí a distinção feita por Fries entre "fundamentação objetiva" (realidade do objeto como fundamento da verdade do próprio conhecimento) e "fundamentação

---

[252] PIOVESAN, Flávia. **Temas de Direitos Humanos**. São Paulo: Max Limonad, 1998. p. 78. Assevera a ilustre autora que "*18 milhões de pessoas passaram por campos de concentração, 11 milhões neles morreram, sendo que desse universo 6 milhões foram judeus. O regime de terror implicou na ruptura do paradigma jusnaturalista, que afirmava que os direitos humanos decorrem da* **dignidade** *(g.n.) inerente a toda e qualquer pessoa*". (Idem, p. 78)

subjetiva" (história da própria razão como fundamento da verdade), como explica Sofia V. Rovighi[253].

Sob o nosso enfoque, ligado à idéia do retorno ao direito natural, especial destaque merece o art. 12 da Declaração Universal, o qual prevê, *in verbis*, que "*ninguém será sujeito a interferências na sua vida privada, na sua família, no seu domicílio ou na sua correspondência, nem ataques a sua honra e reputação. Toda pessoa tem direito à proteção da lei contra tais interferências ou ataques*".

No mesmo sentido é o disposto no art. 8º da citada Convenção Européia, o qual dispõe que "*qualquer pessoa tem direito ao respeito de sua vida privada e familiar, do seu domicílio e de sua correspondência*".

A Declaração de 1948 exerceu efetiva pressão, modificativa e restritiva, por meio da imprensa e da opinião pública, na política interna dos países totalitários e atrasados, o que provocou alterações constitucionais em diversos países.

Note-se que a Declaração dos Direitos do Homem constituiu um conjunto claro, objetivo e formal dos Direitos Naturais, numa nova concepção, pois está intimamente ligada à própria natureza humana e sua existência, com reflexos no *Existencialismo*.

Em função dos graves problemas sociais, que afetam diretamente a dignidade humana,

> *os direitos positivos dos países estão em atraso na disciplinação do assunto. Sob a invocação dos Direitos Naturais é que os povos afetados estão buscando resolvê-los. E é curioso notar que os Poderes Executivos e Judiciários estão a atuar, mesmo na falta de leis positivas, invocando os direitos naturais fundamentais das populações. Eis uma para-eficácia, que certos autores pensam que em breve, fatalmente, com a intensificação e a universalização do fenômeno, afetará a base e a estrutura da civilização e da cultura – o que exigirá a ação de uma nova concepção da vida, a qual sempre se faz acompanhar de um Direito supra-eficaz ou megaeficaz.*

Assim nos esclarece Carlos Nicolau Galves[254].

Norberto Bobbio expressa sua aprovação à Declaração, referindo-se, inclusive, ao reencontro positivo entre o pensamento racional-laico e o

---

[253] VANNI ROVIGHI, Sofia. **História da Filosofia Contemporânea – do século XIX à neoescolástica**. Tradução de Ana Pareschi Capovilla. São Paulo: Loyola, 1999. p. 258. É bom lembrar que a Escola de Marburgo, fundada por Hermann Cohen (1842 a 1918), defendia o *a priori* kantiano como fundamento da objetividade da ciência, ou seja, como forma de se organizar os sistemas, os métodos, os princípios, repudiando qualquer conteúdo psicológico da filosofia.

[254] GALVES, Carlos. **Manual de Filosofia do Direito**. 2. ed. Rio de Janeiro: Forense, 1996. p. 210-211.

cristão. É que o filósofo italiano faz referência ao Papa João Paulo II, o qual, em carta dirigida ao Secretário da ONU – na oportunidade do trigésimo aniversário da Declaração – demonstrou "*o seu constante interesse e solicitude pelos direitos humanos fundamentais, cuja expressão encontramos claramente formulada na mensagem do próprio Evangelho*"[255].

A partir dessas Declarações, a pessoa passou a ter novo reconhecimento mundial – cosmopolita – e a garantia expressa dos direitos fundamentais, com a proteção assegurada a sua vida, sua honra, sua liberdade, sua integridade física e psíquica, sua igualdade, seu segredo, sua intimidade. Muitas Constituições, principalmente dos países ocidentais, acabaram por adotar tais direitos.

Entretanto, a ganância humana, a falta de respeito pelo próximo, por sua vida privada, a exploração de fatos privados, mas escandalosos aos olhos do público, com vistas ao comércio, por meio principalmente dos meios de comunicação, acarretam, absurdamente, o aprisionamento da pessoa humana – que Hannah Arendt denomina de "desolação" – e, ainda, se publica o fato objeto da invasão, visando captação de lucros!

O grandioso, mas ilimitado, desenvolvimento tecnológico – que aperfeiçoou aparelhos que, em questão de milésimos de segundos, invadem o espaço jurídico vazio de cada um de nós –, acentuou ainda mais as constantes e graves violações à imagem ou à intimidade das pessoas.

Isto fez com que, em 1967, em Estocolmo, a Assembléia Consultiva do Conselho da Europa, apoiada nas conclusões da Comissão Jurídica, concluísse que a maior parte das Constituições e legislações dos países-membros se encontrava defasada em relação à revolução tecnológica dos meios de captação e interceptação, em choque com a vida privada e a intimidade.

Assim, propôs-se um estudo para a elaboração de uma legislação que viesse a coibir a espionagem eletrônica clandestina da vida privada, na esteira dos dispositivos do art. 8º da Convenção Européia dos Direitos do Homem e das Liberdades Fundamentais e do art. 12 da Declaração Universal dos Direitos do Homem e do Cidadão.

O Comitê de Ministros procedeu a estudos a fim de trazer subsídios aos participantes para a elaboração de normas jurídicas que viessem assegurar uma melhor proteção à vida privada com relação à violação e atentados contra os direitos das pessoas, causados por dispositivos eletrônicos modernos, não existentes em épocas passadas.

O documento de Estocolmo alinhou cinco aspectos que se destacavam por violarem a intimidade: a intromissão na solidão da pessoa ou a

---

[255] *Op. cit.*, p. 130.

ofensa ao seu círculo privado e íntimo, primeiro, pela espionagem ou pela espreita; segundo, pela gravação de conversas ou tomadas de cenas fotográficas ou cinematográficas; terceiro, pela audição decorrente de interferências mecânicas de telefone ou de câmeras de microfilmes dissimuladas; quarto, pela exploração do nome ou da identidade, pela revelação de fatos íntimos ou privados, inclusive, as críticas à vida das pessoas sem o consentimento delas; por fim, pela publicação, por qualquer outro meio de informação, de fotografias ou gravações obtidas instantaneamente, violadoras da intimidade ou privacidade da pessoa. As conclusões dos Ministros foram dispostas na Recomendação 509, da 19ª Sessão Ordinária da Assembléia Consultiva do Conselho da Europa, em 31.01.1968.

No mesmo diapasão foi a preocupação da Conferência Internacional dos Direitos do Homem, de Teerã, realizada em maio de 1968, publicada no mesmo ano na A/CONF 32/41 – Publicação das Nações Unidas, capítulo III –, sugerindo, primeiramente, o respeito da vida privada em face das técnicas de registro e, em segundo lugar, cautela na utilização da eletrônica, que tem o poder de afetar os direitos das pessoas e, por isso mesmo, deve sofrer limites dentro de uma sociedade democrática.

A questão foi debatida por ocasião da sessão da Assembléia-Geral das Nações Unidas, realizada em dezembro de 1968, na qual foi ressaltada a gravidade do problema decorrente da ingerência na esfera privada das pessoas por intermédio de aparelhos eletrônicos, levando seus participantes a ratificar as conclusões da Conferência de Teerã, conforme Resolução 2.450, de 19.12.1968.

Também a 15ª Sessão da Conferência Geral da Unesco, realizada em outubro e novembro de 1968, levantou a questão, concluindo, *in verbis*, que "*certas inovações científicas e tecnológicas recentes, tais como as miniaturizações dos dispositivos de registros, das mesas de escuta e de outros aparelhos de escuta clandestina... fazem pesar uma ameaça aos direitos do homem em geral, notadamente sobre a vida privada*". (*In: Programme et Budget Approuvés de l'Unesco pour 1969-1970*, § 1.065)

Nota-se, claramente, que uma preocupação mais intensa sobre as violações da vida privada e da intimidade da pessoa somente ocorreram no século passado, justamente por causa da revolução tecnológica. A preocupação mundial com o assunto provocou uma intensa modificação na legislação de diversos países membros da ONU, a fim de assegurar a proteção da esfera íntima das pessoas, notadamente no campo do Direito Penal.

É certo que as inovações da legislação penal vieram influenciar e valorizar a proteção dos direitos inerentes à pessoa humana, sob o aspecto do Direito Civil. Grande parte da doutrina e da jurisprudência reconhece a existência de um conjunto de prerrogativas que toda pessoa, indistintamente, possui, em razão de sua própria existência, decorrente da evolução da teoria dos direitos fundamentais como direitos inatos – expressão de Kant –, produto de afirmação do Direito Natural, externado desde a Declaração dos Direitos do Homem e do Cidadão de 1789.

São os chamados "direitos da personalidade", dentre os quais avulta, e é objeto de nossa investigação, o direito à coexistência harmônica entre os direitos da personalidade íntima e os direitos de expressão informativa, cultural e científica.

É bom salientar que Maria Helena Diniz esclarece que

a personalidade não é um direito, de modo que seria errôneo afirmar que o ser humano tem direito à personalidade. A personalidade é que apóia os direitos e deveres que dela irradiam, é objeto de direito, é o primeiro bem da pessoa, que lhe pertence como primeira utilidade, para que ela possa ser o que é, para sobreviver e se adaptar às condições do ambiente em que se encontra, servindo-lhe de critério para aferir, adquirir e ordenar outros bens[256].

Verificamos que, antes do final do século XIX, não localizamos registros de uma expressa e clara construção jurídica do direito à proteção da individualidade, o que não equivale a dizer que, de modo reflexo, a teoria alcançada não tenha recebido influência de outros institutos, mediante a aplicação de princípios gerais, baseados, essencialmente, no Direito Natural, oriundo até mesmo da visão platônica do homem.

Com efeito, os fatos ensejadores, nos dias atuais, de uma disciplina da individualidade, receberam um tratamento jurídico específico e mundial, a partir dos efeitos advindos reflexamente de institutos clássicos – como a liberdade de pensamento, crença e religião ou a inviolabilidade domiciliar, que abrangia a intimidade residencial –, sem destaque, porém, para uma proteção específica.

Resultava que nem todos os fatos, nem todas as circunstâncias – hoje previstos pelo "Novo Direito Natural" – suscitavam aquele tratamento, ou se o faziam, tomavam de empréstimo conseqüências jurídicas que não os acomodavam corretamente.

Não podemos deixar de registrar que a maioria desses conflitos não desafiava um grau de perplexidade relevante a ponto de descortinar a insubsistência da tutela até então assegurada, por conta das demandas de uma sociedade marcadamente agrária ou ainda, via de regra, marcada por costumes sociais muito simples, bem diferentes da sociedade em que vivemos atualmente.

---

[256] DINIZ, Maria Helena. **Curso de Direito Civil brasileiro – Teoria Geral do Direito Civil**. 16. ed. São Paulo: Saraiva, 2000. 1º v., p. 99.

É certo, porém, que a teoria tradicional da personalidade serviu de fonte para a elaboração progressiva do conceito de individualidade cosmopolita, numa trajetória que, como vimos, parte de muitos pontos e épocas diferentes, mas que convergem para a Época das Luzes.

Mais precisamente, com a chegada dos anos 60 e 70 e à medida que diversos fatores sociais se modificavam, como o crescimento das cidades, a criação de uma sociedade de consumo e o desenvolvimento assustador da tecnologia, incluindo-se o fenômeno da globalização, passa-se a ter, e própria sociedade o exige, um sistema de proteção específico e mais refinado dos direitos da personalidade.

A história dos direitos fundamentais será a história do homem em busca de sua liberdade, na luta constante contra a opressão, o arbítrio e em prol da afirmação de sua dignidade e da própria individualidade.

Conforme observa Cláudio de Cicco,

*todo ser humano tem a sua história, seu **curriculum vitae** de grandezas e misérias. O mesmo se pode dizer de um grupo humano, de uma nação, de uma raça, de toda a humanidade. É verdade que agentes externos podem romper o fio de uma vida (...) Mas o homem não é uma árvore, nem o feto uma simples semente. E isto porque, se em sua parte biológica e animal o ser humano está inserido no mundo da Natureza, enquanto espírito e racionalidade, enquanto autodeterminação da vontade, enquanto sensibilidade, capaz de amor e ódio, o ser humano é pessoa. E dizer pessoa é dizer liberdade, direito inato do indivíduo humano enquanto tal e que em nome de nenhuma ideologia política, religiosa ou científica, por "respeitáveis" que sejam os argumentos, se pode conspurcar. E da liberdade e capacidade que o homem tem de mudar o curso de sua vida, o rumo da nação e da história, é que se pode inferir que o homem é um ser histórico, que se projeta para o futuro sem perder os laços que o unem ao passado*[257].

Daí por que o padrão genético de cada pessoa é único. Cada pessoa tem sua própria e única individualidade. É imprescindível, na comunhão de tantas individualidades, criar um sistema jurídico harmônico, que possa respeitar e garantir a cada pessoa, individualmente, o exercício de sua intimidade.

Desse sentir é o pensamento de José Pedro Galvão de Souza, citado por De Cicco, na obra (tese de doutoramento) **A Historicidade do Direito e a Elaboração Legislativa**, para quem

as variações da sociedade no tempo e no espaço, decorrem da liberdade, elemento sem o qual não podemos explicar a ação dos homens na forma-

---

[257] DE CICCO, Cláudio. **Uma Crítica Idealista ao Legalismo – A Filosofia do Direito de Gioele Solari**. São Paulo: Ícone, 1995. p. 156.

ção da sociedade. E justamente em virtude desse elemento – o livre-arbítrio – que é inerente a todos os seres de natureza racional, pecam pela base as interpretações que pretendem enquadrar a história em esquemas de cunho determinista[258].

Por isso mesmo, com toda propriedade, Celso Lafer esclarece que

> a construção doutrinária e pretoriana em torno do direito à intimidade tem como ponto de partida o tema clássico da inviolabilidade de domicílio, passa pelo sigilo de correspondência, o segredo profissional, o direito à honra e à reputação, e acabou adquirindo projeção autônoma em relação aos demais direitos da personalidade, que têm como objeto a integridade moral do ser humano[259], **sempre sob o fundamento da** liberdade individual.

Vale destacar, outrossim, a Convenção Americana dos Direitos do Homem, subscrita em São José da Costa Rica, em 22.11.1969, que, em seu art. 11, estabelece direitos fundamentais:

> 1 – Toda pessoa tem o direito de ter sua honra respeitada e sua dignidade reconhecida; 2 – Ninguém pode ser objeto de interferência arbitrária ou abusiva em sua vida privada, sua família, seu lar ou sua correspondência, ou de ataques ilegais a sua honra ou reputação; 3 – Toda pessoa tem um direito à proteção da lei contra tais interferências ou ataques.

Os princípios e valores decorrentes do neojusnaturalismo ideal demarcaram uma nova concepção dos direitos fundamentais: sua universalidade e interdependência, aí incluída a indivisibilidade. A propósito, assevera Hector Gros Espiell[260] que

> só o reconhecimento integral de todos esses direitos pode assegurar a existência real de cada um deles, já que sem a efetividade de gozo de direitos econômicos, sociais e culturais, os direitos civis e políticos se reduzem a meras categorias formais. Inversamente, sem a realidade dos direitos civis e políticos, sem a efetividade da liberdade entendida em seu mais amplo sentido, os direitos econômicos, sociais e culturais carecem, por sua vez, de verdadeira significação. Esta idéia da necessária integra-

---

[258] Op. cit., p. 157.
[259] Op. cit., p. 240.
[260] ESPIELL, Hector Gros. **Los Derechos Económicos, sociales y culturales en sistema interamericano**. San José: Libro Livre: 1986. p. 16. Dele discorda o autor DONNELLY, Jack. (**Universal Human Rights in Theory and Practice**. Ithaca: Cornell University Press, 1989. p. 31-32), para quem direitos econômicos e sociais não são verdadeiros direitos, preferindo a dicotomia tradicional; por isso mesmo, os direitos civis e políticos à vida, à liberdade, à propriedade são os direitos universais, supremos e morais.

lidade, interdependência e indivisibilidade quanto ao conceito e à realidade do conteúdo dos direitos humanos, que de certa forma está implícita na Carta das Nações Unidas, se compila, se amplia, e se sistematiza em 1948 (...) e se reafirma definitivamente nos Pactos Universais de Direitos Humanos...

Essas novas características dos Direitos Humanos se consolidaram na Declaração de Viena, de 1993, a qual, em seu § 5°, acentua que *"todos os direitos humanos são universais, interdependentes e inter-relacionados. A comunidade internacional deve tratar os direitos humanos globalmente de forma justa e eqüitativa, em pé de igualdade e com a mesma ênfase"*.

A universalidade e a interdependência dos direitos fundamentais levarão a outro aspecto, que será abordado oportunamente, referente à convivência harmônica e justa desses direitos, merecendo destaque, neste particular, o princípio da proporcionalidade.

Observa-se, claramente, que a dignidade da pessoa humana, uma das conquistas dos Direitos humanos, deve ser o norte de convivência sadia e feliz de nossa civilização. Ela impõe os limites necessários a essa convivência, notadamente no estágio atual da medicina.

As questões ligadas a *bioética* resvalam no respeito ao direito natural da existência livre, pois estão relacionadas às novas técnicas de reprodução humana, à manipulação genética e ao banco genético. O norte justo da solução dessas questões deve ser a vida com dignidade.

Por isso mesmo, em 10.11.1975, a ONU aprovou a Declaração Mundial sobre a Utilização do Progresso Científico e Tecnológico no Interesse da Paz e em Benefício da Humanidade, prescrevendo, no art. 6°, que

todos os Estados adotarão medidas tendentes a estender a todos os estratos da população os benefícios da ciência e da tecnologia e a protegê-los, tanto nos aspectos sociais quanto materiais, das possíveis conseqüências negativas do uso indevido do progresso científico e tecnológico, inclusive sua utilização indevida para infringir os direitos do indivíduo ou do grupo, em particular relativamente ao respeito à vida privada e à proteção da pessoa humana e de sua integridade física e intelectual.

Registre-se, outrossim, que, em 19.11.1996, o Conselho da Europa adotou a Convenção sobre Direitos Humanos e Biomedicina, a qual enaltece a dignidade da pessoa humana em face do uso indevido da biologia e da medicina, dispondo, em seu art. 2°, que *"os interesses e o bem-estar do ser humano devem prevalecer sobre o interesse isolado da sociedade ou da ciência"*.

5.8 O PRINCÍPIO DA COEXISTÊNCIA EQUÂNIME ENTRE OS DIREITOS FUNDAMENTAIS CONSTITUCIONAIS E OS DIREITOS CIVIS DO CÓDIGO CIVIL DE 2002

Na sua origem, a Constituição Federal de 1988 procurou revigorar, de forma geral, o princípio do equilíbrio justo entre os direitos pessoais e metaindividuais. No Brasil, a teoria da socialidade dos direitos foi uma novidade, muito embora os filósofos gregos, entre eles Aristóteles, já tivessem desenvolvido toda uma lição sobre o valor da justiça distributiva.

Inicialmente, a Constituição brasileira estabeleceu princípios estruturais de seu sistema jurídico, verdadeiras vigas mestras do Direito no Brasil. Trata-se, primeiro, do princípio da *dignidade da pessoa humana*. Toda e qualquer relação jurídica deve ser pautada pelo desenvolvimento livre, mas justo, do ser individual e holista (CF, art. 1º, inc. III).

Daí por que o princípio maior da dignidade pessoal e social tem por base a co-existência entre os princípios da *liberdade positiva* e da *igualdade material* ou *substancial*. O primeiro diz respeito à atuação livre do ser na sociedade o quanto mais for possível, sem afetar os interesses individuais, os coletivos e os difusos.

Não se trata de uma *liberdade negativa*, a das restrições ou dos impedimentos, pois aqui não há liberdade no sentido correto. Há ambigüidade entre liberdade e restrição. Muito menos podemos falar apenas na adoção da igualdade formal, porque na sua amplitude conceitual – "todos são iguais perante a lei" – podem-se esconder grandes desequilíbrios (uma sociedade de escravos é igual, formalmente!).

Ao lado da liberdade positiva necessariamente se conjuga o princípio da igualdade material, pela qual incumbe ao Estado e à própria sociedade afastar todo e qualquer desequilíbrio. No exercício da liberdade positiva, devem desaparecer os desequilíbrios sociais, econômicos, políticos e jurídicos, propiciando-se, inclusive, a participação justa das minorias.

O art. 3º, inc. I, da nossa Constituição estabelece que o Brasil deve ser composto por uma sociedade livre, solidária e justa. O seu inc. IV arremata com a adoção do princípio da igualdade material ou substancial.

Nessa linha de raciocínio, estabeleceram-se os direitos fundamentais da personalidade, como o respeito à liberdade de consciência, de crença, como o respeito à intimidade, nela incluídos os sigilos pessoais, ao mesmo tempo em que se garantiu o rompimento ou quebra das chamadas *liberdades públicas* em hipóteses excepcionais.

Ao lado dos direitos de primeira geração, estão os direitos sociais (os direitos de 2ª geração), os quais se constituíram a partir da gloriosa *revolução industrial*, e vêm fundamentados pela célebre frase de Lacordaire: "*entre o fraco e o forte, a liberdade escraviza, o direito liberta*".

Foi um direito social robusto e firme que garantiu o livre e justo desenvolvimento econômico do trabalhador, principalmente com a Constituição democrática da França em 1848, ou do México, em 1917, ou mesmo da Alemanha de 1919. Até então, o capital, fortalecido pelo sistema do liberalismo econômico, propiciou um grande e espetacular desenvolvimento do comércio e da indústria. Esqueceram-se, porém, da fragilizada classe trabalhadora e de sua dignidade.

Na atual conjuntura, a pretexto de que os direitos sociais se tornaram inaplicáveis, há forte tendência de aplicação expressa da teoria da socialização das "perdas empresariais". Interessante notar que jamais os empresários, à exceção de muito poucos, procuraram partilhar os lucros!

Na base, o poder constituinte procurou conciliar os princípios da livre-iniciativa e da justiça social, ou adotar o princípio da coxistência entre o sistema liberal de mercado e o sistema social de mercado, conforme se observa no art. 170, *caput*, da CF/88. Não se advoga a tese de que os extremos são incompatíveis. Ao contrário, existe a possibilidade de coexistirem liberalismo econômico e socialismo.

Parece-me imprescindível que se procure globalizar não só a economia, mas os bens sociais de interesse metaindividual, como o meio ambiente sadio, a informação e a educação corretas, o acesso à justiça e às oportunidades de trabalho e de crédito. Não resta a menor dúvida de que a concentração de rendas é o principal obstáculo ao próprio desenvolvimento econômico.

O jurista da nova era deve estar atento ao "direito ao desenvolvimento digno", de modo, inclusive, a analisar possibilidades de novas conquistas econômicas em prol de toda a sociedade, e não de poucos. Nesse sentido, a proposta do economista Jeremy Rifking, para o Brasil, é extraordinária, pois permite que todos tenham acesso a novos empregos, a partir dos recursos naturais renováveis, como o hidrogênio.

A proposta do americano revela-se contrária ao desenvolvimento econômico com base em recursos fósseis, que tendem a se extinguir. Não é à toa que alguns países se vêem no "direito" de invadir outros em busca do petróleo!

5.9 A INFLUÊNCIA JURISPRUDENCIAL E DOUTRINÁRIA NO FORTALECIMENTO DO DIREITO À INTIMIDADE NO SÉCULO XIX E NO INÍCIO DO SÉCULO XX

Partindo da premissa principiológica do direito natural à intimidade, verificamos que o precedente mais antigo, que data do ano de 1348, é inglês. Está relacionado a um caso de violação de domicílio, em que o réu se dirigiu a uma taverna à noite e, encontrando-a fechada, desferiu golpes com uma machadinha na porta.

Talvez pela influência da Carta do rei João Sem-Terra, que previa a inviolabilidade domiciliar, o Tribunal inglês reconheceu a privacidade dos donos da taverna. É bom lembrar que a inviolabilidade domiciliar constitui importante direito fundamental e dele se pôde extrair reflexos do direito à intimidade, muito embora com esse juízo não concorde Milton Fernandes[261], para quem tal fato não passou de mero dano à propriedade material.

Mas o mesmo autor reconhece o valor do princípio da inviolabilidade domiciliar, com reflexo no direito à intimidade, ao analisar os discursos do Lorde Chattam no Parlamento inglês, em 1776, que dizia: *"o homem mais pobre pode, em sua casa, desafiar todas as forças da Coroa. Esta casa pode ser débil, seu telhado poderá cair, o vento poderá soprar no seu interior, a tormenta e a chuva podem entrar. Mas o rei da Inglaterra não pode entrar, os seus exércitos não se atreverão a cruzar os umbrais da arruinada moradia"*[262].

Outro precedente inglês interessante, que marcou época, ligado ao princípio da inviolabilidade de correspondência, ocorreu em 1741, quando um livreiro fez publicar em um livro as missivas pessoais de alguns escritores, dentre eles Alexander Pope e Jonathan Swift. Pope ingressou com ação judicial e a Câmara dos Lordes proibiu a divulgação e a venda dos livros, pois havia invasão à intimidade do escritor.

Reconhece-se, em 1820, outra decisão inglesa reveladora da tutela ao direito da intimidade, quando Winyard, ex-empregado do veterinário Yovatt, ao deixar o emprego, apoderou-se de cópias de algumas fórmulas medicinais, utilizando-as em sua própria atividade. Tal precedente revela que o segredo de certos assuntos constitui projeção da intimidade.

Contudo, somente em 1849, ocorreu famoso e clássico precedente do direito à intimidade e à vida privada, citado em quase todos os trabalhos que se dedicam ao tema: "Prince Albert v. Strange". A rainha Vitória da Inglaterra e seu consorte, príncipe Albert, se dedicaram à pintura, retratando, em seus trabalhos, freqüentemente, membros da família real, amigos próximos e animais favoritos.

Apenas as pessoas íntimas do círculo real tinham acesso às obras. Um desses privilegiados – Sir Judge –, porém, repassou ao impressor William Strange as informações sobre o acervo da produção real, permitindo-lhe a confecção de um catálogo daqueles trabalhos, com a conseqüente publicação e a promessa de entregar a cada comprador o autógrafo da rainha ou do príncipe.

---

[261] FERNANDES, Milton. **Proteção Civil da Intimidade**. São Paulo: Saraiva, 1977. p. 14.
[262] *Op. cit.*, p. 15.

Note-se que a defesa de Strange foi no sentido de que não existia o direito à intimidade e que o fato de alguém ver a propriedade de outrem não violava o direito de propriedade. Aliás, sustentava a defesa, o direito inglês não reconhece a intimidade como direito da personalidade[263].

O juiz inglês iniciou sua sentença reconhecendo, de fato, a tese da defesa, de que o direito de propriedade não exclui o direito de terceiro ter acesso e tecer comentários a respeito. Porém, sendo *a propriedade algo íntimo ou espiritual*, haveria necessidade de autorização do proprietário. E Strange foi proibido de expor ou vender os catálogos.

Do citado e famoso precedente jurisprudencial inglês podemos destacar, pela sua importância, a seguinte parte da sentença, que bem demonstra o embrião do direito em análise:

> *Cada homem tem um direito a reservar para si, se o quiser, seus próprios sentimentos. Tem certamente um direito de decidir se os tornará públicos ou se os confidenciará aos amigos; constitui-se em sua especial propriedade, e nenhum homem poderá fazer dele um uso que não tenha sido autorizado, sem se fazer culpado por violação da propriedade*[264].

Sem dúvida alguma, a decisão judicial inglesa constituiu um marco na doutrina construída ao longo do tempo sobre a vida privada, fundamentada, porém, no direito natural da propriedade. Foi delineado naquela decisão, ainda que de forma incipiente, um espaço de reserva ou um âmbito restrito e pessoal dentro da vida privada.

É o que Norberto Bobbio denominou de "espaço jurídico vazio". Foi enunciado e defendido por Karl Bergbohn no livro **Jurisprudenz und Rechtsphilosophie**, de 1892, contra qualquer renascimento jusnaturalístico científico. Na Itália, Santi Romano também defendeu essa idéia em 1925.

---

[263] Interessante notar que os precedentes ingleses marcaram época no reconhecimento do direito à intimidade. Todavia, esse direito até hoje não foi reconhecido expressa e objetivamente, conforme asseveram alguns autores, dentre eles SMITH, S. A. de (**Constitucional and Administrative Law**, p. 469) e STROMHOLM, Stig (**Right of Privacy and Rights of the Personality**, p. 214), e também o próprio **Committee on Privacy** britânico (in **Report of the Comittee on Privacy, p. 5**), citados por FERNANDES, Milton (*Op. cit.*, p. 238-240). Também confira-se MATONI, Luis Maria Fariñas. (**El Derecho a la Intimidad**. Chile: Trivium, 1982 – tese de doutorado). Basta verificar, outrossim, o recente escândalo envolvendo o Ministro inglês Ron Davies, que teve sua intimidade invadida pela imprensa, por causa de um encontro amoroso que teve. O mesmo ocorreu com a inteligente Princesa Diana, que foi perseguida, por causa de sua intimidade, pelos famosos "*papparazi*". A violação à intimidade é, ainda, gritante no que tange aos fatos que desencadeiam os divórcios de pessoas famosas, alvo do sensacionalismo jornalístico britânico.

[264] *Apud* WARREN, Samuel D.; BRANDEIS, Louis D. The Right to Privacy. **Harvard Law Review**, 1890, p. 208.

Segundo Bobbio,

> *toda norma jurídica representa uma limitação à livre atividade humana; fora da esfera regulada pelo direito, o homem é livre para fazer o que quiser. O âmbito da atividade de um homem pode, portanto, ser considerado dividido, do ponto de vista do direito, em dois compartimentos: aquele no qual é regulado por normas jurídicas e que poderemos chamar de "espaço jurídico pleno", e aquele no qual é livre, que poderemos chamar de "espaço jurídico vazio". Ou há o vínculo jurídico ou há a absoluta liberdade. "**Tertium non datur**". A esfera da liberdade pode diminuir ou aumentar, conforme aumentem ou diminuam as normas jurídicas*[265].

Verifica-se que a formulação no direito à intimidade somente foi consubstanciada como direito autônomo a partir do final do século XIX, com o deslocamento do centro de proteção para o que se chamaria "patrimônio moral do homem" ou "personalidade humana inviolável", conforme assinalam Samuel Dennis Warren e Louis Dembitz Brandeis[266], os pioneiros e insignes defensores da privacidade das pessoas, no século passado, como direito autônomo.

A propósito, Warren era advogado e residia em Boston. Por conta de sua visão liberal democrática do Direito, ele e sua família sofreram, naquela oportunidade, perseguições da chamada "imprensa amarela", que, freqüentemente, publicava artigos relacionados com a vida íntima de seus familiares. Juntamente com o seu sócio, Brandeis, desenvolveu um trabalho sobre o direito à privacidade em face da liberdade de imprensa.

Com esse espetacular trabalho, o direito à intimidade sofreu profunda transformação, conforme esclarece Alice Monteiro de Barros[267], para quem tal direito

> *desliga-se de sua concepção exclusivamente **jus privatista** típica do liberalismo, deixando de ser considerado um bem cuja titularidade correspondia ao pleno domínio do sujeito como se fosse um móvel ou imóvel, e começa a ser considerado atributo da personalidade do indivíduo, enquadrando-se, sob a perspectiva civilista, como direito ou bem da personalidade (...) Seu fundamento é a liberdade individual.*

Reconhece-se, com essa mudança de objetivo, a história de um dos mais amplos dos direitos e o direito mais valioso do homem civilizado: a

---

[265] BOBBIO, Norberto. **Teoria do Ordenamento Jurídico**. 9. ed. Brasília: UnB, 1997. p. 129.
[266] WARREN, Samuel; BRANDEIS, Louis. **The Right to Privacy**. ..., p. 208.
[267] MONTEIRO DE BARROS, Alice. **Proteção à Intimidade do Empregado**. São Paulo: LTr, 1997. p. 21.

dignidade, princípio fundamental do homem, surgido da análise liberal e eqüitativa do direito natural, e não do direito positivo, muito embora fosse este excessivamente predominante no século passado.

Destaque, na França, para o caso envolvendo famosa atriz do teatro clássico francês do século XIX, chamada Elisa Félix, conhecida por "Rachel", que teve morte prematura aos 38 anos, vítima de tuberculose. Consternada com o seu falecimento e visando atender ao seu último pedido, sua irmã contratou dois fotógrafos para reproduzir a imagem de Rachel em seu leito de morte. Todavia, alertou os fotógrafos de que o retrato não poderia ser reproduzido por qualquer outro motivo. Eles assim não fizeram. Possibilitaram à desenhista, conhecida por O'Connell, que fizesse um desenho da fotografia que possuíam e providenciaram sua publicação no semanário "L'Illustration".

Inconformada com essa publicação, a irmã de Rachel ingressou em juízo contra a desenhista O'Connell. A ação foi julgada procedente pelo Tribunal Civil de Sena, em 16.06.1858.

Em seu parecer, o Procurador, após reproduzir e debater a existência do direito de não publicar o retrato de pessoas famosas, concluiu que mesmo uma celebridade tinha direito à vida privada, já que os homens públicos também têm a sua vida íntima separada da cena e do foro públicos.

O Tribunal, acatando o parecer Imperial, estabeleceu que a ninguém seria dado o direito de, sem consentimento, reproduzir e dar publicidade de retrato de uma pessoa em seu leito de morte. Tal decisão constituiu um marco de proteção, primeiro da imagem da pessoa, numa extrema necessidade de respeito; num segundo e valioso plano, da esfera reservada dela própria, no âmbito próprio de seus sentimentos – o estado de morte, o que revela, com mais lógica, o direito à vida íntima.

Na França, a referência específica à intimidade, ainda que como direito moral do autor (ou direito intelectual), surgiu no famoso caso "arrêt Rosa Bonheur", de 04.07.1865. Foi reconhecido ao autor o direito de não entregar obra artística encomendada, pois ela violava suas convicções íntimas[268]. Doutrinariamente, foi nos Estados Unidos que, em meio à transformação econômica e social, surgiu, em 1890, um artigo na **Havard Law Review**, intitulado *"Right to privacy"*, que viria a constituir um marco inicial, específico e claro da reforma do direito à intimidade. Seus autores, Samuel Dennis Warren e Louis Dembitz Brandeis, com toda propriedade, apresentaram os contornos de um novo direito, extraído da própria evolução do *Common*

---

[268] Saliente-se que na França a tutela da intimidade é um pouco mais rígida do que na Inglaterra e nos Estados Unidos. No Direito francês, por exemplo, informa LINDON, Raymond (*Op. cit.*, p. 14) que *"é proibida a divulgação dos processos de divórcio"* e que informações sobre rendimentos e fortunas de cada pessoa "são encobertos pelo mais absoluto sigilo".

Law, diante das perseguições políticas e da própria necessidade criada pela tecnologia.

Afirmaram que

> *recentes invenções e métodos negociais chamam a atenção para o próximo passo que deve ser dado com vistas à proteção da pessoa e para a segurança do indivíduo, aquilo que o juiz Cooley chama de "O direito de ser deixado em paz"* **(Right to be let alone)**. *Fotografias instantâneas e empresas jornalísticas invadiram o espaço sagrado da vida doméstica; e numerosos aparelhos mecânicos ameaçam tornar realidade o vaticínio de* **"what is whispered in the closet shall be proclaimed from the house-tops"**[269].

A preocupação em torno do tema mostrou-se mais acentuada em relação às constantes invasões de tranqüilidade individual e familiar, patrocinadas por jornalistas sensacionalistas. Não resta dúvida que o jornalismo de final de século, nos Estados Unidos – o que ocorre ainda hoje – encontrava nas bisbilhotices de pessoas famosas ou de altas autoridades americanas um instrumento capaz de multiplicar a venda dos exemplares.

Basta lembrar a cobertura dispensada pelos jornalistas ao casamento do presidente Grover Cleveland, em 1886, situação, aliás, repetida no inusitado desastre da princesa Diana. Com efeito, um batalhão de repórteres e fotógrafos seguiu o casal em viagem de lua-de-mel, descrevendo, em detalhes, cenas da sua intimidade.

O presidente, em conferência na Universidade de Harvard, teceu pesadas críticas contra os jornalistas, salientando que os jornalistas eram verdadeiros violadores de todos os institutos de virilidade americana, e que, com satisfação, profanavam as sagradas relações da vida privada.

Assim, a evolução do *Common Law* já oferecia subsídios bastantes para descortinar uma proteção específica aos sentimentos, emoções e sensações individuais, aspectos ínsitos ao conteúdo da intimidade. O novo sentido de proteção jurídica não se assentava, obviamente, em bases físicas, mas, sim, espirituais, muito menos em direito de propriedade ou quebra de contrato, e sim sobre uma *"inviolable personality"*. Era necessário, então, apontar os traços distintivos de um *"Right to privacy"* dentro de um novo mundo jurídico de salvaguarda de objetos imateriais protegidos, que poderia ser resumido, segundo a doutrina de Warren e Brandeis, no seguinte:

- o objeto da proteção, resumido em "estar só", deveria compreender os pensamentos, as emoções e os sentimentos do indivíduo, independentemente de sua forma de expressão. Manifestações

---

[269] *Op. cit.*, p. 195.

em cartas, diários, livros, desenhos, pinturas, música, bem como expressões gestuais, faciais, comportamentos ou manias, como as de um colecionador, e também fatos da vida pessoal e doméstica, necessitariam de autorização para ser, de alguma forma, publicadas[270];

– o direito defendido deveria proteger o sentimento íntimo das pessoas, sua auto-estima, mesmo contra a imputação de fatos verdadeiros e independentes do intuito malicioso do invasor. Tal direito, porém, não poderia se confundir com o direito à reputação, que envolve a honra[271];

– o direito em testilha também não poderia ser confundido com o direito de propriedade intelectual ou artística, pois a proteção aqui oferecida independeria do valor pecuniário, artístico ou do mérito encontrado na obra em que o autor externasse seus sentimentos pessoais. Daí a proibição de divulgação sem autorização[272];

– o "*the right to be let alone*" não seria, porém, absoluto, pois não se poderia impedir a publicação de matéria que fosse de interesse geral ou público (fatos envolvendo pretendentes a cargo público que pudessem afetar o interesse público[273]);

– não se poderiam impor proibições a certos fatos que, ainda que de cunho privado, tivessem autorização legal para a sua divulgação; da mesma forma, não haveria como se proteger invasões da privacidade pela divulgação oral e momentânea, ou então pela publicação autorizada e consentida de fatos da vida privada pelo próprio indivíduo[274]. E aqui se verifica o embrião do princípio da proporcionalidade ou razoabilidade, ou, ainda, do princípio da convivência das liberdades públicas. Virá da Geórgia, em 1905, a mais profunda análise do "*the right to privacy*" realizada por um Tribunal Norte-americano. Foi no caso "Pavesich v. New England Life Ins. Co". Tratava-se da publicação da fo-

---

[270] *Op. cit.*, p. 205.
[271] *Op. cit.*, p. 218.
[272] *Idem*, p. 204.
[273] Curioso notar que, nos EUA, atualmente, dá-se mais ênfase à liberdade de expressão, em particular por meio da imprensa, do que o direito ao recato, principalmente quando o assunto íntimo envolve personalidades públicas, como ocorreu com Gary Hardt, candidato à presidência americana, pelo partido democrata, que foi flagrado por fotógrafos e fotografado com sua amante, num final de semana; nessa ocasião, sua esposa encontrava-se em viagem. O candidato renunciou a sua candidatura. O mesmo se diga em relação ao presidente Bill Clinton, em relação a sua ex-estagiária Monica Lewinsky.
[274] *Idem*, p. 216-218.

tografia de um artista, Paolo Pavesich, num anúncio de seguros. O artista não havia dado autorização para o uso da sua fotografia e muito menos era segurado daquela empresa. A Suprema Corte fez uma análise histórica do *"right to privacy"*, afirmando que o seu fundamento teria lugar nos instintos da natureza (assuntos íntimos) e que, portanto, o direito à privacidade derivaria da lei natural.

Contudo, nem todos os Tribunais Norte-americanos reconheciam a *"privacy"* como um direito próprio. O Tribunal de Apelação de Nova York, em 1902, negou tal direito no caso "Robertson v. Rochester Folding Box Co". A referida empresa tinha publicado a fotografia de Miss Abigail Robertson, dentre outras, sem o consentimento dela, com o título "Farinha da família".

A Corte entendeu que não existia o *"right to privacy"* no direito Norte-americano (como ainda hoje ocorre nos Estados de Nebraska, Rhode Island, Texas e Wisconsin), de modo que a beleza feminina – expressão da intimidade, antes de ser uma imagem – não poderia ser alvo de defesa jurídica.

Evidentemente, a decisão foi duramente criticada. Por isso mesmo, nos primeiros anos desse século, reinava entre os juristas norte-americanos certa insegurança para o reconhecimento do *"right to privacy"*. Tanto que, somente em 1939, o *"Restatement on the Law of Torts"*, espécie de codificação oficiosa de delitos e quase delitos civis, reconhecidos pela *Commom Law*, reconheceu a existência da *"privacy"*. Aliás, em seu art. 867, estabelece-se que *"toda pessoa que, sem razão válida, viole seriamente o interesse que outra pessoa tenha que seus assuntos não sejam conhecidos, é responsável ante essa pessoa"*.

Frise-se, outrossim, que, ao lado do *"right to privacy"*, formulado através da *"Common Law"*, passou-se a buscar, no Texto Constitucional, alguns fundamentos para tal direito fundamental. A própria Primeira Emenda garantiu direitos fundamentais como a liberdade de religião, de expressão e de reunião.

Já a IV Emenda, embora não se fizesse referência expressa à vida privada, assegurou, com mais ênfase, a inviolabilidade das pessoas, do domicílio, dos papéis e demais efeitos, estabelecendo:

> *o direito do povo de ter preservados suas pessoas, domicílios, papéis e demais efeitos contra buscas e seqüestros não razoáveis, não pode ser violado, e não se expedirá ordem de busca ou seqüestro, salvo sob provável litígio, amparado em juramento ou afirmação, e descrevendo detalhadamente o lugar da busca, e as pessoas ou coisas a seqüestrar.*

Com base na Emenda XIV, alguns juízes norte-americanos reconheceram, já nos anos vinte, um direito de o cidadão tomar decisão de foro íntimo sem a ingerência do Estado, tal como ocorreu com a *criação dos filhos*, fato que descortinou os princípios da *unidade familiar* e do *planejamento familiar*.

Não se poderia exigir dos pais, por exemplo, que seus filhos estudassem em escolas públicas. Mas, por outro lado, não poderiam os pais obrigar seus filhos a vender produtos em praça pública, utilizando-os como forma de ganho econômico.

Nesse sentido da emenda, não poderia uma Lei de Oklahoma autorizar a esterilidade de pessoas condenadas a crimes, pois esta determinação violava a "*equal protection*"; cuidava-se de um assunto eminentemente pessoal: a procriação.

A emenda XIV também determinava o segredo das comunicações. Por conta disto, passou-se a proibir a prática de interceptações telefônicas, culminando com a "*Federal Communication Act de 1934*", que proibiu a escuta telefônica. Isso gerou reações governamentais, pois, naquela oportunidade, os EUA passavam por sérios problemas de espionagem. Por isso mesmo, a Suprema Corte voltou atrás e permitiu a escuta na hipótese de segurança nacional.

Mas a definição de interesse público nem sempre é uma tarefa fácil. Sob o manto do interesse e segurança gerais americanos, não identificáveis, permitiu-se a escuta telefônica, o que, invariavelmente, propiciou incontáveis violações à vida íntima das pessoas. O dano é inarredável[275].

Por fim, em 1965, a Corte Suprema americana reconheceu a existência constitucional implícita do *right of privacy*, ao julgar o famoso caso *Griswold v. Cosmetiant* e acolher o "direito de estar só" ou o "direito de se deixar ficar em paz", no sentido de obstar investigações da vida íntima e sua divulgação.

O precedente alemão, de 1927, do Tribunal do Reich, envolvendo a proibição a uma empresa jornalística de noticiar, detalhadamente, aspectos ligados à condenação criminal de um jovem, contribuiu para a solidificação da tutela da intimidade na Alemanha, inclusive, para a famosa *doutrina das esferas* ou teoria dos círculos concêntricos da privacidade (esfera privada,

---

[275] Segundo RUBIO, Délia Matilde Ferreira (**El Derecho a la Intimidad: analise do art. 1.071 bis del Codigo Civil a luz de la doutrina, la legislación comparada y la jurisprudencia**. Buenos Aires: Universidad, 1982. p. 34), "... *por que pretendemos manter algo na esfera da nossa intimidade, a resguardo de indiscrições alheias? Precisamente pela repercussão social que teria o descobrimento desses dados; repercussão que na maior parte das hipóteses se manifestaria em algum tipo de sanção – formal ou informal – por parte do grupo social a que pertencemos*".

esfera íntima e esfera secreta). Reconheceu o Tribunal o direito do jovem de manter o segredo de sua condenação, de forma a coibir o sensacionalismo da imprensa e a curiosidade pública.

Foi por tudo isso que Édith Deleury e Dominique Goubau afirmaram que a noção de direitos da personalidade foi reconhecida teoricamente pela jurisprudência americana e alemã no século XIX e início do século XX, tendo a doutrina francesa a ela aderida, conforme esclarece Raymond Lindon[276]. Segundo Lindon,

> *foi a jurisprudência que...criou, através de sucessivos toques, cada um desses direitos e fez aparecer suas características comuns. O todo se fez como imaginamos tenha sido confeccionada a roupa de Arlequim: pedaços aparentemente díspares, de diversas formas e plúrimas cores, foram, ao curso de um trabalho paciente e, na verdade, hesitante, talhados, costurados e reunidos, para resultar em uma roupa não apenas bem confeccionada, mas felizmente ajustada.*

Na doutrina, debateu-se o segredo das cartas confidenciais, bem como o respeito à própria imagem, e a elaboração mais clara dos direitos da personalidade.

Na jurisprudência, ficou famoso o caso Klobb, decidido em 1900. O Tenente Coronel Jean François Klobb, famoso por suas campanhas no Sudão, fora assassinado por seus capitães, posto que o Coronel os havia punido por terem praticado crueldades contra os tuaregs. O jornal **Le Figaro** iniciou uma campanha pública em benefício da viúva e das filhas, arrecadando fundos que foram usados na contratação de três apólices de seguro, que deveriam ser entregues a cada filho após atingirem a maioridade.

A viúva de Klobb não se conformou com o fato e, por isso, ingressou com uma ação judicial contra o periódico, pleiteando a anulação das apólices. O Tribunal reconheceu que a obstinação do **Le Figaro**, embora louvável, desatendia a legítima vontade da viúva e estava lhe causando prejuízo moral em razão do fato de obrigá-la a sair da dor de seu retiro espiritual, do resguardo de sua vida íntima.

Evidente, nessa decisão, o reconhecimento da necessidade de se proteger o direito da pessoa de ser deixada em paz, já que a situação econômica da família e a dor decorrente da morte do marido e pai eram questões íntimas da viúva e de seus filhos. Outras decisões também seguiram a mesma linha de pensamento, procurando respeitar a vida privada e a intimidade pessoal e familiar.

---

[276] LINDON, Raymond. **La Création prétorienne en matière de droits de la personnalité et son incidence sur la notion de famille**. Paris: Dalloz, 1974. p. 4.

Finalmente, o art. 1.382 do Código Civil Francês passou a proteger, ainda que de forma tímida, os direitos da personalidade do autor, da mesma forma que o art. 1.166, ao estabelecer que "*os credores podem exercer todos os direitos e ações contra seus devedores, à exceção daqueles que são exclusivamente ligados à pessoa*" (g.n.).

Ainda na Alemanha, o surgimento dos direitos da personalidade é marcado, inicialmente, pelo art. 12 do Código Civil Alemão, que previu o direito da pessoa sobre o seu nome. Mas, em 1893, Köhler publicou documento no qual externava o direito ao segredo epistolar, advogando uma proteção da vida interna individual[277].

Köhler também desenvolveu um estudo sobre direito à imagem, atento aos limites que deveriam ser impostos pelo interesse social existente à publicação de um retrato. Em 1905, em Zurique, Giesker lançou a obra **Das Recht des Privaten**, procurando situar a defesa da intimidade na separação que deveria existir entre a vida pública e a vida privada de cada pessoa.

No direito Italiano, apenas nos anos 30 é que foi usada a expressão que viria a se consagrar entre os doutrinadores, legisladores e juízes décadas após: **Diritto alla riservatezza**, por Ravà, em sua obra **Instituzioni di Diritto Privato**[278]. Na jurisprudência italiana, dentre outras, encontramos uma decisão do Tribunal de Milão, de 1933, que despertou intensa polêmica e foi relatada por Adriano de Cupis[279]. Segundo o civilista, um ator havia concordado com o uso de sua fotografia na propaganda de um filme o qual fora protagonista. A foto foi usada numa propaganda de um purgante. Inconformado, o ator ingressou em juízo com ação pleiteando o reconhecimento do uso ilegítimo de seu retrato, por ser ofensivo à sua dignidade.

A evolução do assunto recebeu forte impulso com a edição de uma nova lei sobre direito autoral, em 22.04.1941. O art. 96 proibia a reprodução de retrato de uma pessoa sem o seu consentimento. E o art. 97 trazia limites a essa vedação sob o fundamento do interesse público. O novo Código Civil Italiano, de 1942, trouxe o reconhecimento do direito à imagem.

De qualquer sorte, o direito à intimidade começava a nascer, alimentado, de um lado, pelo debate sobre o direito à imagem, o direito autoral e o direito à honra e, por outro, influenciado pelas construções estrangeiras referentes ao direito geral à personalidade, com destaque ao *right to privacy*, fundamentado no Direito Natural.

No Brasil, afora o regramento constitucional da inviolabilidade da casa e das correspondências, não havia como identificar uma construção

---

[277] KÖHLER, Joseph. **Das Recht an Briefen**. Archiv für Bürgerliches Recht, 1904, t. 7, p. 105.
[278] RAVÀ, A. **I Diritti sulle propria persona**. Torino: Torinense, 1901. p. 123.
[279] DE CUPIS, Adriano. **I Diritti della personalitá**. Milão: Giuffrè, 1950. p. 311.

doutrinária ou jurisprudencial respeitante à intimidade e à vida privada, até os anos 50 do século passado. Destaque, é claro, para o art. 666, X, do Código Civil de 1916, que protegia o autor frente a sua própria imagem, fazendo insinuar, em decorrência do tradicional individualismo do nosso Código, uma superioridade de classe ou padrão, o mesmo ocorrendo em relação a algumas restrições ao direito de propriedade.

Na jurisprudência brasileira do início do século XX, merecem destaque as seguintes decisões:

- o juiz da 2ª Vara da Capital Federal, Octavio Kelly, em 1928, acolheu pretensão deduzida pela então Miss Brasil, Zezé Leone, que pretendia indenização pela indevida captação de sua imagem por um cinegrafista, sob um ângulo inconveniente à sua reputação;
- o Tribunal de Justiça de São Paulo, em agosto de 1949, também enfrentou a questão. O Padre Pedro Ballint, temendo a repercussão que poderia ocorrer com a publicação de sua foto nos jornais, tomou a câmera fotográfica do jornalista que tentava tirar-lhe o retrato, danificando-a. O fotógrafo exigiu a reparação do dano. Mas, a 6ª Câmara Civil do Tribunal Paulista condenou o Padre apenas pelo excesso verificado, já que ele possuía o direito de se opor à realização de sua fotografia não consentida (RT 180/600); essa oposição constitui aspecto de sua vida íntima.

Em síntese, queremos afirmar que o direito à intimidade e mesmo à vida privada, a partir do século XIX, mas antes dos anos 50 do século passado, não despertava o interesse e a simpatia dos juristas a ponto de se firmar como um direito autônomo. Mas o seu reconhecimento pela Declaração Universal dos Direitos do Homem, adotada em 10.12.1948 pela Assembléia-Geral das Nações Unidas, serviu de impulso necessário para que as preocupações dos juristas se voltassem mais detidamente para a elaboração de uma doutrina específica e eficaz do *"right to privacy"* em face do acelerado avanço tecnológico.

Capítulo VI

A ESTRUTURA PRINCIPIOLÓGICA DO DIREITO À INTIMIDADE E SUA EXPRESSÃO

A afirmação do direito à intimidade como direito fundamental, levada a essa categoria por influência do sistema constitucional, decorreu, porém, de *princípios* oriundos e consagrados no âmbito dos direitos da personalidade, cuja origem tem íntima ligação com o pensamento estóico e cristão.

Representam, fundamentalmente, a essência do ser (o sujeito e o objeto de direitos). Por isso, tais direitos, conhecidos também por *direitos personalíssimos*, relacionam-se com os aspectos íntimos da pessoa, tomada como ente individual – pela proteção de seus valores íntimos – e como ente coletivo – em razão da projeção social de tais valores [280].

Os direitos da personalidade surgiram de princípios ligados ao Direito Natural, cuja construção e aplicabilidade foram expressadas pela juris-

---

[280] Diferente dos chamados *direitos da pessoa humana*, estes direitos estão relacionados ora com o Estado ou seus organismos (a cidadania, a nacionalidade), ora com a família e seus membros (as relações jurídicas entre marido e mulher pelo casamento, entre pais e filhos), ora com a sociedade (os direitos e obrigações decorrentes das relações contratuais ou reais). A preferência pela denominação *direitos da personalidade* encontra respaldo em Adriano de Cupis, Orlando Gomes, Limongi França, Antonio Chaves, Orozimbo Nonato, entre outros. Nesses direitos se incluem a liberdade individual, a intimidade, o nome, a honra. É bom lembrar que, no plano de relação com o Estado, os direitos da personalidade recebem o nome de *direitos fundamentais ou individuais/sociais* ou *liberdades públicas*, mas são os mesmos direitos; apenas que, nesta última categoria, estão incluídos, além dos de 1ª geração, os também direitos de 2ª e 3ª gerações (vida, liberdade, acesso à justiça, direitos sociais e políticos). Bem a propósito, Antonio Cezar Lima da Fonseca esclarece que "os direitos fundamentais, ou direitos humanos, ou direitos subjetivos públicos, tratam da relação indivíduo-Estado. Eles preservam o particular do arbítrio do Estado. Tais direitos devem ser distinguidos de outros, como já advertia Karl Schmitt, porque nem todo direito fundamental se encontra garantido nas Constituições e nem toda a proteção contra a reforma pela lei ordinária significa direito fundamental. Os direitos fundamentais próprios são direitos do homem livre, isto é, direitos que ele tem frente o Estado. Os direitos da personalidade, no entanto, são direitos subjetivos privados, destinados a sua proteção, como é, a assegurar o desenvolvimento e a expansão da individualidade física e espiritual da pessoa humana. Tratam da relação indivíduo-indivíduo. Eles resguardam, como já se disse, o particular de atentados por parte de outros indivíduos". (*In*: Anotações aos direitos da personalidade. **RT** 715/37)

prudência, assentada com mais vigor ao longo do século XIX e início do século XX. Assegura Carlos Alberto Bittar[281] que, "*na verdade, esses direitos constituem criação pretoriana. Nos tribunais é que vêm adquirindo forma. A jurisprudência tem procurado deduzir os **princípios** e características comuns dos diferentes direitos, no sentido de assentá-los e possibilitar-se a sua sistematização*".

A relação com os princípios se justifica porque, assinala Bittar,

> *são direitos ínsitos na pessoa, em função de sua própria estruturação física, mental e moral. Daí são dotados de certas particularidades, que lhes conferem posição singular no cenário dos direitos privados, de que avultam, desde logo, as seguintes: a intransmissibilidade e a irrenunciabilidade, que se antepõem, inclusive, como limites à própria ação do titular*[282].

Não se olvide, pois, que a formação do direito à intimidade ainda como princípio, pelo seu conteúdo intimamente ligado aos valores inatos do homem, sofreu constantes óbices e avanços, principalmente pela influência de diversas ideologias surgidas ao longo do tempo – como vimos –, e que repercutiram diretamente na vida privada das pessoas. Daí a razão pela qual cremos ser de bom alvitre o estudo ontológico do princípio e dos valores, até porque a solução jurídica para o conflito entre o direito à intimidade e a liberdade de expressão, em especial o de informação, decorrerá de outro princípio.

O certo é que, segundo o filósofo italiano Vico[283], "*na noite de densas trevas, que envolve a primeira antiguidade, tão distante de nós, bri-

---

[281] BITTAR, Carlos Alberto. **Os Direitos da Personalidade**. 3. ed. Rio de Janeiro: Forense, 1999. p. 33.
[282] *Op. cit.*, p. 5. Esses direitos ínsitos, segundo informa o insigne Procurador de Justiça paulista e Diretor da Escola Paulista do Ministério Público de São Paulo (em 2001), PINHO, Rodrigo César Rebello, em sua obra (**Teoria Geral da Constituição e Direitos Fundamentais**. São Paulo: Saraiva, 2000. p. 63), toma forma de diversas denominações, que precisam ser esclarecidas. Explica o ilustre autor que "***direitos do homem** seriam os inerentes à própria condição humana, válidos para todos os povos, em todos os tempos. A Constituição não criaria esses direitos, apenas os reconheceria preexistentes à própria organização do Estado. Esse conceito reflete uma concepção jusnaturalista do direito. A expressão **direitos humanos** é a utilizada com igual significado em tratados internacionais. **Direitos fundamentais** são os considerados indispensáveis à pessoa humana, reconhecidos e garantidos por uma determinada ordem jurídica. De acordo com a sistemática da Constituição brasileira de 1988, a expressão **direitos fundamentais** é gênero de diversas modalidades de direitos: os denominados **individuais, coletivos, difusos, sociais, nacionais e políticos**. A expressão **direitos do cidadão**, consagrada na Declaração dos Direitos do Homem (...), reflete a dicotomia estabelecida entre os direitos que pertencem ao homem enquanto ser humano e os que pertencem a ele enquanto participante de certa sociedade. **Direitos naturais** seriam os inerentes à condição humana e **civis**, os pertencentes ao ser enquanto participante de uma determinada sociedade. **Direitos políticos** são os exercidos pelos que possuem a denominada cidadania ativa...*".
[283] *Apud* BURKE, Peter. **Vico**. Tradução de Roberto Leal Ferreira. São Paulo: Unesp, 1997. p. 89.

lha a eterna e infalível luz de uma verdade acima de qualquer questionamento: que o mundo da sociedade civil foi certamente feito pelo homem, e seus **princípios**, portanto, devem ser achados dentro das modificações de nossa própria mente (N2.331)". É o que Giambattista Vico denominou, em sua clássica obra **Ciência Nova**, "princípio do *verum-factum*".

Saliente-se, por oportuno, que Vico, nessa obra, discordou completamente de Descartes, que afirmara, em seu *Discurso do Método*, que a análise da história era perda de tempo. A propósito, comenta Burke, da Universidade de Cambridge, que a idéia de Vico *"era que os princípios da sociedade humana – em seus próprios termos, o 'mundo civil – são na realidade mais certos do que os princípios que governam o mundo natural"* (científico), *"porque a sociedade civil é uma criação humana"*[284].

Importante destacar que, em sua clássica obra, Vico considera *scienza* um conjunto de princípios ligados à história universal e ao sistema do Direito Natural. O paralelo feito com a geometria, numa linguagem axiomática, na verdade, diz respeito ao Direito, e esta *scienza* é formada por padrões necessários, que se formaram no passado e constituem, segundo Burke, um *"'ideal-tipo', termo associado ao sociólogo alemão Max Weber (1864 a 1920). Estes padrões poderiam ser traduzidos por 'modelos'"* [285], sempre dinâmicos, como o fez o insígne Miguel Reale em sua obra **Fontes e Modelos do Direito** (São Paulo: Saraiva, 1997).

Aliás, interpretando o pensamento do antropólogo Claude Levi-Strauss, em sua obra **Le Crû et le Cuit**, o filósofo brasileiro Reale esclarece que "... *Strauss demonstra que o senso de ordem, longe de ser uma conquista racional no plano da evolução da espécie humana, já é uma qualidade imanente no pensamento de todo o ser humano, a começar pelo homem selvagem, isto é, ainda não aculturado*"[286]. Integra, a nosso ver, a categoria dos direitos inatos, que se alicerçam em princípios, e é onde localizaremos o direito natural à intimidade e o direito à liberdade de expressão.

6.1 OS PRINCÍPIOS E SUA INFLUÊNCIA NO SISTEMA JURÍDICO

O estudo do *princípio* no sistema jurídico assume dupla importância: primeiro, porque a essência da intimidade e do direito de expressá-la está enraizada noutro princípio, ou seja, o princípio da liberdade; segundo, porquanto a sociedade, hoje, está completamente programada e automatizada,

---

[284] *Op. cit.*, p. 89.
[285] *Idem*, p. 93.
[286] REALE, Miguel. **Fontes e Modelos do Direito. Para um Novo Paradigma Hermenêutico**. São Paulo: Saraiva, 1997. p. 6.

em função do excessivo império da lei, fruto da forte influência positivista do iluminismo, bem como da massificação do consumo.

O excessivo império da lei, fruto de interesses setoriais, nos impede de ter uma exata compreensão e dimensão do ordenamento jurídico. Normas jurídicas não são apenas aquelas que se extraem da lei. Na verdade, as normas jurídicas são compostas por regras e princípios[287].

E estes, bem ao contrário do que os positivistas pregam, não decorrem, exclusivamente, do texto legal. A analogia, por exemplo, que tem sua base num princípio – o princípio integrador do ordenamento jurídico –, é relegada a um segundo plano no direito italiano e espanhol, como, de resto, em praticamente todo o ordenamento jurídico ocidental. Sucede que o princípio, hodiernamente, está submetido à lei; é dedutível da lei.

A estrutura verdadeira dos princípios, assevera José Luis de Los Mozos[288], foi instituída pelo idealismo *neo-kantiano* de G. Radbruch, para quem o Direito é constituído por mandamentos compostos por "normas determinadoras" e "normas de valoração". Desse sentir, afirma Los Mozos, é o pensamento de K. Engisch, que afirma que as proposições jurídicas sempre sofrem uma valoração, decorrente exatamente dos princípios.

Por isso mesmo, os princípios são portadores dos valores fundamentais das normas jurídicas que estabelecem critérios para o processo de interpretação e aplicação do direito. Cumpre a eles um papel limite de interpretação jurídica[289].

Daí por que os princípios são sempre normas gerais que visam à otimização do direito, segundo, aliás, informa o jurista alemão Robert Alexy, de modo que os princípios constituem normas que, proporcionalmente, procuram sempre o melhor para a sociedade.

Isto significa que, diante de um princípio, o Direito se direciona de maneira que, de acordo com a interpretação a ele dirigida, pode levar a diferentes conclusões, baseadas, porém, nos critérios da justiça e da eqüidade, ou na "máxima da proporcionalidade" – expressão utilizada pelo alemão – revelada em suas três formas de adequação: a da exigibilidade, a da necessidade (estas duas referem-se às possibilidades fáticas) e a da proporcionalidade (esta, à possibilidade jurídica de concretização).

---

[287] É bom lembrar que, sobre a diferença entre regras e princípios, existem duas concepções qualitativas – aliás, principiológicas. Para a primeira, chamada de concepção "forte", o princípio é um elemento integrador do Direito que atinge o mundo de valores éticos, culturais. Para a segunda, denominada concepção "débil", o princípio praticamente se assemelha à regra; distingue-se dela, apenas por ser um elemento de hermenêutica dentro do próprio sistema jurídico.

[288] LOS MOZOS, Jose Luis. **Metodologia y Ciencia en el Derecho Privado Moderno**. Madrid: Revista de Derecho Privado, 1977. p. 94.

[289] USERA, Raúl Canosa. **Interpretacion Constitucional y Formula Politica**. Madrid: Centro de Estudios Constitucionales, 1988. p. 146-147.

A "lei da ponderação", ou princípio da proibição de excesso, é estabelecida da seguinte forma, segundo Robert Alexy: "*cuanto mayor es el grado de la no satisfacción o de afectación de un principio, tanto mayor tiene que ser la importancia de la satisfacción del outro*"[290].

Nesse mesmo diapasão, Ronald Dworkin, a maior expressão filosófica o direito norte-americano, assevera que os princípios ou *standards*, numa concepção ampla, visam alcançar objetivos que levem a uma melhoria de vida social, política, econômica (neste sentido, fala-se em *policies*) e, numa concepção restrita, visam a uma exigência de justiça, eqüidade ou qualquer valor moral (neste sentido, fala-se em *principles*). Seja como for, os princípios "*não expressam conseqüências jurídicas que se seguem automaticamente quando se dão as condições previstas*"[291], como ocorrem com as regras, afetas ao sistema fechado do *all-or-nothing* ou da *fattispecie concreta e abstratta*.

Além disso, num eventual conflito, afere-se a aplicação do princípio pelo seu peso ou importância axiológica, de modo que os *standards* conflitantes continuam válidos, posição, aliás, adotada pela filósofa italiana Letizia Gianformaggio, para quem "*i principi non sono mai tra loro incompatibili: sono sempre tra loro concorrenti; il massimo possibile di garanzia delle libertà individuali compatibile con la tutela della salute (e viceversa); il massimo possibile di tutela della libertà di manifestazione del pensiero compatibile con il buon costume (e viceversa)*"[292]. Esse, aliás, o pensamento que fundamenta a liberdade positiva ou ativa que se coloca hodiernamente.

Em relação às regras, isto não ocorre; a antinomia é resolvida pelos critérios do cronológico, do hierárquico e o da especialidade, de maneira que uma das regras conflitantes torna-se inválida.

Na verdade, diante das regras, os princípios são sua origem ou o seu antecedente, sua aplicação ou determinação, sua conseqüência. Seja como for, os princípios, explícitos (ou positivados) ou implícitos (os chamados *princípios gerais de direito)*, devem guardar uma unidade dentro do sistema, ainda que sua origem decorra do Direito Natural, como é o caso do direito à intimidade e a da liberdade de expressão.

As regras existentes, hoje, sobre tais direitos inspiraram-se em princípios político-sociais, as verdadeiras "*'normas principais', dependentes*

---

[290] ALEXY, Robert. **Teoria de Los Derechos Fundamentales**. Madrid: Centro de Estudios Constitucionales, 1993. p. 161.

[291] DWORKIN, Ronald. **Taking Rights Seriously**. Cambridge, Massachusetts-EUA: Harvard University Press, 1980. p. 25.

[292] GIANFORMAGGIO, Letizia. L'Interpretazione della Costituzione tra Aplicazione di regole ed Argomentazione basata su Principi. **Rivista Internazionale di Filosofia del Diritto**, IV série – LXII, n. 01, p. 65-103, gen/mar. 1985.

de valorações ideológicas e culturais (...) onde está assentado o fundamento ético do Direito", como afirma Los Mozos[293].

Dentro da classe de princípios explícitos, merece destaque especial a dos princípios constitucionais, até porque o direito à intimidade e a liberdade de expressão estão inseridos constitucionalmente nos países adeptos do constitucionalismo, notadamente no Brasil, e constituem direitos fundamentais. Além disso, o fundamento de ambos encontra apoio noutro princípio maior, considerado por Kant como direito inato, ou seja, o da *liberdade*, o primado maior de todo e qualquer sistema constitucional.

Nesse sentido, importante frisar que *as normas constitucionais*, mesmo as programáticas, têm "hoje um valor jurídico constitucionalmente idêntico ao dos restantes preceitos da constituição", anota J. J. Gomes Canotilho[294]. Considerando que o direito à intimidade e a liberdade de expressão constituem, na expressão usada por Pietro Perlingieri, *princípios de relevância geral*, sua aplicação num sistema jurídico é imediata.

Consoante esclarece Robert Alexy[295], a teoria dos princípios

> *possibilita um meio-termo entre vinculação e flexibilidade. A teoria das regras conhece somente a alternativa: validez e não validez. Em uma constituição como a brasileira, que conhece numerosos direitos fundamentais sociais, generosamente formulados, nasce sobre esta base uma forte pressão de declarar todas as normas que não se deixam cumprir completamente... como meros princípios programáticos.*

Em relação aos princípios constitucionais, destaque para os *princípios estruturantes ou fundamentais ou político-constitucionais* e para os *princípios garantia* (além da existência dos princípios impositivos ou diretivos – os *policies),* entre os quais localizaremos, na atual Constituição do Brasil, dentre outros ligados ao tema em estudo, os princípios da convivência

---

[293] *Op. cit.*, p. 97.
[294] CANOTILHO, José Joaquim Gomes. **Direito Constitucional e Teoria da Constituição**. Coimbra: Almedina, p. 190. No mesmo sentido, entende PERLINGIERI, Pietro (**Perfis do Direito Civil – Introdução ao Direito Civil Constitucional**. Tradução de Maria Cristina de Cicco. Rio de Janeiro: Renovar, 1997. p. 11) que "*as normas constitucionais – que ditam princípios de relevância geral – são de direito substancial, e não meramente interpretativas; o recurso a elas, mesmo em sede de interpretação, justifica-se, do mesmo modo que qualquer outra norma, como expressão de um valor do qual a própria interpretação não pode subtrair-se. É importante constatar que os princípios são normas. Não existem, portanto, argumentos que contrastem a aplicação direta: a norma constitucional pode, também sozinha (quando não existirem normas ordinárias que disciplinem a **fattispecie** em consideração), ser a fonte da disciplina de uma relação jurídica de direito civil*".
[295] ALEXY, Robert. **Colisão de Direitos Fundamentais e Realização de Direitos Fundamentais no Estado de Direito Democrático**. Porto Alegre: Faculdade de Direito da UFRGS, 1999. v. 17, p. 267-279.

justa e da solidariedade (art. 3°, inc. I); o da dignidade da pessoa humana (art. 1°, inc. II); o da justiça social (art. 3°, inc. III); o do respeito aos direitos fundamentais da pessoa humana, mesmo que internacionalmente (art. 4°); e, no art. 5°, o da liberdade de crença e de expressão e o do respeito à intimidade e à vida privada, tudo isso dentro de um valor constitucional e principiológico maior, o da liberdade.

Realce, por fim, aos chamados *princípios suprapositivos* ou *extrasistêmicos*, os quais decorrem do Direito Natural e, segundo Luis P. Sanchís, decorrem de uma argumentação ética, da qual sobressai o princípio da *"liberdade jurídica como a garantia institucional da co-extensa liberdade natural, de modo que toda limitação a esta se considera como uma restrição à liberdade jurídica e, portanto, aos direitos fundamentais"*[296]. Aliás, o fundamento dos direitos fundamentais em questão é a própria *liberdade*, que deve ser bem entendida e, por isso, é objeto de estudo à parte.

Assim, a disposição do direito à intimidade e à vida privada, sob a forma de princípio, pode ser expressada, *prima facie*, como toda proibição em sociedade à intervenção em sua esfera de manifestação, em razão do sentido constitucional principiológico brasileiro estabelecido no art. 5°, inc. X, onde está disposto: *"são invioláveis a intimidade, a vida privada..."*. Essa inviolabilidade, exigida para uma convivência social, está enraizada no princípio maior da liberdade, conquistada a duras penas por muitos, ainda buscada por outros, em função de valores que, num dado momento, se reputam importantes.

Daí a relação entre princípio e valor; aquele pertence à categoria prática, denominada, por von Wright, *deontológica* (conceito que exprime mandados, proibições e permissões – aquilo que é devido) e o valor, ao conceito prático *axiológico* (aquilo que é bom). Essa distinção desemboca numa conseqüência fundamental, no sentido de que, ao contrário do pensamento de Kant (o do dever-ser abstrato), o fundamento do dever-ser é um valor. Nesse sentido, Max Scheler, citado por Johannes Hessen, formulou o princípio de que *"todo o dever-ser se funda num valor"*[297], diferente de Kant, para quem é o dever-ser que fundamenta o valor.

Na verdade, os valores são juridicizados pelas normas jurídicas, dentre elas os princípios. Kant quis dizer que o valor, por si só, não traça as conseqüências jurídicas numa sociedade organizada; necessita de um imperativo, de um comando, para juridicizá-lo. A liberdade constitui um valor fundamental numa sociedade democrática; mas, enquanto valor, constitui "um pássaro sem asa". Necessita de um comando que estabeleça os efeitos

---

[296] SANCHÍS, Luis Prieto. **Sobre Principios y Normas**: problemas del razonamento jurídico. Madrid: Centro de Estudios Constitucionales, 1992. p. 147.
[297] HESSEN, Johannes. **Filosofia dos Valores**. 5. ed. Coimbra: Arménio Amado, 1980. p. 84.

jurídicos. É, aliás, o que apregoa Claus-Wilhelm Canaris, no sentido de sistematizar o Direito dentro de uma unidade baseada numa ordem liberal.

Bem a propósito, baseado em Kant, Canaris[298] afirma que "*sistema é a unidade, sob uma idéia, de conhecimentos diversos ou, se se quiser, a ordenação de várias realidades em função de pontos de vista unitários*", a qual, para ser aplicada, deve ser conhecida por meio de uma linguagem inteligível e redutora (sistema interno).

Assevera Canaris que "*a objetivação assim permitida não pode, no entanto, fazer esquecer que o Direito é sempre um fenômeno cultural. A sua existência depende da criação humana e a sua estruturação advém da adoção, pelos elementos que compõem uma sociedade, de certas bilotas de comportamento*"[299], que, para nós, são, hoje, melhor traduzidas em valores. Daí definir-se o Direito como "*um modo social de existência, patente nos comportamentos de cada pessoa e na sua legitimação*", conceito esse que deixa entrever a liberdade como o seu fundamento.

Canaris superou a contraposição positivista de Heck entre sistemas interno e externo, sustentando que, na verdade, deve haver uma inter-relação entre ambos. Entre um e outro existe uma ponte de ligação, o fenômeno da *recepção*, feito pelos cultores do Direito. "*A recepção prende-se, pois, sempre com o nível de aprendizagem dos juristas*"[300]. Essa sistemática integrada – entre a natureza histórico-cultural do Direito e um sistema adequado externo – deve-se a Savigny. Mas, o verdadeiro reflexo jurídico do sistema integrado veio com o Código Civil alemão de 1896, baseado na teoria de Thibaut, desenvolvida também por Windscheid. O Código Civil francês de 1804, fruto da sistemática anterior (sistema centralizador, mas com profunda valorização às precedências históricas, em especial, à propriedade e à liberdade contratual), teve muita influência da realidade cultural românica.

Dentro do sistema externo do Direito, pode-se afirmar, seguramente, que o direito à intimidade sempre existiu; todavia, seu reconhecimento pelo sistema interno e em razão dos valores atingidos atualmente – principalmente pelo fato da revolução tecnológica –, somente ocorreu após a segunda metade do século XX.

É bom lembrar que a filosofia de direito hobbesiana, de cunho existencial e sistemático cartesianista, dirigido a ordenar o Direito Romano, de forma empírica e periférica, teve como contraponto o *idealismo jusnatural* de Hugo Grócio (1583 a 1645), que deu início à elaboração de um siste-

---

[298] CANARIS, Claus-Wilhelm. **Pensamento Sistemático e Conceito de Sistema na Ciência do Direito**. 2. ed. Tradução de A. Menezes Cordeiro. Lisboa: Fundação Calouste Gulbenkian, p. LXIV.
[299] *Op. cit.*, p. LXVII.
[300] *Idem*, p. LXXIII.

ma indutivo, com a fixação de "*princípios nucleares*"[301], que permitiu a Kant formular sua concepção de direitos inatos, que bem fundamenta os direitos da personalidade e valoriza a pessoa humana.

6.2 OS SUJEITOS DE DIREITO COMO VALOR

No mundo contemporâneo, constata-se, claramente, que a pessoa humana é o centro de todos os valores éticos individuais. Basta atentarmos para as considerações iniciais da Declaração Universal dos Direitos Humanos de 1948, em que se verifica que "*o desprezo e o desrespeito pelos direitos da pessoa resultaram em atos bárbaros que ultrajaram a consciência da* **humanidade** *e que o advento de um mundo em que as* **pessoas** *gozem de liberdade de palavra, de crença e de liberdade de viverem a salvo do temor e da necessidade, foi proclamado como a mais alta aspiração do homem comum*" (g.n.).

Afirmou-se ali, outrossim, que é "*essencial que os* **direitos** *da* **pessoa** *sejam protegidos pelo império da lei, para que a pessoa não seja compelida, como último recurso, à rebelião contra a tirania e a opressão*" (g.n.).

E mais, "*os povos das Nações Unidas reafirmaram, na Carta, sua fé nos direitos humanos fundamentais, na* **dignidade e no valor da pessoa humana** *e na igualdade de direitos do* **homem** *e da* **mulher***, e decidiram promover o progresso social e melhores condições de vida em uma liberdade mais ampla*", com ênfase na compreensão universal e comum de que os direitos e liberdades ali formulados eram "*da mais alta importância para o pleno cumprimento desse compromisso*".

Nesse sentido, a Constituição da República da Itália, de 1948, proporcionou inegável avanço e respeito aos direitos fundamentais da pessoa humana. Mas, numa rápida evolução, Pietro Pierlingieri mostra que o Código Civil italiano de 1865, denominado o código da unidade política, revoga os códigos pré-unitários de cada Estado italiano, porém, mantém o valor francês de 1804, no sentido de valorizar a propriedade privada – "*quem possui é*"[302].

Já o Código Civil italiano de 1942 valoriza a atividade produtiva em benefício do Estado. Contudo, assevera Perlingieri, "*a Constituição da República assumiu, em relação a este problema, uma posição diversa. Uma coisa é ler o código naquela ótica produtivista, outra é 'relê-lo' à luz da opção 'ideológico-jurídica' constitucional, na qual a produção encontra limites insuperáveis no respeito aos direitos fundamentais da pessoa*

---

[301] *Idem*, p. LXXIX.
[302] PERLINGIERI, Pietro. **Perfis do Direito Civil – Introdução ao Direito Civil Constitucional.** Tradução de Maria Cristina de Cicco. Rio de Janeiro: Renovar, 1997. p. 4.

humana"[303]. Acrescenta o insigne jurista e professor da Universidade de Salerno que "*o respeito aos valores e aos princípios fundamentais da República representa a passagem essencial para estabelecer uma correta e rigorosa relação entre o poder do Estado e o poder dos grupos, entre a maioria e a minoria, entre poder econômico e os direitos dos marginalizados, dos mais desfavorecidos*"[304].

Com a sua peculiar sabedoria, Miguel Reale esclarece que "*o Direito é a concretização da idéia de justiça na pluridiversidade de seu dever-ser histórico, tendo a pessoa como fonte de todos os valores*"[305]. O eminente jusfilósofo brasileiro esclarece, outrossim, noutra importante obra, que "*a teoria dos valores é hoje central porque acima de tudo, no mundo contemporâneo, está em causa o valor próprio do ser humano*"[306].

No mesmo diapasão, Karl Larenz[307], ao analisar o Direito após a 1ª metade do século XX, esclarece que a

> *inicial inclinação ao retorno do "Direito Natural", no sentido de proposições jurídicas de validez intertemporal, tem cedido em seu lugar desde então a considerações sem dúvida mais sutis. A jurisprudência dos interesses, que não pode negar sua procedência do positivismo sociológico e de uma concepção pragmática do Direito, tem-se transformado, progressivamente, apesar de gozar de grande prestígio na prática judicial, numa "jurisprudência de valores", continuando-se assim a evolução iniciada por Stoll.*

Essa evolução se deve, em primeiro lugar, à influência do neo-jusnaturalismo; em segundo, ao fortalecimento, após a Segunda Guerra Mundial, do poder judiciário, inclusive diante do legislativo, de modo que a "*ciência do Direito presta, cada vez mais, atenção aos métodos do 'Direito do caso', de que é sintomático, sobretudo, Esser*"[308] e, também, Theodor Viehweg com sua grandiosa obra **Topik und Jurisprudenz** (1953), para quem toda proposição jurídica representa um problema[309].

---

[303] *Op. cit.*, p. 4.
[304] *Idem*, p. 6.
[305] REALE, Miguel. **Linha Evolutiva da Teoria Tridimensional do Direito**. São Paulo: Faculdade de Direito da USP, 1993. v. 88, p. 312.
[306] REALE, Miguel. **Pluralismo e Liberdade**. São Paulo: Saraiva, 1963. p. 15.
[307] LARENZ, Karl. **Metodologia de la Ciencia del Derecho**. Tradução de Enrique Gimbernat Ordeig. Barcelona: Ediciones Ariel, 1994. p. 136-137.
[308] *Op. cit.*, p. 137.
[309] *Apud* CANARIS, Claus Wilhelm. *Op. cit.*, p. 249. Canaris, a respeito, critica Viehweg, que é aristotélico, e afirma que a 'tópica' ou é falsa ou trivial – o óbvio, posto que o pensamento sistemático também cuida dos problemas. O que não se pode é reduzir as estruturas jurídicas a meros problemas, ainda que deduzidas do *sensus communis*. O Direito não pode ser reduzido a um catálogo de problemas, principalmente nos dias atuais em que a revolução tecnológica tem tra-

Abandona-se o positivismo próprio do pensamento legal-estatal, de modo que, conclui Larenz: "*frente a isto, Esser chama a atenção, com razão, sobre a grande importância dos **princípios**, idéias retóricas, máximas de juízos e regras de formulação prática do Direito em que se pode e devem se apoiar os Tribunais, dentro de uma formulação de Direito mais ou menos 'livre da lei'"*[310], sempre em função do sujeito de direitos.

Segundo Pietro Pierlingieri[311],

a jurisprudência dos valores constitui, sim, a natural continuação da jurisprudência dos interesses, mas com maiores aberturas para com as exigências de reconstrução de um sistema de "Direito Civil Constitucional", enquanto idônea a realizar, melhor do que qualquer outra, a funcionalização das situações patrimoniais àquelas existenciais, reconhecendo a estas últimas, em atuação dos princípios constitucionais, uma indiscutida preeminência. Mesmo interesses materiais e suscetíveis de avaliação patrimonial, como instrumentos de concretização de uma vida digna, do pleno desenvolvimento da pessoa e da possibilidade de libertar-se das necessidades, assumem o papel de valores.

Coloca-se em evidência, na jurisprudência dos valores, os chamados *valores existenciais*, decorrentes do existencialismo, do "ser" como pessoa, objeto de estudo do próximo capítulo.

Não significa 'humilhar' o interesse patrimonial entre o sujeito e o bem, mas, sim, de valorar, com mais ênfase, os valores da liberdade, igualdade e justiça, inerentes aos sujeitos de direitos. Em outras palavras, "*o pluralismo econômico assume o papel de garantia do pluralismo também político e do respeito à dignidade humana*", arremata Pierlingieri[312].

Essa temática vem ao encontro da contemporânea teoria do *personalismo*, que, diante do conflito valorativo entre indivíduo e sociedade, procura encontrar um equilíbrio entre as teorias *individualista* e *transpersonalista*.

Diferente da concepção individualista (em que se valoriza o subjetivismo, como se fosse uma categoria própria do Direito) e da concepção transpersonalista (em que se valorizam os interesses sociais, em detrimento do individual), no *personalismo,* derivado, aliás, da ética kantiana, "*o indivíduo deve ceder ao todo, até e enquanto não seja ferido o valor da pessoa, ou*

---

zido ao conhecimento humano verdades jamais imagináveis. Tanto que o experimentalismo genético, por exemplo, busca dissociar o ser humano da pessoa. O conhecimento problemático serve, apenas, para auxiliar o conhecimento sistemático.

[310] *Op. cit.*, p. 137.
[311] *Op. cit.*, p. 32.
[312] *Idem*, p. 34.

seja, a plenitude do homem enquanto homem. Toda vez que se quiser ultrapassar a esfera da 'personalidade' haverá arbítrio"[313].

É bom lembrar que a tese filosófica *positivista* rejeita a fundamentação dos direitos fundamentais (expressão dada aos direitos humanos em face de sua constitucionalização) nos valores, pois estão fora do mundo do ser, conforme esclarece Antonio Enrique Perez Luño[314]. Para a teoria *realista*, essa situação foi resolvida pela Declaração Universal de 1948; seu fundamento está na concretude dos valores ali defendidos.

Para os jusnaturalistas, o fundamento dos direitos da personalidade existe e se classifica em *objetivo* (fundado numa postura da ética material de valores, na qual avulta o pensamento social cristão), *subjetivo* (fundado no primado da liberdade individual) e *intersubjetivo* (fundado no ideal de igual liberdade e dignidade social), este último compreendendo a concepção mais coerente, que procura um ponto de equilíbrio entre o valor humano e os princípios, de modo que a teoria da necessidade ou interesse – desenvolvida por Hegel – não fique submetida às contingências momentâneas e que se passe a valorizar fórmulas ou princípios abertos, cujo conteúdo decorra do consenso social, que pressupõe a unidade existente numa determinada época e sociedade.

O princípio maior que representa esse consenso axiológico-normativo atualmente é, segundo a maioria dos juristas, o da *dignidade da pessoa humana*. Segundo Celso Ribeiro Bastos, "*a referência à dignidade da pessoa humana parece conglobar em si todos aqueles direitos fundamentais, quer sejam os individuais clássicos, quer sejam os de fundo econômico e social*"[315].

A nosso ver, o princípio da dignidade humana é a decorrência imediata de um princípio maior e inato, ou seja, o da *liberdade*. Ainda hoje, muitos povos derramam sangue em busca da liberdade. A liberdade juridicamente construída guarda simetria com a igualdade – daí a visão idealista social do Direito – e sua conseqüência imediata é a dignidade humana. O tratamento jurídico digno pressupõe o reconhecimento das liberdades em geral. Sem liberdade, não há dignidade.

O consenso democrático deve reconhecer o respeito às liberdades de pensamento e de expressão de maneira geral, igualitária, pois, adverte

---

[313] REALE, Miguel. **Filosofia do Direito**. 6. ed. São Paulo: Saraiva, 1972. v. I, p. 251. No mesmo sentido, confira-se TOBEÑAS, Jose Castan. *Op. cit.*, p. 69.
[314] LUÑO, Antonio Enrique Perez. **Derechos Humanos, Estado de Derecho y Constitucion**. 3. ed. Madrid: Tecnos, 1990. p. 134.
[315] BASTOS, Celso Ribeiro; MARTINS, Ives Gandra. **Comentários à Constituição do Brasil**. São Paulo: Saraiva, 1988. p. 425. No mesmo diapasão, SILVA, José Afonso da, para quem "*a dignidade da pessoa humana é um valor supremo que atrai o conteúdo de todos os direitos fundamentais do homem, desde o direito à vida*" (*In*: **Curso de Direito Constitucional Positivo**. 7. ed. São Paulo: RT, 1991. p. 93).

Elias Diaz, "*sem elas as maiorias não podem existir como tais, nem menos ainda legitimar-se por essa via. As maiorias só se reconhecem como maiorias, só o são realmente, na medida em que permitem a livre e plena expressão de indivíduos e minorias; aquelas necessitam absolutamente destas*"[316].

Se a liberdade é o pressuposto básico e fundamental da dignidade da pessoa humana, o direito *à vida* é a essência e a razão de ser do personalismo; por isso mesmo, decorre do Direito Natural. Ele dá fundamento lógico e principiológico aos demais direitos da personalidade; é um direito personalíssimo. Afirma a ilustre e catedrática Maria Garcia que o próprio *caput* do art. 5º de nossa Constituição reafirma o direito à vida como um direito inviolável e fundamental desde a concepção ou a formação da pessoa, comprovada cientificamente[317].

A vida antecede o Direito; ela não é concedida pelo Estado, mas sim garantida por ele. Da mesma forma, o seu titular não tem vontade livre sobre ela, pois, do contrário, se estaria admitindo o suicídio. Desde a concepção até a morte, a vida da pessoa humana é protegida, conforme, aliás, preconiza a nossa Constituição (arts. 5º, *caput*; 7º, com o direito ao trabalho; 5º, inc. LXVII, 229, 230, 227, com direito a alimentos à criança, ao idoso ou à pessoa portadora de anomalia; arts. 194 a 196, com o direito à saúde).

Nesse sentido, esclarece Maria Garcia que a vida constitui um bem jurídico a ser protegido contra a insânia coletiva, de modo a não se permitir a legalização do aborto, a pena de morte e meios científicos cruéis e degradantes[318].

Daí por que a Declaração dos Direitos da Criança, de 1959, previu, com muita propriedade, a necessidade de proteção integral, dada a sua imaturidade físico-mental, não só depois do nascimento, como também antes – sob o enfoque da *ontogenia humana*. Conforme observa Maria Helena Diniz, "*o feto é um ser com individualidade própria; diferencia-se, desde a concepção, tanto de sua mãe como de seu pai e de qualquer pessoa e, independentemente do que a lei estabeleça, é um ser humano*"[319].

---

[316] DIAZ, Elias. **Legalidad-legitimidad en el socialismo democratico**. Madrid: Civitas, 1978. p. 10.
[317] GARCIA, Maria. **A inviolabilidade Constitucional do Direito à vida. A questão do aborto. Necessidade de sua descriminalização. Medidas de consenso**. São Paulo: Cadernos de Direito Constitucional e Ciência Política, 1998. v. 24, p. 73.
[318] *Op. cit.*, p. 73.
[319] DINIZ, Maria Helena. **O Estado Atual do Biodireito**. São Paulo: Saraiva, 2001. p. 27. Bem a propósito, esclarece-nos a insigne Titular de Direito Civil da PUCSP que, "*no século XX, a humanidade retrocedeu em alguns pontos quando deveria ter exaltado a dignidade humana, surgindo, como diz Pedro-Juan Viladrich, uma humanidade humanicida, que suprimiu mais de 250 milhões de seres humanos antes mesmo de nascerem, número superior às mortes havidas em todas as guerras da história mundial, pois, por exemplo, na Segunda Guerra Mundial, tivemos 55 milhões de mortes, e o genocídio de judeus apresentou a cifra de 6 milhões de óbitos*". (*Op. cit.*, p. 103)

Segundo a ilustre civilista,

> *os problemas humanos têm de ser resolvidos sem a desvalorização da vida humana, evitando-se o egoísmo, o relaxamento dos costumes e a procriação irresponsável, pois, por mais que se pense e sofisme (...), que não leve em conta o respeito à vida humana de um ser inocente e indefeso é falso e inadmissível juridicamente ante o disposto em preceitos constitucionais*[320].

Dentro dessa análise, não podemos nos esquecer de que a *pessoa jurídica* também constitui um ente jurídico e, portanto, um sujeito de direitos. Como tal, deve-se respeito ao direito a sua intimidade, em que pese opiniões em contrário, como a doutrina argentina e, em especial, a de René Ariel Dotti[321], o qual afirma que a intimidade é um sentimento que envolve a liberdade de pensar, crer, amar, rir, chorar; e a pessoa jurídica não tem esse sentimento.

Evidentemente, a pessoa jurídica não tem sentimentos. Mas possui segredos (estratégias de atuação, desenvolvimento de tecnologias, manipulação de fórmulas, vida financeira) que, tornados públicos, mesmo que por seus dirigentes, podem causar um dano irreparável em sua vida negocial. E o segredo constitui um dos aspectos da intimidade.

Por isso mesmo, nossa antiga legislação, ainda que preocupada com outros valores – notadamente o econômico –, previr uma série de dispositivos que protegiam a intimidade da pessoa jurídica. O art. 17 do Código Comercial previa o sigilo dos atos do comerciante em relação às suas escritas nos livros comerciais, e os arts. 18 e 19, do mesmo *codex,* permitiam a exibição apenas judicial dos livros e às vistas do comerciante. O mesmo ocorre em relação aos livros das sociedades anônimas (Lei 6.404/76, art. 105).

O direito ao segredo de fábrica e dos negócios é tutelado, via transversa, pela Lei 9.279/96, que revogou a anterior Lei 5.772/71. Os negócios tributários e previdenciários também estão tutelados juridicamente pelo dever de sigilo imposto aos agentes fiscais, em face do art. 198 do Código Tributário Nacional.

O sigilo de correspondência, previsto constitucionalmente (CR, art. 5º, inc. XI), também se aplica às pessoas jurídicas e, até mesmo, em relação ao comerciante falido, sendo inconstitucional a norma falimentar que dispõe que as cartas do falido devem ser entregues ao síndico.

---

[320] *Idem,* p. 104.
[321] DOTTI, René Ariel. **Proteção da Vida Privada e Liberdade de Informação**. São Paulo: RT, 1980. p. 94-95.

No tocante às operações financeiras, a Lei 4.595/64 protegia o sigilo das operações ativas e passivas das pessoas jurídicas – e também físicas –, bem como dos serviços prestados pelos bancos e seus agentes, podendo ser quebrado apenas por ordem judicial ou, por equiparação, pela CPI.

Todavia, em relação ao sigilo das operações financeiras, recente lei (Lei Complementar 105/01), de duvidosa constitucionalidade, alterou o quadro jurídico até então existente, inclusive, com a revogação expressa do art. 38 da Lei 4.595/64.

O Banco Central do Brasil passou a ser uma instituição equiparada à Polícia Judiciária, ao Ministério Público e, em especial, ao Poder Judiciário, num único ato legislativo, pois, segundo o § 1º do art. 2º da Lei Complementar 105, de 10.01.2001, "*o sigilo, inclusive quanto a contas de depósito, aplicações e investimentos mantidos em instituições financeiras, não pode ser oposto ao Banco Central, (...) no desempenho de suas funções de fiscalização, compreendendo a apuração, a qualquer tempo, de ilícitos praticados...*".

Por extensão legal – § 3º do art. 2º –, a Comissão de Valores Mobiliários, no âmbito de suas funções, tem os mesmos poderes. O mesmo ocorre em relação às autoridades fiscais no tocante ao exame, sem ordem judicial, de documentos, livros e registros de instituições financeiras, além contas de depósito e aplicações, sob a condição falaciosa de haver procedimento fiscal.

É flagrante a inconstitucionalidade desse dispositivo legal, pois afronta, dentre outras, a cláusula pétrea prevista no art. 5º, incs. X (respeito à vida privada e intimidade financeira) e XII (respeito ao sigilo de dados), da Constituição da República. Não se quer aqui fazer apologia liberal das aplicações financeiras – posto que por detrás delas diversos crimes são praticados –, mas, devemos respeitar a ordem constitucional por nós imposta.

Imperioso notar, ainda, que o § 4º do citado artigo de lei permite a realização de "convênios" com outros órgãos fiscalizadores de atividades financeiras, e até mesmo com países estrangeiros, com trocas de informações, de maneira a se possibilitar ampla divulgação, principalmente, via Internet, como veremos.

Por fim, notamos, ainda, o privilégio legal criado por essa "lei complementar" e atribuído à Advocacia-Geral da União, por meio do qual o Banco Central e a Comissão de Valores Mobiliários podem, independentemente de ordem judicial, prestar informações e enviar documentos de cunho financeiro a ela para a "defesa da União" (LC 105/01, art. 3º, § 3º). No mínimo, o povo deveria ter o mesmo direito para promover ações populares!

Note-se que o Conselho de Controle de Atividades Financeiras, órgão administrativo criado pela Lei 9.613, de 03.03.1998 – que disciplinou o crime de lavagem de dinheiro –, já detinha esse poder de requisição, até então atribuído, constitucionalmente, ao Poder Judiciário e às Comissões Parlamentares.

O Decreto regulamentador 4.489, de 28.11.2002, que deveria regulamentar a lei complementar, alargou, consideravelmente, as hipóteses de incidência, ferindo, ainda mais, os princípios constitucionais expressos[322].

Segundo a norma regulamentadora, suas regras são aplicáveis não só aos casos de lavagem de dinheiro ou de sonegação, mas também a quaisquer circunstâncias. Em outras palavras, o decreto permite ao fiscal a quebra do sigilo bancário em qualquer hipótese que julgar conveniente para a apuração de um fato.

Verificam-se, mais uma vez, as gritantes aberrações jurídicas cometidas por nosso legislador. Sob o manto do combate à criminalidade, criam-se mecanismos *legais* que permitem a devassa e as ingerências arbitrárias – e inconstitucionais – do Poder Execcutivo na vida privada das pessoas, especialmente num de seus aspectos mais íntimos – a vida financeira de cada um – em um evidente ato tirano de afronta à Constituição da República. E o que é pior, existem os mecanismos *jurídicos* próprios para o combate à criminalidade financeira. É a tirania das leis por conveniência, a pior delas!

6.3 A INTIMIDADE E A LIBERDADE COMO DIREITOS INATOS

Adriano de Cupis, Antunes Varela, Tobeñas e, entre nós, Limongi França e Orlando Gomes defendem a tese de que os direitos da personalidade constituem poderes inerentes ao próprio homem, de reconhecimento concreto, cujo objeto é a própria pessoa como sujeito de direitos.

Sendo o sujeito de direitos o objeto dos direitos da personalidade, naturalmente se pode concluir que o objeto é constituído por atributos ou pelas qualidades físicas, espirituais ou morais do homem, que se desenvolveram ao longo da civilização humana como *direitos inatos*, surgidos do Direito Natural.

Em que pese o entendimento de que os direitos da personalidade passaram a existir somente por força jurídica dada pelo poder estatal, a evolução histórica nos revelou que eles sempre existiram, em decorrência da própria existência humana – daí a íntima ligação com o existencialismo –,

---

[322] Nesse sentido, confira-se o parecer de REALE, Miguel; MARTINS, Ives Gandra, publicado na **Revista Tributária**, n. 48, Ed. RT, do período de jan./fev. 2003. A respeito, o Sistema Bacen JUD, criado para facilitar o trabalho do Poder Judiciário na quebra do sigilo bancário, é importante instrumento social de apuração infracional. Mas não pode ser utilizado por outros organismos estatais, sob pena de se ferir a Constituição democrática de 1988.

formando-se pelo reconhecimento e pela força dos princípios traduzidos pelo Direito Natural e transformados em regras jurídicas.

Claro que diversos princípios naturais, dentre eles o da liberdade, foram reconhecidos pela ordem positiva, principalmente nos séculos XVII e XVIII, com o iluminismo. A formação natural dos direitos da personalidade nasce com o próprio sujeito de direitos.

Daí por que o eminente e saudoso Pontes de Miranda afirmava, com sua habitual habilidade e conhecimento jurídico, que "*o primeiro direito de personalidade é o de adquirir direitos, pretensões, ações e exceções e de assumir deveres, obrigações ou situações passivas em ação ou exceção. Não se lhe chame precondição, como F. Ferrara* (**Trattado**, I, 458) ... *termo atécnico*"[323].

Os atributos pessoais, inerentes à condição de desenvolvimento do próprio homem, sempre existiram, muito embora, em certas civilizações, não tenham sido *reconhecidos* (e, ainda hoje, não o são; alguns, que foram conquistados no final do século passado, estão sendo destruídos por governos inescrupulosos).

Mesmo na antigüidade greco-romana, o chefe de família, em que pese seus poderes de potestade, cultivava sua intimidade, até porque suas decisões deveriam ser respeitadas pelo *concilium primus*, mesmo que elas violassem os direitos de personalidade do filho ou da mulher.

Assim, "*o direito à personalidade como tal é inato, no sentido de direito que nasce com o indivíduo; é aquele poder* **in se ipsum**, *a que juristas do fim do século XV e do século XVI aludiam, sem ser, propriamente, o direito sobre o corpo,* **in corpus suum potestas**"[324].

Foi por isso que o espanhol Baltazar Gomes de Amescúa, em seu **Tractatus de Potestate in se ipsum** (de 1609), sustentava que todo o ser humano possui uma espécie de *potestas in se ipsum* para os efeitos e dentro dos limites preconcebidos pelas leis naturais e, em segundo plano, pelo que preceitua o direito do reino, o canônico e o civil.

Daí resultar o conceito fornecido por Pontes de Miranda acerca dos direitos da personalidade como sendo "*todos os direitos necessários à realização da personalidade, à sua inserção nas relações jurídicas. O primeiro deles é o da personalidade em si mesma, que bem se analisa no ser humano...*"[325].

---

[323] MIRANDA, Pontes de. **Tratado de Direito Privado**. 1. ed. Atualizado por Vilson Rodrigues Alves. Campinas: Bookseller, 2000. t. 7, p. 37.
[324] *Op. cit.*, p. 38.
[325] *Idem, ibidem*, p. 39. Apenas, um comentário à parte contra a assertiva de que a personalidade surge no ser humano "ao nascer" (*Op. cit.*, p. 39). Na verdade, a doutrina contemporânea, na linha do inovador entendimento do insigne Renan Lotufo, entende que o próprio nascituro é um su-

No mesmo diapasão, Goffredo Telles Júnior, citado pela insigne Maria Helena Diniz, deixou assentado que "*os direitos da personalidade são os direitos subjetivos da pessoa de defender o que lhe é próprio, ou seja, a identidade, a liberdade, a sociabilidade, a reputação, a honra, a autoria etc.*"[326].

Por excelência, o direito à vida, incluído nesse direito o nascituro, constitui um direito de personalidade inato e que merece o "*primado do direito mais relevante*"[327], pois dele decorrem os demais, conforme, aliás, anota, também, a ilustre constitucionalista pátria Maria Garcia[328]. Todavia, dele decorre um outro tão importante quanto, que é o direito à integridade psíquica, por onde se desenvolveram a liberdade de consciência ou pensamento e o direito à intimidade, que, a nosso ver, abrange o direito ao sigilo.

O direito à integridade psíquica constitui, por isso mesmo, um direito absoluto, de modo a resguardar, inclusive – e nesse ponto Pontes de Miranda sempre teve razão – "*o nascituro, desde a concepção, inclusive mediante atos tendentes a se evitar que alguém, ou a própria mãe, ingira substância que possa perturbar ou sacrificar o desenvolvimento psíquico do nascituro*"[329], ou ainda – eu acrescentaria – atos que evitem a manipulação dos genes de um feto, visando à criação de uma raça humana específica (diferente a situação da manipulação visando à cura de uma doença detectada embrionariamente).

Importante notar que os direitos da personalidade, decorrentes dos direitos subjetivos, surgiram da aptidão única atribuível a toda e qualquer pessoa pelo simples fato de sua existência, com a natural qualidade de juridicizar sua exteriorização. Veja-se que é o direito subjetivo que exerce os poderes contidos no personalismo e, por isso, o direito à intimidade se amolda por completo à estrutura do direito subjetivo.

Não basta saber que direito subjetivo é o interesse protegido pela ordem jurídica, como dizia Ihering; ou, então, que direito subjetivo é o poder, conferido pela ordem jurídica, de manifestar a vontade (segundo, Windscheid); ou mesmo que ele seja preceptivo (FERRI). Na verdade, escla-

---

jeito de direito, pois nele há vida (*in* JTJ, **Lex** 150/90); mais adiante, segue um comentário mais detalhado a respeito.

[326] *Apud* DINIZ, Maria H. **Curso de Direito Civil Brasileiro**, 1º v., p. 100.

[327] Expressão de MIRANDA, Pontes de. *Op. cit.*, p. 49.

[328] GARCIA, Maria. *Op. cit.*, p. 73.

[329] *Op. cit.*, p. 54. Saliente-se que Pontes de Miranda afirma, categoricamente, que "*nenhum dos direitos da personalidade é relativo; o fato de serem dirigidos ao Estado, se a ofensa provém de autoridade pública, de modo nenhum os relativiza; apenas, aí, se põe ao vivo que a evolução política e jurídica já alcançou muni-los de pretensões e ações que mantivessem o Estado, que também é pessoa, dentro dos limites que o direito das gentes, a Constituição e as leis lhe traçaram*". (*Op. cit.*, p. 30)

rece Alberto Trabucchi[330] que "*o direito subjetivo se tem por constituído como um poder de atuar, atribuído à vontade do sujeito e garantido pelo ordenamento jurídico, para satisfazer seus interesses juridicamente reconhecidos*" (Tradução livre nossa).

Bem por isso, a Escola do Direito Natural concebeu os direitos da personalidade como inatos ou preexistentes, originários, não cabendo ao Estado criá-los, mas apenas declará-los. A propósito, Montesquieu deixou assentado que, antes das leis civis, "*estão as da natureza, assim denominadas por derivarem unicamente da constituição do nosso ser*"[331], concepção que propiciou a afirmação da natureza jurídica da Declaração dos Direitos do Homem e do Cidadão de 1789, como sendo "*direitos naturais, inalienáveis e sagrados do homem...*", conforme disposto no preâmbulo do documento.

Nesse sentido, especial destaque para o disposto no art. 16 do Código Civil austríaco (de 1811), que previa: "*Todo homem tem direitos inatos que se fundam na razão, em função da qual deve ser considerado pessoa*". Em complemento, o art. 17 dispunha: "*o que é conforme os direitos naturais inatos deve ser tido por existente enquanto a limitação legal desses direitos não estiver provada*"[332].

Carlos Alberto Bittar[333] esclarece, com toda propriedade, que

---

[330] TRABUCCHI, Alberto. **Instituciones de derecho Civil**. Madrid: Revista de Derecho Privado, 1967. v. I, p. 53.

[331] **L'Espirit des Lois**. Paris: Garnier Frères, 1949. Livro 1, capítulo 2 (Das Leis da Natureza).

[332] É de se considerar que Pontes de MIRANDA entende que "*os direitos de personalidade não são impostos por ordem sobrenatural, ou natural, aos sistemas jurídicos; são efeitos de fatos jurídicos, que se produziram nos sistemas jurídicos, quando, a certo grau de evolução, a pressão política fez os sistemas jurídicos darem entrada a suportes fáticos que antes ficavam de fora, na dimensão moral ou... religiosa*" (*Op. cit.*, p. 31). Desse sentir é a posição de Caio Mário da Silva PEREIRA, para quem o fundamento deles decorrem de sua própria concepção jurídico-positiva e não da realidade psicofísica do homem (*In*: **Instituições de Direito Civil**. 2. ed. Rio de Janeiro: Forense, 1966. v. I, nota 7, p. 142). Rabindranath Valentino Aleixo Capelo de SOUZA entendia serem inatos apenas os direitos à vida, ao corpo, à liberdade, à honra e à identidade; outros existem que, para a sua existência, dependem de outros e ulteriores requisitos, como o direito ao nome, o direito moral do autor, sigilo das cartas e a própria intimidade (*In*: **O Direito Geral de Personalidade**. Coimbra: Coimbra, 1995. p. 415-416). Noutro sentido, Adriano de CUPIS assevera que, a princípio, os direitos da personalidade não são considerados inatos, pois decorrem da razão humana, mas, a seguir, considera que "*o ordenamento jurídico-positivo atribui hoje em dia aos indivíduos, pelo simples fato de possuírem personalidade, determinados direitos subjetivos, aos quais em tal sentido, podem, verdadeiramente, dizer-se inatos (...), mas pode verificar-se a hipótese de direitos que não têm por base o simples pressuposto da personalidade...*". (*In*: **Os Direitos da Personalidade**. Tradução de Adriano Vera Jardim; Antonio Miguel Caeiro. Lisboa: Livraria Morais, 1961. p. 20)

[333] BITTAR, Carlos Alberto. **Os Direitos da Personalidade**. 3. ed., atual. por Eduardo Carlos Bianca Bittar. Rio de Janeiro: Forense, 1999. p. 8. O insigne jurista esclarece que os direitos da personalidade erigidos ao nível constitucional configuram "liberdades públicas" (*Op. cit.*, p. 8), o **núcleo** dos direitos humanos fundamentais, que podem ser constituídos por direitos diversos dos de personalidade. Daí a definição clara de direitos humanos, fornecida por José Serpa de

ao Estado compete, na verdade, reconhecer os direitos que a consciência popular e o direito natural mostram. Ademais, a noção de Estado é recente. O direito existe antes do Estado e pela própria natureza do homem. Já Aristóteles apontava a existência do direito natural. O ordenamento positivo existe em função do homem em sociedade: esquecer isso é olvidar as conquistas do pensamento moderno, desde os filósofos políticos, como Locke, Rousseau, Montesquieu, até os filósofos do direito.

Nesse sentido é o entendimento de Antonio Chaves (*In*: **Lições de Direito Civil**. São Paulo: Bushatsky, 1972. v. 3, p. 168).

A observação de Santos Cifuentes[334] é vigorosa a respeito dos direitos da personalidade, porque *"ignorar as faculdades do homem sobre eles, tão ligados a sua própria constituição e natureza, ou dizer que são juridicamente irrelevantes, é aceitar um cúmulo de normas tirânicas, alheias ao mais importante; é expor sobre a mesa das lucubrações a possibilidade da escravidão... preterir o mesmo homem".*

Ainda sobre a posição dos direitos da personalidade, agora considerados como pertencentes aos direitos subjetivos, Massimo Ferrara Santamaria[335] afirma que *"a especial posição destes direitos essenciais e indissociáveis do sujeito genuíno e originário implica num vínculo evidente e natural ou numa* **relação de inerência** *entre a pessoa e certas personalíssimas explicações suas de atividade e liberdade, o que explica e justifica uma proposital categoria de direitos subjetivos".*

Por derradeiro, Santos Cifuentes conceitua os direitos da personalidade como *"direitos subjetivos privados, inatos e vitalícios, que têm por objeto manifestações interiores da pessoa e que, por serem inerentes, extrapatrimoniais e necessários, não admitem a transmissão nem disposição absoluta e radical"*[336].

Da mesma forma, ao comentar o fato de os direitos da personalidade integrarem a categoria de direitos subjetivos, surgidos do Direito Natural, Moacyr de Oliveira[337] ressalta que

---

Santa Maria, como sendo aqueles direitos fundamentais da pessoa humana, de larga abrangência e que englobam, inclusive, os direitos da personalidade de mais interesse civilista do que de ordem pública constitucional (social e política), ou pública penal. São eles as balizas estruturais que compõem, com todos estes últimos em seus vários matizes, o painel dos direitos fundamentais da pessoa humana". (*In*: **Direitos da Personalidade e a Sistemática Civil Geral**. Campinas: Julex, 1987. p. 35).

[334] CIFUENTES, Santos. **Derechos Personalíssimos**. 2. ed. Buenos Aires: Astrea, 1995. p. 151.
[335] SANTAMARIA, Massimo Ferrara. **Persona – diritti della – Nuovo Digesto Italiano**. Torino: Torinese, 1939. v. 9, p. 914.
[336] *Op. cit.*, p. 200.
[337] OLIVEIRA, Moacyr de. **Evolução dos Direitos da Personalidade**. São Paulo: RT, v. 402, p. 29.

nela o homem é simultaneamente sujeito e objeto de direito, recaindo o exercício destes em bens morais ou físicos. Somos senhores de nossa vida; liberdade, honra e outros atributos do estado natural da pessoa, mas nem assim há de ficar ao arbítrio de cada um fazer de si o que bem entende. Seria negar uma condição basilar do aperfeiçoamento do homem: a vida em sociedade. A lei condena de modo geral todo abuso do Direito.

Rubens Limongi França, após afirmar que os *"direitos da personalidade dizem-se as faculdades jurídicas cujo objeto são os diversos aspectos da própria pessoa do sujeito, bem assim as suas emanações e prolongamentos"*[338], apresenta a verdadeira natureza desses direitos, numa concepção semelhante à de Adriano de Cupis (alguns direitos decorrem do sistema positivista).

Mas, observa Limongi França, *"o seu fundamento primeiro são as imposições da natureza das coisas, noutras palavras o Direito Natural"*[339]. Com base nessa assertiva, Rubens Limongi França, citado por Maria Helena Diniz, apresenta interessante divisão dos *aspectos fundamentais da personalidade*, sob três ângulos: primeiramente, o do direito à integridade física, que abrange a vida, o corpo vivo e o corpo morto; em segundo lugar, o do direito à integridade intelectual; e, por fim, o do direito à integridade moral[340].

Ao comentar as características dos direitos da personalidade, Antonio Chaves afirma serem originários ou inatos, na linha de pensamento de Emanuel Kant[341], que ora analiso com mais profundidade, na esteira dos comentários tecidos a respeito por Norberto Bobbio.

Um dos grandes desafios do Direito Natural – e acredito que de toda a ciência jurídica – é desvendar o real sentido de justiça. Este precioso

---

[338] FRANÇA, Rubens Limongi. **Manual de Direito Civil**. 3. ed. São Paulo: RT, v. 1, 1975. p. 403.
[339] *Op. cit.*, p. 406.
[340] *Apud* DINIZ, Maria H. **Curso de Direito Civil**. *Op. cit.*, 1º v. p. 101. Dentro da categoria do direito à vida, localizam-se os direitos à concepção e à descendência (artificial ou não), ao nascimento, ao leite materno, ao planejamento familiar responsável, à proteção do menor, à alimentação, à habitação, à educação, ao trabalho, ao transporte adequado, à segurança, à estética, à proteção médica e hospitalar, ao meio ambiente equilibrado, ao sossego, ao lazer, à vocação, à liberdade, à reanimação, à velhice digna. Na categoria do direito ao corpo vivo, encontram-se os direitos ao banco de genes, ao uso do útero para a procriação alheia, ao exame médico, à transfusão de sangue, ao transplante, ao experimento científico responsável, ao transexualismo, ao débito conjugal, à liberdade, ao 'passe' esportivo. Quanto ao direito ao corpo morto, a insigne civilista Maria H. Diniz aponta os direitos ao sepulcro, à cremação, à utilização científica, ao transplante, ao culto religioso. Sob o segundo ângulo – o da integridade intelectual –, localizam-se os direitos à liberdade de pensamento, ao de autor, inventor, esportista, artista. Sob o terceiro – o da integridade moral –, os direitos à liberdade civil, política e religiosa, à segurança moral, à honra, à honorificência, ao recato, à imagem, à intimidade, aos segredos, à identidade, ao nome, ao título, ao pseudônimo. (*Op. cit.*, p. 101)
[341] CHAVES, Antonio. **Lições de Direito Civil**. São Paulo: José Bushatsky e Universidade de S. Paulo, 1972. v. 3, p. 168.

valor decorre da *liberdade*; sem ela, não há justiça. Após distinguir direitos *inatos* (aqueles transmitidos pela natureza) de direitos *adquiridos* (aqueles transmitidos por um ato jurídico), Kant esclarece, segundo Bobbio, que

> *o direito inato é um só (p. 416). E qual é este único direito inato? É o direito à liberdade externa (...); é este o direito único originário que cabe a cada homem segundo a sua própria humanidade (p. 416). Outros direitos, que geralmente são considerados direitos inatos, entre os quais também o da **igualdade**, para Kant estão "compreendidos no princípio da liberdade inata e não diferem realmente dela"*[342]. (Grifo do autor)

No mesmo diapasão, Pontes de Miranda já informava que a

> *liberdade entra, como suporte fático de regras jurídicas, no mundo jurídico, aí nasce o fato jurídico da liberdade e aí se produzem os direitos de personalidade (...) Em todo o campo em que é exercível o direito à liberdade, como em todo o campo em que é exercível todo o direito de personalidade, o direito (em sentido objetivo) está presente. Somente onde o ato não é tutelado como ato de exercício do direito de liberdade é que se poderia falar de campo indiferente*[343].

Segundo Bobbio, "*Kant esforçou-se em reduzir a uma unidade o fundamento do direito, eliminando todos os direitos inatos exceto um: a liberdade*"[344]. Nesse sentido, Kant divide o conceito de liberdade em *liberdade interna* e *liberdade externa*. A respeito, explica Bobbio que

> *quando Kant fala de liberdade interna ou externa, deseja falar exatamente da faculdade que temos de agir não sendo obstaculizados, ou pelas forças inferiores de nossas paixões, ou pela força externa que provém do arbítrio dos outros. E a justiça a que visa é somente o conjunto das garantias por meio das quais posso expressar a minha liberdade externa não impedida pela não-liberdade dos outros, ou seja, a idéia de **coexistência das liberdades externas**, como a coexistência de tantas esferas de não-impedimento*[345]. (Grifo do autor)

Disto resulta a seguinte conclusão kantiana, colocada, *in verbis*, por Bobbio: "*se, portanto, a minha ação ou, em geral, o meu estado, pode estar de acordo com a liberdade de qualquer outro, segundo uma lei universal, **agirá de maneira injusta com relação a mim aquele que colocar obstáculos***

---

[342] BOBBIO, Norberto. **Direito e Estado no Pensamento de Emanuel Kant**. 4. ed. Tradução de Alfredo Fait. Brasília: UnB, 1997. p. 74-75.
[343] MIRANDA, Pontes de. **Tratado de Direito Privado**. 1. ed. Atualizado por Vilson Rodrigues Alves. Campinas: Bookseller, 2000. t. VII, p. 57.
[344] *Op. cit.*, p. 75.
[345] *Idem ibidem*, p. 74.

para mim*, porque esse obstáculo (essa oposição) não pode subsistir com a liberdade, segundo as leis universais (p. 407)*"[346].

Nesse sentido, conforme Bobbio, Rousseau já antecipava o pensamento de Kant, pelo qual a liberdade é tida como autonomia, no sentido de que "*a liberdade consiste na obediência à lei que prescrevemos a nós mesmos*"[347] (Grifo nosso). Daí se considerar Kant o filósofo da autonomia moral, pois a liberdade moral de fato não decorre da falta de leis, mas da obediência à lei da própria razão – autonomia (fundamento do Estado democrático). Diferente da heteronomia, pela qual um poder externo dita as regras da liberdade (é o Estado autocrático).

Bem por isso, Régis Jolivet[348] afirma que

> *a liberdade de fazer e de agir não é um absoluto; está limitada pela justiça e pelos direitos alheios. Deixada a si mesma, sem controle, nem contrapeso, ela só poderia gerar a iniquidade e a anarquia. O direito do mais fraco ficaria constantemente sacrificado; em nome da liberdade instaurar-se-ia um regime de arbitrariedade e de força. O liberalismo é, na realidade, responsável, em grande parte, pelos atuais transtornos sociais e pela anarquia econômica em que se debate o mundo contemporâneo.*

Por isso, devemos entender o exato sentido da liberdade.

Kant transmite a idéia da liberdade negativa e da liberdade positiva, no sentido de que

> *a razão última pela qual os homens se reuniram em sociedade e constituíram o Estado, é a de garantir a expressão máxima da própria personalidade, que não seria possível se um conjunto de normas coercitivas não garantisse para cada um uma esfera de liberdade, impedindo a violação por parte dos outros. O ordenamento justo é somente aquele que consegue fazer com que todos os consociados possam usufruir de uma esfera de liberdade tal que lhes seja consentido desenvolver a própria personalidade [liberdade positiva] segundo o talento peculiar de cada um. Aqui o Direito é concebido como um conjunto de limites às liberdades individuais, de maneira que cada um tenha a segurança de não ser lesado na própria esfera de liceidade até o momento em que também não lese a esfera de liceidade dos outros,* **proclama Bobbio**[349].

---

[346] *Apud op. cit.*, p. 74. Se, diz BOBBIO, "*a injustiça consiste em colocar obstáculos contra a liberdade, a justiça deverá consistir em eliminar esses obstáculos, ou seja, fazer com que cada um possa usufruir da liberdade que lhe pode ser consentida pela liberdade igual dos outros, entendendo por liberdade aquela esfera na qual não se é obstaculizado...*".
[347] *Apud op. cit.*, p. 48.
[348] JOLIVET, Régis. **Curso de Filosofia**. Rio de Janeiro: Agir, 1970. p. 216-416.
[349] *Op. cit.*, p. 73.

Conclui o renomado jusfilósofo italiano:

*portanto, não é suficiente, segundo o ideal do direito como liberdade, que o ordenamento jurídico estabeleça a ordem, nem é suficiente que esta ordem seja fundada na igualdade (também uma sociedade na qual todos sejam escravos é uma sociedade de iguais...). É necessário, para que brilhe a justiça com toda a sua luz, que os membros da associação usufruam da mais ampla liberdade compatível com a existência da própria associação. Motivo pelo qual seria justo somente aquele ordenamento em que fosse estabelecida uma ordem na liberdade. O direito natural fundamental pelo qual esta concepção é reforçada é o **direito à liberdade**[350].*

Daí o famoso conceito de Direito estabelecido por Kant, para quem "*o direito é o conjunto das condições, por meio das quais o arbítrio de um pode estar de acordo com o arbítrio de um outro segundo uma lei universal da liberdade (p. 407)*" (Grifos do autor).[351]

No idealismo jurídico kantiano, o direito busca a *coexistência das liberdades*, fundamento filosófico para o princípio da convivência das liberdades públicas, ou mesmo para o princípio da proporcionalidade ou razoabilidade.

Assim, podemos justificar o direito à intimidade e a liberdade de expressão como decorrência do princípio da liberdade, considerado um direito inato ou original, do qual decorrem os demais. E, nesse sentido, Pontes de Miranda assume a posição kantiana ao afirmar que

o direito a velar a intimidade é, portanto, efeito de exercício da liberdade de fazer e de não fazer: há quem possa não revelar, porque há quem pode não fazer; é a liberdade que está à base disso. Essa liberdade é que pode ser direito de personalidade inato; o direito a velar a intimidade provém dela, como o direito ao sigilo provém da liberdade de se não emitir o pensamento ou o sentimento. O que está em contato imediato, inato, com a personalidade é o pensar, é o sentir, é o agir; não o segredo, o velamento[352].

Prossegue o renomado jurista, esclarecendo que

se existe direito a esses, é porque há liberdade de emitir e de não emitir, de fazer e de não fazer. Exerce-se aquela, estabelecendo-se o segredo, expressa, tácita ou presumidamente, ou desvendando-se; exerce-se essa, velando-se o que se passa na intimidade, ou expondo-a ao público. As

---

[350] *Idem, ibidem*, p. 73.
[351] *Apud* BOBBIO, Norberto. *Op. cit.*, p. 70.
[352] *Op. cit.*, p. 159.

limitações à intimidade e as limitações à renúncia a ela são, por conseguinte, concernentes à liberdade mesma: todos têm de respeitar o mínimo de intimidade (não se pode andar nu, de público...) e ao mesmo tempo ninguém pode ser privado de tal mínimo de intimidade (a penetração na vida privada, com inquéritos e buscas, somente se permite nas espécies previstas na lei)[353].

Na coexistência das liberdades para uma convivência comum, a conduta humana necessita de preceitos, implícitos ou explícitos, numa sociedade organizada. Esses preceitos decorrem do ideal da liberdade e formam os chamados *imperativos*, "*as fórmulas que expressam a relação entre as leis objetivas do querer em geral e a imperfeição subjetiva da vontade... racional*"[354]. Esses imperativos podem ser *categóricos* (os que prescrevem uma ação boa por si mesma) ou *hipotéticos* (os que prescrevem uma ação boa para atingir uma finalidade), "pragmáticos" (para o bem-estar geral) ou "técnicos" (para cada situação).

Desta forma, dentro da coexistência das liberdades e dos imperativos, a liberdade interna ou negativa (ou moral) é a liberdade dos impedimentos que provêm de nós mesmos, como reflexo de liberação de nossa vontade (*v.g.*, andar nu no interior de seu domicílio, ou então publicar essa exteriorização íntima); mas, a liberdade externa ou positiva (ou jurídica) é a liberação dos impedimentos oriundos das outras pessoas, em concorrência com a liberdade própria, com a finalidade e o esforço de se alcançar uma esfera de liberdade em que se possa agir, segundo o talento de cada um, sem ser molestado pelos outros (a violação de valores éticos gerais e a exibição pública de um momento íntimo).

A coexistência das liberdades nem sempre é bem definida, surgindo o chamado *paradoxo da liberdade*, razão por que nem sempre é fácil compatibilizar os princípios da liberdade de expressão e informação com a proteção da intimidade.

O insigne jusfilósofo Tércio Sampaio Ferraz Júnior[355], comentando palestra do jornalista brasileiro José Nêumane, informa que a liberdade de

---

[353] *Idem*, p. 160. Aliás, a propósito da liberdade de expressão, com a exteriorização da intimidade pela própria pessoa, pitoresco fato ocorreu no último ano do século XX, referente à exibição dos seios por uma brasileira, em Copacabana, no Rio de Janeiro, e sua conseqüente prisão em flagrante. O problema não está na ação policial específica, mas noutra questão mais significativa: a desigual liberdade e sua restrição. Elio Gaspari bem atentou-se para o fato: "*faz tempo que as turistas estrangeiras, hospedadas em frente aos hotéis de luxo, saem com os peitos de fora. Estrangeira pode. Nativa não. Nessa aparente tolerância está embutido o clássico desrespeito do poder público Pindorama com os seus cidadãos*". (*In*: **O Globo**. Opinião, de 19 jan. 2000)
[354] *Apud* BOBBIO, Norberto. *Op. cit.*, p. 64.
[355] FERRAZ JÚNIOR, Tércio Sampaio. **Liberdade de Informação e privacidade ou paradoxo da liberdade**. 1997. Relata o eminente filósofo que, nos meses de julho e agosto de 1994, a

imprensa tomou novo rumo, tendo em vista a estratégia de *marketing* adotada por alguns jornais, bem no estilo do *fast journalism*, com *brindes*, aliado a preferências por revelações escabrosas, escândalos, denúncias, sensacionalismos, criando um verdadeiro espírito público de curiosidade.

Todavia o jornal usa de outro recurso que fere a verdadeira liberdade externa: ao tempo em que publica, por exemplo, "denúncias", às vezes sem qualquer suporte probatório, procura passar a imagem de imparcialidade publicando, na seqüência, ou o desmentido ou o direito de resposta. Essa aparente imparcialidade causa transtornos incalculáveis, como ocorreu com a Escola de Base em São Paulo. Não se deve negar o direito de resposta, mas essa liberdade demanda um novo e rigoroso tratamento jurídico, tema a ser abordado com mais profundidade em capítulo próprio.

Por ora, basta dizer que, se a liberdade de expressão, em especial a da imprensa, é imprescindível para uma sociedade democrática, o princípio da coexistência das liberdades implica na igual proteção da privacidade, em especial a da intimidade. A escolha do *núcleo essencial* do direito prevalecente, segundo Robert Alexy, "*é aquilo que resta depois de uma ponderação*"[356], que se deve pautar pela aplicação de uma liberdade *digna* (ou da "*dignidade do homem concreto como ser livre*", assevera José Carlos Vieira de Andrade[357]), conforme procuraremos desenvolver a seguir.

6.4 O PRINCÍPIO DA LIBERDADE: FUNDAMENTO DA INTIMIDADE E DA LIBERDADE DE EXPRESSÃO – SEUS REFLEXOS EM VISTA DO PRINCÍPIO DA DIGNIDADE HUMANA

O consenso dos pensadores jurídicos, aí incluídas as pessoas que detêm poder de decisão – que, numa democracia, deve sempre emanar do povo e ser exercido em seu nome- forma os princípios – verdadeiros *standarts* –, os quais constituem as diretrizes valorativas do Direito e podem ser ou não reveladas em normas jurídicas. Saliente-se que essa valoração deve repousar *na eqüidade*.

Partindo dessa premissa, percebe-se, numa análise crítica da evolução histórico-jurídica, que o valor maior buscado pela humanidade, desde Aristóteles, foi a *liberdade;* daí a necessidade de se ter analisado, com pouco mais de profundidade, o historicismo jurídico. Nunca é demais repetir, por

---

Folha de S. Paulo aumentou a sua tiragem de 650 mil para um milhão e cem mil, com a publicação semanal do 'Atlas Geográfico do New York Times'; no mesmo período, o Estado de S. Paulo passou de quatrocentos e cinqüenta para quinhentos e dez mil exemplares.
[356] *Op. cit.*, p. 286.
[357] *Op. cit.*, p. 236.

sua significativa projeção, as palavras inscritas numa placa fincada, no final do século XX, na Faixa de Gaza: "sangue, passagem para a liberdade".

Dentro da teoria dos direitos fundamentais, os direitos decorrentes da liberdade são chamados de *primeira geração*, tamanha a importância dada a eles pelos povos, desde o seu primeiro reconhecimento institucional com a Carta de 1215. Esse valor supremo decorre da própria existência do ser humano, independentemente de sua raça, cor, idade, *status* etc., em oposição inicial ao Estado e à própria Igreja, depois, ao próprio homem em sociedade.

Nessa ordem de idéias, os direitos fundamentais foram concebidos para assegurar a liberdade da pessoa humana ante a prepotência do Estado e do poder econômico. Essa concepção decorreu da afirmação de princípios produzidos historicamente, cuja gestação foi determinada por dados sociais, culturais, econômicos, numa determinada época e lugar.

Mas, foi uma afirmação histórica, singular e efetivamente útil, ou feliz, a ponto de diversos filósofos sustentarem sua necessidade, mesmo após o ceticismo racional de Hume. Nesse sentido, para o filósofo inglês Thomas Carlyle (1795 a 1881), Kant representou a reconstrução da metafísica depois dos ideais céticos dos racionalistas, possibilitando o retorno à fé religiosa, mesmo na área científica, fato, aliás, hodiernamente defendido pelo Papa João Paulo II e por muitos pensadores e psiquiátras, como meio de se buscar uma cura.

Em sua clássica obra – **Os Princípios Fundamentais do Direito Civil Português** –, o jurista Carlos da Mota Pinto põe em destaque princípios de relevo, aceitos e expressados em normas jurídicas, como o da liberdade e o dos direitos da personalidade, dentre outros.

Se considerarmos – e todos os *juristas* consideram – que o Direito só pode ser concebido tendo como destinatário o ser humano em sociedade, necessariamente se concluirá que a *opção* por este ou aquele regime político, por este ou aquele sistema, ou pela oposição, decorre do reconhecimento da liberdade e de sua garantia[358].

Por isso que, apoiando-se em Kant, o filósofo inglês Samuel Taylor Coleridge (1772 a 1834) afirmava que "*o princípio absoluto da moral é a liberdade da vontade; liberdade e moralidade são reconhecidas no homem em um único e imediato ato de apreensão. Também neste campo Coleridge*

---

[358] É conveniente lembrar que liberdade e garantia não se confundem. Segundo Jorge MIRANDA (*In*: **Manual de Direito Constitucional**. Coimbra: Direitos Fundamentais, 1988. t. IV, p. 88-89), "*as liberdades se assentam na pessoa, independentemente do Estado; as garantias reportam-se ao Estado em atividade de relação com a pessoa. As liberdades são formas de a pessoa agir; as garantias, modos de organização ou de atuação do Estado. As liberdades valem por aquilo que vale a pessoa; as garantias têm por valor instrumental e derivado*".

tenta renovar Kant, integrando a idéia do dever pelo dever com a do amor, este também ato de vontade"[359].

A história revela que a concentração do poder, sem a participação de todas as pessoas que compõem a sociedade em prol de uma opção democrática, causou desencontros, descontentamentos, discórdias, anarquias. Se no passado poucos tinham acesso a informações que pudessem orientar as pessoas e lhes permitir, a partir delas, discordar e lutar por outro valor que não o imposto, hoje, os informes são obtidos numa velocidade semelhante à da luz! Portanto, a liberdade de informação e o acesso a ela permitem o exercício pleno da democracia, cuja base fundamental é a liberdade.

Daí serem significativas as palavras de Rui Barbosa, proferidas no Senado Federal, em 11.11.1914, de aplauso à liberdade de imprensa. Dizia ele:

> *sou pela liberdade total da imprensa, pela sua liberdade absoluta, pela sua liberdade sem outros limites que os de direito comum, os do Código Penal, os da Constituição em vigor. A Constituição imperial não a queria menos livre; e, se o Império não se temeu dessa liberdade, vergonha será que a República a não tolere. Mas, extremado adepto, como sou, da liberdade, sem outras restrições, para a imprensa, nunca me senti mais honrado que agora em estar ao seu lado; porque nunca a via mais digna, mais valorosa, mais útil, nunca a encontrei mais cheia de inteligência, de espírito e civismo; nunca lhe senti melhor a importância, os benefícios, a necessidade. A ela exclusivamente se deve o não ser hoje o Brasil, em toda a sua extensão, num vasto charco de lama*[360].

O liberalismo desenvolveu-se nesse sentido. Os valores defendidos com as duas grandes revoluções – a americana e a francesa – partiram de uma revolta contra a centralização, quer a decorrente do sistema feudal e dos regimes absolutistas, quer a oriunda da própria Igreja Católica.

Liberdade, segundo Pietro Perlingieri, é o ato de "*regular por si as próprias ações ou, mais precisamente, de permitir a todos os indivíduos envolvidos em um comportamento comum determinar as regras daquele comportamento através de um entendimento comum (...) a* **marca** *do valor da liberdade individual*"[361] (g.n.).

Contudo, prossegue o renomado jurista italiano,

> *atrás do encanto da fórmula...escondem-se tão-somente o* **liberalismo econômico** *e a tradução em regras jurídicas de relações de força mercantil. Esta concepção mudou radicalmente na hierarquia constitucional*

---

[359] ROVIGHI, Sofia Vanni. *Op. cit.*, p. 425.
[360] BARBOSA, Rui. **Escritos e Discursos Seletos**. Rio de Janeiro: José Aguilar Ltda., 1960. p. 742.
[361] *Op. cit.*, p. 17.

*de valores, onde a liberdade não se identifica com a iniciativa econômica: **a liberdade da pessoa e a conseqüente responsabilidade ultrapassa e subordina a si mesma a iniciativa econômica***[362]. (g.n.)

Tanto assim que a Declaração Universal dos Direitos Humanos inicia sua primeira consideração deixando assentado que *"o reconhecimento da dignidade inerente a todos os membros da família humana e de seus direitos iguais e inalienáveis é o **fundamento da liberdade, da justiça e da paz** no mundo"* (g.n.).

Assentado no princípio da liberdade, como direito fundamental, o jurista Heleno Cláudio Fragoso[363], ao analisar a privacidade, esclarece que *"a esfera da intimidade é mais ampla que a do segredo e com ela não se confunde, mas **refere-se à liberdade individual** que é atingida pela abusiva intromissão nos fatos da vida privada que devem permanecer sob reserva"*.

Desse sentir é o entendimento do jurista carioca José Serpa[364] que, ao comentar o conceito de intimidade fornecido por Adriano De Cupis, assevera que a sua *"essência repousa na exclusão do conhecimento público, significando um modo de ser da pessoa, deixando entrever, ainda neste particular, em justificação completiva, um certo resíduo psicológico, de ordem comportamental"*. Essa exclusão significa opção, e optar decorre da liberdade.

Mais adiante, o insigne Professor José Serpa, elogiado no prefácio pelo Ministro do Superior Tribunal de Justiça brasileiro, Paulo Roberto Saraiva da Costa Leite, expõe o seu conceito, inspirado, a nosso ver, no princípio da liberdade: *"toda a essência da privacidade se condensa no modo de vivência reservada, sob a resistência moral a qualquer forma de intromissão, bem como na razoável exclusão do conhecimento público de fatos, idéias e emoções pessoais do interessado"*[365].

No tocante à liberdade de informação, o filósofo Alexis de Tocqueville já advertia, com toda a propriedade: *"confesso não conceder à liberdade de imprensa esse amor completo e instantâneo que se dá às coisas soberanamente boas por natureza. Amo-a mais pelos males que impede do que pelo bens que causa"*[366].

Como vimos, a partir do século XIX, por meio de grandiosas obras – como o **The Right to Privacy**, de 15.12.1890 –, o direito à intimidade transformou-se em atributo da personalidade, como aptidão do sujeito de

---

[362] *Idem, ibidem*, p. 17.
[363] FRAGOSO, Heleno Cláudio. **Lições de Direito Penal**. 7. ed., parte especial, p. 253.
[364] SANTA MARIA, José Serpa. **Direito à Imagem, à Vida e à Privacidade**. Belém: Cejup, 1994. p. 165.
[365] *Op. cit.*, p. 166.
[366] TOCQUEVILLE, Alexis. A Liberdade de Imprensa. Da Coleção **Os Pensadores**. São Paulo: Abril, 1979.

direitos, e deixou de ser considerado mera propriedade; "*seu fundamento é a liberdade individual*", consigna Alice Monteiro de Barros[367].

Desse sentir é o pensamento de Elimar Szaniawski[368] que, referindo-se ao direito norte-americano, esclarece que "*a doutrina dominante não visualiza o **right of privacy** como um direito de propriedade que cada indivíduo teria em relação à esfera secreta de sua vida particular. Mas, a contrário, o citado direito consiste no dever de respeito ao segredo e à liberdade que todo o indivíduo possui nas relações com os demais indivíduos; e também nas suas relações com o próprio Estado, que tem o dever de respeitar esse direito que toda pessoa possui. Para a jurisprudência americana predominante, o **right of privacy** é considerado um direito fundamental do homem, um direito natural*".

O antropólogo francês Louis Dumont acentua, com toda a propriedade, que "*a liberdade de consciência foi o direito essencial, o núcleo em redor do qual os direitos do homem iriam constituir-se mediante a integração de outras liberdades e de outros direitos. A liberdade religiosa, nascida da Reforma e das lutas subseqüentes, foi o agente da transformação das especulações de direito natural numa realidade política*"[369].

De uma forma precisa, a Declaração Universal dos Direitos Humanos estabeleceu, em seu art. XVIII, que "*toda pessoa tem direito à liberdade de pensamento, consciência e religião; este direito inclui a liberdade de mudar de religião ou crença e a liberdade de manifestar essa religião ou crença, pelo ensino, pela prática, pelo culto e pela observância, isolada ou coletivamente, em público ou em particular*".

A conquista revolucionária em 1789 bem sintetiza a conseqüência da liberdade de consciência, ao dispor: "*ninguém pode ser perturbado por

---

[367] *Op. cit.*, p. 21. No mesmo diapasão, GRINOVER, Ada Pelegrine (*In*: **Liberdades Públicas e Processo Penal**: as interceptações telefônicas. São Paulo: RT, 1982. p. 78) esclarece que o objeto do direito à intimidade é a proteção dos indivíduos contra as investigações de sua vida privada e pessoal, contra a divulgação dela, e contra a publicidade de sua imagem.
[368] SZANIAWSKI, Elimar. **Direitos de Personalidade e sua Tutela**. São Paulo: RT, 1993. p. 154.
[369] *Op. cit.*, p. 111. O antropólogo francês e doutor em Letras esclarece que a transição entre a liberdade de consciência e as demais foi encarnada num famoso homem, Thomas Paine, que participou da elaboração da Constituição republicana de 1793, ao lado de Condorcet, e defendeu os direitos do Homem, na Inglaterra. Referindo-se a HEGEL, Louis Dumont informa que, muito embora o filósofo tenha criticado o positivismo da escola alemã histórica de Savigny, ele também criticou "*a idéia puramente negativa e destrutiva da liberdade nos revolucionários franceses: a lei não é somente dada em oposição à liberdade do indivíduo; ela também é **racional**, como a mais profunda expressão da liberdade do homem*" (*Op. cit.*, p. 117). Por isso Hegel foi o filósofo que procurou reconciliar o positivismo e o liberalismo, apresentando, é claro, seus defeitos; seja como for, ele deixou assentado que o indivíduo consciente deve reconhecer no Estado seu *superego* e no comando deste a expressão de sua própria *liberdade e vontade*. A liberdade do indivíduo 'consciente'se projeta na formação do Estado, que deve reconhecê-la e preservá-la; esse juízo se aplica ao direito à intimidade.

suas opiniões, mesmo religiosas, desde que a sua manifestação não inquiete a ordem pública estabelecida em lei". E o art. XIX, da Declaração Universal de 1948 prevê que "*toda pessoa tem direito à liberdade de opinião e expressão; este direito inclui a liberdade de, sem interferências, ter opiniões e de procurar, receber e transmitir informações e idéias por quaisquer meios e independentemente de fronteiras*".

Necessário vir à baila a preciosa análise do insigne e saudoso Pontes de Miranda[370], que conclui, com a sabedoria que lhe era ímpar, que "*o direito a velar a intimidade e, portanto, efeito de exercício da liberdade de fazer e de não fazer; há quem possa não revelar, porque há quem pode não fazer; é a liberdade que está à base disso*".

Prossegue, o saudoso jurista, acrescentando que

> *as limitações à intimidade e as limitações à renúncia a ela são, por conseguinte, concernentes à mesma liberdade: todos têm de respeitar o mínimo de intimidade (não se pode andar nu, de público, ou em lugar que possa ser vista a pessoa; nem podem ser de público certos atos corporais) e ao mesmo tempo ninguém pode ser privado de tal mínimo de intimidade (a penetração na vida privada, com inquéritos e buscas, somente se permite nas espécies previstas em lei)*[371].

Verifica-se, assim, que o direito ao recato, incompatível com a invasão alheia, tem como pressuposto a liberdade, dentro, é claro, de uma "razoável exclusão" pública, o que implica na correta compreensão do referido princípio e desemboca noutro princípio, de singular importância, o da liberdade de expressão. No conflito entre as liberdades, o princípio da proporcionalidade é o remédio, atualmente, mais eficaz para a solução da colisão.

Bem a propósito, Pierre Kayser[372] esclarece que

> *s'il importe de protéger le secret de la vie privée contre ces menaces nouvelles, il faut aussi assurer la protection de la* **liberté** *de la vie privée. On ne peut douter qu'une personne puisse, en principe, se comporter, dans sa*

---

[370] MIRANDA, Pontes de. **Tratado de Direito Privado**. 1. ed., atualizado por Vilson Rodrigues Alves. Campinas: Bookseller, 2000. t. VII, p. 159.
[371] *Op. cit.*, p. 160.
[372] KAYSER, Pierre. **La Protection de La Vie Privée par le Droit**. 3. éd. Paris: Economica, p. 16. Kayser assevera, em vernáculo, que "*se é importante proteger o segredo da vida privada contra essas ameaças novas, é necessário também assegurar a proteção da liberdade da vida privada. Não se pode duvidar que uma pessoa possa, em princípio, se comportar, em sua vida privada, de maneira que lhe convier. Este poder é uma conseqüência da liberdade proclamada pela declaração de 1789...*". Prossegue o renomado autor (tradução livre) que "*o Conselho Constitucional considerou também a liberdade individual como um dos 'princípios fundamentais garantidos pelas Leis da República', reafirmado pelo art. 66 da Constituição de 1958. Ora,* **a vida privada é o domínio privilegiado da liberdade individual**". (*Op. cit.*, p. 16)

vie privée, de la manière qui lui convient. Ce pouvoir est une conséquence de la liberté proclamée par la Declaration de 1789...

A fundamentar a relação entre a privacidade e a liberdade, o ilustre jurista francês esclarece que, dentro do Estado Totalitário, foi abolida qualquer fronteira existente entre a vida social e a vida privada das pessoas, em face da ausência da liberdade nessa forma estatal – é o fenômeno da *desolação*. Isto decorre da vontade estatal de reger não somente as atividades públicas, como também a vida privada das pessoas.

Arremata Pierre Kayser que *"le principe de la liberté a favorisé la reconnaissance de libertés particulières"*, como a liberdade de consciência, a de expressão e a de ir e vir[373].

A liberdade individual leva, por conta daquele 'domínio privilegiado', ao domínio dos segredos e de seu sigilo, bem como à ação livre da privacidade. Íntima a relação entre a liberdade da vida privada e a proteção do segredo, pois *"a vida privada de uma pessoa, que é objeto de investigação e divulgação por outras pessoas, não é verdadeiramente livre: ela encontra entraves ou obstáculos em face do conhecimento que dela tem outras pessoas"*[374].

O conceito moderno de direito ao recato, desde Benjamin Constant (*in* **A Liberdade dos Modernos**), apresenta-se como um direito à liberdade. Essa liberdade era entendida no sentido do "não impedimento" – expressão do liberal moderno Milton Friedman –, ou seja, fazer o que bem se entende, estar só, não ser incomodado, tomar decisões sem a interferência estatal, a opção sexual, a ação livre no domicílio, o segredo.

Consoante esclarece Isaiah Berlin[375],

> *ser livre neste sentido (liberdade negativa) significa não sofrer interferências dos outros. Quanto mais ampla a área de não-interferência, mais ampla minha liberdade. Isso é que os filósofos políticos clássicos da Inglaterra queriam dizer quando usavam esta palavra. Não se colocavam de acordo quanto à extensão que poderia ou deveria ter esta determinada área. Supunham que, nas condições então predominantes, não poderia ser ilimitada, porque, se assim fosse, acarretaria uma situação em que todos os homens podiam ilimitadamente interferir na atuação de todos os outros: e este tipo de liberdade 'natural' levaria ao caos social (...). Em conseqüência, aqueles pensadores presumem que a área de livre ação dos homens deve ser limitada pela lei. Mas também presumem, sobretudo os partidários do livre arbítrio, como Locke e Mill na Inglaterra, e Constant*

---

[373] *Op. cit.*, p. 16-17.
[374] *Idem, ibidem*, p. 17.
[375] BERLIN, Isaiah. Dois Conceitos de Liberdade. *In*: **Quatro Ensaios sobre a liberdade**. Brasília: UnB, 1981. p. 137.

e Tocqueville na França, que deveria haver uma certa área mínima de liberdade pessoal que não deve ser absolutamente violada, pois se seus limites forem invadidos, o indivíduo passará a dispor de uma área demasiado estreita, mesmo para aquele desenvolvimento mínimo de suas faculdades naturais (...). Segue-se daí a necessidade de se traçar uma fronteira entre a área da vida privada e da autoridade pública; onde deve ser traçada esta fronteira é questão de discutir ou mesmo regatear (...). A liberdade do tubarão é a morte para as sardinhas – a liberdade de alguns precisa depender da limitação de outros.

A limitação dessa fronteira constitui uma questão que ainda hoje se coloca[376]. Adverte Antonio Lopes Pina[377] que *"formulações beligerantes supõem que a expansão da liberdade acarreta uma maior desigualdade; e, o inverso, um maior grau de igualdade, sempre tenderá como correlato a uma diminuição da liberdade"*.

O pensamento contemporâneo entende ser viável o sacrifício de parte da liberdade, por meio de Lei amplamente discutida – o que pressupõe outra categoria de liberdade – em prol da igualdade. Evitam-se as desigualdades com o sacrifício total ou parcial da liberdade. Stuart Mill já afirmava, com toda a propriedade, que para que, todos tenham liberdade, total ou parcial, mister que o mesmo todo sofra restrições, num plano de igualdade.

Daí por que, paralelamente ao conceito de liberdade negativa (o impedimento ou a "não-nomia" ou heteronomia), assenta-se o de liberdade positiva (autonomia), no sentido de o próprio homem decidir sobre sua própria vida, independentemente do poder externo (é a autonomia, a autodeterminação). É verdade, porém, que afirmar, como o fez Benjamin Constant, que a "verdadeira" liberdade é a "negativa" (a do não-impedimento) conduz sempre a uma discussão inócua. Sim, porque *"não se vê como seria possível chamar de liberdade uma situação na qual há constrangimento... de modo que a chamada liberdade positiva seria o contrário da liberdade..."*[378].

Na verdade, a liberdade positiva (a autodeterminação ou autonomia) qualifica a vontade humana e não a ação humana; às vezes, o que pode valer para a vontade, pode não ser válido para a ação. Assim, a vontade deixa

---

[376] Veja-se, por exemplo, o projeto de emenda à Constituição, de autoria do Senador Lúcio Alcântara (PSDB-CE, em 2000), que tramita no Congresso Nacional brasileiro, a respeito da violação do sigilo bancário pela Receita Federal, pelo Ministério Público e pelo Tribunal de Contas, ferrenhamente defendido pelo então Presidente da República Fernando Henrique Cardoso. Ou então, o projeto de lei que autoriza a Receita Federal a utilizar os dados da Contribuição Provisória sobre Movimentação Financeira (CPMF) para se descobrir, sem autorização judicial, a sonegação. (Jornal **O Estado de S. Paulo**, de 12 dez. 2000, p. A6).
[377] PINA, Antonio Lopes. **La Garantia Constitucional de los Derechos Fundamentales**. Madrid: Civitas Universidad Complutense, 1992. p. 21.
[378] BOBBIO, Norberto. **Igualdade e Liberdade**. 2. ed. Tradução de Carlos Nelson Coutinho. Rio de Janeiro: Ediouro, 1997. p. 67.

de ser livre, quando é dirigida por outro (heteroguiada) diferente daquele que a exprime (quanto à vontade, a não-liberdade se dá sob a forma de *heteronomia*); a ação não é livre quando há um impedimento (não-liberdade ou liberdade negativa).

Assim, conclui Norberto Bobbio: "*para que se possa dizer que uma ação é livre, basta o fato negativo de não ser impedida ou forçada; para que se possa dizer que a vontade é livre, é necessário não apenas o fato negativo de não ser determinada, mas o fato positivo de ser autodeterminada*"[379].

Aí surge a questão do poder externo, analisada por Guilherme de Okan – considerado, desde o século XIV, o teórico dos direitos subjetivos e do contratualismo. Como conseqüência, pode surgir um conflito entre a liberdade negativa e a liberdade positiva, pois nem sempre o indivíduo consciente aceita a decisão de outro, que não a sua própria. Daí o tema proposto pelo liberal Berlin envolvendo as duas personalidades que possui o homem contemporâneo: o dominador e o dominado.

Hegel já falava do indivíduo *consciente*, no sentido de que "*o conhecimento liberta*". Não pela possibilidade maior de se poder optar, mas, sim, pela nobre possibilidade de nos preservar da frustração do impossível, esclarece Berlin[380]. O próprio Aristóteles acentuava que o sábio era feliz, pois detinha o conhecimento.

Dentro da visão crítica do Estado racional, o homem não pode negar que o certo para ele também o é para o seu semelhante. Segundo Berlin, "*a liberdade é agora o autodomínio, a eliminação dos desejos irracionais. Liberdade não é liberdade para fazer o que é irracional, obtuso ou errado. Forçar os seus 'eus' empíricos a se adaptarem ao padrão certo não é tirania e, sim, liberação*"[381].

Afirmar-se que a liberdade é o fundamento dos direitos em apreço não significa, em absoluto, que ela é o valor prevalecente em relação a outros valores tão importantes, como a igualdade e a dignidade. Em todos os sentidos, o pluralismo axiológico e a tolerância constituem o melhor caminho para a afirmação e o reconhecimento dos direitos fundamentais do homem, entre os quais se incluem os direitos da personalidade.

O pluralismo social, por exemplo, vem bem realçado pela Constituição Italiana,

> *com o fim de integrar a personalidade do sujeito através do grupo social (art. 2º). O homem realiza-se em todos os grupos comunitários nos quais atua (família, escola, fábrica, sindicato, partido, exército), cada um dos*

---

[379] *Op. cit.*, p. 68.
[380] *Op. cit.*, p. 151.
[381] *Op. cit.*, p. 154.

quais deve ser considerado à luz do objetivo geral ditado pelos arts. 2º e 3º, § 2º, da Constituição. Sob essa ótica, o pluralismo dos meios não significa pluralismo dos fins: as sociedades intermediárias têm como fim efetivo, na ordem constitucional, a realização do art. 2º e do art. 3º, vaticina Pietro Perlingieri[382].

A propósito, o art. 2º da Constituição italiana estabelece que "*a república reconhece e garante os direitos invioláveis do homem, quer como ser individual ou nas formações sociais onde se desenvolve a sua personalidade, e requer o cumprimento dos deveres inderrogáveis de solidariedade política, econômica e social*". Reconhece-se, aqui, os direitos da personalidade como direitos invioláveis, numa clara relação com a solidariedade.

E o art. 3º complementa:

> *todos os cidadãos têm a mesma dignidade social e são iguais perante a lei, sem discriminação de sexo (...). Cabe à república remover os obstáculos de ordem social e econômica que, limitando de fato a liberdade e a igualdade dos cidadãos, impedem o pleno desenvolvimento da pessoa humana e a efetiva participação de todos os trabalhadores na organização política, econômica e social do país.*

É o reconhecimento dos princípios da igualdade formal e o da igualdade material, com a conseqüente afirmação da dignidade humana, fundamentados na liberdade[383].

Na verdade, o pluralismo de valores tem um pressuposto fundamental: a liberdade. Como bem esclarece Norberto Bobbio[384], "*os homens preferem ser livres a ser escravos (...) Tanto mais que, nas sociedades que existiram historicamente, nunca todos os indivíduos foram livres ou iguais entre si (...) Todos são iguais pelos menos enquanto são livres*".

É evidente que o pressuposto perquirido por nós deve, necessariamente – sob pena de cometermos os atropelos ocorridos no Estado Liberal –

---

[382] *Op. cit.*, p. 39.
[383] No mesmo sentido, a Lei Fundamental de Bonn estabelece, no art. 1º, que "*a dignidade da pessoa humana é inviolável. Todas as autoridades públicas têm o dever de a respeitar e proteger; o povo alemão reconhece, por isso, os direitos invioláveis e inalienáveis da pessoa humana como fundamentos de qualquer comunidade humana, da paz e da justiça no mundo...*". É a afirmação do *personalismo ético*, cujo centro do ordenamento jurídico – e de todas as relações humanas – é o homem, e não o desenvolvimento econômico como era no Estado Liberal. Portugal e Espanha, em razão da ditadura que viviam, com Franco e Salazar, somente em 1976 e 1978, respectivamente, estabeleceram uma nova ordem constitucional. E assim no Brasil, mas só em 1988 (art. 1º, inc. III). Na França, porém, enraizada a idéia de que a Constituição não deve disciplinar a vida privada, permaneceu o Código Napoleônico como a principal lei dos direitos individuais.
[384] BOBBIO, Norberto. **Igualdade e Liberdade**. 2. ed. Tradução de Carlos Nelson Coutinho. Rio de Janeiro: Ediouro, 1997. p. 8.

estar ligado a outros valores fundamentais que permitam a correta afirmação da liberdade no mundo contemporâneo. Veja-se que Bobbio, a respeito, cita um exemplo esclarecedor ao afirmar que

> *diante de um poder despótico, que seja ao mesmo tempo opressivo e arbitrário, a exigência da liberdade não pode se separar da exigência da justiça*[385].
>
> *Pressupor que todos os valores podem ser avaliados segundo uma escala, para que seja apenas caso de inspeção determinar qual é o mais alto, parece-me falsificar nosso conhecimento de que os homens são agentes livres para representarem a decisão moral de uma operação que uma régua poderia, em princípio, realizar*[386], advoga Isaiah Berlin.

Se – como disse Rousseau no início de seu **Contrato Social** – "*o homem nasceu livre*", sua liberdade implica em optar pela melhor decisão; essa opção decorre da primeira das liberdades: a liberdade de consciência. E esta assertiva constitui o pressuposto de outros valores, também importantes. Por isso, Norberto Bobbio, na linha de entendimento de Hegel, assevera que a liberdade constitui o sentido da história[387], que, hoje, caminhou para a formação de um Estado democrático social de Direito.

Daí a necessidade de se analisar o princípio da liberdade em conjunto com o da igualdade; aliás, foi o que o precioso documento dos Direitos do Cidadão de 1789 já proclamara com perfeição; apenas, o homem não foi capaz de coadunar os dois princípios e encontrar um ponto de equilíbrio, fato

---

[385] *Op. cit.*, p. 7.
[386] *Op. cit.*, p. 169.
[387] Segundo o filósofo italiano (*In*: **Igualdade e Liberdade**), "*a revolução francesa apareceria a seus grandes contemporâneos como a primeira e entusiasmante realização desse ideal (ainda que nem sempre plena e justa, com todos os seus execráveis horrores). Desde estão, a filosofia da história – que retirara o seus próprio alimento, assim como o seu objeto, das teorias do progresso, as quais, nascidas com o iluminismo, prolongaram-se por todo o século XIX – descobriu e propagou o tema fundamental, ao qual Hegel imprimiria o seu selo, da história como história da liberdade. (...) Em suma, a história tinha um sentido e esse sentido era a conquista de uma liberdade cada vez mais ampla*" (*Op. cit.*, p. 72-73). Mais adiante, Bobbio esclarece que a liberdade **sempre pressupõe** (n.g.) um obstáculo; *in verbis*, esclarece: "*Há assim, na história, tantas liberdades quantos sejam os obstáculos removidos em cada oportunidade. A história da liberdade procede simultaneamente com a história das privações de liberdade: se não existisse a segunda, tampouco existiria a primeira. Não houve um reino da liberdade total no princípio, como o haviam suposto os teóricos do estado de natureza (o homem nascido livre de Rousseau), nem haverá um reino da liberdade total no fim, como preconizaram e pregaram os utópicos sociais (...) a história é uma trama dramática de liberdade e de opressão...*". (*Op. cit.*, p. 75). Aliás, Croce, citado por Bobbio, ao analisar os Estados nacionalistas, surgidos nos séculos XIX e XX, já dizia que "*a história não aparecia mais deserta de espiritualidade e abandonada a forças cegas, ou sustentada e reordenada por forças estranhas, mas se revelava como obra e realização do espírito e, dado que o espírito é liberdade, como obra da liberdade* (**Storia d'Europa nel secolo decimonono**. *Bári, 1932, p. 14)*". (*Op. cit.*, p. 79-80).

que teve reflexos na revolução industrial (parece-me que ele ainda hoje não encontrou esse equilíbrio de que o valor justiça é portador) e foi o alicerce dos direitos fundamentais de *segunda geração*.

O jurista e professor da Universidade de Turim, Cosentini, informa que

> *um conceito mais justo e mais exato da liberdade, extraído das tendências sociais mais avançadas, pretende que ela não seja o capricho, nem o exercício da força individual, nem uma faculdade ilimitada de satisfazer suas próprias utilidades e de fazer do homem um espoliado, mas que, ao contrário, se subordine sempre aos interesses sociais, às relações de vida em comum, e reconheça um valor absoluto à personalidade humana*[388].

O direito ao desenvolvimento pode provocar diversos "obstáculos"; daí falar-se numa conseqüente categoria de direitos fundamentais: *a de terceira geração*, a qual, em síntese, segundo Karel Vasak, abrange a *solidariedade*. Nesta incluem-se, de forma harmônica (ou pelo menos deveria ser harmoniosa), o direito ao progresso, o direito à paz, o direito ao meio ambiente equilibrado, o direito social de propriedade, o direito de comunicação.

Com razão, Pietro Perlingieri assevera que

> *a liberdade de cada um deve ser compatível com o valor de tutela da pessoa, com a qual qualquer liberdade é obrigada a se medir; de outro modo, a liberdade individual torna-se prepotência com os "menores em sentido amplo", arrogância contra pessoas não-organizadas; afirmação que não pretende, minimamente, ofender o pluralismo que justamente no respeito à minoria afunda as raízes históricas e ideais*[389].

O pluralismo axiológico, a afirmação do moderno direito à informação, a democracia social e a tolerância, em face do fenômeno atual da globalização, constituem, para alguns, os chamados direitos de *quarta geração*.

Daí a necessidade de se ter um entendimento correto do valor e princípio *da liberdade*, que invariavelmente desemboca no da intimidade. Com efeito, é imperioso constatar quando a vontade da pessoa é determinada por si própria. Para tanto, filosoficamente, o recurso utilizado é o da distinção entre os *dois eus* que possuímos – o eu *racional* (mais profundo) e o eu *instintivo* (superficial ou aparente). Considera-se livre a vontade do *íntimo racional*, conforme já preconizava Hegel.

---

[388] *Apud* BESSONE, Darcy. **Do Contrato**. São Paulo: Saraiva, 1997. p. 34.
[389] *Op. cit.*, p. 40.

Politicamente, a vontade livre é a que decorre da *vontade geral*. Explica-se, pois, a existência da liberdade como o ato de obedecer às leis, a expressão máxima de uma "*consciência coletiva, irredutível e superior à dos indivíduos que compõem a sociedade*"[390]; é a liberdade negativa (a "não-liberdade", por causa das restrições legais).

Bem por isso, Norberto Bobbio esclarece que

> *se pode pôr em dúvida a oportunidade de chamar com o mesmo nome de* **liberdade** *duas situações diversas, uma definida em termos de não-impedimento (ou não-constrangimento, autonomia) e outra em termos de obediência (heteronomia), que aparecem como situações contraditórias; mas não se pode desconhecer a validade da distinção entre obediência a outros e obediência a si mesmo*[391], esta como decorrência do íntimo racional.

Assim,

> *a liberdade positiva caracteriza aquela situação de obediência na qual, quem obedece, obedece a uma norma o mais possível conforme a sua própria vontade, de tal modo que, obedecendo àquela norma, é como se obedecesse a si mesmo. A verdadeira dificuldade consiste talvez em determinar historicamente – e em projetar praticamente – uma vontade coletiva de natureza tal que as decisões por ela tomadas devam ser acolhidas como a máxima e a melhor expressão da vontade de cada indivíduo, de modo que cada um,* **obedecendo a todos**, *diz Rousseau,* **não obedeça a ninguém e seja tão livre quanto antes**. *Trata-se, de resto, de uma dificuldade política...*[392].

A dificuldade em pauta, consistente em determinar-se a vontade coletiva como se fosse a vontade individual de todos, pode ser solucionada por meio do pluralismo axiológico, um dos aspectos dos direitos de quarta geração. A *preferibilidade*, como uma das características dos valores, repousa na escolha estimativa, com a indeclinável relação entre o valor, a norma e a *liberdade*.

Esclarece Angeles Mateos Garcia, com base em Miguel Reale:

> *isso é possível porque qualquer valor pode ser reconhecido como motivo ou fim da conduta humana. Assim, toda a teoria do valor, diz Reale, "tem como conseqüência uma teleologia ou teoria dos fins". Isso explica que*

---

[390] GARCIA, Angeles Mateos. **A Teoria dos Valores de Miguel Reale (Fundamento de seu tridimensionalismo jurídico)**. Tradução de Talia Bugel. São Paulo: Saraiva, 1999. p. 33. A autora refere-se ao conceito axiológico de sociedade de Durkheim.
[391] BOBBIO, Norberto. **Igualdade e Liberdade...**, p. 69.
[392] *Op. cit.*, p. 69.

cada sociedade obedeça a uma "tábua de valores", de forma tal que a concepção do mundo e da vida, numa época determinada, depende, em grande medida, da maneira como seus valores são distribuídos ou ordenados...[393].

Foi com a *liberdade de pensamento ou consciência* que o princípio da liberdade começou a se afirmar, encontrando-se, naturalmente, dentro de outro aspecto da personalidade: a intimidade. O pensamento permite ao ser humano – ser eminentemente racional – fixar seus ideais, dentro de sua convicção mais íntima. Segundo Pontes de Miranda, a liberdade de pensamento "*é direito do indivíduo sozinho, de per si...*"[394]. Assim também a crença ou a descrença numa religião, o seu culto, as opções profissionais, políticas, sexuais. Daí a relação entre a liberdade de consciência e o direito à intimidade. Ambas tomam forma de direitos invioláveis, notadamente num Estado Democrático de Direito, conforme preceitua, por exemplo, o art. 5º, incs. IV e VI, da Constituição da República do Brasil.

Mas, ao mesmo tempo em que se garante a liberdade de pensamento ou consciência – e já houve tempo em que sequer essa liberdade foi reconhecida (no regime ditatorial, muitas pessoas foram perseguidas e mortas por, *apenas,* pensarem de forma contrária ao sistema) –, deve-se reconhecer e garantir a *liberdade de expressão* numa sociedade democrática (No Brasil, confira-se o art. 5º, inc. IX, da CR), por meio de diversas formas.

Assim, tem-se a liberdade de crença dentro do foro íntimo de cada pessoa; mas, uma vez exteriorizada, surge a liberdade de culto, a expressão da crença, a profissão de fé humana manifestada em torno de alguma divindade. E estas também, como vimos, não foram reconhecidas por muito tempo, por exemplo, na época das "heresias" e das "cruzadas". Por outro lado, a liberdade de expressão pode surgir na atividade intelectual, artística, científica e de comunicação.

Há uma relação de dependência entre a liberdade de pensamento e a liberdade de expressão, consoante esclarece Ramón Serrano, citado por Eduardo Zannoni e Beatriz Bíscaro[395]:

> *a liberdade de pensamento e liberdade de expressão se complementam, pois, em uma ordem e sucessão contínua; a história pública demonstra*

---

[393] *Op. cit.,* p. 22-23. A jusfilósofa espanhola informa as outras características dos valores, além da preferiblidade, que me parecem importantes deixar consignadas: bipolaridade, reciprocidade entre eles, objetividade, necessidade de sentido, historicidade e inesgotabilidade. (*Op. cit.,* p. 21-24)

[394] MIRANDA, Pontes de. **Comentários à Constituição de 1967**. Rio de Janeiro: Forense, 1967. v. 5, p. 139.

[395] ZANNONI, Eduardo *et al*. **Responsabilidad de los Medios de Prensa**. Buenos Aires: Astrea, 1993. p. 9.

> *que a positivação da liberdade de expressão segue ao reconhecimento prévio da liberdade de pensamento; a história particular do exercício destas liberdades corrobora, ademais, que não é possível liberdade de expressão sem liberdade de pensamento, e que a liberdade de expressão não é senão a manifestação externa do que antes se pensou em um clima de liberdade; a liberdade de pensamento é a condição prévia da liberdade de expressão.*

A liberdade de culto, diferente da liberdade de pensamento – na qual localizamos a vida racional, íntima de cada pessoa, impenetrável, absoluta – sofre restrições e, portanto, não é um direito absoluto. Conforme esclarece Vivien[396], *"declarar esses atos livres, não é de modo algum prometer-lhes impunidade, por mais que a ordem geral e as leis admitam algum insulto. As ofensas aos bons costumes, os ataques contra o governo, todos os crimes... serão punidos (...) O fato ou o pretexto de religião, no lugar das escusas, os exporá a uma repressão ainda mais rigorosa"*.

6.5 O PLURALISMO AXIOLÓGICO E O VALOR DA INTIMIDADE

O pluralismo axiológico, em todos os seus sentidos, permite uma liberdade positiva de expressão, dentro de critérios previamente estabelecidos numa sociedade organizada, sob um regime democrático social, que nos parece ser o mais adequado na evolução do culturalismo histórico, desde o momento em que se garantiu o direito à rebelião, nas Revoluções americana e francesa.Tais critérios surgem de outros valores a serem considerados, como veremos adiante.

Por conta da revolução tecnológica e sua influência nos meios de comunicação de massa, a liberdade de expressão assumiu relevante papel e especial aprimoramento com a liberdade de informação – pela imprensa escrita, falada ou de imagens –, o meio competente e inestimável de difusão de fatos e opiniões. Sua afirmação plena somente ocorre numa sociedade democrática.

Bem a propósito, Pedro Frederico Caldas[397] informa que

> *a verdade é que a liberdade de imprensa de ordinário progride ou regride na razão direta da progressão ou regressão da liberdade de manifestação do pensamento. Toda vez que a sociedade mergulha nas trevas dos*

---

[396] VIVIEN, Alexandre François Auguste. **Études Administratives**. 3. ed. Paris: Librairie de Guillaumin, 1859. v. 2, p. 235.
[397] CALDAS, Pedro Frederico. **Vida Privada, Liberdade de Imprensa e Dano Moral**. São Paulo: Saraiva, 1997. p. 65.

chamados regimes de exceção, a liberdade de imprensa é comprimida (...) somente as sociedades democráticas conhecem em toda a sua plenitude a liberdade de imprensa...

Contudo, a liberdade de expressão, em especial a liberdade de informação, não é absoluta e deve ser analisada dentro de outros valores, imprescindíveis para a constituição de uma sociedade democrática. Com absoluta lucidez, Darcy Arruda Miranda[398] assevera que *"a verdadeira missão da imprensa, mais do que a de informar e divulgar fatos, é difundir conhecimento, disseminar a cultura, iluminar as consciências, canalizar as aspirações e os anseios populares, enfim, orientar a opinião pública no sentido do bem e da verdade".*

Isto porque, anota Arruda Miranda, a imprensa é equiparada à *"categoria de 4º poder do Estado, em virtude do seu índice de penetração na massa popular e imensa facilidade em construir ou destruir reputações, em estruturar ou desintegrar a sociedade, em edificar ou debilitar os povos, pelo domínio das consciências, através de noticiários e comentários honestos ou tendenciosos"*[399].

Segundo Paulo José da Costa Júnior, *"vê-se, assim, a personalidade humana ameaçada em seu reduto de intimidade, que haverá de ser inviolável, ou em sua integridade, que haverá de ser preservada. Só o manto agasalhador da tutela normativa poderá resguardá-la dos abusos e das novas agressões que o advento da técnica propicia e estimula"*[400].

Interessante notar que a liberdade de informação sempre foi enfocada em vista do emissor, configurando-se um direito liberal *ativo* ou um *pouvoir de faire* ou *freedom for*. Mas, na categoria dos direitos fundamentais de quarta geração, o *"moderno direito à informação, que se encontra no nível do receptor, (...) é um direito passivo, não uma liberdade de fazer, mas uma possibilidade de receber (...); não se trata apenas de um limite imposto ao poder, mas também de uma concessão positiva do próprio poder, que se traduz num **pouvoir d'exiger ou freedom from**"*[401].

Nota-se, claramente, a formulação da liberdade positiva e negativa em relação à liberdade de informar e o direito de receber a informação correta, verdadeira, em função da real extensão desse princípio. Daí por que foi muito bem estabelecida essa liberdade também pelo art. 13.1 da Convenção

---

[398] MIRANDA, Darcy Arruda. **Comentários à Lei de Imprensa**. 3. ed. São Paulo: RT, 1995. n. 27, p. 69.
[399] *Op. cit.*, p. 69.
[400] COSTA JÚNIOR, Paulo José da. **O Direito de estar só – Tutela Penal da Intimidade**. 2. ed. São Paulo: RT, 1995.
[401] XIFRAS-HERAS, Jorge. **A Informação – Análise de uma liberdade frustrada**. São Paulo: Edusp, 1995. p. 282-283.

Americana sobre Direitos Humanos (ou o Pacto de São José da Costa Rica, integrado ao nosso ordenamento jurídico pelo Decreto 678/92), dispondo que ela *"compreende a liberdade de buscar, **receber** e difundir informação e idéias de toda a índole, sem consideração de fronteiras, seja oralmente, por escrito ou em forma impressa ou artística, ou por qualquer outro procedimento eleito"*[402].

Atualmente, outros valores surgiram a partir da liberdade, tais como a igualdade – formal e substancial – e, fundamentalmente, a *dignidade da pessoa humana*. Daí falar Miguel Reale, no seu *historicismo axiológico*, em *"liberdade situada e finitude à liberdade absoluta"*[403], dentro de outro contexto denominado *invariantes ou constantes axiológicas* (valores fundamentais que dirigem os homens), que se resumem em duas, a saber: *o culturalismo axiológico* (em que os valores decorrem da liberdade estimativa histórica) e o *personalismo axiológico* (em que a pessoa é a fonte e o fim de todos os valores proclamados)[404].

Atento ao culturalismo e o personalismo axiológicos, verificamos, num primeiro momento, a luta pela liberdade e a igualdade (com as revoluções americana e francesa) e, num segundo momento, a conquista da dignidade (logo depois das atrocidades ocorridas na 2ª Guerra Mundial).

Também dentro dos limites do princípio da igualdade, localizamos certos paradoxos, que necessitam ser bem esclarecidos. É evidente que a igualdade formal – aquela decorrente da afirmação de que todos são iguais perante a lei – pode levar a uma discriminação justificada em lei. Mas até que ponto se pode criar uma discriminação legal? Também aqui se tem a necessidade de se estabelecer opções de valor.

Por isso mesmo, surgiu uma nova interpretação do princípio da igualdade, no sentido de considerar, além do direito de as pessoas serem iguais perante a lei, o de gozar todos os direitos fundamentais, como prevê, paradoxalmente, a Constituição Iugoslava (***Art. 21.*** *"os homens são iguais perante a lei e nos direitos"*). Em decorrência, seguindo-se a orientação já traçada por Kant, os Estados Democráticos modernos, partindo do predomínio competitivo hoje em voga e da escassez de bens, difundiram o princípio da igualdade de oportunidades, de modo a possibilitar uma origem comum para todos poderem participar da competição da vida. Mas essa origem comum (como a formação em escola pública) é eficaz?

---

[402] Nesse sentido, o art. 2º do Código de Ética dos Jornalistas estabelece que a *"divulgação da informação, precisa e correta, é dever dos meios de comunicação pública, independentemente da natureza de sua propriedade"*. E o art. 3º complementa nos seguintes termos: *"a informação divulgada pelos meios de comunicação pública se pautará pela real ocorrência dos fatos e terá por finalidade o interesse social e coletivo"*, o que exclui a invasão arbitrária à intimidade.
[403] *Apud, op. cit.*, p. 54.
[404] *Idem, ibidem*, p. 119-120.

Desta forma, contrapondo-se à igualdade formal, construiu-se a igualdade material ou substancial (ou de fato), definida como aquela em que o Estado deve procurar afastar as desigualdades econômico-sociais que impedem o exercício da igualdade de direitos e de oportunidades.

Seja como for, não podemos nos esquecer da advertência feita por Norberto Bobbio, segundo a qual "*o caráter igualitário de uma doutrina não está na exigência de que todos sejam tratados de modo igual com relação aos bens relevantes, mas que o critério com base no qual esses bens são disponibilizados seja ele mesmo o mais igualitário possível*"[405].

Esse critério decorre de outro valor imperioso que é o da justiça e, hoje, as sociedades modernas caminham para o encontro de uma justiça digna, baseada na dignidade e não só no critério do talento ou do mérito (às vezes, tem-se talento, mas não se tem oportunidade). O desagravo ou o direito à resposta, por exemplo, é uma manifestação sublime do princípio da igualdade substancial.

É exatamente na dignidade da pessoa humana que Karl Larenz[406] fundamenta seu *personalismo ético*, segundo o qual se

> *atribui ao homem, precisamente porque é pessoa em sentido ético, um valor em si mesmo – não simplesmente como meio para os fins de outros – e, neste sentido, uma "dignidade". Disto se segue que todo o ser humano tem frente a qualquer outro o direito de ser respeitado por ele como pessoa, a não ser prejudicado em sua existência (a vida, o corpo, a saúde), no mesmo âmbito em que cada indivíduo está obrigado frente a qualquer outro.*

Verifica-se, claramente, no seu conceito de *personalismo*, a subsunção dos princípios da liberdade, da igualdade substancial e o da dignidade.

Assim, a doutrina contemporânea caminha para o princípio da "*igual dignidade social*", segundo a qual se "*confere a cada um o direito ao respeito inerente à qualidade de homem, assim como a pretensão de ser colocado em condições idôneas a exercer as próprias aptidões pessoais*", assevera Pierlingieri[407].

E mais, prossegue Larenz,

> *a relação de respeito mútuo que cada um deve a qualquer outro e pode exigir dele é a 'relação jurídica fundamental', a qual, segundo esta concepção, é a base de toda a convivência em uma comunidade jurídica e de*

---

[405] *Op. cit.*, p. 34.
[406] LARENZ, Karl. **Derecho Civil – parte general**. Tradução de Macías-Picave e outro. Madrid: Edersa, 1978. p. 45-46.
[407] *Op. cit.*, p. 37.

toda a relação jurídica em particular. Os elementos essenciais desta relação jurídica fundamental são o direito (a pretensão justificada) e o dever, assim como a reciprocidade dos direitos e deveres nas relações das pessoas entre si. É a afirmação dos princípios da dignidade e da justiça[408].

O *princípio da dignidade da pessoa humana*, embora seja de "abertura valorativa" (expressão de Canotilho – **Direito Constitucional**, Coimbra: Almedina, 1992. p. 225), assenta-se no fato de se assegurar o mínimo de respeito à própria condição de ser humano. Todos *"têm direito a levar uma vida digna de seres humanos"*[409].

A proteção da dignidade da pessoa humana possui dimensões de ordem negativa, no sentido de não haver violações aos seus direitos de personalidade, bem como de ordem positiva, no sentido de ser garantido o pleno desenvolvimento do personalismo de cada pessoa. Em síntese, a liberdade, a igualdade e a justiça são valores que desembocam na dignidade, pois ela *"leva consigo a pretensão ao respeito por parte dos demais"*[410], conforme assinala Tobeñas.

O respeito à dignidade, embora não absoluto, também indica um norte para a hermenêutica do sistema jurídico de uma determinada sociedade, ou seja, uma "idéia jurídica geral", na feliz expressão de Karl Larenz[411], como princípio ético-jurídico aberto.

Importante consignar que a liberdade e a igualdade, preexistentes e reconhecidas numa sociedade democrática, possibilitam a concessão do personalismo a cada sujeito de direitos, o que vem ao encontro de nossa assertiva inicial – a liberdade, a igualdade e a justiça são os pressupostos e os pilares de sustentação da dignidade. Em sentido amplo, sem liberdade, não há dignidade – daí o espanhol Antonio Lopez Pina falar de *"igual liberdade para todos"*[412].

Porém o tratamento digno ao sujeito de direito é a conseqüência primeira da liberdade. Por esta razão, as restrições legais para a aquisição da

---

[408] *Op. cit.*, p. 46.
[409] TOBEÑAS, Jose Castan. **Los Derechos del Hombre**. 4. ed. Madrid: Reus, 1992. p. 90. No dizer de Castanheira Neves, citado por MIRANDA, Jorge (*In*: **Manual de Direito Constitucional**. 3. ed. Coimbra: Coimbra, t. IV, p. 172-173), *"dignidade da pessoa a considerar em si e por si, é o mesmo que dizer para respeitar além e independentemente dos contextos integrantes e das situações sociais...."*. A dignidade da pessoa humana está prevista, dentre outras, nas Constituições do Brasil (art. 1º, inc. III), da Grécia (art. 2º), da Índia e do Peru (no preâmbulo), da República Federal da Alemanha (art. 1º), além de Portugal (art. 1º), Itália (art. 3º), Espanha (art. 10) e Canadá (Declaração Canadense de Direitos, sancionada em 10.10.1960 e mantida em vigor pelo art. 26 da Lei Constitucional de 1982).
[410] *Op. cit.*, p. 91.
[411] *Op. cit.*, p. 578-584.
[412] *Op. cit.*, p. 22.

personalidade feitas pelas legislações francesa (nascimento e viabilidade de vida), espanhola (nascimento, figura humana e vida por pelos menos vinte e quatro horas) e brasileira (nascimento e vida) são absolutamente violadoras do princípio em apreço, pois mesmo o nascituro é um sujeito de direitos[413].

No mesmo diapasão é, aliás, o inovador e digno entendimento do então Desembargador Renan Lotufo, ao deixar assentado que *"a personalidade civil do homem começa com o nascimento com vida, mas a lei põe a salvo os direitos do nascituro, uma vez que neste há vida"*[414]. Pela mesma razão, viola a dignidade da pessoa humana a manipulação genética, tema intrigante e objeto de excelente pesquisa científica feita pela jurista pátria Maria Helena Diniz (*In*: **O Estado Atual do Biodireito**. São Paulo: Saraiva, 2001).

Jorge Miranda ressalta a importância do princípio da dignidade da pessoa humana e estabelece as suas vigas metras:

> *a) a dignidade da pessoa humana reporta-se a todas e cada uma das pessoas e é a dignidade da pessoa individual e concreta; b)cada pessoa vive em relação comunitária, mas a dignidade que possui é dela mesma, e não da situação em si; c)o primado da pessoa é do **ser** e não o do **ter**; a liberdade prevalece sobre a propriedade; d) a proteção da dignidade das pessoas está para além da cidadania portuguesa e postula uma visão universalista da atribuição dos direitos; e) a dignidade da pessoa pressupõe a autonomia vital da pessoa, a sua autodeterminação relativamente ao Estado, às demais entidades públicas e às outras pessoas*[415].

João Marcondes de Moura Romeiro esclarece que o

> *reconhecimento do valor moral do homem gera dois direitos no indivíduo e que são partes integrantes de sua personalidade, isto é, a dignidade e a boa fama. A dignidade representa o valor absoluto da pessoa humana que emerge da razão como **lux qui iluminat omnem hominem venientem in hunc mundum**... A boa fama em geral é o resultado do uso que faz o homem de sua atividade para, na sua esfera individual, representar a idéia da humanidade e denotar o valor que tem cada indivíduo na consciência dos outros homens, valor que constitui a maior fortuna do indivíduo, como efeito dos seus esforços e de sua própria liberdade*[416].

---

[413] Nesse sentido, o Código Civil argentino – arts. 54, 63 e ss.
[414] **JTJ-Lex** 150/90. Reconheceu-se, no acórdão, a legitimidade ativa em investigação de paternidade para o nascituro. Na outra extremidade do personalismo, consigne-se o fato de a Constituição Portuguesa proibir a pena de morte em qualquer circunstância (art. 24, n. 2) e a extradição para o país que adota a pena de morte (art. 33).
[415] MIRANDA, Jorge. **Manual de Direito Constitucional**. 3. ed. Coimbra: Almedina, 1991. t. II e IV, p. 169-170.
[416] ROMEIRO, João Marcondes Moura. **Dicionário de Direito Penal**. Rio de Janeiro: Imprensa Nacional, 1905. p. 50.

Desse sentir é o entendimento de Maurício Antonio Ribeiro Lopes, segundo o qual "*a referência à dignidade da pessoa humana é transcendental, pois, segundo os jusfilósofos das mais diversas tendências, o respeito à dignidade da pessoa humana é um princípio material de validade a priori*"[417].

Em nossa legislação ordinária, em especial no art. 18 do Estatuto da Infância e da Juventude (Lei 8.069/90), encontramos os reflexos da violação à dignidade da criança e do adolescente que bem se amoldam à dignidade de todo o sujeito de direitos. Segundo este dispositivo, "*é dever de todos velar pela dignidade da criança e do adolescente, pondo-os a salvo de qualquer tratamento desumano, violento, aterrorizante, vexatório ou constrangedor*".

A liberdade de informação sensacionalista, a falta de respeito à opção religiosa e sexual das pessoas, a manipulação genética indevida, a quebra ilegal de sigilo de correspondência e de qualquer comunicação, a formação parcial de opinião pública, baseadas em fins estritamente econômicos, ganham contornos de uma liberdade desumana, violenta, aterrorizante, vexatória e constrangedora.

Carlyle Popp, em inovadora obra organizada pelo jurista Renan Lotufo, da qual tive a honra de participar, bem relata as *características* do princípio em pauta, sustentando o seguinte:

> *a) para verificar o respeito e a proteção da dignidade são indiferentes as condições pessoais oriundas do sexo, idade, raça, condição social e afins. Todos são iguais em dignidade; b) é irrelevante o elemento subjetivo, ou seja, ter havido ou não intenção de violar a dignidade alheia; c) não importa, igualmente, se a pessoa não se considerou violada em sua dignidade, ou seja, se aceitou passivamente a situação imposta. Se o sentimento comum é de indignação, não importa a vontade individual; ela cede ao benefício social. Logo, o respeito à dignidade da pessoa humana se constitui em direito indisponível e não significa um conceito individual, senão geral e coletivo; d) na situação concreta, deve-se avaliar a situação supostamente violadora da dignidade com aspectos e circunstâncias concorrentes, pois o respeito à dignidade pode ceder em face de situações gerais ou específicas de caráter excepcional. Exemplifica-se com as ações em estado de necessidade, decorrentes de calamidades públicas, epidemias, guerras, combate ao tráfico de drogas, terrorismo e afins*[418].

Além disso, a dignidade é um princípio unificador dos direitos fundamentais. Ives Gandra Martins e Celso Bastos esclarecem, a respeito, que a "*referência à dignidade da pessoa humana parece conglobar em si todos*

---

[417] LOPES, Maurício Antonio Ribeiro. **A Dignidade da Pessoa Humana**: estudo de um caso. São Paulo: RT, v. 758, p. 114.

[418] LOTUFO, Renan. **Direito Civil Constitucional**. São Paulo: Max Limonad, 1999. p. 171-172.

aqueles direitos fundamentais, quer sejam os individuais clássicos, quer sejam os de fundo econômico e social"[419].

Desse sentir, é a posição do insigne José Afonso da Silva, para quem a *"dignidade da pessoa humana é um valor supremo que atrai o conteúdo de todos os direitos fundamentais do homem, desde o direito à vida"*[420], de modo que *"as normas definidoras dos direitos e garantias fundamentais têm aplicação imediata"* – CR do Brasil, art. 5º, § 1º[421].

De tudo isso, resulta a conclusão de que a teoria das fontes do direito, baseada no princípio da liberdade, passa para uma necessária e crescente *socialidade*, principalmente num Estado de Direito *liberal-social*, que é o nosso[422]. Nesse contexto, esclarece Miguel Reale[423], *"... o valor da **liberdade**, sempre em oposição dialética à idéia de ordem, põe a exigência de uma **ordenação jurídica aberta e flexível**. Tudo está, porém, em situar racionalmente os limites dessa abertura e flexibilidade, a fim de que a liberdade não se converta em licença, nem a ordem se degenere em tirania".*

Deve-se *"procurar compor em unidade dialética e sincrônica os imperativos de ordem, da liberdade, da certeza e da segurança, como valores-meio na realização do valor-fim por excelência que é o da **Justiça**"*[424], que pressupõe a dignidade.

A propósito, Maurício Ribeiro Lopes informa que

> *uma busca temática nas principais Constituições contemporâneas revelará que valores, como liberdade, justiça, igualdade, dignidade humana, dentre*

---

[419] BASTOS, Celso Ribeiro; MARTINS, Ives Gandra. **Comentários à Constituição do Brasil**. São Paulo: Saraiva, 1989. p. 425.

[420] SILVA, José Afonso da. **Curso de Direito Constitucional positivo**. São Paulo: RT, 1991. p. 93.

[421] A propósito, o grande jusfilósofo brasileiro Miguel Reale afirma: *"muita tinta se perdeu para saber-se se as 'normas programáticas' eram ou não obrigatórias, ainda que figurassem na Constituição. É óbvio que essa polêmica só tinha sentido a partir da convicção de que o ordenamento jurídico é formado tão-somente por determinações explícitas e concretas (...) O progresso do Direito se desenvolve no sentido do predomínio das normas programáticas sobre as desde logo predeterminadas, com a condenação do **totalitarismo normativo estatal**"*. (*In*: **Fontes e Modelos do Direito**. São Paulo: Saraiva, 1994. p. 27)

[422] Nesse contexto, entenda-se o princípio **solidarista constitucional,** segundo Pietro Pierlingieri, no sentido de conferir a qualquer sujeito de direito a *igual dignidade social "como o instrumento que confere a cada um o direito ao 'respeito' inerente à qualidade de homem, assim como a pretensão de ser colocado em condições idôneas a exercer as próprias aptidões pessoais, assumindo a posição a estas correspondentes"* (*Op. cit.*, p. 37). Segundo a Corte Constitucional italiana, a igual dignidade social significa que *"deve ser reconhecido a todo cidadão igual dignidade mesmo na variedade das ocupações ou profissões, ainda que ligadas a diferentes condições sociais; porque toda atividade lícita é manifestação da pessoa humana, independentemente do fim ao qual tende e das modalidades com as quais se realiza"*. (PIERLINGIERI, *op. cit.*, p. 38)

[423] REALE, Miguel. **Fontes e Modelos do Direito – Para um novo paradigma hermenêutico**. São Paulo: Saraiva, 1994. p. 25.

[424] *Op. cit.*, p. 28.

outros, correspondem, idealmente, aos valores que ninguém poderia questionar sobre uma pretensão de possível universalidade[425].

Quanto mais progridem e se organizam as coletividades, maior é o grau de diferenciação que atinge seu sistema legislativo. A lei raramente colhe no mesmo comando todos os indivíduos, quase sempre atende a diferenças de sexo, de profissão, de atividade, de situação econômica, de posição jurídica, de direito anterior; raramente regula do mesmo modo a situação de todos os bens, quase sempre se distingue conforme a natureza, a utilidade, a raridade, a intensidade de valia que ofereceu a todos; raramente qualifica de um modo único as múltiplas ocorrências de uma mesmo fato, quase sempre os distingue conforme as circunstâncias em que se produzem, ou conforme a repercussão que têm no interesse geral. Todas essas situações, inspiradas no agrupamento natural e racional dos indivíduos e dos fatos, são essenciais ao processo legislativo, e não ferem o princípio da igualdade. Servem, porém, para indicar a necessidade de uma construção teórica, que permita distinguir as leis arbitrárias das leis conforme o direito, e eleve até esta alta triagem a tarefa do órgão do Poder Judiciário", esclarece San Tiago Dantas[426].

Por isso mesmo, é de significativa importância estabelecer, constitucionalmente, parâmetros, princípios ou valores, que, dentro de uma visão cosmo-mundial – como ocorre entre o Brasil e as Nações Unidas –, represente o pensamento concreto social brasileiro.

Bem elucidador, do que se afirmou até agora, são as disposições da própria legislação infraconstitucional, mas mais moderna, como o Estatuto da Criança e do Adolescente, em especial o contido no art. 15 (Lei brasileira 8.069/90), que estabelece, *in verbis*: "*a criança e o adolescente têm direito à liberdade, ao respeito e à dignidade como pessoas humanas em processo de desenvolvimento e como sujeitos de direitos civis, humanos e sociais garantidos na Constituição e nas leis*".

Em função da influência positivista nos sistemas jurídicos, essa unidade jurídica reclamada num Estado Democrático Social de Direito deve se assentar no princípio da dignidade da pessoa humana, mesmo em relação ao legislador[427], resultando, assim, nas *normas de configuração* ou *conformação* (aquelas que definem ou concretizem o conteúdo dos direitos fundamentais) e nas *normas restritivas* (aquelas que afetam ou restringem o seu conteúdo) dos direitos fundamentais[428], nestes incluídos o direito à intimidade e a liberdade de expressão.

---

[425] *Op. cit.*, p. 116.
[426] DANTAS, F. C. San. **Igualdade perante a Lei e *due process of law***: contribuição ao estudo da limitação constitucional do Poder Legislativo. Rio de Janeiro: Forense, 1948. v. 116, p. 357-367.
[427] AGESTA, Sanchez. **O Estado de Direito na Constituição Espanhola de 1978**. Coimbra: Boletim da Faculdade de Direito, 1980. v. LVI, p. 25-36.
[428] ANDRADE, José Carlos Vieira de. **Os Direitos Fundamentais na Constituição Portuguesa de 1976**. Coimbra: Almedina, 1987. p. 226-229.

Se o princípio da dignidade da pessoa humana é o fundamento do Estado Democrático Social de Direito, bem como o norte de uma racional, humana e feliz hermenêutica jurídica, podemos concluir que ele tem um certo predomínio sobre a liberdade de expressão. Bem por isso, andou bem o legislador brasileiro ao aprovar a Lei 9.029, de 13.04.1995, que proíbe a exigência de atestados de gravidez e esterilidade, além de outras práticas discriminatórias (aqui incluídas, expressamente na lei, as discriminações de sexo, origem, raça, cor, estado civil, situação familiar ou de idade), para efeitos de admissão ou permanência no trabalho.

A respeito, Miguel Ángel Ekmekdjian[429] destaca parte de um julgamento realizado pelo Corte Suprema de Justiça Argentina, segundo o qual *"há uma ordem hierárquica entre os direitos fundamentais e que tem privilegiado o direito à intimidade (derivado do direito à dignidade) sobre a liberdade de expressão, que – não é sobre-abundante recordar – é um dos pilares fundamentais do sistema republicano"*.

Aliás, esse predomínio decorre, em nosso país, da interpretação dos dispositivos constitucionais alicerçados nos princípios da liberdade, igualdade e dignidade. Dispõe o art. 220, *caput*: *"a manifestação do pensamento, a criação, a expressão e a informação, sob qualquer forma, processo ou veículo, não sofrerão qualquer restrição,* **observado o disposto nesta Constituição**". Já o art. 220, § 1º, prescreve:

> *nenhuma lei conterá dispositivo que possa construir embaraço à plena liberdade de informação jornalística em qualquer veículo de comunicação social,* **observado** *o disposto no art. 5º, incs. IV (a liberdade de pensamento), V (o desagravo), X (os direitos personalíssimos, em especial o da intimidade), XIII (exercício do trabalho) e XIV (resguardo do sigilo da fonte, no acesso à informação).*

Por fim, o art. 221, inc. IV, prevê o respeito, na liberdade de expressão, *"aos valores éticos e sociais da pessoa e da família"*[430]. Verificam-se aí os limites, feitos pela própria Constituição, da liberdade de expressão, fundados no princípio ético-jurídico ou unificador da dignidade da pessoa humana[431].

---

[429] EKMEKDJIAN, Miguel Ángel. **Derecho a la Información**. Buenos Aires: Depalma, 1992. p. 54.

[430] É de se verificar que tal dispositivo, embora diga respeito à restrição feita à liberdade de imprensa pela TV e rádio, é estendido pela doutrina majoritária a todo e qualquer meio de se exteriorizar a liberdade de expressão.

[431] A censura foi expurgada de nosso sistema jurídico, *exceção* feita a espetáculos e diversões públicas, principalmente quando os personagens são crianças e adolescentes. No regime de exceção do **Estado de Sítio**, é possível a censura prévia (CR do Brasil, art. 139, inc. III). Também no **Estado de Defesa**, a nossa Constituição prevê restrições ao direito de sigilo de correspondência

Consigne-se, ainda, a inteligente observação do jornalista Gilberto de Mello Kujawski, para quem

qualquer direito tem de conviver com outros direitos, sob pena de inverter-se em antidireito. Nenhuma liberdade existe isolada, mas integrada num sistema de liberdades... Mais ainda: o direito irrestrito de expressão passa a vender gato por lebre, degenera em instrumento de falsificação. Arte, filosofia, religião e política se pervertem em embuste na geléia geral da irrestrita liberdade de expressão, em que todos os gatos são pardos[432].

Respeitar o direito à intimidade, em nossos dias, é cada vez mais essencial à garantia da liberdade da pessoa humana, em função da gritante e gigantesca proporção que tomou a liberdade de expressão, em especial a de informação, por conta da revolução tecnológica que vivemos, assinala Gilberto Haddad Jabur[433]. E eu acrescentaria o poder de convencimento, por meio de diversos recursos de linguagem e imagens, utilizados pelos meios de informação.

Confira-se, por oportuno, o artigo publicado na *Folha de S. Paulo* (p. A2, de 02.01.2001), sob o título **O peso das palavras**, de autoria do ilustre Professor Titular de Literatura da PUCSP, doutor Arthur Nestrovski, que, após comentar o enredo fictício envolvendo o professor Colemn Silk e seus três alunos *spooks* (expressão usada pelo professor na sala de aula, ao fazer chamada e verificar a constante ausência desses alunos, os quais, logo depois, o acusaram de racismo, em função do duplo sentido daquela palavra – fantasmas ou negros), asseverou que "*a força das palavras torna-se um tema central: 'como alguém se revela ou destrói por uma única palavra...a palavra certa, pronunciada espontaneamente, sem nem ter de pensar'*".

Mais drástico, ainda, é que "*palavras erradas são pronunciadas pensadamente com muito maior freqüência*"...o que, segundo o insigne Professor Nestrovski, constitui "*uma condição humana inalienável*", pois, "*nem as palavras têm sentido fixo: determinado contexto e determinada intenção de leitura podem fazer da mais inocente seqüência de sílabas um motivo de catástrofe*". (Mesmo artigo)

Infelizmente, "*existe um ideal de coincidência entre palavras e sentidos que só raramente se realiza*", como ocorre, às vezes, numa determi-

---

e comunicação telegráfica e telefônica (art. 136, inc. I, alíneas "b" e "c"), permitindo-se, excepcionalmente, a violação à intimidade.
[432] KUJAWSKI, Gilberto de Mello. Liberdade de Expressão. **O Estado de S. Paulo**, de 04 dez. 1997, p. A2.
[433] JABUR, Gilberto Haddad. Respeito à Vida Privada. **Folha de S. Paulo**, de 22 nov. 1997, Caderno 3, p. 2.

nada religião, prossegue Nestrovski. Todavia, em se tratando de liberdade de informação, em especial a de imprensa, ele conclui, com muita propriedade: *"Para quem está lendo o jornal, no primeiro dia útil do novo milênio, não será má idéia pensar um pouco sobre o material potencialmente explosivo que tem nas mãos"*. (Mesmo artigo)

Arremata Nestrovski: *"coincidência entre palavras e sentidos: parece fácil. Oxalá fosse. A responsabilidade de quem escreve, portanto, não pode ser barateada. Só não é maior que a de quem lê"*. (*Idem*)

No segundo dia do novo milênio, Carlos Heitor Cony, do Conselho Editorial da *Folha de S. Paulo*, também manifestou sua crítica (p. A2 – 'editoriais') e o seus descontentamento com outro tipo de liberdade de expressão. Referia-se à utilização do erotismo e da prostituição no mercado de consumo. Antes, era comum constatar-se que algumas pessoas se prostituíam para sua própria sobrevivência; hoje, há, cada vez mais, quem se prostitua para sobreviver à sociedade de consumo; e as novas prostitutas ou prostitutos são denominados garotas ou garotos de programa, "eufemismo" para a prostituição de classe média.

Nas novelas e em diversos programas de televisão, em jornais e revistas, até mesmo em *out-doors*, há grande influência do erotismo, pouco importando o horário e o local. Há longas reportagens sobre a vida das modelos e das garotas de programa que, em seus depoimentos, informaram como obtiveram seu sucesso, *"apesar de agüentar 'homens desconhecidos, gordos e suados em cima da gente'"*, informa Carlos Heitor Cony no seu art. X.

"Entende-se que elas se esforcem para achar e dizer que tudo isso é normal. O que não faz sentido é a sociedade também achar normal, o maior barato, maravilhoso. Até incentivar moças assim jovens, bonitas e bem articuladas a optar pela venda direta do corpo ao consumidor" (Mesmo artigo). Conclui o insigne jornalista: *"não achei nada normal... só consegui enxergar tristeza, desencanto e o pano de fundo para os maníacos..."*.

Por isso que, ao se analisar a estrutura principiológica do direito à intimidade e da liberdade de expressão, verificamos, claramente, o seu alicerce baseado no princípio da liberdade, em seu sentido moderno. Mas o pluralismo axiológico nos fez repensar o conceito de liberdade, abrindo seus horizontes para a igualdade substancial ou material, para a justiça concreta e, especialmente, para a dignidade da pessoa humana, sempre no intuito de se buscar a segurança e a felicidade para todos.

Daí por que o ilustre Procurador de Justiça Rodrigo César Rebello Pinho, em rápidas, mas substanciosas palavras, assevera que *"o valor da dignidade da pessoa humana deve ser entendido como o **absoluto** respeito* aos seus direitos fundamentais, assegurando-se condições dignas de existência para todos"[434].

Bem a propósito, Maria Helena Diniz, ao comentar a bioética e o princípio da dignidade humana, afirma que "*o valor supremo da pessoa humana, de sua vida, dignidade e liberdade ou autonomia, dentro da linguagem dos direitos humanos e em busca de uma qualidade de vida digna*", deve ser o paradigma de suas implicações tecnológicas[435].

Prossegue a renomada jurista, em sua feliz pesquisa sobre o Biodireito:

> *os bioeticistas devem ter como paradigma a **dignidade da pessoa humana**, que é o fundamento do Estado Democrático de Direito (CF, art. 1º, inc. III) e o cerne de todo o ordenamento jurídico. Deveras, a pessoa humana e sua dignidade constituem fundamento e fim da sociedade e do Estado, sendo o valor que prevalecerá sobre qualquer tipo de avanço científico e tecnológico. Conseqüentemente, não poderão a bioética e o biodireito admitir conduta que venha reduzir a pessoa humana à condição de coisa, retirando dela sua dignidade e o direito a uma vida digna*[436].

---

[434] *Op. cit.*, p. 56.
[435] **O Estado Atual do Biodireito**. *Op. cit.*, p. 13.
[436] *Idem*, p. 17.

Capítulo VII

A ONTOLOGIA DA INTIMIDADE

A referência ao estudo ora proposto decorre do entendimento de Esser, que se baseia em Kant para determinar a divisão entre realidade e valor, com a rigorosa separação entre a observação, análise social, e a valoração, que, situada além da experiência, do fim e da utilidade, constitui o ideal do Direito.

O filósofo Antonio Rosmini-Serbati (1797-1855), doutor em teologia e direito canônico, a propósito, chegou a elogiar Kant por ter sido o filósofo moderno que melhor soube diferenciar o *"pensar"*, o *"julgar"* e a *"sensibilidade de intelecto"*[437], criando, a partir daí, um juízo ontológico da intimidade, como "sentimento fundamental" ou de "prazer".

Nesse sentido, Rosmini esclareceu que a "idéia de ser" é a suprema lei moral, numa relação de perfeição (aquilo que buscamos, o bem) e prazer (a satisfação). Conhece-se genericamente o bem de uma coisa quando se conhece o seu ser.

---

[437] Apud ROVIGHI, Sofia Vanni. **História da Filosofia Contemporânea**. Tradução de Ana Pareschi Capovilla. São Paulo: Loyola, 1999. p. 44. Mas, a bem da verdade, a ilustre filósofa, falecida em 1990, afirmou que Rosmini criticou Kant, não porque tenha ele reduzido a um só o conhecimento inato, e sim porque ele sustentou que as formas de conhecer são derivadas do sujeito humano: *"o erro fundamental do criticismo consiste em ter transformado em subjetivos os objetos do pensamento"* (*Op. cit.*, n. 332 – *apud op. cit.*, p. 44). Da mesma forma, Rosmini criticou Aristóteles por ter atribuído muito ênfase ao intelecto humano, conferindo-lhe o poder de dar forma inteligível ao objeto pensante, desconsiderando a idéia objetiva. Tanto assim que Rosmini sustenta que a idéia possui um *a priori*, que é a "idéia inata do ser" (com a qual nascemos, muito embora só nos apercebamos dela muito tarde), que deve, porém, estar unida aos dados da sensação, permitindo-se a *percepção intelectiva*. Contudo, permito manifestar-me no sentido de que, se Rosmini parte da "idéia inata do ser", confere ele, no mínimo, uma certa importância ao sujeito de direito, também porque chama a atenção para o "sentimento do eu" (a imediata consciência de nossa existência), ou "sentimento fundamental", que, para nós, dá excelente fundamento ontológico à intimidade, ou seja, *"animação do nosso corpo, da vida, a qual é 'tal conjunção íntima de um modo todo seu peculiar, que o espírito tem com a matéria"* (*Op. cit.*, n. 699). Segundo Rosmini, as sensações experimentadas não passam de alterações do sentimento fundamental. (*Op. cit.*, p. 47)

Nessa linha de raciocínio, Rosmini faz a distinção entre *bem subjetivo* (o bem para o sujeito: a *felicidade* – a eudemonologia) e o *bem objetivo* (os bens objeto da inteligência, dentre eles, o bem moral), na linha kantiana. Dentro desta concepção, Rosmini formula o seu precioso princípio da moralidade: *"queiras, ou seja, ama o ser sempre que o conheceres, na ordem que ele apresenta a tua inteligência"* (*Op. cit.*, IV, 7, p. 78)[438].

Porém o pressuposto maior desse princípio é a condição inata de o homem ser livre. Toda ação decorre da liberdade, de modo que *"a pessoa do homem é o direito humano subsistente"*[439], essencial, inerente. Numa relação social, a liberdade de agir implica força, limitada, porém, pelos direitos dos outros. Tanto que, embora sacerdote, Rosmini defendia a liberdade de crença. Surge daí a invariável relação entre o valor da liberdade e o bem objetivo desejado (a realidade).

A respeito, Karl Larenz afirma que Esser concebe essa *"separação como princípio metódico provisório, e não no sentido de uma total disparidade entre o 'dever ser' e 'ser', valor e realidade. Concorda também que Esser concebe o ideal de Direito não só como 'idéia em sentido subjetivo', mas também como algo '**ontológico**'"*[440].

O respeito à vida privada, nela incluída a intimidade, mas como um ente ou direito autônomo, surgiu dentro de uma dupla valoração. Em primeiro lugar, como um direito necessário ao desenvolvimento da vida do homem em sociedade, frente ao Estado.

Em segundo lugar, esclarece Pierre Kayser, como um direito a lhe poderem ser asseguradas a tranqüilidade e a sua própria liberdade, ameaçadas pelas investidas do progresso científico e de sua divulgação, pela opressão decorrente da superioridade psíquica, intelectual e econômica da própria sociedade[441].

O princípio do respeito à vida privada decorre da própria existência do ser humano como sujeito de direitos, aí incluído o nascituro, sem contar a existência da pessoa jurídica. Bem por isso, anota Antonino Scalisi que *"a busca da dignidade é a busca do homem em direção ao reconhecimento da própria 'exigência existencial'"*[442].

Desse sentir é o entendimento de Pietro Perlingieri, segundo o qual *"no personalismo confluem ideologias que, depois da Segunda Guerra Mundial, encontram um compromisso político nos princípios fundamentais das*

---

[438] *Apud op. cit.*, p. 49.
[439] *Idem*, p. 49.
[440] *Op. cit.*, p. 140.
[441] *Op. cit.*, p. 18.
[442] SCALISI, Antonino. **Il Valore della Persona nel sistema e i nuovi diritti della personalità**. Milano: Giuffrè, 1990. p. 29.

*novas democracias ocidentais e, em parte (...), do espiritualismo cristão, com veias modernas e sociais, que tem dado vida ao cristianismo social moderno; o **existencialismo**...*"[443] (g.n.).

Daí a necessidade de uma pesquisa científica sobre o real e verdadeiro sentido da filosofia existencialista. A intimidade decorre da própria essência do ser humano. Muito antes de seu reconhecimento jurídico, o direito ao recato sempre existiu, desde que se entendeu o homem como o ser organizador de um grupo social. O seu exercício é que, dependendo da ideologia de determinada época, foi relegado a um plano obscuro.

7.1 A FILOSOFIA EXISTENCIAL E A INTIMIDADE

A palavra "existencialismo" evoca, originalmente, "existência", que, por sua vez, se relaciona com a "essência" (em latim, *"essentia"*, que deriva do verbo "esse": ser). A filosofia em apreço reflete a existência humana considerada em seu aspecto particular, individual, concreto e mesmo universal.

Lamentavelmente, os existencialistas foram, indevidamente, acusados de explorar o lado sórdido do ser humano (eles eram considerados amorais, perniciosos, promíscuos). Não faltaram críticas ao filósofo existencialista Jean-Paul Sartre, a ponto de o filósofo francês Henri Léfèbvre comparar o existencialismo a uma "metafísica de merda".

Também o francês Jacques Maritain (1882 a 1973), embora católico, designava tal filosofia como a "mística do inferno". No mesmo sentido, Tristão de Athayde afirmava que Sartre era "detestável". E o Papa Pio XII também não poupou crítica, dizendo que o existencialismo era a doutrina que mais ameaçava o Cristianismo.

É fácil perceber que as críticas, infundadas, decorreram do momento histórico que atravessava a Europa, em função das graves seqüelas oriundas da Segunda Guerra Mundial, o que levou o homem a criticar, destrutivamente, o movimento filosófico, procurando ridicularizá-lo (movimento imoral, promíscuo, corrupto). A essência do movimento foi transformada ardilosamente, a ponto de tornar a própria filosofia um equívoco.

Veja-se, por exemplo, que sua Santidade o Papa Pio XII não tinha autoridade para, especificamente, criticar o movimento – que tem os seus especiais valores, os quais dão fundamento ontológico à intimidade. Durante as atrocidades da guerra, o papa procurou, deliberadamente, omitir-se, como se nada estivesse ocorrendo. Tanto assim que o Papa João Paulo II pediu publicamente, num ato essencialmente cristão, escusas pelo holocausto.

---

[443] *Op. cit.*, p. 36.

Ao se analisar a corrente filosófica em apreço, logo verificamos que ela deriva da palavra "existência", que significa a saída do espaço privado para o ingresso numa sociedade. Esse vocábulo evoca outro, de significativa importância, a "essência", que significa 'ser' e que, numa análise histórica, sempre existiu. Muitos foram os filósofos que, ao longo dos séculos, como vimos, procuraram o seu significado. Na verdade, o princípio da contraposição entre existência e essência é o fundamento do existencialismo.

Notamos que, desde há muito, diversos outros movimentos filosóficos procuraram desenvolver estudos sobre a existência humana, como Sócrates, que já dizia "*conheça-te a ti mesmo...*". Ou então Aristóteles, que defendeu o conceito de filosofia como a ciência do conhecimento existente enquanto existência. Mesmo o racionalista René Descartes, no seu **Discurso do Método**, procurou desenvolver um estudo no sentido de ser ele próprio entendido como uma existência.

De outra banda, o humanista crítico Voltaire, que não poupou esforços, numa visão essencialmente existencialista, em analisar os valores e a sociedade, sem perder de vista o valor humano do "ser" e do "ter".

São alguns aspectos que desembocam na moderna filosofia existencialista. Mas, modernamente e como filosofia própria, o existencialismo procede diretamente do pensamento de Sören A. Kierkegaard (1813-1855), religioso dinamarquês.

É a típica filosofia que decorre dos próprios problemas pessoais de cada filósofo[444] e da visão individual do ser humano, em afinada descrição com o posicionamento de Louis Dumont, para quem a *liberdade de consciência* foi a primeira e principal das liberdades públicas desenvolvidas ao longo da civilização humana, numa íntima correspondência com o princípio do respeito à vida privada de Pierre Kayser.

Luterano puritano, Kierkegaard, que pregava a idéia religiosa de que o homem é pecador e possui forte tendência para corromper-se – o que, ainda hoje, constitui lamentável verdade –, desenvolveu sua teoria influenciado por suas questões pessoais. Isto não significa, porém, que sua filosofia tenha sido baseada, apenas, em suas experiências pessoais. Hegel, por exemplo, foi humilhado por ter sido considerado inapto para o estudo da filosofia.

---

[444] KIRKEGAARD, em sua obra **Diário de um Sedutor**, relata sua vida desregrada, com o consumo de álcool, logo após a morte de seu pai. Afirmou que sua família carregava uma "maldição", porque seu pai, certa ocasião, blasfemara contra Deus por passar fome e frio. Outro fato marcante para o seu "isolamento" foi o seu rompimento com sua noiva, Regina Olsen. Pouco depois de seus vinte e cinco anos, retomou seus estudos e tornou-se um pastor luterano crítico, o que contribuiu, também, para o estudo do direito ao recato, a ponto de até entrar em conflito com as posturas burocráticas de sua Igreja, que, segundo ele, teria se esquecido da religiosidade interna de cada pessoa, e seus pastores tornaram-se "oficiais do reino".

Aliás, é bom frisar que Georg W. F. Hegel (1770 a 1831), que procurou, em síntese, condensar a realidade do mundo em um sistema – sua "idéia absoluta" – e fazer da pessoa uma de suas fases, foi severamente criticado por Kierkegaard, para quem foi um erro hegeliano desconsiderar que a pessoa é um ente existente e concreto.

Segundo o pensador dinamarquês, o sistema cria conceitos, esquemas abstratos, estabelece relações; é puramente abstrato; mas, a realidade é irracional e, por isso mesmo, a história revela que muitos dos métodos filosóficos e até mesmos legais não foram seguidos pelos seus próprios criadores.

A liberdade, por exemplo, conquistada nas revoluções americana e francesa, tornou o homem um escravo; daí a célebre frase de Lacordaire: *"entre o forte e o fraco, a liberdade escraviza, o direito liberta"*.

Bem a propósito, Celso Antônio Bandeira de Mello[445], ao comentar o sistema positivista ditatorial implantado no Brasil pelos novos "gurus" da economia desde 1964 e que perdura até hoje, afirma que "estes, associando, paradoxalmente, de um lado, um menoscabo profundo pelo Direito e, de outro, uma credulidade quase que infantil no poder das normas para transformar a realidade infra-estrutural, converteram-se, graças a isto, em alimentadores de um sistema de produção desatada de regras jurídicas inconstitucionais, sempre geradas no ventre do Executivo".

Segundo Bandeira de Mello, eles

*produziram, destarte, uma torrente de normas administrativas invasivas da esfera legislativa e uma contínua instabilização jurídica, de resto, altamente perturbadora tanto da ordem social quanto da previsibilidade necessária aos agentes econômicos, gerando um caos, cujos resultados bem se podem apreciar nos alarmantes índices sociais a que o País chegou. Mesmo ultrapassado o período castrense, estes maus hábitos perduraram, ou seja: continuam tais **gurus** a influenciar vivamente a sociedade e persiste-se crendo, com eles, que é preciso a todo instante produzir novas normas e rapidamente, sem os cerceios inerentes à tramitação e aprovação legislativa, ainda que estejam em pauta a alteração de direitos e a criação de obrigações para os cidadãos. Assim se foi impondo uma generalizada complacência com as violações do princípio da legalidade. Por isto, sob a atual Constituição, o Executivo incide em verdadeiro defluxo de "medidas provisórias", praticamente todas elas manifestamente inconstitucionais...[446] e, **no fundo, isto constitui uma** "delegação legislativa disfarçada"[447].*

---

[445] MELLO, Celso Antônio Bandeira de. **Curso de Direito Administrativo**. 11. ed. São Paulo: Malheiros, 1999. p. 246 (nota 17).
[446] *Op. cit.*, p. 246.
[447] *Idem, ibidem*, p. 250.

A fervorosa e pertinente crítica, lançada pelo eminente administrativista brasileiro, revela que o sistema, por ser extremamente racional e procurar reduzir a realidade a um conjunto de regras, efetivamente desconsiderou o ser humano, que deveria, por excelência, ser o alvo principal e direto do sistema. Não somos opositores extremados ao método dos sistemas – até porque defendemos o juízo de sistemas enunciado por Karl Larenz –, mas jamais podemos nos esquecer de que o ser humano é o principal e o único sujeito de direitos. Nesse sentido, vale lembrar a crítica feita pela *jurisprudência de valores* à *jurisprudência de interesses*.

Dentro dessa visão, o que me pareceu importante é que Kierkegaard procurou chamar a atenção para a importância da subjetividade sobre a realidade, pois esta é apropriada por aquela – "*a subjetividade é a verdade, a subjetividade é a realidade*", sua célebre frase, de domínio público.

Disto resulta que todo o conhecimento – aí incluído o Direito – deve, necessariamente, estar interligado à existência humana – o "ser" e não o "ter". Nesse sentido, o homem é a síntese do espírito, da realidade e da abstração, do finito e do infinito, da necessidade e da *liberdade*. É o lema do *Aut-Aut*, a escolha de um dos opostos, pois as contradições não se prestam à mediação, diferente de Hegel, para quem a filosofia é a mediação dos opostos – um *et-et*.

Os três estágios em que se processa a existência humana são o *estético* (o domínio pessoal e livre dos sentidos, dos impulsos, dos sentimentos, das opções, das escolhas – a atitude hedonista), *o ético* (o momento da exteriorização livre do estágio estético – que é desesperador ou vazio –, dentro das exigências do mundo exterior) e o *religioso* (o estágio da serenitude, da paz, da fé).

O estágio estético é a afirmação de todas as possibilidades num plano de equivalência; o ético constitui escolha e decisão. Pela sua influência religiosa, Kierkegaard proclama que a fé está acima da razão e da própria ética; um modelo de fé está em Abraão que ofereceu em sacrifício Isaac. A fé é, portanto, a expressão mais elevada da vida humana e, diríamos, a forma mais recôndita dela.

Para Rosmini, que sofreu muita influência do platonismo cristão e de Santo Agostinho, as três formas do "ser" – o bem objetivo desejado –, que ele desenvolve em sua teoria denominada *Teosofia*, são o *ideal* (o ser inteligível – de infinitas qualidades –, a *essência ou o ser subjetivo*, que se manifesta a si *mesmo*), o *moral* (o ser social, do *dever ser, o ser objetivo*, que se manifesta) e o *real* (aquele que pode entender o ser ideal). Essas formas do ser se integram e são interdependentes, numa relação de *incidência* ou *sintetismo*.

Longe de polemizar a importância dada por eles ao estágio religioso e moral do homem, verificamos que, ontologicamente, a intimidade decorre, na verdade, dos estágios "estético" e mesmo "religioso", ou então da forma "ideal" e "real", os quais derivam da liberdade de consciência ou de crença (do grego *epoquê* ou *epochê* – estado mental de repouso). Interessante notar que, nas visões Kierkegaardiana e rosminiana, o valor liberdade é exaltado e é onde encontramos o fundamento do respeito à intimidade, na linha do pensamento kantiano.

Desse sentir, foi o pensamento de Vincenzo Gioberti (1801 a 1852), doutor em teologia e grande defensor da liberdade política (tanto que se insurgiu contra o papa), para quem a *fórmula ideal* é o primeiro juízo do intelecto, ou seja, *o Ente*. Mas discorda de Rosmini, porque este não se libertou do psicologismo, enquanto que Gioberti desenvolveu a teoria do *ontologismo*; sendo assim, a *existência* pressupõe o Ente, pois aquela é o ser produzido (necessariamente, o "ente" é, e, por isso, cria o existente, *livremente*).

O filósofo alemão Edmund Husserl (1859 a 1938), criador de um método para a análise do existencialismo – ou do método fenomenológico – e aluno do ex-padre aristotélico Franz Brentano (1830 a 1917), foi quem desenvolveu a filosofia como a ciência das ciências, embora sua formação inicial tivesse sido em matemática. É que, a partir de 1884, dedicou-se à filosofia, assistindo, inicialmente, entre 1884 a 1886, às aulas de Brentano.

Husserl criticou, enfaticamente, as teorias científicas, em especial as de origem positivista, excessivamente atreladas à crença de que a realidade deve ser reduzida a um sistema, como, aliás, ocorre no Brasil, com mais ênfase no atual governo do século XXI. Vê-se por aí que o direito à intimidade não pode ser reduzido a um sistema positivo. Na verdade, ele decorre, naturalmente, da própria essência do ser humano.

Para ele, são as ciências *nomológicas*, diferentes das ciências *descritivas*, as que fundamentam a própria ciência, seus princípios, a essência ideal *a priori* dela própria. É a teoria das teorias, a ciência das ciências.

Princípio fundamental da fenomenologia, a *intencionalidade* é o marco preponderante na consciência humana, pois, por ela, o objeto ingressa no conhecimento humano *espontaneamente*, livremente. Aliás, seu professor – Brentano – pregava chegar-se ao *bem* por meio do estado *afetivo*, que é *intencional, "capaz de estabelecer uma relação com os objetos, segundo as modalidades do amor ou do ódio, do prazer ou do desprazer: 'o bem no sentido mais amplo da palavra' é 'o que deve ser amado com amor correto, o que é digno de ser amado'"*[448].

Contudo, numa linha de pensamento ligada ao *determinismo*, é por conta do valor universal do princípio de causa que dificilmente há no universo, objetivamente considerado, um âmbito livre.

---
[448] *Apud* VANNI ROVIGHI, Sofia. *Op. cit.*, p. 352.

A concepção de que o objeto a ser conhecido ingressa no pensamento e ali permanece como se fosse imagem – de modo que "fenômeno" é sempre o dado à consciência, segundo Brentano –, é criticada por Husserl, pois a consciência não pode permanecer estática, passiva. Na verdade, a consciência é *liberdade ativa* ou *positiva*, aspecto inerente ao direito à intimidade.

7.2 A ILIMITAÇÃO DO EXERCÍCIO ATIVO DA INTIMIDADE

Nesse sentido, o neo-idealista inglês Francis Herbert Bradley (1864 a 1924) afirmava que a filosofia era uma atividade jamais concluída e, por isso mesmo, era contra o hedonismo e o formalismo (a conduta do dever pelo dever). Remete ao estudo do "ser" como um ente não limitado a suas experiências pessoais, mas sim integrado em suas relações sociais, de modo a formar uma unidade sistemática, concentrada no "eu" finito e no "eu" infinito. Esta contradição é motivo de absoluto e contínuo progresso, podendo ser superada pela religião, a crença da identidade com o absoluto.

Mas, Husserl acreditou ter encontrado um terceiro caminho para a explicação do mundo: a *fenomenologia,* diferente do materialismo (o mundo foi criado pela matéria) e do idealismo (o mundo foi criado pela idéia). Nessa terceira acepção, as idéias só existem pois são idéias sobre o objeto; idéia e objeto constituem um único fenômeno (algo manifestado, que não pode ser negado); mas busca-se a essência do objeto, por meio do método (o caminho para alcançá-la) da *redução fenomenológica,* o recato em si, onde nada se afirma ou se nega.

O próprio Franz Brentano, que considerava a psicologia como o fundamento da filosofia – a *psicologia descritiva* –, talvez por influência do discípulo, evoluiu para entender que 'consciência' não é um fundamento psicológico, mas sim um fundamento *transcendental.* Donde podemos afirmar que a liberdade de consciência é um direito transcendental.

Husserl pretendeu superar a clássica divisão entre a *essência* e a *existência* de forma a uni-los. Projetados tais conceitos no objeto de nossa análise, constatamos que o método da redução fenomenológica estabelece o exato sentido de intimidade, fundado na liberdade positiva ou ativa pensante da união entre essência e existência.

No método de Husserl, de um lado, tem-se o *fato* (é um 'este') e, de outro, o *quid* (a essência ou *eidos*: aquilo que especifica o fato), mas numa íntima ligação, pois no fato percebe-se sempre uma essência. O *a priori* husserliano está na intuição das essências, diferente do juízo kantiano (intuição do sensível), de modo que se deve diferenciar as ciências eidéticas (as de essências, cujo fundamento é psicológico) das ciências experimentais (as de experiências, cujo fundamento lógico é sua demonstração).

Isso ocorre porque, segundo Francis Bradley, a realidade é única e não contraditória. Diferente de Hegel – para quem existe uma identificação entre consciência e realidade –, Bradley deixou assentado que o primeiro momento do pensamento é o *feeling*, no qual a consciência não se distingue de seu objeto (é uma relação imediata). Mas, levado ao pensamento discursivo, o objeto passa a ser fracionado, analisado, de modo a se distinguir o *what* (o seu conteúdo) do *that* (sua existência).

Desta forma, conclui-se que *"a realidade se distingue da aparência enquanto 'não contradiz a si mesma' (ibid., p. 120), e este é o critério que diferencia uma da outra"*[449], critério esse realizado, sempre, pelo homem.

Esse critério, dentro da análise husserliana do "ser humano", é feito especialmente por meio das três categorias de *consciência*, que me parece serem o fundamento ontológico da intimidade, pois elas podem ser diferentes da realidade: a consistência total do "eu" (a constituição do 'eu' empírico pelos fatos psíquicos); a percepção interna (a autoconsciência, o modo de ser) e a intencionalidade (a consciência de "algo", pensado, imaginado ou percebido – a relação entre o sujeito cognoscente e o objeto).

Ao afirmar que o fundamento da realidade é a *consciência*, Husserl quis dizer que, num primeiro momento (no seu Livro I sobre *Idéias*), consciência é dar significado; no livro segundo, das *Idéias*, porém, não explica como surgiu o mundo, como faz Fichte, mas sim como é revelado o mundo material, espiritual e psíquico.

Seja como for, se o mundo é constituído pela consciência, há perfeita identidade entre a ontologia e a lógica: as leis do ser (ontologia) são as leis do pensamento (Lógica), as quais, aliás, constituem um único fluxo *temporal*. Daí sua célebre frase, tirada de um de seus textos inéditos por G. Brand: *"carrego meu futuro em mim como horizonte de possibilidades nas quais eu estarei"*[450].

Em sua obra **Krisis**, embora criticada por não trazer nada de novo, podemos extrair de Husserl uma explicação mais sólida sobre a relação entre o existencialismo e a própria intimidade. Segundo ele,

*a humanidade inteira e toda a distinção e a ordem dos problemas pessoais tornou-se fenômeno da **epoché**, e com ela a preeminência do eu-homem entre outros homens. A bem da verdade, o eu ao qual chego na **epoché**... chama-se **eu** apenas por equivocação, embora se trate de uma equivocação **cum fundamento in re** (... conforme a natureza), porque se, refletindo, quero nomeá-lo, não posso dizer outra coisa senão: sou eu, sou eu aquele que exerce a **epoché**, sou eu que interrogo o mundo como fenômeno, o*

---

[449] *Apud* VANNI ROVIGHI, Sofia. *Op. cit.*, p. 434.
[450] *Apud* VANNI ROVIGHI, Sofia. *Op. cit.*, p. 379.

mundo que para mim vale agora no seu ser e em seu ser desse modo com todos os homens que ele abrange, dos quais estou tão plenamente certo; portanto, eu, que estou acima de todo o ente natural que possui um sentido para mim; eu, que sou o pólo subjetivo da vida transcendental na qual em primeiro lugar o mundo tem sentido para mim puramente como mundo: eu, exatamente eu, em minha plena concretude abraço tudo isso[451].

Mais adiante, Husserl, citado por Sofia Vanni Rovighi, esclarece que o *eu* é "*o lugar originário e a fonte primeira de todo significado e de toda a verdade*"[452], de modo que a "*forma filosófica da existência*" consiste em "*dar* **livremente** *a si mesmos, a toda a própria vida, uma regra extraída da pura razão*"[453] (Grifo nosso, em homenagem ao pensamento Kantiano).

Nessa ordem de idéias, a intimidade, decorrente da existência do ser livre, nasce como o exercício ativo e positivo do ser. Veja-se que ela surgiu como respeito aos segredos, decorrentes da convivência familiar e domiciliar, financeira e bancária.

Husserl também teve discípulos. Dentre eles, especial destaque para o idealista Max Scheler (1874 a 1928), muito embora este negasse essa condição. Aluna de Husserl, Edith Stein (1891 a 1942), posteriormente conhecida com o nome de Theresia Benedicta a Cruce, por ter se tornada monja carmelita, falecida em Auschwitz em 1942, afirmou que Scheler, embora gênio, teve muita influência do verdadeiro pai (HUSSERL) do princípio dos princípios: *a intuição* (aquilo que é dado em si mesmo). Para aquele, intuição é aquilo que é dado em si mesmo, mas de uma forma *vivenciada*, intensa e imediata com o mundo.

O pensamento de Scheler, que teve muita influência husserliana, foi muito mais aplicado às relações sociais, tanto que, em sua principal obra **O Formalismo na Ética e a Ética material dos Valores**, teceu críticas a Kant. Para este, a lei moral deve ser obedecida em razão de sua *universalidade* (sua forma); o formalismo na ética é mais importante que o conteúdo da lei, pois aquele indica primazia da forma sobre a finalidade da lei. O bem – aquilo que agrada, em termos Kantianos –, quando muito pode ser obtido de forma genérica.

Para Max Scheler, a *ética imperativa* não se confunde com arbítrio, pois, segundo ele, "*deves porque deves*". Scheler não justifica o motivo da ordem, apenas procura fundamentar suas palavras numa *ética de ressentimento*, que, para ele, "*é a tensão entre o desejo e a impotência*"[454]. Essa ten-

---

[451] *Op. cit.*, p. 380.
[452] *Idem, ibidem*, p. 380.
[453] *Idem, ibidem*, p. 381.
[454] *Idem, ibidem*, p. 384. Daí a crítica de Scheler a Nietzche, para quem a ética cristã seria uma ética de ressentimento.

são, à procura do *bem*, é marcada, não pelo *dever* de Kant, mas, sim, pelo *valor* (a essência).

Todavia, se considerarmos que Kant, em sua ética, pretendia um bem "agradável", deveremos considerá-lo como o arquiteto da teoria dos valores. Scheler apenas deu uma nova roupagem à teoria dos valores.

Muito mais ligado a Kant foi o alemão Heinrich Rickert (1863 a 1935), o maior representante da Escola do Baden, ou da filosofia dos valores. Para ele, o princípio da *heterotese* – diferente da antítese de Hegel – explica que "*o outro não se obtém por simples negação do um, mas é algo positivo, dado além do um*"[455], o que implica valorar o "dado além".

O valor, embora "irreal" (tudo aquilo que possui valor), torna-se real – e portanto, não constitui uma realidade psíquica – quando se "reconhece" o valor de uma ação – a de conhecer, a de julgar –, algo dentro do chamado subjetivismo (atitude correta diante do valor), aspecto integrante do ser intimidade e, por isso, do "*'eu transcendental', o princípio do valor*"[456].

De qualquer sorte, deve-se a Scheler a primazia do valor (a essência) sobre o dever. Além disso, importante a consideração de Scheler de que o valor decorre da *intuição emocional* e não teórica. Querer perceber os valores pelo intelecto seria como querer ver o som!

Nesse sentido, a intimidade constitui um valor[457] (a essência do "eu") e não um dever. O dever está no *respeito intuitivo* à intimidade. Ela é um sentimento, que aflora da essência humana, de sua intuição emocional, que também decorre da intencionalidade.

Daí a assertiva de Scheler, em **O Eterno no Homem**, de que, no âmbito mais recondido ou íntimo do homem, o "nada não existe". Em outras palavras: "*quem não olhou no abismo do absoluto. Nada, não perceberá a eminente positividade do conteúdo da intuição de que existe alguma coisa e não o nada*" (**L'eterno nell'uomo**, p. 207)[458]. E mais: nesse ato de pensar, ele distingue três teorias que procuram separar Deus da filosofia, afirmação que vem de encontro à contra-reforma[459].

---

[455] *Idem, ibidem*, p. 267.
[456] *Idem, ibidem*, p. 269.
[457] Sofia Vanni informa que Scheler estabeleceu quatro tipos fundamentais de valores com os seus respectivos pólos: 1) os sensíveis (agradável-desagradável); os vitais (nobre-vulgar); os espirituais, que abrangem os estéticos (belo-feio), os de justiça (justo-injusto) e os do conhecimento (verdadeiro-falso); por fim, os valores religiosos (santo-profano). (*Op. cit.*, p. 386)
[458] *Op. cit.*, p. 387.
[459] São as teorias da *identidade total* (a filosofia é reduzida à religião ou vice-versa), da *identidade parcial* (a religião pode acrescentar às verdades metafísicas outras verdades reveladas) e do *sistema da conformidade* (religião e metafísica não se confundem). O Deus da religião existe no ato religioso, é santo, pois *santo* constitui um valor, que não pode ser definido. Não é pessoa, pois sua essência só é conhecida se for revelada... (*Op. cit.*, p. 388)

Muito embora formado na Escola Neokantiana de Marburgo, Nicolai Hartmann (1882 a 1950), por sua vez, deu primazia ao estudo da *ontologia*, na esteira de entendimento de Wolff, abandonando os conhecimentos obtidos em Kant – de que a metafísica está no conhecimento (ou lógico-dedutivo).

Nesse sentido, Hartmann afirmou, ao contrário de Aristóteles, que a *ontologia* é a *filosofia primeira*, pois estuda o pressuposto de qualquer conhecimento, obtido dos fenômenos (dados evidentes), e também *filosofia última*, porque ele é obtido dos resultados das ciências. Assim, o ser é o ente enquanto ente, localizando-se muito antes do realismo ou do idealismo. *Mutatis mutandis*, o pensamento também é um ente e, por assim dizer, a intimidade constitui um ente. O conceito de ser está implícito nos demais conceitos, tomando dupla forma no realismo.

Num primeiro plano, o íntimo do conhecer está no ato de captar algo que é por si mesmo, independentemente de como se conhece o objeto. Além disso, o realismo indica uma *existência* própria, pouco importando o que vemos da realidade; surge, então, a questão de como a realidade nos é dada no conhecimento, o qual, nesse sentido, constitui um *ente transcendental,* além da consciência.

Assim, o conhecimento como um *ente transcendente* implica em se poder afirmar que sempre existe um ente incógnito, transubjetivo, que vai além de nossa consciência (daí o rompimento com Kant), o que explica a existência de atitudes íntimas das mais variadas possíveis, de pouco domínio público.

Por outro lado, a realidade é manifestada pelos nossos atos emocionais, que decorrem, nesta concepção, das relações sociais, pelas pressões exteriores. Por fim, conclui-se que a *existência real* é constituída pelo conjunto de atos emocionais individuais e sociais, que formam a essência de nossa vida.

A redução dos conceitos ao *conceito do ser* leva à caracterização das categorias constitutivas do ser, ou seu gênero, distinguindo-se aí – dentro do gênero do ser – os *momentos do ser* (essência e existência), *as esferas do ser* (ser ideal e ser real) e os *modos de ser* (o possível, o contingente e o necessário).

Nas duas primeiras categorias do gênero, sempre se confundiu existência com o ser real e essência com o ser ideal. Na verdade, o ser ideal possui existência e o ser real, uma essência. O ser ideal é um ente objetivo no pensamento, embora não nos seja dado a conhecê-lo nos atos emocionais; logo, possui também existência. O ser real, captável pelos atos emocionais, possui também uma essência, que pode ou não ser apreendida.

Dentro dos *modos de ser*, contingência possui duplo sentido: positivamente, é aquilo que é por si mesmo; negativamente, é aquilo nãonecessário. Já o necessário é aquilo que é determinado por alguém; depende dos outros. Essa dependência tem limite e a sua limitação está na contingência. Dessa forma, "*todo o necessário remete a um contingente*"[460].

Também a possibilidade *depende* de uma relação, ou seja, da concretização das condições necessárias a sua existência. Só é possível se houver condições – *necessárias* – de se agir daquela ou dessa forma. Logo, nada há de absolutamente possível ou de necessário; tudo é possível ou necessário, sempre dependendo daquelas relações.

Como modo de ser, a intimidade caracteriza-se como uma categoria possível e necessária, dependendo das condições que a cercam em sua existência. Nesse sentido, assim como a contingência, a possibilidade pode ser positiva (ser) ou negativa (não ser), sem qualquer contradição conceitual, pois jamais conhecemos todas as possibilidades. O ato mais íntimo do ser "intimidade" – o pensamento – é constituído de incógnitas.

Se não podemos conhecer todas as condições necessárias, conclui Hartmann que *possibilidade* se confunde com *atualidade*. Daí a formulação da teoria megárica da possibilidade, nas palavras da insigne Sofia Vanni Rovighi: "*somente o que é atual é possível e o que não é atual não é sequer possível*"[461].

Essa relação da possibilidade com a atualidade se reflete na afirmação hartmaniana de que "*a atualidade é o modo mais difícil de determinar e descrever... Mas é o modo que é experimentado, que é dado da maneira mais drástica. Ao ser atual pertencem os dados dos atos emocionais: a dura realidade dos acontecimentos, do destino, dos obstáculos...*" (M. u. W., p. 58)[462]. Aristóteles já afirmara o caráter absoluto dessa lei fundamental do modo de ser, mas com primazia à teleologia, diferente de Hartmann, que sustenta, oposta e principiologicamente, que "*não há necessidade sem contingência, mas pode haver contingência sem necessidade*".

Daí por que a intimidade sempre existiu, como *necessidade* da vida humana. O modo de ser *contingente* é que decorreu da evolução humana em suas relações exteriores, por conta das limitações impostas pelo homem em suas relações. Parece-me que a liberdade de expressão mais se assenta na *contingência* da vida em sociedade.

Sob esse enfoque, oportuna a indicação hartmanniana dos quatro graus ou estratos do ser real: a natureza inanimada e a natureza viva, que se encontram num determinado espaço; a realidade espiritual e a realidade psíquica, que se localizam no tempo e constituem o *caráter* do ser real, numa

---

[460] *Apud* VANNI, Sofia. *Op. cit.*, p. 391.
[461] *Op. cit.*, p. 392.
[462] *Apud* VANNI R., Sofia. *Op. cit.*, p. 393.

perfeita sintonia com o ser intimidade do homem. Por isso mesmo, ele dedicou um estudo especial ao *ser espiritual*, na linha hegeliana de pensamento, distinguindo o espírito pessoal (as crenças individuais), o espírito objetivo (as crenças políticas, a cultura de uma sociedade) e o espírito objetivado (as crenças traduzidas em obras).

Dentro da mesma concepção de Max Scheler, Hartmann dá destaque especial à *ética*, relacionando-a a *valor*, um ente que se intui dos atos emocionais. Trabalhou com a ética sob três tópicos. Num primeiro passo, reduz a ética a uma estrutura fenomenológica; em seguida, estabelece os valores que julga importantes e, ao final – o que reputo muito importante e indica seu relacionamento com a filosofia kantiana –, afirma ser a *liberdade do querer* (ou a autodeterminação) o poder originário de se optar, que se encontra na *razão*. Somente a liberdade determina uma causalidade final e só a liberdade pode ordenar os meios para a concretização dos valores.

No mesmo diapasão, doutrina Arthur Schopenhauer (1788 a 1860) que a liberdade se exterioriza, inicialmente, na existência e na essência do ser, e não em suas ações. A liberdade é *transcendental* e coexiste com o empirismo e o idealismo, mas decorre da *idéia*, a essência do homem, conforme já afirmara Platão. A idéia, que leva ao conhecimento, inicia-se com a intuição e prossegue com o intelecto, mas não há como ir além do mundo sensível; intelecto e sensibilidade parecem ser comuns para o doutor e autor da obra **O Mundo como Vontade e Representação**.

O *eu*, em Schopenhauer, é percebido pela *vontade*, que, livre e refletidamente, cria as representações no mundo, e delas possui consciência. Logo, a razão é a capacidade de reflexão e de consciência das reflexões. E a base fundamental da consciência é a vontade, que é um ente diferente do conhecimento. O ato de conhecer está em um plano secundário e posterior; a vontade pode existir sem o conhecimento, donde se conclui que a vontade é o elemento originário e metafísico do homem. O intelecto constitui somente o instrumento da vontade.

Mas, a liberdade não se confunde com egoísmo, pois todos possuem liberdade, a expressão da vontade de cada um. Nesse sentido, a expressão das liberdades, observa Schopenhauer, implica uma *unidade profunda*, que é formada pela *justiça, mansidão* e *caridade*. Para ele, a moral se fundamenta na *compaixão* (solidariedade) e não num dever (na razão), como afirmou Kant. Às vezes, conforme atesta Schopenhauer, uma ação moral pode não decorrer de um dever (*v.g.*, uma generosidade); mas, ainda assim, entendo, apegado ao sentido kantiano de moral, que o ato generoso decorre de um dever intrínseco da nossa racionalidade; parece-me irracional ver alguém morrer de fome... Logo, a compaixão é um dever e decorre da razão.

7.3 A ANALÍTICA EXISTENCIAL DA INTIMIDADE

A utilização, como instrumento de análise, da filosofia existencial foi proposto pelo filósofo alemão Martin Heidegger (1889 a 1977), doutor em filosofia em 1914 e assistente de Husserl a partir de 1916, em Freiburg; em 1929, assumiu a *cátedra* e, em 1933, adepto do nacionalismo social, foi nomeado Reitor da Universidade de Freiburg, por Hitler. Embora criticado por isso, Heidegger merece destaque, pois, mesmo aderindo ao nazismo, jamais se manifestou a respeito, mantendo-se silente até 1966, quando ofertou entrevista à revista alemã **Der Spiegel**, com a condição, aliás, de ser publicada somente após a sua morte.

Tanto assim, que seus escritos, certamente por conta da influência nazista, são muito obscuros e complicados, por conta da etimologia empregada. Podem ser entendidos de forma a justificar, ou *não*, o nazismo. Prefiro, é óbvio, esta última interpretação, embora ele declarasse não ser existencialista. Mesmo assim, sua doutrina é interessante, pois ele afirma que o homem, dotado de compreensão (o *logos* do ser), é o ente ontológico.

Embora na filosofia clássica (a dos pré-socráticos), o ser seja algo indefinível, Heidegger explica que ser e tempo constituem a descrição da existência, isto é, o modo especial de ser do homem – é o *ser-aí* (ou o *dasein*, em alemão) – e, ao mesmo tempo, o *ser no mundo,* ou *referir-se a* (ou o *ein zu-sein*). Logo, a existência é *decidida*; ela não acontece ao acaso. Ser é aquilo que faz com que o mundo seja dessa ou daquela forma; é transformá-lo num ente, algo concreto e determinado. O homem é quem decide...

Dentro do nosso modesto trabalho, torna-se claro que a *analítica existencial* de Heidegger coloca em evidência o homem, em sua própria vida cotidiana, decidindo o seu destino. É a sua interpretação, ainda que específica, de *intencionalidade* de Husserl. Mas, a sua crítica à traditional teoria do conhecimento – de que o conhecimento é um poder original do homem apreender e que se localiza numa esfera pessoal interior – reflete, dentro de nossa investigação, uma *redução fenomenológica* do ente intimidade.

Pretende ele que o ato de conhecer seja aberto para o mundo, num *ser-no-mundo*, e não para o interior do homem. O estar aberto às diversas possibilidades é a característica fundamental do modo de ser do homem. Assim, para que exista o ser, mister existir o ente, diferente da concepção havida na Idade Média – de que o ser é o poder de conceber o ente como aquele queira.

Na verdade, contudo, a sua crítica é dirigida à teoria do conhecimento, e não à consciência humana, o refúgio do recôndito íntimo do homem. Tanto assim que, em sua analítica existencial, afirma que o *ato de sentir* (atitudes afetivas) é a percepção pela qual o homem entende existir. E o *ato de compreender* é a base fundamental do conhecimento; e compreensão significa a projeção de possibilidades – é o *poder ser* –, cujo fundamento é a *liberdade*. O nexo causal entre o fato de existir e a liberdade é a *preocupação*. É ela – a preocupação ou o cuidado – a essência do homem, percebida pela *angústia*, conforme, aliás, a concepção kierkegaardiana.

Veja-se que a *angústia* revela a fraqueza humana, o indeterminismo, diante de tantas dificuldades que se nos apresentam, e, portanto, a carência racional. Angústia não é medo – porque medo é uma sensação determinada; também não é desgraça, que é um fato decorrente da opção errada.

A angústia é o meio pelo qual o homem percebe o ser que é e onde está – não importa de onde vem; é o que é. E nem para onde vai, pois, segundo Heidegger, a *morte* apenas constitui a extrema possibilidade de o homem apreender ou angustiar-se. Aquele que assim entende, realmente existe. Assim, o *dasein* morto é um nada; antes da concepção, o *ser-aí* é um nada, de tal sorte que o homem se completa com o *nada*. Talvez o filósofo tenha afirmado isto porque corria sério risco de encarar a morte de frente, já que Husserl, de quem foi assistente, era de origem judaica!

O velho ditado de que "o tempo é o homem quem faz" tem uma explicação filosófica: ele não existe. O tempo se faz por meio da preocupação ou do cuidado, a percepção que pode antecipar algumas possibilidades, que é o futuro. A estrutura do cuidado, que é a essência do homem, é o tempo. Tempo é a base transcendental originária do homem, enquanto que o ato de pensar é sempre finito enquanto tal. Nesse sentido, a temporalidade eleva o *dasein* (a existência cotidiana do homem) ao *existenz* (a existência ideal do *dasein*, sua realidade mais íntima, o puro refúgio). Daí a sua assertiva de que Deus é, mas não existe.

Tradição, aqui, é a possibilidade de reviver o tempo, de modo a colocá-lo sob uma verdade (a descoberta do ente em si mesmo). Isto significa que a verdade está antes do juízo e não no juízo, como quis a escolástica.

Bem depois de ter escrito sua obra principal – **Kant e o problema da Metafísica** –, Heidegger passou a afirmar que o modo de se entender os entes é dada pelo ser. Em outras palavras, a verdade ontológica (a abertura do ser para o mundo) decorre da verdade ôntica (a possibilidade de manifestar o ser), de modo que o homem passa a ser o recôndito da revelação do ser. Apesar de o homem não poder se isolar no mundo, ele está acima de todos os entes materiais e, por isso, é um ser *autêntico*.

Deixa de ser autêntico, passando a ser "inautêntico", quando, subjetivamente, sua consciência é comandada, sem possibilidade de reflexão; é o que Hanna Arendt constatou no regime nazista e denominou fenômeno da desolação. Objetivamente, o fenômeno da inautenticidade se verifica no mundo tecnológico, no qual o homem é considerado uma máquina.

Se para Husserl, de formação em ciência exata, a filosofia é a ciência das ciências, para Heidegger, teólogo, os sentimentos revelam muito mais o ser que o próprio intelecto. Não nos devemos esquecer de que ambos põem em destaque a liberdade do homem de optar por seu destino. E essa liberdade tem íntima ligação com a intimidade.

Ainda dentro de nossa proposta, não devemos nos esquecer de Karl Jaspers (1883 a 1969) que, embora formado em medicina, dedicou-se à filosofia desde 1932 e, em especial, à filosofia existencial, com a obra **Filosofia da Existência**, de 1938.

Desde logo, afirmava que filosofia não poderia ser considerada ontologia, pois não existe um conceito de ser, mas, sim, um *esclarecimento*. Contrariou Kierkegaard e mesmo Nietzche, que afirmaram que a razão é um ente inadequado à existência e que esta cai no ilimitado; para o primeiro, de formação teológica, porque a fé contraria a razão; para o segundo, ateu, porque a razão é um ato de poder no homem.

Muito embora não concorde com a assertiva de que a filosofia seja apenas um esclarecimento de vida, Jaspers contribui para nossa investigação, quando afirmou que a existência é um ser em si mesma quando compreendida pela razão, sendo um modo próprio de ser do homem. Um dos caracteres da existência é a comunicação, de modo que a verdade é a possibilidade de comunicar-se, existindo, pois, várias verdades, como as do espírito, do conhecimento. O espírito é mais que conhecimento; se este visa à exatidão, aquele visa à convicção, que abrange todas as liberdades e faculdades do juízo. A transcendência de Jaspers está na *fé*, e não na metafísica objetiva ou *cifra*, pois a *comunicação* sempre encontra limites.

Por fim, ênfase ao polêmico, filósofo e artista Jean-Paul Sartre (1905 a 1980), que, embora duramente criticado por muitos, foi elogiado pelo ensaísta Maurice Cranston, que o conceituou como um severo moralista, e pelo crítico e cineasta Alexandre Astruc, autor de um documentário sobre Sartre.

A obra principal de Sartre foi **O Ser e o Nada**, publicada, aliás, no auge da Segunda Guerra Mundial, em 1943. Sartre adotou o conceito de intencionalidade de Husserl, mas concluiu, diferentemente, afirmando que a consciência (o *para si*) nunca se revela a si mesma, mas somente ao conhecido (o *em si*). Consciência, para Sartre, é uma "rachadura" (*fêlure*) no ser, pois ela só nasce do conhecido. A plenitude do ser não está na consciência, já que ela nasce do nada pertencente ao ser pleno – o conhecido ou o *em si*. Daí por que, para ele, Deus não existe, pois não é conhecido.

Há, no mundo, apenas um ser cuja existência precede a essência, um ser que existe antes de poder ser definido, que é o homem ou a realidade humana (expressão de Heidegger), e não a natureza humana. Não existe a natureza humana, pois nada, a princípio, define o homem, ou o define como algo dado que sempre foi e será. O homem é a projeção de seu ser; um projeto que vive subjetivamente e que será aquilo que fizer de sua vida, sua essência. Logo, a essência decorre da existência.

Nessa linha de raciocínio, Sartre enfatiza a importância da *liberdade*, pois a essência humana decorre do meio em que vive e de suas virtudes, do destino que ele próprio traça; daí por que ele existe e existência pressupõe liberdade. Desta maneira, é a liberdade a base fundamental de todos o valores humanos, conforme, aliás, já dissera Descartes e afirmou Kant. A felicidade ou o fracasso se deve a ele mesmo; o homem é o responsável pelos atos ou pelas omissões pelos quais livremente optou.

Bem ao contrário do que muitos pensam, Sartre definiu o valor liberdade de forma a nela incluir o valor responsabilidade. Jamais defendeu o arbítrio na liberdade: não existe livre arbítrio. O homem vive num meio social, onde a maioria dos componentes de uma sociedade impõe, de forma participativa, as regras de convivência comum. Da mesma forma, a própria natureza cuida de estabelecer as limitações à liberdade do homem, como o sofrimento ou a *angústia*, a guerra e a morte.

Por outro lado, a essência da liberdade é a escolha, mas a escolha com responsabilidade. Sendo a liberdade o fundamento de todos os valores humanos, conclui-se que cabe ao homem, e mesmo à humanidade, defendê-la.

A universalidade do conceito de liberdade sartreano decorre do próprio sentido que dá a ela; liberdade não significa, apenas, decisão individual. Por isso, o seu conceito se assemelha ao de Kant, quando este analisa o imperativo categórico (a liberdade individual, constituída de forma responsável, deve ter eficácia universal), de modo que, segundo afirmou numa famosa conferência, que se tornou obra, – a cristãos, ateus, marxistas –, **O existencialismo é um humanismo**, ou seja, a moral da ação; é a primazia dos atos sobre sua potência, a única forma de tornar a vida humana mais *digna*.

Sartre considera que a convicção religiosa nasce do *desejo* do homem de fazer-se o Deus; desejo indica carência e o seu objeto é o *valor*. Destarte, valor é a carência de todas as carências e a própria consciência da privação que importa em realizá-la. Essa realização decorre da ação humana, e não de Deus.

Por isso mesmo, ele afirmou, claramente, que

> o existencialismo não é senão um esforço para tirar todas as conseqüências de uma posição atéia coerente. Tal ateísmo não visa de maneira alguma mergulhar o homem no desespero (...) O existencialismo não é de modo algum um ateísmo no sentido de que se esforça por demonstrar que Deus não existe. Ele declara antes: ainda que Deus existisse, em nada

alteraria a questão... Não que acreditemos que Deus exista; pensamos antes que o problema não está aí, no de sua existência: é necessário que o homem se reencontre e se convença de que nada pode salvá-lo de si próprio, nem mesmo uma prova válida da existência de Deus[463].

Discussão religiosa à parte, Sartre contribuiu para reafirmar a importância da *liberdade*, dessa feita como a essência do homem no mundo do *para si*. A negação da liberdade, nesse sentido, conduz ou ao inconsciente freudiano, ou ao domínio econômico ou político. Mas a negação do *em-si* leva à possibilidade de ele próprio se projetar na construção de sua essência, que, aliás, pode ser mudada *livremente*, a qualquer tempo, mas com *responsabilidade* e por obra do próprio homem. Por isso mesmo, a sua peça teatral *Entre quatro paredes* termina com a seguinte frase: "*o inferno são os outros...*".

Como não poderia ser diferente, sua verdadeira companheira, Simone de Beauvoir, em seu ensaio *O Existencialismo e a Sabedoria das Nações*, reforçou a ideologia sartreana. Contra aqueles que julgavam ser o existencialismo um modo de viver, Beauvoir rebateu, afirmando que a filosofia está intimamente ligada à vida; é uma união perfeita.

Rebateu a tradição cristã de que o pecado original foi a desgraça do homem e só Deus o liberta, afirmando que muitos religiosos se corromperam, dada a natureza, segundo alguns (como o moralista La Fontaine e o filósofo Thomas Hobbes) corrupta, do homem. Em ambos os casos, segundo Beauvoir, não se encontra no homem qualquer virtude. Na verdade, o homem não é bom nem é mau; sua essência decorre de sua vida, a qual, aliás, inicia-se com a *nidação* (fecundação do óvulo pelo esperma).

Também contrariando o juízo de que o existencialismo carrega em si um exagerado subjetivismo, que dele faz um egocentrismo, Simone afirma que a existência humana, cuja base fundamental é a liberdade, preconiza valores como a dignidade, o amor, a fraternidade de todos. Se a liberdade foi mal usada, isto decorreu da própria ação do homem, de sua existência, e não do que, unanimemente, se concebe pelo ente liberdade.

Dentro da concepção existencial, o pensamento de Maurice Merleau-Ponty (1908 a 1961) foi significativo. Assim como Sartre, estudou na "École Normale Supérieure", rejeitou o idealismo kantiano, adotou o conceito husserliano de fenomenologia e sartreniano de corpo. Além do que – talvez influenciado pelas atrocidades da Segunda Guerra Mundial, para a qual foi convocado – reconheceu na consciência um projeto de mundo que ela não pode abraçar e nem possuir, porém que não pode cessar de tentar atingir.

---

[463] SARTRE, Jean-Paul. **O Existencialismo é um Humanismo**. Tradução de Vergílio Ferreira. São Paulo: Abril Cultural, 1978. p. 67.

Maurice afirma, outrossim, na interpretação de Anna Francesca Rota, que "*a liberdade do Eu não é a liberdade sem limites de Sartre. Nascer, é 'nascer no mundo', e o mundo já constituído, mas jamais completamente constituído, em um sentido nos condiciona, e no outro nos abre para uma infinidade de possíveis, de modo que 'jamais existe determinismo e jamais existe uma escolha absoluta'*" (FP, p. 578)[464]. Porém, para nós, na verdade, só por estas últimas palavras do próprio Maurice, já se conclui não se tratar de uma liberdade sem limites.

Em suma, a *filosofia existencial* trouxe conceitos fundamentais para a completa noção ontológica da intimidade, uma de nossas propostas neste trabalho. Desde o princípio da contraposição entre a existência, como o ser no mundo, e a essência, como o ser em si, passando pelo estado do *epoché* ou *epoquê*, que é o estado mental em repouso, num refúgio. Daí a importância dada pelos existencialistas à liberdade, em especial à liberdade de consciência.

Os estágios do ser de Kierkegaard – o estético, o ético e o religioso – ou os de Rosmini – ideal ou essência, moral ou social e o real – revelam a extrema importância do mundo subjetivo e objetivo do homem, numa relação de coexistência para a convivência comum.

A fenomenologia de Husserl, que implica no conceito de *intencionalidade* (a relação entre a existência e a essência ou o ingresso do ente no conhecimento) e no de *redução fenomenológica* (um espaço onde nada se afirma ou se nega), bem explica o ato de conhecer numa atividade – íntima – de liberdade ativa de consciência, ou, como afirmam os filósofos contemporâneos, de liberdade positiva, com ações fraternais (na expressão dele, o fazer com *amor*).

A afirmação husserliana de que o fundamento da consciência não é psicológico, mas, sim, filosófico intencional, foi adotado pelo seu próprio mestre Franz Brentano, para quem a consciência passou a ser um ente transcendental, composto de três categorias: a consciência do *eu*, a autoconsciência ou o modo de ser e a intencionalidade.

Mesmo a assertiva de Nicolai Hartmann de que o ente transcendental é o incógnito, e não a consciência, assume importância no ente intimidade e sua expressão, que elegemos nessa investigação filosófica, para demonstrar que mesmo o desconhecido ou o nada – que é um ente – se encontra no espaço mais interior do ser humano, dentro dos extratos do ser real: a realidade espiritual e a realidade psíquica.

A inclusão de valores fundamentais por Schopenhauer na filosofia, ou seja, a justiça, a caridade e a mansidão, *princípios de unidade das liber-*

---

[464] *Apud* VANNI R., Sofia. *Op. cit.*, p. 421.

dades, revela uma solução digna para o conflito entre as liberdades, principalmente na sociedade hodierna, conforme também propôs Jaspers com sua teoria dos limites à *comunicação*. Aliás, o próprio Sartre, embora ateu e severamente criticado, afirmou a importância da dignidade no relacionamento humano, responsabilizando o homem pelos seus próprios atos, e não Deus.

Até mesmo Heidegger, ao construir sua "analítica existencial", traçou conceitos fundamentais para o correto entendimento da intimidade, como a *angústia* (a percepção), a *preocupação* (a antecipação das possibilidades e sua relação com a atualidade) e a *contingência*.

Ele, outrossim, teve a hombridade de voltar atrás, ainda que no fim de sua vida, ao afirmar, o que anteriormente dissera de forma contrária, que a verdade ontológica decorre da verdade ôntica; a verdade, então, não estaria mais antes do juízo, e sim nele, de forma livre, realizada pelo sujeito de direitos. Negada essa liberdade, o homem seria *inautêntico*.

7.4 AS DIVERSAS CARACTERIZAÇÕES ONTOLÓGICAS DA INTIMIDADE E SUA EXPRESSÃO

O ser intimidade pode ser revelado por meio de diversas características de sua própria existência, que decorrem, em sua pureza, de sua própria natureza ontológica, de forma a ser considerada:

- como fundamento de regras (a valoração)[465], normas de argumentação[466], metanormas ou normas de segundo grau[467]. Nesse sentido, é vista sob um aspecto lógico-formal ou técnico-formal. É a base da interpretação e, conseqüentemente, da aplicação das regras jurídicas. Essa é a "ratio legis" do princípio do respeito às liberdades, cuja base fundamental é a própria liberdade ativa de consciência;

---

[465] ESSER, Josef. (**Grundsatz und Norm in der richterlichen Forbildung des Privatrechts**. Tübingen: Mohr & Siebech, p. 51), citado por LARENZ, Karl (**Metodologia da Ciência do Direito**, p. 137). Aliás, ainda a respeito da transformação da 'jurisprudência dos interesses' em "jurisprudência dos valores", ESSER, citado por LARENZ (*Op. cit.*, p. 140), critica a teoria de Heck de que "*a lei é um produto causal dos interesses que a sociedade luta pelo predomínio; de que é, por assim dizer, 'um paralelograma das forças'. Esta idéia mecanicista – diz Esser – oculta, sem embargo, o fato de que a diagonal não resulta forçosamente de uma lei causal física, mas sim deve ser elaborada por um juízo valorativo do legislador e do juiz. Pois a força material de um interesse não é o critério de sua justificação interna. Esser adota, aparentemente, a divisão neokantiana de realidade e de valor quando pede, para a solução da tarefa jurídica, a rigorosa separação de, 'por um lado, a observação e análise sociais exatas da realidade' e, 'por outro lado, a valoração que, situada mais além da experiência, finalidade e utilidade, está fundamentada no ideal do Direito'*".
[466] GROSS, Hyman. **Standards of Law. Annual survey of american law**. New York, 1968, p. 578.
[467] CARRIÓ, G. R. **Principi Di Diritto e Positivismo Giuridico**. Bologna: Il Mulino, 1980. p. 77 e ss.

– como valor qualificado de normatividade. Neste aspecto, o valor da intimidade e da privacidade teria a função de orientar o critério de valoração no âmbito do Direito, partindo-se do princípio da unidade profunda das liberdades, fundado nos valores schopenhauerianos da justiça, da caridade e da mansidão. De sua inclusão no texto constitucional, como no Brasil, na Espanha, em Portugal, prescinde a visão moral, ética e social dos institutos. Assim, a intimidade e a vida privada constituem valores constitucionais, produtos de uma decisão constituinte e balizas para ponderações, seja no âmbito estático, como fundamento das disposições constitucionais e da própria ordem jurídica, seja no âmbito dinâmico, como critério de orientação ao legislador para que não persiga objetivos distintos ou crie dificuldades à sua realização e, ainda, como pauta judicial para controle de constitucionalidade e solução dos casos de conflitos de direitos e colisões de valores[468];

– como fonte normativa, em seu sentido ontológico de "*principia essendi*", naquela relação existência e essência, do ser em si e seu ingresso em sociedade, dentro do possível, do contingente e do necessário – na linha de pensamento hartmanniano –, ou um bem jurídico que se refere a uma situação ou a um ambiente, detidamente considerada no subitem anterior;

– ou, mesmo, como um sentimento, que, segundo René Ariel Dotti, "*brota do mais profundo do ser humano, um sentimento essencialmente espiritual que Urabayer designou como o 'coração do coração de cada pessoa'; aquilo a que, sem dúvida, se referia Marco Aurélio quando afirmava: 'não existe retiro mais tranquilo nem menos turbado que aquele onde o homem encontra sua própria alma'*"[469]. Tal sentimento está ligado ao que Kant chamou, e a que Hannah Arendt se reportou com a explicação de Celso Lafer, de *princípio da exclusividade*, o limite ao direito de informação.

Não resta dúvida de que o ser intimidade assume um caráter instável em sua própria caracterização ontológica. Ao entrar em conflito com outros valores ou princípios, sua negação poderá ser operante diante de outro direito ou bem jurídico, cuja "razão" se mostre superior a ela. Esse conflito se mostrará mais claro quando analisarmos, proximamente, o resultado do conflito

---

[468] PERES LUÑO, Antônio-Enrique. La protección de la intimidad frente a la informática en la constituición española de 1978. **Revista de Estudios Políticos**, n. 9/59, p. 288, 1981.

[469] DOTTI, René Ariel. **Proteção da Vida Privada e Liberdade de Informação**. São Paulo: RT, 1980. p. 70.

que se verifica entre o princípio do respeito à vida íntima e o da liberdade de expressão, em especial o de imprensa. O espaço de reserva íntima da pessoa deve ser respeitado, assim como o direito à informação. O valor 'respeito' tem limites nos dois pólos.

A caracterização ontológica da intimidade, que nada tem a ver com sua etimologia – *idion* – ("idiota", o privativo) –, reflete-se nas diversas possibilidades de reflexão – o ente transcendental de Husserl –, tais como "*a dor, o amor, as paixões do coração, as delícias dos sentidos, a reflexão sobre a morte; em síntese, as grandes forças da vida íntima têm uma existência válida apenas na penumbra, tanto que só surgem em público quando desindividualizadas e desprivatizadas*"[470].

Seja como for, referindo-se à intimidade, Carlos Alberto Bittar afirma que

> *esse direito vem assumindo, paulatinamente, maior relevo, com a contínua expansão das técnicas de comunicação, como defesa natural do homem contra as investidas tecnológicas e a ampliação, com a necessidade de locomoção, do círculo relacional do homem, obrigando-o a exposição permanente perante públicos os mais distintos, em seus diferentes trajetos, sociais, negociais, ou de lazer*[471].

7.4.1 A intimidade e os sentimentos

Reflete, segundo Heidegger, também, a projeção ontológica da *angústia* (a percepção) e do *cuidado* (a antecipação das possibilidades). Ou então, segundo o cristianismo, em oposição ao utilitarismo ou à excelência, representa a *bondade* (um fazer com *amor*), um sentimento obscuro que, tornado público, perde seu conteúdo íntimo; daí por que se lê na Bíblia: "os humildes serão exaltados", e a humildade encontra seu valor inestimável na dimensão do espaço íntimo. Arrisco dizer que foi também por aí que a *maçonaria* ergueu sua bandeira; fazem-se as boas obras ou a caridade na penumbra, sem os holofotes da publicidade.

Note-se que o ser ou o valor ou o princípio da intimidade já existia com a *megaron* dos gregos ou o *atrium* dos romanos, ou seja, o espaço privado, "*com a conotação de sombra e treva*" – lembra Hannah Arendt ao citar Mommsen[472] – em oposição à república, tanto que, dentro das casas, destinava-se um espaço ao público para as reuniões.

---

[470] LAFER, Celso. *Op. cit.*, p. 261.
[471] BITTAR, Carlos Alberto. **Direitos da Personalidade**. 3. ed. atualizada por Eduardo Carlos Bianca Bittar. Rio de Janeiro: Forense, 1999. p. 107.
[472] *Apud op. cit.*, p. 261.

E os cultos sagrados (do Coração, dos Lares e dos Manes), de outra banda, constituíam parte desse espaço privado, até porque era a forma de o *pater familiae* ingressar na vida política e, portanto, pública.

O sentido do espaço privado não decorria da propriedade, mas de uma necessidade religiosa, assim como a riqueza (propriedade) não era pressuposto da cidadania. A constituição de uma família era o requisito da cidadania (e aí o real sentido de *oikos*); tanto que o seu chefe carregava poderes supremos irrevogáveis até mesmo pelo *concilium primus*.

Saliente-se, ainda, que o *ser-no-mundo* – da analítica existencial de Heidegger – ou a *vida ativa* – de Arendt – sempre dependeu de certos bens necessários para a vida (os de uso íntimo), os quais, também, não eram confundidos com riqueza, e jamais o deveriam ser, conforme afirma Hannah Arendt em sua obra **Condição Humana**, ao criticar a modernidade.

No momento em que as necessidades humanas se transformaram, de alguma forma, em riqueza ou capital – como ocorreu com vigor no liberalismo econômico (o *commonwealth:* luta pela riqueza), e ainda ocorre –, muitos valores de estruturação íntima perderam-se no tempo, como, por exemplo, a sexualidade feminina no mundo contemporâneo, com sua banalização em troca de dinheiro (aquilo que o compositor e cantor brasileiro "Gabriel – O Pensador" chamou de *bundalização*) e, o que é pior, com o consentimento da mulher.

As relações íntimas perderam, a partir do século XX, o brilho do prazer e do encontro pessoal. O filósofo israelense Aaron Ben-Ze'Ev, reitor da Univerdade de Halfa, esclarece, com toda a propriedade, em sua obra **Love Online**, que a revolução tecnológica alterou, consideravelmente, a dimensão conceitual dos sentimentos íntimos.

No ciberespaço, os relacionamentos *online* estimulam as pessoas a apresentar uma imagem muito mais acurada de si mesma, mesmo que, na realidade, inexista correspondência. Questão jurídica pode surgir, por conta das expectativas legítimas geradas em torno das informações.

Elas podem ser violadas, na hipótese de infringência à boa fé, quer nos relacionamentos *online*, quer nas próprias relações *offline*. Isto implica séria conseqüência, conforma nos alerta o filósofo AARON BEM-ZE'EV: "*vai ser cada vez mais difícil que as pessoas preencham seus ideais românticos em um único relacionamento. Os casais vão ter que trazer novas experiências para suas vidas, juntos ou separadamente, e desenvolver amizade com outros, de forma que possam lidar melhor com a perda de estabilidade*"[473].

Seja como for, a expressão do "amor", como sentimento íntimo a influenciar o mundo jurídico, é imprescindível em quaisquer relações amoro-

---

[473] GALILEU. **Globo**, p. 39, set. 2004.

sas. Tanto assim que o próprio autor de **Love Online** afirma, claramente, que os romances *online* são incompletos.

No caso da banalização do sexo, o consentimento – que na estruturação formal da intimidade seria um elemento descaracterizador de sua violação – não poderia produzir efeito jurídico. No tocante à desprivatização e à liberdade de expressão existe um valor maior, previsto inclusive constitucionalmente, que diz respeito, parafraseando Jaspers, às limitações de comunicação (a dignidade social).

Na sociedade globalizada e neoliberal em que vivemos, na qual o consumo ou o 'ter' se mostra a viga mestra dos homens, pouca importância se tem dado à dimensão em que ocorre o encontro ou o diálogo do *eu* consigo próprio – o *pensar*[474] ou o momento da *redução fenomenológica* de Husserl –, de modo que fomos "robotizados".

Segundo Hannah Arendt, quem melhor desenvolveu, modernamente, uma doutrina sobre o espaço emocional do homem, e, portanto, sobre a intimidade, foi o filósofo Rousseau, em **La Nouvelle Heloise**, com a introdução de uma nova linguagem para o teatro, para a música e para a literatura, em especial para o romance; as artes passaram a comentar ou a descrever o cotidiano de pessoas que não participavam da vida pública.

Deixaram-se de lado os dramas (de *dron*, agir; a ação daqueles que agem publicamente – os *drontes*). Por conta desses ideais, sua ideologia teve influência em sua grandiosa obra **Contrato Social**, na qual, em síntese, sustenta o filósofo que todos deveriam participar da vida política do Estado e, portanto, pública. A pretendida participação de todos na constituição de uma sociedade mais justa teve como premissa fundamental a representação do papel de todos nas artes.

Daí por que *"foi o totalitarismo no poder, com a não-razoabilidade do 'tudo é possível', que tornou não apenas difícil, mas impossível o direito à intimidade, através da* **desolação***, e foi essa situação-limite que tornou* **ontologicamente** *transparente a sua importância"* (grifo nosso). Interessante notar que foi o extremo da negação da liberdade de pensamento que fez surgir, modernamente, a tutela jurídica da intimidade, ou a "proteção das sombras".

Esse espaço, segundo Arendt, não é constituído por um domicílio e, assim, não poderia ser tutelado pelo princípio da inviolabilidade domiciliar. É uma dimensão que, embora ligada à liberdade e à igualdade, ganha, invaria-

---

[474] Comenta Celso LAFER que *"na desolação a pessoa está sozinha, porque, não tendo mais identidade, não consegue fazer-se companhia na solidão. É, portanto, aquela situação em que – como diz Jaspers, em frase que Hannah Arendt recorda – eu estou em falta comigo mesmo e não tenho tranqüilidade para pensar, e o pensamento, para ela, ao questionar prejulgamentos, torna possível uma autêntica* **vita activa**" (*Op. cit.*, p. 239). É o que Heidegger chama de *autenticidade* (liberdade de consciência), que decorre da verdade ôntica.

velmente, contornos próprios, dada a essência específica ou singular de cada ser humano, dentro do próprio refúgio de sua existência. É a afirmação do *princípio da exclusividade*, o *standart* kantiano, que constituiu um limite ao direito à *intromissão* e tornou a intimidade um direito autônomo da personalidade.

A propósito, o antropólogo americano Melville Herskovits, com o seu *relativismo cultural*, que derivou do socialismo de Durkheim e do neokantismo de Dilthey, procurou conciliar o mundo da natureza e o mundo da cultura, diferentemente da divisão havida desde Kant entre o conhecimento noumênico e o conhecimento fenomênico.

Nesse sentido, outro antropólogo, David Bidney, procurou conciliar a história do homem (as pressões sociais) e a sua racionalidade pessoal (a liberdade individual), acondicionando-os com a *liberdade*, em sua obra **Theoretical Anthropology**, nos seguintes termos:

> *como Durkheim notou, há dois "egos" em cada indivíduo, um psicobiológico, outro sócio-cultural. O primeiro lhe é dado pela natureza, o segundo ele adquire participando de uma determinada sociedade e sistema cultural. Os dois "egos" estão em constante tensão e nunca totalmente se harmonizam. Encorajando o desenvolvimento de algumas potencialidades humanas, o processo cultural trabalha por um incremento atual da liberdade individual e poder de ação e com isso viabiliza uma série de empreendimentos que de outro modo os indivíduos seriam incapazes de atingir. Por outro lado, o processo cultural é uma disciplina restritiva que testa ou suprime os impulsos individuais no interesse da sociedade. Em todas as culturas há certo grau de tensão entre o indivíduo e o grupo social, entre os impulsos egoísticos e os ideais altruísticos*[475].

Essa "dialética de implicação e polaridade" – expressão de Miguel Reale – entre o valor-liberdade e o valor-sociabilidade não retira do princípio kantiano sua validade, mas o reafirma no sentido de integrar-se ao meio social, dependendo da seleção cultural decorrente da organização social desejada numa determinada época. Segundo David Bidney, "*em determinado momento do desenvolvimento, cada tipo ideal clama pela expressão de alguma potencialidade humana e pela repressão ou restrição de outras*"[476], de modo que o fator tempo assume importância na escolha dos valores sociais, os quais assumem o caráter *relativo*, ou seja, no seu devir contínuo de afirmação maior ou menor frente à realidade.

Os valores traçados por nós mesmos, em nossa Constituição, mostram-se extremamente claros em relação à afirmação dos direitos fundamen-

---

[475] BIDNEY, David. **Theoretical Anthropology**. New York: Schocken Books, 1970. p. 335.
[476] *Op. cit.*, p. 335.

tais, em especial, os da personalidade, que se desenvolve – ou deveria se desenvolver – numa família, conteúdo expressivo da intimidade como sentimento.

Daí a razão pela qual Michelle Perrot[477] enfatiza, com muita propriedade, que *"o que se gostaria de conservar da família no terceiro milênio são seus aspectos positivos: a solidariedade, a fraternidade, a ajuda mútua, os laços de afeto e o amor. Belo sonho".*

Hoje, como sentimento, *"o **afeto** é um aspecto do exercício do direito à intimidade garantido pelo inc. X, do art. 5°, da Constituição Federal"* e, nesse sentido, por exemplo, *"o centro de gravidade das relações de família situa-se modernamente na mútua assistência afetiva **(affectio maritalis)** e é 'perfeitamente possível encontrar tal núcleo afetivo em duplas homossexuais, erradamente excluídas do texto constitucional',* conforme Luiz Alberto Aurvalle"[478].

7.4.2 A intimidade e o homossexualismo

Com muita propriedade, o Desembargador Breno Moreira Mussi, do Egrégio Tribunal de Justiça do Rio Grande do Sul, ao analisar caso concreto envolvendo a intimidade de homossexuais e sua implicação no direito de família, entendeu o seguinte: *"creio que na entrada do milênio, não cabe mais fazer de conta que a homossexualidade não existe, nem deixar constar da Constituição uma quota vazia, de cunho meramente formal, dizendo que é proibida a discriminação por sexo, mas, ao mesmo tempo, acatar que se continue discriminando em tal matéria"*[479].

---

[477] PERROT, Michelle. O nó e o ninho. *In*: **Reflexões para o Futuro.** São Paulo: Abril, 1993. p. 81. Bem a propósito, enfatiza Wladimir ROMIC, 2° Vice-Presidente da Federação Paulista de Karatê, que a *"inteligência emocional provém de quatro componentes, que alimentados pela experiência permitem desenvolver habilidades e aptidões específicas que ajudam no gerenciamento de conflitos (...), que são: 1 – a capacidade de perceber, avaliar e expressar uma emoção; 2 – a capacidade de gerar e ter acesso a sentimentos que possam facilitar a compreensão de si mesmo ou de outro; 3 – a capacidade de compreender as emoções e o conhecimento derivado delas; 4 – a capacidade de controlar as próprias emoções para promover o crescimento emocional e intelectual".* (*In*: **Boletim Oficial da Federação Paulista de Karatê,** a. 7, dez. 2000, p. 4)

[478] DIAS, Maria Berenice. **União Homossexual – O Preconceito & a Justiça.** Porto Alegre: Livraria do Advogado, 2000. p. 56.

[479] Em voto proferido no **Agravo de Instrumento 599075496, da 8ª Câmara Cível, em 17.06.1999.** Em caso semelhante, ligado à inclusão de homossexual como dependente em plano de saúde, o Egrégio Tribunal Regional Federal da 4ª. Região, por sua 3ª Turma – Relatora a digna Desembargadora Marga Barth Tessler –, em acórdão recentemente confirmado pelo Colendo Superior Tribunal de Justiça, entendeu haver união estável entre pessoas do mesmo sexo, com base nos princípios da liberdade, igualdade e dignidade da pessoa humana. Segundo Sua Excelência, a *"recusa das rés em incluir o segundo autor como dependente do primeiro, no plano de saúde PAMS e na Funcef, foi motivada por orientação sexual dos demandantes, atitude que **viola** o princípio constitucional da igualdade, que proíbe discriminação sexual. Inaceitável o argu-*

Portanto, a opção sexual decorre do sentimento íntimo que une pessoas do mesmo sexo e essa liberdade, no nosso sistema jurídico, deve produzir os mesmos efeitos jurídicos que a união entre pessoas heterossexuais, por força do princípio da igualdade formal e material. Nesse sentido, a intimidade constitui uma opção (pessoal, natural) que traz reflexos sociais (culturais) e jurídicos, tornando-se um valor, hoje, guindado, no Brasil, ao *status* constitucional.

Referindo-se ao *princípio da exclusividade*, Hannah Arendt afirma que

> *aqui escolhemos aqueles com os quais desejamos passar nossas vidas, amigos pessoais, e aqueles que amamos; e nossa escolha é guiada não por semelhanças ou qualidades compartilhadas por um grupo de pessoas – ela não é guiada, de fato, por nenhum padrão objetivo ou normas, mas, inexplicável e infalivelmente, afetada pelo impacto de uma pessoa em sua singularidade, sua diferença em relação a todas as pessoas que conhecemos*[480].

Ou então, a relação de confiança instalada entre as pessoas, pouco importando, em quaisquer hipóteses, o consenso social sobre a confiabilidade, decorre da boa fé objetiva, norma inserida na teoria geral dos negócios jurídicos a partir do Código Civil brasileiro de 2002 (arts. 113 e 187). Sempre se entendeu que o casamento e mesmo a união estável decorriam da relação entre pessoas de sexos opostos.

Ocorre que a opção sexual, decorrente da liberdade de consciência, constitui, nesse caso, uma opção íntima, que pode ter sérios reflexos na ordem jurídica; confira-se, a respeito, a pioneira e corajosa decisão de 1º grau, proferida pela insigne Simone Barbisa Fortes, MM. Juíza Federal de Porto Alegre-RS[481]. São os extratos ou os graus do ser real, dentre eles os de reali-

---

*mento de que haveria tratamento igualitário para todos os homossexuais (femininos e masculinos), pois isso apenas reforça o caráter discriminatório da recusa. A discriminação não pode ser justificada apontando-se outra discriminação (...) No caso em análise, estão preenchidos os requisitos exigidos pela lei para a percepção do benefício pretendido: vida em comum, laços afetivos, divisão de despesas. Ademais, não há que se alegar a ausência de previsão legislativa, pois antes mesmo de serem regulamentadas as relações concubinárias, já foram concedidos alguns direitos à companheira, das relações heterossexuais. Trata-se da evolução do Direito, que, passo a passo, valorizou a **afetividade humana** abrandando os preconceitos e as formalidades sociais e legais*" (Acórdão proferido na Apelação Cível 94.04.55333-0-RGS, publicado na **Revista do Tribunal Regional Federal da 4ª Região**, n. 32, p. 72 e ss.) (g.n.)

[480] ARENDT, Hannah. **Reflections on Little-Rock**. New York: Dissent, 1959. p. 52.

[481] Em vez de citar o exemplo de Arendt acerca de um casamento misto que envolveu discriminação racial nos EUA, gostaria de fazer referência a outra casuística, decidida ainda em 1º grau, mas de suma importância, que tem reflexos decorrentes da ordem constitucional e da legislação infraconstitucional, e que estão ligados à caracterização ontológica da intimidade, seu reconhecimento e sua aplicação jurídica. Cuida-se de uma ação civil pública proposta pelo Ministério Público Federal, na

dade espiritual e realidade psíquica, a que se refere Nicolai Hartmann, numa união existencial entre a essência e a própria existência.

3ª Vara Federal Previdenciária da Circunscrição Judiciária de Porto Alegre-RS (Proc. 2000.71.00.009347-0), em relação ao INSS, visando obrigá-lo a considerar, no âmbito nacional, à companheira ou ao companheiro homossexual, como dependente preferencial da mesma classe dos heterossexuais, para fins de concessão de benefícios previdenciários, e sua própria inscrição como dependente, ainda que como segurado empregado ou trabalhador avulso. A questão envolve diversos aspectos, que, por serem importantes, merecem destaque. Em primeiro lugar, por força do art. 20, § 2º, da Lei 8.437/92, notificado, o INSS sustentou a ilegitimidade ativa, o que foi rechaçado pela insigne Magistrada Simone Barbisan Fortes, sob o argumento de que o regime de seguridade social dos homossexuais envolve interesse difuso, por força do art. 81, inc. I, do CDC c.c. art. 21, da Lei 7.347/85 e art. 129, inc. III, da CF, o que implica, ainda, a afirmação dos princípios da igualdade e da dignidade da pessoa humana; mesmo tratando-se de interesses individuais homogêneos, esclarece a ilustre Juíza, o *parquet* tem interesse processual, por se tratar de valores comunitários, embora isolados, de uma dimensão social maior e *homogênia*, conforme reconhecido na Apelação Cível 96.04.38388-4, do TRF da 4ª Região, Rel. Juiz Carlos Sobrinho; também no Recurso Especial 95.347/SE, da 5ª Turma do STJ, Rel. Min. Edson Vidigal. Também foi repelida a tese de que a Lei 8.347/92 teria impedido a concessão de liminar contra o Poder Público, contra o que argumentou a ínclita juíza com os princípios da necessidade, da menor restrição possível e o da salvaguada do núcleo essencial, em consonância com o art. 273, § 2º do CPC; em outras palavras, existe a possibilidade do retorno ao *status quo ante*, no caso de improcedência do pedido. Rejeitou a MM. Juíza a aplicação do disposto no art. 16 da Lei 7.347/85, com a nova redação dada pela Lei 9.494/97 (a limitação da decisão à competência do órgão jurisdicional), por conta do disposto no art. 103 do CDC e da natureza social do direito em questão, que envolve o **princípio constitucional da universalidade da jurisdição e do acessso à justiça** no tratamento dos direitos transindividuais e sua uniformização nacional, fazendo referência à doutrina de André Carvalho Ramos na RT 755/113 e à reclamação 602-6 do STF – Rel. Ilmar Galvão – que reconheceu a aplicação de tal princípio. O INSS também se insurgiu contra a eventual declaração incidental de inconstitucionalidade em ação civil pública, o que também foi repelido pela digna Magistrada, sob o argumento de que o objeto do pedido não é a declaração de inconstitucionalidade, mas, sim, o reconhecimento judicial do tratamento igualitário dos direitos previdenciários às pessoas em geral, pouco importando sua opção sexual; e mesmo que fosse, nada impede aos juízes de 1º grau que reconheçam as violações às normas constitucionais, via exceção, segundo o modelo aberto norte-americano (nesse sentido, NERY JÚNIOR, Nelson. **Código de Processo Civil Comentado**. 4. ed. São Paulo: RT, 1999. p. 1504). E, no MÉRITO, entendeu a douta juíza em antecipar a tutela, pois o Brasil, no preâmbulo de sua Constituição, reconheceu a liberdade, a igualdade, o bem-estar e a justiça, ao lado do exercício dos direitos individuais e sociais, como VALORES SUPREMOS de uma sociedade fraterna, pluralista e sem preconceitos, de forma a assegurar a dignidade da pessoa humana, evitando-se qualquer forma de discriminação (CF, arts. 1º, inc. III, e 3º, inc. IV). Assim, a lei de previdência social viola os valores e os princípios da liberdade, da igualdade – material e substancial – e da dignidade. Sustenta a dra. Simone Barbisan, in verbis, que "*a intimidade e a vida dos cidadãos não podem ser objeto de controle ou avaliação pelo Estado, tampouco constituírem fator determinante para o reconhecimento ou não de direitos*". Mais adiante, se verifica de sua decisão: "*realmente, a orientação sexual do indivíduo – seja voltada para o hetero, homo ou bissexualismo – não lhe confere **status** excepcional, que enseje tratamento diferenciado daquele dispensado à generalidade dos cidadãos (...) Verifico, ainda, violação do princípio da igualdade, pois há tratamento diferenciado em situações equiparáveis, que são a união entre pessoas de sexo diverso e a união entre pessoas do mesmo sexo, ambas desprovidas do vínculo jurídico do casamento civil, mas esteadas fundamentalmente em relação de afeto, companheirismo e mútua dependência*". Pouco antes, em 15.04.1999, o digno juiz federal Cláudio Roberto da Silva, da Seção Judiciária de Santa Catarina-BR, reconheceu o direito à pensão por morte de ex-parceiro ao outro sobrevivente, funcionário da Universidade Pública Federal, com base na Lei 8.212/91.

Não é por menos que a Lei 10.948/01, do Estado de São Paulo, visando reconhecer e proteger a união homossexual, estabeleceu penalidades contra as práticas de atos discriminatórios à orientação sexual dos homoeróticos.

A própria lei estadual reconhece que a opção sexual deve ser respeitada e que a manifestação de afetividade dos homoeróticos é perfeitamente normal, assim como ocorre para os heteroeróticos.

Marilene Silveira Guimarães cita alguns exemplos no campo da *união estável entre homossexuais*, reflexo ontológico da intimidade no direito contemporâneo, tais como a possibilidade de funcionários da prefeitura de Nova Iorque, das empresas privadas IBM, Kodak e Du Pont terem direito de inscrever seus parceiros como dependentes previdenciários. Na Inglaterra, a BBC permite aos parceiros homossexuais licença para a lua-de-mel e o respectivo bônus auxílio. Na Itália, a prefeitura de Bolonha concedeu a seus funcionários parceiros homossexuais o direito de pedir auxílio para a aquisição de casa própria. Na Dinamarca, na Noruega e na Suécia, admite-se o casamento entre homossexuais[482].

Bem a propósito, o Parlamento Europeu, por meio da Resolução datada de 08.02.1994, reconheceu a igualdade dos direitos dos homossexuais na Comunidade Comum Européia, no sentido de extinguir as desigualdades jurídicas e administrativas havidas em relação ao relacionamento entre pessoas de mesma tendência sexual, conforme anota Gustavo Bossert[483].

Importante salientar, porém, que a escolha, a que se refere Arendt, pressupõe um ato volitivo, que decorre da liberdade de consciência, a ponte de ligação entre o *dasein* e o *existenz*. Por isso, reafirmamos nosso entendimento de que a liberdade de consciência foi a verdadeira origem do direito à intimidade, que reúne em si, portanto, diversas caracterizações ontológicas, que se resumem na coexistência, sadia e digna, do mundo pessoal e do mundo cultural.

Dessa forma, é completamente absurda a norma jurídica do art. 235 do Código Penal Militar, que pune o homossexualismo no âmbito militar. Na Argentina, o crime é capitulado como bem jurídico que afeta a "honra militar".

Não se pode punir a opção sexual das pessoas. Ela decorre do exercício da intimidade, ínsita a todo e qualquer ser humano livre. A intimidade tem por fundamento a liberdade ativa ou positiva, cujo exercício deve ser respeitado.

---

[482] GUIMARÃES, Marilene Silveira. Reflexões acerca de questões patrimoniais nas uniões formalizadas, informais e marginais. *In:* ALVIM, Tereza Arruda (Coord.). **Direito de Família**: aspectos constitucionais, processuais e civis. São Paulo: RT, 1995. v. 2, p. 204.
[483] BOSSERT, Gustavo A. **Régimen jurídico del Concubinato**. 4. ed. Buenos Aires: Astrea, p. 46.

Alfonso Ruiz Miguel[484], ao interpretar os filósofos Gentile e Solari, afirma que a premissa de ambos é a mesma no sentido de considerar a idéia do sujeito do *idealismo*, nos seguintes termos:

> *hoje, como no tempo de Aristóteles, se torna aguda a exigência da individualidade como concretude do real, e se luta contra a abstração do pensamento que universaliza a experiência, fechando-se em si mesmo. Mas a filosofia, em verdade, não consegue subtrair-se da alternativa antiga do conceito vazio ou da intuição cega. De uma parte a luz, a clareza do conceito para si mesmo, a elaboração subjetiva dos dados imediatos, elaboração que se afasta dos dados e perde seu traço. De outro lado, o dado, o imediato, o positivo, o concreto, que é **hic et nunc** não se chegando, porém, a absorvê-lo (...) A insatisfação é a mesma que a de Aristóteles perante o idealismo platônico, mas a questão permanece sem resposta.*

Daí a solução inovadora apresentada também por Gentile, que asseverou que devesse ser procurada no *pensamento concreto* a positividade que escapa ao pensamento abstrato universal e pessoal, pois a universalidade não é pensamento e o abstrato individual (por onde se sente, se intui, constitui parte dele).

Portanto, é natural que o universal não seja individualizado, pois todos têm sua própria singularidade; e também é natural que o individual não seja universalizado, porque existem as pressões do todo. Ambas as hipóteses seriam ideais, mas impossíveis de ser conseguidas.

Desta forma, o *idealismo realista* de Solari, à maneira de Gentile, prega a positividade concreta do pensamento, no sentido de, partindo da idéia, que é o princípio, *gerar* o ser do qual parte o pensamento; a consciência não pressupõe o "eu" como ser cognoscente – no modo de Descartes: *cogito, ergo sum* –, mas antes o põe, o coloca (integra o "eu" como ser individual e social).

Integrado o "eu", pela liberdade de consciência, conquistada a duras penas, à realidade social e afastado o arbítrio, as desigualdades, conclui-se dentro da linha de raciocínio da Desembargadora sulista Maria Berenice Dias, que *"a garantia da cidadania passa pela garantia da expressão da sexualidade, e a liberdade de orientação sexual insere-se como uma afirmação dos direitos humanos"*[485].

Entretanto, é bom que se diga, seguindo as palavras de Uberto Scarpelli, que o filósofo

---

[484] MIGUEL, Alfonso Ruiz. **Filosofia y Derecho en Norberto Bobbio**. Madri: Centro de Estudios Constitucionales, 1983. p. 24-26.
[485] *Op. cit.*, p. 16.

Solari reconhecia a importância teórica e histórica do atualismo, mas seu idealismo era distinto do gentileano. Provinham ambos do mesmo tronco idealista, mas o de Gentile, reformada a dialética hegeliana, se dedicou a reduzir toda a realidade à realidade do sujeito individual, enquanto que o motivo inspirador, constante e dominante do pensamento de Solari foi a resolução do indivíduo na vida da sociedade e na vida universal[486].

Assim, o "eu" de Gentile dirige-se ao pensamento que tem a missão de colocá-lo (por o "eu") no meio social, o que pressupõe um poder de vontade delegado a um órgão estatal, que constitui, apenas, a atualização do "eu". Perde-se a noção de Estado e de sociedade como entes autônomos, o que, parece-me, ser inviável. Alguém já disse: o "Estado é um mal necessário".

A teoria de Gioele Solari, ao contrário, exposta em sua obra **Estudo Histórico da Filosofia do Direito**, procura transcender o "eu" e a realidade, bem como os seus valores, para uma existência comum com outros indivíduos. Se de um lado tem-se o individualismo kantiano e, de outro, o totalitarismo hegeliano, Solari procurou recuperar o conceito de sociedade. Na sociedade, o homem deve ir além do seu egoísmo para apreender a consciência do interesse comum; não perde sua liberdade, bem ao contrário, concretiza-a, eliminando o arbitrário, o irracional, o egocentrismo. O subjetivismo individual se funde nos interesses coletivos e objetivos.

Analisando o princípio da exclusividade, decorrente do subjetivismo individual kantiano, que tem seus méritos, em que pese a crítica idealista, Tércio Sampaio Ferraz Júnior[487] observa que ele abrange "*a solidão (donde o desejo de estar só), o segredo (donde a exigência de sigilo) e a autonomia (donde a liberdade de decidir sobre si mesmo como centro emanador de informações)*", aspectos que, por outro lado, têm seus reflexos na sociedade, em especial na opção sexual de cada pessoa – que pode levar à constituição de uma família –, e no poder estatal como garantidor das liberdades.

Lembra John Rawls que

numa sociedade justa as liberdades da cidadania igual são consideradas invioláveis; os direitos assegurados por justiça não estão sujeitos à negociação política ou ao cálculo de interesses sociais. (...) as instituições são justas quando não se fazem distinções arbitrárias entre pessoas na atribuição de direitos e deveres básicos e quando as regras determinam um

---

[486] SCARPELLI, Uberto. La Filosofia del Diritto di Gentile e de Critiche di Gioele Solari. *In*: **Studi in Onore di Gioele Solari**. Turim: Giappichelli, 1954. p. 394.

[487] FERRAZ JÚNIOR, Tércio Sampaio. Sigilo de Dados: direito à privacidade e os limites à função fiscalizadora do Estado. **Revista da Faculdade de Direito da USP**, São Paulo, 1993, v. 88, p. 441-442.

equilíbrio adequado entre reivindicações concorrentes das vantagens da vida social[488].

É evidente que, constatado a existência de "afeto" no seio familiar homossexual, a sociedade só tem a ganhar, principalmente no Brasil onde o índice de menores abandonados é gritante. Não me parece ser impossível a adoção, desde que haja afeto[489].

A Corregedoria Geral de Justiça do Rio Grande do Sul, em consonância com a jurisprudência sulista, editou o Provimento 06/04, de 03.03.2004, por meio do qual incluiu parágrafo único ao art. 215 da Consolidação Normativa Notarial e Registral (Provimento 01/98-CGJ).

Segundo o provimento sulista, "as pessoas plenamente capazes, independente da identidade ou oposição de sexo, que vivam uma relação de fato duradoura, em comunhão afetiva, com ou sem compromisso patrimonial, poderão registrar documentos que digam respeito a tal relação. As pessoas que pretendam constituir uma união afetiva na forma anteriormente referida também poderão registrar os documentos que a isso digam respeito".

Não se olvide que o respeito à intimidade e a liberdade de expressão, quer pelo próprio interessado, quer por terceiros, podem representar "reivindicações concorrentes", com múltiplos reflexos jurídicos.

Daí a dificuldade de se equacionar os interesses em conflito, o que nos remete aos *valores* a que uma sociedade, num determinado tempo, se submete. E, no Brasil, o próprio preâmbulo da Constituição da República, além das normas constitucionais, traçam os valores fundamentais, conforme explicam J. J. Gomes Canotilho e Vital Moreira[490].

Conforme anota Rainer Czajkowski, *"seria atrativo e fácil, teoricamente, dizer que o homossexualismo é um absurdo, é uma aberração e um*

---

[488] RAWIS, John. **Uma Teoria da Justiça**. São Paulo: Martins Fontes, 1997. p. 4-6.

[489] *In*: Síntese jul. 2003. **Adoção por pares homossexuais**. Segundo a educadora e filósofa Eliana Giusto, *"o fato de os pretensos adotantes formarem um casal homo ou heterossexual nem deveria fazer parte da discussão. Existe uma falha terrível nesta classificação. A discussão sobre a adoção de uma criança só pode iniciar nos seguintes pontos: o que é bom para esta criança? o que ela tem a ganhar sendo adotada por este par? o que ela tem a perder, se não for adotada?"*.

[490] Para os insignes constitucionalistas, *"os interesses do processo... encontram limites na dignidade humana"*, bem como nos princípios fundamentais do Estado de Direito Democrático", de modo que não se pode *"valer-se de actos que ofendam direitos fundamentais básicos, como o direito à integridade pessoal, à reserva da intimidade da vida privada, à inviolabilidade do domicílio e da correspondência"* (...) Assim, prosseguem, *"a interdição é absoluta no caso do direito à integridade pessoal, e relativa nos restantes casos, devendo ter-se por abusiva a intromissão quando efetuada fora dos casos previstos na lei e sem intervenção judicial (...), quando desnecessária ou desproporcionada, ou quando aniquiladora dos próprios direitos"*. (*In*: CANOTILHO, J. J. Gomes; MOREIRA, V. **Constituição da República Portuguesa Anotada**. 2. ed. Coimbra: Coimbra, 1984. v. 1, p. 218)

desvio, jogando uma pá de cal sobre o assunto, solução que, em termos práticos, deixa a desejar"[491].

Sobre uma apartada síntese histórico-social, anota Anna Paula Uziel, citada pela insigne Desembargadora Maria Berenice Dias:

da criação do termo como sinônimo de pederastia masculina, em meados do século XIX, passando por sua identificação como veículo de doença, na versão do câncer gay nos anos 80, e chegando ao objeto de consumo de um recente mercado promissor, o significado do termo homossexual vem se deslocando. O fim da década de 90 traz, assim, um mapa alterado das percepções sobre o homoerotismo[492].

Esse mapa vem de encontro a conteúdos da intimidade, que são o *afeto, carinho, amor, solidariedade*, virtudes faltantes numa sociedade consumista e robotizada como a nossa e que vão influenciar a vida em sociedade e repercurtir no âmbito jurídico, com as conseqüentes discriminações, marginalizações, rompimentos conjugais e assim por diante.

Bem a propósito, assevera o padre Paul-Eugène Charbonneau que "*apresentar a moral pura e simplesmente como um imperativo extrínseco ao homem, a lhe ser imposto gratuitamente por Deus, sob ameaça de danação eterna, é, a golpes certos, preparar, de um lado, a amoralidade e, de outro, o ateísmo*"[493].

Na verdade, salienta o psicólogo José Maria Fernandes-Martos, em comentário feito pela jurista Maria Berenice Dias, que "*a impressionante complexidade do vastíssimo reino da sexualidade humana indica que a homossexualidade é uma variante que, mesmo preferida, não é desejável, porém, é lógica e normal*"[494].

---

[491] *Apud* DIAS, Maria Berenice. *Op. cit.*, p. 20.
[492] *Idem*, p. 31.
[493] SUANNES, Adauto. **As Uniões Homossexuais e a Lei 9.278/96**. COAD, ed. especial, out./nov. 1999, p. 29.
[494] *Op. cit.*, p. 33. Tanto assim que, até bem pouco tempo, a Classificação Internacional das Doenças – CID – classificava o homossexualismo como um desvio ou transtorno sexual, mas, em 1973, a Associação Americana de Psiquiatria o desconsiderou como distúrbio mental. Em 1993, a OMS o inseriu no capítulo denominado "dos sintomas decorrentes de circunstâncias psicossociais". Já em 1995, ele foi denominado pela OMS como "transtornos da preferência sexual". De qualquer sorte, ele deixou de ser doença. Tanto assim que, segundo o professor de psicologia Michael Baily, da Universidade do Noroeste de Evanston, 30 a 70% dos casos de homossexualismo são decorrentes de fatores genéticos. O próprio Freud, o pai da psicanálise, jamais considerou o homoerotismo como uma doença, ou uma inversão sexual, ou ainda uma perversão; na verdade, o ponto em comum entre os homossexuais é o intenso relacionamento infantil erótico do filho com alguém do sexo oposto, em geral, a mãe, fato esquecido por ele ao longo de sua juventude e formação psicológica, o que pode provocar o seu ressurgimento mais tarde.

Dentro de sua normalidade, o homossexualismo implica em reflexos patrimoniais. Nesse sentido, mais uma vez a Justiça do Rio Grande do Sul saiu à frente. Especialmente, a Colenda 7ª Câmara Cível do Tribunal Gaúcho, na Apelação 593.136.708, entendeu que

> *a jurisprudência superou a exigência da comprovação do esforço comum na aquisição do acervo, restrita a alguns casos peculiares, pois a contribuição indireta, desenvolvida na intimidade do lar, encaminha o direito à partilha. Assim, afastadas as regras do direito societário ou obrigacional, aplicam-se as normas pertinentes ao direito de família, com a comunicação dos aqüestos, salvo conversão*[495].

E a realidade atual está a confirmar a necessidade de posturas jurisprudenciais coesas, que possam assegurar os direitos de personalidade e patrimoniais do casal homoerótico. A decisão judicial envolvendo Oscar Wilde, em 1895, que o condenou por sodomia e comportamento indecente, ficou no passado. Psicologicamente, a sexualidade não pode ser resolvida de forma intelectual, pois envolve sentimentos e emoções. Devemos estar atentos à realidade que nos cerca[496].

7.4.3 A intimidade e a teoria de Hubmann

O alemão *Hubmann* vislumbra, ontologicamente, *três esferas* ou *círculos concêntricos* da personalidade humana, a saber:

a) a *privacidade*, ou *privatsphäre*, a esfera mais ampla, que abrange o modo de ser social da pessoa a que não deve chegar ao conhecimento público, embora alguns, dentre eles desconhecidos, possam ter acesso, como por exemplo, a informações bancárias, a dados cadastrais, a comunicações telefônicas e eletrônicas em geral, a relações familiares;

b) a *esfera confidencial ou íntima, vertrauensphäre* ou *intimsphäre*, a dimensão mais restrita do ser, onde se incluem as opções sexuais, as de amizade, os sentimentos, os pensamentos, as peças de roupa íntimas – eu ousaria dizer, em síntese, a esfera da essência humana; e,

c) ligada à esfera da intimidade, a esfera *do sigilo* ou *geheimnisphäre* – ou do secreto ou segredo –, a dimensão restrita, como o ato de confessar para o catolicismo, as consultas médicas e advocatícias, os chamados segredos profissionais, o ato de pensar, orar.

---

[495] **RJTJRGS** 167/302.
[496] ANTUNES, Camila. A Força do Arco Íris. **Veja**. São Paulo: Abril, edição 1.808, de 25 jun. 2003, p. 73-81. Extensa a matéria e interessante.

Veja-se que a intimidade, como ser, localiza-se numa

zona de imunidade oferecida ao recolhimento, onde todos podemos abandonar as armas e as defesas das quais convém nos munir ao arriscar-nos no espaço público; onde relaxamos, onde nos colocamos à vontade, livres de carapaça de ostentação que assegura proteção externa. Esse lugar é de familiaridade. Doméstico. Íntimo. No privado encontra-se o que possuímos de mais valioso, que pertence somente a nós mesmos, que não diz respeito a mais ninguém, que não deve ser divulgado, exposto, pois é muito diferente das aparências que a honra exige guardar em público[497].

Eduardo Giannotti[498] considera a essência da intimidade como "*o direito ao segredo, o direito à reserva (compreendendo estes o sigilo de correspondência) e o componente básico representado pela inviolabilidade de domicílio*". Mas, a nosso ver, não é só.

A ilustre e simpática jurista Maria Helena Diniz, citada pela ínclita Mestra, pela PUCSP, Luciana Fregadolli, dentro da visão traçada pela Conferência Nórdica sobre a intimidade, bem estrutura a intimidade de modo transverso, analisando suas ofensas, tais como as violações ao domicílio, à correspondência e demais comunicações; a extorsão dirigida a alguém para que ela revele fatos de sua vida íntima ou segredo profissional; a utilização de binóculos, ou de aparelhos mais sofisticados, para espiar ou captar imagens no interior de uma casa; a utilização ou a instalação de aparelhos em residência ou em repartição profissional para a captação de conversas ou documentos; a violação do sossego ou do isolamento da pessoa, quer observando-a, quer seguindo-a, quer amolando-a por telefone[499].

---

[497] DUBY, Georges. **História da Vida Privada**. São Paulo: Companhia das Letras, 1990. v. 1, p. 10.
[498] GIANNOTTI, Eduardo. **A Tutela Constitucional da Intimidade**. Rio de Janeiro: Forense, 1987. p. 13-14.
[499] *Apud* FREGADOLLI, Luciana. **O Direito à Intimidade e a Prova Ilícita**. Belo Horizonte: Del Rey, 1998. p. 72. Dentro do contexto exposto pela digna jurista Maria Helena Diniz, importante observar que a Conferência Nórdica, realizada em Estocolmo, em maio de 1967, sobre o *Direito à intimidade*, estabeleceu cinco categorias de violações à vida íntima, a saber: 1) penetração no retraimento da solidão da pessoa, incluindo-se, no caso, o espreitá-la pelo seguimento, pela espionagem ou pelo chamamento constante ao telefone; 2) gravação de conversas e tomadas de cenas fotográficas e cinematográficas [como em o filme *O Show de Truman*, de 1998, dirigido por Peter Weir e estrelado por Jim Carrey] das pessoas em seu círculo privado ou em circunstâncias íntimas ou penosas à sua moral; 3) audição de conversações privadas por interferências mecânicas de telefone, microfilmes dissimulados deliberadamente; 4) exploração de nome, identidade ou semelhança da pessoa sem seu consentimento, utilização de falsas declarações, revelação de falas ou crítica da vida das pessoas; 5) utilização, em publicações ou em outros meios de informação, de fotografias ou gravações obtidas sub-repticiamente nas formas precedentes. (*In*: SIDOU, J. M.Othon. **Direito à Intimidade**. São Paulo: RT, 1970. v. 421, p. 9-13 – RT 421/9)

Atento à caracterização ontológica da intimidade, em especial à essência e à existência da pessoa, verificamos que, em que pesem opiniões em contrário (como as de René Ariel Dotti[500], Luiz Alberto David Araújo), de fato **não podemos confundir** intimidade e privacidade. Bem a propósito, observa Elimar Szaniawski[501] que o legislador constituinte brasileiro bem agiu ao consagrar, expressamente, a proteção à intimidade e o respeito à privacidade, pois são dois institutos distintos, o que permite maior proteção à pessoa.

Desse sentir, é a analizada opinião do jusfilósofo Tércio Sampaio Ferraz Júnior[502], para quem *"a intimidade é o âmbito exclusivo que alguém reserva para si, sem nenhuma repercussão social, nem mesmo ao alcance de sua vida privada que, por mais isolada que seja, é sempre um viver entre os outros (na família, no trabalho, no lazer em comum)"*.

Esclarece o insigne autor que a intimidade, embora não tenha um conceito absoluto, pode ser revelada por meio dos diários íntimos, das convicções, das situações invioláveis de pudor, dos segredos íntimos.

Arremata Tércio Ferraz: *"já a vida privada envolve a proteção de forma exclusivas de convivência. Trata-se de situações em que a comunicação é inevitável (em termos de relação de alguém com alguém que, entre si, trocam mensagens), das quais, em princípio, são excluídos terceiros"*[503], mas nada impede que estes participem da privacidade.

Adriano de Cupis[504] salienta que o direito ao segredo revela um aspecto singular da intimidade, cujo conteúdo é absolutamente inacessível ao conhecimento dos outros. Do mesmo sentir, é a posição de Carlos Alberto Bittar, para quem *"a noção de segredo (...) (ou a de resguardo) (...) nos parecem melhor situadas no plano global da intimidade"*[505], o mesmo ocorrendo em relação ao direito à integridade psíquica, *"aspecto interior da pessoa"*[506].

Paulo Mota Pinto, ao comentar o art. 21 do Código Civil brasileiro de 2002, faz menção ao direito à reserva sobre a intimidade da vida privada,

---

[500] *Op. cit.*, p. 70. No mesmo sentido – de não haver diferença: CERNICCHIARO, Luiz Vicente; JÚNIOR COSTA, Paulo José. **Direito Penal na Constituição**. 2. ed. São Paulo: RT, 1991. p. 199-200. Também: FERREIRA FILHO, Manoel Gonçalves. **Comentários. à Constituição brasileira de 1988**. São Paulo: Saraiva, 1990. v. 1, p. 35. Da mesma forma, confira-se: CRETELLA JR., José. **Comentários à Constituição brasileira de 1988**. 2. ed. Rio de Janeiro: Forense, 1990. v. 1, p. 257.
[501] SZANIAWSKI, Elimar. **Direitos de Personalidade e sua Tutela**. São Paulo: RT, 1993. p. 133.
[502] *Op. cit.*, p. 79.
[503] *Idem, ibidem*, p. 79.
[504] *Op. cit.*, p. 47.
[505] *Op. cit.*, p. 119.
[506] *Op. cit.*, p. 115.

dando mostras de que aquela integra esta. Distingue a esfera íntima da esfera meramente privada, não em relação à gravidade de eventual lesão, mas, sim, para efeitos de distinção jurídica[507].

Seja como for, importante assinalar, outrossim, que a intimidade e a privacidade, diante de seu reconhecimento universal e constitucional (Portugal, Espanha, Itália, Brasil, dentre outros), deram novos rumos aos tradicionais direitos da personalidade, de modo a permitir, na linha de pensamento de Jaques Robert, duas grandes categorias de *liberdades públicas*: as de ordem individual e as de ordem coletiva[508].

Assim, sob o regime dos direitos fundamentais, os direitos da personalidade assumiram a categoria de *liberdades públicas individuais ou pessoais físicas* (como a liberdade de ir e vir, a de integridade física, privacidade, a de expressão em sentido amplo) e intelectuais (como as de consciência, crença, religião, intimidade), bem como a categoria de *liberdades públicas coletivas* (como as decorrentes da liberdade de associação, sindicalização, reunião, participação política); é o pluralismo axiológico de Miguel Reale numa convivência social fraterna, solidária e digna.

O princípio da dignidade da pessoa humana parece nortear o direito à intimidade, como, de resto, os direitos da personalidade. Parece-me plenamente viável a caracterização de um *"Direito Geral da Personalidade"*, conforme esclarece Mota Pinto[509].

Destarte, *"el reconocimento de los tradicionales derechos de la personalidad como derechos fundamentales há supuesto un paso decisivo para precisar su status jurídico y sua propia significación"*, anota Pérez Luño[510].

Daí por que assinala o insigne jurista Pérez Luño que *"la incorporación del derecho (...) a la intimidad (...) al sistema de los derechos fundamentales implica (...) una importante mutación en su fundamento, su alcance y su estatuto jurídico"*[511].

---

[507] PINTO, Paulo Mota. Direitos de Personalidade no Código Civil Português e no Código Civil Brasileiro. **Jurídica**. Porto Alegre: Notadez, n. 314, p. 7-34, dez. 2003.
[508] ROBERT, Jaques. **Libertés Publiques**. Paris: Éditions Montchres-tien, 1971. p. 22-23. Anota o autor (tradução livre) que *"dentre as liberdades da personalidade, figura em primeiro lugar a **liberdade individual** ou física, de modo a não ser arrebatada arbitrariamente, mas ser julgada com todas as outras garantias legais (respeito ao princípio da legalidade, aos direitos de defesa, à presunção de inocência), de não haver atentado à integridade física e à intimidade (...) nela figurando a liberdade de expressão, ou seja, a liberdade de opinião, de religião (...), a liberdade de conhecimento; bem como a liberdade econômica: direito ao trabalho, de comércio e de indústria. A completar as **liberdades da personalidade** incluem-se também as **liberdades coletivas**, por exemplo, a liberdade de reunião, a liberdade de associação, a liberdade sindical..."*.
[509] *Op. cit.*, p.16.
[510] LUÑO, Antonio E. P. **Derechos Humanos, Estado de Derecho y Constitucion**. 4. ed. Madrid: Tecnos, 1991. p. 325.
[511] *Op. cit.*, p. 326.

Carlos Alberto Bittar bem esclarece essa mutação, dando um novo realce à teoria de Hubmann, salientando que

> no campo do direito à intimidade são protegidos, dentre outros, os seguintes bens: confidências; informes de ordem pessoal (dados pessoais); recordações pessoais; memórias, diários; relações familiares; lembranças de família; sepultura; vida amorosa, ou conjugal; saúde (física e mental); afeições; entretenimentos; costumes domésticos e atividades negociais, reservados pela pessoa para si e para seus familiares (ou pequeno circuito de amizade) e, portanto, afastados da curiosidade pública[512].

Reduzida a sua própria essência, Raymond Lindon[513] nos ensina que

> no mundo ocidental contemporâneo, o conceito de vida privada demarca, em essência, a individualidade do homem, não só frente aos outros indivíduos e à sociedade, mas também, frente ao Estado; consubstanciando espaços nos quais as forças da criação e imaginação do homem estão livres, seja para reflexões introspectivas atinentes ao íntimo de cada qual, seja para manter intercâmbios sociais nos quais cabe a cada um, privativamente, escolher como, onde e quando atuar.

Nesse sentido, a assertiva de Mota Pinto a respeito de um "*direito geral da personalidade*" reduz o campo de incidência de qualquer dúvida sobre a possibilidade de eventual direito ser reparado. "*É que só um tal direito é, realmente, susceptível de se adequar à irredutível e ilimitável complexidade da personalidade humana*"[514], arremata o jurista português.

7.4.4 A intimidade e o transexualismo

A singularidade humana, proveniente da essência do ser, decorre, sem dúvida alguma, da *liberdade de consciência*. Esse ente, que para alguns é *transcendental,* faz da existência humana a sua própria essência.

Com estas premissas, quero afirmar, ainda sob a ótica ontológica e as diversas caracterizações da intimidade, que *transexualismo* também advém de um momento particular, da individualidade do ser, de seu íntimo, pois está afeto a sua condição psíquica, aspecto singular e interior do ser humano, que leva a sua verdadeira *identidade sexual*.

Reconhece-se, nesse caso, uma síndrome em razão do desconforto no tocante ao sexo anatômico natural e o desejo – a liberdade – de eliminar os genitais, ainda que em função do distúrbio psicológico ou da estrutura

---

[512] *Op. cit.*, p. 107-108.
[513] LINDON, Raymond. **Les Droit de la Personnalité**. Paris: Dalloz, 1983. p. 296.
[514] *Op. cit.*, p. 17.

genética nervosa central. Nesse novo milênio, não podemos fechar nossos olhos para a realidade que nos cerca e simplesmente desconsiderar a liberdade, a igualdade social e a dignidade do transexual.

Bem por isso, o MM. Juiz da 7ª Vara de Família de São Paulo entendeu por bem determinar a retificação do prenome, sob o fundamento de que ele, *"face às condições físicas atuais do autor, a toda evidência o expõe ao ridículo pois, como se encontra, ao se apresentar, será com toda certeza alvo de chacota"* (...), de modo que, invocando o disposto no art. 5º da Lei de Introdução ao Código Civil, entendeu que a lei deve *"servir ao ser humano, evitando que seja ridicularizado e discriminado seja qual for sua condição"*[515].

O detalhe da decisão, parcialmente justa, foi o fato de Sua Excelência ter determinado que constasse, no assento de nascimento do interessado, no espaço destinado ao sexo, a palavra "transexual", o que, lamentável e efetivamente, viola sua *intimidade*.

Bem a propósito, mais recentemente, em 22.03.2001, a Colenda Quinta Câmara da Seção de Direito Civil do Egrégio Tribunal de Justiça de São Paulo houve por bem autorizar a mudança de nome e do sexo, sem qualquer referência à condição de transexual, como, aliás, pretendia o Ministério Público.

O relator, Boris Kauffmann, entendeu que

> *esta insistência e imperatividade de ajuste sexual, característica do transexual primário, aliada à inocuidade do tratamento psicoterápico, é que levou muitos países a admitir o caminho inverso: a mimetização do sexo morfológico, procurando adequá-lo ao sexo psicológico, eliminando assim a causa da repulsa que conduz invariavelmente ao suicídio e à automuti-*

---

[515] *Apud* CALANDRA, H. N. Transexualismo. **Revista do Instituto de Pesquisas e Estudos** – Divisão Jurídica Bauru, São Paulo, ago./nov. 1996, p. 227. A mesma sorte não teve a "conhecida" modelo Roberta Close, cuja retificação foi aceita em 1º grau, mas recusada em 2ª Instância (**Revista Forense** 328/196). Famosa, também, a decisão do Juiz de Direito de Mairiporã, Antonio de Pádua Ferraz Nogueira, que, em sentença noticiada no *Estado de S. Paulo*, em 25.01.1976, confirmada pela Colenda 2ª. Câmara Cível do Egrégio Tribunal de Justiça de São Paulo (Apelação Cível 235.341 – **RT 444/94**), deixou assentado que, para a conceituação de mulher, além dos hábitos e conformação corporal, mister "dois ovários, duas trompas, que conectam o útero" etc.; as características interiores biológicas do homem também foram abordadas. Segundo o Magistrado, o interessado apenas se encontrava com hipospadia (malformação congênita do pênis) e era estéril, mas tais circunstâncias não desfiguravam o genótipo masculino, e havia possibilidade de tratamento médico, de sorte que a retificação foi negada. A mesma postura foi tomada pela Colenda 5ª Câmara do E. Tribunal de Justiça de São Paulo, cujo acórdão (**Apelação 247.425**) foi alvo de notícia em 18.01.1975, no *O Estado de S. Paulo*. O Desembargador Coelho de Paula entendeu lamentável a cirurgia realizada, e talvez criminosa, que atribuiu ao paciente sexo *"que, na realidade não tinha, nem poderá ter jamais, e que poderá levar pessoas a se unirem, em matrimônio, quando um dos fins do enlace, a procriação, jamais poderá ser atingido"*.

lação. Para o transexual primário, a solução é cirúrgica, como a realizada pelo autor, com a eliminação do pênis e do escroto e a construção de uma neo-vagina e vulva, além da implantação de próteses de silicone nas mamas, para dar aparência feminina, e a eliminação do pomo de Adão, para retirar qualquer resquício do sexo morfológico[516].

Aliás, conforme anota S. Rodotà, *"hoje em dia não mais se considera a idéia de vida privada como ligada estritamente à noção de segredo, mas se a encara de um modo mais fecundo, o que quer dizer que a vida privada necessita de proteção, pois se trata de proteger as escolhas de vida contra o controle público e o estigma social"*[517].

Ora, se a condição psíquica da pessoa o conduz à aparência oposta ao seu sexo e a um novo padrão social de comportamento, ligado ao novo sexo, não há motivo para negar à pessoa a proteção de sua vida íntima, reconhecendo-lhe o novo sexo e sua nova identidade.

Penso, apenas, que a questão não pode ser resolvida com base no conhecido "direito à identidade" (nacionalidade, cor, nome) ou "direito à imagem" (retrato ou reputação), visto que, embora se reconheça sua autonomia, é imperioso notar que eles decorrem da essência do ser, onde se localiza a consciência, o ente mais íntimo do ser humano.

Segundo T. R. Vieira, *"a cirurgia de adequação do sexo é de natureza terapêutica, pois o transexual não quer simplesmente mudar de sexo; esta adequação lhe é imposta de forma irresistível. A cirurgia de transgenitalização não visaria, assim, 'mudar o sexo', mas apenas a genitália externa, adequando-o ao sexo psicológico"*[518].

Nesse sentido, Odon Ramos Maranhão[519] informa que não se pode mais considerar o conceito de sexo fora de uma análise *plurivetorial*, decorrente da conjugação equilibrada de diferentes fatores, tais como os genéticos, os somáticos, os psicológicos e os sociais.

Não se trata dos travestis ou dos fetichistas, que ostentam, apenas, a aparência do sexo oposto, mas sim dos transexuais, conforme a sua individualidade (*"uma personalidade feminina em um corpo masculino"* e vice-

---

[516] **Apelação Cível 165.157.4/5-SP**. Do mesmo teor, em São Paulo, é a decisão proferida na **Apelação Cível 86.851.4/7, de São José do Rio Pardo**, e a r. sentença proferida pelo juiz Flávio Artacho, da 2ª. Vara de Mirassol – Proc. 644/02. No mesmo diapasão, é a decisão do Egrégio Tribunal de Justiça de Santa Catarina, **Apelação Cível 20000196967, da 1ª Câmara Cível**. Também no Rio Grande do Sul, o Egrégio Tribunal de Justiça assim tem entendido – **RTJRGS 195/356**.
[517] RODOTÀ, S. **Présentation Générale des Problèmes liés au Transsexualisme**. Pays Bas: Vrije Universiteit, 1993. p. 20.
[518] VIEIRA, T.R. O Direito à Saúde e o Transexual. **Revista Jurídica da Faculdade de Direito da Alta Paulista**, São Paulo, n. 2, 1999, p. 119.
[519] MARANHÃO, Odon Ramos. **Manual de Sexologia Médico-legal**. São Paulo: RT, 1972.

versa, conforme reportagem de 12.03.1976, do *Estado de S. Paulo*, sobre "Ética Médica e Lei Penal").

Já em 1966, o centro médico Johns Hopkins University havia efetuado trinta e duas cirurgias para mudança de sexo, nove das quais corrigiram a deficiência feminina, transformando-as no sexo masculino (e o pioneiro no estudo foi o dr. H. Benjamin, que considera o transexual um "hermafrodita-psíquico", lançando a obra **The Transsexual Phenomenon**. New York: The Julian Press, 1966).

Isto porque, esse distúrbio psíquico gera conflitos psicológicos e sociais, levando a pessoa, muitas vezes, ao suicídio ou à própria ablação, o que fere o princípio da dignidade social, e não só a dignidade da própria vítima.

No Brasil, em novembro de 1975, no XV Congresso Brasileiro de Urologia, o cirurgião plástico e docente da Escola Paulista de Medicina, Roberto Farina, exibiu filme de um caso de reversão cirúrgica, realizada em 1971, dentre as nove cirurgias que realizara em homens.

Anunciava, ainda, a existência de cinquenta pacientes que, durante um ano já, estavam em fase de testes psiquiátricos, psicológicos, hormonais, genéticos. A repercussão de seu trabalho levou-o a ser denunciado pelo promotor de justiça Messias Paiva, da 17ª Vara Criminal da Capital, por crime de lesão corporal gravíssima[520]!

Nos anos setenta e oitenta, o Conselho Federal de Medicina do Brasil pronunciou-se no sentido de não permitir a cirurgia, por se tratar de uma intervenção exclusivamente mutiladora, que não restaurava psicossocialmente a pessoa.

Após a Constituição da República do Brasil de 1988, no Brasil, o Conselho Federal de Medicina, por meio da Resolução 1.482/97, alterando postura anterior, passou a considerar a possibilidade de realização, em hospitais públicos ou universitários, da cirurgia de mudança de sexo nos indivíduos que tenham a síndrome transexual. Em São José do Rio Preto-SP há um hospital exemplar para o atendimento dos pretendentes à cirurgia.

Nos Estados Unidos da América, a reversão sexual já vinha ocorrendo desde os anos sessenta e, nos Estados do Arizona, Louisiana, Ilinois e Mississipi, o transexual operado recebe, inclusive, nova certidão de nascimento.

---

[520] A propósito, em carta missiva juntada ao processo criminal 20/76, que tramitou pela 17ª Vara Criminal de São Paulo, Capital, o dr. John Money, psicólogo, em defesa do médico denunciado, esclareceu que "*a etiologia da condição permanece totalmente desconhecida. Entretanto, acredita-se que possa ser causada, em parte, por mau funcionamento de hormônios antes do parto. A psicoterapia, no caso, não é eficiente e nem o tratamento com drogas*".

Na Espanha, porém, permite-se a cirurgia e a retificação do prenome, mas, por conta da grande influência catolicista, não se admite o casamento nessa condição,o que, para nós, também viola o princípio do respeito à intimidade, em flagrante desrespeito à Constituição espanhola, que prevê, expressamente, a proteção da intimidade pessoal e familiar. Na Escócia é absolutamente impossível a mudança do registro[521].

Na Alemanha, o art. 2º da Constituição alemã dispõe sobre o princípio básico da personalidade – o *Entfaltung der Persönlichkeit* –, ou seja, o desenvolvimento da personalidade, permitindo-se a intervenção cirúrgica do transexual e conseqüente retificação no registro civil.

O mesmo se verifica na Itália, onde, desde 1975, a Corte italiana, reformando a decisão do Tribunal de Apelação de Nápoles, entendeu ser possível a cirurgia e a retificação judicial, pelo princípio básico do respeito à saúde físico-mental do transexual. Também em Portugal reconhece-se tal direito, por força do art. 26, da Constituição portuguesa. O mesmo se verifica na Holanda e na Dinamarca.

Interessante notar que a medicina pisquiátrica considera que o sexo mais importante é o psicológico, de onde brota a sexualidade em seu sentido amplo. A sexualidade decorre de um sentimento íntimo, e o comportamento transexual tem início já a partir do terceiro ano de vida.

O transexual masculino, por exemplo, não aceita manter relações sexuais com mulheres, pois, tendo sua consciência feminina, estaria praticando um ato homossexual; por isso, sua essência é "feminina" e o sexo, para ele, é secundário; daí a necessidade radical de mudar os seus órgãos sexuais, mas jamais seu "sexo psicológico".

Mas ainda encontramos muitas resistências. Uma delas é do próprio Instituto de Medicina Social e de Criminologia de São Paulo – Imesc. No referido acórdão (voto 6.930), o Des. Boris Kauffmann cita a conclusão do perito-médico:

> ...*a mudança do registro de sexo é assunto filosófico, visto a discussão anteriormenbte feita sobre o sexo, pois apesar de seus caracteres morfológicos e até psíquico, geneticamente sempre será do sexo masculino, pela presença dos cromossomos sexuais XY, que é imutável, associada à total impossibilidade de procriar, pois não tem testículos e nem ovários.*

---

[521] Algumas religiões não permitem o transexualismo, como o catolicismo, que entende que a questão deve ser resolvida pela psicoterapia; admite a cirurgia para o caso de hermafroditismo, para fins de procriação. O Judaísmo não permite a mudança da genitália, pois crê que a pessoa é identificada pelos órgãos genitais externos; no mesmo sentido, a religião rabínica. O Islamismo não aceita o transexualismo, muito menos o homossexualismo ou o travestismo, pela postura rígida em relação ao conceito de família.

Quer me parecer que o perito equivoca-se ao definir o sexo com base nos cromossomos. Na verdade, o sexo é definido pela consciência do ser. Daí as referências psiquiátricas que justificam o transexualismo. Os genes, dessa ou daquela categoria, apenas podem propiciar a fecundação, o que também não significa que todas as mulheres podem, ou desejam, procriar. E justificar a sexualidade feminina com base na procriação constitui verdadeiro preconceito, bem próprio da Idade Média.

7.4.5 A intimidade, a sexualidade e o afeto

Como o jurista jamais pode estar longe da realidade que o cerca, importante contribuição investigatória nos traz Anthony Giddens, professor de Sociologia da Universidade de Cambridge, a respeito das transformações da intimidade, envolvendo a sexualidade, o amor e o erotismo nas sociedades modernas, que implicam o que o autor denomina *sexualidade plástica* (*"a sexualidade descentralizada, liberta das necessidades de reprodução"*[522]).

Segundo o autor, o fenômeno teve origem

"na tendência, iniciada no final do século XVIII, à limitação rigorosa da dimensão da família; mas se torna, mais tarde, bem desenvolvida como resultado da difusão da contracepção moderna e das novas tecnologias reprodutivas. A sexualidade plástica pode ser caracterizada como um traço da personalidade e, desse modo, está intrinsecamente vinculada ao eu (...) A intimidade implica uma total democratização do domínio interpessoal, de uma maneira plenamente compatível com a democracia na esfera pública. Há também implicações adicionais. A transformação da intimidade poderia ser uma influência subversiva sobre as instituições modernas como um todo..."[523].

Veja-se que Lawrence Stone, ao analisar a história do divórcio na Inglaterra, bem esclarece uma das transformações ocorridas no campo da intimidade, com reflexos na órbita jurídica. Refere-se ao ato de adultério que, por parte da mulher, seria *"uma violação imperdoável da lei da propriedade e da idéia da descendência hereditária"*, mas, por parte do marido, seria *"encarado como fraqueza lamentável, mas compreensível"*[524].

A novela *Before She Met Me*, de Julian Barnes, é um indicativo da mudança social acerca da intimidade que envolve o casamento. Em seu

---

[522] GIDDENS, Anthony. **A Transformação da Intimidade**. Tradução de Magda Lopes. São Paulo: Unesp, 1992. p. 10.
[523] *Op. cit.*, p. 11.
[524] LAWRENSE, Stone. **The Road to Divorce, England 1530-1987**. Oxford: Oxford University Press, 1990, p. 7. Esta assertiva bem explica a revolta do reino inglês contra a Princesa Diana, mas sua complacência com o príncipe Charles.

primeiro casamento, o personagem Graham vivia com Bárbara – pessoa exigente – a convencional divisão do marido trabalhador e da mulher doméstica. Ele conhece e mantém, clandestinamente, um relacionamento amoroso com Ann; divorcia-se e casa-se pela segunda vez. Descobre, porém, durante o segundo casamento, a anterior vida íntima de Ann, que teve um caso com Jack, seu melhor amigo. Grahan mata-o e se suicida.

O professor da Universidade de Cambridge, ao comentar a novela, esclarece que "*os acontecimentos descritos na novela são definitivamente contemporâneos; como uma discussão das vidas das pessoas comuns, a novela... presume um grau significativo de igualdade sexual e, especificamente, depende do fato de que hoje é comum uma mulher ter muitos amantes antes de assumir... um envolvimento sexual 'sério'*". O fato é que "*as mulheres não admitem mais a dominação sexual masculina, e ambos os sexos devem lidar com as implicações deste fenômeno. A vida pessoal tornou-se um projeto aberto, criando novas demandas e novas ansiedades*"[525].

Notamos, claramente, que as mudanças sociais são fortes e, juridicamente, penso que, mesmo antes dos deveres legais, previstos em todas as legislações positivadas a respeito do casamento, existem valores supremos, intransponíveis, como o amor, a reciprocidade, o diálogo. O problema social da transformação da intimidade, que também envolve os chamados *heterossexuais*, tem repercussão nos casamentos ou nas uniões estáveis, que não vão adiante por conta da ausência daqueles valores.

Referindo-se à *heterossexualidade* e à *homossexualidade*, Giddens afirma, em claras letras, que, "*no último quarto de século, a homossexualidade foi afetada por mudanças tão profundas quanto aquelas que influenciaram a conduta heterossexual*"[526], de modo que "*a sexualidade torna-se livre; ao mesmo tempo que gay é algo que se pode 'ser', e 'descobrir-se ser', a sexualidade abre-se a muitos propósitos*"[527] e "*funciona como um aspecto maleável do 'eu', um ponto de conexão primário entre o corpo, a auto-identidade e as normas sociais*"[528].

O processo de abertura ou de liberdade positiva da sexualidade também decorreu da abertura política, conforme já prenunciava Michel Foucault em sua grandiosa obra **The History of Sexuality**, ao combater o fenômeno da "hipótese repressiva", pois poder estatal e religioso dominavam e continham os modos de exteriorização da sexualidade, tomando-os como condutas indignas, pervertidas (a masturbação, o sadomasoquismo). Freud

---

[525] *Op. cit.*, p. 15-18.
[526] *Idem*, p. 23.
[527] *Idem, ibidem*, p. 24.
[528] *Idem, ibidem*, p. 25.

também trouxe sua contribuição nesse sentido, ao considerar as diversas variações decorrentes do desenvolvimento sexual.

Paralelamente, via-se na sexualidade, até o século XIX, o círculo absoluto entre gravidez e parto. Mas, após a 1ª Grande Guerra Mundial, a contração familiar aflorou, notadamente pelos métodos contraceptivos.

O combate à "hipótese repressiva", os métodos de contracepção e a universalização das liberdades públicas após 1948 levaram à revelação de diversas formas de erotismo, cuja liberdade de expressão, hoje, deve ser bem analisada, tendo em mira o 'trinômio' liberdade, igualdade e dignidade (o que tentaremos fazer no próximo capítulo).

Interessante notar que retornou, recentemente, um fenômeno de repressão à sexualidade. Refiro-me à síndrome da imunodeficiência adquirida, que tem levado a séries discriminações e que, para nossa felicidade, obteve um tratamento especial do legislador infra-constitucional brasileiro por meio da Lei 9.029/95, que proibiu qualquer prática discriminatória para o efeito de acesso ou manutenção no emprego.

Anthony Giddens conclui que

> *as características fundamentais de uma sociedade de alta reflexividade são o caráter "aberto" da auto-identidade e a natureza reflexiva do corpo. Para as mulheres que estão lutando para se libertar de papéis sexuais preexistentes, a questão "quem eu sou?"..., vem à tona com particular intensidade. O mesmo é válido para os homossexuais masculinos e femininos que contestam os estereótipos heterossexuais dominantes (...) Hoje em dia, o 'eu' é para todos um projeto reflexivo...*[529].

E, assim, "*o que se aplica ao eu aplica-se também ao corpo... é o domínio da sexualidade. Assim como a sexualidade e o eu, ele [o corpo] está hoje intensamente impregnado de reflexividade. O corpo tem sido sempre adornado, acarinhado e, às vezes, na busca de ideais mais elevados, mutilado ou debilitado*"[530]. Incluam-se, aqui, as cirurgias de silicone e os múltiplos tratamentos de embelezamento!

Não podemos nos esquecer que a sexualidade, como uma das projeções da intimidade, reclama o *amor,* que, segundo Bronislaw Malinowski, "*é uma paixão, tanto para o melanésio quanto para o europeu, e atormenta a mente e o corpo em maior ou menor extensão; conduz muitos a um impasse, um escândalo ou uma tragédia; mais raramente, ilumina a vida e faz com que o coração se expanda e transborde de alegria*"[531].

---

[529] Idem, ibidem, p. 41.
[530] Idem, ibidem, p. 42.
[531] Apud GIDDENS, Anthony. Op. cit., p. 47.

O primeiro sentido designado a esse puro sentimento, fruto da intimidade, revela-nos o que se convencionou chamar de *amor apaixonado* que, como tal, na verdade perturba as relações pessoais, pois esmaga o 'eu' e o conduz a opções radicais e sacrifícios. E foi nesse sentido que ele se desenvolveu, por força das posturas religiosas, como fenômeno repressivo. Por isso, na Europa pré-moderna, o casamento entre os plebeus era um meio de organização do trabalho agrário e, por isso mesmo, alimentava as possibilidades de relacionamentos extraconjugais.

Entre os aristocráticos, a liberdade sexual era menos refreada, pois acompanhava o poder. A liberdade sexual decorria do *status;* era mais independente, razão por que, também, o adultério era freqüente, mas bem mais por parte dos homens, que detinham o domínio político, econômico, e detinham meios de "policiamento" de suas esposas, que serviam, apenas, para a procriação. Ocorre aí um rompimento entre o amor e a sexualidade.

Por influência das artes, notadamente com Rousseau e Voltaire, passou-se a construir o chamado *amor romântico,* como forma de entrelaçar a liberdade sexual e sua auto-realização, consolidado no século XIX. A mulher teve muito mais a influência desse novo sentimento do que o homem, pois este, com o rompimento entre o lar e o seu local de trabalho (o decaimento do sistema feudal), perdeu o controle ou o domínio sobre ela. O centro familiar deslocou-se da autoridade patriarcal para a afeição maternal e, com isso, a maternidade associou-se à feminilidade – o império da suavidade, das carícias.

Assim, o amor romântico consolidou-se como um sentimento mútuo, de realização de um para o outro – de histórias compartilhadas (de comunicação psíquica, de reciprocidades) –, muito mais para a mulher. O homem parecia não o aceitar, até porque tinha outras preocupações (como as guerras, as disputas políticas) e até passou a criticá-lo como um movimento feminista patético. As mulheres se uniram, ajudaram-se e cresceram, como independentes e corajosas. Esse amor também podia terminar em tragédias, mas poderia triunfar.

Nesse contexto, o sexo, como um dos componentes ontológicos da intimidade, passou a ser visto como instrumento de descargas elétricas, de deleite, e, ao mesmo tempo, como um romance, visto como forma de se buscar um destino comum, recíproco, liberto daquele compromisso com a procriação.

É certo que a mulher, por conta de sua própria essência, tinha a seu favor a procriação, como forma de compromissar o homem. Mas esse fato não a impediu de buscar outras formas, tão importantes quanto a procriação, para compromissar o homem, tais como sua independência profissional e econômica.

Por sua vez, o homem não soube trabalhar o *amor romântico,* que entrou em conflito direto com as regras de sedução ou de *conquista* que ele próprio criou ao longo de sua história, de modo que a verdadeira confiança emocional – a vida íntima amorosa *confluente* ou o relacionamento especial, ativo, democrático – perdeu-se no tempo. Isto provocou rotinas, indesejáveis amorosamente, e, o que é pior, tornou o amor sinônimo de *vício sexual*, que é uma forma de perda da intimidade (uma forma de controle do 'eu') e, portanto, da autonomia íntima do homem.

O amor romântico confluente passa a ser, hoje, totalmente desvinculado de qualquer poder disciplinar ou pressão social; é o tipo de amor que presume reciprocidades e prazeres sexuais igualitários, até o momento em que os sujeitos, livre e igualmente, consideram-no desejável à exclusividade sexual.

Porém, "*aqueles que buscam variedade (...) combinam uma dedicação à busca sexual a um desprezo mal dissimulado pelos próprios objetos do seu desejo (...). A caça para a conquista sexual produz o mesmo ciclo destruidor de desespero e desilusão observado em outros vícios*"[532], tanto para o homem como para a mulher. Destarte, "*o amor confluente presume a intimidade: se tal amor não for alcançado, o indivíduo está preparado para partir*"[533].

É a afirmação da *intimidade como democracia*, aliás, um dos capítulos da obra de Anthony Giddens. Em outras palavras, "*a possibilidade da intimidade significa a promessa da democracia*"[534] na vida privada. Por isso,

> *a intimidade não deve ser compreendida como uma descrição interacional, mas como um aglomerado de prerrogativas e de responsabilidades que definem os planejamentos da atividade prática (...). Nos relacionamentos, como em toda parte, os deveres devem ser tratados como passíveis de serem revistos à luz das negociações realizadas em seu interior*[535],

o que possibilitará, certamente, uma união democrática familiar com suas múltiplas conseqüências jurídicas.

7.4.6 A intimidade como direito e suas características jurídicas

Devemos considerar, outrossim, a intimidade como um *direito*. Numa dimensão subjetiva, é o direito que toda pessoa tem de "poder exigir" de quem quer que seja o respeito à intimidade e à vida privada. É um poder

---

[532] *Op. cit.*, p. 93.
[533] *Idem*, p. 97-98.
[534] *Idem, ibidem*, p. 205.
[535] *Idem, ibidem*, p. 208.

natural, íncito à pessoa humana, de ingresso proibido, salvo se autorizado. E, mesmo assim, havendo consentimento, a expressão dessa intimidade autorizada pode afetar a intimidade alheia, numa dimensão difusa, que deve ser refreada, notadamente pelo Ministério Público.

A estrutura desse ente como direito se concretiza na diversidade possível de titulares e na combinação de vários poderes, como o de exigir um comportamento negativo, uma obrigação de não fazer (abstenção, não-intromissão, tolerância, sujeição), bem como o de exigir prestações jurídicas, como o de uma obrigação de fazer (direito à prestação, na forma da Lei), e, por fim, na possibilidade de destinatários diferentes: o legislador, o administrador, o aplicador do direito, a pessoa jurídica ou entidades privadas.

Assim bem define Vieira de Andrade[536]: *"Quando se fala de um direito subjetivo fundamental não se pode, pois, pensar 'num singular poder ou pretensão jurídica unidimensional ou unidireccional', antes a representação mais adequada é a de um feixe de faculdades ou poderes de tipo diferente e diverso alcance, apontados em direções distintas".*

Objetivamente considerado, o direito à intimidade parte do sentido material de valor da comunidade, como uma premissa e um objetivo constitucionais, que se estendem por todo ordenamento jurídico, constituindo, pois:

- um instrumento de atuação social do indivíduo, ou seja, uma finalidade social. Ao mesmo tempo em que lhe atribui poderes e faculdades, retira da intimidade a pecha eminentemente individualista, do ser egoísta, sem reduzi-la a simples meio de realização de fins sociais e coletivos; e,

- um complemento e uma limitação da dimensão subjetiva, na medida em que exige uma "política" prática dos direitos fundamentais ou, em outros termos, a sua "otimização", devendo o Estado buscar, de maneira ativa, a realização desses direitos, para sua proteção e aplicação, não apenas se abstendo da intromissão. Essa é uma tarefa Estatal dirigida à sociedade, sob um caráter geral e social, e ao indivíduo, sob o aspecto individual. Isso, portanto, caracteriza uma *"parcial limitação"*[537] e também um maior encargo para o Estado nas prestações fáticas e jurídicas, reclamáveis como interesse individual, coletivo (dimensão subjetiva) ou difuso (dimensão objetiva).

Dentro dessas dimensões, o **Dicionário Real da Academia Espanhola**, na edição de 1939, define a intimidade como *"a parte personalíssima,*

---

[536] VIEIRA DE ANDRADE, J.C. **Os direitos fundamentais na Constituição Portuguesa de 1976**. Coimbra: Almedina, 1987. p. 189.
[537] CARBONE, Carmelo. *Apud* ANDRADE, Vieira de. *Op. cit.*, p. 34.

comumente reservada dos assuntos, desejos ou afeições de um sujeito ou de uma família". Em 1970, nova edição altera seu conceito e a define como a "zona espiritual íntima e reservada de uma pessoa ou de um grupo, especialmente de uma família"[538].

Bem por isso, dada a dificuldade de se precisar o conceito de intimidade, procuramos, ao contrário, analisar suas diversas caracterizações ontológicas, o que vem ao encontro do que já afirmou Raymond Lindon, citado por René Ariel Dotti: "nem a lei de imprensa nem a jurisprudência civil nos permitem dar uma noção precisa do que seja a vida privada. E no fundo a razão disso é que o conteúdo dessa noção é móvel"[539].

Para os adeptos dessa posição, como Gormley[540] e Beardsley[541], o direito à intimidade não pode ser visto sob um aspecto monolítico, ou seja, não haveria como se "unificar" o conceito de forma a satisfazer todas as arestas. Por essa razão, defendem uma noção pluralista no qual o método conceitual parte do princípio taxonômico, de maneira que, ao se analisar esses institutos, deve-se buscar os casos taxativamente já decididos.

Eles descrevem vários tipos e situações, tentando, com isso, esgotar todas as "possibilidades" de incidência do direito à intimidade e à vida privada, baseando-se sempre na sistematização das construções jurisprudenciais, como ocorre costumeiramente nos Estados Unidos e na França. Para eles, portanto, não há como buscar a coerência das decisões judiciais e delas retirar um conceito unitário. Daí as críticas aos adeptos da teoria unitária.

Quando se procura fazer inter-relações entre as diferentes espécies ou tipos descritos, termina-se por reconhecer que não há um só direito à intimidade e mesmo à vida privada, mas vários. No mesmo passo, à procura quase sempre de sistematizar as construções jurisprudenciais, formulam-se classificações que ora revelam imensos hiatos entre as espécies, ora absoluta falta de válidos e úteis critérios, ora, ainda, um elevado índice de abstração que não descortina o cerne do problema que se propõem resolver: o que é o direito à intimidade.

As enumerações pecam ainda quando se busca dar a elas uma função didática: não é concebível elaborar taxativamente preceitos do que estaria inserido no direito à intimidade e à vida privada, vez que estes estão em constantes mudanças. Portanto, ao taxá-los, corre-se o risco de se cair no vazio diante de uma situação concreta que não está contida no conceito

---

[538] Apud DOTTI, René Ariel. Op. cit., p. 68.
[539] Op. cit., p. 73.
[540] GORMLEY, Ken. One hundred years of privacy. **Law Review**. Winconsin, n. 5, p. 1.420, 1992.
[541] BEARDSLEY, E. **Privacy, autonomy and selective disclosure**. New York: Atherton Press, 1971. p. 56-70.

pluralista, e, dessa forma, o conceito se mostrará, novamente, falho e incompleto.

Todavia, para os unitaristas, o direito à intimidade tem um caráter único, embora sejam múltiplas as faculdades por ele reguladas, com incursões em diversos domínios. Entre os adeptos desse conceito, não há um consenso. Assim, por exemplo, para Gavison[542]; tratar-se-ia de uma "*situação individual 'vis-a-vis' a outros*"; para Parent[543], seria uma "condição de vida"; Westin[544] fala numa "pretensão individual, grupal ou institucional" etc.

Ocorre que essa teoria, se vista de forma isolada, deixa em aberto o real sentido do objeto de proteção, ou, por outro lado, seu sentido mais preciso. Por isso, creio ser oportuna a observação feita por Pedro Frederico Caldas, para quem "*como o direito à vida e à imagem, o direito à intimidade atende aos anelos mais caros do ser humano, traduzindo-se num bem do qual pretende a senhoria, o desfrute e a tutela, transformando-se em uma utilidade de vida que, se não mensurável sob o ponto de vista econômico, tem grande valor moral para a pessoa*"[545].

Concluímos, portanto, que, sob esse aspecto, unitário ou pluralista, não se pode elaborar um conceito do que seria a intimidade e a vida privada. Isto porque estamos diante de um conceito relativo, mutável, contextual, e, por conseqüência, impossível de estabelecer, em um único aspecto, todas as suas arestas, suas fronteiras sociais, valorativas e normativas.

Por essa razão, devemos utilizar todos os aspectos analisados do "ser" intimidade, sejam eles objetivos, subjetivos, unitários ou pluralistas, para se elaborar uma noção correta e se chegar a sua real dimensão.

Contudo, tomando por base o sentido etimológico de intimidade, que advém do latim "*intimus*" e que significa interior ou recôndito, chegaremos à conclusão de que ela está ligada ao conceito de segredo, confiança, sentimentos, emoções, opções, conhecimento, decisões, liberdades (de pensamento, de crença, de religião, de profissão ou filosóficas), saúde física e mental, dados pessoais ou de correspondências, memórias. Daí falar-se em amigos, roupas, peças, conversas, relações, negócios, dados pessoais, amizades – íntimas, ou, às vezes, confidenciais.

A intimidade indica uma relação de proximidade mais restrita, de maneira que sua tutela deve abranger, as relações de família, as relações

---

[542] GAVISON, Ruth. Privacy and the limits of law. **The Yale Law Journal**, v. 89, n. 3, p. 425, 1980.
[543] PARENT, W.A. Recent Work on the concept of privacy. **American Philosophycal Quarterly**, n. 20, p. 34, 1983.
[544] WESTIN, Alan. **Privacy and Freedon**. New York: Athenure, 1967. p. 7.
[545] CALDAS, Pedro Frederico. **Vida Privada, Liberdade de Imprensa e Dano Moral**. São Paulo: Saraiva, 1997. p. 49.

amorosas, as opções íntimas da pessoa (como a sexualidade, a vestimenta, a amizade, por exemplo), as opções de lazer, profissionais, de caráter estético ou psíquico de cada um, de sossego.

Esclarece Pedro Frederico Caldas que

> *ordinariamente, os bens jurídicos rentes à personalidade, que chegam a se confundir com a própria pessoa, como a vida, o próprio corpo, a honra e a intimidade, são muito mais encarecidos pelo titular, tocado pelas manifestações mais profundas de sua psique, do que os chamados bens materiais, não restando dúvida de que são prestadios a se configurarem como objeto de direito, utilidades das mais nobres perante os anelos humanos*[546].

Por isso, reservamos a conceituação desse direito ao seu aspecto amplo, partindo-se da conceituação etimológica passando-se pelos aspectos subjetivos e objetivos inerentes a ele, de maneira a se evitar um conceito único e correr o sério risco de se cair no vazio da norma.

Lindon[547] revela que o conceito de vida privada, entendendo-o como intimidade, abrange aspectos como a identidade, as lembranças pessoais, a intimidade do lar, a saúde, a vida conjugal, as aventuras amorosas, os lazeres, o direito ao esquecimento, a vida profissional e a imagem. Ela é integrante dos direitos de personalidade.

Aliás, segundo José Serpa de Santa Maria[548], os direitos civis da personalidade se dividem em primeira e segunda categorias. Naquelas, estão incluídos o corpo, vivo e sem vida, bem como os de natureza moral. Nesta, estão incluídas a vida privada e a intimidade. Limongi França[549], naturalista, acentua o fato de a intimidade e a vida privada pertencerem aos direitos da personalidade.

É importante, ainda, salientar as características da "*privacy*", inerentes a todos os direitos da personalidade. Eles são intransmissíveis, ou seja, não se pode separar a honra, a intimidade, a vida de seu titular. O indivíduo não pode se desfazer da sua imagem. Além disso, eles são indisponíveis, já que nem por vontade própria do indivíduo o direito de personalidade pode mudar de titular. São oponíveis *erga omnes*.

Estas características estão ligadas à própria idéia aqui traçada de vida íntima. A intimidade está na esfera pessoal e intocável de seu titular. É

---

[546] *Op. cit.*, p. 49.
[547] LINDON, Raymond. **Une Création Pretorienne**: Les Droits de la Personalité. Paris: Dalloz, 1974. p. 21.
[548] SANTA MARIA, José Serpa. **Direitos da Personalidade e a Sistemática Civil Geral**. Campinas: Julex, 1987. p. 85.
[549] FRANÇA, Limongi. **Manual de Direito Civil**. 4. ed. São Paulo: RT, 1980. v. 1, p. 412.

o espaço jurídico vazio de cada pessoa. Orlando Gomes[550], ainda, acentua que os direitos da personalidade, incluídos a *"privacy"* são *"absolutos, extrapatrimoniais, intransmissíveis, imprescritíveis, impenhoráveis, vitalícios e necessários"*.

Por fim, nunca é demais nos valer de Novoa Monreal, citado por Luis Matoni[551] em sua tese de doutoramento, para esclarecer, que a intimidade

> *é algo sumamente relativo, pois sua noção é determinada pelos diferentes regimes sociais, políticos e econômicos existentes no mundo. Entre as atividades, situações e fenômenos que aqui e agora podem declarar-se pertencentes à vida privada enumera: a) idéias e crenças; b) vida amorosa e sexual; c) aspectos da vida familiar não conhecidos por estranhos; d) defeitos ou anomalias físicos ou psíquicos não ostensivos; e) comportamento do sujeito que não é conhecido dos estranhos e que, a ser conhecido, originaria críticas ou deterioraria a apreciação que estes fazem daquele; f) afecções da saúde cujo conhecimento menoscaba o juízo que para fins sociais ou profissionais formulam os demais acerca do sujeito; g) comunicações escritas ou orais de tipo pessoal; h) a vida passada do sujeito; i) origens familiares que lastimem a posição social; j) o cumprimento de funções fisiológicas de excreção; k) momentos penosos ou de extremo abatimento; l) todo dado, fato ou atividade pessoal não conhecidos por outros, cujo conhecimento por terceiros produza turbação moral ou psíquica do afetado.*

Em suma, verifica-se que o "ser" intimidade comporta diversas caracterizações[552]; seu conteúdo é muito amplo. Todavia, notamos um ponto em comum em todas suas caracterizações: o pluralismo axiológico, já acentuado pelo insigne jusfilósofo Miguel Reale.

---

[550] GOMES, Orlando. **Direitos da personalidade.** Rio de Janeiro: Forense, p. 216.
[551] *Apud* SILVA, Edson Ferreira da. **Direito à Intimidade.** São Paulo: Oliveira Mendes, 1998. p. 43.
[552] Entretanto, não podemos confundir, juridicamente, os bens jurídicos atinentes ao personalismo ético. A *honra* constitui um direito personalíssimo, ligado, porém, à dignidade criada pela própria pessoa e, principalmente, aos predicados que se refletem em sua reputação social, pública. A *honra* decorre, também, de um valor íntimo criado pela própria pessoa, por sua própria projeção ou aptidão, mas a consideração social e o bom nome ou a boa fama constituem marcas inabaláveis em seu conceito. Daí a tripartição penal da honra em injúria, calúnia e difamação. Já o direito personalíssimo à **imagem** protege a pessoa contra a sua indevida apropriação, por vezes alvo de mercancia (é a imagem-retrato) ou até mesmo contra o indevido assenhoreamento da dignidade (a imagem-reputação). O direito à **identidade** envolve os sinais identificadores da pessoa perante a sociedade, objetiva e notadamente o nome (prenome, patronímico, pseudônimo, alcunha ou apelido), o sexo, a cor, a raça e mesmo a voz (consagrada constitucionalmente – art. 5º, XXVIII, "a"), muito embora, sob outro aspecto, possam se revelar como a expressão da intimidade (nesse sentido, a opção sexual, a escolha por este ou aquele nome). Da mesma forma, o direito às criações intelectuais, embora decorra de um aspecto íntimo da pessoa – a introspecção –, exprime, perante a sociedade, conotação econômica (No Brasil, confira-se a Lei 9.279/96).

7.5 A positivação jurídica da intimidade na época contemporânea

Já afirmamos que as regras são normas jurídicas de comportamento, cujas características se mostram pelo seu caráter taxativo, cogente, dentro do âmbito do positivismo jurídico, pois jamais devemos nos esquecer do disposto no art. 5º da Lei de Introdução ao Código Civil como fonte inspiradora de aplicação das normas jurídicas.

Sua aplicação se dá no âmbito prático da vida, ou seja, no âmbito da possibilidade jurídica e fática, que não se sujeita à ponderação e, por conseguinte, à gradação de seu conteúdo, mas a um exercício de validez: se existem possibilidades jurídicas, condições de existência e aplicação, são válidas; se não existem, são inválidas, aspectos bem definidos por Hans Kelsen.

7.5.1 No Brasil

Sob a forma de regra, o enunciado da intimidade contido no texto constitucional nacional revela uma proibição da intervenção Estatal e de outras pessoas na esfera da intimidade da vida privada. Dispõe o art. 5º, inc. X, da Constituição da República que *"são invioláveis a intimidade, a vida privada..."*, não se admitindo qualquer exceção.

De forma reflexa, tutela a Constituição da República brasileira a intimidade ao estabelecer a inviolabilidade domiciliar e suas exceções (inc. XI); o sigilo da correspondência e das comunicações telegráficas, de dados e das comunicações telefônicas, com sua única exceção (inc. XII).

No campo processual, a própria norma constitucional também preservou a intimidade das pessoas, ao estabelecer a inadmissibilidade de provas obtidas por meios ilícitos (inc. LVI), como as gravações clandestinas, bem como ao restringir a publicidade dos atos processuais quando a defesa da intimidade o exigir (inc. LX).

Por outro lado, Constituição da República do Brasil prevê, em seu art. 5º, inc. IX, que *"é livre a expressão da atividade de comunicação..."*. e, no inc. XIV, que *"é assegurado a todos o acesso à informação..."*.

Sobre a compatibilização dessas normas jurídicas, que analisaremos com mais vagar num capítulo à parte, o Conselho da Europa já proclamava, em Estrasburgo, em 28.01.1981, no preâmbulo de documento sobre a matéria, que era *"desejável alargar a proteção dos direitos e das liberdades fundamentais de todas as pessoas, nomeadamente o direito ao respeito pela vida privada, tendo em consideração o fluxo crescente, atra-*

vés das fronteiras, de dados de caracter pessoal susceptíveis de tratamento automatizado" (...), assim como reafirmava "ao mesmo tempo o seu empenho a favor da liberdade de informação sem limites de fronteiras; reconhecendo **a necessidade de conciliar os valores fundamentais do respeito pela vida privada e da livre circulação de informação entre os povos...**" (g.n.).

Assim como os princípios, as regras também podem apresentar um caráter *prima facie*, desde que não seja expressamente prevista uma cláusula de exceção (como ocorre com a violação de domicílio em nossa Constituição – art. 5º, XI, CF/88) e o caso concreto não a exija. Poderá ocorrer de uma outra regra de direito, cujo interesse seja superior, uma vez valorada, preponderar sobre a regra da intimidade e da vida privada.

Tudo há de se analisar, portanto, no caso concreto, razão pela qual esse caráter *prima facie* das regras se torna mais forte do que o dos princípios, principalmente nos países de tradição positivista, como o Brasil.

Por outro lado, se assim não fosse, poder-se-ia chegar ao absurdo de se ignorar a norma escrita na Constituição ante um caso concreto, como as disposições contidas no art. 220, §§ 1º, 2º e 3º, inc. I, e no art. 221, ambos da Constituição da República do Brasil.

O Código Civil brasileiro tutelou a intimidade, ao estabelecer no art. 21 que "*a vida privada da pessoa natural é inviolável, e o juiz, a requerimento do interessado, adotará as providências necessárias para impedir ou fazer cessar ato contrário a esta norma*".

O mesmo ocorre em relação às pessoas jurídicas, pois o art. 52 do Código Civil estabelece que, em relação a elas, aplica-se a proteção dos direitos da personalidade, o que finaliza discussão a respeito do tema.

No Direito Empresarial, há uma norma específica relativa à proteção da intimidade contábil, por força da qual "*nenhuma autoridade, juiz ou tribunal, sob qualquer pretexto, poderá fazer ou ordenar diligências para verificar se o empresário ou a sociedade empresária observa, ou não, em seus livros e fichas, as formalidades prescritas em lei*" (CC, art. 1.190).

Além disso, "*o juiz só poderá autorizar a exibição integral dos livros e papéis de escrituração quando necessária para resolver questões relativas à sucessão, comunhão ou sociedade, administração ou gestão à conta de outrem, ou em caso de falência*" (CC, art. 1.191).

E, ainda assim, o empresário, alvo da diligência, poderá presenciar o exame dos livros. Recusando-se a exibi-los, o juiz determinará a sua apreensão (CC, art. 1.191 e parágrafos). Só por aí se vê a preocupação do legislador em relação à intimidade contábil do empresário ou da sociedade empresária.

Ainda que sob outra valoração – a de direito patrimonial –, o Novo Código Civil ainda tutela a intimidade, de forma reflexa, ao assegurar ao proprietário ou possuidor de um prédio proteção contra as interferências prejudiciais ao sossego, ou ao direito ao recato (art. 1.277).

Por outro lado, proibe-se a colocação de janelas, eirado, terraço ou varanda, a menos de metro e meio do imóvel vizinho (CC, art. 1.301); condenam-se as construções de prédios na área rural a menos de três metros do limite comum (CC, art. 1.303). Também o conteúdo do art. 671, que, embora revogado pela Lei 5.988/73, foi mantido no art. 33 da nova lei e se refere a proibição de publicação de manuscritos ou de cartas missivas sem a permissão do autor ou de seus herdeiros.

Já o art. 358 do Código Civil brasileiro anterior ao de 2002 proclamava vergonhosa violação à dignidade humana e inadmissível amparo, não à intimidade, mas ao egocentrismo dos adúlteros, proibindo-se o reconhecimento de filhos adulterinos, e também dos incestuosos.

A Lei 883/49 reduziu, parcialmente, a vergonha e o egoísmo, permitindo o reconhecimento apenas por testamento cerrado ou após a dissolução da sociedade conjugal e desde que houvesse iniciativa processual do filho para efeito de alimentos, antes do rompimento conjugal; também, avançou no sentido de coibir qualquer referência à ilegitimidade da filiação, no intuito de resguardar a intimidade do reconhecido.

O Estatuto da Criança e do Adolescente, em seu art. 20, como decorrência da norma constitucional prevista no art. 227, § 6º, reconheceu a plenitude de direitos entre os filhos, havidos ou não do casamento, ou de qualquer união, ou da adoção, proibindo-se quaisquer designações discriminatórias.

Nesse último sentido, em São Paulo, o Egrégio Conselho Superior da Magistratura, por meio do Provimento 355/89, em decorrência da Lei 7.841/89, já determinara, por força do seu art. 8º, que, nos assentos e nas certidões de nascimento, não se poderia fazer qualquer referência à origem e à natureza da filiação; desse teor é o disposto no art. 47, § 3º, do ECA.

Da mesma forma, o art. 27 do ECA prevê o segredo de justiça nas ações de conhecimento constitutivas ou de reconhecimento do estado de filiação, no intuito claro de preservar a intimidade dos envolvidos. O Estatuto, em seu art. 143, também assegura a intimidade das crianças e dos adolescentes infratores, proibindo-se a divulgação de quaisquer dados que possam indentificá-los.

O Código de Defesa do Consumidor, considerado por muitos como um *micro-sistema jurídico*, composto de normas principiológicas, com aplicação a praticamente todos os ramos do Direito, assegura, em seu art. 42, o respeito à intimidade do consumidor inadimplente, ao coibir a divulgação de seu estado como forma de cobrar-lhe a dívida.

Já o art. 43 do CDC prevê que os cadastros dos consumidores não podem conter informes negativos após o período de cinco anos e nem fornecer informes sobre débitos prescritos, o que, invariavelmente, assegura a privacidade do consumidor[553].

O *sigilo profissional*, como forma de resguardar a relação confidencial mantida com o cliente, é uma projeção reflexa do respeito à intimidade, mas esta não é "sucessiva" àquele, conforme anota Paulo José da Costa Júnior[554]. Proteger o segredo e, portanto, manter o sigilo, significa resguardar a intimidade, ainda que em sua esfera mais profunda.

Com muita inspiração, são significativas, expressivas e históricas as palavras do Padre Antonio Vieira: *"não dizer o homem o segredo que sabe, é guardar o segredo das coisas; mas não dizer que sabe o segredo, é guardar segredo ao segredo, e isto é muito maior".*

A legislação brasileira, positivando o respeito ao sigilo profissional, expressa uma forma de respeitar a intimidade da vida privada, de tal sorte que se torna imperioso revelar alguns dispositivos que revelam essa proteção.

O Código de Processo Civil prevê, em seu art. 155, que os processos relacionados a casamento, filiação, separação, divórcio, guarda e outros que o interesse público o exigir devem guardar o sigilo dos fatos, que podem envolver a intimidade das pessoas.

O art. 363 do CPC, em seus incisos, assegura ao interessado a escusa em exibir documento que possa violar fatos da vida familiar, o dever de honra das pessoas, a desonra à parte ou a terceiro e seus parentes, e o sigilo profissional.

O art. 347, por sua vez, faculta à parte depor sobre fatos criminosos ou sobre fatos que, por dever profissional, deva guardar sigilo. E nem a testemunha pode ser obrigada a depor sobre fatos que lhe acarretem grave dano,

---

[553] O mesmo se diga do resguardo à privacidade em relação ao sigilo dos livros mercantis da empresas (arts. 17, 18 e 19 do revogado Código Comercial); ao sigilo bancário (Lei 4.595/64, art. 38, que, por sinal, foi revogado pela Lei Complementar 105, de 10.01.2001, que, em linhas gerais, permite ao Banco Central do Brasil e à Comissão de Valores Mobiliários – dentro de suas funções – o acesso a informes financeiros, independentemente de ordem judicial); ao sigilo que se impunha aos agentes do Fisco por conta da fiscalização que exercem nas empresas e, portanto, do acesso que possuem a dados sobre a situação econômica da pessoa jurídica fiscalizada (o art. 6º, da Lei Complementar 105/01, passou a permitir a quebra do sigilo pelo próprio Fisco, desde que haja procedimento administrativo).

[554] *Op. cit.*, p. 33.

bem assim a seu cônjuge e parentes, bem como de fatos a cujo respeito deva guardar segredo, por força de sua profissão (art. 406).

O Código de Processo Penal, em seu art. 207, dispõe que as pessoas que, por dever de profissão, ministério ou função, devam guardar segredo, estão proibidas de depor. A lei excepciona a possibilidade de o confidente depor em duas hipóteses: no caso de ser desobrigado pela parte interessada e no caso de ele (confidente) querer. O art. 233 resguarda a intimidade quando proíbe a exibição de cartas particulares obtidas por meio criminoso.

Assim também o Estatuto da Ordem dos Advogados do Brasil prevê, em seu art. 7º, incs. II, III e XIX, que são direitos dos advogado, respectivamente: *"ter respeitado, em nome da liberdade de defesa e do sigilo profissional, a inviolabilidade de seu escritório..."*; *"comunicar-se com seus clientes, pessoal e reservadamente, mesmo sem procuração, quando estes se acharem presos..., ainda que considerados incomunicáveis"*; e, *"recusar-se a depor como testemunha em processo no qual funcionou ou deva funcionar, ou sobre fato relacionado com pessoa de quem seja ou foi advogado, mesmo quando autorizado ou solicitado pelo constituinte, bem como sobre fato que constitua sigilo profissional"*.

De outra banda, o art. 34, inc. VII, do EOAB prevê como infração disciplinar a violação, sem justa causa, do sigilo profissional, disposição, aliás, originária das Ordenações Filipinas.

O sigilo confessional, no Brasil, foi previsto em lei que data de 1769. E o sigilo médico, que já era previsto no juramento de Hipócrates, desde 460 a.C., está previsto, atual e expressamente, no art. 102 do Código de Ética Médica, que estende o sigilo da revelação ao fato mesmo tornado público ou mesmo em depoimento como testemunha. O sigilo só pode ser violado no caso de justa causa, dever legal ou por consentimento do paciente, sendo estendido às crianças e aos adolescentes (art. 103, do CEM).

O respeito à intimidade também foi positivado em relação à *comunicação telegráfica, de dados e telefônica*, de modo a se permitir a sua interceptação e, portanto, a violação à vida íntima, apenas na forma da Lei 9.296/96. Permanece, porém, o sigilo de correspondência.

A propósito, Alexandre de Moraes entendeu situar o sistema de comunicação em o de correspondência e o de dados (onde se incluem a telefonia, a telegrafia e a telemática); assim, a exceção constitucional abrange o gênero "comunicação de dados", de modo a dar uma maior eficácia ao texto constitucional, sendo proibida a interpretação que diminua a sua finalidade (**IBCCrim** 54, de maio de 1997, p. 5).[555]

---

[555] Contudo, não é a posição de Vicente GRECO FILHO, para quem a exceção constitucional refere-se apenas à interceptação telefônica, de modo a resguardar, ainda mais, o direito à intimidade, pois

A propósito, o Estatuto da Ordem dos Advogados do Brasil – Lei 8.906/94 – prevê, em seu art. 7º, inc. II, que constitui direito do advogado "*ter respeitada, em nome da liberdade de defesa e do sigilo profissional, a inviolabilidade de seu escritório ou local de trabalho, de seus arquivos e dados, de sua correspondência e de suas comunicações, inclusive telefônicas ou afins, salvo caso de busca e apreensão determinada por magistrado*" (a redação original previa a necessidade de acompanhamento, no ato de busca e apreensão judicial, de representante da OAB, mas o Supremo Tribunal Federal suspendeu a eficácia desse requisito – ADIn. 1.127-8).

A própria Lei de Imprensa resguarda a intimidade, mas em relação ao fornecedor da informação (a fonte), incluindo o jornalista, nos termos dos arts. 7º e 71. Em relação às pessoas que têm sua vida privada devastada, mister a comprovação de culpa e ou de dolo do ofensor (art. 49, § 1º). Acreditamos que este dispositivo não foi recepcionado pela Constituição vigente, matéria que abordaremos com mais afinco no próximo capítulo.

Destaque, também, para a Lei 9.609, de 19.02.1998, que dispõe sobre a proteção da propriedade intelectual de programas de computador. O intelecto constitui uma esfera íntima do ser que, se exteriorizada, merece especial atenção, pelo menos por cinqüenta anos (art. 2º, § 2º).

Nesse sentido, andou bem o legislador brasileiro, mas continua a desejar em relação a uma lei específica sobre a proteção à intimidade, notadamente no campo da informática. Recentemente, o deputado federal Luiz Piauhylino apresentou ao Congresso Nacional o projeto de lei, que recebeu o n. 84/99, referente ao acesso, processamento e à disseminação de informações das redes de computadores, com expressa menção ao respeito da privacidade das pessoas.

O Projeto de Lei 84/99 é mais eficaz que o de n. 1.713/96 – o qual sequer passou pela Comissão de Ciência e Tecnologia – pois, de início, estabelece que as informações privadas ficam sujeitas à prévia aquiescência da pessoa a que se referem; o consentimento poderá ser tornado sem efeito a qualquer tempo. As pessoas ligadas à rede têm direito ao acesso da fonte, à retificação das informações privadas e à interpelação do proprietário da rede ou do provedor para se saber se mantém informes a seu respeito e o respectivo teor.

O projeto também prevê que os serviços de informações ou de acesso a bancos de dados não podem distribuir informações privadas referentes, direta ou indiretamente, à origem racial, opinião pública, filosófica, religiosa, de orientação sexual e de filiação, salvo se houver consentimento do interessado. As pessoas não autorizadas somente terão acesso às informações privadas mediante prévia ordem judicial. E, por fim, o projeto ainda prevê os chamados crimes de

---

o sigilo é a regra; a exceção, a interceptação. (GRECO FILHO, Vicente. **Interceptação Telefônica**. São Paulo: Saraiva, 1996. p. 11-12)

informática, como o tipo de obtenção indevida, por qualquer meio, de segredos ou informações pessoais, armazenadas em computador ou na rede.

7.5.2 Na França

O art. 1.382 do Código Napoleônico, por estabelecer o princípio geral da reparação do dano, da mesma forma que o art. 159 do antigo Código Civil brasileiro – atual art. 186 do NCC – foi a fonte inspiradora de proteção contra as violações ao respeito à intimidade da vida privada.

Com a Declaração Universal dos Direitos do Homem, de 1948, informa Pierre Kayser, passou a ser esculpida uma fonte mais clara de proteção, por força do seu art. 12, publicado no Diário Oficial da França.

Por conta da Declaração, sobreveio a Convenção Européia de 1950, que entrou em vigor em 1953 e reconheceu a proteção à intimidade (art. 8º); tal Convenção foi ratificada pela França em 03.05.1974, pelo Decreto 74.360 da mesma data, em razão da autorização conferida pela Lei 73-1227, de 31.12.1973. O referido decreto foi publicado no Diário Oficial francês em 04.05.1974.

Sob o enfoque da propriedade a Lei 70.643, de 17.07.1970, alterou o art. 9º do Código Napoleônico, para resguardar a privacidade dos franceses, nos seguintes termos: *"todos têm direito ao respeito de sua vida privada. Os juízes podem, sem prejuízo da reparação do dano sofrido, prescrever todas as medidas, como seqüestro, penhora e outras, apropriadas para impedir ou fazer cessar um atentado contra a intimidade da vida privada; essas medidas podem ser ordenadas, em caso de urgência, em procedimento sumaríssimo".*

Posteriormente, a proteção da vida privada foi reconhecida como um direito do homem pelo Pacto Internacional dos Direitos Civis e Políticos, adotado pelas Nações Unidas em 16.12.1966 (art. 17), entrando em vigor em 1976, assim como pela Convenção Americana, de 22.11.1969 (art. 11). A retificação do Pacto Intrnacional pela França, segundo Kayser, foi autorizada pela Lei 80.460, de 25.06.1980, e formalizada pelo Decreto 81,76, de 29.01.1981, publicado no Diário Oficial, de 01.02.1981.

A França também ratificou a Convenção, assinada em Nova Iorque aos 26.01.1990, sobre os direitos da criança, a qual inclui o respeito a sua vida privada. A ratificação foi autorizada pela Lei 90.548, de 02.07.1990, e formalizada pelo Decreto 90.917, 08.10.1990 (art. 16), publicado no Diário Oficial em 12.10.1990.

Até então, as normas jurídicas internacionais ratificadas pela França, segundo Pierre Kayser[556], reconheciam apenas de forma indireta o direito à

---

[556] *Op. cit.*, p. 19-20.

proteção da vida privada, como uma conseqüência do dever de todas as pessoas de não invadir a vida privada dos outros. Protege-se contra as invasões arbitrárias, de modo que, a contrário senso, se admite a intromissão, não se revelando a forma de violação. E mais, a abordagem, até então, estava mais ligada à honra e à reputação das pessoas.

Na verdade, a Convenção Européia de junho de 1993, da qual a França foi signatária, dentre outros países[557], em seu art. 8º representou um maior avanço positivista, de forma direta e mais clara, em relação ao princípio do respeito à intimidade (como o domínio privilegiado da liberdade individual), no sentido de consagrá-lo diretamente: *"todas as pessoas têm direito ao respeito de sua vida privada e familiar, de seu domicílio e de sua correspondência"* (Convenção, art. 8º, § 1º).

A Convenção Européia de 1993, inserida num contexto social democrático, foi mais precisa em relação às demais declarações e convenções, no sentido de legitimar, apenas, a autoridade pública a violar a intimidade, sob a condição de estar autorizada por lei e dentro de requisitos a serem fixados por ela.

A bem da verdade, o Pacto previa a possibilidade de o Comitê do Direitos do Homem da ONU receber reclamações referentes às invasões à privacidade. E a Lei francesa 83.1127, de 23.12.1983, permitia essa possibilidade. Mas o Comitê somente tinha poder para fazer a "constatação". A Convenção permitiu que a Corte Européia, ainda que facultativamente, além de analisar o fato, pudesse aplicar sanções, o que provocou reação por parte do Comitê de Ministros, observa Pierre Kayser[558].

Referindo-se à Constituição francesa de 1958, o insigne jurista francês entende que a convenção, uma vez ratificada pela França, passou a fazer parte do ordenamento jurídico francês. Mas a jurisprudência francesa inclina-se a não acatar as decisões da Corte Européia, ainda que haja, no âmbito da Comunidade Européia, direito ao contraditório. Aliás, a França passou a admitir direito a um "recurso individual", a "pedra angular" da questão em debate, pois é possível a Corte reconhecer um direito e a jurisprudência francesa não o admitir, principalmente quando se tratar de violação cometida pelos Estados.

Analisando as posturas tomadas pela Comissão Européia, ora pela Corte, ora pelo Comitê de Ministros, Pierre Kayser concluiu que parece existir uma contradição entre elas, mas uma aparente divergência, que leva, na verdade, a uma concepção extensiva do direito ao respeito à vida privada,

---

[557] Como também: Áustria, Bélgica, Bulgária, República Theca, Chipre, Dinamarca, Finlândia, Alemanha, Grécia, Hungria, Irlanda, Islândia, Itália, Liechtenstein, Luxemburgo, Malta, Pays-Bas, Noruega, Polônia, Portugal, Eslováquia, Saint-Marin, Espanha, Suécia, Suíça, Turquia, Reino Unido (*apud* nota de rodapé 34, de KAYSER. *Op. cit.*, p. 19).

[558] *Op. cit.*, p. 22.

incluindo-se a proteção domiciliar às atividades profissionais e comerciais, permitindo-se sua violação somente pela autoridade judiciária. Mesmo que se trate de infração à legislação tributária e financeira, que permite à própria Administração Pública realizar busca e apreensão – por força de uma lei de finanças de 1989 –, decidiu a Corte caber à autoridade judiciária determinar a ordem de busca.

A Corte Européia defende, com mais ênfase, a restrição de ingerências da autoridade pública na vida privada das pessoas, nela incluindo-se as relações familiares, sexuais, o domicílio, a correspondência e as atividades privadas profissionais e comerciais, equiparando um escritório de trabalho a um domicílio. Aliás, uma busca e apreensão ocorrida no escritório de um advogado, na Alemanha Federal, sem ordem judicial, foi alvo de discussão na Corte, que concluiu ser uma ingerência da autoridade pública no exercício do direito ao respeito da vida privada do advogado[559].

7.5.3 Nos Estados Unidos da América

Observamos que o respeito à intimidade, nos Estados Unidos, foi desenvolvido, com maior vigor, no ensaio *The Right To Privacy*, de 1890, dos advogados Warren e Brandeis. Considerando a sistemática jurídica americana, essencialmente baseada na *common law*, na jurisprudência e na autonomia federativa dos Estados, a *privacy* foi reconhecida, de forma expressa, em algumas unidades federativas (Alabama, Alasca, Arizona, Califórnia, Colúmbia, Flórida, Geórgia, Illinois, Indiana, Kansas, Kentucky, Luisiana, Michigan, Missouri, Montana, Nevada, Nova Jérsey, Carolina do Norte e do Sul, Oregon, Nova Iorque, Pensilvânia, Virgínia, Arkansas e Maryland); outras unidades reconhecem-no jurisprudencialmente.

Numa apartada síntese, verifica-se que o direito ao respeito à privacidade, no sistema americano, abrange a intimidade e é constituído pelas posturas já delineadas pelos advogados Warren e Brandeis. É certo que Westin acrescentou uma maior proteção, deixando assentado que o direito americano, via reflexa, protege a privacidade das pessoas considerando uma ofensa os testes de polígrafo, o detector de mentiras, os testes de personalidade; a vigilância por computador e eletrônica, bem assim as escutas telefônicas.

Aliás, as escutas só podem ser realizadas por ordem judicial em crimes graves ou por ordem do Procurador Geral em investigações de crimes contra a segurança nacional, conforme se constata do *Omnibus Crime Control Act*, de 1968 – *Public Law* 90-351, de 19.06.1968. A escuta clandestina pode dar lugar à ação judicial de *trespass* ou de *tort*, na qual se concebeu a responsabilidade objetiva.

---

[559] *Idem*, p. 44-45.

Muito embora a IV Emenda tenha assegurado, expressamente, a inviolabilidade das pessoas, de seu domicílio, de seus papéis e demais efeitos, abriu oportunidade para a realização de buscas e seqüestros "razoáveis", em "provável litígio", com a descrição, em auto próprio, da diligência realizada.

Interessante a decisão da Suprema Corte da Califórnia, ao considerar uma lata de lixo, onde foram encontradas drogas, como extensão do domicílio do usuário de droga e, portanto, ilegal a prova material ali colhida. Mas no tocante às informações dos bens das pessoas, incabível o reconhecimento ao respeito à privacidade, tanto que tal assunto constitui matéria de primeira página na imprensa norte-americana.

Importante destaque merece a seção 605 da *Federal Communications Act*, que prescreve, no âmbito federativo, a inviolabilidade das comunicações em geral, que não podem ser interceptadas e nem divulgadas sem o consentimento do emissor ou por ordem judicial. No mesmo sentido, foi o ato da *Federal Communication Comission* de 1966, que proibiu o uso, a não ser pelas autoridades, de qualquer dispositivo de rádio destinado a interceptar conversas privadas.

No Governo federal americano, os funcionários estão proibidos de formular perguntas aos concursandos ou aos próprios funcionários que digam respeito à raça, a partido político, à crença religiosa ou ao resultado de qualquer exame médico, aspectos da vida íntima das pessoas, conforme consta da seção 4.2 do *Civil Service Rules,* o mesmo ocorrendo, por força de lei, em relação aos candidatos a emprego no âmbito das empresas particulares.

No mesmo diapasão, a *Privacy Act,* de 1974, protege as informações pessoais de cada sujeito de direitos, estabelecendo rigorosa disciplina sobre a captação, conservação, uso e divulgação dos informes colhidos. Estabelece aos interessados o direito de retificar quaisquer dados a respeito, bem como proíbe o registro da forma pela qual as pessoas exercem os direitos garantidos pela I Emenda (liberdade de crença, expressão e reunião).

Destaque, outrossim, para a decisão da Suprema Corte do Texas, que considerou inconstitucional a Lei do Texas que proibia o aborto, sustentando que a privacidade deve ser ampla e considerada íntima, devendo ser respeitada a decisão de uma mulher optar ou não pela gravidez[560].

Recentemente, o então Presidente dos Estados Unidos, em 08.02.1996, promulgou lei que proibia a divulgação de materiais obscenos, lascivos ou indecentes que molestassem menores de dezoitos anos, de forma a proteger essas categoria de sujeitos de direito em desenvolvimento, pela influência

---

[560] *Apud* FERNANDES, Milton. **Proteção Civil da Intimidade**. São Paulo: Saraiva, 1977. p. 237.
Também foi considerada inconstitucional a Lei de controle da natalidade, pelo uso de anticoncepcionais, do Estado de Connecticut, por ferir a intimidade marital. (*Idem*, p. 237)

especial exercida pelos materiais na vida íntima de cada um deles. A lei teve um destinatário também especial: a *internet*. Mas a Suprema Corte americana considerou inconstitucional a lei, pois violava a liberdade de expressão do povo.

7.5.4 Na Itália

No Direito italiano, verifica-se interessante debate entre os consagrados autores Pugliese e De Cupis. Para o primeiro, o direito a *riservatezza* fundamenta-se em postulados morais e sociológicos, ao passo que, para o segundo, de índole positivista, ele se fundamenta no direito positivo, a partir, em especial, da legislação protetiva à imagem (Lei 633/41, arts. 93, 96 e 97, e CC, art. 10).[561]

Seja como for, a atual Constituição italiana, em seus arts. 2º, 3º, 14, 15 e 21, protege, ainda que tacitamente, o direito à intimidade, pois tais dispositivos constitucionais garantem a inviolabilidade da personalidade, a dignidade social, o domicílio – com a proibição de buscas domiciliares –, o sigilo espistolar e, por fim, a liberdade de pensamento e sua manifestação. Por isso, do conjunto destas normas constitucionais, Milton Fernandes reconhece, no direito italiano, o respeito à intimidade[562].

Além disso, a Convenção Européia dos Direitos do Homem, incorporada ao Direito italiano pela Lei 484, de 04.08.1955, prevê que "*toda pessoa tem direito ao respeito de sua vida privada e familiar, de seu domicílio e de sua correspondência*".

Por fim, a Convenção Européia de junho de 1993, da qual a Itália foi signatária, prevê, claramente, o respeito à intimidade da vida privada, numa visão mais ampla e eficaz de proteção, conforme assinalado por Pierre Kayser.

A propósito, Pietro Perlingieri, ao combater a doutrina italiana que defende a *tipicidade* dos direitos de personalidade – mesmo após a atual Constituição –, esclarece que o próprio art. 2º da Constituição italiana, "*é uma norma diretamente aplicável e exprime uma cláusula geral de tutela da pessoa humana: o seu conteúdo não se limita a resumir os direitos tipica-*

---

[561] O citado art. 93 estabelece que as correspondências, as coleções de cartas, as memórias pessoais e familiares e outros escritos dessa natureza, de caráter confidencial ou referentes à intimidade da vida privada, não podem ser publicados sem o consentimento do autor; em relação às cartas, mister também o consentimento do destinatário. O art. 96 proíbe a exposição, a reprodução ou o comércio do retrato de pessoas, sem a anuência delas. Se, porém, forem pessoas notórias, o art. 97 prevê a desnecessidade do consentimento. Já o art. 10 do Código Civil italiano prevê que, caso haja publicidade do retrato de uma pessoa, do cônjuge, dos pais ou dos filhos, fora dos casos previstos em lei ou com ofensa à sua reputação, pode o juiz, a pedido do interessado, determinar a cessação do abuso (é a chamada *azione inibitoria*).

[562] *Op. cit.*, p. 251.

mente previstos por outros artigos da Constituição, mas permite estender a tutela a situações atípicas"[563].

Verifica-se, pois, que não se pode deduzir um esquema único para a proteção da personalidade. Conforme frisamos, a vida íntima do sujeito de direitos se realiza por meio de uma complexa categoria de situações, e não somente pela categoria derivada do direito subjetivo. Na esfera do ser, como ente existencial, existe o binômio sujeito e objeto ligado à relação jurídica, prevista ou não em lei. Aqui, o objeto da tutela jurídica é o ser, e não o "ter". A pessoa é o valor supremo da tutela.

Esclarece Pietro Perlingieri que

*a tutela da pessoa não pode ser fracionada em isoladas **fattispecie** concretas, em autônomas hipóteses não comunicáveis entre si, mas deve ser apresentada como problema unitário, dado o seu fundamento representado pela unidade do valor da pessoa (...). A personalidade é, portanto, não um direito, mas um **valor** (o valor fundamental do ordenamento) e está na base de uma série aberta de situações existenciais, nas quais se traduz a sua incessantemente mutável exigência de tutela (...) Não existe um número fechado de hipóteses tuteladas: tutelado é o valor da pessoa sem limites, salvo aqueles colocados no seu interesse e naqueles de outras pessoas. A elasticidade torna-se instrumento para realizar formas de proteção também atípicas, fundadas no interesse à existência e no livre exercício da vida de relações*[564].

Conclui o renomado autor italiano: "*o juiz não poderá negar tutela a quem peça garantias sobre um aspecto de sua existência que não tem previsão específica, porque aquele interesse já tem uma relevância ao nível de ordenamento e, portanto, uma tutela também em via judicial*"[565], referindo-se ao art. 24 da Constituição, que dispõe sobre o direito de ação, de forma genérica.

7.5.5 Na Alemanha

A Lei Fundamental de Bonn – como é conhecida a Constituição alemã –, promulgada em 1949, da mesma forma que a Itália, estabeleceu, em seu art. 1º, inc. I, que "*a dignidade do homem é inviolável. Todo o poder público é obrigado a respeitá-la e protegê-la*".

No inc. II do citado artigo, prevê-se que "*o povo alemão reconhece, em conseqüência, serem invioláveis e inalienáveis os direitos do homem como base de toda comunidade humana, da paz e da justiça no mundo*".

---
[563] Op. cit., p. 155.
[564] Idem, p. 155-156.
[565] Idem, ibidem, p. 156.

O inc. III do mesmo artigo dispõe que "*os direitos fundamentais acima enumerados obrigam o Poder Legislativo, o Poder Executivo e o Poder Judiciário a título de direito diretamente aplicável*".

Já o art. 2º, em seu inc. I, prevê que "*cada um tem direito ao livre desenvolvimento de sua personalidade, desde que não atente contra os direitos de outrem, a ordem constitucional ou a Lei moral*". O inc. II dispõe que "*cada um tem direito à vida e à integridade corporal. A liberdade da pessoa é inviolável. Qualquer intervenção nesses direitos será baseada em lei*".

O art. 10 da Constituição alemã, também consagra o sigilo da correspondência. Por outro lado, o seu art. 5º garante a liberdade de expressão (informação, imprensa, pesquisa, ensino, artes). E, na união desses dispositivos, a maioria dos doutrinadores alemães reconhece a existência do respeito ao direito à intimidade.

Tanto que, segundo Wetnauer, citado por Milton Fernandes, a jurisprudência alemã já considerou ofensivos à intimidade a reprodução deturpada de cartas missivas, a publicidade de notas íntimas (inclusive diário íntimo) e de dados relativos à vida privada ou familiar, bem como a espionagem particular[566].

O Código Civil Federal, no art. 1 do parágrafo 823, dispõe sobre as ações que causam lesão à vida, à integridade física, à saúde, à liberdade, ao patrimônio ou *qualquer direito* da pessoa. Tal dispositivo realça a defesa da privacidade das pessoas e tem sido amplamente aplicado pelos Tribunais alemães.

Por fim, registre-se que a Alemanha também aderiu à Convenção Européia de junho de 1993, já analisada no tocante ao respeito à intimidade da vida privada, com base no trabalho desenvolvido por Pierre Kayser.

7.5.6 No Reino Unido

Até bem pouco tempo, a Inglaterra não tinha desenvolvido um sistema jurídico próprio para a proteção do respeito à intimidade, a ponto de S. A. Smith afirmar que "*a invasão ofensiva da privacidade pessoal ainda não é reconhecida pela lei inglesa*"[567], muito embora a Carta do rei João Sem-Terra já amparasse a inviolabilidade domiciliar e de correspondência, bem como a liberdade de expressão. Se bem que a Carta de 1215 era um documento aplicado apenas aos aristocratas.

Da mesma forma, Stig Stromholm afirmou que "*a tutela contra a revelação de fatos privados parece ter-se desenvolvido menos no Direito inglês que o amparo oferecido a outras espécies de invasão*"[568].

---

[566] *Op. cit.*, p. 244-248.
[567] *Apud* FERNANDES, Milton. *Op. cit.*, p. 238.
[568] *Idem*, p. 239-240.

A propósito, o *Committee on Privacy* britânico reconhecia que "*a proteção é incompleta porque é apenas incidental ao amparo de outros aspectos da vida do cidadão*"[569]. A falta de um amparo jurídico mais eficaz para tal proteção contribuiu – e vem contribuindo – para as gritantes violações da vida íntima das pessoas, notadamente das mais famosas, e para a supervalorização da liberdade de informação[570].

Raymond Lindon, citado por Renê Ariel Dotti, esclarece que

em relação a algumas figuras, a intimidade é, muitas vezes, expediente para estimular a publicidade. Os homens de letras, dramaturgos, músicos, produtores de cinema, artistas de todo o gênero, vedetes, estrelas e outros ídolos sabem que o sucesso depende em grande parte do lugar que ocupam junto à imprensa. Para provocar esta publicidade, eles mostram a sua vida privada em detalhes, ficam prontos a contar o seu passado, os gastos, as aventuras, deixam-se fotografar em todas as situações e em todos os ângulos, e depois, num belo dia, seja porque se fizeram eremitas, seja porque as indiscrições a seu respeito não são elogiosas, eles gritam contra o sacrilégio[571].

Seja como for, entendo que as *pessoas famosas* também têm direito ao respeito à intimidade, ainda que, num certo dia, fizeram-se eremitas. O isolamento faz parte da vida íntima das pessoas.

Se a infidelidade conjugal corria solta pela suntuosidade do palácio inglês, era uma questão que dizia respeito, em primeiro lugar, aos cônjuges, e, por fim, à família real, por força do regime de governo adotado na Ingla-

---

[569] *Idem, ibidem*, p. 238.
[570] Recorde-se, aqui, a publicação de uma fotografia da Princesa Diana, exercitando-se numa academia com as pernas abertas, captada por uma câmera escondida; o proprietário da academia vendeu a foto por cento e cinqüenta mil dólares ao tablóide inglês **Sunday Mirror**, que a publicou na edição de 07.11.1993. Não sendo reconhecido o direito à intimidade ou mesmo à imagem, a princesa interpôs ação por **quebra de confiança**, solicitando os negativos e o lucro que o jornal obteve com a venda. Posteriormente, procedente a ação, a indenização foi fixada em um milhão e meio de dólares, que foram doadas a uma instituição de caridade (**Revista Veja**, n. 1379, de 15/2/95, p. 41). Outro exemplo típico de invasão à intimidade foi a publicação da conversa telefônica mantida entre o príncipe Charles e sua amante. A BBC de Londres não teve o menor senso de ética profissional em publicar os atos recíprocos de infidelidade conjugal de Diana e Charles. Recentemente, a gritante publicidade dada ao encontro amoroso entre a Princesa e o príncipe egípcio Dodi Al Fayed, que culminou, em face da perseguição dos *paparazzi*, em Paris, com a morte de Diana. A inexistência de uma legislação específica sobre a proteção à intimidade reflete-se na ausência de se determinar, socialmente, o próprio conceito de intimidade; é o que ocorreu com aquele inglês e seus adeptos que julgam ser natural andar nu pela Inglaterra; inclusive, embora processado e condenado por mais de vinte vezes por ato obsceno, no último processo a que responde, o juiz inglês permitiu que respondesse ao processo "nu" (cf. reportagem do programa "Fantástico", exibido em 21.01.2001, pela TV Globo do Brasil).
[571] *Op. cit.*, p. 208.

terra. Muito ao contrário, valorizou-se a publicidade – o "ter" –, em detrimento do 'ser' das pessoas envolvidas.

Daí por que a proteção ao respeito à intimidade, no Direito inglês, somente pôde ser realizada por via transversa, em face de outros bens jurídicos tutelados, como a propriedade, a correspondência, a honra, o abuso de confiança.

A violação indevida do domicílio alheio pode dar lugar ao denominado *trespass to land*, cuja ação judicial não protege, porém, os hóspedes, os locatários ou os doentes em hospitais. O *trespass to chattels* é a ação cabível para a hipótese de violação de correspondência – aplicável também aos que trabalham diretamente com correspondências e que devem manter sigilo (**Post Office Act**, de 1967). Tal ação no entanto, é incabível caso não haja ação física qualquer de violar.

As violações das confidencialidades conjugais ou pessoais íntimas podem dar ensejo ao chamado *abuso de confiança*, de modo a se proibir a publicidade de fatos que dizem respeito somente aos cônjuges. E, ainda assim, a intromissão indevida na intimidade somente pode ser combatida por meio da Lei sobre difamação, que prevê o abuso de confiança. Tais implicações, na Inglaterra, contudo, não se aplicam a todas as pessoas!

A proteção da honra, outro aspecto ligado à intimidade das pessoas, é relativa. Mesmo se se tratar de injúria, é possível a exceção da verdade, de modo que, se os fatos forem autênticos, é incabível a aplicação da lei e a conseqüente responsabilidade.

Atualmente, existe forte tendência para se proteger, com mais vigor, a intimidade e a privacidade das pessoas, não só porque a Inglaterra assinou a Convenção Européia de 1955, mas também, e em especial, porque ela foi signatária da específica Convenção Européia de junho de 1993, que cuida do respeito à intimidade da vida privada.

Aliás, após a assinatura da Convenção Européia, em 1978, a Inglaterra regulamentou a *Protection of Children Act* e, em 1994, a *Criminal Justice and Public Order Act*, de modo a proteger as crianças contra a pornografia, em especial, pela Internet.

7.5.7 Em Portugal

Muito embora Portugal também tenha aderido à Convenção Européia de junho de 1993, os portugueses tiveram a façanha e o brilhantismo de estabelecer, já em 1966, dispositivos legais de proteção ao respeito à intimidade, por meio dos arts. 70º a 81º do Código Civil Português, que cuidam da tutela geral da personalidade, além da própria Constituição de 1976, da qual cuidaremos logo a seguir.

Inicialmente, o *codex* português estabelece uma cláusula geral de proteção à personalidade, na linha de entendimento do jurista Perlingieri, ao dispor, no art. 70º, que "*a lei protege os indivíduos [incluindo-se a memória das pessoas mortas – art. 71º] contra qualquer ofensa ilícita ou ameaça de ofensa à sua personalidade física ou moral*" e, logo em seguida, prevê, no mesmo artigo, o direito à ação inibitória.

No intuito de garantir, ainda mais, o *valor* personalidade, o art. 81º dispõe que "*toda limitação voluntária ao exercício dos direitos da personalidade é nula, se for contrária aos princípios da ordem pública*". Mas essa limitação pode ser revogada, caso ela prejudique as legítimas expectativas da outra parte.

A par da inviolabilidade da correspondência (art. 78º), o Código Civil de Portugal estabelece, no art. 75º, a obrigação de sigilo ao destinatário das cartas-missivas de natureza confidencial, cujo conteúdo não se lhe aproveita. Ainda que morto o destinatário, o Tribunal pode ordenar sua restituição ao remetente ou, se falecido, às pessoas indicadas no art. 71º, n. 2 (o cônjuge, o descendente, o ascendente, o irmão, o sobrinho ou qualquer herdeiro).

Também pode o tribunal português determinar a destruição da carta, ou o seu depósito, ou qualquer outra medida adequada. Cuida-se de proteger as confidências, um dos aspectos mais expressivos de respeito à intimidade, que, por força do art. 77º, aplica-se a outros escritos confidenciais, com a ressalva, porém, contida no art. 76º[572].

Ao lado do art. 79º, que dispõe sobre a proteção do retrato da pessoa, o art. 80º dispõe que "todos devem guardar reserva quanto à intimidade da vida privada de outrem" e que "*a extensão da reserva é definida conforme a natureza do caso e a condição das pessoas*"[573].

---

[572] O art. 76º do CC Português permite a publicidade das cartas-missivas confidenciais apenas quando houver consentimento do seu autor, ou por meio de suprimento judicial, o qual é dispensável quando se tratar de utilização das cartas como documento histórico, literário ou biográfico; com a morte do autor, cabe às pessoas designadas no art. 71º, n. 2, o consentimento. Com relação às cartas-missivas não confidenciais, o seu destinatário só pode delas usar de modo a não contrariar a expectativa do emissor (art. 78º).
[573] Na América do Sul, ainda, a Argentina, a exemplo de Portugal, estabeleceu, expressamente, o respeito à intimidade, nos termos do art. 1.071, do Código Civil, alterado pela Lei 21.173/75, que prevê (tradução livre): "*aquele que arbitrariamente se intromete na vida alheia, publicando retratos, difundindo correspondência, molestando os outros em seus costumes ou sentimentos, ou perturbando de qualquer modo sua intimidade (...), será obrigado a cessar tais atividades, se antes não houver cessado, e a pagar indenização que fixará equitativamente o juiz, de acordo com as circunstâncias; ademais, poderá este, a pedido do agravado, ordenar a publicação da sentença...*".

Capítulo VIII

A LIBERDADE DE EXPRESSÃO SOB O PARADIGMA DA PROTEÇÃO À INTIMIDADE

A liberdade de expressão decorre da liberdade de manifestação do pensamento. O ato de manifestar o pensamento tem íntima ligação com o intelecto, recôndito mais profundo do ser humano e impenetrável, mas que deve ser garantido. Daí a assertiva do antropólogo Louis Dumont de que a liberdade de pensamento foi a primeira das liberdades a surgir.

Desse sentir, é a posição de José Celso de Mello Filho. Esclarece que *"a liberdade de consciência constitui o núcleo básico de onde derivam as demais liberdades do pensamento. É nela que reside o fundamento de toda a atividade político-partidária, cujo exercício regular não pode gerar restrição aos direitos de seu titular"*[574]. Mas ela teria pouco valor se não pudesse ser revelada, a não ser a *liberdade de crença* que pode nascer e morrer sem ser transmitida, sem sofrer qualquer restrição legal.

Bem por isso, Eduardo Zannoni e Beatriz Bíscaro afirmam, com propriedade, que

> *a liberdade de pensamento e a liberdade de expressão se complementam, pois, em uma ordem de sucessão contínua, a história pública demonstra que a positivação da liberdade de expressão segue o reconhecimento prévio da liberdade de pensamento; a história particular do exercício destas liberdades corrobora, ademais, que não é possível liberdade de expressão sem liberdade de pensamento, e que a liberdade de expressão não é senão a manifestação externa do que antes se havia pensado em um clima de liberdade; a liberdade de pensamento é a condição prévia da liberdade de expressão*[575].

---

[574] MELLO FILHO, José Celso de. **Constituição Federal Anotada**. 2. ed. São Paulo: Saraiva, 1986. p. 440.
[575] *Op. cit.*, p. 8-9.

Foi a Inglaterra o primeiro país a lutar pela liberdade de expressão, em especial quando o Parlamento inglês, em 1695, não aprovou a censura prévia. Destaque, também, para os Estados Unidos, posto que o *Bill of Rights* de Virgínia garantia, em seu art. 12, a liberdade de imprensa como um dos grandes baluartes da liberdade, não podendo ser restringida jamais, a não ser por governos despóticos.

A Primeira Emenda, de 1791, à Constituição americana de 1787, dando um sentido mais exato à liberdade de expressão, também garantiu, de forma expressa, a liberdade de religião, o livre exercício de cultos, a liberdade de palavra, ou de imprensa, a liberdade de reunião pacífica e de petição.

Mesmo a Declaração dos Direitos do Homem e do Cidadão de 1789, da França, em seu art. 11, previa "*a livre manifestação do pensamento e das opiniões é um dos direitos mais preciosos do homem: todo cidadão pode, portanto, falar, escrever e imprimir livremente, à exceção do abuso dessa liberdade, pelo qual deverá responder nos casos determinados por lei*".

Como decorrência da liberdade de expressão, a liberdade de palavra assumiu importante papel entre os séculos XII e XIV, oportunidade em que os *copistas* difundiam a palavra escrita. Em seguida, foram substituídos pelos *tipógrafos*, de modo que, a partir do século XV, os livros penetraram nas bibliotecas das Universidades. A partir do século XVII, surgiram os jornais, difundindo a palavra escrita e tornando concreta a liberdade de expressão. Não resta a menor dúvida de que a tipografia contribuiu para o surgimento da garantia da liberdade de imprensa, um dos conteúdos da liberdade de expressão, que, naquela época, constituía importante instrumento ideológico, com forte influência política[576].

Bem por isso, no âmbito mundial, a Declaração Universal dos Direitos do Homem de 1948, em seu art. 19, dispôs que "*toda pessoa tem direito à liberdade de opinião e expressão; este direito inclui a liberdade de, sem interferências, ter opiniões e de procurar, receber e transmitir informações e idéias por quaisquer meios e independentemente de fronteiras*".

---

[576] Tanto é verdade que Rui Barbosa, ao discursar no Senado Federal, em 11.11.1914, assim se manifestou sobre a liberdade de imprensa: "*se não estou entre os mais valentes dos seus advogados, estou entre os mais sinceros e os mais francos, os mais leais e desinteressados, os mais refletidos e radicais. Sou pela liberdade total da imprensa, pela sua liberdade absoluta, pela sua liberdade sem os outros limites que os do direito comum (...). A Constituição Imperial não a queria menos livre; e, se o Império não se temeu dessa liberdade, vergonha será que a República a não tolere. Mas, extremado adepto, como sou, da liberdade, sem outras restrições, para a imprensa, nunca me senti mais honrado que agora em estar a seu lado; porque nunca a vi mais digna, mais valorosa, mais útil, nunca a encontrei mais cheia de inteligência, de espírito e de civismo (...). A ela exclusivamente se deve o não ser hoje o Brasil, em toda a sua extensão, um vasto charco de lama*". (BARBOSA, Rui. **Escritos e Discursos Seletos**. Rio de Janeiro: José Aguilar, 1960. p. 742)

A liberdade de informação foi incluída como uma das exteriorizações da liberdade de expressão; pela sua importância atual, em face do pluralismo axiológico, merece estudo à parte neste capítulo.

A Convenção Americana de Direitos Humanos ou o Pacto de San José da Costa Rica, de 1969, da qual o Brasil é signatário. Integra nosso ordenamento jurídico desde 1992. Ela dispôs que *"toda pessoa tem direito à liberdade de pensamento e de expressão. Este direito compreende a liberdade de buscar, receber e difundir informações e idéias de toda a índole, sem consideração de fronteiras".*

A nossa Constituição, como, de resto, as principais constituições dos países ocidentais, garante a liberdade de pensamento e de expressão. O art. 5º, inc. IV, da Constituição da República do Brasil dispõe que *"é livre a manifestação do pensamento, sendo vedado o anonimato".*

O inc. IX do citado artigo estabelece ser *"livre a expressão da atividade intelectual, artística, científica e de comunicação, independentemente de censura ou licença".* E o inc. XIV do citado art. 5º assegura *"a todos o acesso à informação",* resguardando-se o sigilo da fonte, quando necessário ao exercício profissional.

Arremata o art. 220, *caput,* de nossa Constituição que a *"manifestação do pensamento, a criação, a expressão e a informação, sob qualquer forma, processo ou veículo, não sofrerão qualquer restrição, observado o disposto nesta Constituição"*[577].

Nota-se, claramente, que a liberdade de expressão é gênero, do qual são espécies a liberdade de culto, a liberdade de informação – ou de imprensa –, a liberdade de opinião, a liberdade de educar-se, a liberdade de comunicação e de recebê-la livremente, a liberdade de pesquisa e de criação, a liberdade de fazer.

Nesse sentido, Antonio Aguilera Fernández[578] entende que *"a evidente proximidade conceitual do direito à liberdade de expressão e o direito a comunicar informação tem motivado que alguns autores defendam sua globalização ou efeitos sistemáticos e esclarecedores".* Mas, para o autor, a liberdade de informar decorre da liberdade de expressão.

---

[577] Da mesma forma, a Constituição portuguesa de 1976 garante, em seu art. 37.1, o direito de *"exprimir e divulgar livremente o seu pensamento pela palavra, pela imagem ou por qualquer outro meio, bem como o direito de informar, de se informar e de ser informado, sem impedimentos nem discriminações".* Assim também a Constituição espanhola de 1978 que, em seu art. 20.1, dispõe sobre o reconhecimento e a proteção do direito à expressão e difusão livre dos pensamentos, idéias e opiniões, mediante a palavra, o escrito ou qualquer outro meio de reprodução, bem como sobre o direito à produção e criação literária, artística, científica e técnica, e sobre a liberdade de cátedra e o direito de comunicar-se ou de receber livremente informação verdadeira por qualquer meio de difusão.

[578] FERNÁNDEZ, Antonio Aguilera. **La Libertad de Expressión del Ciudadano y la Libertad de Prensa ou Información**. Granada: Comares, 1990. p. 10.

Bem a propósito, é significativo esclarecer que a Corte Européia de Direitos Humanos contribuiu, sobremaneira, para clarear o conceito de liberdade de expressão e a razão de sua proteção.

Em marcante caso envolvendo *Handyside vs The United Kigdom*, a Corte assim se pronunciou:

> *a liberdade de expressão constitui um dos fundamentos essenciais de uma sociedade democrática, uma das condições básicas de seu progresso e para o desenvolvimento de cada homem. Sem prejuízo do contido no art. 10 (2), ela é aplicável não somente a "informações" ou "idéias" que sejam favoráveis ou consideradas inofensivas ou recebidas com indiferença, mas também àquelas que ofendem, chocam ou perturbam o Estado ou qualquer setor da população. Tais são as exigências do pluralismo, da tolerância e da abertura intelectual, sem os quais não há sociedade democrática.*

Contudo, é bom lembrar que alguns autores, como Miguel Ángel Ekmekjdian, adotam a liberdade de informação como gênero, de modo a abranger *"todo o rol de direitos e liberdades que se dirigem à expressão e à comunicação pública das idéias e das notícias"*[579].

Certo é, porém, ser unânime a opinião doutrinária de que toda informação deve ser verdadeira e factual, transparente, ao passo que a expressão de uma idéia (um juízo), de uma opinião, de um pensamento, de uma crença – ainda que publicada pela imprensa – não precisa ser, necessariamente, verdadeira e imparcial.

Contudo, nessa ordem de idéias, a liberdade de expressão poderá ser reduzida a um simples dispositivo, denominado *verichip*, circuito desenvolvido pela empresa Applied Digital Solutions, implantado na pele. Nele, estarão todas as informações e dados pessoais de cada uma das pessoas. As pessoas poderão ser monitoradas (**Revista Galileu**, abril de 2002).

8.1 LIBERDADE DE EXPRESSÃO DO PENSAMENTO

Verificamos que o filósofo Husserl, quando de seu estudo sobre a *fenomenologia*, atribuiu à consciência a liberdade ativa ou positiva da intencionalidade (o conhecimento), da autoconscientização (o modo de ser) e a de se conhecer a si próprio, psiquicamente.

Com o seu método da *redução fenomenológica* (uma zona íntima, onde nada se afirma e nada se nega), procurou o filósofo afirmar que o pen-

---

[579] EKMEKJDIAN, Miguel Ángel. **Derecho a la Información**. Buenos Aires: Depalma, 1992. p. 1-2.

samento constitui um ente transcendental e, portanto, não tem por fundamento a psicologia, mas, ao contrário, é sempre dinâmico.

Nesse sentido, Gardney Lindzey e outros, na mesma obra, consideram que "*o pensamento se constitui na busca ativa de alguma coisa que a pessoa queira ou necessite. É um processo interno de ensaio, testagem e experimentação com a realidade. Reflete a necessidade de explicar e compreender, e um imenso desejo de criar*"[580].

Como vimos, o art. 220 da Constituição da República do Brasil, dentro da mais moderna concepção, estabelece que "*a manifestação do pensamento, a criação, a expressão e a informação, sob qualquer forma, processo ou veículo, não sofrerão qualquer restrição...*". Daí se afirmar que a manifestação do pensamento é livre (na liberdade, pode ou não haver manifestação neste ou noutro sentido; diferente do direito à vida, em que não há essa opção).

A liberdade de expressão do pensamento constitui a faculdade de enunciar juízos (idéias e pensamentos) e opiniões, sem aquele caráter mais rígido e sistêmico do direito de informação (se bem que, sob o manto do amplo direito de se obter informações, chegou-se à criação atípica do "4º poder de Estado" e, com um detalhe, um poder incontrolável).

Por isso, ela envolve um dever jurídico imposto ao Estado e a qualquer pessoa de se absterem de intervir na liberdade de pensar, criar ou professar, por meio das artes ou da pesquisa, respeitada a liberdade dos demais.

Foi o que aconteceu com a então Rede Manchete de Televisão, que foi proibida, judicialmente, de exibir a novela *O Marajá*, que retratava, satiricamente, a vida íntima e privada, com efeitos de natureza pública, do ex-Presidente da República Fernando Collor de Melo. Nesse caso, a liberdade de expressão do pensamento por meio de obra artística, foi coartada, pois prejudicava a intimidade e a imagem do ex-presidente.

No acórdão que julgou o Mandado de Segurança 587/93, interposto pela TV Manchete contra a liminar concedida em 1º Grau, o relator Desembargador Salim Saker entendeu que

a sátira aceitável é aquela que representa uma pintura dos vícios publicamente ocorridos e conhecidos, até mesmo em forma poética, com o fim de ridicularizar. Mas não a representação de vícios gravíssimos decorrentes de meras conjecturas, ao que se sabem, incomprovadas, como, dentre outros, os fatos historiados em torno dos contundentes vocábulos que por si refletem seu conteúdo como: sodomia, michê, gravidez-vasectomia, supositórios de cocaína, bruxaria.

---

[580] LINDZEY, Gardney; HALL, Calvin S.; THOMPSON, Richard F. **Psicologia**. Rio de Janeiro: Guanabara Koogan, 1977. p. 266.

O mesmo não ocorreu, porém, com a minissérie *Desejo*, exibida pela Rede Globo de Televisão, que retratava os atos de infidelidade conjugal cometidos pela esposa do escritor Euclides da Cunha, que perdeu sua vida em confronto com o amante dela.

Outra interessante decisão, envolvendo a publicação de obra literária sobre a vida íntima da pessoa já falecida, foi proferida pela Colenda 4ª Câmara Cível, do Tribunal de Alçada de Minas Gerais, no Agravo de Instrumento 0223100-7/00, em 27.11.1996, quando então o Juiz Tibagy Salles entendeu que "*a reprodução de obra literária revela-se portadora de ampla liberdade de expressão intelectual, com garantia constitucional, de tal ordem que inibe censura prévia*".

Mas houve um voto vencido no citado julgamento, elogiando a liminar concedida,

> *para impedir o lançamento à distribuição para comercialização de livro do qual constam fatos da vida íntima de pessoa, em razão de sua notoriedade... A proteção do direito à imagem abrange não só o detentor dela, como, em caso de morte deste, seus parentes próximos. O direito de imagem não se limita pelo direito de informação ou de manifestação do pensamento ou idéias, quando estão em evidência aspectos da vida privada das pessoas.*

Parece-me que o voto vencido foi muito mais jurídico, pois levou em conta o respeito à intimidade das pessoas, ainda que sejam elas famosas, em consonância com o disposto na última parte do art. 220, *caput*, da nossa Constituição. Todavia, não devemos nos esquecer de que a censura foi expurgada de nosso sistema jurídico.

Destaque para a decisão do Juiz de Direito Siro Darlan, da 1ª Vara de Infância e da Juventude do Rio de Janeiro, que ordenou a apreensão de trinta e seis quadros do pintor Nelson Leirner, expostos na amostra paralela ao 16º Salão Nacional de Artes Plásticas, no Museu de Arte Moderna, que retratavam cenas pornográficas envolvendo crianças. A manifestação artística, nesse caso, violaria a dignidade da pessoa humana criança, além de constituir crime (ECA, art. 241).

Dentro da atividade cinematográfica, merece atenção o julgamento da Corte da Califórnia, no caso *Melvin v. Reid*, de 1931, que condenou os produtores do filme que retratava uma mulher que tinha sido prostituta e acusada de homicídio, mas que havia, depois de alguns anos, reconstruído a sua vida. Na vida real, Gabrielle Darley, que vivia da prostituição, foi absolvida daquela acusação e casou-se com Bernard Melvin. O fato foi verdadeiro, mas o marido de Gabrielle Darley se voltou contra a violação do segredo da desonra de sua mulher, amplamente retratada pelo produtor do filme,

Reid, o qual, por sinal, atribuiu a sua personagem principal até o próprio nome da ofendida[581].

A verdade do fato, retratada na obra artística, não atentou, por sua autenticidade, contra a honra do ofendido, mas violou o respeito à intimidade, em particular o segredo da desonra, que reclama sigilo e respeito. A ofensa violou, de início, a intimidade e, em seguida, a imagem da pessoa ou mesmo de seus familiares.

Como na Inglaterra não se solidificou o direito ao respeito à intimidade, o famoso ator inglês Hugh Grant, que ganhou fama com o filme *Quatro Casamentos e Um Funeral*, sofreu na pele as argruras do sensacionalismo feito pela imprensa, que publicou a ação policial envolvendo sua prisão pela prática de sexo oral com a prostituta Divine Brown. Embora desonrosa (o fato ocorreu em uma das ruas de Los Angeles), a conduta do ator envolvia atos de sua vida íntima, que não diz respeito ao público.

Jerry S. Chasen cita outro exemplo interessante, no âmbito musical, em que a Corte Federal da Flórida, no caso *Skywalker Records Inc. v. Navarro*, considerou, em 1990, determinada música como obscena, pois reproduzia sons de um ato sexual em andamento, proibindo sua execução[582].

Na virada do milênio, no show *Rock in Rio*, no Brasil, determinado músico inglês ingressou no palco "nu", exteriorizando sua intimidade, mas de modo a violar o pouco de sentimento de pudor que resta em nosso país. A manifestação de sua intimidade, é claro, foi restringida, até porque constitui crime (CP, art. 233).

Considere-se, ainda, bem a propósito, a reportagem levada ao ar pela TV Globo, no dia 21.01.2001, no programa "Fantástico", sobre o inglês que quer ter o "direito de andar nu" na Inglaterra, expressando toda sua intimidade física.

No terreno das biografias, devemos considerar a investigação histórica que envolve as pessoas e, assim, evitar afirmações como a de que D. Pedro I era "mulherengo", ainda que a verdade seja absoluta. A assertiva atenta contra a intimidade do ex-imperador. A sua notoriedade histórica e a relevância do fato, sob o prisma social e político, não nos impedem de reconhecer, neste caso, o respeito à vida íntima.

A biografia do famoso jogador de futebol brasileiro, "Garrincha", retratada por Ruy Castro, foi alvo de embate judicial, pois o escritor narra que o atleta era alcoólatra. Suas filhas entenderam que tal narrativa atentava contra a reputação do jogador. Foi concedida liminar para impedir a divulgação da obra.

---

[581] CHASEN, Jerry Simon. **The Rights of Authors, Artists and Others Criative People**. 2. ed. Southern Illinois: University Press, 1992. p. 187-188.
[582] *Op. cit.*, p. 236.

O Tribunal de Justiça do Rio de Janeiro, em sede de mandado de segurança (Procuração 1.011/95), pelo Rel. Des. João Wehbi Dib, da 2ª Câmara Cível, no acórdão publicado no DOJ de 20.03.1997, entendeu que a liberdade de expressão intelectual, com base nos arts. 5º, incs. IV e IX, e 220, da CF, não pode sofrer censura e, portanto, é incabível a busca e apreensão dos livros, podendo ser comercializados. Mas o digno relator reconheceu a possibilidade de o autor do livro e a editora responderem civil e criminalmente pelos abusos cometidos contra o direito de expressão.

Interessante o entendimento do Desembargador Wehbi Dib, na medida em que consagra a liberdade de manifestação do pensamento, mas, reconhece a possibilidade de abuso – pois é nítida a violação à vida íntima do jogador, com reflexos à sua imagem e de sua família –, permitindo-se a responsabilidade civil e penal, mas não a proibição da difusão da obra, pois não há censura prévia no Brasil. Tanto assim que se protege com maior ênfase, via legislação ordinária, o direito de obra intelectual literária e informática.

Na expressão teatral, digno de registro o entendimento exposto pelo então Desembargador José Carlos Barbosa Moreira a respeito da atividade teatral de uma determinada companhia, que pretendia retratar o romance entre Luiz Carlos Prestes e Olga Benário Prestes, fato ligado à vida íntima das personagens históricas.

Moreira bem argumentou a respeito da colisão entre a expressão artística e o respeito à intimidade das pessoas, na Apelação 3.920/88 da 5ª Câmara Cível, do Tribunal de Justiça do Rio de Janeiro, no seguinte sentido:

> *quando um artista cria obra referente a outra(s) pessoa(s), necessariamente expõe aspectos da personalidade e da vida desta(s). Cumpre, então, determinar os limites toleráveis de semelhante exposição, além dos quais se penetrará no terreno do ilícito. Eles podem ser deduzidos do próprio conceito que acima se esboçou. Para caracterizar a lesão, é preciso: a) que o agente dê a conhecer a terceiro(s) algum fato da vida ou algum traço da personalidade do titular do direito, que esse(s) terceiro(s) não conheça(m), nem possa(m) conhecer por outros meios não excepcionais, isto é, normalmente acessíveis a quem quer que se interesse por adquirir o conhecimento; e (b) que, assim procedendo, o agente contrarie a vontade do titular, segundo a qual o fato ou o traço revelado deveria permanecer desconhecido do(s) terceiro(s). A essa luz, se o agente se cinge a incluir na obra fato ou traço já objeto da ciência alheia ou acessível (em condições normais) a ela, não ofende o direito à privacidade, conquanto deixe de obter a autorização do titular; se revela fato ou traço inédito, ou fora do alcance normal de terceiro(s), ofende aquele direito, a menos que a revelação seja autorizada pelo titular (...) As cenas aproveitadas reproduzem artisticamente episódios que têm constituído, muitas e muitas vezes, temas de discursos, debates públicos, reportagens jornalísticas e narrativas literárias, como, notadamente, a contida no livro **Olga**...*

Aliás, ao criar o livro **Olga**, o seu autor, Fernando Morais, colheu muitas das informações ali contidas, inclusive o romance do próprio Luiz Carlos Prestes, o que, a nosso ver, foi o suficiente para afastar eventual ofensa à intimidade do famoso comunista.

A importância do princípio da liberdade de expressão é revelada pela singularidade da consciência humana. As idéias e juízos formam o conteúdo de toda a evolução do Homem diante de si mesmo e as conseqüências daí decorrentes.

Não é por menos que Thomas Jefferson deixou assentado que "*uma vez que a base de nosso governo é a opinião do povo, nosso primeiro objetivo deveria ser: mantê-la intacta*"[583].

Assim, a liberdade de manifestação do pensamento pode ser ressaltada nas significativas palavras de Pinto Ferreira: "*o Estado democrático defende o conteúdo essencial da manifestação da liberdade, que é assegurado tanto sob o aspecto positivo, ou seja, a proteção da exteriorização da opinião, como sob o aspecto negativo, referente à proibição de censura*"[584].

Mas, o mesmo Estado democrático deve defender, também, a intolerância, o abuso, como bem enfatizou o Ministro José Carlos Barbosa Moreira, na decisão dantes referida, de modo a assegurar o princípio da igualdade material ou substancial.

8.2 A LIBERDADE DE EXPRESSÃO E A CRENÇA RELIGIOSA

A crença, ou a fé, numa determinada religião faz parte do conteúdo da vida íntima de uma pessoa. No âmbito de sua consciência, ela pode professar a fé que bem entender. A liberdade de crença pode "*estar presente no foro íntimo. Ela não envolve, necessariamente, qualquer comunicação a outrem*"[585].

A expressão da crença religiosa constitui o núcleo central da liberdade religiosa, que, por sua vez, constitui um dos desdobramentos da liberdade de pensamento e, eventualmente, manifestação.

A liberdade de religião, como desdobramento da liberdade de fé e manifestação, decorre do pluralismo axiológico adotado num Estado democrático e desemboca, nesse sentido e necessariamente, na liberdade de culto.

---

[583] **Revista Veja**, 18 ago. 2004, ed. 1867. São Paulo: Abril, 2004, p. 49. Aliás, na matéria, Malu Gaspar denuncia a possibilidade do AUTORITARISMO no governo PT, com sérias críticas à idéia de se criar um "Conselho Federal de Jornalismo", de modo a se controlar as publicações contra o governo.
[584] FERREIRA, Pinto. **Comentários à Constituição brasileira**. São Paulo: Saraiva, 1989. v. 1, p. 68.
[585] FERREIRA FILHO, Manuel Gonçalves. **Comentários à Constituição Brasileira de 1988**. 2. ed. São Paulo: Saraiva, 1997. v. 1, p. 31.

No Brasil, nem sempre foi assim. Na Constituição de 1824, consagrava-se a liberdade de crença, todavia, restringia-se a liberdade de culto, pois a religião adotada no Império era a católica, apostólica e romana. Segundo o seu art. 5º, as outras manifestações de culto eram permitidas apenas no âmbito doméstico, sem forma alguma de templo.

A Constituição da República de 1891, em seu art. 72, § 3º, passou a permitir a liberdade de culto, e assim se sucedeu com as demais constituições. De modo transverso, deve ser respeitado o ateísmo.

Ainda que se respeite o ateísmo, os constituintes, no preâmbulo de nossa Constituição, clamaram a "proteção de Deus", assim como o fez a Constituição argentina de 1994. Nosso Estado, hoje, é *laico* ou leigo, diferentemente da Constituição espanhola.

Esclarece Canotilho que

> *a defesa da liberdade religiosa postulava, pelo menos, a idéia de tolerância religiosa e a proibição do Estado em impor ao foro íntimo do crente uma religião oficial. Por este facto, alguns autores, como G. Jellinek, vão mesmo ao ponto de ver na luta pela liberdade de religião a verdadeira origem dos direitos fundamentais. Parece, porém, que se tratava mais da idéia de tolerância religiosa para credos diferentes do que propriamente da concepção da liberdade de religião e crença, como direito inalienável do homem, tal como veio a ser proclamado nos modernos documentos constitucionais*[586].

Vimos, na evolução histórica, que a liberdade de crença e religião foi importante conquista para o desenvolvimento da personalidade.Todavia, hoje, no Brasil, mostra-se um problema de caráter social. Por conta dessa liberdade, difundiram-se as "religiões" como forma de organização empresarial.

Com "*o inchaço da periferia e a deterioração das cidades...*", as regiões periféricas ficaram "*mais violentas e mais pobres*", o que permitiu a difusão dos cultos, pois "*as igrejas evangélicas encontram nas periferias um terreno fértil para seu crescimento. Ao lado dos bares, os templos são os primeiros estabelecimentos que costumam surgir na periferia. O número de evangélicos no subúrbio é três vezes maior que o registrado nos centros das cidades. A igreja de maior penetração é a Assembléia de Deus*"[587].

O movimento econômico é crescente. Na música gospel, no Brasil, existem noventa e seis gravadoras; Hum mil artistas. O faturamento é de duzentos milhões de reais por ano. Existem até associações, como a Associação

---

[586] CANOTILHO, J. J. Gomes. **Direito Constitucional**. Coimbra: Almedina, 1993, p. 503.
[587] **Revista Veja**, ed. 1684, de 24 jan. 2001, p. 88-89.

de Homens de Negócios do Evangelho Pleno (ADHONEP), que congrega vinte e cinco mil empresários que crêem na teologia da prosperidade, além da Associação Renascer de Empresários e Profissionais Evangélicos (AREPE). Politicamente, a cada eleição aumenta a representação política dos evangélicos no Congresso Nacional. As editoras evangélicas faturam cerca de trezentos milhões de reais por ano. E controlam mais de trezentas emissoras de rádio e canais de TV. É incrível a linha empresarial desenvolvida pelas religiões cristãs não-católicas[588].

O término do monopólio católico e o início da expressão protestante de fé é marcado pela tese publicada pelo monge Martinho Lutero, em 1517, que se revoltou com a venda de indulgências realizada pela Igreja de Roma.

Interessante notar que, na base do protestantismo, estão alojadas diversas pessoas da classe social alta. E isto porque, segundo esclarece Max Weber, os envangélicos souberam traçar sua própria filosofia de ação. Enquanto a Igreja Católica sempre pregou que "*é mais fácil um camelo passar pelo buraco de uma agulha do que um rico ingressar no reino dos céus*", os protestantes defendem uma postura política de apreço e consideração.

Sob o prisma jurídico, a liberdade de expressão de fé ou crença é quase que absoluta, principalmente quando seu exercício é praticado no âmbito do espaço mais recôndito que possa existir: a mente humana.

Ademais, posturas religiosas, decorrentes de imposições morais absolutas, sempre agitaram o mundo cultural. Digna de nota a posição defendida pelo padre americano John Mc Closkey que, na esteira da filosofia romana, defende os postulados firmados por João Paulo II, tidos como verdades absolutas[589].

Giancarlo Zizola, vaticanólogo italiano, sustenta a necessidade de a Santa Fé rever certas posturas tidas como absolutas. "*Trata-se de achar uma resposta da Igreja às exigências da globalização. A Igreja encontra-se diante da necessidade de sair do seu berço europeu, do ponto de vista cultural, político e teológico, e de levar a mensagem do Evangelho a universos com tradição religiosa e espiritual diferentes*"[590].

Ela pode, porém, influenciar os direitos políticos. Existem dois requisitos para se privar a pessoa de seus direitos políticos, na hipótese de se alegar a chamada *escusa de consciência*[591], decorrente da crença religiosa, e

---

[588] **Revista Veja**, ed. 1758, de 03 jul. 2002, p. 88-95.
[589] **Revista Veja**, ed. 1773, de 16 out. 2002, p. 11-15.
[590] **Revista Veja**, ed. 1900, de 13 abr. 2005. São Paulo: Abril, p. 11-15.
[591] Aliás, a escusa de consciência decorre da própria liberdade de consciência, que se exterioriza, também, segundo Manuel Gonçalves Fereira Filho, "*na objeção de consciência, onde a convic-*

mesmo da convicção filosófica ou política: o não-cumprimento de uma obrigação coletiva e o descumprimento de prestação alternativa fixada legalmente (CF, art. 5º, inc. VIII).

Respeita-se a crença expressada para não prestar o serviço militar ou dever de votar. Mas as conseqüências do não cumprimento do dever jurídico envolvem os direitos políticos, quer restringindo-os, quer extinguindo-os.

A conseqüência está no art. 15, inc. IV, da nossa Constituição. O não cumprimento da obrigação coletiva imposta no art. 14, § 1º, incs. I e II, da CF, ou o descumprimento das prestações alternativas (Código Eleitoral, arts. 7º e 8º), acarretam a perda dos direitos políticos.

Mas, não há perda da liberdade de religião. Ela pode ser usada como *escusa de consciência* para a dispensa do serviço militar específico; mas, ante o dever jurídico coletivo de alistamento (CF, art. 143), a Lei 8.239/91 dispôs sobre a prestação de serviço alternativo, tais como atividades administrativas, assistenciais filantrópicas ou mesmo produtivas. Não cumprida a prestação alternativa, por escusa de consciência religiosa, pode ocorrer a perda dos direitos políticos (art. 15, inc. IV).

Inadmissível, outrossim, invocar-se a escusa de consciência religiosa – manifestação da liberdade de religião e, portanto, da vida íntima – no intuito de se evitar transfusões de sangue ou cirurgias. Aliás, o médico pode até constranger o paciente à realização do ato, por força, aliás, do disposto no art. 146, § 3º, inc. I, do Código Penal brasileiro.

A respeito, Paulo Henrique Marques de Oliveira acentua que "*o que está em jogo em situações como a ora tratada não é o direito à liberdade de religião ou à privacidade. O que se busca é a preservação da vida, bem jurídico maior, o que antecede o direito de liberdade*"[592].

Por fim, resta-nos examinar a liberdade de expresão íntima dos membros da religião mais popular do mundo. No Encontro Nacional de Presbíteros, ocorrido em janeiro de 2000, os padres demonstraram a preocupação com o celibato, muito mais que uma regra, um dilema afetivo, de proporções incalculáveis.

A crise de identidade das autoridade esclesiásticas decorre, principalmente, da impulsidade sexual latente da sociedade globalizada e da migração constante do rebanho católico para outras religiões e seitas.

Pretendem os presbíteros o cultivo da própria espiritualidade. Bem ao contrário do que sempre se pregou, está na hora de o padre voltar-se para

---

ção íntima se manifesta, não por uma intencional comunicação do pensamento, mas pela recusa de certos atos ou atividades". (*Op. cit.*, p. 31)

[592] OLIVEIRA, Paulo Henrique Marques de. Transfusão de Sangue: direito à vida liberdade de religião. **Revista Síntese de Direito Penal e Processual Penal**. Porto Alegre-RGS: Síntese.

o seu interior, para o seu recôndito e avaliar sua própria espiritualidade, à semelhança dos monges tibetanos. Diferentemente das posturas morais católicas – como a de que só o catolicismo salva o Homem[593] – pretendem os sacerdotes, numa reforma de base, a adoção do conhecimento oriental, visando à evolução da Igreja de Cristo.

Tanto assim que a Comissão Nacional dos Presbíteros recomendou aos padres, dentro de uma visão mais liberal do sacerdócio, o cultivo da própria espiritualidade; o exercício da condição de mestre da oração (reza e ensina a rezar); a ação do pastoreiro (busca dos católicos que deixaram a Igreja e o cuidado dos desamparados); a compreensão de que a liderança religiosa é um serviço e não uma dominação; a formação de mais comunidades de base.

Talvez essas posturas, que não são tão aceitas pela Igreja de Roma – tão conservadora que ela própria consegue o auto-sufocação –, sejam um início de mudança e reforma da religião católica, visando evitar os escândalos que atingem a sociedade mundial.

Para quem pensa que falar de religião pode não ter conotações jurídicas, basta lembrar que diversos padres já foram acusados e condenados por pedofilia ou por assédio sexual. Ou mesmo, vários sacerdotes abandonaram o celibato (apostasia) para se casarem, como aconteceu com o Arcebispo Emmanuel Milingo[594].

Constituem implicações religiosas, fruto do exercício da liberdade íntima de crença, que podem provocar sérios reflexos na ordem jurídica. Não foi por menos a condenação milionária sofrida pela Igreja Católica na Califórnia-EUA, por conta de diversos assédios sexuais e prática da pedofilia praticados por padres.

8.3 A LIBERDADE DE EXPRESSÃO NAS RELAÇÕES FAMILIARES. O RELACIONAMENTO HOMOERÓTICO FAMILIAR

O respeito à intimidade assume relevância nas relações familiares, pois, no âmbito da família, se levam em conta as delicadas, complicadas e sentimentais formas de envolvimento entre marido e mulher, ou conviventes, bem como entre os pais e os filhos.

A singularidade de cada componente do ente familiar é própria e, por isso, o relacionamento entre eles, dada a proximidade corporal e psíquica, é complexo. Existem direitos e deveres para todos.

---

[593] **Revista Veja**, ed. 1748, de 24 abr. 2004. São Paulo: Abril, p. 91-93.
[594] **Folha de S. Paulo**. Reverendo Moon casa Arcebispo Católico, de 28 maio 2001, p. A 11.

No tocante ao relacionamento conjugal, advindo do casamento ou da união estável, existe um sentimento que supera os deveres conjugais e está acima dos laços meramente formais de uma união entre os casais. Trata-se do sentimento de reciprocidade que eleva a intimidade ao grau superior do amor romântico confluente. Sem esse sentimento, a fidelidade e a coabitação perdem-se.

Por isso mesmo, a China, em 28.04.2001, aprovou nova lei conjugal, que prevê medidas severas de combate ao adultério e a proibição da violência conjugal, com o objetivo de combater os altos níveis de divórcio no país.

Muito embora o motivo me pareça duvidoso – porque as medidas estão muito mais próximas do combate à alta densidade demográfica chinesa –, a lei se apresenta como um meio de manter unidas as famílias. Claro que não se pode manter o afeto e o carinho por meio de violência estatal. Na verdade, o amor é fluente, democrático e recíproco.

Numa sociedade, como a chinesa, em que a convivência social é sustentada pela severidade do Estado, é fácil concluir que a proibição será desrespeitada, como sempre ocorreu, pois concubinato e bigamia estão fortemente enraizados na China, e, de resto, no mundo. Vencem-se as infidelidades pelo afeto, pelo desprendimento, pela compreensão, e não pela pena, pelo castigo ou pela sanção.

O Brasil, de certa forma, reúne mecanismos jurídicos voltados para a convivência harmoniosa entre os cônjuges e conviventes. A preocupação dos civilistas quanto ao Código Civil de 2002 cingiu-se ao estabelecimento das posturas éticas como normas jurídicas, que se resumem à observação e aplicação do afeto nas relações familiares.

Deveria ser o contrário, pois o Direito faz parte da Ética, ciência que abrange a Moral e o Direito. As virtudes éticas deveriam ser íncitas ao ser humano, sem a necessidade de estabelecê-las como regras. Talvez o mundo globalizado – onde as ações são imediatistas – tenha conduzido à adoção de medidas reparadoras, como a transformação de comportamentos éticos em normas jurídicas.

De qualquer sorte, o art. 1.511 do Código Civil reforçou a idéia ética de que "*o casamento estabelece comunhão plena de vida, com base na igualdade de direitos e deveres dos cônjuges*". Rompe-se a comunhão de vida pelos motivos delineados no art. 1.573 do Código Civil, cuja redação comporta interpretação extensiva (v. o parágrafo único).

O mesmo se afirmou da união estável, no qual "*as relações pessoais entre os companheiros obedecerão aos deveres de lealdade, respeito e assistência, e de guarda, sustento e educação dos filhos*" (CC, art. 1.724).

E mais: veja-se que, pelo casamento, na entidade familiar "*homem e mulher assumem mutuamente a condição de consortes, companheiros e responsáveis pelos encargos da família*" (CC, art. 1.565), cuja direção deve ser exercida por ambos, em colaboração, sempre no interesse do casal e dos filhos (CC, art. 1.567).

H. Doms, citado por Sílvio Botero, referindo-se à sociedade conjugal, diz que "*a unidade para os dois, que é jurídica, moral e afetiva, é o matrimônio, cuja força vivificante é o amor conjugal*"[595]. O *affectio maritalis* é *conditio sine qua non* nas relações familiares; por ele, compreende-se, perdoa-se, contribui-se, evitando-se o seu desfazimento.

Dentre as causas que evidenciam a impossibilidade de vida em comum (adultério, tentativa de morte, ofensas morais, abandono do lar), a violência doméstica vem merecendo uma preocupação maior do legislador.

Ela foi erigida à categoria de crime próprio. O parágrafo único do art. 69 da Lei 9.099/95 foi alterado pela Lei 10.455/02 para permitir ao juiz, em caso de violência doméstica, determinar, cautelarmente, o afastamento do autor do fato do lar. Mais recentemente a Lei 11.340/06 criou varas especializadas para o tratamento da matéria.

Em relação ao exercício do poder familiar, a liberdade no relacionamento com os filhos parte, também, de um outro sentimento íntimo que está acima dos deveres jurídicos; não que os deveres legais devam ser deixados de lado.

O respeito à liberdade na relação entre pais e filhos parte, necessariamente, do diálogo, sempre em vista do modelo democrático traçado pelo Ocidente. Claro que a lei prevê sanções para os castigos imoderados e para as indevidas invasões da sexualidade dos filhos; impõe-se aos pais e ao Estado o ensino fundamental, inclusive, com a proibição do trabalho ao menor de dezesseis anos.

Mas, ainda assim, a democratização no seio familiar deve imperar, mas sem perder de vista as responsabilidades assumidas pelos pais e, acima de tudo, sem se afastar do afeto familiar, o sentimento que nutre a família.

Por isso mesmo, a complexidade das relações familiares não inibe o reconhecimento do respeito à intimidade do núcleo familiar, visto como um ente unitário e solidário, bem como, e ao mesmo tempo, do respeito à vida íntima de cada pessoa da família, dentro do próprio âmbito familiar; daí se falar em intimidade familiar.

A liberdade das relações familiares, assevera Pierre Kayser, com base no entendimento dos órgãos da Convenção Européia, é a liberdade do casal e de suas crianças menores de viverem sob o mesmo teto[596], com amor.

---

[595] BOTERO GIRALDO, J. Sílvio, C.Ss.R. **O Amor Conjugal**. Aparecida: Santuário, 2001. p. 114.
[596] *Op. cit.*, p. 46.

Mas trata-se de uma liberdade, ainda que positiva, com responsabilidade. Os reflexos jurídicos são múltiplos.

Inicialmente, pelo disposto no art. 1.634, inc. VII, do Código Civil brasileiro, constata-se, claramente, a necessidade da manutenção do respeito entre pais e filhos. O respeito deve ser mútuo. É um princípio que tem sérios reflexos na vida social, a começar pela liberdade sexual dos filhos.

Sem dúvida, a sexualidade caminhou para a liberdade plena, a partir dos anos oitenta. Todavia, a sociedade deixou a desejar na questão do comportamento sexual, principalmente numa sociedade cujo apelo ao sexo é impressionante. Daí por que, em tema de intimidade familiar, a educação sexual assume relevante importância para a família, com sérios reflexos sociais e jurídicos[597].

A educação, aliás, começa mesmo no seio da família. E não se refere apenas ao sexo. A educação, de um modo geral, constitui direito fundamental da criança e do adolescente, bem como responsabilidade dos pais e do Estado, passível até, na sua omissão, de medidas judiciais, desde uma ação penal até uma ação de aplicação de medidas protetivas, que vão de uma advertência à perda do poder familiar.

A princípio, segundo a observação de Antonio Magalhães, "*as intromissões na vida familiar não se justificam pelo interesse de obtenção de prova, pois, da mesma forma do que sucede em relação aos segredos profissionais, deve ser igualmente reconhecida a **função social** de uma **vivência conjugal e familiar à margem de restrições e intromissões***"[598] (g.n.).

Mas, a partir do momento em que a prova é destinada a demonstrar os abusos decorrentes do exercício indevido da intimidade familiar, parece-me viável a intromissão estatal, com os resguardos necessários, como a ordem judicial fundamentada.

O uso indevido da imagem de uma pessoa da família, derivada de uma invasão de intimidade, propicia o repúdio judicial por parte do efigiado, bem como por parte do grupo familiar, como ocorrido no caso do famoso jogador de futebol "Garrincha".

O interesse de agir não é pessoal nem familiar, mas decorre, esclarece Pietro Perlingieri,

> *da solidariedade familiar e na possível conseqüência negativa que o uso ilegítimo da imagem do parente pode provocar a si e ao núcleo ao qual pertence. (...) A legitimação a dispor do uso da imagem será, de regra,*

---

[597] **Revista Veja**, de 26 jan. 2000. ed. 1633. São Paulo: Abril, p. 122-128.
[598] GOMES FILHO, Antonio Magalhães. **Direito à Prova no Processo Penal**. São Paulo: RT, 1997. p. 128.

somente do efigiado, quando o uso não comporta ao mesmo tempo um grave prejuízo à honra, ao decoro e à reputação do grupo inteiro[599].

Não sem razão, a Corte Européia, conforme esclarece Pierre Kayser, ao interpretar o art. 8° da Convenção Européia de 1993, vem entendendo que a vida familiar não está fundada apenas no casamento. Ela se estende às pessoas que coabitam o núcleo familiar e dele fazem parte, de modo que a liberdade da vida familiar atinge as *relações internas*, bem como as *relações internacionais*[600] (um agente britânico do serviço de imigração, segundo o jurista francês, não pode recusar a entrada ao Reino Unido de um indiano que conviva com sua mulher e suas crianças na Inglaterra).

Nesse sentido, a união homossexual é reconhecida na Europa como entidade familiar. E no Brasil só não é diferente, porque a linha de pensamento conservadora, machista e opressora da maioria dos operadores do Direito impede esse *status*.

A visão clássica de família – aquela oriunda do casamento e da união estável, entre pessoas de sexos opostos, bem como da relação monoparental – perdeu espaço para a própria realidade. A liberdade sexual implicou na expressão dos relacionamentos homoeróticos.

Por isso mesmo, a Constituição democrática de 1988 deu início a uma reforma, embora modesta. Desvinculou a família do casamento. Atribuiu efeitos jurídicos à união estável e à entidade monoparental, reconhecendo-as como família.

Esse *status*, porém, pode ser alargado se entendermos que o art. 5°, inc. X, da CF, estabelece o direito fundamental do respeito à intimidade. E a liberdade de optar pela sexualidade é um direito natural da pessoa como cidadã.

Ademais, o art. 3°, inc. IV, da CF proíbe qualquer forma de discriminação, como a relacionada ao exercício da liberdade sexual. Tanto assim que não pode haver diferenciação salarial, funcional ou admissional por motivo de sexo (CF, art. 7°, inc. XXX). Da mesma forma, não pode haver qualquer distinção em relação à constituição familiar.

Consoante esclarece Karina Schuch Brunet, "*negar a transformação e a evolução da família é uma atitude conservadora, preconceituosa e opressora, em que se identifica uma estrutura política de manutenção de ideologia dominante*"[601].

---

[599] *Op. cit.*, p. 183-184.
[600] KAYSER, Pierre. *Op. cit.*, p. 46.
[601] BRUNET, Karina Schuch. A União entre Homossexuais como entidade familiar: uma questão de cidadavia. **Revista Jurídica**. Porto Alegre: Notadez, n. 281, p. 80-88, mar. 2001.

Veja-se que, nas relações internacionais, a Corte Européia esforça-se em assegurar a liberdade nas relações familiares, de modo a impedir imposições legais, como a de se determinar o estudo de uma determinada língua (como a Lei Belga de 1963), partindo do princípio de que as crianças têm o direito de ser instruídas pela língua de origem, sendo facultado o estudo de outra língua, como, no caso a neo-holandesa[602].

Da mesma forma, assegura-se, na Comunidade Européia, o direito de visitas quando os pais se separam e um deles, que reside em outro país, não tem a guarda dos filhos. Esse direito é estendido também aos parentes da criança.

E mais, os filhos podem morar com o pai ou com a mãe, dependendo da situação de cada um deles, e não da nacionalidade dos pais. Note-se que a Corte Suprema da Áustria, que é signatária da Convenção, entende que a guarda do filho deva ser confiado ao pai ou à mãe austríaca (princípio da autoridade parental), pois a criança deve ser educada de acordo com os princípios morais e religiosos previstos pela Áustria, seguidora da "Testemunha de Jeová". A Corte Européia entendeu que a decisão austríaca viola o direito ao respeito da vida familiar, bem como, e em especial, a liberdade religiosa[603].

Note-se que a ingerência da autoridade pública somente se justifica, segundo Pierre Kayser, para assegurar os direitos previstos e enumerados na Convenção, à qual vinte e nove países aderiram, em conformidade com a postura democrática que assumiram. Sob este aspecto, não pode o direito de visitas ser submetido à apreciação da autoridade pública, pois o direito já existe e decorre do texto da Convenção, reconhecido pelos países signatários. Apenas no intuito de evitar abusos, a imigração deve ser controlada; mas a visita não pode ser impedida.

Nesse sentido, o Reino Unido só permitia o ingresso das mães na Inglaterra para visitar seus filhos; havia discriminação em relação aos homens, em clara violação ao princípio da igualdade e ao princípio da vida em comum dos parentes e das crianças, pouco importando o lugar onde elas se encontrem e a situação de divorciados dos cônjuges. Segundo a Corte Européia, a unidade familiar deve ser preservada.

O princípio da unidade familiar pode até mesmo ter reflexos no caso de o pai (separado) de uma criança desejar trabalhar no país onde ela se encontre, muito embora ele seja de outra nacionalidade e esteja impedido de, após o rompimento conjugal, retornar ao seu antigo domicílio conjugal, ou dele tenha sido expulso. A respeito, a Corte Européia entendeu, num entendimento amplo e puramente democrático e digno, que o pai, embora de outra

---

[602] *Idem*, p. 47.
[603] *Idem, ibidem*, p. 48.

nacionalidade, tem o direito de permanecer onde seu filho esteja, em face do disposto no art. 8º da Convenção[604].

Outro aspecto importante nas relações familiares diz respeito ao sigilo da correspondência e telefônica, ou de qualquer outro tipo de comunicação eletrônica, envolvendo as pessoas da família. Esse sigilo é parte integrante do respeito à intimidade. Pode-se, a princípio, deduzir que os componentes da família, em razão da solidariedade familiar (recíproca confiança) e da autorização do interessado, tenham o direito de acesso à comunicação, embora ela seja dirigida ao outro. O acesso, às vezes, é imperioso pela especial comunhão de vida na família.

Todavia comenta Pietro Pierlingieri, certamente atento ao sigilo assegurado constitucionalmente, que

não existe nenhum direito ao conhecimento da correspondência do cônjuge, nem mesmo para fins de controle do dever de fidelidade — controle que além de tudo seria lesivo à dignidade pessoal —; nem do exercício do pátrio poder dos pais pode-se deduzir **sic et simpliciter** *o direito de interceptar os conteúdos das comunicações dos filhos menores, abrindo as cartas a eles destinadas, ainda que a relação familiar — e, em especial, o múnus do pátrio poder dos pais — atenue a inviolabilidade dos direitos fundamentais dos menores. Um tal comportamento justifica-se apenas no interesse objetivo da instrução e da educação do menor, no respeito de sua dignidade e com o uso de formas e de meios que não sejam traumáticos e, portanto, de per si, deseducativos*[605].

Bem a propósito, o eminente Desembargador Nigro Conceição, do Egrégio Tribunal de Justiça de São Paulo, no que se refere à gravação de conversa telefônica e ao respeito à liberdade de convivência familiar, deixou assentado que, em primeiro lugar, existe divergência na doutrina acerca da admissão, como prova lícita, da gravação clandestina por um dos interlocutores, fazendo referência aos julgados constantes da RTJ 84/609, 110/798; RF 286/270; RT 620/151; JTA 108/273, 111/149 (na Itália, isto é possível). Em segundo lugar, no caso julgado, havia uma circunstância particular que levava à admissão da prova: a gravação foi feita por um dos interlocutores e contra a admissão dessa prova não se insurgiu o interessado (ele, apenas, irresignou-se com a transcrição da fita).

Afirmou Sua Excelência:

ora, a garantia da inviolabilidade da intimidade (...) está indissociavelmente ligada ao outro interlocutor (...) Colocada a questão nestes termos,

---

[604] Idem, ibidem, p. 57.
[605] Op. cit., p. 185-186.

*fica afastada qualquer preocupação com a ilicitude da prova, porquanto a pessoa que seria diretamente atingida não recorreu da decisão para afastar especificamente esse tipo de prova, demonstrando, com sua atitude, inexistir qualquer violação às **garantias que lhe são assseguradas**. Assim, afastada a questão de natureza constitucional, é inegável que, como ocorre em qualquer meio de comunicação, pode um dos interlocutores se utilizar livremente dos conteúdo da fita gravada, máxime, como na espécie ocorre, não havendo oposição do outro. Está este interlocutor na mesma situação daquele que recebe uma carta e dela se utiliza como prova em processo judicial, como bem ressalta o Ministro Francisco Rezeck (RTJ 122/60)...*[606].

Note-se que Sua Excelência, o Desembargador Nigro Conceição, bem apreciou a matéria, principalmente no que diz respeito ao direito à intimidade dos interlocutores, de maneira a deixar assentado, ainda que tacitamente, não ser permitida a gravação clandestina por eles mesmos. O respeito à intimidade, por força do princípio da igualdade, é destinado a ambos.

Daí a conclusão, colacionada de Pietro Perlingieri, de que "*a privacidade do grupo familiar em relação à ingerência de terceiros, sujeitos particulares e, ainda mais, públicos, apresenta-se como uma manifestação de respeito da mais qualificada e constitucionalmente privilegiada formação social, além da dignidade das pessoas que dela fazem parte (art. 29 e segs., Const.)*"[607].

Em decorrência do princípio da igual liberdade nas relações familiares, ou melhor, parafraseando Pietro Perlingieri, princípio da "igual dignidade familiar", merece destaque a questão do *planejamento familiar*, que envolve, invariavelmente, a expressão da sexualidade – aspecto integrante da intimidade do casal –, mas com responsabilidade.

Não se trata de restringir a liberdade sexual das pessoas, como o fez a China, ao dispor, no art. 25 de sua Constituição, que "*o Estado promove o planejamento familiar a fim de que o crescimento da população se ajuste ao Plano de Desenvolvimento Econômico e Social*". Se bem que, naquele país, a realidade social é outra, em face, notadamente, da explosão demográfica. Muito menos de se admitir o aborto, por conta de outro direito fundamental e principal da pessoa: a vida, iniciada pelo processo de nidação.

Cuida-se, isto sim, de colocar em prática o *direito humano básico de controlar a gravidez*, conforme admitido na Conferência de Direitos Humanos das Nações Unidas, ocorrida em 1968, em Teerã. Em 1974, a Conferência Mundial de População, realizada em Bucareste, reconheceu o direito

---

[606] Acórdão proferido no Agravo de Instrumento 184.590-2/2-Vargem Grande do Sul-SP; j. em 06.04.1993; v.u.
[607] PERLINGIERI, Pietro. *Idem*, p. 183.

das pessoas de obter informações e ter acesso a mecanismos gratuitos do Estado sobre o planejamento familiar.

Em 1994, no Cairo, a Conferência Mundial sobre População e Desenvolvimento, realizada pela ONU, expôs, claramente, um juízo sobre os direitos reprodutivos e sexuais, que foram confirmados em 1995, em Beijing. A Conferência de Beijing deixou assentado que

> *os direitos reprodutivos incluem certos direitos humanos que já estão reconhecidos nas leis nacionais, nos documentos internacionais sobre direitos humanos e em outros documentos pertinentes das Nações Unidas (...) Esses direitos firmam-se no reconhecimento do direito básico de todos os casais e indivíduos a decidir livre e responsavelmente o número de filhos, o espaçamento dos nascimentos e o intervalo entre eles, e a dispor da informação e dos meios para tanto e o direito a alcançar o nível mais elevado de saúde sexual e reprodutiva (...) A promoção do exercício responsável destes direitos de todos deve ser a base principal das políticas e programas estatais e comunitários na esfera da saúde reprodutiva, incluindo o planejamento familiar.*

Antes da Conferência Mundial de 1968, o Brasil, já em 1965, criou a Sociedade Civil do Bem-Estar Familiar (BENFAM), com o intuito de treinar profissionais da área social e médica em planejamento familiar e adoção de métodos contraceptivos (dentre eles, a laparoscopia, materiais contraceptivos, vasectomias), o que foi consolidado pelo Centro de Pesquisas de Assistência Integrada à Mulher e à Criança. Em 1983, foi criado o Programa de Assistência Integral à Saúde da Mulher, incluindo o controle da procriação, seu exercício e a assistência à criança.

Com o advento da democrática Constituição da República do Brasil, o art. 226, § 7º, passou a dispor que, *"fundado nos princípios da dignidade da pessoa humana e da paternidade responsável, o planejamento familiar é livre decisão do casal, competindo ao Estado propiciar recursos educacionais e científicos para o exercício desse direito, vedada qualquer forma coercitiva por parte de instituições oficiais ou privadas".*

O princípio constitucional do planejamento familiar abrange tanto o princípio do respeito à intimidade quanto o do respeito à expressão da liberdade sexual, bem como o princípio da paternidade responsável, que envolve o direito à identificação paterna e materna (cf. Lei 8.560/92) e o direito à assistência educacional, alimentícia, de lazer, enfim, uma assistência digna aos filhos. De outra banda, também envolve a liberdade de não ter filhos.

Tanto assim, assevera a ilustre jurista Maria Helena Diniz, que, nos Estados Unidos da América, *"já se processou uma mulher por apropriar-se e fazer mau uso intencional do sêmen de seu companheiro, convertendo-o em pai contra a sua vontade, por tê-lo enganado que tomava pílula anticoncepcional, dizendo que engravidara por 'acidente' e obrigando-o a arcar com gastos para o sustento do filho*"[608].

No Brasil, destaque para as indústrias farmacêuticas que, em 1999, fabricaram, de forma indevida, produtos anticoncepcionais que não produziram o efeito desejado. Muitas pessoas converteram-se em pais sem o desejarem, fato que implicou na responsabilidade civil dessas empresas, visando obrigá-las a fornecer todo o auxílio financeiro para o desenvolvimento da gravidez e futura educação dos filhos.

Claro está que, se de um lado se garante a liberdade para procriar, expressão clara do respeito ao direito à intimidade, de outro, se exige uma liberdade com responsabilidade, harmonizando-se o direito à vida do feto e o direito ao planejamento familiar e evitando-se a destruição dessa vida.

Por isso mesmo, a Constituição brasileira, nesse sentido, foi sábia, pois garantiu o respeito à *liberdade de concepção responsável* (positiva ou negativa; natural ou artificial – esta sem risco, cf. Resolução do CFM 1.358/92; no mesmo sentido, a Lei espanhola 35/88, art. 2º) e o *direito à descendência* (arts. 5º, inc. L; 7º, incs. XVIII, XIX e XXV; 208, inc. IV, e 226, § 7º; também a Lei 9.263/96 e a Lei 8.560/92).

Bem a propósito, a Lei 9.263/96, em seu art. 2º, define planejamento familiar como "*o conjunto de ações de regulação da fecundidade que garanta direitos iguais de constituição, limitação ou aumento da prole pela mulher, pelo homem ou pelo casal*".

Para o exercício dessa liberdade com responsabilidade, a Lei 9.025/95 assegura a oferta de serviços de aconselhamento ou planejamento familiar, proporcionados por instituições públicas ou privadas, submetidas ao Serviço Único de Saúde (SUS). E mais: o art. 67 do Código de Ética Médica dispõe ser "*vedado ao médico desrespeitar o direito do paciente de decidir livremente sobre o método contraceptivo ou conceptivo, devendo sempre esclarecer sobre a indicação, a segurança, a reversibilidade e o risco de cada método*".

Por outro lado, visando à comunhão digna entre a reprodução humana e os direitos fundamentais do homem, no intuito de se evitar indevidas discriminações, a Lei 9.799/99 proíbe a exigência de atestados ou exames para a comprovação de gravidez ou esterilidade, para a mulher a ser admitida ou mantida no serviço. Considera, outrossim, crime o induzimento ou a instigação à esterilização genética, com possibilidade de responsabilidade civil (CC, arts. 159, 1.518, 1.521 e Lei 9.423/96, art. 21 além do entendimento

---

[608] DINIZ, Maria Helena. **O estado atual do Biodireito**..., p. 135.

sumular n. 37, do Egrégio Superior Tribunal de Justiça, sobre a cumulação de reparação dos danos material e moral).

O processo de esterilização genética decorre da liberdade de cada pessoa, tanto que a Lei 9.263/96, em seu art. 10, inc. I, permite-a para efeitos de planejamento familiar, desde que as pessoas sejam capazes, maiores de vinte e cinco anos ou que tenham pelo menos dois filhos vivos, com a observância do prazo de sessenta dias entre a vontade de esterilizar e a cirurgia, vedados os processos de histerectomia e ooforectomia. Mas se os interessados forem absolutamente incapazes, haverá necessidade de alvará judicial. Tais são as condições, também, no Direito português[609].

Não pode, porém, ser imposta – até porque, no Brasil, constitui crime –, pois fere o princípio constitucional do respeito à intimidade, mesmo em relação aos anormais ou aos criminosos por desvio de sexualidade. É que, no Brasil, foram extintas as penas corporais, físicas (CR, art. 5º, inc. XLVII, "e"), diferentemente dos Estados Unidos da América, da Alemanha, da Suíça, da Austrália (a partir de 1992), do Canadá, da Noruega (a partir de 1934), da Dinamarca, da Suécia (após 1972), do Paraguai, da Finlândia, da China, da Espanha e da Itália (a partir de 1985), que admitem *a esterilização eugênica*, visando impedir o nascimento de prole inválida ou inútil e prevenir a reincidência de criminosos com desvio sexual.

Mesmo em relação a possível prole com anomalia psíquica, inadmissível a esterilização eugênica, pois, se existem pais normais com filhos anormais, podem existir – e existem – pais anormais com filhos normais.

Diferente, é claro, por absoluto estado de necessidade, da *esterilização terapêutica* (para salvar a vida da mulher que tenha câncer, tuberculose, ou outras doenças graves), a qual, todavia, pressupõe relatório escrito e assinado por dois médicos, nos termos da Portaria 144/97, da Secretaria de Assistência à Saúde, e do art. 10, inc. II, da Lei 9.263/96.

8.4 A INVIOLABILIDADE DOMICILIAR E A VIDA ÍNTIMA

Verificamos que a origem deste princípio é histórica e está enraizado mundialmente. Sua expressão maior foi o brilhante discurso de Lord Chatham no Parlamento Inglês: "... *sua cabana pode ser muito frágil, seu teto pode tremer, o vento pode soprar entre as portas mal ajustadas, a tormenta pode nela penetrar, mas o rei da Inglaterra não pode nela penetrar*".

---

[609] Na Rússia e na Finlândia, a idade mínima para a esterilização voluntária é de trinta anos, com a condição de o interessado ter pelo menos três filhos. No Níger, na África, a idade mínima é de trinta e cinco anos, exigindo-se que o interessado tenha, no mínimo, quatro filhos.

É principalmente no domicílio, cuja dimensão jurídica maior se verifica no Direito Constitucional, que o homem e sua família se refugiam, debatem seus problemas pessoais, penetram num espaço reservado para o lazer, para a sexualidade, para o desenvolvimento da vida íntima.

Nesse sentido, na esteira de entendimento da Corte Européia, mesmo os locais onde se exerce qualquer atividade profissional, que constituam espaço fechado ou de restrito acesso ao público (os consultórios ou os escritórios profissionais), são considerados, também, domicílio.

Nesse sentido, dentro da visão traçada pelo Supremo Tribunal Federal, a questão nos remete ao estudo da chamada *cláusula de reserva jurisdicional*[610] e, por isso mesmo, à afirmação da *inconstitucionalidade* do disposto nos arts. 6º e 7º da Lei Complementar 105/01.

Claro que não se pode confundir o direito à intimidade com o direito à inviolabilidade domiciliar, até porque, por intermédio da violação consentida pelo morador, pode-se violar indevidamente aquele. Mas também não é menos certo que ambos estão intimamente interligados.

Confira-se, bem a propósito, o exemplo do saudoso jurista Pontes de Miranda: "*se A permite a B que entre na sua sala de visitas, não permitiu*

---

[610] **Ementário 1.804-11** do Serviço de Jurisprudência do STF, ou **RTJ 162/249**. No mesmo sentido, de que a noção de "casa" é ampla, confira-se: SMANIO, Gianpaolo Poggio. **Direito Penal**: parte especial. São Paulo: Atlas, 1999. p. 67; também CRETELLA JÚNIOR, José. **Comentários à Constituição de 1988**. Rio de Janeiro: Forense, 1989. v. 1, p. 261, item 150. A propósito, claro que o princípio constitucional prevê exceções. No Brasil, sem o consentimento do morador, durante a noite, só se pode nela ingressar em caso de flagrante delito ou desastre ou para prestar socorro; durante o dia, em caso de flagrante, desastre, para prestar socorro ou por determinação judicial. Só durante o dia, nesta hipótese, pode-se cumprir uma determinação judicial; para Celso de Mello, no conceito do dia deve-se levar em conta o critério físico-astronômico, como o intervalo de tempo situado entre a aurora e o crepúsculo (*Op. cit.*, p. 442), e não somente o período entre a seis e as dezoito horas. E mais, a atual Constituição dispõe sobre a violação desse princípio, afora os casos de flagrante, socorro ou desastre, apenas por *determinação judicial* (a denominada *cláusula de reserva jurisdicional*); segundo o Ministro Celso de Mello, nesse sentido, não pode o agente do Ministério Público, da Polícia, do Fisco, da Comissão Parlamentar, ainda que agindo por autoridade própria, invadir o domicílio sem ordem judicial, pois "*a essencialidade da ordem judicial... representa a plena concretização da garantia constitucional pertinente à inviolabilidade do domicílio... esse amplo sentido da noção jurídica de 'casa' revela-se plenamente consentâneo com a exigência constitucional de proteção da liberdade individual e de privacidade pessoal... A Constituição prescreve, no art. 145, § 1º, que a administração tributária está sujeita, na efetivação das medidas e na adoção de providências que repute necessárias, ao respeito incondicional aos direitos individuais, dentre os quais avulta... o direito à inviolabilidade domiciliar...*" (*In*: **Ementário 1.804-11** e **RTJ 162/249**). No mesmo diapasão, é o entendimento de Ives Gandra MARTINS (**Comentários à Constituição do Brasil**. São Paulo: Saraiva, 1990. v. 6, t. I, p. 64). Ou então, se quaisquer dessas autoridades invadir o domicílio sem mandado, "*esse comportamento estatal representará inaceitável afronta a um direito essencial assegurado a qualquer pessoa, no âmbito de seu espaço privado, pela Constituição da República*". (*In*: **Informativo do STF 162** – parte do voto do relator Celso de Mello no Mandado de Segurança 23.452/RJ, de 16.09.1999)

que *lhe abrisse gavetas e lesse o que lá está guardado (...) a permissão para estar na sala de visitas não se estendia à abertura de gavetas*"[611].

No outro exemplo, citado por Pontes de Miranda – referente à espionagem pelo buraco da fechadura –, quero crer que não houve ofensa à inviolabilidade domiciliar, mas, sim, à reserva da intimidade[612].

Explica o renomado jurista que "*o uso de binóculo, para se ver o que se passa noutra casa, não é tido como crime. Todavia, há ofensa ao direito de velar a intimidade, se somente com binóculo se poderia ver o interior da casa, ou se, para isso, se colocou a pessoa em lugar não-habitável (e.g., telhado, beirada de parede, chaminé)*"[613].

O mesmo se diga em relação ao "vigia eletrônico" (sistema de rastreamento), cuja função original do equipamento é proteger veículos e pessoas contra roubos e seqüestros. Mas, vem sendo utilizado para o monitoramento dos filhos e dos próprios cônjuges, em razão de possível desconfiança familiar. O sistema de "vigia" interno, que se justifica no seio familiar e no âmbito doméstico, deixa o espaço do lar e acompanha as pessoas onde quer que elas estejam.

Não devemos nos esquecer de que "*todos têm o direito de manter-se em reserva, de velar a sua intimidade, de não deixar que se lhes devasse a vida privada, de fechar o seu lar à curiosidade pública...*"[614].

Mas, por intermédio de um mandado judicial de busca e apreensão domiciliar, em cumprimento à cláusula de reserva jurisdicional, é perfeitamente possível violar-se a intimidade, quando, por exemplo, na procura de entorpecentes, o agente policial se depara com as peças íntimas da mulher do traficante ou com algum objeto erótico, e dessa constatação se valha o policial para fazer chacotas, humilhar as pessoas, até mesmo dar publicidade ao fato.

Diferente a situação quando se investiga um crime de homicídio passional, decorrente de adultério, ocorrido em lugar íntimo; quer me parecer que, nesta hipótese, não há violação à intimidade – pois o momento íntimo decorrente da liberdade dos envolvidos excluiu esse direito. Mas pode ocorrer violação ao direito de imagem, com a publicação das fotos do local do crime e das pessoas envolvidas.

O mesmo se diga em relação aos crimes contra os costumes, não por conta da liberdade – que inexistiu –, mas pela ação criminosa violadora da intimidade. Bem a propósito, certo militar, condenado pela prática de ato libidinoso nas dependências de um quartel (COM, art. 235), impetrou ordem

---

[611] *Op. cit.*, p. 160.
[612] *Idem*, p. 160.
[613] *Idem, ibidem*, p. 160 e também p. 158.
[614] *Idem, ibidem*, p. 159.

da *habeas corpus* ao Supremo Tribunal Federal contra a decisão do Tribunal Superior Militar, invocando o direito *à intimidade* e a conseqüente inconstitucionalidade do referido artigo. O colegiado do Supremo, cujo relator foi o Ministro Moreira Alves, entendeu que tal direito não tem caráter absoluto e que a condenação do crime militar tem por finalidade resguardar a disciplina das Forças Armadas (CF, art. 142)[615].

É bom lembrar, outrossim, que a captação e a interceptação ambiental de sinais eletromagnéticos, óticos ou acústicos, o seu registro e análise, bem como a infiltração de agentes da polícia ou de inteligência, em tarefas de investigação, dependem, necessariamente, de circunstanciada autorização judicial e sigilosa (Lei 10.217/01, que alterou o art. 2º da Lei 9.034/95 – lei dos meios operacionais no combate às organizações criminosas).

Destarte, na expressão utilizada por Pierre Kayser, o direito ao respeito do domicílio não protege somente o secreto deste, mas também a liberdade que seus membros nele exercem, bem retratada no exemplo dado pelo autor, mas com restrições, ainda que excepcionais[616]. A excepcionalidade das invasões reveste-se de caráter judicial.

8.5 DO SIGILO DA CORRESPONDÊNCIA E DAS COMUNICAÇÕES DE DADOS – SUA VIOLAÇÃO

O sigilo ou o segredo também constitui um direito inato, decorrente da personalidade e da liberdade, próprio da condição íntima do ser.

---

[615] **Informativo 160/STF** – voto proferido no HC 79.285/RJ – Rel. Min. Moreira Alves – em 31 ago. 1999.

[616] *Op. cit.*, p. 60. Trata-se de uma pessoa que exercia uma função oficial e residia numa casa por ela construída, mas numa área militar de domínio britânico. Deixando o local, resolveu passá-la a uma outra pessoa, que não era oficial. Uma lei de 1969 exigia, nessa hipótese, autorização do serviço de alojamento para que o 'novato' ali permanecesse. Instada a julgar o caso, a Corte Européia entendeu que aquela lei feria o *direito ao respeito do domicílio*, mas a Corte, invocando o art. 50 da Convenção, entendeu que se deveria buscar uma solução eqüitativa para o caso e, por isso, reservava-se nesse ponto.
Outro exemplo interessante que envolve a proteção, agora do secreto no domicílio – entendendo-se como tal um consultório odontológico – refere-se ao furto de fotografias do interior de um cofre do referido consultório, as quais revelavam a prática, pelo réu do crime, do crime citado no art. 241 do ECA, e foram utilizadas pelo Ministério Público para a propositura da ação penal; o réu se voltou contra a produção dessa prova e o Ministro Celso de Mello, em incidente de prejudicialidade, entendeu que "*o consultório profissional de cirurgião-dentista constitui espaço privado sujeito à proteção constitucional (CP, art. 150, § 4º, inc. III). Necessidade de mandado judicial para efeito de ingresso dos agentes públicos. Fotos surrupiadas de seu proprietário, que atentem contra a intimidade...pois revelam cenas pornográficas e de sexo explícito... para sua ulterior utilização como instrumento de extorsão dos adultos que nelas figuravam (...) Os agentes policiais abordaram o suposto autor do ilícito penal em questão [o furto], o menor..., de posse de um álbum, com várias fotografias de crianças nuas (...) Prova obtida de forma ilícita...*". (RE 251.445/GO – j. em 21.06.2000 – DJU 03.08.2000. **Informativo 197/STF**)

A faculdade de emitir ou não um pensamento decorre da liberdade que conquistamos.

Essa faculdade, porém, pode não existir, como também se tornar restrita. Essa restrição reflete o sigilo. Certos fatos ligados à intimidade do emissor podem ser objeto de segredo para o receptor, que também pode ser obrigado a mantê-lo.

Mas o segredo é localizável, abstratamente, na esfera da confidencialidade, como conteúdo da intimidade, e pode estar ligado às correspondências e às comunicações telefônicas, telegráficas, de dados e telemática.

A revolução tecnológica permite que se devasse, facilmente, a expressão da intimidade, com a indevida *escuta telefônica*, os *grampeamentos* e outras técnicas, conforme informa o renomado jurista francês Pierre Kayser[617]. É à captação da expressão do sigilo que voltamos nossa pesquisa neste momento.

Em relação à *interceptação telefônica*, malgrado o entendimento de que o art. 5º, inc. XII, da nossa Constituição, não era auto-aplicável (Informativos do STF 30 e 35)[618], com a edição da Lei 9.296, de 24.07.1996, a questão ficou resolvida, ainda que em termos.

Em síntese, a conversa telefônica, e também as comunicações em sistemas de informática e telemática, só podem ser captadas por terceiros mediante ordem judicial[619], sob o sistema jurídico de verificação prévia, com

---

[617] A propósito, Pierre Kayser informa que, inicialmente, a *espionagem da vida privada* era feita por meio do telescópio, da fotografia, do microfone e do telefone. Posteriormente, o feixe dos elétrons permitiu criar um visor e assim uma imagem dos feixes. Com o desenvolvimento da imagem, permitiu-se a reprodução da voz. Foi a criação do *transistor* em 1948, informa o insigne jurista francês, que permitiu a fabricação de aparelhos e a criação de outras técnicas mais apropriadas – como a dos circuitos integrados – do que os tubos eletrônicos, e, mais recentemente, o sistema de informática. Paralelamente, prossegue o renomado autor, as possibilidades *de divulgação da vida privada*, com a ampliação das novas técnicas de difusão de imagens e de sons, permitiram o conhecimento da vida privada de uma pessoa pelo público; nesse sentido, o autor francês distingue as *técnicas de investigação* como forma de intromissão na vida privada, e as *técnicas de difusão das imagens e dos sons*, como meio de sua divulgação (*Op. cit.*, p. 177). A isso tudo, soma-se o fato real de os meios de divulgação conseguirem, principalmente nos países de 'terceiro mundo', formar *opinião pública*, ainda que infundada.

[618] Primeiro, porque, na linha de entendimento de Pietro Perlingieri, toda norma constitucional é auto-aplicável (principalmente porque é clara, precisa); segundo, porque o Código de Telecomunicações, de 1962, em seu art. 57, inc. II, "e", permitia a escuta telefônica, desde que houvesse conhecimento do juiz competente; nesse sentido, confira-se: BARBOSA, Marcelo Fortes. **Garantias Constitucionais de Direito Penal e de Processo Penal na Constituição de 1988.** São Paulo: Malheiros, 1993. p. 62.

[619] Foi suscitada no Supremo Tribunal Federal, pela Associação dos Delegados de Polícia do Brasil, porém, a inconstitucionalidade do art. 1º da Lei 9.296/97, que incluiu a possibilidade de interceptação telemática e informática, por meio da ADIn. 1.488-9/DF. Mas, no dia 07.11.1996, o Pleno do Supremo conheceu da ação, mas não concedeu a liminar pleiteada; decisão publicada no Diário da Justiça, Seção I, de 26.11.1996, p. 63. A propósito, Alexandre de Morais entende

delimitação do tempo de investigação, o que, porém, recebeu críticas do Ministro do Superior Tribunal de Justiça Luiz Vicente Cernichiaro[620], principalmente porque "o crime não tem hora marcada".

O Supremo Tribunal Federal passou a entender que a quebra do sigilo abrange não apenas a das comunicações telefônicas, como também a de dados. Contudo, na questão de ordem da Petição 577, em 25.03.1992, o Colendo STF deixou claro que o art. 5°, inc. XII, da nossa Constituição, somente se referia a duas categorias de sigilo.

A primeira diz respeito à da correspondência e à das comunicações telegráficas. A segunda, à do sigilo de dados e das comunicações telefônicas. A garantia ao respeito à intimidade, nesses casos, existe porque

o vasculhamento de ligações ou buscas aleatórias em terminais telefônicos e contas correntes bancárias acarreta sérios prejuízos pessoais, profissionais, comerciais ao titular, transcendendo os efeitos negativos a terceiras pessoas não envolvidas no caso que se investiga, onde informações de caráter estritamente privado tornam-se públicas indevidamente (CF, art. 93, inc. XI), violando cláusulas pétreas constitucionais de difícil reparação estatal[621].

---

não haver qualquer inconstitucionalidade nesse dispositivo, pois a exceção constitucional referese ao gênero "sigilo de comunicação" (MORAIS, Alexandre. **Direitos Humanos Fundamentais**. 2. ed. São Paulo: Atlas, 1998, p. 150-152). Nesse sentido: GOMES, Luiz Flávio; CERVINI, Raúl. **Interceptação telefônica**. São Paulo: RT, 1997. p. 171-176. Também **RT 735/458**. Contudo, Vicente GRECO FILHO entende que *"(...) nossa interpretação é no sentido de que 'no último caso', refere-se apenas às comunicações telefônicas, pelas seguintes razões: se a Constituição quisesse dar a entender que as situações são apenas duas, e quisesse que a interceptação fosse possível nas comunicações telegráficas, de dados e das comunicações telefônicas, a ressalva estaria redigida não como no 'último caso' mas como no 'segundo caso'. Ademais, segundo os dicionários, o último significa o derradeiro, o que encerra, e não, usualmente, o segundo...".* Além disso, toda exceção constitucional deve ser interpretada restritivamente (GRECO FILHO, Vicente. **Interceptação Telefônica**. São Paulo: Saraiva, 1996. p. 11-12). Também entendem dessa forma GRINOVER, Ada Pellegrini; FERNANDES, Antonio Scarance; GOMES FILHO, Antonio Magalhães. **As Nulidades no Processo Penal**. São Paulo: RT, 1997. p. 177, para os quais, *"com relação às demais formas indicadas pela Constituição – correspondência, dados e comunicações telegráficas – a inviolabilidade do sigilo se torna absoluta"*. No mesmo diapasão, devemos conferir a posição do insigne jusfilósofo Tércio Sampaio FERRAZ JÚNIOR, para quem a comunicação telefônica só é *enquanto ocorre*. Encerrada, não deixa vestígios no que se refere ao relato das mensagens e aos sujeitos comunicadores. *"É apenas possível, a posteriori, verificar qual unidade telefônica ligou para outra. A gravação de conversas telefônicas por meio chamado 'grampeamento' é, pois, uma forma sub-reptícia de violação do direito do sigilo da comunicação mas, ao mesmo tempo, é a única forma tecnicamente conhecida de preservar a ação comunicativa. Por isso, no interesse público (...), é o único meio de comunicação que exigiu do constituinte uma ressalva expressa. Os outros três não sofreram semelhante ressalva porque, no interesse público, é possível realizar investigações e obter provas com base em vestígios que a comunicação deixa...".* (**Sigilo de Dados**... *Op. cit.*, p. 82-83)

[620] **Boletim IBCCRIM** 45, ago. 1996, São Paulo, p. 14.
[621] MAIA NETO, Cláudio Furtado. **Quebra do Sigilo Telefônico, Bancário ou Fiscal**: violação dos Direitos Humanos e das Cláusulas Pétreas Constitucionais Individuais de Cidadania. Ofensa

Em relação à categoria constitucional do sigilo de dados e das comunicações telefônicas, o Ministro Marco Aurélio esclareceu, na referida questão de ordem, que a sua inviolabilidade é relativa, pois o revogado art. 38 da Lei 4.595/65 foi recepcionado pela atual Constituição da República, de modo que a intromissão nas comunicações de dados e telefônicas seria possível, de tal sorte que nada de inconstitucional teria o art. 1º, *caput* – que diz respeito à intercepção de comunicações telefônicas de qualquer natureza – e seu parágrafo único – que diz respeito ao fluxo de comunicações em sistemas de informática e telemática – da Lei 9.296/96.

No tocante à chamada *gravação clandestina*, observa-se que um dos interlocutores efetua a gravação sem o conhecimento do outro; quando um terceiro capta a conversa com o consentimento só de um dos interlocutores, o caso é de *escuta telefônica*. Esta última hipótese ocorre, e muito, nas espionagens feitas por detetives particulares.

Por isso mesmo, usam-se muito, nesse campo, as *escutas* telefônicas, que, embora realizadas por terceiros (no caso, os detetives), um dos interlocutores – o que contratou os serviços de investigação – sabe da captação da conversa. Na interceptação, ainda que realizada por terceiro, nenhum dos interlocutores sabe que sua conversa está sendo gravada por ele.

Veja-se que, na interceptação telefônica, nenhum dos interlocutores tem conhecimento da gravação, ao passo que, na *gravação clandestina*, um deles sabe da captação. Por isso mesmo, a captação clandestina da conversa mantida pelo telefone viola o princípio do respeito à intimidade.

Na verdade, ambas são espécies de interceptação de conversa telefônica e são clandestinas. Apenas aquilo que se convencionou chamar de interceptação telefônica pode ser autorizada por ordem judicial e somente na investigação criminal (durante o inquérito ou a ação penal), o que não ocorre nas chamadas gravações clandestinas, que não podem, sequer, ser convalidadas *a posteriori*.

Aliás, Damásio Evangelista de Jesus aborda bem a questão da constitucionalidade do art. 1º da Lei 9.296/96, ao sustentar que "*a exceção, quando menciona 'comunicações telefônicas', estende-se a qualquer forma de comunicação que empregue a via telefônica como meio, ainda que haja transferência de 'dados'. É o caso do uso do modem. Se assim não fosse, bastaria, para burlar a permissão constitucional, 'digitar' e não 'falar'*"[622].

---

ao Estado Democrático e ao Garantismo Jurídico-Penal. Porto Alegre: **Síntese de Direito Penal e Processo Penal**, out./nov. 2002, p. 35.
[622] JESUS, Damásio E. de. **Interceptação de Comunicações Telefônicas**. São Paulo: RT, v. 735, p. 464-465, jan. 1997.

Nesse sentido, pode-se afirmar que a *internet* é conectada à linha telefônica; veja-se que o constituinte fez ressalva à cláusula de reserva jurisdicional em relação às "comunicações telefônicas", e não somente a "conversas" (o detalhe é que, atualmente, já é possível a transmissão de dados pela telemática – "tele" de telecomunicação, mais "mática" de informática – por meio de satélites, fibra óptica, sistema de infravermelho, sem ser pelo telefone).

Na linha de pensamento do insigne Elimar Szaniawski, as gravações são divididas em lícitas e ilícitas. Nas primeiras – as lícitas –, os interlocutores têm conhecimento da gravação, ou então, no tocante à captação de imagens ou sons, a pessoa fotografada, filmada, também tem conhecimento; são lícitas ou autênticas, ainda, as gravações obtidas por ordem judicial. Já as gravações ilícitas são aquelas que ocorrem sem o conhecimento, no caso da conserva telefônica, de um dos interlocutores; no caso da captação da imagem ou outros sons, da pessoa fotografada, filmada etc; neste caso, são classificadas pelo autor como *sub-reptícias* (ao lado das interpolações e das montagens)[623].

Em rumoroso caso decidido pelo Supremo Tribunal Federal, relata o eminente Nelson Nery Júnior[624] que não foi admitida como prova de adultério a gravação ilícita de conversa telefônica obtida por meio de fita magnética em secretária eletrônica, por violar o princípio do respeito à intimidade, que, por sinal, não pertence só ao adúltero (ou adúltera), mas também a outra pessoa, em face do princípio da igualdade.

Consoante salientado pelo Ministro Celso de Mello,

a gravação de conversa com terceiros, feita através de fita magnética, sem o conhecimento de um dos sujeitos da relação dialógica, não pode ser contra este utilizada pelo Estado em juízo, uma vez que esse procedimento – precisamente por realizar-se de modo sub-reptício – envolve

---

[623] *Op. cit.*, p. 188-189. No mesmo sentido, de provas ilícitas ou ilegítimas, confira-se: CAPPELLETTI, Mauro. **Efficacia di prove illegittimamente ammesse e comportamento della parte**. Itália: Rivista di Diritto Civile, 1961. p. 112.

[624] NERY JR., Nelson. **Princípios do Processo Civil na Constituição Federal**. 2. ed. São Paulo: RT, 1995. p. 143. Em caso semelhante, o Desembargador Juarez Bezerra, da Colenda 2ª Câmara Civil do Egrégio Tribunal de Justiça de São Paulo, na Apelação 45.897, entendeu ser *"inaceitável como prova de adultério a gravação de conversa telefônica do cônjuge com o suposto amante. Uma justiça correta e que deve ser também cautelosa não deve utilizar nenhum meio de prova que não ofereça toda segurança ou grande probabilidade de revelar a verdade..."*. Noutro caso, referente à gravação feita pelo marido traído, na decisão proferida no Mandado de Segurança 5.352, publicada no DJU de 25.11.1996, p. 46.228, o Superior Tribunal de Justiça deixou assentado que *"o marido não poderia ter gravado conversa ao arrepio de seu cônjuge. Ainda que impulsionado por motivo relevante, acabou por violar a intimidade individual de sua esposa, direito garantido constitucionalmente"* (art. 5º, inc. X). No mesmo sentido: **RTJ** 84/609, 110/798, 122/47; **RT** 603/178.

quebra evidente de privacidade, sendo, em conseqüência, nula a eficácia jurídica da prova coligida por esse meio...[625].

Contudo observa a ilustre jurista Ada Pellegrini Grinover[626] que "*há uma tendência generalizada no sentido de não se admitir provas obtidas por meios ilícitos, incluídas as gravações clandestinas feitas por um dos interlocutores com o desconhecimento do outro, por implicar a violação de segredo. Apenas*", ressalta, "*a doutrina não tem considerado ilícita essa gravação quando se trate de comprovar a prática de extorsão, equiparando-se a situação a de quem age em legítima defesa, o que exclui a antijuridicidade*". Observa, ainda, que, "*na Itália, é opinião corrente que a tutela do sigilo das comunicações não abrange a gravação clandestina da conversa própria*".

Como decorrência do respeito à intimidade, o *sigilo de dados* também merece proteção constitucional e, como tal, anota Tércio Sampaio Ferraz Júnior, no *sigilo de dados* a pessoa guarda "*sua identidade diante dos riscos proporcionados pela niveladora pressão social e pela incontrastável impositividade do poder político. Aquilo que é exclusivo é o que passa pelas opções pessoais, afetadas pela subjetividade do indivíduo e que não é guiada nem por normas nem por padrões objetivos. No recôndito da privacidade se esconde a intimidade. A intimidade não exige publicidade porque não envolve direitos de terceiros. No âmbito da privacidade, a intimidade é o mais exclusivo dos seus direitos*"[627].

Na linha do entendimento de Tércio Ferraz e mesmo da teoria alemã dos círculos concêntricos, verificamos que o *sigilo de dados*, muito embora

---

[625] **Ementário** 1804-11.
[626] GRINOVER, Ada Pellegrini. **Novas Tendências do Direito Processual – Interceptações Telefônicas e Gravações Clandestinas no Processo Penal**. Rio de Janeiro: Forense, 1990. p. 66. Porém o Desembargador Euclides de Oliveira, do Tribunal de Justiça de São Paulo, em 24.03.1992, entendeu ser lícita a gravação clandestina feita por um dos interlocutores, pelo princípio da ampla defesa (Rec. AI 171.084-1/SJCampos-SP), como ocorre na Itália. Desse sentir foi a decisão da 3ª Câmara Civil do Tribunal de Justiça do Rio de Janeiro, em 07.08.1975, onde o relator, Desembargador Goulart Pires, entendeu ser "*eficaz a prova fonográfica em desquite, revelando conversas telefônicas da mulher com terceiros, que positivariam a prática de adultério...*" (**RT** 488/205). Mas, registre-se que, em razão da revolução tecnológica no tocante à telefonia celular, a *escuta* tornou-se um instrumento de fácil invasão à intimidade das pessoas; um aparelho, denominado "*icon R-1*", ajustado rapidamente, consegue rastrear as conversações por celulares mais próximas; foi o que aconteceu com o príncipe Charles da Inglaterra que, no Natal de 1989, teve uma conversa, de expressivo conteúdo íntimo, com sua amiga Camilla Parker-Bowles, via celular, completamente interceptada, gravada e publicada, o que provocou uma crise no Reino Unido e, inclusive, queda das ações inglesas na Bolsa de Londres. Bem por isso, ao menos no Brasil, o Superior Tribunal de Justiça pacificou o entendimento de que tais modalidades de gravação sub-reptícia (a dita gravação clandestina e a escuta) são ilegítimas por violarem o princípio do respeito à intimidade de um dos interlocutores.
[627] FERRAZ JR., Tércio Sampaio. **Sigilo de Dados**: o direito à privacidade e os limites à função fiscalização do Estado. Cadernos de Direito Constitucional e Ciência Política. São Paulo: RT, n. 1, 1992.

esteja na esfera da confiabilidade – por ser sigiloso, secreto –, guarda identidade com a intimidade e a privacidade.

Justifico minha opinião, afirmando que a *opção* de se confiar a uma pessoa – ainda que jurídica – determinada soma em dinheiro, para efeito de aplicação financeira, envolve um momento íntimo, dentro daquele juízo lançado por Husserl, da *redução fenomenológica*, em que nada se afirma e nem se nega.

Feita a aplicação financeira, exteriorizada a opção, os terceiros, ainda que formado por um grupo restrito de pessoas, podem ter acesso ao valor aplicado, como os funcionários do Banco, do Fisco, pessoas que, na maioria das vezes, são desconhecidas. Essa restrição diz respeito ao sigilo que se deve manter sobre o valor aplicado; faz parte da privacidade do aplicador.

Penso, ainda, que esse sigilo (de dados ou fiscal e bancário), para efeito de apuração de algum ilícito, somente pode ser quebrado por *ordem judicial fundamentada* (RTJ 140/514, o que também ocorre na Alemanha, na França, em Portugal e na Suécia), incluindo-se aí as decisões do *colegiado* (art. 38, § 4º, da Lei 4.595/64 e princípio do colegialidade reconhecido em liminar, de 12.04.2000, concedida no Mandado de Segurança 23.669/DF pelo STF) e das *Comissões Parlamentares de Inquérito*, que têm os mesmos poderes de investigação próprios das autoridades judiciais (CR, art. 58, § 3º).

Conforme anota Celso de Mello, em acórdão transcrito por Cássio Juvenal Faria (de quem tive a honra de ser aluno na faculdade) em sua obra[628],

> *o sigilo bancário, o sigilo fiscal e o sigilo telefônico (...), ainda que representem projeções específicas do direito à intimidade, fundado no art. 5º, inc. X, da Constituição – não se revelam oponíveis, em nosso sistema jurídico, às Comissões Parlamentares de Inquérito, eis que **o ato que lhe decreta a quebra traduz natural derivação dos poderes de investigação que foram conferidos, pela própria Constituição da República, aos órgãos de investigação parlamentar***". (g.n.) (parte do julgamento de mérito poferido no MS 23.452, transcrito no DJU de 19.10.1999, p. 39)[629]

Aliás, é o que dispõe o art. 2º da Lei 1.597/52, segundo o qual os atos investigatórios, que não se confundem com os atos jurisdicionais, compreendem depoimentos, requisições formais e transporte a lugares onde se

---

[628] FARIA, Cássio Juvenal. **Comissões Parlamentares de Inquérito**. São Paulo: Paloma, 2000. p. 24.
[629] É sempre bom lembrar que as CPIs, por força da cláusula de reserva jurisdicional, não podem decretar prisões, salvo flagrante (CR, art. 5º, inc. LXI); não podem realizar busca e apreensões em casa ou escritórios (CP, art. 150, § 4º, inc. III e CR, art, 5º, inc. X) e não podem determinar a captação de conversa telefônica (CR, art. 5º, inc. XII).

fizer mister a sua presença. No mesmo sentido, é o disposto no art. 148 do Regimento Interno do Senado Federal. Na liminar concedida no Mandado de Segurança 23.669/DF, em 12.04.2000, cuja decisão foi publicada em 17 de abril do mesmo ano no Diário de Justiça da União, o Ministro Celso de Mello, relator, deixou assentado que o sigilo bancário, embora não tenha caráter absoluto,

> *reflete expressiva **projeção da garantia fundamental da intimidade** das pessoas, não se expondo, em conseqüência, enquanto **valor constitucional** que é, a intervenções de terceiros ou a instrusões do Poder Público, desvestidas de causa provável ou destituídas da base jurídica idônea (...) O necessário respeito ao postulado da colegialidade qualifica-se como pressuposto de validade e de legitimidade das deliberações parlamentares, especialmente quando estas – adotadas no âmbito da CPI – implicam ruptura, sempre excepcional, da esfera da **intimidade** das pessoas (...) Como se sabe, o direito à **intimidade** – que representa importante manifestação dos direitos da personalidade – qualifica-se como expressiva prerrogativa de ordem jurídica que consiste em reconhecer, em favor da pessoa, a existência de um espaço indevassável destinado a protegê-la contra indevidas interferências de terceiros na esfera de sua vida privada. (g.n.)*

Nos Estados Unidos da América, porém, o Título III do *Omnibus Crime Control and Safe Streets Act,* de 1968, após conter proibição genérica de interceptação e divulgação de comunicação particular alheia, admite a possibilidade de interceptação, em diversos casos, pela *polícia judiciária,* para o fim de se obter prova em processo criminal. Entretanto, a jurisprudência da Suprema Corte dos Estados Unidos da América considera essencial a *exclusionary rule,* para o efeito de se definirem os limites da atividade probatória produzida pelo Estado, com o fim de proteger os réus contra a ilegítima produção ou a ilegal colheita de prova incriminadora.

Ainda em relação à referida liminar, lembra o insigne Celso de Mello a advertência feita por Carlos Alberto Di Franco, para quem *"'um dos grandes desafios da sociedade moderna é a preservação do direito à intimidade. Nenhum homem pode ser considerado verdadeiramente livre, se não dispuser de garantia de inviolabilidade da esfera de privacidade que o cerca'".*

Interessante destacar a decisão de Sua Excelência, o Sr. Ministro, ex-integrante do Ministério Público de São Paulo, em face da precisão técnica e filosófica, a meu ver, dada ao princípio do respeito à intimidade da vida privada, com citação, inclusive, da grande Hanna Arendt, acerca do princípio kantiano da exclusividade[630].

---

[630] Liminar concedida no Mandado de Segurança 23.669/DF – em 12.04.2000 – Min. Celso de Mello – DJU 17.04.2000. **Informativo** 185/STF.

Esclarece o Ministro Celso de Mello que, "*embora o sigilo bancário, também ele, não tenha caráter absoluto*" (RTJ 148/366, Rel. Min. Carlos Velloso – MS 23.452/RJ), deixando de prevalecer, por isso mesmo, em casos excepcionais, diante das exigências impostas pelo interesse público (Sérgio Carlos Covello, "O Sigilo Bancário como Proteção à Intimidade", **Revista dos Tribunais**, v. 648, p. 27), não se pode desconsiderar, no exame dessa questão, que o sigilo bancário reflete uma expressiva projeção da garantia fundamental da *intimidade* – da *intimidade financeira* das pessoas, em particular –, não se expondo, em conseqüência, enquanto valor constitucional que é...[631], de tal sorte que o disposto nos §§ 1º, 2º, 3º, 4º e 6º do art. 2º da Lei Complementar 105/01 é *absolutamente inconstitucional*.

É bom deixar consignado, outrossim, que "*a Comissão Parlamentar de Inquérito, embora disponha, **ex propria auctoritate**, de competência para ter acesso a dados reservados, não pode, agindo arbitrariamente, conferir indevida publicidade a registros sobre os quais incide a cláusula de reserva derivada do sigilo bancário, do sigilo fiscal e do sigilo telefônico*"[632].

Adverte Celso de Mello, na citada liminar, que

com a transmissão das informações pertinentes a dados reservados, transmite-se à CPI – enquanto depositária desses elementos informativos –, a nota de confidencialidade relativa aos registros sigilosos. Constitui conduta altamente censurável – com todas as conseqüências jurídicas (inclusive aquelas de ordem penal) que dela possam resultar – a transgressão, por qualquer membro de uma CPI, do dever jurídico de respeitar e de preservar o sigilo concernente aos dados a ela transmitidos.

A revelação dos dados ao Ministério Público, por força do art. 58, § 3º, da Constituição, constitui medida excepcional. Mas a sua revelação a órgãos da imprensa reflete verdadeira e absurda violação ao respeito à intimidade e à privacidade. Nesse sentido é o disposto no art. 198 do Código Tributário Nacional, que prevê o sigilo aos funcionários da Fazenda de informes fiscais, que só pode ser rompido por ordem judicial (parágrafo único do citado artigo)[633].

---

[631] *Idem*.
[632] *Idem, ibidem*.
[633] É bom ressaltar que a Lei 75/93 (LOMPU), em seu art. 8º, § 2º, atribuiu ao Ministério Público o poder de diretamente requisitar dados às instituições bancárias. Em mandado de segurança, interposto pelo Banco do Brasil S/A, o Supremo Tribunal Federal entendeu que o órgão ministerial só pode assim proceder quando o objeto da requisição for verba, renda ou dinheiro *público*, por força do art. 37, *caput*, da CR (Rel. Min. Marco Aurélio – MS 21.729/DF – j. em 05.10.1995). Por aí se vê que foi excluída a possibilidade de requisição ministerial quando se tratar de valores particulares, exatamente por força do princípio do respeito à intimidade da vida privada, que,

Não foi por menos que algumas sábias decisões do Egrégio Tribunal de Impostos e Taxas do Estado de São Paulo reconheceram a ilicitude da apreensão e da degravação dos arquivos magnéticos, originalmente constantes do computador encontrado no estabelecimento do contribuinte. Não havia ordem judicial, muito menos consentimento do contribunte[634].

Em suma, observa Ivette Senise Ferreira[635] que

a referência inovadora que o preceito constitucional faz à inviolabilidade dos dados vem atender aos reclamos da proteção da intimidade contra sua violação também contra os processos técnicos da informática, que pode propiciar a devassa da vida privada através da manipulação indiscriminada de informações pessoais, especialmente aquelas consideradas confidenciais, armazenadas nos arquivos públicos e privados, tais como os pertencentes a Bancos, Centrais de Proteção ao Crédito, Receita Federal e outros órgãos de informação.

Claro está, porém, que certos dados, em razão do tempo decorrido, perdem o caráter de sigilosos. É o que ocorre com os arquivos secretos do poder público. São sigilosos, nos termos do art. 5º, inc. XXXIII, da CF, exceção ao princípio da transparência (CF, art. 37). Todavia, passados trinta anos, prorrogáveis por mais trinta anos, deixam de ser sigilosos.

A Lei 8.159/91, regulamentada pelo Decreto 2.134/97 e pelo mais recente Decreto 4.533/02, estabelece o prazo do sigilo. O problema é que o último decreto regulamentador alterou o prazo legal de trinta para cinqüenta anos, com a possibilidade de prorrogação indefinida. A Medida Provisória 228/04 procurou reestruturar os prazos, nos termos originais, sem a possibilidade de prorrogação indefinida.

Quanto ao *sigilo de correspondência fechada*, confidencial ou não, constitui expressão da intimidade e uma irradiação da personalidade. Para quem pensa não constituir uma expressão da intimidade, Pontes de Miranda adverte que "*não se prestou atenção a que direito ao sigilo supõe liberdade*

---

por sinal, em nossa Constituição, constitui *cláusula pétrea* (CR, art. 60, § 4º, inc. IV) e, mais recentemente, *preceito fundamental* (Lei 9.882/99). Daí por que o Superior Tribunal de Justiça, pelo relator Ministro Demócrito Reinaldo, entendeu que o "*sigilo bancário do contribuinte não pode ser quebrado com base em procedimento administrativo-fiscal, por implicar indevida intromissão na privacidade do cidadão, garantia esta expressamente amparada pela Constituição Federal – art. 5º, inc. X*" (STJ – 1ª T. – REsp. 121.642/DF – DJU 22.09.1997, p. 46.337), o que vem ao encontro de nossa assertiva a respeito da *inconstitucionalidade* do art. 6º da LC 105/01.

[634] Processo DRT-6-1643/96 – 5ª Câm., de 06.07.1999 – Rel. Antonio Augusto Silva Pereira de Carvalho. No mesmo processo, o juiz Dirceu Pereira também proferiu decisão no mesmo sentido. No mesmo diapasão, Processo DRT-3-1093/95 – Decisão 15.10.1998 – Rel. José Luiz Melo.

[635] FERREIRA, Ivette S. A Intimidade e o Direito Penal. **Revista Brasileira de Ciências Criminais.** São Paulo: RT, n. 5, p. 102, 1994.

*de não emitir o pensamento ou o sentimento, direito, esse, intransmissível e irrenunciável; nem a que, oriundo de exercício de liberdade, o direito ao sigilo é direito até quando não se exercite em sentido contrário ao sigilo a liberdade de que ele provém. Direito de Personalidade, a respeito do sigilo da correspondência, é, fora de dúvida, a **liberdade de não emitir o pensamento para todos ou além de certas pessoas**"*[636] (grifo do autor).

Assim, a liberdade de emitir o pensamento para uma determinada pessoa ou para um grupo restrito faz irradiar o direito ao sigilo, que desaparece quando o emissor consente a intromissão, tácita (correspondência aberta) ou expressamente.

O sigilo, nessa hipótese, encontra-se na zona mais restrita da teoria dos círculos concêntricos e, como tal, constitui conteúdo da intimidade, muito embora existam autores que diferenciam o segredo da intimidade.

O direito ao respeito do segredo das correspondências assume interessante valor na medida em que ele pode, por força do princípio da igualdade, ser postulado tanto pelo remetente como pelo destinatário.

A revelação de seu conteúdo dependeria dos dois, salvo para se fazer prova um contra o outro, pois, neste caso, houve exclusão do sigilo ante a existência de um direito anterior, na forma, aliás, permitida pelo nosso Código de Processo Civil (art. 358 – tratando-se de documento comum às partes) e pelo Código de Processo Penal (art. 233, parágrafo único – para a defesa do direito do destinatário).

Esse conteúdo se reveste de um sigilo que Adriano de Cupis proclama como segredo de ordem espiritual. Bem a propósito, Alcino Pinto Falcão[637] esclarece que *"esse direito de exclusão da curiosidade de estranhos"* (...) aproxima-se *"da inviolabilidade do lar. Se a casa pode ser havida como uma espécie de projeção espacial do morador, a correspondência, então, pode ser tida como um modo de projeção espiritual da própria pessoa"*.

O termo "correspondência" tem um sentido amplo e o respeito ao sigilo deve ser garantido. Conforme anota Milton Fernandes, *"tais são as anotações sigilosas, os diários, as memórias pessoais, as confissões ou documentos, qualquer que seja sua natureza, comprobatórias de fatos de exclusivo interesse do possuidor"*[638].

Desde a Constituição do Império, no Brasil, previu-se a inviolabilidade do sigilo da correspondência, de forma absoluta, sem cláusula de exce-

---

[636] *Op. cit.*, p. 162.
[637] FALCÃO, Alcino. **Comentários à Constituição**. Rio de Janeiro: Freitas Bastos, 1990. v. 1, p. 192.
[638] FERNANDES, Milton. **Proteção Civil da Intimidade**. São Paulo: Saraiva, 1977. p. 147.

ção, a não ser na Carta de 1937, que expressamente restringiu o sigilo, permitindo-se sua violação nos casos legais (art. 122, § 6°).

É interessante notar que a atual Constituição brasileira não faz qualquer ressalva à violação desse sigilo; mas o revogado art. 63, II, da Lei de Falências, que é de 1945 – portanto, sob a égide da Carta de 1937 – atribuía ao síndico o dever de receber a correspondência dirigida ao falido, inclusive, abrindo-a e entregando-lho, caso não seja de interesse da massa. E note-se que, lamentavelmente, a Nova Lei de Falência atribuiu ao síndico o poder de receber e abrir as cartas do falido.

O art. 240, § 1°, "f", do Código de Processo Penal – também aprovado durante o regime da Carta de 1937 – permite, na busca e apreensão domiciliar, a apreensão de *"cartas abertas ou não, destinadas ao acusado ou em seu poder, quando haja suspeita de que o conhecimento do seu conteúdo possa ser útil à elucidação do fato"*.

Não tenho dúvida em afirmar que o referido dispositivo falimentar não foi recepcionado pela atual Constituição da República, da mesma forma que o citado artigo do Código de Processo Penal.

A respeito deste último, Júlio Fabbrini Mirabete[639] afirma que *"proibida a violação de correspondência, ilícita também a sua interpretação ou apreensão. Apreendida a correspondência, é ela prova obtida ilicitamente, inadmissível no processo. A apreensão só é lícita se houver consentimento do acusado, quando se tratar do próprio objeto material do crime ou quando for ela obtida em circunstâncias que caracterizam uma causa excludente da ilicitude"*.

Aliás, recentemente, o juiz federal Casem Mazloum, de São Paulo, em 21.11.2000, indeferiu representação da autoridade policial, no sentido de se proceder à abertura de correspondência remetida pelo Banco Santander de Nassau/Bahamas ao réu, acusado de manter conta ilícita no exterior. O indeferimento se prendeu ao fato de que *"ao contrário do direito ao sigilo das comunicações telefônicas, que admite sua violação por ordem judicial, o direito ao sigilo da correspondência é absoluto, na medida em que a Lei Maior não admite qualquer exceção"*[640]. Sua Excelência fez referência à Declaração Universal dos Direitos Humanos de 1948 (art. 12) e à Convenção Americana dos Direitos Humanos (art. 11, item '2'), ratificada pelo Brasil em 25.09.1992.

E concluiu o insigne Juiz: *"o fundamento utilizado pelo MPF ('interesse público'), para a violação da correspondência, não encontra amparo na Constituição Federal. Se admitido tal fundamento poder-se-ia,*

---

[639] MIRABETE, Júlio F. **Processo Penal**. São Paulo: Atlas 1992. p. 307.
[640] Da Inviolabilidade do Sigilo de Correspondência. **Boletim IBCCRIM**, n. 98, jan. 2001, p. 507.

em tese, suprimir-se qualquer direito fundamental constitucionalmente previsto"641.

Arrematando sua brilhante e corajosa decisão, o douto juiz Casem Mazloum relembrou, de forma pertinente, o passado, destacando o seguinte: "*não pode deixar de ser lembrado o histórico **mea culpa** de altos integrantes do Poder Judiciário alemão, logo após a queda do regime nazista, quando admitiram que as decisões com base no **superior interesse do Estado alemão** é que tornaram aquele poder conivente com o nazismo na supressão de vários direitos fundamentais da pessoa humana*"642, dentro de uma postura defensória essencialmente positivista.

Relembre-se, apenas, que a nossa Constituição, nos arts. 136, § 1°, inc. I, alíneas "b" e "c" (Estado de Defesa) e 139, inc. III (Estado de Sítio), admite, para a defesa do Estado e das Instituições democráticas, a criação de restrições ao sigilo de correspondência e à inviolabilidade das comunicações.

Importante, ainda, analisarmos a questão da correspondência dirigida ao preso numa cadeia ou penitenciária, como o faz Pierre Kayser[643]. A respeito, assevera, na linha de entendimento da Corte Européia, que o sigilo somente pode ser rompido se houver previsão legal no respectivo país.

No Brasil, o art. 41, inc. XV, da Lei 7.210/84, assegura aos presos o contato externo, por qualquer meio de informação, desde que *ele não comprometa a moral e os bons costumes*. Logo, pela própria privação da liberdade, que preexiste ao direito ao sigilo, parece-me lógica a restrição imposta por lei, que é excepcional, em que pese a opinião em contrário do professor Azor Lopes da Silva Júnior[644]. Mas tal restrição, a nosso ver, não permite a leitura da carta, mas apenas o rompimento do lacre, para se verificar a possibilidade de tráfico de armas ou drogas.

Todavia é bom lembrar que, mesmo havendo certa restrição a respeito do sigilo de correspondência dos presos, o mesmo não ocorre em relação ao *direito de visita íntima dos presos*, na forma, aliás, do disposto no art. 41, inc. X, da Lei de Execuções Penais e da Resolução 01/99 do Conselho Nacional de Política Criminal e Penitenciária.

O respeito a esse direito envolve, inclusive, a adoção de mecanismos materiais para assegurá-lo, bem como a adequação do presídio à condição da mulher presa (LEP, art. 82, § 1° e CR, art. 5°, inc. L), incluindo-se

---

[641] *Idem*, mesma página.
[642] *Idem, ibidem*, p. 507.
[643] *Op. cit.*, p. 61.
[644] A Inviolabilidade da Correspondência do Condenado Preso. **Boletim do IBCCRIM**, n. 89, abr. 2000, p. 5.

local próprio para a amamentação (art. 83, § 2º, da LEP – o encontro mais íntimo entre mãe e filho) e, ainda, as informações necessárias acerca dos eventuais contatos sexuais.

Saliente-se, por fim, que, no caso *Herczegfalvy c/ Autriche*, de 24.09.1992, a Corte Européia entendeu que o hospital psiquiátrico violou a liberdade da correspondência de um interno, que pretendia se comunicar com seus familiares[645].

No caso de morte do titular do direito ao sigilo da correspondência, aplica-se, à semelhança da legislação portuguesa, o disposto no art. 100º, § 4º, do Código Penal.

8.6 A LIBERDADE DE EXPRESSÃO, O HOMOSSEXUALISMO E O TRANSEXUALISMO

A união entre duas pessoas do mesmo sexo constitui, sem dúvida alguma, uma das expressões máximas da intimidade. Daí por que Pierre Kayser afirma que o direito ao respeito da vida privada compreende o princípio da liberdade das relações de duas pessoas do mesmo sexo, decorrente da vontade livre do ser[646].

Mas nunca é demais lembrar que a história da civilização sempre considerou o ente *familiar* como a união entre pessoas de sexos opostos, pois, assevera Giselda Hironaka, as crianças são filhas do ventre da mulher amada, o que pressupõe uma relação com um homem[647].

As influências romano-germânicas, a Igreja católica, a Reforma e o próprio Código Napoleônico apresentaram, porém, a família como um ente advindo do relacionamento matrimonial, de tal maneira que a família só poderia ser constituída pelo casamento entre homem e mulher, observados os impedimentos dirimentes, com a centralização do poder familiar na pessoa do pai. Consagrou-se, assim, na feliz expressão de Orlando Gomes, *o Direito de família aristocrático*.

Ocorre que, na verdade, criou-se em torno do casamento um formalismo exagerado, que possibilitou a criação de novas entidades familiares, como a decorrente do concubinato e, agora, da chamada união estável. Seja pelo casamento, seja pela união estável, a família, desde a metade do século passado, perdeu o caráter centralizador da figura paterna, estabelecendo-se entre os cônjuges ou conviventes a igualdade material.

---

[645] *Idem*, p. 63.
[646] *Op. cit.*, p. 57.
[647] HIRONAKA, Giselda Maria Fernandes Novaes. Família e casamento em evolução. **Revista de Direito de Família**. São Paulo, v. 1, p. 9, 1999.

Mesmo ocorrendo o fenômeno sociológico da desmistificação da família pelo casamento, as uniões estáveis decorrem do relacionamento entre heterossexuais, como ocorre na Espanha, em Cuba, no Peru, no Paraguai e no Brasil, onde elas mereceram destaque constitucional. A nossa legislação infraconstitucional possibilita, e até incentiva, a transformação da união estável em casamento, o que pressupõe a observância dos impedimentos dirimentes (CR, art. 226, § 3°, parte final).

A possibilidade da união estável não significa, porém, o desrespeito às normas jurídicas dos impedimentos. Se assim não fosse, cairíamos no absurdo de admitir a união estável de pai e filha, o que, além de encontrar os obstáculos legais de ordem pública, viola o princípio da dignidade da pessoa humana. Mas, o mesmo não ocorreria se o casado, viajante, tivesse outras uniões, cujas mulheres desconhecessem o estado civil dele; elas poderiam pleitear os seus direitos.

Muito embora essa relação comporte um consentimento, a liberdade não é sem limites. Recorda Pierre Kayser que o Tribunal Constitucional Federal alemão decidiu que a lei que despenalizava o aborto voluntário, durante as primeiras dozes semanas, é incompatível com o direito à vida que todos têm, inclusive o feto, reconhecido pelo art. 2°, n. 1, alínea 2, da Lei Fundamental. A Comissão Européia, no entanto, foi pega de surpresa por um pedido que pretendia ver reconhecida em vigor a lei alemã que permitia o aborto, ou que se reconhecesse a liberdade das relações sexuais, ou que se solicitasse à Alemanha métodos contraceptivos desaprovados por questões religiosas, ou, então, se correria o risco de se trazer ao mundo uma criação não desejada, visto que a gravidez e sua interrupção constituem aspectos da vida privada. Assim, o regulamento legal do aborto constituiria uma ingerência na vida privada[648].

Não é porque a sociedade e o direito vêm permitindo a liberdade nas relações sexuais que se chegará ao absurdo de se permitir, por conta dessa liberdade, o aborto. A questão não é de ordem religiosa; é de caráter jurídico. A partir do momento em que se reconheceu, mundialmente, a importância do princípio da dignidade humana, o feto constitui uma vida e, como tal, deve ser preservada, desde a nidação.

O Comitê de Ministros entendeu que *"toda a regulamentação sobre a interrupção da gravidez não desejada não constitui uma ingerência no direito ao respeito da vida privada de todas, porque o art. 8°, § 1°, não pode ser interpretado no sentido de que a gravidez e sua interrupção se relacione ao princípio, exclusivamente, da vida privada..."*[649]. Existem

---

[648] *Op. cit.*, p. 58.
[649] *Idem*, p. 58.

outros valores fundamentais, traçados, inclusive, pela Declaração dos Direitos do Homem.

A partir disso, verifica-se que o Brasil não adotou o sistema de uniões conjugais da Dinamarca, da Suécia ou da Noruega, onde se permite até o casamento entre pessoas do mesmo sexo (Portugal proibe expressamente – CC, art. 1.628, letra "e"). Contudo não se pode negar que a evolução humana no Brasil, como, de resto, em outros países democráticos, caminha, sociologicamente, para a existência da união entre pessoas do mesmo sexo. Ao se reconhecer a igual liberdade social no próprio preâmbulo da nossa Constituição, esse tipo de união estável deve ser reconhecido juridicamente e, como tal, ter os seus reflexos jurídicos.

Assevera Luiz Edson Fachin[650] que "*a partir do texto constitucional brasileiro que assegura a liberdade, a igualdade sem distinção de qualquer natureza (art. 5º), a inviolabilidade da intimidade e da vida privada (art. 5º, inc. X), a base jurídica para a construção do direito à orientação sexual como direito personalíssimo, atributo inerente e inegável da pessoa humana*", a união homoerótica restou consolidada.

Essa opção sexual decorre do direito ao respeito à intimidade. Mas a própria Comissão Européia foi surpreendida com a revolta social contra as condenações referentes a esse tipo de relacionamento, notadamente no tocante às relações entre as mulheres, já que, sendo uma condição de agir, cabia aos Estados sua regulamentação.

Todavia, num caso ocorrido na Irlanda do Norte (o de *Dudgeon*), que proibia as relações homossexuais entre homens com mais de vinte e um anos, incriminando tal conduta, a Corte Européia, chamada a intervir pela Comissão, entendeu, já em 22.09.1981, que aquela legislação constituía um atentado injustificado ao direito dos interessados ao respeito de sua vida privada. Entendeu, ainda, que os Estados não poderiam legislar a respeito, pois, numa sociedade democrática, aquelas relações constituem "*uma manifestação essencialmente privada da personalidade humana*"[651].

Destarte, esclarece a ilustre Desembargadora Maria Berenice Dias: "*descabe estigmatizar quem exerce orientação sexual diferente, eis que, negando-se a realidade, não irá se solucionar as questões que emergem quando do rompimento de tal espécie de relação*"[652].

---

[650] FACHIN, Edson Luiz. **Elementos Críticos de Direito de Família**. Rio de Janeiro: Renovar, 1999. p. 94-95.
[651] KAYSER, Pierre. *Op. cit.*, p. 59. A jurisprudência européia se firmou nesse sentido noutro caso, em 1988, e, em 1993, a Corte condenou os dispositivos do Código Penal do Chipre, que incriminavam as uniões entre homossexuais.
[652] DIAS, Maria Berenice. Efeitos Patrimoniais das Relações de Afeto. Porto Alegre: **Revista AJURIS**, n. 70, p. 293, 1997.

Nem se diga que a sexualidade tem por fim a procriação. A história revela que, na Antiga Roma, o índice de homossexuais era enorme e, no entanto, a população romana cresceu e seu império se expandiu.

Com toda razão, Flávia Piovesan, refletindo sobre o art. 226, § 3º, da nossa Constituição, esclarece que *"essa norma, ao excluir a união entre homossexuais, traz consigo uma limitação aos direitos estabelecidos no art. 5º, ameaçando o direito à capacidade de autodeterminação no exercício da sexualidade, bem como ao direito à livre orientação sexual, proibida qualquer discriminação"*[653].

Podemos até entender, juridicamente, que o homossexualismo não seja uma entidade familiar, por conta do discrímen previsto expressamente, entre nós, no texto constitucional. Todavia, *assemelha-se* a uma. Tanto assim que, além do acórdão sulista que comentamos, o douto Luiz Edson Fachin entende que se deva resgatar a Lei 8.971/94, para a questão do direito de partilha decorrente do esforço comum entre os homossexuais[654].

Outros, como o Ministro Sálvio de Figueiredo, entendem que "*...o objeto litigioso deduzido em juízo, por mais relevantes que sejam considerações paralelas, diz com o direito obrigacional. Com efeito, embora permeadas as colocações com aspectos de relacionamento afetivo e amoroso, de convivência humana, de busca da felicidade, as causas de pedir e os pedidos estão vinculados ao direito obrigacional*"[655].

O famigerado Projeto de Lei 1.151/95, da então deputada federal Marta Suplicy, previa tal união como decorrente do direito contratual. E mais: proibia-se, expressamente, o relacionamento "extraconjugal", reafirmando-se o princípio monogâmico. Mas mereceu crítica da ilustre Maria Berenice Dias no sentido de que o projeto deixava de lado as relações que se rompessem sem referendo contratual[656].

Seja como for, essa união deve ser estável, o que pressupõe deveres como o de coabitação, assistência moral e material mútua, o que leva, no caso de rompimento, à partilha de bens decorrentes de esforço comum, nos termos da consagrada Súmula 380 do Supremo Tribunal Federal. Ou, então, à indenização pelos serviços prestados pelo outro companheiro.

Interessante notar que o parceiro homossexual não pode ser considerado herdeiro legítimo – por força do discrímen constitucional –, dentro da atual ordem de vocação hereditária; mas pode ser instituído herdeiro legatário ou testamentário, pois o art. 1.719 do CC brasileiro em nada restringe

---

[653] PIOVESAN, Flávia. **Temas de Direitos Humanos**. São Paulo: Max Limonad, 1998. p. 181.
[654] *Op. cit.*, p. 99-100.
[655] Recurso Especial 148.897/MG – STJ.
[656] *Op. cit.*, p. 294.

essa hipótese, além de que pode ser beneficiário de seguro ou ser contemplado com doação.

Outro aspecto que merece análise diz respeito à liberdade de expressão decorrente da decisão íntima dos homoeróticos acerca da *adoção*. Aprovado substitutivo pela Comissão de Justiça ao referido projeto de lei, proibiu-se a adoção, a tutela ou a guarda de crianças por homossexuais, como, aliás, ocorre nos países estrangeiros.

Todavia o art. 42 do Estatuto da Criança e do Adolescente permite a adoção a maiores de vinte e um anos, independentemente de seu estado civil. Além disso, deve-se levar em conta as vantagens ao adotando, nos termos do art. 43 do ECA. Logo, não se vê qualquer impedimento legal à adoção por casal de homossexuais.

A discriminação social em torno do assunto não tem qualquer fundamento. Existem pesquisas nos Estados Unidos, que datam dos anos setenta, no sentido de que *"filhos com pais do mesmo sexo demonstram o mesmo nível de ajustamento encontado entre crianças que convivem com pais dos dois sexos. Nada há de incomum..."*, assinala a ilustre Desembargadora Maria Berenice Dias[657].

Na verdade, deve-se levar em conta os reais interesses da criança (ECA, art. 43). De outra banda, o art. 29 do ECA prevê que *"não se definirá colocação em família substituta a pessoa que revele, por qualquer modo, incompatibilidade com a natureza da medida ou não ofereça ambiente familiar adequado"*.

Dentro desse contexto, é preciso ater-se ao caso concreto, sem antecipar discriminações injustas, até porque o art. 42 do ECA permite a adoção por qualquer pessoa acima de vinte e um anos. Assim também é a posição do insigne juiz Siro Darlan, da 1ª Vara da Infância e da Juventude do Rio de Janeiro, bem como do Tribunal de Justiça do Rio de Janeiro[658].

Quanto ao registro público, cremos que se deva evitar o máximo de estigmas, de modo que nada obsta, na linha do princípio da veracidade e da publicidade, que dele conste o nome dos adotantes, sem referência a qualquer tipo de discriminação.

Se esses são os efeitos jurídicos para os homossexuais, a projeção do *transexual* na sociedade atual reflete, com muita mais ênfase, a expressão da intimidade e dos efeitos jurídicos daí decorrentes. Vimos que o transexual é um homem ou uma mulher no corpo físico do sexo oposto. Todo o seu intelecto é composto da sexualidade oposta.

---

[657] *Op. cit.*, p. 99.
[658] TJRJ – Ap. Cív. 14.979/98 – 17ª Câm. Cív. – Ap. Cív. 14.332/98 – 9ª Câm. Cív.

Na França, a juíza Sylvie Rodrigues, em entrevista à *Folha de S. Paulo*, de 21.03.1993 (p. 4-2), afirmou que a Corte de Cassação admitiu a mudança de sexo e do nome do transexual, por força do princípio do respeito à vida privada, o que vem ao encontro da decisão da Corte Européia, que, por sinal, condenou a França, em 1992, por desrespeitar o art. 8º da Convenção, que assegura o respeito à vida privada e, portanto, a liberdade sexual e as conseqüências jurídicas daí decorrentes, como a retificação do sexo e do nome.

É bom registrar que, em 1987, a Corte de Cassação havia autorizado a cirurgia, porque o interessado havia sido submetido à mudança de sexo num campo nazista, de forma a violentar sua vontade.

A questão que se coloca, hodiernamente, a partir da decisão da Corte Européia, é que nossa tradição positivista não tem um mínimo de consideração para com aquelas pessoas cuja natureza lhes criou uma esdrúxula, humilhante e paradoxal situação: a de estar em outro corpo.

No Brasil, em Porto Alegre e Pelotas, desde 1974, existem registros de que houve autorização judicial para a alteração do nome do transexual. Em 1988, em Santa Catarina, foi autorizada a realização do ato cirúrgico, não sendo considerado uma ablação de órgãos.

Quer me parecer que, diante dos valores constitucionais garantidos atualmente e das posições traçadas pela Corte Européia, que merecem respeito em função da Convenção de 1993, é perfeitamente razoável, constatada a patologia psíquica, que se permita a cirurgia ablativa, a retificação do nome e do sexo, sem qualquer alusão discriminatória ao *status* da pessoa no registro civil (como ocorreu com a modelo Roberta Close[659]), em face do princípio da dignidade humana, que está acima do princípio da imutabilidade do nome (Lei 6.015/73, art. 58), até porque a Lei 9.708/98 permitiu a alteração do nome com a inclusão do apelido público notório.

E mais: que se reconheça, nesse caso específico, a possibilidade de casamento ou de união estável, bem como a existência de entidade familiar e, como tal, possa-se até adotar. Não se trata de violar o impedimento dirimente absoluto acerca da união de pessoas do mesmo sexo, pois uma delas – a transexual – corresponde ao sexo oposto.

Aliás, a Resolução do Parlamento europeu permite que casais homossexuais se casem e adotem filhos; com mais razão ainda o transexual. Na Holanda, é expressamente permitido o casamento de transexual.

---

[659] Autorizada, judicialmente, em 1992, pela 8ª Vara da Família do Rio de Janeiro, a mudar seu nome, Roberta teve que suportar a decisão de constar de seu registro a ressalva "operada", o que, a nosso ver, constitui um ato discriminatório e violador do princípio da dignidade da pessoa humana.

Nesse sentido é o entendimento do Ministro do Colendo Supremo Tribunal Federal, Celso de Mello, em reportagem da *Folha de S. Paulo*, em 30.09.1997, sob o título "Ministro quer nova lei para transexual".

8.7 LIBERDADE DE EXPRESSÃO, INTIMIDADE E A SIDA

Ao se reconhecer e garantir juridicamente a intimidade, constatamos a existência de relevante instrumento jurídico para a proteção contra as invariáveis e diversas discriminações contra o sujeito de direitos portador do vírus HIV.

De fato, a AIDS, hoje, constitui um problema de saúde pública e de ordem social. Sob o primeiro aspecto, seus portadores estão fadados à morte; sob o segundo, surgem as gritantes discriminações sociais. Nenhuma outra doença causou tanto polêmica quanto à síndrome da imunodeficiência adquirida.

Sem dúvida alguma, o estado de saúde do portador do vírus, como, de resto, de qualquer doença, constitui para a pessoa aspecto integrante de sua intimidade. É que, em relação a AIDS, a sociedade criou uma série de preconceitos, estabelecendo, inclusive, os chamados "grupos de risco", neles encontrando-se as prostitutas, os prostitutos, os homossexuais e os usuários de drogas.

Percebe-se, claramente, que o preconceito se confunde até mesmo com o modo de ser da pessoa; não é porque a pessoa é prostituta que ela deva ser considerada portadora do vírus. E mais, o preconceito e as conseqüentes discriminações estendem-se às pessoas que estão próximas, por laços de família ou de amizade, do portador do vírus.

Se a saúde *"é um direito de todos e dever do Estado, garantido mediante políticas sociais e econômicas que visem à redução do risco de doença e de outros agravos"* (CF, art. 196), a manifestação do pensamento, sob qualquer forma, processo ou veículo de comunicação, deve respeitar o disposto no art. 5º, inc. X, da nossa Constituição, considerada *cláusula pétrea* (CF, art. 60, § 4º), em consonância com a norma constitucional de hermenêutica jurídica prevista no art. 220, *caput* e § 1º, da mesma fonte.

O Direito brasileiro seguiu o modelo jurídico francês, no qual se põe em destaque o princípio do respeito à intimidade, proibindo-se a realização genérica e obrigatória de testes sorológicos, inclusive para a admissão ou manutenção em emprego. É certo que houve uma tentativa legislativa de se exigir testes obrigatórios e sistemáticos, inclusive como teste admissional de trabalho (Projeto de Lei 801/91), o que, porém, não vingou.

A Lei 6.259/75, que trata da organização das ações de Vigilância Epidemiológica, recepcionada pela atual Constituição, prevê, em seu art. 2º, que tais ações referem-se às *"informações, investigações e levantamentos necessários à programação e à avaliação das medidas de controle de doenças e de situações de agravos à saúde*", de forma, porém, a se respeitar a intimidade das pessoas, pois, muito mais que um problema social, a doença constitui um verdadeiro drama interior biopsicológico.

Se a falta de notificação das doenças infecto-contagiosas constitui crime, o que obriga o profissional a comunicar o fato às autoridades públicas, sua comunicação, porém, deve-se pautar pela estrita observância do princípio constitucional do respeito à intimidade, por meio, por exemplo, da não divulgação pública dos nomes das pessoas contaminadas (manter em sigilo, pois se trata de assunto confidencial). Caso ocorra a publicação, pode-se provocar discriminações, estigmatizações ou rejeições absolutamente inadmissíveis, com reflexos nos planejamentos sociais, políticos, financeiros de cada um.

Com muita propriedade, Carlyle Popp, citado, por sua preciosa obra, pela Mestra carioca Vânia Siciliano Aieta[660] e pelo Mestre sulista Marco Fridolin Sommer Santos[661], alerta que "*ser aidético tornou-se sinônimo de condenação irrevogável à morte. A divulgação pública do estado médico, que só interessa ao doente, é praticamente impedir que o mesmo exerça atividades comuns*"[662].

Contudo não é assim no Direito Chinês, que, dentre outras restrições à intimidade, com prevalência ao interesse social, proíbe a importação de produtos derivados do sangue; incentiva os poderes locais a combater a prostituição, o tráfico de drogas e o seu consumo. Inclusive, existem centros de reeducação para as prostitutas, que são recolhidas nas ruas[663].

Em Cuba, é obrigatório o teste sorológico nos grupos previamente estabelecidos como de risco, ou seja, o cubano que residiu por mais de três meses no estrangeiro, o doador de sangue, a mulher grávida, o doente hospitalizado ou o contaminado por doença sexualmente transmissível e seu parceiro, o detento, o parceiro do portador do HIV e, eventualmente, havendo necessidade pública, toda a população.

A legislação federal americana também adotou o critério obrigatório de realização de testes sorológicos em "grupos de risco", considerados como tais os acusados de crimes sexuais, os presos, os funcionários públicos e militares em missões internacionais.

---

[660] AIETA, Vânia Siciliano. **A Garantia da Intimidade**. Rio de Janeiro: Lúmen Júris, 1999. p. 195-196.
[661] SANTOS, Marco Fridolin Sommer. **A Aids sob Perspectiva da Responsabilidade Civil**. São Paulo: Saraiva, 1999.
[662] POPP, Carlyle. **A AIDS e a Tutela Constitucional da Intimidade**. Curitiba: Juruá, 1991. p. 22.
[663] CABESTAN, Jean-Pierre. Sida et droit en Chine Populaire. *In*: Jacques Foyer e Lucete Khaïat (Org.). **Droit et Sida – Comparaison internationale**. Paris: CNRS, 1994.

O Direito alemão, da mesma forma, prevê a obrigatoriedade dos testes aos "suspeitos" de contaminação, entendendo-se, como tal, os prostitutos, as prostitutas e os drogados (§ 2º, n. 3, e § 32, inc. II, n. 1, da Lei federal sobre epidemias), que podem ser, inclusive, convocados ou até coagidos a tanto. O mesmo também ocorre na Comunidade dos Estados Independentes (antiga União Soviética), que prevê a realização de testes compulsórios.

Assim, na China, em Cuba, na Alemanha, na CEI e nos EUA, o interesse social predomina sobre o respeito à intimidade do portador do vírus, na esteira do entendimento da Corte Suprema da Califórnia, para a qual "... *o privilégio da proteção individual termina onde começa o perigo público*"[664].

Tal entendimento afronta o princípio, universalmente reconhecido, do respeito à intimidade da vida privada, pois o estado de saúde de alguém integra o conteúdo da intimidade do paciente, de modo que não pode ser exposto ao público, salvo se o interessado o permitir, como o fez o grande desportista Earvin Magic Johnson.

Bem a propósito, o eminente Desembargador Carlos Alberto Menezes Direito esclarece que a

> *divulgação da notícia (...) sobre a enfermidade grave de qualquer pessoa viola os direitos subjetivos privados acolhidos pelo art. 5º, inc. X, da CF. Não é lícito aos meios de comunicação de massa tornar pública a doença de quem quer que seja, pois tal informação está na esfera ética da pessoa humana, é assunto que diz respeito a sua intimidade, a sua vida privada, lesando, ademais, o sentimento pessoal da honra e do decoro*[665].

Por isso mesmo, em nosso país – ainda que, na prática, de forma precária –, reconhece-se o direito à intimidade do portador do vírus HIV, e de qualquer outra doença (nesse sentido, a Lei Francesa de 12.07.1990 e a Lei Argentina 23.592/90 proibem qualquer tipo de discriminação às pessoas em razão de seu estado de saúde). É que, em particular, a AIDS é muito mais suscetível de discriminações de toda ordem que qualquer outra doença.

O moderno princípio da igualdade substancial ou material, consagrado em nossa Constituição no art. 3º, inc. IV, repele qualquer tipo de discriminação. Com efeito, dispõe o referido dispositivo constitucional que constitui um dos objetivos fundamentais desta República "*promover o bem de todos, sem preconceito de origem, raça, sexo, cor, idade e* **quaiquer outras formas de discriminação**" (g.n.).

---

[664] MANUEL, Catherine. Contexte Epidémiologique et Contexte Social. *In*: **Sida – les enjeux éthiques**. Paris: Doin, 1994.
[665] TJRJ – 1ª Câm. Cív. – **RDTJRJ** 14/190.

Nesse sentido, no que diz respeito aos direitos de segunda geração, o art. 7º, inc. XXXI, da CR proíbe "*qualquer discriminação no tocante a salários e a critérios de admissão do trabalhador portador de deficiência*".

Assim, o art. 168, § 2º, da CLT, ao exigir exames médicos para admissão ou permanência no serviço, constitui uma gritante inconstitucionalidade, pois viola o princípio da não-discriminação (nesse sentido, confira-se a AC 216.708-1, do Tribunal de Justiça de São Paulo). O empregador não pode deixar de admitir ou demitir por conta do estado de saúde do trabalhador. Claro está, porém, que ele pode exercer o seu direito potestativo de resilir o contrato de trabalho e, ainda assim, depois que o trabalhador se recuperar.

Diante dos valores e dos princípios constitucionais assegurados em nosso país, podemos, em síntese, esclarecer que, além do respeito a sua intimidade, do livre acesso ao emprego e da não-discriminação social ou profissional, o portador do vírus HIV tem direitos previdenciários e acidentários, como o auxílio-doença e a assistência social (CR, art. 203, incs. IV e V), bem como à liberação do FGTS e do PIS para o seu tratamento.

Como todos, tem direito à saúde (CR, art. 196) e, em especial, ao atendimento médico-hospitalar e ao seguro-saúde (Resolução do Conselho Federal de Medicina – CFM 1401/93 e decisão do Tribunal de Justiça de SP, de 18.02.1997, no Agravo de Instrumento 23.240.4/8). Reconhece-se, também, o direito ao seguro de vida, desde que declare sua condição física no ato da formação contratual (Lei 9.656/98, art. 13).

Possui, outrossim, direito à educação (CR, art. 205), sendo vedada a constituição de classe especial ou a declaração de sua condição física pelos professores, funcionários da escola ou colegas (nesse sentido, cf. a Portaria 796/92 do Ministério da Educação). Isto também se aplica à prática desportiva (CR, art. 217) e aos direitos de família (guarda, visita, alimentos). Todavia, em qualquer hipótese, deve revelar sua condição quando colocar alguém em situação de perigo – pela transmissão –, o que nos leva a concluir que, nesta hipótese, o direito à intimidade sofre limitações.

No mesmo diapasão é a conclusão de Marcos Fridolin S. Santos, Mestre e Professor Assistente da Universidade Federal do Rio Grande do Sul: "*em face dessa característica de ser o vírus HIV 'transmissível', e não 'contagioso', extrai-se o princípio segundo o qual, exceto nas hipóteses em que é preciso prestar uma informação com vistas a evitar o risco de sua transmissão, deve-se preservar a intimidade do paciente*"[666].

---

[666] SANTOS SOMMER, Marco Fridolin. **A AIDS sob a Perspectiva da Responsabilidade Civil**. São Paulo: Saraiva, 1999. p. 36.

8.8 A LIBERDADE DE EXPRESSÃO DO SIGILO PROFISSIONAL

Interessante destacar, desde logo, que o Estatuto da Ordem dos Advogados do Brasil, em seu art. 7°, inc. XIX, estabelece ser direito do advogado recusar-se a depor *mesmo quando autorizado ou solicitado* pelo seu constituinte (g.n.).

No mesmo sentido, o art. 11 do Código de Ética Médica estabelece que o *"médico deve manter sigilo quanto às informações confidenciais de que tiver conhecimento no desempenho de suas funções"*.

Por aí, verifica-se a importância dada ao sigilo profissional, como decorrência do respeito à intimidade. A razão está no sentimento da confidencialidade ou da relação de confiança que existe entre o profissional e o cliente. Por isso que, parafraseando Sócrates, é mais difícil guardar um segredo do que manter uma brasa na boca.

O filósofo grego Zenão, que fundou a Escola Estóica, em Chipre, dizia, com muita propriedade, que se a natureza nos concedeu duas orelhas e uma boca. É preferível, pois, ouvir a falar. Daí o ditado popular: *"profeta é aquele que ouve"*.

Mais que isto, já dizia o Padre Antonio Vieira que *"não dizer o homem o segredo que sabe, é guardar o segredo das coisas; mas não dizer que sabe o segredo, é guardar o segredo ao segredo, e isto é muito maior"*[667]. Aliás, Santo Agostinho afirmava: *"o que sei pela confissão, eu o sei menos do que o que nunca soube"*[668].

Protege-se com o sigilo profissional o direito de alguém que teve a necessidade de revelar ou confidenciar a outrem algum fato secreto de sua vida, que envolve a esfera mais íntima daquele – a confidencialidade, o segredo –, em razão de sua procura o profissional em quem depositou confiança.

Daí por que o insigne constitucionalista José Afonso da Silva afirmar que o sigilo profissional

> *obriga quem exerce uma profissão regulamentada, em razão da qual há de tomar conhecimento do segredo de outra pessoa e a guardá-lo com fidelidade. O titular do segredo é protegido, no caso, pelo direito à intimidade, pois o profissional, médico, advogado e também o padre-confessor... não podem liberar o segredo, devassando a esfera íntima de*

---

[667] *Apud* FREGADOLLI, Luciana. **O Direito à Intimidade e a Prova Ilícita**. Belo Horizonte: Del Rey, 1998. p. 132.
[668] *Idem*, p. 134.

*que teve conhecimento, sob pena de violar aquele direito e incidir em sanções civis e penais*⁶⁶⁹.

A nossa Constituição dá importância ao sigilo a ponto de proteger a confidência passada por uma pessoa – a denominada "fonte" –, em razão do exercício profissional, com o intuito de se assegurar o acesso à informação. Aliás, os arts. 7º e 71, ambos da Lei de Imprensa, dispõem que nenhum jornalista pode ser compelido a indicar o nome da fonte ou de seu informante.

Todavia a expressão do sigilo, ainda que excepcional, às vezes é *necessária* e, por isso, ao explicar o disposto no art. 154 do Código Penal, Magalhães Noronha esclarece que *"justa causa funda-se na existência de estado de necessidade: é a colisão de dois interesses, devendo um ser sacrificado em benefício do outro; no caso, a inviolabilidade dos segredos deve ceder a outro bem-interesse. Há, pois, objetividades jurídicas que a ela preferem, donde não ser absoluto o dever do silêncio..."*⁶⁷⁰.

O Código de Ética e Disciplina da Ordem dos Advogados do Brasil, de 13.02.1995, protege o sigilo profissional do advogado, de modo a lhe garantir o direito de se recusar a depor, mesmo que haja anuência do constituinte (arts. 25, 1ª parte, e 26). E, ainda, confere uma amplitude maior ao princípio do respeito à intimidade das pessoas, ao dispor que *"as confidências feitas ao advogado pelo cliente podem ser utilizadas nos limites da necessidade da causa, desde que autorizado pelo constituinte"* (art. 27) e quando elas se refiram às comunicações epistolares (art. 27, parágrafo único).

Todavia permite-se a expressão do sigilo, ainda que de forma excepcional e "em defesa própria", quando o advogado for "afrontado pelo próprio cliente" ou sofra "grave ameaça ao direito à vida ou à honra" (art. 25, 2ª parte). Nessa hipótese, verifica-se o conflito entre dois bens jurídicos, de modo a prevalecer um deles – a vida, a honra e a integridade do advogado – em detrimento do outro – o sigilo. Mas é importante salientar que a quebra do sigilo somente pode ocorrer na defesa do próprio advogado.

No tocante ao segredo profissional do médico, o Supremo Tribunal Federal já teve oportunidade de se manifestar e afirmar que ele não tem caráter absoluto, permitindo-se, assim, a expressão do sigilo no caso de aborto, com a liberação da ficha clínica ao perito, pois não está afeto ao sigilo (Código de Ética Médica, art. 87), mas, sim, ao processo, principalmente porque tal crime envolve o direito à vida do feto. Mas o médico deve estar atento aos dados constantes da ficha clínica, que pode conter outros dados da vida íntima da ré que não interessariam ao processo (RT 562/407).

---

⁶⁶⁹ *Op. cit.*, p. 190.
⁶⁷⁰ NORONHA, E. Magalhães. **Direito Penal**. São Paulo: Saraiva, 1979. v. 2, p. 209.

Bem por isso, a Suprema Corte Nacional já decidiu que "*o sigilo médico, embora não tenha caráter absoluto, deve ser tratado com maior delicadeza, só podendo ser quebrado em hipóteses muito especiais; tratando-se de investigação de crime, sua revelação deve ser feita em termos, ressalvando-se os interesses do cliente, pois o médico não pode se transformar num delator de seu paciente*"[671], em que pese o disposto na Resolução 999 do Conselho Federal de Medicina, de 23.05.1980, que permite a revelação de informação sigilosa em casos de crime de ação penal pública.

De qualquer sorte, adverte Maria Helena Diniz que

> *o uso de informações dos pacientes, por meio de telefone, fax, ou rede de computador, poderá dar origem a novas formas de violação de confidencialidade e da privacidade, mesmo que os dados estejam criptografados, requerendo o emprego de sistemas de segurança. A telemedicina, pela qual o médico e paciente estão em locais diversos, também não afetará o compromisso de guardar sigilo sobre informações biomédicas...*[672].

No que se refere ao sigilo decorrente do direito à informação, o Código de Ética aprovado pelo Congresso Nacional dos Jornalistas, em 29.09.1985, estabelece, em seu art. 9º, alínea "g", ser dever do jornalista "respeitar o direito à privacidade do cidadão", o que revela o seu dever de garantir o sigilo da fonte.

Em seguida, o art. 13 do Código de Ética Jornalística brasileiro dispõe que o jornalista deve evitar a divulgação de fatos "contrários aos valores humanos" (letra "b"). Mas a Associação Nacional de Editores de Revistas, em dezembro de 1997, estabeleceu o princípio ético de n. 6, segundo o qual se deve "respeitar o direito do indivíduo à privacidade, *salvo quando esse direito constituir obstáculo à informação de interesse público*". (g.n.)

Por esse enunciado principiológico, verifica-se que o princípio do respeito à intimidade da vida privada pode ser invadido pela imprensa, desde que se cuide de interesse público. Pode ocorrer de, em troca de favores sexuais – de conteúdo íntimo –, um representante do poder público contrate, para um cargo em comissão – de livre nomeação e exoneração – uma mulher (ou um homem) para o serviço público. Ora, trata-se de um fato ligado à intimidade do detentor do poder, mas que teve reflexos negativos ao interesse público.

Nesse sentido, a Declaração de Princípios da *American Society of Newspaper Editors* de 1975 estabeleceu, nos Estados Unidos da América, em seu art. VI, que "*os jornalistas devem respeitar os direitos das pessoas*

---

[671] **RTJ** 101/676.
[672] **O estado atual do Biodireito**. *Op. cit.*, p. 526.

envolvidas nas notícias, observar os padrões conhecidos de decência e permanecer responsáveis perante o público pela imparcialidade e exatidão de suas reportagens noticiosas".

Já no tocante a dados genéticos, associados a uma pessoa identificável, a própria Declaração Universal do Genoma Humano e dos Direitos Humanos, em seu art. 7º, estabelece que os profissionais da área devem mantê-los em sigilo. A sua quebra somente pode decorrer de lei ou por força maior (Declaração Universal, art. 9º).

A lei espanhola que regula o direito à saúde, em seu art. 10.3, estabelece que "*todos têm direito à confidencialidade de todas as informações detidas pelas instituições sanitárias públicas e privadas que colaboram com o sistema público*".

O mesmo ocorre em relação ao delegado de polícia que promove o inquérito policial. A peça policial constitui procedimento investigativo de natureza administrativa e inquisitorial, que tem por finalidade apurar um fato típico. Nesse sentido, a Ministra Eliana Calmon entendeu que "*não há qualquer agressão ao princípio do devido processo legal e da ampla defesa, o desenvolvimento das investigações em caráter sigiloso*" (Julgamento do STJ de 13.08.2002).

Destarte, o sigilo profissional, aspecto que se reflete na intimidade do confidente, merece proteção jurídica, pois a ninguém é dado o direito de intervir nas relações confidenciais que envolvam o interessado e o profissional, em razão do princípio do respeito à intimidade. Todavia, quando o assunto confidencial envolver o direito alheio, a questão deverá ser analisada sob o enfoque do terceiro.

8.9 A LIBERDADE DE EXPRESSÃO E A LIBERDADE DE INFORMAÇÃO

Segundo J. J. Gomes Canotilho, liberdade de informar constitui, na verdade, um direito fundamental à informação. Segundo o consagrado constitucionalista, "*se um direito fundamental está constitucionalmente protegido como direito individual, então esta protecção efectua-se sob a forma de direito subjectivo*"[673].

Anota o insigne Canotilho que os direitos fundamentais têm fundamentação subjetiva (referente à pessoa) ou objetiva (referente à vida comunitária). Nessa linha de raciocínio, a liberdade de informar (expressão adotada por Canotilho) e o direito ao acesso à informação têm dupla fundamentação: sub-

---

[673] CANOTILHO, J. J. Gomes. **Direito Constitucional e Teoria da Constituição**. 2. ed. Coimbra: Almedina, 1998. p. 1.124-1.125.

jetiva, porque protege o desenvolvimento livre da personalidade da pessoa; objetiva, porquanto ampara o homem em sua perspectiva social e política, no sentido de concretizar uma sociedade democrática e pluralística.

Assim, a liberdade de informação reúne o conteúdo investigatório (respeitados os limites traçados pelo personalismo ético), o direito e o dever de informar (a verdade – a liberdade material), o direito de ser informado (de forma a se evitar o monopólio) e a faculdade de receber informação (que envolve o pluralismo informativo).

Daí ser significativa a definição trazida por Luis Gustavo Grandinetti Castanho de Carvalho[674], para quem o direito de informação é

> *um sub-ramo do direito civil, com assento constitucional, que regula a informação pública de fatos, dados ou qualidades referentes à pessoa, sua voz ou sua imagem, à coisa, a serviço ou a produto, para um número indeterminado e potencialmente grande de pessoas, de modo a poder influir no comportamento humano e a contribuir na sua capacidade de discernimento e de escolha, tanto para assuntos de interesse público, como para assuntos de interesse privado mas com expressão coletiva.*

A doutrina, com especial acuidade, distingue a liberdade de expressão da liberdade de informação, muito embora esta seja espécie daquela – o gênero. Interessante a distinção, visto que os fatos revelados pela *informação* são suscetíveis à comprovação, ao passo que críticas, juízos, opiniões, enfim, outras manifestações de expressão, não estão submetidas à prova da verdade.

Nesse sentido, a Lei Fundamental alemã, em seu art. 5.2, estabelece, no tocante à liberdade de expressão do informador, aspecto jurídico esse sempre relembrado pelo Tribunal Constitucional, o "dever de veracidade".

Isso não ocorre nos Estados Unidos da América, onde se dá muita ênfase à liberdade de informação, a ponto de o juiz Madison, da Suprema Corte norte-americana, já ter afirmado que algum grau de abuso é inseparável da liberdade de imprensa[675].

Seja como for, a liberdade de expressão ou comunicação de massa exerce, efetivamente, muita influência no inconsciente coletivo. O próprio

---

[674] CASTANHO DE CARVALHO, Luis G. G. **Direito de Informação e Liberdade de Expressão**. Rio de Janeiro: Renovar, 1999, p. 61.
[675] Aliás, a jurisprudência norte-americana, a partir dos anos sessenta, passou a exigir da imprensa o dever de conhecimento por inteiro e prévio dos fatos. Mas, ao mesmo tempo, construiu a chamada teoria da *actual malice*, notadamente no caso *New York Times v. Sullivan* (376 US 255), pela qual cabe ao ofendido, notadamente funcionário público, a prova de que a Imprensa sabia da falsidade do teor da notícia, desprezando a verdade. Esse ônus de prova não se estenderia, porém, ao cidadão comum, pela dificuldade de provar a falsidade ou o desprezo da Imprensa pela verdade.

Freud reconheceu que os grandes escritores demonstraram saber da existência do inconsciente muito antes dele ser 'descoberto' cientificamente pelo grande psicanalista.

Poetas, escritores e os dramaturgos, notadamente os "herméticos" – tais como Sófocles, Cervantes, Shakespeare, Dostoievski, entre outros – revelam conhecimento sobre o inconsciente em suas obras, nas quais procuram analisar fantasias ou realidades que irão influenciar as pessoas. O mesmo se pode dizer em relação aos cineastas intuitivos do inconsciente, como Pasolini, Fellini, Spielberg.

As mudanças de comportamento social, porém, não podem chegar ao extremo de violar os postulados de uma vida digna, na qual se sobressaem a liberdade positiva, a igualdade material e a dignidade humana.

8.9.1 A LIBERDADE DE INFORMAÇÃO JORNALÍSTICA

Não resta a menor dúvida de que os meios de comunicação social, em especial a imprensa, exercem muita importância no regime democrático, porque, conforme anota Jean François Revel, citado por Ekmekdjian, *"esse regime não teria sentido se não pudesse funcionar no interesse de seus membros, de modo que os leitores estejam corretamente informados dos assuntos tanto mundiais como nacionais. Esta é a razão pela qual a mentira é tão grave na democracia, regime só viável na verdade"*[676].

Não é o que se vê, e desde há muito. Mal começou a era da comunicação e já se iniciou a era da manipulação. E isto foi constatado há muito tempo. Em 1894, por exemplo, o Capitão francês Alfred Dreyfus foi acusado, com base em simples dossiê, de vender segredos militares franceses aos prussianos, o que o levou a ser condenado dentro de dois meses, sem maiores provas, e deportado para a Ilha do Diabo, na Guiana. No dia seguinte, a imprensa francesa o classificou como o "judas" francês.

Em contrapartida, houve razões e uma delas foi a de Rui Barbosa, que, exilado na Inglaterra por Floriano Peixoto, escreveu sobre a violação ao princípio da ampla defesa no caso Dreyfus – em "O Processo do Capitão Dreyfus", publicado no *Jornal do Comércio*, em 1895. E a história se repetiu, há pouco, em 1994, aqui no país tido como democrático, com o caso da "*Escola Base*"[677].

Pode-se afirmar que a liberdade de informação está condicionada à expressão da verdade, classificada como *subjetiva*, pois a *verdade objetiva*

---

[676] *Op. cit.*, p. 3.
[677] O caso está muito bem retratado, sob a ótica da ética jornalística, em JABUR, Gilberto Haddad. **Liberdade de Pensamento e Direito à Vida Privada**. São Paulo: RT, 2000. p. 184-188.

decorre da observação espiritual do observador. Desta forma, a veracidade do fato, segundo Eduardo Zanoni e Beatriz Bíscaro, "*não é uma qualidade da informação mesma, exigível com referência ao objeto, senão uma atitude de probidade exigível diretamente do sujeito: é um problema de deontologia profissional*"[678].

A questão da ética profissional do informante, há muito tempo, vem sendo alvo de constatações e críticas literárias, mas, segundo um dos próprios meios de comunicação, mais de um milhão de pessoas conseguem viver no Brasil às custas de intromissões indevidas no espaço reservado à vida privada, conseguindo descobrir e publicar relações adulterinas, paixões proibidas, filhos clandestinos, negociações inconfessáveis, erotismo, taras e vícios inconcebíveis[679].

Lamentavelmente, os meios de informação em geral pecam pela inobservância de preceitos fundamentais relevantes, como a de publicar um fato verdadeiro e a de o receptor ter acesso a uma informação verdadeira, embora dentro do pluralismo cultural.

Por isso mesmo, o Egrégio Superior Tribunal de Justiça decidiu que

para os efeitos do art. 1º, da Lei de Imprensa, o abuso, no plano infraconstitucional, está na falta de veracidade das afirmações veiculadas, capazes de gerar indignação, manchando a honra do ofendido. Neste feito, o acórdão recorrido afastou as acusações formuladas do contexto do tema tratado nos artigos escritos pelo réu e identificou a ausência de veracidade das afirmações. O interesse público, em nenhum momento, nos casos como o dos autos, pode autorizar a ofensa ao direito à honra, à dignidade, à vida privada, à intimidade da pessoa humana. (REsp. 439.584/SP)

O próprio Rui Barbosa, que defendera ferrenhamente a liberdade de imprensa, pouco depois já voltaria um pouco em suas concepções iniciais, deixando registrada sua posição em uma importante conferência sobre "A imprensa e o dever da verdade".

A propósito, conforme assinala Luis Gustavo Grandinetti Castanho de Carvalho[680], existe um dever jurídico de verdade imposto aos meios de comunicação social e, ao mesmo tempo, um correspondente direito dos receptores (o público) de receber uma informação verdadeira, com a existência de um "virtual direito difuso de 'alguém por todos' pleitear a correção de uma notícia inexata e, em caso de negativa, de postular judicialmente que o órgão da imprensa seja obrigado a publicar a correção".

---

[678] *Op. cit.*, p. 33.
[679] Revista **Isto é**. Detetives – bisbilhoteiros em profusão. ed. n. 1.298, de 17 ago. 1994, p. 44-46.
[680] CARVALHO, Luis Gustavo Grandinetti Castanho de. **Liberdade de Informação e o direito difuso à informação verdadeira**. Rio de Janeiro: Renovar, 1994. p. 63.

No mesmo diapasão, em sua grandiosa obra, o jornalista Eugênio Bucci[681], formado em Direito e Jornalismo pela Universidade de São Paulo, traça um ideal perfeito, mas de difícil concretude, sobre a ética jornalística, no sentido de que "*a ética do jornalista poderia se resumir a um simples mandamento: não mentir*", explicando, nesse sentido, que o conflito de interesses é que gera informação de qualidade.

Por isso, afirma Bucci a seguir, "*o jornalista não é um escritor ou um artista entregue às suas idiossincrasias personalíssimas, não é uma 'alma livre' flanando na literatura sem nenhuma baliza que o enquadre. O jornalista é um trabalhador intelectual a serviço da democracia e do direito à informação*" e, como tal, exerce uma função. É em razão dela que surgem as limitações, que devem ser fiscalizadas. O ser jornalista pode até receber "favores" por essa ou aquela notícia, mas jamais a sua função, que tem a missão especial de informar o cidadão[682].

Os meios aplicados para a publicação de uma notícia (na imprensa escrita, a tipografia colorida, a publicação de fotos sobre o tema; na falada, as constantes 'chamadas' para o programa) evoluíram significativamente, a ponto de influir na formação de opiniões públicas. O pluralismo democrático não deve ser confundido com a falta de responsabilidade.

Não tem o menor sentido, sob a nossa ótica de investigação, a publicação, sob o manto da liberdade de informação, de questões ligadas à vida íntima das pessoas. Foi o que ocorreu no caso *Mary Firestone v. Time Inc.* (424 US 448 – 1976). Ela foi alvo de noticiário sobre o seu divórcio. A Imprensa noticiou ter sido ela a culpada pelo rompimento conjugal. Por ser figura pública, a revista Times alegou a teoria da *actual malice*, que foi repelida – pois aplicável só aos funcionários públicos – pela Suprema Corte, que, inclusive, afirmou que ela não poderia publicar questões de ordem conjugal sem o consentimento dos interessados. Mas não foi bem isto que ocorreu com o ex-presidente norte americano Bill Clinton e sua ex-estagiária. Bem por isso, afirmou Joussau, citado por Gilberto Haddad Jabur[683], que

a vida privada é o domínio moral do homem; não pode permitir ali o ingresso do jornalista. Este domínio moral, que constitui a vida íntima da família, da esposa, dos filhos com os hábitos domésticos, deve ser defendido como o bem mais sagrado, contra as intrusões de fora, e não se pode admitir que um jornalista queira justificar, por esta única qualidade de jornalista, o direito de penetrar no lar doméstico, de investigar a vida íntima, de divulgar os hábitos da família, entregando-os à publicidade.

---

[681] BUCCI, Eugênio. **Sobre Ética e Imprensa**. São Paulo: Companhia das Letras, 2000. p. 88-89.
[682] *Op. cit.*, p. 90.
[683] JABUR, Gilberto Haddad. **Liberdade de Pensamento e Direito à Vida Privada**. São Paulo: RT, 2000. p.193.

Ao cuidar da *objetividade subjetiva* na liberdade de informação, Eugênio Bucci explica que, diferentemente das ciências exatas e biológicas (onde há uma relação entre o sujeito e o objeto), nas ciências humanas ocorre uma relação entre sujeitos, de modo que o objeto do estudo é o próprio sujeito. Nesse sentido, "*não há nenhum distanciamento cultural entre o homem que é repórter, o homem que é notícia e o homem que é destinatário da informação*"[684] (Grifo do autor).

Mas, penetrando na singularidade própria de cada ser humano, verificaremos que, na verdade, *não deveria* existir qualquer distanciamento cultural, para que o destinatário da informação pudesse separar o "joio do trigo". Porém, num país, como o nosso, em que grande parte da população não tem acesso à cultura, muito mais receptível se torna a informação sem qualquer debate ou, parafraseando Husserl, *redução fenomenológica* (g.n.).

Gabriel Tarde[685], com muita propriedade, revela o sentido de direção que tomou a opinião pública: "*coisa estranha, os homens que assim se empolgam, que se sugestionam mutuamente, ou melhor, que transmitem uns aos outros a sugestão vinda de cima; esses homens não se tocam, não se vêem nem se ouvem: estão sentados, cada um em sua casa, lendo o mesmo jornal e dispersos num vasto território. Qual é, pois, o vínculo que existe entre eles? Esse vínculo é, juntamente com a simultaneidade de sua convicção ou de sua paixão, a consciência que cada um deles possui de que essa idéia ou essa vontade é partilhada no mesmo momento por um grande número de outros homens. Basta que ele saiba disso, mesmo sem ver esses homens, para que seja influenciado por estes tomados em massa, e não apenas pelo jornalista, inspirador comum, ele próprio invisível, desconhecido e, por isso mesmo, ainda mais fascinante*".

Bem por isso, Adriano de Cupis sintetiza o tema, assegurando que "*a opinião pública é bastante sujeita à recepção das insinuações e aos ataques de toda a espécie produzidos contra a honra pessoal; assim também o sentimento da própria dignidade é diminuído, ferido, pelos atos referidos. Por conseqüência, o ordenamento jurídico prepara reação adequada*"[686], ou deveria preparar.

Ao prejudicado resta o direito de resposta, que tem a natureza de sanção penal (STJ – REsp. 285.964), bem como o direito à reparação do dano moral, que não pode ser tarifado, além das providências de ordem criminal.

Daí por que Bucci tem razão em afirmar que o jornalismo "*existe para pôr as idéias em confronto, para realizar o debate público, para suprir os habitantes do planeta das notícias diversas de que eles passaram a preci-*

---

[684] *Idem*, p. 92.
[685] TARDE, Gabriel. **A opinião e as massas**. São Paulo: Martins Fontes, 1992. p. 49.
[686] *Op. cit.*, p. 111-112.

sar para mover-se e tomar decisões na democracia moderna"[687]. Ocorre que quem deveria proporcionar o debate, às vezes, não o faz; prefere as bisbilhotices, as intromissões íntimas, o sensacionalismo, o 'furo' jornalístico. Ou então, quando o faz, movimenta-se para uma determinada convicção.

Ainda são muito atuais as críticas desenvolvidas por Nelson Hungria em um de seus artigos[688]. Segundo ele,

> *o repórter ávido de sensacionalismo e na preocupação de dar o "furo"... não aguarda as informações da polícia ou não se contenta com elas e põe-se a fazer indagações a* **latere** *ou por conta própria, atribuindo-se qualidade de detetive, usurpando funções que a lei comete exclusivamente à autoridade policial; resolve seguir pistas ao sabor de sua galopante imaginação; revela detalhes cuja publicidade prejudica, às vezes irremediavelmente, a ação policial contra os verdadeiros culpados; arrasta pela rua da amargura, por mera suspeita, pessoas inocentes, levando-as de roldão, com seus familiares à maledicência e execração públicas; transforma as mais infundadas conjecturas em palpitante realidade dos fatos e vagos rumores em indícios incontrastáveis; arvora-se em orientador da justiça (...) vai ao extremo de (...) insultar o advogado (...) enxovalhar o juiz (...). Ninguém pode achar que seja isso razoável...*

Analisando os abusos cometidos pela imprensa e o seu controle, o ilustre magistrado José Henrique Rodrigues Torres[689] (com quem tive a honra de trabalhar na Comarca de Tatuí-SP) faz referência ao editorial da *Folha de S. Paulo*, de 11.11.1993, no caderno 1, p. 2, que bem retrata a liberdade de imprensa e ainda é muito atual:

> *na atual conjuntura, qualquer denúncia, mesmo desacompanhada de provas, assume ares de verdade inquestionável. A imprensa, por isso mesmo, é obrigada a redobrar os cuidados na averiguação dos fatos que, de resto, jamais podem ser ignorados pelo bom jornalismo (...). Seria imperdoável que o jornalismo, a partir da discutível qualificação de "Quarto Poder", se sentisse acima do bem e do mal...*

Por isso, lembra Bucci, "*a melhor objetividade no jornalismo é então uma justa, transparente e equilibrada apresentação da intersubjetividade*"[690], dos sujeitos que integram a informação e do próprio informante. Na

---

[687] *Idem, ibidem*, p. 93.
[688] HUNGRIA, Nelson. **A Disciplina Jurídica da Liberdade de Pensamento e Informação**. São Paulo: RT, 1968. v. 397, p. 12.
[689] TORRES, José Henrique Rodrigues. **A Censura à Imprensa e o Controle Jurisdicional da Legalidade**. São Paulo: RT, 1994. v. 705, p. 26-33.
[690] *Op. cit.*, p. 93. A propósito, pergunta o escritor em sua obra: "*como fica um irlandês católico, que reporta um enfrentamento entre jovens irlandeses católicos e a polícia da rainha? Ou então:*

verdade, "*o pecado ético do jornalista não é trazer consigo convicções e talvez até preconceitos. Isso, todos temos. O pecado é não esclarecer para si e para os outros essas suas determinações íntimas, é escondê-las, posando de 'neutro'*"[691].

O jornalista Cláudio Abramo (1923 a 1987), citado por Eugênio Bucci, deixou registrada uma séria advertência:

> *a noção segundo a qual o jornalista é uma espécie à parte na humanidade, o* **Homo informens**, *se nos for permitida tal liberalidade, é não apenas desprovida de racionalidade como desprovida de moral e, se adotada, levaria os jornalistas a se considerarem acima do bem e do mal, ou, de outra forma, se julgarem agentes absolutamente passivos na sociedade, como uma vassoura ou uma pistola automática*[692].

Por isso mesmo, a Comissão de Ética da Associação Nacional de Editores de Revistas publicou, em dezembro de 1997, alguns princípios éticos que traduzem a responsabilidade do informante. O de n. 4 assegura "*o acesso ao leitor às diferentes versões de um fato e às diversas tendências de opinião da sociedade sobre esse fato*". O princípio de n. 8 prevê a defesa dos "*direitos humanos, dos valores da democracia representativa e a livre-iniciativa*".

Já o Código de Ética do Jornalismo do Brasil, aprovado em 29.09.1985, dispõe, em seu art. 2°, que "*a divulgação da informação precisa é dever dos meios de comunicação pública independente da natureza de sua propriedade*". Já o art. 3°, mais incisivo, prevê que "*a informação divulgada pelos meios de comunicação pública se pautará pela real ocorrência dos fatos e terá por finalidade o interesse social coletivo*".

Mais adiante, o Código de Ética do jornalismo brasileiro dispõe, em seu art. 10, alíneas "b" e "d", respectivamente, que o jornalista não pode "*submeter-se a diretrizes contrárias à divulgação correta da informação*" e que não pode "*concordar com a prática de perseguição pela discriminação por motivos sociais, políticos, religiosos, raciais, de sexo e de orientação sexual*".

No mesmo diapasão, no intuito de buscar uma informação verdadeira e com responsabilidade, o Comitê de Ética da *American Society of Newspaper Editors*, já em 1922, estabelecia, no seu Cânone IV, n. 1, que, "*por todas*

---

será que a promulgação de uma lei que dá aos cônjuges de uniões homossexuais os mesmo direitos de que já dispõem os casais heterossexuais será reportada do mesmo modo por um repórter que é ativista gay e por um outro que, membro de uma ordem religiosa, tenha feita o voto de castidade? Não há uma resposta técnica, impessoal". (*Op. cit.*, p. 94)
[691] Idem, ibidem, p. 97.
[692] Apud, op. cit., p. 97.

as considerações de boa-fé, um jornal é constrangido a ser verdadeiro. Não deve ser escusado por falta de minuciosidade ou exatidão ao alcance de seu controle ou falha em obter comando dessas qualidades essenciais".

Revista, a Declaração Americana de Cânones do Jornalismo recebeu o nome de Declaração de Princípios da *American Society of Newspaper Editors*, em 1975, dispondo, em seu art. IV, que *"a boa fé com o leitor é o fundamento de todo o jornalismo digno do nome. Todo esforço deve ser feito para garantir que o conteúdo da notícia seja exato, livre de preconceitos e contextualizado, e que todos os lados sejam apresentados de maneira imparcial".*

Assevera Eugênio Bucci que

*hoje, quando se cobram bons modos dos jornalistas, é preciso separar bem dois tipos de exigência. O **primeiro** é aquele que reclama um limite para o poder dos meios de comunicação. É uma cobrança legítima. Adquirindo um vasto poder sobre a sociedade, os meios de comunicação fizeram de seus proprietários e de seus funcionários figuras arrogantes, que se julgam acima de qualquer limite quando se trata de garantir seus interesses e de se divertir com seus caprichos. Exigir que ajam com responsabilidade social e com consciência, que não abusem do poder de que estão investidos, que não se valham dele para destruir reputações e para deformar as instituições democráticas é exigir que o espírito que se encontra na origem do jornalismo não seja corrompido*[693].

Como o poder, assinala Bucci,

*os meios de comunicação se edificam como o novo palácio da aristocracia – por isso, mais do que antes, devem ser regidos por uma ética que preserve, acima de tudo, os direitos do cidadão. O **segundo tipo** de exigência é inepto: pretende apenas resguardar as aparências das boas maneiras. Cultivar a idéia de que os bons modos – e as boas consciências – resolvem por si os impasses que se apresentam é ajudar a tecer a cumplicidade entre o jornalismo e o poder, é reduzir os graves problemas da ética jornalística e dos meios de comunicação a uma questão de etiqueta*[694].

    Os canais de informação, notadamente a imprensa, não podem se transformar em um poder soberano e absoluto. A garantia da liberdade de expressão e de informação – distinção essa feita também pela Constituição portuguesa (art. 37) – não pode ser transformada em uma discricionariedade arbitrária, a ponto de, além de faltar com a verdade, transformar-se num meio sensacionalista para violar outros direitos fundamentais.

---

[693] *Idem*, p. 10-11.
[694] *Idem, ibidem*, p. 10-11.

Anotam Eduardo A. Zanoni e Beatriz R. Bíscaro[695] que "*a liberdade que impera no foro das idéias não implica em liberdade — como dizia Rivarola — de caluniar ou injuriar, não é liberdade de publicar segredos pessoais ou segredos de Estado, não é liberdade de ofender sentimentos individuais ou sociais de pudor*".

Nesse sentido, Candido Conde-Pumpido[696] esclarece que a liberdade de expressão e informação encontra "limites que surgem de uma tripla natureza de bens ou direitos também protegidos constitucionalmente: os direitos individuais (em especial, a intimidade e a honra), os valores sociais (ofensa à moralidade e saúde públicas) e os próprios valores estatais e constitucionais (ataques à Constituição ou desordens internas e agressão externa).

O jornalismo, em geral, esqueceu-se desses valores. Na verdade, assevera Rodolphe Morissette, a imprensa vem se lembrando de um valor, o econômico, o "*seu principal objetivo. Eis o que define o espaço impresso ou o tempo das antenas reservadas à informação dentro dos variados veículos que compreendem a 'mídia'. E isso também colore a escolha das notícias: tende-se a procurar, como foi dito, 'aquilo que é bom de vender'*"[697].

Nesse mesmo sentido, informa Luiz Nagib,

a TV apela para qualquer barbaridade quando se trata de competir pela audiência (...) a influência da mídia eletrônica em nosso país se tornou absoluta. A TV educa, deseduca, elege e depõe governantes, dita a moda, estabelece os valores sociais, diz o que pode e o que não pode ser feito (...) e não há nenhuma forma de controle para tanto poder. O lazer é essencial ao ser humano (...) e as emissoras de televisão manipulam esse direito, determinando o que vai entrar nas residências...[698].

Bem esclarecedoras as palavras do consagrado jusfilósofo Miguel Reale, para quem triste "*é verificar que o papel da família está passando a ser exercido pela televisão, que, no entanto, pouquíssimo tempo dedica à formação ética e cultural do povo, preocupada que se acha tão-somente com índices de audiência conquistados com base na exploração do sexo, da violência e das notícias escandalosas*"[699].

---

[695] *Op. cit.*, p. 20.
[696] FEREIRO, Candido Conde-Pumpido. La Libertad de Información y libre Circulación de Noticias en España: proclamación y limites. **Boletim da Faculdade de Direito**: Coimbra, v. LXV, p. 246, 1989.
[697] MORISSETTE, Rodolphe. **La Presse et les Tribunaux**. Wilson & La Fleur Itée: Montreal, 1991, p. 32-33.
[698] NAGIB, Luiz E. Nosso Direito ao Lazer. Artigo publicado no Jornal **O Estado de S. Paulo**, em 25 nov. 1997, p. A-2.
[699] REALE, Miguel. **Variações sobre a Cultura**. Artigo publicado no Jornal **O Estado de S. Paulo**, em 27 dez. 1997, p. A-2. Nesse sentido, a ed. 1.682, de 10 jan. 2001, da **Veja**, p. 86-93, traz artigo intitulado *Nos Laços da Novela*, no qual se constata a forte influência das novelas que

8.9.2 A LIBERDADE DE INFORMAÇÃO PUBLICITÁRIA

A liberdade de informação desemboca noutra relevante matéria, que diz respeito à *informação publicitária*. Os adágios populares singularizam a importância da matéria: *"a propaganda é a alma do negócio"*, assim como *"o segredo é a alma do negócio"*. Eles se interpenetram no sentido de, o primeiro estar ligado à divulgação do produto ou do serviço; o segundo, que outrora tinha a conotação secreta do contrato realizado (só interessa aos

invadem, noturnamente, os lares e a intimidade familiares. Segundo a reportagem, *"mais de 32 milhões de brasileiros assistem a ela. Quanto mais o entrecho mirabolante se retorce, provocando surpresas, lágrimas e confusões, mais os índices de audiência sobem"*, com a *"média de 46 pontos no Ibope, tornando-se o folhetim de maior audiência da emissora desde 1997, quando A Indomada marcou 48 pontos de média. É um feito e tanto, já que a partir daquele ano o horário nobre se transformou em palco de disputa acirrada entre os canais de TV aberta, com a ascensão de Ratinho, hoje no SBT, e outros programas populares"*. Segundo os jornalistas, João Gabriel de Lima e Marcelo Camacho, *"o êxito de Laços de Família é o triunfo de um gênero e do estilo de um autor. O gênero é folhetinzão desbragado, aquele marcado pelos parentescos desconhecidos que só se revelam no final, pelas paixões em cadeia no gênero Pedro-que-amava-Tereza-que-amava-Raimundo e pelas epopéias médicas com jeito de seriado americano"*. Exemplificam os autores com o fato de "Helena de Vera Fischer" abrir mão do amor de Edu (Reynaldo Gianecchini) em favor de Camila (Carolina Dieckmann)" e com o de "Capitu de Giovana Antonelli" prostituir-se *"para garantir o futuro do filho pequeno"*. A nosso ver, a novela rompe com a característica fundamental do amor confluente e com a facilidade com que se consegue prostituir-se atualmente, circunstâncias que influenciam na educação sexual familiar, um dos aspectos da intimidade. Segundo a reportagem, *"uma das maiores razões para o sucesso do folhetim é o fato de o espectador achar a tramas verossímil e os personagens críveis"*. Outro detalhe relevante e influente na cultura familiar brasileira, amplamente divulgado, foi o fato de, durante as gravações, por exemplo, Paulo Zulu, casado, ter exaltado "de maneira enfática os atributos da beldade Helena Ranaldi. *"Os microfones estavam ligados e, em terra firme, o diretor da novela, Ricardo Waddington, ouviu o galanteio. Detalhe fundamental: Waddington é marido de Helena"*. Saliente-se, ainda, outro detalhe, de "teor apimentado", ou seja, *"todo mundo faz sexo o tempo todo"... "todo mundo briga o tempo todo..."*. Reações, sem apoio, não faltaram, como a do digno juiz Siro Darlan, da 1ª Vara da Infância e Juventude do Rio de Janeiro, que determinou, com coragem e dignidade, a não participação de crianças nesse meio; mas a medida judicial de 1º grau foi derrubada, rapidamente, pela 2ª Instância carioca. A Igreja também se rebelou contra o pedido de ceder um templo para a realização do casamento de Camila, grávida, e Edu.; e a cena foi gravada numa igreja *"de mentirinha nos estúdios do Projac"*. Mais adiante, esclarecem os autores da reportagem: *"a criação de Capitu, a primeira 'prostituta de família' a aparecer na história das novelas, é a grande novidade"* da novela, e que *grande novidade*, servindo, apenas de mais um componente negativo para a correta, oportuna e tempestiva educação sexual das crianças. Prossegue a reportagem, sob esse aspecto, relatando que, *"na época de O Rei do Gado, causou estranheza o fato de a filha de um pai severo do interior, Lia (Lavínia Vlasak), levar o namorado Pirilampo (Almir Sater) para dormir em casa"*. A reação foi do povo, criticando o ato, pois isso poderia ser comum em Ipanema, mas não numa fazenda do interior. Sob o manto da liberdade de expressão artística e de informação, escondem-se, na maioria das vezes, verdadeiros atentados contra a dignidade da pessoa humana, com reflexos no cotidiano das pessoas, que pensam, sob a ótica de valores, serem corretas as informações passadas. Recentemente, soube de um caso verídico de que o filho, de 14 anos, de uma diretora de cartório, engravidou uma moça de 19 anos. Será correta essa atitude? Os meios de comunicação de massa têm consciência do poder de influir nas pessoas, até mesmo contra as posturas traçadas no âmbito familiar?

contratantes), num mercado de massas assume concretude pública no sentido de tornar público, claro e verídico o conteúdo do produto oferecido.

Diferentemente, o *marketing* ou a propaganda refere-se à forma de promover a comercialização do produto ou serviço (uma das formas é a publicidade, ao lado das promoções, liquidações, prêmios etc.). O seu conteúdo (o da propaganda), porém, é mais amplo; pode-se promover a propaganda de outros bens (política, religiosa), enquanto que a publicidade objetiva o negócio comercial e, por isso, deve se pautar pela verdade[700].

Veja-se que, dentro do paradigma que traçamos, determinadas publicidades podem influir no espírito da criança e, por isso, violar sua esfera íntima do intelecto, a ponto de levá-la a praticar atos atentatórios a sua dignidade e de sua família.

Refiro-me, por exemplo, àquela publicidade de tênis, veiculada pela televisão, utilizando-se da empatia da apresentadora, de forma a induzir a criança a adotar o comportamento da apresentadora, destruindo os tênis usados, com o intuito de seus pais adquirirem outros novos, da marca anunciada.

O ilustre Desembargador Ribeiro Machado, da 3ª Câmara de Direito Público do Egrégio Tribunal de Justiça de São Paulo, entendeu, e seu voto foi acompanhado pela maioria, que aquela publicidade era abusiva e violava o disposto no art. 37, § 2º, do CDC[701].

Sim, pois, baseada em Riesman, Christiane Gade esclarece que as crianças são "*trainees de consumo (...) uma vez que, através do sistema de vendas, são treinados consumidores que não questionam, não pensam e não criticam. Isto começa, na verdade, não com as crianças, mas sim antes do nascimento delas, quando os pais prometem dar a seus filhos o que não tiveram*"[702].

Dentro dessa visão, conferimos as delirantes publicidades em *outdoors* que, diuturnamente, surgem com a exibição de imagens de modelos, absolutamente eróticas. Recentemente, a empresa Playboy, visando

---

[700] Nesse sentido, o nosso Código de Defesa do Consumidor (Lei 8.078/90) inovou o Direito brasileiro, dentro dos valores já traçados pela Constituição da República de 1988. Os princípios da dignidade, da boa fé objetiva e da transparência foram abarcados expressamente pelo art. 4º No tocante ao paradigma que estamos desenvolvendo, o art. 37, § 2º, considera "*abusiva, dentre outras, a publicidade discriminatória de qualquer natureza, a que incite a violência, explore o medo ou a superstição, se aproveite da deficiência de julgamento e experiência da criança, desrespeite valores ambientais, ou que seja capaz de induzir o consumidor a se comportar de forma prejudicial ou perigosa à sua saúde ou segurança*". Revela-se o princípio da responsabilidade presumida do informador e solidária (art. 34), assim como a possibilidade de *contrapublicidade* (art. 60), e não contrapropaganda — porque, vimos, há diferença entre publicidade e propaganda.
[701] TJSP – 3ª Câm. – Ap. Cív. 241.337-1 – j. em 30.04.1996.
[702] GADE, Christiane. **Psicologia do Consumidor**. São Paulo: Pedagógica, 1980. p. 112.

anunciar a revista n. 305, de dez. 2000, que trazia em sua capa a modelo Carla Perez, fez publicar cartazes com a imagem erótica da modelo, amplamente divulgados em São Paulo.

Todavia, no Rio de Janeiro, mais uma vez agindo de forma digna, o insigne juiz Siro Darlan, com fundamento no art. 73 do Estatuto da Criança e do Adolescente, determinou a colocação de uma faixa preta em cima da principal área erótica da modelo[703].

Não se defende, aqui, qualquer apego à moral conservadora. Mas devemos ter um mínimo de decência para uma convivência social sadia e digna. Veja-se, esclarece Christiane Gade, que

> *uma enorme quantidade de apelos é dirigida diretamente à criança não só para convertê-la ao consumo como também para transformá-la em promotora deste consumo. Isto porque se descobriu a nova imagem e o novo papel ativo da criança no núcleo familiar (...) Através da participação ativa do papel de consumidor a criança aprende concomitantemente valores e atitudes do papel do consumidor adulto, antes mesmo de atingir esta fase*[704].

É um transtorno social, com graves repercussões na formação psicológica da criança.

Referindo-se à legislação tailandesa, David Harland[705] esclarece que a publicidade tailandesa define publicidade abusiva como aquela que "*não deve conter declarações abusivas para os consumidores ou que podem causar um efeito adverso à da sociedade como conjunto*".

David Harlan informa, ainda, que a última diretiva da Comunidade Européia sobre as atividades de radiodifusão

> *contém uma disposição relativa a avisos televisivos e proíbe tipos definidos como publicidade abusiva. O art. 12 estabelece: os avisos televisivos não devem: a) violar o respeito à dignidade humana; b) incluir qualquer discriminação por raça, sexo ou nacionalidade; c) ser ofensivos às crenças políticas ou religiosas; d) incentivar condutas danosas à saúde ou à seguridade; e) incrementar condutas danosas ao meio ambiente*[706].

Por aí se vê que a Europa valoriza o princípio da dignidade da pessoa humana mesmo em relação aos anúncios publicitários, o que deve ser feito

---

[703] **Notícias Populares**, n. 13.382, de 20 dez. 2000, p. 09.
[704] *Op. cit.*, p. 112-113.
[705] HARLAND, David. Control de la Publicidad y Comercialización, inserido na obra coletiva **Defensa de los Consumidores de Productos y Servicios**. Tradução para o espanhol: Rosana Stiglitz. Buenos Aires: La Rocca, 1994. p. 138.
[706] *Op. cit.*, p. 139.

em nosso país, principalmente porque o art. 1º, inc. III, da nossa Constituição o estabeleceu expressamente.

Não será abusiva aquela publicidade extremamente erótica da referida modelo, como de tantas outras (em São Paulo, na mesma época, semelhante publicidade foi dada a outra modelo, com os seios desnudos), se considerarmos a flagrante violação da dignidade da criança e do sentimento médio de moral sexual da família brasileira?

Não tenho dúvida em afirmar que sim. A questão não diz respeito à publicidade em si, mas às conseqüências que dela decorrem, como o abalo psicológico provocado na criança pelo exagero da publicidade e o conseqüente reflexo em sua educação sexual, que, por sua vez, desencadeará graves transtornos familiares[707].

Maria Luiza de Saboia Campos[708] assevera, com propriedade, que

abusiva é aquela mensagem que quer obter vantagem sobre as fraquezas e medos humanos – é a da empresa de assistência médica que se utiliza do medo da morte latente na pessoa humana como argumentação de vendas. A abusidade tem caráter coercitivo, intimidatório e manipulador. Sua ofensividade é inerente às características da mensagem que teve seu nascimento no conceito e na estratégia publicitária criada com a finalidade específica e predeterminada.

Por isso que, assinala Christiane Gade,

condições fundamentais de êxito da comunicação publicitária são o despertar e a manutenção da atenção (...) tais como o tamanho, a luminosidade (...) a posição da mensagem (...) principalmente as fotografias (...) através dos meios de comunicação de massa, a propaganda atinge todos os cantos e recantos, toda a comunidade (...) ela informa e forma. Forma um modo de vida, um comportamento um posicionamento (...) A comuni-

---

[707] O consagrado jurista Nelson Hungria já afirmava que "*entre os mais relevantes interesses da sociedade está a disciplina ético-sexual, segundo as normas de cultura, e como a juventude, em razão da mesma, da sua fragilidade ou maleabilidade psíquica, está mais exposta à influência maligna da libidinagem e do vício, é natural que a sua pudicícia ou dignidade sexual seja especial objeto de reforçada proteção...*". HUNGRIA, Nelson. **Comentários ao Código Penal**. Rio de Janeiro: Forense, 1954. v. VIII, p. 181. O autor esclarece que a lei penal, referindo-se ao art. 218, propõe "*a tutela dos adolescentes contra a depravação ou perdição moral, sob o prisma sexual*". Da mesma forma, Bento de Faria deixou assentado que se contamina, nesse caso, a "*consciência da vítima pelo conhecimento de práticas imorais ou de hábitos de lascívia que se fixam no ânimo como elementos eróticos **intempestivos** ou viciosos, antes não existentes*" (FARIA, Bento. **Código Penal Brasileiro Comentado**. Rio de Janeiro: Distribuidora Record, 1959. v. VI), de modo a turbar a marcha ordinária do processo psíquico-sexual, em face das excitações excessivas e precoces, com sensações anormais e inoportunas.

[708] CAMPOS, Maria Luiza Saboia. **Publicidade**: Responsabilidade Civil Perante o Consumidor. Cultural Paulista, 1996. p. 224.

cação de massa fez com que o homem deixasse de participar do mundo de maneira direta (...) Não conhecemos na fonte as coisas informadas, não podemos julgá-las nem avaliá-las diretamente[709].

Hoje, assegura Carlos Ferreira de Almeida[710], "*a liberdade da actividade publicitária pode colidir, não já com princípios de concorrência e de protecção do público consumidor, mas com certos imperativos de ordem superior que se sobrepõem às intenções promocionais das empresas (regras morais, bons costumes, direitos e liberdades fundamentais)*", como os valores e os princípios constitucionais traçados pela nossa Constituição da República.

8.9.3 A liberdade de informação pela internet

A *internet*, abreviação de *Interconnected Networks*, surgiu nos Estados Unidos da América, nos anos sessenta, criada por cientistas do governo americano, com a finalidade de distribuir informações por meio do computador, para não ficarem concentradas numa máquina só, em face da preocupação latente de um ataque nuclear soviético, que pudesse destruir o único sistema de armazenamento de informações até então existente.

A partir de 1992, o uso da *internet* difundiu-se pelos meios de comercialização em massa, popularizando-se, de forma efetiva, a partir de 1993, com o desenvolvimento do *software* denominado *mosaic*, o primeiro vasculhador (ou *browser*) que funciona por meio de gráficos que revelam imagens.

Para Eric Shmidt, "*a internet é a primeira coisa que a humanidade criou e não entende, a maior experiência de anarquia que jamais tivemos*"[711]. Nesse sentido, Esther Dyson esclarece que a *internet* é "*um ambiente vivo, um lugar onde as sociedades, as comunidades e as instituições possam crescer; a estrutura emerge das ações das ações individuais, em vez de originar-se de alguma autoridade ou governo central*"[712].

O intercâmbio de informações proporcionado é fascinante, sem precedentes na história e sem limitação de fronteiras. O sistema global de rede de computadores (a *Internet*) possibilita a comunicação entre os seus usuários, com a transferência de arquivos de uma máquina, conectada à rede pelo aparelho chamado *modem*, para outra que tenha a mesma conexão.

---

[709] *Op. cit.*, p. 158-160.
[710] ALMEIDA, Carlos Ferreira. **Os Direitos dos Consumidores**. Coimbra: Almedina, 1982. p. 82-83.
[711] **Revista Exame Info**, São Paulo, a. 12, n. 131, fev. 1997, p. 29.
[712] DYSON, Esther. **Realese 2.0**: a nova sociedade digital. Tradução de Sônia T. Mendes Costa. Rio de Janeiro: Campus, 1998. p. 4.

O sinal da rede global é distribuído, via *WWW* (abreviação de *World Wide Web* – mundo da rede de aranha), aos chamados *provedores de serviços*, que têm a função de redistribuir o sinal e permitir o acesso de seus usuários a diversas informações ou à troca delas.

Segundo Esther Dyson, a *Internet* "*tem importância porque as pessoas a usam como um lugar para se comunicar, fazer negócios e compartilhar idéias, e não como uma entidade mística em si mesma. Ela é uma poderosa ferramenta para integrar economias locais na economia global e estabelecer sua presença no mundo*".

Todavia nem todos têm acesso à rede, muito embora seja considerado o meio de informação mais democrático que a humanidade criou. Hoje, de seis bilhões de habitantes existentes na Terra, apenas quatrocentos milhões são usuários da rede mundial. E o pressuposto básico para ser internauta é conhecimento, donde se conclui que nem todos têm acesso, também, à educação. Há uma gritante violação ao princípio da igualdade material ou substancial.

Disponibilizam-se, no entanto, as comunicações eletrônicas bidirecionais, de forma a expandir a interatividade, com publicidades, informações, negócios, relacionamentos amorosos e até 'sexo virtual'. O crescimento é tecnológico, e não de acesso às pessoas.

Na linha filosófica da *dialética hegeliana*, a *Internet* também proporcionou a criação dos *hackers* (os piratas de *software*), a difusão de intromissões indevidas no seio individual e familiar, a ação dos pedófilos e de criminosos com a ação de 'lavagem de dinheiro'.

A *WWW* – ou sistema de distribuição de hipermídia – propiciou a criação do hipertexto, já nos anos setenta, com o intuito de o usuário, selecionando uma determinada palavra, direcionar-se ao seu alvo de informação ou comunicação. Meio revolucionário e altamente tecnológico que possibilita a "navegação" na internet por meio dos *browsers*.

Adverte Michael Kinsley[713]: "*o futuro começou o ano passado, o uso do e-mail já se tornou obrigatório, quem não souber usá-lo ficará isolado e será esquecido*". Por conta do sistema de navegação, criou-se um aplicativo que incomoda todos os usuários: o "*spam*".

No final de 2004, os Estados Unidos da América aprovaram a *Can-Spam Act (ou Controlling the Assault of Non-Solicited Pornography and Marketing Act)*, tipificando a conduta dos *spammers*, pelo envio de mensagens não solicitadas (ou *junk e-mails*).

É certo que nos Estados americanos da Califórnia e de Delaware foi adotado o critério do *opt-in*, sistema pelo qual o emissor está obrigado a

---

[713] **Revista Exame Info**. São Paulo, a. 14, n. 162, p. 82, 23 set. 1999.

pedir permissão ao receptor para lhe enviar o spam. Aliás, é o que proclama, a contrário senso, o art. 39, inc. III, do nosso CDC.

Por mais paradoxal que seja – se atentarmos ao objeto de nossa pesquisa (o direito ao isolamento) –, na verdade, esse meio de comunicação ainda permite, mas ainda com muitas dificuldades e barreiras a serem enfrentadas, o isolamento, o recato, o desenvolvimento da intimidade.

Por isso mesmo, criou-se o sistema PII (*Personally Identifiable Information* ou informações pessoais identificáveis), o qual se refere a "*qualquer coisa na rede eletrônica que possa ser vinculada, de alguma forma, a uma pessoa de carne e osso; a alguém que tem um nome, um endereço e uma vida*", esclarecem Charles Jennings (presidente da Truste, organização destinada a garantir a privacidade na Internet) e Lori Fena[714] (presidente do Conselho da *Electronic Frontier Foundation*, organização destinada a defender os direitos individuais e a promover a responsabilidade na Internet).

Informam os autores da obra – cuja consistência é altamente técnica, sociológica e psicológica, com reflexos jurídicos – que o

> *conceito de PII é importante porque a privacidade é importante. E a privacidade pessoal será cada vez mais importante conforme a Internet continuar a desenvolver (...) um perfil eletrônico contendo os mais particulares detalhes de sua vida (...) nossos gostos e preferências, nossos hábitos de navegação na Web, a configuração de nossos computadores e nosso comportamento passado...*"[715].

O lado sombrio da coleta e manipulação de dados da PII reside no fato de as informações pessoais... poderem "*facilmente se infiltrar por um mundo sórdido, onde apropriação de identidade, fraude on-line, vingança on-line, spoofing de identidade, restrições racistas e várias formas de assédio e espionagem constituem verdadeiras ameaças*"[716].

No mesmo diapasão, Danilo Cesar Maganhoto Doneda, ao discorrer sobre *Considerações iniciais sobre os Bancos de Dados Informatizados e o Direito à Privacidade*, na grandiosa obra de Direito Civil Constitucional organizada pelo insigne Gustavo Tepedino, cita um trecho do discurso do dramaturgo Arthur Miller, retirado da obra de Manuel Teixeira e de Victor Mendes – *Casos e Temas de Direito das Comunicações* (Porto: Legis, 1996, p. 161) –, que bem reflete a situação virtual atual: "*o computador, com sua insaciável sede de informações, com sua imagem de infalibilidade, com sua incapacidade de esquecer o que armazena, chegará a ser o centro de um*

---

[714] JENNINGS, Charles; LORI, Fena. Priv@cidade.com – **como preservar sua intimidade na era da Internet**. Tradução de Bazán Tecnologia e Lingüística. São Paulo: Futura, 2000. p. 16.
[715] *Op. cit.*, p. 17.
[716] *Idem*, p. 18.

sistema de vigilância permanente que converterá a sociedade em que vivemos num mundo transparente, em que nossa casa, nossas finanças, nossas associações e instituições, nossa condição física e mental aparec (sic) erá una a qualquer observador"[717].

A elevada quantidade de informações encontradas na *Internet* e o fácil acesso a elas permitem o comprometimento da vida íntima das pessoas, de modo a provocar-lhes prejuízos morais (a pedofilia, por exemplo) ou materiais (a interceptação de quantias aplicadas ou a lavagem de dinheiro). Pode-se furtar, sem se locomover, e de forma impessoal!

Pierre Kayser assevera que um dos primeiros riscos da informática é a *"alteração da personalidade"*, com a possibilidade da *"categorização"* de indivíduos. Outro risco, assegura, é a fácil possibilidade de *"conservar indefinidamente os dados nominativos"*, que são ilimitados no sistema, de modo a provocar *"a perda do sentimento de liberdade"* ou, então, provocar *"uma transparência exclusiva do segredo necessário à vida privada"*, tornando-se público o que era privado[718].

Na esteira de entendimento de Neil Barret, citado por Esther Dyson, *"a era da informação não afeta apenas nossas empresas ou o correio eletrônico, mas também toda a infra-estrutura nacional como a economia. Se os hackers podem penetrar em sistemas de computadores existentes em universidades e empresas, por que não em sistemas bancários, de tráfego aéreo, ferrovias, televisão e rádio?"*[719].

Isto porque, assevera Pierre Kayser, *"o desenvolvimento da informática provocou uma explosão da informação, porque permite rapidez, economia e capacidade de estocagem de informação. (...) permite constituir um* **banco de dados***, conjunto de dados suscetíveis de aplicações diversas"*, por conta de seu processo de tratamento técnico – *logical* –, que permite a realização de um *"grande número de combinações suscetíveis de utilização diversa e assim de obter novas informações"*, com a *"interconexão"*[720].

Um dos problemas a ser enfrentado, juridicamente, é a produção de texto legal *específico*, dada a alta e específica tecnologia que envolve a proteção do respeito à intimidade. No Brasil, por exemplo, o Projeto de Lei 1.713/96, a respeito do assunto, foi arquivado. Sobre a matéria, tramita pelas Comissões do Congresso o Projeto de Lei 84, de 1999.

Mas, conforme anota Stefeno Rodotà (**Tecnologie e Diritti**. Bologna: Mulino, 1995), citado pelo ilustre escritor Danilo Doneda, *"tem-se*

---

[717] TEPEDINO, Gustavo (Coord.). **Problemas de Direito Civil – Constitucional**. Rio de Janeiro: Renovar, 2000. p. 115.
[718] *Op. cit.*, p. 217. (Tradução livre)
[719] *Op. cit.*, p. 23.
[720] *Op. cit.*, p. 215. (Tradução livre)

a sensação que cresce a distância entre o mundo velocíssimo da inovação tecnológica e o mundo lentíssimo da proteção sócio-institucional. Quase a todo momento percebe-se a rápida obsolescência das soluções jurídicas reguladoras de um determinado fenômeno técnico, destinadas à solução de um problema apenas"[721].

Pierre Kayser é da opinião de que é *"conveniente prevenir os perigos"* da informática, *"não por uma lei particular sobre informática, mas por uma lei comum a todas as fichas pessoais, que são ou não informatizadas"*[722].

O problema é que, de um lado, existe o interesse daqueles que apóiam o respeito à intimidade, consagrado em nosso país como norma jurídica constitucional pétrea; mas, de outro, existe o interesse "paradoxal" das autoridades, que desejam facilidades jurídicas na quebra do sigilo de dados e dos que não têm o menor interesse nesse sentido (seja lá o porquê!)[723].

Tanto é verdade que, numa interpretação questionável a respeito do sigilo de dados, a Anatel entendeu que "dados cadastrais" diferem de "dados substanciais" (referidos na CF, art. 5º, inc. XII).

---

[721] *Op. cit.*, p. 120-121.
[722] *Op. cit.*, p. 218-219. (Tradução livre)
[723] Nesse sentido, nos Estados Unidos da América, o projeto de lei que visava proteger a confidencialidade dos registros do banco, em face da oposição do FBI, do Tesouro e do Departamento de Justiça – empenhados no interesse de combater o crime organizado – não foi aprovado, com a derrota por 299 votos a 129, em jun. 1999. No Brasil, porém, a recente Lei Complementar 105/2001 permitiu a quebra do sigilo bancário pelas próprias autoridades administrativas, com menção expressa à revogação do art. 38 da Lei 4.595/64. Ao se referir ao art. 5º da LC 105/01, Maurício Zanoide de Moraes, Doutor em Processo Penal pela USP, esclarece que *"se pretende por esse dispositivo retirar do crivo jurisdicional a decisão de se quebrar ou não o sigilo de dados de qualquer pessoa física ou jurídica. Por esse dispositivo fica ao arbítrio do Fisco investigar um cidadão ou uma empresa se, ao seu alvedrio, houver 'falhas ou incorreções' em informações que sequer são prestadas pelo contribuinte, mas devem ser repassadas pelas instituições financeiras que controlam sua movimentação. Ou seja, o erro de outrem poderá provocar violação de um dos mais importantes direitos do cidadão: a garantia a não ter sua intimidade ou vida privada devassadas pelo Estado-fiscalizador (...), que é parte interessada (...). É totalmente desnecessário reafirmar nesse aspecto o que tantos estudiosos, juristas e o próprio STF já assentaram quanto ao sigilo bancário ser espécie do gênero sigilo de dados e que por esse aspecto da personalidade individual do cidadão estar preservado nos incs. X e XII, ambos do art. 5º, da CF, torna-se garantia individual, cláusula pétrea de primeira geração e somente vulnerável em situação concreta que justifique sua quebra por decisão fundamentada de um juiz competente segundo os preceitos do devido processo legal (...)".* (*In*: Boletim do **IBCCRIM**, n. 100, de mar. 2001, p. 3). E mais, prossegue o ilustre processualista, *"essa norma viola qualquer princípio de moralidade e legalidade, ambos impostos à Administração Pública em preceito constitucional (art. 37, **caput**). Portanto, exatamente aquelas pessoas públicas que mais teriam o dever – constitucional, reafirme-se – de demonstrar transparência e lisura fiscal e contábil, são exatamente aquelas não sujeitas às mesmas verificações que os demais cidadãos..."*. (*Op. cit.*, p. 3). Outra gritante imoralidade decorre do art. 3º, § 1º, que determina, em relação à quebra do sigilo bancário de qualquer funcionário público, haver necessidade de autorização judicial, tamanha a discriminação legal feita.

No Aviso 320, de 24.06.2003, a Procuradoria Geral de Justiça de São Paulo publicou a interpretação da Anatel, no qual se verifica que "dados cadastrais" devem ser entendidos *"como aquelas informações relativas à identificação da pessoa, tais como o nome, a filiação, o endereço, o RG e CPF"* (DO 28.06.2003).

Os dados, a que se refere o texto constitucional, *"são definidos como representação convencional de fatos, conceitos, ou instruções de forma apropriada para a comunicação e o processamento por meios automáticos"*. E, assim, a Anatel autorizou as suas fornecedoras a prestarem as informações cadastrais requisitadas pelo Ministério Público.

Para nós, a interpretação é equivocada. Na verdade, é princípio universalmente aceito que, onde não há divisões interpretativas, não cabe ao intérprete fazê-las. O sigilo de dados envolve todo e qualquer dado envolvendo a pessoa.

Na própria Carta de Heredia de 09.07.2003, sobre o Sistema Judicial e a Internet, aprovada por vários países da América Latina, procurou-se resguardar o sigilo de dados, sem referência a subconceitos quaisquer. A um só tempo, a transparência dos julgamentos, conforme, aliás, prevê o art. 5º, inc. LX, da CF.

Dentro das regras mínimas da Carta, merece destaque o princípio do acesso às informações (Regras 1 e 2), conforme prevê o art. 5º, inc. XXXIII, da CF, assim como o direito de oposição contra informações indevidas (Regra 3; paralelo: art. 5º, inc. XXXIV, letra "a", da CF) e o direito de resguardo à intimidade dos litigantes (Regra 5), sem qualquer referência discriminatória ao litigante.

A Carta de Heredia, ainda, prevê o princípio da adequação aos motores de busca (Regra 4), de modo a se evitar, por exemplo, o que ocorria quando o empregador, numa pesquisa na internet, facilmente descobria que o candidato a emprego era contumaz autor de reclamação trabalhista. Só por isso, o candidato não era contratado.

Nesse sentido, a Declaração Regional previu o sigilo de dados relacionados às condenações criminais da pessoa (Regra 8), permitindo apenas ao juiz a sua violação. As recomendações atingiram até mesmo a sentença (Regra 9), devendo nela o juiz evitar comentários acerca da intimidade da pessoa julgada.

Parece-me que a solução principiológica constitucional, encartada no art. 5º da Constituição brasileira, no que diz respeito ao princípio do respeito à intimidade e do sigilo de dados, assume relevante importância, principalmente porque, além de constituírem *cláusulas pétreas* ou *preceitos fundamentais*, têm aplicação imediata. De um lado, existe e garantia constitucional do sigilo e, de outro, a possibilidade de sua quebra via judicial.

Além disso, a doutrina de Charles Jennings e Lori Fena, profundos conhecedores do assunto, consideram "*o respeito à privacidade individual a pedra fundamental do valor humano*", razão por que as empresas têm investido "*na privacidade a sua volta, no uso de PII e no desenvolvimento da confiança dos clientes (felizmente)... com o desenvolvimento de novas tecnologias de confiança...*"[724], como o denominado *security events* (eventos de segurança, que visam rastrear e gravar toda a ação de um *hacker* ou de um *carder*).

Com toda propriedade adverte Pierre Kayser que a proteção jurídica dos dados, nesse campo, deve-se pautar pela proteção contra a "investigação" e pela proteção contra sua "divulgação". No primeiro caso, a imprescindibilidade da proteção decorre não só do grande estoque de informações armazenadas, mas também do fácil acesso ao processo logicial, que permite a realização de múltiplas combinações e novas aplicações, por conta da interconexão. O acesso de uma criança, pela internet, ao banco de dados escolares permite ao invasor ingressar nos dados da escola, e assim por diante[725].

No segundo caso – proteção contra a divulgação de dados –, justifica-se a proteção pela finalidade espúria que pode ser dada ao banco de dados da pessoa, inclusive, com sua desmoralização social (foi o que ocorreu com a atriz e cantora brasileira Sandy; a partir de alguns dados pessoais – como altura, peso etc. – o invasor logrou, por meio de montagens, divulgar imagens nuas da artista via internet)[726].

A divulgação dos dados pessoais permite às autoridades públicas e às empresas privadas o acesso indiscriminado a eles, sem qualquer controle. Com esse acesso, as empresas de recrutamento de pessoal podem, indevidamente e à revelia do interessado, selecionar pessoas com base nos sentimentos, nas afeições, nas opções, nas crenças que cada uma delas escolhe em sua vida íntima.

Desde o antigo castelo fechado, com suas portas e janelas invioláveis, passando pelas casas e prédios com seus sistemas de segurança eletrônicos, nunca se viu tantas violações ao princípio do respeito à intimidade.

Isto é perfeitamente explicável:

na internet, muitas de suas cem portas e janelas podem nem mesmo estar sob seu controle; alguém pode ter deixado uma delas aberta por engano e

---

[724] *Op. cit.*, p. 20.
[725] *Op. cit.*, p. 218.
[726] Relembre-se, ainda, a astúcia de David Lee Smith, que confessou ter criado e lançado o vírus "Melissa", que atacou diversos computadores do mundo todo. Mas não foi astuto o suficiente para impedir que o FBI, com a ajuda da *America Online*, descobrisse uma "*uma impressão digital*" no vírus e o localizasse, em Nova Jersey (JENNINGS, Charles. *Op. cit.*, p. 47).

você nem ficará sabendo. Além disso, muitas das janelas – principalmente aquelas dentre as várias que pertencem ao sistema operacional – nunca se fecham, no sentido de garantir segurança. E não importa quantas barras e trancas você tenha nas outras 99 aberturas na muralha de pedra do seu castelo: se você deixar uma só janela aberta ou sem vigilância, você estará vulnerável[727].

Interessante notar, outrossim, que "no que se refere ao fluxo de informações da rede, não são apenas as brechas e fendas em seu ambiente computacional pessoal que contribuem para a perda da privacidade, mas toda a arquitetura da Web – *um sistema que, de jeito nenhum, foi projetado para proteger informações particulares*", esclarecem Charles Jennings e Lori Fena[728].

Um outro problema fundamental dentro da esfera da liberdade de expressão via *internet*, segundo Esther Dayson, é que "*a possibilidade do anonimato é um dos aspectos mais marcantes da Net – para os pais, para o cumprimento da lei, para empregadores que contratam novos funcionários, para as vítimas de boatos maldosos, fraudes e outros crimes*"[729].

Além disso, no que se refere à pornografia, que envolve até a pedofilia e tem reflexos no direito à intimidade, desconhecida a sua fonte, surge a questão de se responsabilizar o provedor. Existe o entendimento de que "*o administrador é somente um prestador de serviços, dissociado da responsabilidade do conteúdo de mensagens ou conteúdo dos sites*"[730].

Entrementes, considere-se o fato de que, ao verificar quaisquer dados utilizados por seus clientes, estará o provedor violando o sigilo das informações, uma das esferas concêntricas: o secreto. Caso não verifique, sua negligência pode representar um ilícito, na medida em que a exibição de cenas pornográficas deve ser precedida de consentimento do usuário responsável.

De se considerar, por fim, que o mundo virtual apresenta características próprias e peculiares. Bem a propósito, esclarece Esther Dyson que

> *dentro da Internet existem três níveis de jurisdição. O primeiro nível é o do espaço físico, onde as pessoas vivem, cada um governado por um único Estado-Nação. Dentro deste nível, as pessoas devem obedecer às leis de onde estão fisicamente localizadas (...) O segundo nível é o dos provedores de serviços da Internet, que seria, na realidade, o primeiro nível de*

---

[727] JENNINGS, Charles. *Op. cit.*, p. 45.
[728] *Idem*, p. 48.
[729] *Op. cit.*, p. 249.
[730] BRASIL, Ângela Bitencourt. **Informática Jurídica**. Rio de Janeiro: A. Bittencourt Brasil, 2000. p. 146.

*jurisdição da internet em si. O provedor é a conexão entre o mundo físico e o virtual, nos fornecendo acesso aos **Websites**, correios etc. O terceiro nível é o dos domínios e comunidades que ultrapassam fronteiras nacionais através dos provedores. Dentro deste nível, temos várias comunidades virtuais, que operam sem respeitar fronteiras internacionais ou de outros provedores*[731].

Dentro dos níveis primeiro e segundo do mundo virtual, verifica-se a presença clara do provedor como o elo de ligação entre a pessoa, considerada individualmente, e a própria rede global de informações. Só por isso, nosso ver, imperiosa a sua responsabilidade sobre os dados pessoais constantes de cada pessoa e sobre a intromissão indesejada de qualquer estranho. É como se fosse um depositário e gerente de dados, atribuindo-se a ele a *responsabilidade objetiva*, nos termos do art. 14 do Código de Defesa do Consumidor brasileiro.

Não foi por menos que o Egrégio Tribunal de Alçada de Minas Gerais, por sua Colenda 3ª Câmara Cível, em decisão inédita, houve por bem condenar a provedora de serviços de hospedagem *Pro Internet* a reparar o dano provocado à empresa Websol, que teve sua imagem afetada em face da invasão de fotos pornográficas.

Na Apelação Cível 433.758-0, o tribunal mineiro entendeu que a responsabilidade era mesmo da provedora, pois, em seu site, ao discriminar o serviço de hospedagem de domínio, prometeu "segurança avançada com alta tecnologia" para evitar possíveis invasões.

A decisão mineira é muito importante, na medida em que os provedores prestam serviços públicos e, assim, nos termos do art. 22 do CDC, o serviço prometido e prestado deve ser adequado, eficiente e seguro.

Ao mergulhar na internet, "*sua identidade viaja pela rede, deixando um rastro sólido e fácil de ser seguido. Cada clique de seu mouse está sendo registrado em algum lugar, muito longe de seu disco rígido, e cada transação que completar será armazenada e analisada*"[732].

Sob esse aspecto, é importante que se ressalte, dentro do estudo desenvolvido pelos especialistas Charles Jennings e Lori Fena, que, conectando-se à internet, "*os provedores de acesso à internet estão coletando informações sobre todos os seus cliques* **on-line**..."[733], daí por que as pesquisas revelam que as preocupações em torno da privacidade atingiram o nível mais alto até hoje[734].

---

[731] *Op. cit.*, p. 103.
[732] JENNINGS, Charles. *Op. cit.*, p. 26.
[733] *Idem*, p. 28.
[734] *Idem, ibidem*, p. 35-56.

Mas, ao lado da interconectividade humana, a segunda mudança fundamental é o fato de que a Internet e as tecnologias de informação estão reduzindo, de forma significativa, o anonimato, de modo que, em qualquer operação comercial ou troca de informação entre os internautas, existe um rastro de informes pessoais.

Some-se a esse grande bloco de informações pessoais, que podem circular o mundo todo, a criação de programas aplicativos por meio de linhas de fibra óptica, mecanismos de busca, redes neurais, microfones e câmeras para a rede (*net-cams* e *net-mikes*), dentre outros.

Desta forma, deparamo-nos com uma realidade absolutamente nova, com múltiplos reflexos na ordem jurídica, notadamente no que diz respeito às intromissões na vida íntima e privada das pessoas, bem como a conseqüente divulgação e circulação mundial de informes pessoais de cada pessoa.

O Direito não pode ficar indiferente a essa realidade. Ainda que se garanta a liberdade de expressão e comunicação, não nos devemos esquecer de que a proteção jurídica atinge também o respeito à intimidade.

Capítulo IX

O CONFLITO ENTRE O DIREITO À INTIMIDADE E A LIBERDADE DE EXPRESSÃO

A liberdade de expressão, revelada, com mais ênfase, pelos meios de comunicação de massa, exerce, notadamente nos dias atuais, muita importância na vida social, política e econômica de um país e do mundo. A sua ação é traduzida na divulgação de informações pessoais, técnicas, científicas, políticas, filosóficas, artísticas, jornalísticas.

Praticamente, tudo o que se refere à vida em sociedade interessa à cobertura informativa. Essa atuação da liberdade de comunicação atende a um imperativo categórico decorrente do direito à liberdade de expressão. Por isso mesmo, muito das matérias aguçam o interesse e a curiosidade das pessoas, especialmente aquelas referentes à categoria de pessoas de grande notoriedade.

Por outro lado, cada pessoa, branca ou negra, pobre ou rica, possui um espaço reservado que não pode ser penetrado por quem quer que seja, especialmente pelos meios de comunicação social ou pelo Estado.

Surge daí, de um lado, o direito de expressar-se, por meio dos vários meios de comunicação, como o direito de informar e de ser informado; de outro, o direito a uma vida protegida da curiosidade ou do conhecimento alheio, quer sob a ótica da intimidade, quer sob a da privacidade.

Tal choque deve ser arbitrado pela ordem jurídica. Nesse sentido, registre-se idéia lançada por Hans Kelsen, para quem *"o fundamento de validade de uma norma apenas pode ser a validade de uma outra norma"* e que *"uma norma que represente o fundamento de validade de uma outra norma é figurativamente designada como norma superior, em confronto com uma norma que é, em relação a ela, a norma inferior"*[735].

Revela-se aí a noção de hierarquia que preside todo e qualquer ordenamento jurídico. Sob este aspecto, verificamos que em nosso ordenamento

---

[735] KELSEN, Hans. **Teoria Pura do Direito**. 3. ed. São Paulo: Martins Fontes, 1991. p. 205.

jurídico o direito ao respeito à vida íntima vem previsto em nossa Constituição como direito fundamental, preceito fundamental ou cláusula pétrea. Seria o suficiente para se afirmar que ele deve prevalecer sobre o direito oposto (a expressão).

Ocorre que a liberdade de comunicação também está garantida constitucionalmente como direito fundamental (art. 5º, inc. XIV e art. 220, *caput*), assim como a violação judicial ao domicílio, ao sigilo de correspondência ou de dados. Como estabelecer, neste caso, a norma prevalecente?

Veja-se que não se trata de "conflito de regras" (antinomia), que se refere à pertinência do ordenamento jurídico quanto à sua validade e cuja solução decorre dos critérios cronológico, hierárquico e da especialidade, como veremos a seguir.

9.1 A LEI LÓGICA DA NÃO-CONTRADIÇÃO

Nesse sentido, dentro do sistema jurídico, pode haver normas inválidas, uma vez que a validade depende da compatibilidade das normas entre si, segundo afirma Norberto Bobbio[736]. Todavia, dentro do sistema normativo, como é o do direito positivo, não há normas contraditórias, pois a incompatibilidade interna não desarma e nem desarticula o sistema, já que ele existe válida e eficazmente pela globalidade.

Em outras palavras, se duas normas se contradizem, o próprio sistema legal oferece meios de solução do conflito, seja pela solução da colisão por outra norma resolutiva do conflito, seja pela aplicação de critérios previstos pelo próprio sistema, como ocorre em nosso ordenamento jurídico (LICC, arts. 2º, 4º e 5º). É a lei lógica da não contradição.

Na presente investigação, verificamos a colisão de direitos fundamentais, ambos previstos pela Constituição vigente. Parecem ser contrapostos. O conflito aparente surge, não raras vezes, quando a liberdade de expressão faz com que parte da vida da pessoa, normalmente encoberta pelo manto da privacidade ou da intimidade, seja levada a público.

Repita-se, não se cuida aqui do exame das antinomias propostas por Kant, referentes à razão pura e predicadas do universo metafísico[737]. O conflito, se existente, se daria pelo vício do excesso, pela via de uma das normas sobejar o sistema. Interessante notar, sob este aspecto, que os critérios de solução da antinomia – hierarquia, cronologia e especialidade – são insuficientes para dirimir a questão que se coloca.

---

[736] *Op. cit.*, p. 80.
[737] *Apud* MORENTE, Manuel Garcia. **Fundamentos de Filosofia**. 8. ed. São Paulo: Mestre Jou, 1980. p. 250.

Os direitos fundamentais encontram positivação constitucional e estão garantidos dentro do sistema dos direitos fundamentais. Desde logo se verifica que os critérios cronológico e hierárquico não se aplicam para a solução desta colisão, pois, no primeiro caso, eles são concomitantes e, no segundo, não há qualquer hierarquia. Da mesma forma, o critério da especialização é inaplicável, já que não há a relação 'total-parcial' entre as normas constitucionais.

Outro detalhe importante é que existem situações de fato cujo 'âmbito de proteção' (o chamado *tatbestand*) pende, facilmente, para um lado. Veja-se que, sob o manto da liberdade de expressão religiosa, ao menos nos países civilizados, não se podem efetuar sacrifícios humanos (aliás, no que se refere ao catolicismo, até a sexta-feira da paixão, dedicada ao jejum completo, foi praticamente suprimida pela própria Igreja).

Também não se pode invocar, sob o manto da liberdade de expressão artística, o direito de morte do ator num palco, num cinema, numa novela. Ou então, sob o manto do direito de educar o filho, espancá-lo violentamente ou matá-lo, como, aliás, ocorria na antiguidade greco-romana[738].

Muito menos advogar a tese de que o sigilo de dados, conteúdo da intimidade, possa ser, a qualquer instante, violado pela autoridade administrativa. Essa violação decorre de decisão fundamentada de um juiz.

9.2 OS PRINCÍPIOS DA UNIDADE, DA RAZOABILIDADE OU PROPORCIONALIDADE E DA CONVIVÊNCIA JUSTA DAS LIBERDADES

A solução é encontrada no critério da harmonização (ou concordância prática) ou razoabilidade do sistema, fundamentado em princípios e valores que compõem uma *unidade constitucional*. Nenhum dos direitos sugere, para a sua eficácia ou para sua realização prática, a exclusão do outro.

Ambos coexistem, de modo que o aplicador do direito deve buscar a convivência harmoniosa entre eles. Assevera o já consagrado J. J. Gomes Canotilho, a propósito, que *"quando o exercício de um direito fundamental por parte de seu titular colide com o exercício de direito fundamental de outro titular (...) não estamos perante um cruzamento ou acumulação de direitos (como na concorrência de direitos), mas perante um 'choque', um autêntico conflito de direitos"*[739].

Nesse sentido, o insigne constitucionalista lusitano observa que deve prevalecer o princípio da unidade hierárquico-normativa, segundo o

---

[738] ANDRADE, José Carlos Vieira. *Op. cit.*, p. 216-217.
[739] CANOTILHO, J. J. Gomes. **Direito Constitucional**. 6. ed. Coimbra: Almedina, 1996. p. 643.

qual as normas contidas numa constituição formal têm igual dignidade, impondo o princípio da unidade da constituição aos seus aplicadores, obrigando-os a ler e compreender suas regras, como se fossem obras de um só autor, exprimindo uma concepção correta e justa[740].

No mesmo diapasão, afirma Konrad Hesse[741] "... *que todas as normas constitucionais têm de ser interpretadas de tal maneira que se evitem contradições com outras normas constitucionais. A única solução do problema coerente com este princípio é a que se encontra em consonância com as decisões básicas da Constituição e evite sua limitação unilateral a aspectos parciais*".

Essa antinomia real, que é aquela em que se verifica a ausência ou a inconsistência de critérios lógicos para a solução do conflito, é solucionada pelo critério da eqüidade, com "ponderação e harmonização", diante do caso concreto[742]. Aliás, o princípio da proporcionalidade é a realização concreta dos princípios da unidade constitucional e da concordância prática.

Desta forma, deve ser alcançado um equilíbrio entre a legítima pretensão da pessoa de preservar, para seu exclusivo usufruto ou para a produção de efeitos jurídicos, uma determinada esfera de privacidade e a também legítima pretensão da sociedade de ser comunicada ou informada dos fatos da vida social[743].

Sob este enfoque, lembra Canotilho que "... *a necessidade de regras de direitos constitucionais de conflito, que deveriam construir-se com base na harmonização de direitos, e, no caso de isso ser necessário, na prevalência (ou relação de prevalência) de um direito ou bem em relação a outro*"[744].

Do embate existente entre os direitos fundamentais, garantidos constitucionalmente, a solução será buscada perante o Estado-juiz, de modo que "*só em face das circunstâncias concretas se poderá determinar, pois só nestas condições é legítimo dizer que um direito tem mais peso do que outro*"[745].

---

[740] *Op. cit.*, p. 191.
[741] HESSE, Konrad. **Escritos de Derecho Constitucional**. Madrid: Centro de Estudios Constitucionales, 1983. p. 48.
[742] *Idem*, 647.
[743] Interessante exemplo é lembrado por Robert Alexy, referindo-se à exibição de um filme documentário, no qual quatro soldados de Lebach, da guarda do Exército federal, foram assinados. Um dos autores do crime, condenado e prestes a cumprir a pena, aparecia fotograficamente no filme. O Tribunal Constitucional entendeu que a exibição do filme, em relação à pessoa condenada, prejudicava a personalidade do ofendido, pois não atendia aos interesses atuais da informação e, em especial, de sua ressocialização, aspecto de sua vida privada (*Op. cit.*, p. 95 e ss.).
[744] *Idem, ibidem*, p. 646.
[745] *Idem, ibidem*, p. 646.

O magistrado deve procurar a solução levando em conta, em primeiro lugar, os valores da sociedade em que vive, sua conformação política, seus costumes, seu estágio de civilização, expressados, sobretudo, por uma Constituição, tudo para se atingir uma justa aplicação do direito.

Neste particular, assume relevância a teoria da *jurisprudência de valores*, ou o aspecto axiológico do direito, os quais constituem o conteúdo dos princípios constitucionais e permitem direcionar a solução à lide.

Sob o enfoque principiológico, Rui Geraldo Camargo Viana, ao analisar o direito social à moradia, relembra, citando Francisco Amaral Neto, a importância dos princípios. Segundo este autor,

os princípios diferem das normas jurídicas porque não tipificam comportamentos concretos e específicos, nem se identificam por sua origem, mas por seu conteúdo (fins e valores). Sua função é a de fundamentar ou completar o sistema, constituindo a base do direito positivo ou orientando o intérprete no caso de insuficiência de lei ou do costume[746].

Prosseguindo, Francisco Amaral Neto esclarece que

*tomando como referência a Constituição, podemos classificar os princípios em constitucionais e institucionais. Os primeiros são princípios superiores, fundamentais, básicos, que dão sentido e unidade à própria Constituição (...). Quanto a sua eficácia, que é o aspecto que agora nos interessa, os princípios jurídicos, quando expressos, positivados, têm eficácia **direta** e **imediata**, como fonte do direito, **derrogatória**, privando de eficácia as disposições contrárias já existentes, **invalidatória**, decorrente de seu caráter programático, e **informadora**, no sentido de constituírem diretrizes para a legislação ordinária pós-constitucional*[747].

Camargo Viana, "*valendo-se do escólio de Luiz Roberto Barros (O Direito Constitucional e a efetividade de suas normas, p. 308), conclui:* 'ainda quando se caracterizam por um maior teor de abstração, os princípios constitucionais têm eficácia normativa e, em muitos casos, tutelam diretamente situações jurídicas individuais'"[748].

Daí por que assegura Robert Alexy que "*quanto maior é o grau da não satisfação ou de afetação de um princípio, tanto maior tem que ser a importância da satisfação do outro*"[749].

---

[746] *Apud* VIANA, Rui Geraldo Camargo. Direito à Moradia. **Revista de Direito Privado**. São Paulo: RT, n. 2, p. 12, abr./jun. 2000.
[747] *Op. cit.*, p. 12.
[748] *Idem*, p. 12.
[749] *Op. cit.*, p. 160.

No rumo de nossa investigação, verificamos que a nossa Constituição Federal, como, de resto, as principais Constituições pós-guerra e as declarações universais ou mesmo a Convenção Européia de 1993, todas de grande avanço jurídico, estabeleceram, claramente, que a liberdade de expressão é plena, desde que não viole o direito à vida íntima. É o que dispõe, em particular, o § 1º do art. 220 da Constituição da República brasileira de 1988.

Por isso mesmo, Paulo Bonavides enfatiza, com toda propriedade, que "*o Direito Constitucional brasileiro acolhe já de maneira copiosa expressões nítidas e especiais de proporcionalidade, isto é, regras de aplicação particularizada ou específica do princípio, a que se refere a Constituição, sem todavia explicitá-lo...*"[750]. Na denominação de Robert Alexy, trata-se da "*máxima da proporcionalidade*".

Sob esse enfoque principiológico, a nossa Constituição, em seu art. 220, *caput* e § 1º, deixa claro ser livre a liberdade de expressão, *observado o disposto nesta Constituição* (em especial, os preceitos fundamentais, que constituem cláusulas pétreas) ou então, em relação à liberdade de informação jornalística, *observado o disposto no art. 5º, incs. IV, V, X, XIII e XIV.* (g.n.)

Observa-se, claramente, que o legislador constituinte brasileiro adotou o princípio do respeito à intimidade e à privacidade, "...*guardada a advertência lançada pelo Supremo Tribunal Federal de que o direito individual, por mais legítimo que seja, não pode servir de salvaguarda de práticas ilícitas*" (RT 709/418), assegura o ilustre Desembargador Rui Geraldo Camargo Viana[751].

Mas, foi mais incisiva a nossa Constituição, em seu art. 221, em relação à liberdade de expressão radiofônica e televisiva, adotando, expressamente, os princípios da *preferência a finalidades educativas, artísticas, culturais e informativas* (inc. I) e do *respeito aos valores éticos e sociais da pessoa e da família* (inc. IV)[752].

---

[750] BONAVIDES, Paulo. **Curso de Direito Constitucional**. 7. ed. São Paulo: Malheiros, 1997. p. 395.

[751] *Op. cit.*, p. 16. A propósito, o autor relembra o art. 29 da Declaração dos Direitos Humanos, segundo o qual "... *toda pessoa tem deveres com a comunidade, posto que somente nela pode-se desenvolver livre e plenamente sua personalidade. No exercício de seus direitos e no desfrute de suas liberdades todas as pessoas estarão sujeitas às limitações estabelecidas pela lei, com a única finalidade de assegurar o respeito dos direitos e liberdades dos demais...*".

[752] Como se pode desrespeitar os valores éticos e sociais da pessoa e da família com a exibição, no dia 23.10.2000, sob o manto da liberdade de expressão, de cenas, via televisiva, no programa do "Ratinho", de tortura de uma criança de três anos? Não se advoga o retorno da censura prévia, mas de outros mecanismos jurídicos que possam fazer valer as disposições constitucionais expressas. Note-se que, segundo reportagens feitas a respeito, o Ibope registrava alto índice de audiência no momento do programa. O "inconsciente coletivo", decorrente do despreparo cultural de nosso povo, fomenta a televisão do sensacionalismo televisivo e o lucro. Veja-se que, durante o ano de

João Batista Libânio, doutor em Teologia pela Pontifícia Universidade Gregoriana de Roma, afirma que

> há uma rejeição radical a tudo o que soe a censura. A traumatizante experiência dos anos sob regimes militares criou ojeriza ao mínimo resquício de controle da imprensa. No entanto, o jornalismo não pode isentar-se do controle da sociedade sob o império da Ética (...) Dinheiro e curiosidade pela intimidade dos mitos são os dois pilares desse gigantesco negócio. Estão em jogo, portanto, molas profundas de nosso psiquismo e cultura (...) Até hoje, o sistema capitalista tem-se mostrado absolutamente mouco aos apelativos da Ética sempre que entra em questão o lucro[753].

O "inconsciente coletivo" proporciona um sentimento médio transverso, ou seja, aquele de causar espanto, mas tolerá-lo. Essa tolerância tem limites e a própria Constituição nacional os fixa. No tocante à liberdade de expressão informativa são expressivos e consubstanciosos os princípios constitucionais: a preferência à programação cultural e o respeito a valores éticos pessoais e sociais, todos decorrentes de um valor maior, também expresso em princípio, o da dignidade da pessoa humana.

Carlos Alberto Di Franco, professor de ética jornalística, comentando sobre o direito à informação e o inconsciente coletivo, assevera que

> arrogância, precipitação e superficialidade têm sido, na opinião de James Fallows, autor do afiadíssimo **Detonando a Notícia**, o tempero da mídia. A síndrome não reflete uma idiossincrasia da imprensa norte-americana. Trata-se de um problema universal. Também nosso (...) O culto à frivolidade e a submissão à ditadura dos modismos estão na outra ponta do problema. Vivemos sob o domínio do politicamente correto e sucumbimos à tirania do **inconsistente**. A obsessão seletiva pelo **underground** da vida tem transformado páginas de comportamento num compêndio freudiano[754].

O fato de a Constituição inibir a censura ou opor-se a qualquer embaraço à liberdade de expressão não significa, em absoluto, que o "quarto poder" não tenha qualquer controle. Pois até os demais Poderes institucionais da República possuem[755].

2000, em setembro, o mesmo programa exibiu cenas de "zoofilia"; em maio, a reconstituição de orgia sexual, com cenas de nu frontal. Em 1999, no mês de junho, o programa exibiu cenas de artista tailandesa que fumava e jogava dardos com a vagina; em março, a proposta de se arrecadar fundos para pagamento para resgate do irmão de uma famosa dupla sertaneja. São cenas que violam um sentimento médio de proteção contra as invasões, incensuráveis, mas absurdas, e cenas desse baixo nível (*In*: **Folha de S. Paulo**, caderno "TV Folha", p. 10-11, 29 out. 2000)
[753] Ética Jornalística. **Revista Ave Maria**. São Paulo, p. 9, ago. 1998.
[754] O Tempero da Mídia. **Jornal O Estado de S. Paulo**, p. 2, 15 fev. 1999.
[755] Ou será, conforme anota Ives Gandra da Silva Martins, que os meios informativos tornaram-se, na verdade, "o poder de destruir". Relembrando Joaquim Falcão, Ives Gandra esclarece que

Daí por que, com muita propriedade, o jornalista Eugênio Bucci afirmou, em reportagem à *Folha de S. Paulo*, que se verifica, claramente, um "*apelo típico do sensacionalismo que grassa a televisão brasileira...*", ainda mais porque, no caso das cenas de tortura de uma criança, exibidas no programa de Carlos Massa, "*o torturador da criança já se encontrava preso (...) Aí não há notícia, não há informação, nem há jornalismo...*". Cuida-se de uma cena "*inteiramente inaceitável...*", com uma agravante, a de que "*a vítima da sessão de tortura era uma criança...*", "*exposta a uma situação humilhante diante da platéia nacional...*". Complementa o seu artigo, afirmando que o "*ECA, em seu art. 18, diz que é dever de todos velar pela dignidade da criança e do adolescente... Mas eles não ligam. E, no final, a platéia ainda bate palmas (...) Apelações como essas... degradam também a todos nós.* **Rebaixam os padrões de nossa convivência. No fim da história, todos somos vítimas do show de horrores**"[756] (Grifo nosso).

No mesmo diapasão, assinala Vera Lúcia de Oliveira Nusdeo Lopes que,

> *... levando-se em conta especificamente o caso brasileiro, os dados demonstram o alto índice da população que trava contato com os acontecimentos políticos pela TV e pelo rádio, o que – somado ao alto índice de analfabetos e semi-analfabetos – demonstra que grande parte dos brasileiros é informada e formada politicamente pelos meios de radiodifusão, sem qualquer confronto com informação ou notícias recebidas por outro meio*[757].

Com muita sabedoria, após traçar um esboço histórico dos cinqüenta anos de televisão brasileira, a insigne Procuradora de Justiça paulista Luiza Nagib Eluf, num artigo publicado pela *Folha de S. Paulo*, deixou assentado que "*com seu inquestionável poder de indução do comportamento social e individual e diante do abuso na exibição de programas 'apelativos', o Brasil se vê, hoje, às voltas com questões ligadas à qualidade de progra-*

"*apesar de o jornal não ser o fórum, nem o repórter um juiz, muito menos, o editor, um desembargador, os ataques e os erros que os órgãos de imprensa praticam contra os noticiados tornam-nos réus sem defesa, na prisão da opinião pública, pois condenam, sem julgar (...) Vivemos um período muito semelhante ao que ocorreu logo após a revolução francesa, que plasmou a Era do Terror. A título de atingir os desmandos da monarquia francesa, após 1789, e sob o fantástico lema de uma 'Constituição dos Cidadãos'... viveu, o povo francês, com as denúncias e as perseguições ideológicas, o maior banho de sangue de sua história, apenas encerrado em 1794 com a queda e condenação à morte de Robespierre. (...) Que se façam, todavia, as investigações pelos caminhos do respeito à imagem das pessoas – que é próprio das regras democráticas e cláusula pétrea da Constituição (art. 5º, inc. X)*". (MARTINS, Ives Gandra da Silva. O Poder de Destruir. **Jornal Notícias Forenses**. São Paulo, p. 20-21, out. 2000)

[756] BUCCI, Eugênio. Show de Horrores não é jornalismo. **Folha de S. Paulo**, caderno "Tendência/Debates", p. A3, 28 out. 2000.

[757] LOPES, Vera Lúcia O. Nusdeo. **O Direito à Informação e as Concessões de Rádio e Televisão**. 1. ed. São Paulo: RT, 1997. p. 20.

mação. *A guerra pela audiência que se instalou entre as concessionárias de canais e a subserviência ao ibope, tiveram conseqüências nefastas*".

Informando, a ilustre Procuradora de Justiça, Luiza Nagib, assevera que "*os limites fixados pela ética e pelo respeito à dignidade humana foram transpostos em nome da audiência. Acabaram sendo trazidas a público as piores mazelas das famílias, as aberrações físicas e mentais de alguns desafortunados, a exploração impiedosa de crianças, a bestialização da sexualidade, a crueldade gratuita, a violência injustificadamente exacerbada*"[758].

Da mesma forma, a Espanha, seguindo a linha de valores traçados constitucionalmente, estabeleceu a Lei Orgânica 01, de 1982, com o fim de preservar a intimidade pessoal e familiar (além da honra e da própria imagem) quando em confronto com a liberdade de expressão, de modo a torná-la uma das expressões da personalidade, como um direito irrenunciável, inalienável e imprescritível[759].

Note-se que a intimidade familiar, e mesmo pessoal, podem ser afetadas pela influência poderosa que possuem os meios de comunicação em massa, que invadem os domicílios das pessoas e, o que é pior, o inconsciente de cada um, tornando-se, atualmente, perigoso instrumento de formação de opinião – por vezes, parcial – e forte meio de alteração de condutas sociais, na sua maioria prejudiciais ao desenvolvimento, notadamente, das crianças.

Claro está, porém, que se mostra, hodiernamente, razoável a expressão da intimidade, decorrente da liberdade sexual, caracterizada pelo homossexualismo, pelo heterossexualismo, com seus múltiplos efeitos jurídicos que, mesmo na ausência de positivação infraconstitucional, devem ser reconhecidos e garantidos pelo Estado, em face do disposto em nossa Constituição.

Dentro, particularmente, do homossexualismo, no conflito entre a opção sexual, o conteúdo da intimidade e os preconceitos sociais aliados ao não reconhecimento jurídico expresso, inclinamo-nos, numa análise axiológica, ao respeito à intimidade, pois cuida-se de um direito, com origens que

---

[758] ELUF, Luiza Nagib. Cinquenta anos de televisão. **Folha de S. Paulo**, caderno "Tendências/debates", p. A3, 13 out. 2000. Nesse sentido, a portaria 796, do Ministério da Justiça do Brasil, publicada no DOU 11.09.2000, procurou estabelecer critérios, ainda que timidamente, para a classificação dos programas televisivos; as cenas de sexo, por exemplo, só são adequadas para maiores de 14 anos. Mas quais cenas de sexo? A portaria não responde.

[759] Ao comentar a lei espanhola, Candido Conde-Pumpido Ferreiro assevera que as intromissões na vida íntima só podem ocorrer quando houver interesse social, com autorização da autoridade ou de outra lei, ou interesse histórico, científico ou cultural relevante; mas, havendo proteção penal, o direito à intimidade terá prevalência, observado o interesse social. Quando a liberdade de expressão estiver relacionada à divulgação de fatos ligados à vida íntima ou privada das pessoas, que afetarem seu bom nome, sua reputação, suas memórias ou escritos íntimos, terá prevalência o direito à intimidade. (*Op. cit.*, p. 253-254)

remontam ao Direito Natural, e que, hoje, constitui um princípio obvervado não só pela nossa Constituição, como também por Declarações Universais.

Por isso mesmo, o princípio da igualdade substancial ou material, cujo conteúdo nos obriga a afastar qualquer tipo de discriminação social, deve ter prevalência no sentido de serem reconhecidos todos os direitos decorrentes da relação homoerótica, ou então, deve nos conduzir a respeitar a condição física e o estado de saúde – também conteúdo da intimidade – de cada pessoa, em especial do portador do vírus HIV.

Em síntese, o princípio da razoabilidade deve ser analisado à luz, sempre presente, de outro princípio, aqui consagrado como um dos fundamentos do Estado brasileiro Democrático de Direito: o da dignidade da pessoa humana (art. 1º, inc. III).

9.3 OS DIREITOS FUNDAMENTAIS DA VIDA ÍNTIMA E DA PESQUISA DO GENOMA

Note-se, ainda, que a esfera de diminuição da liberdade da própria essência humana, em especial o *patrimônio genético* (conjunto de elementos que formam o ácido desoxirribonucleico – o DNA), pode prejudicar a personalidade da pessoa em desenvolvimento.

Sem dúvida, o projeto Genoma, criado para mapear o código genético do ser humano, constitui uma espetacular expressão da liberdade científica, mas, ao mesmo tempo, esbarra na expressão livre e natural do ser, que irá constituir a sua essência, o seu "eu" íntimo, a sua própria vida, que há de ser desenvolvida naturalmente e de forma digna e sadia.

Daí a doutrina ter construído três princípios básicos, intimamente ligados à bioética, que devem integrar-se à ordem jurídica de forma hamoniosa:

- *o princípio da autonomia privada*, de modo a se reconhecer o domínio íntimo da pessoa sobre o sêmen ou o óvulo, garantindo-se ou não, a seu critério, o respeito ao sigilo genético;

- *o princípio da beneficência,* segundo o qual a engenharia genética deve ser aplicada só para o bem-estar da humanidade, afastando-se, logo no início de uma vida, alguma doença que possa causar um maior dano à pessoa em desenvolvimento;

- e *o princípio da dignidade humana*, pelo qual a personalidade, iniciada com o fenômeno da nidação, deve ter o seu desenvolvimento livre e natural, de modo a se vedar a manipulação dos genes para a criação de uma raça "super-humana", ou a se proibir a destruição dos embriões – porque não há lugar para o seu desenvolvimento –, ou porque seus tecidos devem ser usados para outros fins. (g.n.)

Por isso mesmo, o seu uso indiscriminado pode levar à seleção dos caracteres da pessoa, de modo a se formar, por exemplo, uma raça superior – como quis Hitler –, ou mesmo, pode levar à criação de uma doença incurável a ponto de a pessoa não ter uma vida sadia, ou ainda de quimeras pela fusão de embriões ou de material genético diferente, ou à criação de seres transgênicos (animais com DNA humano), ou, por fim, à criação de armas bacteriológicas, o que, de resto, viola o princípio da dignidade da pessoa humana e, ainda, de modo transverso, o disposto no art. 225, inc. II, da Constituição da República brasileira.

No Brasil, a Lei 8.974/95 cuidava da manipulação genética. Em seus arts. 3°, inc. V, parágrafo único, 4°, 8° e 13, proibiam-se os processos de manipulação do genoma por meio da *mutagênese,* da formação e uso de células de *hibridoma animal,* da *fusão celular,* da *autoclonagem* de organismos não patogênicos.

Outrossim, proibiram-se a intervenção no material genético *in vitro* e *in vivo* – salvo para tratamento de doença –, a criação e depósito de embriões para a formação de material biológico, bem como a experiência com humanos envolvendo a clonagem radical (g.n.).

Recentemente, a Lei 11.105/05 estabeleceu novas normas para a engenharia genética no Brasil. De maneira geral, a nova lei manteve o conteúdo da anterior. Mas criou dois órgãos de atuação direta na pesquisa. Um deles, uma comissão técnica, formada por doutores da área. O outro, um conselho político, o Conselho Nacional de Biossegurança, que tem a função de autorizar empresas a comercializar as técnicas, *ou a vida*!

A nova lei permite o uso de embriões, gerados in vitro e congelados há três anos, para pesquisa em células-tronco, o que, por si só, constitui violação gritante à Constituição Federal, que preserva a vida.

A lei acerta em atribuir a responsabilidade das pesquisas às pessoas jurídicas, que dependem de autorização para funcionarem. Ao mesmo tempo, a lei atribui a responsabilidade objetiva e solidária aos responsáveis pelas pesquisas.

No campo da Ética sobre a pesquisa, surgem três direitos fundamentais. O primeiro, ligado à liberdade individual, expressão da intimidade, é o de dispor do patrimônio genético, com o fornecimento dos óvulos e sêmen.

O segundo refere-se ao direito coletivo, que se biparte em dois aspectos: sua manipulação científica e o seu benefício social. O terceiro diz respeito à vida embrionária, cuja estocagem, aliás, em alguns países é permitida e por tempo determinado (na Espanha e na Inglaterra, cinco anos; na Noruega, três anos). No Brasil, não se permite.

O Direito coletivo, nesse sentido, deve, sem dúvida alguma, observar os dogmas da igual dignidade social, dentro da linha de pensamento de Pietro Perlingieri. Inconcebível, a nosso ver, a técnica da *criopreservação*. Em face do custo, algumas clínicas acabam por se desfazer do patrimônio genético, o qual, muitas vezes, é o próprio *embrião* – portanto, uma vida –, ainda não implantado numa mulher[760].

Inadmissível que, em nome da liberdade de expressão científica, informativa, cultural, dentre outras, ou sob o seu manto protetor, sob a perspectiva lucrativa, se atropelem, se arrebentem, os valores e os princípios conquistados após os horrores da 2ª Guerra Mundial.

Os horrores de hoje se assemelham aos do passado; a diferença está na forma "avançada" de praticá-los: muito mais sofisticadas, feitas a quatro paredes, e, por isso mesmo, mais perigosas.

9.4 O PRINCÍPIO DA RAZOABILIDADE À LUZ DA JURISPRUDÊNCIA

Em rumorosa ação promovida pelo cantor Ney Matogrosso contra a conhecida revista "Amiga", que o teria indicado como suposto portador de AIDS, o então Desembargador Carlos Alberto Menezes Direito – hoje, presidente da Colenda 3ª Turma do Superior Tribunal de Justiça – elaborou, com muita propriedade, toda uma teoria a respeito da colisão dos direitos, que merece particular atenção.

Em síntese, afirmou Sua Excelência que o ser humano tem uma esfera de valores próprios, que são colocados em sua conduta não apenas em relação ao Estado, mas também na convivência com seus semelhantes. Por isso mesmo, deve-se respeitar não apenas os direitos que repercutem no seu patrimônio material, de pronto aferível, mas aqueles direitos relativos aos seus valores pessoais, que repercutem nos seus sentimentos.

Cuida-se de direitos que se encontram reservados no seu íntimo, que a ninguém é dado invadir, porque integram a intimidade de sua consciência. Com base no estudo desenvolvido por Ole Espersen, do Instituto Internacional

---

[760] Aliás, sobre o "depósito" de embriões, a Suprema Corte do Tennessee, em 1993, negou o direito à mulher, já divorciada, de ter acesso a sete embriões congelados num Banco genético, há quatro anos, desde que ela e seu marido ainda eram casados. A Justiça respeitou o direito à liberdade de ser ou não pai, aspecto de sua intimidade. Todavia, em caso semelhante, outra foi a postura tomada; a Suprema Corte de Nova Iorque, em 1995, entendeu que, com a ejaculação, o homem realiza um ato de doação, não tendo mais direitos sobre o sêmen, de modo que a mulher, disponibilizando o óvulo, poderia ter o exclusivo controle sobre os embriões produzidos em proveta.

de Direitos do Homem, o desembargador destacou a definição dada à vida privada como sendo uma área da vida humana a qual, em qualquer circunstância, um homem médio, com uma compreensão das necessidades legítimas da comunidade, pensaria ser errado invadir.

Invocando a conferência dos juristas nórdicos sobre os direitos à privacidade, de 1981, de que já cuidamos, definiu-se a privacidade como direito de o indivíduo conduzir sua própria vida, sem qualquer interferência externa, sem ataques à sua honra, à sua reputação, à sua liberdade moral e intelectual, à divulgação de fatos embaraçosos de sua vida íntima, de informações obtidas em segredo profissional.

De qualquer sorte, não se pode ignorar que a sociedade, por conta dos diversos meios de expressão e comunicação social, tornou-se invasora da vida íntima e privada das pessoas, porque reduziu distâncias, tornando-se pequena e, por isso, poderosa, na promiscuidade que propicia.

É uma sociedade que, verdadeiramente, pretende acabar com o monopólio do homem sobre os seus sentimentos, porque criou meios para descobri-los, expondo-os à sociedade por inteiro, como ocorre com a indevida manipulação genética, ou mesmo, com a *internet*.

Foi o que ocorreu, no verão de 1999, com o *US Bancorp*, sediado em Minneapolis, uma das quinze maiores instituições bancárias dos USA, acionado na Justiça americana pelo Estado de Minnesota, que o acusou de vender nomes, dados de seguro pessoal e profissional, revelar o estado civil, os saldos das contas, os limites de crédito e as propriedades das pessoas, informes esses de caráter privado e íntimo.

O Estado acusou o Banco de violar o princípio do respeito à intimidade e à privacidade das pessoas, e o *US Bancorp* teve que pagar, a título de indenização, três milhões de dólares aos ofendidos e a diversas instituições de caridade[761].

Referindo-se ao processo de Ney Matogrosso, afirmou o digno Magistrado Carlos Alberto M. Direito que os fatos colocados a sua decisão transitavam pelo mesmo caminho. Um artista renomado, permanentemente exposto à ribalta, desfrutando do prestígio de seu talento, alegou que as rés,

---

[761] JENNINGS, Charles. *Op. cit.*, p. 222-223. Veja-se que a Internet, segundo John Hamre, Secretário de Defesa do EUA, é a arma utilizada numa verdadeira "guerra cibernética" que vivemos atualmente, pela invasão dos *hackers* nos dados constantes dos sistemas de segurança norte-americano (*Op. cit.*, p. 229). Nesse sentido, a violação do sigilo de dados, por si só, rompe a vida íntima da pessoa; o secreto está ligado à intimidade. A intromissão nesses dados pode propiciar, ainda, a quebra de informes de conotação mais íntima das pessoas. Assevera Danilo C. M. Doneda que "*é evidente que isto implica em um atentado frontal à privacidade individual, possível sem que se usem microfones nem câmaras, apenas recolhendo informações que todo cidadão costuma revelar nas mais diversas ocasiões, como o cadastro que faz em uma locadora de vídeos ou sua ficha em uma clínica médica*". (*Op. cit.*, p. 118)

empresa de comunicação de massa, alcançaram a sua intimidade, a sua vida privada, afetando a sua honra e sua imagem, divulgando, com reincidência, notícia sobre boatos de que havia contraído "AIDS". Ainda que fosse verdadeira a notícia – e o que é pior, a informação não era verdadeira –, imperdoável a sua divulgação.

O primeiro questionamento é o alcance da notícia no que diz respeito ao sentimento da vítima, capaz de produzir dano moral. A doença, lamentavelmente, é letal, atingindo o sistema imunológico; é uma doença que traumatiza a sociedade e, como toda doença incurável, provoca fortes reações psicológicas adversas. É evidente que nenhum homem médio poderia espancar os seus mais íntimos sentimentos de medo e de frustração, de indignação e revolta, de dor e mágoa, diante da divulgação de seu nome associado a uma doença incurável.

O segundo questionamento, levantado pelo magistrado Carlos Alberto Direito, é sobre a violação de um dos direitos subjetivos privados agasalhados na declaração de direitos da Constituição, atentando, por assim dizer, contra a inviolabilidade da intimidade, da honra, da vida privada e da imagem das pessoas[762].

9.5 LIMITES AO DIREITO À INTIMIDADE NESSE CONFLITO

Dois fatores relevantes impõem, contudo, limitações ao direito em análise. O primeiro deles refere-se à própria natureza de um direito essencial, inato à personalidade. Impossível, nesse sentido, conforme acentuou o Supremo Tribunal Federal, reconhecer-se o direito à intimidade ao militar que foi flagrado, nas dependências militares, relacionando-se sexualmente com uma adolescente de dezessete anos.

Ou então, atinge as raias do absurdo reconhecer-se o respeito à intimidade do inglês que, processado por mais de vinte vezes por ato obsceno, deseja ver reconhecido, judicialmente, o seu direito de "andar nu" pela Inglaterra.

Extrapolou o direito à intimidade o casal de homossexuais mulheres – cuja relação amorosa deve ser permitida em face do íntimo direito de opção ou liberdade de pensamento – que pediu a um amigo, também homossexual, a doação de sêmen, para que uma delas se submetesse à inseminação artificial. Não devemos nos esquecer de que em qualquer união estável é imperioso o princípio monogâmico.

A situação está chegando às raias do absurdo – não pela existência gratuita das "barrigas de aluguel" (que conta com o permissivo do art. 9º da

---

[762] TJRJ – 1ª Câm. – Ap. 3.059/91 – 19.11.1991.

Lei 9.434/97) –, mas, sim, pela existência de pessoas que, abusando de sua liberdade individual, particularmente de sua intimidade liberal, se propõem a comercializar, até mesmo via *internet*, óvulos, sêmen, pela soma que varia de doze a quinze mil dólares, ou até mesmo órgãos humanos para fins de transplante (remoção e implante de órgãos, tecidos e partes do corpo humano), o que, aliás, é proibido por nossa legislação – Lei 9.434/97[763].

Da mesma forma, deve ser limitado o direito ao respeito à intimidade daquele que se julga transexual, mas, na verdade, cientificamente, não o é. Daí por que a necessidade do estudo prévio dos impactos psiquiátrico e psicológico de cada caso.

O segundo fator diz respeito à função da primazia do interesse público. A natureza jurídica do direito em foco impede que o seu titular dele disponha em escala que ultrapasse os limites de sua própria essencialidade.

O titular poderá fazer uso do que lhe aprouver, como ser biografado, revelando aspectos íntimos de sua existência, desde que tal utilização não importe em perda, renúncia ou alienação do direito.

Estando em jogo o interesse público, a intimidade também sofre limites. Assim, fatos essencialmente íntimos, detidos dentro do que Norberto Bobbio denomina espaço jurídico vazio, como o estado de saúde, a submissão a qualquer tipo de tratamento médico, a prática religiosa, as relações conjugais e extraconjugais, histórias amorosas, preferências sexuais, devem ter justificativas particularmente sérias, objetivas e relevantes ao interesse público para serem investigados ou revelados.

Sobre o juízo que devemos ter sobre valores, acrescenta o professor de Filosofia da Educação, Roque Spencer Maciel de Barros, que *"essa razoavelmente volumosa audiência que conseguem obter programas de péssimo nível intelectual e ético é produto não só da confusão de valores própria de nosso tempo, como a sua onda impropriamente chamada de 'pós-moderna', (...) mas também de uma educação deficiente sob todos os pontos de vista"*[764].

Lamentavelmente, a expressão mais frívola da intimidade tem sido palco do sensacionalismo pela mídia, contando, o que é pior, com o consentimento do interessado. Que sentido social terá esse consentimento que possa violar os valores éticos e pessoais da sociedade? Note-se, observa Carlos Alberto Di Franco, que *"biografias não autorizadas não têm repercutido apenas nas páginas dos tablóides sensacionalistas. Infelizmente. Maledicên-*

---

[763] Muito embora nossa lei não faça qualquer referência à proibição da comercialização de sangue, óvulos e esperma, cremos que o princípio da dignidade da pessoa humana impede, por si só, tal prática. A dignidade, aliás, nada mais é do que a valorização do ser humano como um ente em busca de sua felicidade.
[764] BARROS, Roque Spencer Maciel de. TV e degradação humana. **Jornal da Tarde**. São Paulo, p. 2, 11 fev. 1999.

cia e agressões injustas à privacidade parecem estar imunes aos critérios da qualidade".

Salienta o professor de ética jornalística: *"o **strip-tease** da intimidade, ridículo e deselegante, ganha '**status**' de informação relevante. O que interessa não são as idéias do entrevistado, mas o desnudamento de suas transas e fantasias eróticas. O que importa é chocar"*[765].

Mesmo assim, os limites devem ser impostos para uma convivência sadia e harmônica da sociedade, sob pena de se instalar o caos social – com a formação "indevida" da opinião pública – e o processo de autofagia dos canais de informação.

De outra banda, a nova Lei de escuta telefônica, e mesmo da quebra do sigilo de dados, permite a invasão da intimidade, desde que haja suspeita da ocorrência de crime (interesse público); e, ainda assim, as informações daí decorrentes devem permanecer sigilosas, no âmbito da investigação, havendo sempre necessidade de ordem judicial, fato que tem especial repercussão na Lei Complementar 105/01.

Da mesma forma, as pessoas que buscam os holofotes e fazem de suas experiências pessoais teatro aberto aos olhos e ouvidos de todos, fazem presumir autorização ou consentimento tácito para que a mídia reproduza, para uma platéia ainda mais ampliada, suas confissões e aventuras (*in* **RT** 715/248).

Nesse sentido, ainda, devemos salientar que, se os fatos se tornarem públicos, não há como se pretender que integram espaço de reserva, à distância dos sentidos alheios, como ocorreu com o livro **Olga**.

No que tange às pessoas que detenham alguma importância política ou social, devemos salientar que, pela própria condição da vida que levam, estão sujeitas à influência da comunidade. Todavia, parece estar superada a tese de que a proteção à intimidade dessas pessoas cede ao fato de serem públicas.

Em função da dignidade que abrange todas as pessoas, é importante ressaltar que também essas pessoas possuem um espaço de intimidade. Deve ser levado em conta a finalidade e a proporcionalidade da divulgação, revelada, de forma sintética, em duas questões: há interesse público no conhecimento da informação? Se houver, é suficientemente relevante para suplantar a intimidade da pessoa noticiada?

À consideração dessas duas questões, deve-se somar a natureza do assunto. Tratando-se de um assunto que envolva a esfera íntima da pessoa,

---

[765] DI FRANCO, Carlos Alberto. O Tempero da Mídia. **Jornal O Estado de S. Paulo**, p. 2, 15 fev. 1999.

sem qualquer repercussão funcional, não há como garantir a divulgação. A propósito, o Superior Tribunal de Justiça, no acórdão publicado na Revista dos Tribunais 691/184, entendeu haver interesse público no fato de se divulgar o resultado de uma investigação de paternidade envolvendo um líder político[766], o que, para nós, constitui interesse íntimo.

Destarte, verifica-se que o direito à vida íntima pode ser violado pela ordem jurídica, em algumas situações especiais ou excepcionais, porque o próprio ordenamento jurídico, cuidadosamente valorado, autoriza essa violação. Na verdade, estas situações especiais estão fora do espaço jurídico vazio, de vez que esse espaço é absolutamente intocável pelo ordenamento jurídico.

9.6 LIMITES À LIBERDADE DE INFORMAÇÃO E À DE INFORMÁTICA

O nosso ordenamento jurídico agasalha o direito de informar e ser informado. Garante a liberdade de imprensa, mas a própria Constituição estabelece limites a essa liberdade, que não é e nem pode ser absoluta. É o famoso sistema de freios e contrapesos.

Bem a propósito, Nelson Hungria assevera que *"a liberdade de imprensa é o direito de livre manifestação do pensamento pela imprensa; mas, como todo direito, tem o seu limite lógico na fronteira dos direitos alheios"*[767].

No mesmo sentido, Rafael Bielsa, citado por Darcy Arruda Miranda, esclarece que *"a liberdade de imprensa, como toda liberdade, tem suas limitações virtuais e necessárias nas outras liberdades, e nos direitos privados e públicos"*[768].

Em verdade, um direito limita o outro. Veja-se que a Constituição brasileira garante a liberdade de informação e, ao mesmo tempo, protege, frise-se, a inviolabilidade da vida íntima e privada (art. 220, § 1º). E ainda o art. 221 estabelece que a produção e a programação das emissoras de rádio e televisão devem respeito aos valores éticos e sociais da pessoa e da família (inc. IV).

Limitações à liberdade de imprensa, podem, também, originar-se de diversas outras fontes, como o Código Penal, que protege a honra das pessoas, como também da lei de imprensa, que prevê, como crime, a calúnia, a injúria e a difamação, assacadas pelos meios de comunicação.

---

[766] **Revista dos Tribunais**, v. 691, p. 184.
[767] *Apud* MIRANDA, Darcy Arruda. **Comentários à lei de imprensa**. 3. ed. São Paulo: RT, 1995. p. 64.
[768] *Op. cit.*, p. 66.

Os limites à liberdade de informação se dividem em internos e externos. Os primeiros estão ligados ao compromisso com a verdade. Daí a razão pela qual a atividade de imprensa deve desenvolver um trabalho de alto nível profissional, com base na veracidade, na exatidão e no equilíbrio.

Já os limites externos encontram suas barreiras nos demais direitos e liberdades de igual hierarquia constitucional. Por isso mesmo, Rafael Bielsa, referindo-se ao mau uso da liberdade de imprensa, esclarece que *"se essa liberdade é desenfreada e afeta a honra... das pessoas..., é evidente que não só lhe deve negar proteção, mas também reprimir seus excessos antijurídicos"*.

Complementa Bielsa:

é que a má imprensa não só lesa direitos e interesses jurídicos e morais das pessoas a quem afeta a informação caluniadora ou escandalosa, como também corrompe, progressivamente, sentimentos e a moralidade média da sociedade. Engendra uma espécie de curiosidade e animosidade mórbidas no público, sobretudo, nas pessoas que, por falta de sentido crítico, de reflexão ou de experiência, são propensas às vias de fato, perigo que comprova a psicologia das multidões[769].

Lamentavelmente, a imprensa tem se revelado resistente ao controle cautelar de sua ação, sob o argumento da impossibilidade da censura prévia. Não pode haver nenhum controle prévio do que se vai publicar, muito menos uma "censura *a posteriori*". Todavia, nada impede a intervenção judicial, já que não se pode excluir de sua apreciação qualquer lesão ou ameaça a direito (art. 5º, XXXV).

Nota-se, claramente, que o controle da imprensa pode ser obtido até mesmo através de cautelares, já que, para a ação do Poder Judiciário, não se exige a consumação da lesão, bastando a ameaça a direito. Saliente-se, entretanto, que o tema está longe de ser pacificado.

O Supremo Tribunal Federal vem entendendo, atualmente, que a atuação judicial preventiva constitui forma de censura prévia[770]. Mas, conforme anota o insigne Celso Antonio Bandeira de Mello[771],

as mensagens do rádio e da televisão modelam livremente o "pensamento" dos brasileiros. Para servimo-nos, ainda uma vez, da linguagem popular, ao gosto dos protagonistas destes meios de comunicação, eles 'fazem a cabeça'da sociedade, sem quaisquer peias, modelando, ao seu talante,

---

[769] *Apud* MIRANDA, Darcy de Arruda. *Op. cit.* p. 66.
[770] CALDAS, Pedro Frederico. **Vida privada, liberdade de imprensa e dano moral**. São Paulo: Saraiva, 1997. p.111.
[771] MELLO, Celso Antonio Bandeira de. **Curso de Direito Administrativo**. São Paulo: Malheiros, p. 502.

tanto o brasileiro de hoje como o de amanhã, pois encontram um material quase informe, pronto para ser trabalhado. Não é de se estranhar a eficiência dos resultados. Trata-se de uma tecnologia de primeiro mundo – e muitas vezes com uma qualidade e sofisticação só ali encontráveis –, operando sobre massas do Terceiro Mundo. O sucesso eleitoral destes... comprova o envolvente poder destes meios de comunicação.

Basta lembrar o efeito decorrente das palavras do líder petista Lula, numa conversa íntima com o candidato a prefeito Fernando Marroni, mas filmada, segundo as quais ele considerava Pelotas como uma cidade "exportadora de veado". O partido contrário, evidentemente, queria usar as palavras de Lula, como, de fato, foram usadas, não pelo partido – que foi proibido de usá-las pela juíza eleitoral de Pelotas, Sônia Araújo Pereira, que fundamentou sua decisão na disposição contida no art. 5º, inc. X, da CR –, mas por toda a imprensa nacional[772]. De que adiantou a proibição judicial?

Salienta o renomado administrativista que *"para completar o quadro constrangedor, uma única estação de televisão detém índices de audiência nacional esmagadores, ensejados pelo sistema de cadeias ou repetidoras de imagem – sistema que, aliás, constitui-se em manifesta* **burla** *ao* **espírito** *da legislação de telecomunicações"*[773].

Note-se que a atual Constituição, sob esse aspecto, deixou a desejar, cuidando, de forma escandalosa, da matéria, sem coragem de enfrentar o problema que, como se vê, poderia ser resolvido administrativamente, com base em disposições constitucionais, além de corajosas, mais eficazes no controle do chamado "quarto poder".

O art. 223 da Constituição brasileira estabelece que

a outorga e renovação de concessão, permissão ou autorização para radiodifusão sonora e de sons e imagens competem ao Poder Executivo, mas o Congresso Nacional apreciará tais atos no mesmo prazo e condições conferidos aos projetos de lei de iniciativa do Presidente, para os quais este haja demandado urgência. A outorga ou renovação só produzirão efeitos após deliberação do Congresso[774].

A seguir, o douto jurista pátrio manifesta sua irresignação contra o absurdo criado constitucionalmente, com o único intuito de proteger o 'super-poder':

agora, pasme-se: **para não ser renovada a concessão ou a permissão** *é necessário deliberação de 2/5 (dois quintos) do Congresso Nacional e*

---

[772] **Folha de S. Paulo**, Caderno "eleições", p. A12-A 13, 28 out. 2000.
[773] *Op. cit.*, p. 502.
[774] *Idem*, p. 502.

por votação nominal! *Contudo, há mais ainda: o cancelamento da concessão ou permissão antes de vencido o prazo (que é de 10 anos para as emissoras de rádio e de 15 anos para as de televisão) só poderá ocorrer **por decisão judicial**, contrariando, assim, a regra geral que faculta ao concedente extinguir concessões ou permissões de serviço público*[775]!
(Grifos do autor)

Disto resulta que a liberdade de expressão informativa efetivamente não tem qualquer controle jurídico *eficaz*. A intromissão na intimidade das pessoas torna-se cada vez mais acentuada. O legislador constituinte preferiu proteger a informação, em detrimento da ressalva feita em relação ao princípio da observância dos valores éticos, tornando, praticamente, impossível qualquer controle administrativo. E o legislador ordinário parece não desejar a nova positivação do projeto de lei de imprensa e da lei da informática.

Bem a propósito, aduz o insigne Procurador da República José Adércio Sampaio:

*a total transparência do indivíduo ante aos olhos do Estado e das empresas, detentores do monopólio de informação, agudiza a concentração do poder, fragiliza o controle que deve ser exercido pela sociedade – e não, sobre a sociedade – e tende a aprofundar a desigualdade de suas relações, favorecendo as discriminações e o conformismo social e político, assim como a ditadura do simulacro. (...) Fala-se de uma nova categoria de excluídos: os **exclus de l'abstraction**. A intimidade ascende de um valor burguês a uma valor democrático essencial*[776].

Essa intromissão se torna mais evidente quando nos referimos à *internet*. Empresas concorrentes recebem, *on-line*, gravações detalhadas dos telefonemas dados pelas outras, numa evidente quebra do sigilo telefônico. Uma foto tirada, ao vivo, do interior de um lar, um dos âmbitos mais restritos da intimidade, pode, via Internet, pela rede de satélites, ser, a qualquer instante, disponibilizada *on-line*. Informes da vida de uma pessoa que ingresse na rede global, podem facilmente ser captados por outros. Um *hacker* pode captar a conversa e a imagem de duas pessoas que se relacionam *on-line* e pelo sistema de câmera.

Verifica-se, claramente, que a tendência de tornar públicos aspectos estritamente ligados à vida íntima das pessoas torna-se cada vez mais forte. A situação se agrava quando, sem qualquer limitação, o provedor da rede permite o fácil acesso aos sons e imagens pornográficas, como se fosse uma atuação

---

[775] *Idem, ibidem*, p. 502.
[776] SAMPAIO, José Adércio. **Direito à intimidade e à vida privada**. Belo Horizonte: Del Rey, 1998. p. 495.

absolutamente normal, independentemente de quem tenha se conectado à rede[777]. Não existem bloqueios e nem senhas, como ocorre, por exemplo, no sistema fechado de transmissão de sinais televisivos, do tipo *sex hot*.

Observa Charles Jennings e Lori Fena que as crianças, em particular, criaturas inocentes, *"a cada idade, atualmente, ... estão passando cada vez mais tempo on-line, onde são especialmente vulneráveis aos engodos de mercados obscuros"*[778]. O controle deve ser feito pelos pais, diuturnamente!

---

[777] Sobre a responsabilidade do provedor, Guilherme Magalhães Martins, em seu artigo sobre *Boa fé e contratos eletrônicos via internet*, esclarece, em relação ao anonimato que o provedor deve providenciar, que: *"ainda que no contrato de acesso, a identificação do usuário, mediante a apresentação de documento de identidade válido, como garantia dos imperativos de segurança e lealdade próprios da boa fé objetiva, valores esses que, balanceados em face da privacidade, devem ser colocados em primeiro lugar. O uso da criptografia, como meio de confidencialidade dos negócios realizados na Rede (...) encontra objeções diante de sua possível utilização pelo crime organizado, que pode se valer da divulgação de mensagens envolvendo terrorismo ou pedofilia, sendo prevista como crime na lei francesa acerca da criptografia".* (TEPEDINO, Gustavo. *Op. cit.*, p. 145)

[778] *Op. cit.*, p. 169. Narram os autores que um *Web site*, que, a princípio, se dedicava ao entretenimento, na verdade persudia as crianças a fornecerem informes pessoais de seus pais. Ciente disso, o Congresso dos EUA aprovou, em 1998, a *Children's Online Privacy Protection Act*, a qual, porém, prevê que os *"sites são obrigados a trazer avisos sobre suas políticas de coleta de dados"* e que os pais têm o direito de saber as informações ali constantes. A nosso ver, a lei é tímida, pois não previu uma disposição específica que, de forma eficaz, inibisse o acesso das crianças à pornografia e mesmo à pedofilia. A propósito, o ex-presidente americano Bill Clinton, em 1996, promulgou lei que proibia as imagens de pedofilia via *internet*; a lei, porém, foi declarada inconstitucional pela Suprema Corte, por ferir a liberdade de expressão!
De outra banda, o Conselho da Europa promulgou duas resoluções – a de n. 22 e a de n. 29 – que visam proteger os dados automatizados relativos à privacidade. A primeira delas refere-se à proteção da vida privada das pessoas físicas – seus informes pessoais – em relação ao banco de dados eletrônicos captados pelo setor privado; diante da possibilidade de divulgação desses dados, a resolução recomenda a necessidade da adoção de medidas legais que protejam as pessoas; a resolução ainda prevê que as informações registradas devem ser exatas e que as informações sobre a intimidade das pessoas – por serem alvo de discriminações –, em regra geral, não podem ser registradas e muito menos difundidas; outrossim, prevê que as informações não podem ser apropriadas, sem o consentimento do interessado, ou utilizadas para outros fins que não os constantes do registro inicial. Já a Resolução 29, referente à proteção da vida privada das pessoas em relação ao banco de dados eletrônicos de acesso ao setor público, recomenda que os dados não possam ser utilizados para outro fim que não esteja definido; que certas categorias de dados não possam ser conservadas ou utilizadas depois de determinado tempo, salvo para fins estatísticos, científicos ou históricos. Nesse sentido, a Constituição Portuguesa de 1976, em seu art. 35, estabelece: *"1. Todos os cidadãos têm direito de tomar conhecimento dos dados constantes de ficheiros ou registros informáticos a seu respeito e do fim a que se destinam, podendo exigir sua retificação e atualização, sem prejuízo do disposto na lei sobre segredo de Estado e segredo de Justiça; 2. É proibido o acesso a ficheiros e registros informáticos para conhecimento de dados pessoais relativos a terceiros e respectiva interconexão, salvo em casos excepcionais previstos em lei; 3. A informática não pode ser utilizada para tratamento de dados referentes a convicções filosóficas ou políticas, filiação partidária ou sindical, fé religiosa ou vida privada, salvo quando se trate do processamento de dados estatísticos não individualmente identificáveis; 4. A lei define o conceito de dados pessoais para efeitos de registro informático, bem como de bases e bancos de dados e respectivas condições de acesso, constituição e utilização por entidades*

Sem contar que existem *sites* aparentemente normais que, clicados, remetem o usuário aos pornográficos – é o chamado esquema do *page jacking*. Como fica o princípio da "igual dignidade social"? Os provedores, embora *fornecedores* no sentido jurídico da palavra, estão imunes a qualquer responsabilidade, se considerarmos que eles fornecem o acesso à rede?

Penso que não. A nossa legislação consumeira e o próprio Estatuto da Criança e do Adolescente são perfeitamente aplicáveis às hipóteses ora traçadas, em que pese a Lei 7.232/84 (sobre a Política Nacional de Informática), em seu art. 3º, § 2º, ter previsto que "*a estruturação e a exploração de bancos de dados serão regulados por lei específica*". A pessoa que se conecta à rede é consumidora. A responsabilidade do fornecedor é *objetiva* e o interesse a ser defendido é *difuso*, em nome do princípio maior da dignidade da pessoa humana. E mais: existe o permissivo legal, recentemente introduzido na Lei 7.347/85, que ampara a indenização por *dano moral coletivo*, com a aplicação da tutela específica, em especial, as *astreintes*, ou então, a fixação do valor sobre os ganhos da empresa em função de sua intromissão na vida íntima das pessoas.

9.7 DA RESPONSABILIDADE: A EXIGÊNCIA DE REPARAÇÃO DO DANO

9.7.1 O dano moral

Os debates sobre o projeto da nova Lei de Imprensa, ora em tramitação no Congresso Nacional, estão trazendo à tona questão do maior interesse, cuja relevância não se circunscreve à defesa da liberdade de informação, embora em relação a ela se faça sentir de modo particularmente crítico.

A discussão, em especial, gira em torno do valor indenizatório: se a fixação do valor da indenização do dano moral deve ficar contida entre limites máximos e mínimos definidos em lei, como é atualmente (tanto em relação à Lei de Imprensa, como em relação ao Código de Telecomunicações), ou se, ao contrário, ela caberia ao prudente arbítrio do juiz, incumbindo-lhe estimá-la e fixá-la livremente, atendidas as particularidades de cada caso concreto, consoante estabelece o referido projeto.

---

públicas e privadas; 6. A lei define o regime aplicável aos fluxos de dados transfronteiras, estabelecendo formas adequadas de proteção de dados pessoais...".
Já a Constituição espanhola de 1978, em seu art. 18, em linhas gerais, garante a intimidade pessoal e familiar, a inviolabilidade domiciliar e a garantia do segredo das comunicações. Apenas as duas últimas podem ser violadas por ordem judicial, e a invasão ao domicílio pode ocorrer na hipótese de flagrante delito. Especialmente quanto à informática, a Constituição da Espanha determina que lei infraconstitucional limitará o seu uso, para garantir a honra e a intimidade pessoal e familiar dos cidadãos em pleno exercício de seus direitos.

Por aí se vê a facilidade e, paradoxalmente, a dificuldade de se entender a distância que separa cada uma dessas soluções, especialmente quando se leva em consideração que inexiste defesa verdadeiramente ampla e eficaz contra uma estimativa que a lei submeta apenas ao livre e prudente critério adotado por um juiz.

Ínfimo ou exorbitante, qualquer que seja o valor, estará sempre em conformidade com a lei, o que, de certa forma, impede o acesso aos tribunais superiores (STF e STJ), não se criando padrões que possam delinear um controle efetivo da justiça ou injustiça na sua fixação.

Tal discussão não é recente. A evolução histórica revela três estágios de amadurecimento. O primeiro surgiu em decorrência da jurisprudência dos tribunais franceses, que, para reparação do dano moral, entendiam suficientes a formal imposição de uma condenação ao ofensor, muito mais moral do que uma imposição econômica. Em razão disso, os tribunais franceses condenavam o réu ao valor simbólico de "um franco", dando-se ênfase ao "aspecto punitivo" da condenação em si.

O estágio seguinte caracterizou-se pelo entendimento de que, ao lado do caráter punitivo, o valor condenatório deveria ter um sentido "compensatório", de natureza econômica, mas sem a idéia de "equivalência" entre o dano e seu valor, própria do ressarcimento do dano patrimonial. Passou-se a se entender, dessa forma, que a indenização não deveria ser tão pequena que se tornasse inexpressiva, muito menos tão grande que se convertesse em fonte de enriquecimento abusivo, ficando sujeita ao livre, prudente e eqüitativo critério judicial.

O terceiro estágio, reinante na modernidade e existente com muita ênfase nos Estados Unidos da América, corresponde ao período de exacerbação da indenização, para servir de exemplo e desestimular a reiteração do comportamento ilícito, chegando-se às últimas conseqüências no caráter "punitivo" da reparação, sempre de acordo com o livre e prudente critério do juiz.

Assevera José Ignácio Botelho de Mesquita, insigne professor titular de Direito Processual Civil da USP, que

> *exemplo das consequências práticas desse último entendimento são as condenações exorbitantes de que os jornais têm dado notícia, capazes de, por si só, obrigar ao fechamento de agências bancárias, ou à cessação das atividades de órgãos de informação. Em defesa desse critério, costuma-se dizer que se inspira nas **punitive damages** do direito norte-americano, e não há outro modo de estimar a indenização do dano moral*[779].

---

[779] MESQUITA, José Ignácio Botelho de. Dano Moral – Lei de Imprensa. **Revista Jurídica**. Porto Alegre, n. 251, p. 150, set. 1998.

Não ingressando no mérito do modelo norte-americano, convém frisar que nem todos os institutos se podem diretamente importar do sistema do *judge made law* para os sistemas de *civil law*, não obstante a crescente, mas tímida, aproximação que entre os sistemas constatamos atualmente.

Não importando, conjuntamente, as raízes históricas, os costumes, o conteúdo e os limites dos poderes de que estão investidos os seus juízes, e também o sistema seguritizado dos Estados Unidos da América, corremos o risco de fazer ingressar, no Brasil, não os usos, mas os abusos que, em relação a esta matéria, constituem o pesadelo do jornalista americano.

Diferentemente do sistema jurídico norte-americano, o nosso ordenamento jurídico sempre se inspirou, notadamente em relação a esta matéria, na supremacia do direito posto ou legislado, por sinal expressa na norma constitucional de que ninguém será obrigado a fazer ou deixar de fazer alguma coisa senão em virtude de lei.

Tal princípio, essencialmente positivista, constitui o principal norte de nosso ordenamento jurídico, em torno do qual se relacionam todas as nossas instituições jurídicas. As alegadas dificuldades na fixação da indenização do dano puramente moral, sob esse aspecto, não seriam tão complicadas, como alguns querem deixar transparecer.

Isto porque, se de um lado se fixam os parâmetros legais do valor indenizatório, de outro, se corre o risco de não se praticar a eqüidade, também prevista em nosso sistema jurídico.

Para a solução da questão, devemos fazer um breve esclarecimento sobre a natureza jurídica das sanções com que o direito reage contra os atos ilícitos. De modo geral, as sanções estão legalmente classificadas em duas espécies: as civis e as penais. A diferença entre elas não decorre, necessariamente, da natureza da infração cometida (ilícito criminal ou civil), mas, sim, da função que cada uma delas exerce.

Em linhas gerais, pode-se afirmar que a sanção civil tem por escopo a "reparação" da perda sofrida, e esta se afere pelo valor do bem jurídico ofendido, devendo ser sempre "proporcional" a ele.

Por sua vez, a finalidade da sanção penal está ligada à "repressão" do ilícito penal e à conseqüente ressocialização do criminoso. Não tem qualquer relação com a natureza ou com o valor patrimonial do bem lesado, valor este que pode até inexistir em algumas infrações penais.

No direito clássico, essas duas sanções se confundiam, chegando-se a considerar o inadimplemento como uma ofensa à pessoa do credor, justificando a imposição de sanções absolutamente desproporcionais ao valor da obrigação descumprida, até mesmo com a aplicação de penas cruéis, principalmente antes da *Lex Poetelia Papiria*.

Hodiernamente, o direito cuidou de separar as sanções, retirando da sanção civil qualquer caráter punitivo e dela exigindo estreita proporcionalidade com o bem lesado. Assim, esclarece o Professor Botelho de Mesquita que "*é fácil perceber que a indenização, como a preconizada para a hipótese de dano moral, prescinda da ocorrência de qualquer lesão patrimonial, que não guarde **proporcionalidade** com o valor do bem lesado, que inclua entre os seus objetivos os de **afligir** o ofensor e inibir a reiteração de condutas análogas*"[780].

Destarte, salienta o culto processulista: "*por suas peculiaridades, a indenização do dano moral puro se configura como pena pecuniária ou multa; é pena civil. Enquanto tal, está sujeita ao princípio da legalidade das penas, conforme se acha expresso na CF: não haverá nenhuma pena 'sem prévia cominação legal' (art. 5º, inc. XXXIX)*"[781].

Fica reduzido, pois, a um falso problema a dificuldade de se valorar a indenização por dano moral posterior. Isto porque, em face da natureza de pena civil, não pode essa sanção ser criada após a ocorrência do fato danoso, pois "*nulla poena, sine praevia lege*".

Compete ao legislador, portanto, fixar os limites máximos e mínimos da sanção, de forma mais ampla – principalmente se houver reincidiva ou se as condições econômicas do ofensor forem privilegiadas –, sem tomarmos como parâmetro, porém, os critérios legais já existentes. É o que ocorre no atual direito penal brasileiro. E o juiz criminal nunca teve nenhuma dificuldade maior para ajustá-la ao caso concreto.

Observa-se que, considerado uma garantia constitucional, o princípio da legalidade das penas não é um postulado exclusivo do Direito Penal. O consagrado constitucionalista Jorge Miranda inclui, entre os objetivos que sustentam modernamente o Estado de Direito, a extensão de alguns dos postulados fundamentais do direito criminal aos "*ilícitos de mera ordenação social e às sanções disciplinares, inclusive em direito laboral*"[782].

Arremata o ilustre processualista Botelho de Mesquita,

e nem é preciso ir tão longe, pois é intuitivo que, em matéria civil, não cabe ao juiz, por sentença, criar multas, que antes não existiam, ou aumentar as que já existiam. Em certos casos, admite a lei que o juiz fixe uma multa diária, mas apenas para a hipótese de futuro descumprimento da sentença, podendo o obrigado evitá-la prestando o que seja devido; jamais

---

[780] *Op. cit.*, p. 151.
[781] *Idem*, p. 151.
[782] MIRANDA, Jorge. **Manual de Direito Constitucional**. Coimbra: Almedina, 1988. v. 4, p. 184.

para fatos passados e para os quais não se houvesse estipulado, antes, pena alguma[783].

Desta forma, a conclusão a que chegamos, aliando-nos em parte ao citado processualista, é a de que a nova lei de imprensa, se alterar o ordenamento jurídico brasileiro atual, será inconstitucional. Não se pode atribuir ao juiz brasileiro, dada a nossa realidade social – da qual jamais o jurista deve se distanciar –, o poder de escolher, em cada caso, graduando segundo o seu arbítrio, ainda que prudente, o valor indenizatório da reparação decorrente do dano moral.

Interessante notar, outrossim, que o projeto de Código Civil, de 1975, em tramitação pelo Congresso Nacional, estabelece, em seu art. 955, parágrafo único, – aliás, dentro do sistema agasalhado pelo projeto da Lei de Imprensa –, que a indenização deve ser calculada por eqüidade e de acordo com as circunstâncias do caso.

No sistema jurídico brasileiro, verificamos que a Lei 4.117/62 (Código Brasileiro das Telecomunicações) representou um avanço legislativo ao estabelecer que o ofendido poderia demandar no juízo cível a reparação do dano moral.

De qualquer sorte, o Superior Tribunal de Justiça editou a Súmula 37, para estabelecer aquilo que já era reconhecido pela doutrina e foi expresso em norma constitucional: *"são acumuláveis as indenizações por dano material e por dano moral oriundos do mesmo fato"*.

O próprio art. 159 do Código Civil, de 1916 já previa a reparação do dano pela violação de um direito, qualquer direito. Por isso mesmo, Pontes de Miranda já cogitava, em 1927, da indenização pelo dano moral. O próprio art. 1.547 do Código Civil brasileiro de 1916 permitia a indenização em razão de calúnia, injúria e difamação, cogitando o valor em o dobro da multa, no grau máximo da pena criminal respectiva (art. 1.550).

Há, pois, aparato legal para embasar decisões sobre a indenizabilidade do dano moral. A nossa atual Constituição da República pôs termo à discussão, prevendo a cumulatividade das indenizações (art. 5º, incs. V e X).

A reparação pelo dano moral constitui compensação ao lesado pelo constrangimento, pela dor, pela aflição ou por qualquer outro sentimento negativo. A respeito, Carlos Alberto Bittar esclarece que *"a questão se reduz, no fundo, a simples prova do fato lesivo"*, arrematando que *"não se cogita, em verdade, pela melhor técnica, em prova de dor, de aflição, porque são fenômenos ínsitos à alma humana, como reações naturais a agressões do meio social"*.

---

[783] *Op. cit.*, p. 151.

Fala-se, por isso mesmo, em responsabilidade moral objetiva, concluindo Bittar que, para a responsabilidade civil do dano moral, basta "*a demonstração do resultado lesivo e a conexão com o fato causador*"[784].

Ainda que se adote a responsabilidade objetiva, é por demais importante se ter um norte na fixação do valor da indenização. Sob esse aspecto, o Novo Código Civil, em seu art. 944, estabeleceu que a indenização deva ser medida pela extensão do dano. E, mais adiante, em dois dispositivos, estabeleceu a possibilidade de o juiz fixar a indenização mesmo que a vítima não consiga demonstrar o prejuízo material (arts. 953, parágrafo único e 954).

O Código Civil de 2002 estabeleceu a equidade como critério aferidor do valor da indenização, de modo que o valor estabelecido sirva para trazer algum lenitivo àquele que se viu diminuído moralmente – não, porém, como fator de locupletamento ilícito –, como também faça com que o ofensor sinta o peso da conseqüência de sua conduta, para se ver desestimulado a cair em recidiva.

Além disso, o art. 953, *caput*, do mesmo *codex*, estabelece, em relação ao valor do dano moral, uma indenização que corresponda ao efetivo prejuízo experimentado pelo ofendido. O critério do código anterior – o dobro da multa no grau máximo da pena criminal respectiva – não foi mais acolhido, tendo em vista a absoluta diferença de sistemas jurídicos.

Em razão disto, a tese de que o valor da indenização por dano moral, ainda que integral, deva ter limites legais, não encontra fundamento jurídico. Não se deve mais fazer referência à limitação ridícula de cem salários mínimos, prevista no Código das Telecomunicações.

Na verdade, os critérios e parâmetros estabelecidos na própria lei de imprensa, particularmente no art. 53, determinam ao juiz que se leve em conta a intensidade do sofrimento do ofendido, a gravidade, a natureza, a repercussão da ofensa e a posição social do ofendido, bem assim a intensidade do dolo, a situação econômica e eventual reincidência do ofensor.

Da mesma forma que o art. 53 da Lei de Imprensa estabelece os parâmetros para a indenização do dano moral, os arts. 59 e 61, § 1º, do Código Penal estabelecem as diretrizes para a fixação da sanção penal.

E mesmo assim, o Código Penal estabelece limites mínimos e máximos da pena, a qual pode ser aumentada até o triplo se as condições econômicas do réu assim o recomendarem. Dentro do "paralelismo principiológico" – expressão de Canotilho –, fácil concluir que a indenização por dano moral tem por limites a equidade do juiz.

---

[784] BITTAR, Carlos Alberto. **Reparação civil por danos morais**. 2. ed. São Paulo: RT, 1994. p. 129.

Mesmo que se adote o entendimento de Ronaldo Porto Macedo Júnior[785], ilustre integrante do Ministério Público paulista – para quem a indenização deve ser apurada de acordo com o direito comercial –, estaremos dentro de parâmetros justos, muito mais de regimes jurídicos de tarifação.

Segundo ele, o lucro obtido pela imprensa com a informação violadora da intimidade deve ser repartido com a pessoa ofendida. O mesmo critério deve ser utilizado em razão da venda, de uma empresa para a outra, de informações pessoais contidas num cadastro. Segundo o autor, essa é a lógica geral do direito social moderno.

9.7.2 Dano patrimonial

Consiste na lesão de interesses pecuniários de uma pessoa, na diminuição, perda ou deterioração dos bens materiais que lhe pertenciam e que eram susceptíveis de avaliação em dinheiro. Em uma fórmula sintética: na diminuição de seu patrimônio, real ou potencial (CC, art. 402).

Há de se operar contra a vontade do prejudicado e ainda atender aos princípios de sua certeza: não deve existir dúvida sobre sua realidade, presente ou futura, desde que seja conseqüência necessária e previsível de uma ação atual. Não se repara, portanto, o dano eventual, hipotético ou mesmo remoto.

Não se resume à simples diminuição do patrimônio no instante do fato que o causou (dano emergente ou positivo), mas também contempla o impedimento de sua elevação. O dano emergente ou positivo consubstancia-se na redução real e efetiva do patrimônio da vítima, sendo avaliado por um critério diferencial: entre o valor atual do seu patrimônio e aquele que teria no mesmo momento, se não tivesse sofrido a lesão.

Os reflexos imediatos de um escândalo nas relações de trabalho ou no exercício profissional do ofendido podem aqui ser trazidos como exemplos; a perda da clientela pela divulgação de um fato sigiloso da vida bancária de uma determinada empresa, aspecto ínsito a sua privacidade.

Lembremo-nos, ainda, das despesas médicas e hospitalares arcadas por uma pessoa que, em conseqüência da publicação de fatos de sua intimidade, tenha sofrido problemas de saúde psíquica, ou os honorários pagos a um psicólogo para atenuar seu drama mental, desencadeado ou agravado pelo mesmo motivo.

Já o lucro cessante ou dano negativo consiste na pré-exclusão do ganho, mesmo que tenha ficado intacto o patrimônio; na vantagem que a vítima deixou de auferir em razão do ato ilícito.

---

[785] MACEDO JÚNIOR, Ronaldo Porto. Privacidade, mercado e informação. **Boletim Informativo**, n. 20, da Escola Superior do Ministério Público do Estado de São Paulo, p. 17, ago. 1999.

Não se exige uma certeza absoluta de que o ganho ou a vantagem venham a ocorrer, mas não basta que seja apenas possível a sua ocorrência; necessária sua probabilidade razoável e firme.

A perda de produtividade no trabalho, que acarrete a demissão ou rebaixamento do empregado, provocada pela combustão psicológica conseqüente da revelação de fatos íntimos, além de um reflexo imediato, traz um razoável dano negativo que se protrai no tempo como uma vantagem que haveria, mas não mais haverá.

Assim também a frustração de uma expectativa concreta de um emprego. E há até quem assinale a perda de um bom casamento. Sem tanta polêmica, não se pode esquecer do dano decorrente da impossibilidade de se dispor do direito à exploração econômica da própria intimidade, em vista de outrem, sem autorização, já o ter feito. Tem-se, nessa hipótese, que considerar o lucro cessante, em particular devido à falta de estipulação de um contrato vantajoso.

No domínio empresarial, a vitória, seja no lançamento de novos produtos, seja em procedimento licitatório, de uma firma concorrente, pela prática desleal de espionagem, instalando escutas telefônicas ou obtendo vantagens patrimoniais por meio da Internet, para descobrir planos, fórmulas de produtos ou planilhas de cálculos, importam num dano patrimonial à investigada, que demanda um pronto ressarcimento.

Há quem negue a possibilidade de ocorrência de danos patrimoniais por ataque à vida privada, em geral, e à intimidade, em particular, sobre o que, por não ter o menor cabimento, não vale a pena qualquer comentário.

CONCLUSÃO

No desenvolvimento dessa investigação científica, verificamos que, mesmo nas sociedades mais primitivas, ainda que não houvesse qualquer manifestação formal da existência do respeito ao direito à intimidade, de fato ele sempre existiu. Em qualquer circunstância de tempo e lugar, sempre existiu uma esfera mínima de privacidade que as pessoas preservavam contra a curiosidade alheia.

O direito à intimidade, consistente no fato de a pessoa viver uma parte de sua existência longe da interferência ou da influência de terceiros, constitui uma necessidade primária do homem civilizado, não se concebendo qualquer regressão que o suprima.

Trata-se do chamado *"espaço jurídico vazio"*, do qual se exclui o caráter repressivo das normas jurídicas e no qual se reconhece, muito mais, o aspecto permissivo da ordem jurídica, com atitudes positivas. A esfera de permissão de uma norma jurídica, porém, não se confunde com aquele espaço pessoal, porque o que a lei permite está ligado à liberdade jurídica protegida. O espaço pessoal está ligado à liberdade natural.

A liberdade que se protege pelo ordenamento jurídico, como direito de primeira geração, deve ser garantida por meio da coerção jurídica contra eventuais ataques ou influências negativas por parte de terceiros. Essa liberdade é reconhecida no momento em que se impõe a terceiros, por obrigações jurídicas. Se há proteção jurídica, o espaço vazio com ela não se confunde.

Também não se pode classificar tal espaço como uma liberdade não protegida ou irresponsável, já que, nesta, o uso privado da força ou o seu exercício ilimitado, que seria naturalmente permitido, é proibido pelos ordenamentos estatais modernos. Aliás, na moderna concepção social do Direito, nenhum direito fundamental é sistematicamente absoluto, e nem pode sê-lo, pois é da essência da sociedade moderna a convivência sadia, simultânea e digna das liberdades públicas.

Para se entender a idéia de espaço jurídico vazio, deve-se inverter a relação direito-dever, no sentido de que ao dever do terceiro de respeitar a liberdade dos outros sucede o direito do outro de exercer a própria liberdade, respeitada a obrigação de acatar a liberdade do outro.

No tocante ao tema escolhido, podemos traçar o seguinte paralelo: ao dever do divulgador de respeitar a liberdade do indivíduo sucede o direito deste de exercer a própria liberdade, respeitando a obrigação de acatar a liberdade daquele.

Em nosso ordenamento jurídico, o direito ao respeito da vida íntima recebeu, com o advento da Constituição de 1988, um *status* jurídico, no sentido de que seu fundamento – enraizado na liberdade positiva e responsável – foi garantido juridicamente.

A nosso ver, houve um reconhecimento formal de que o espaço vazio existe e deve ser respeitado, diante, ora do sensacionalismo, com que convivemos por parte, principalmente, da imprensa, ora das intromissões indevidas na intimidade, ora do não reconhecimento de certos efeitos jurídicos que decorrem de seu exercício natural. Daí por que o espaço vazio se tornou jurídico.

A ele se contrapõe uma outra liberdade, que também é garantida constitucionalmente: a liberdade de expressão, que representa a manifestação mais lídima da liberdade de pensamento. Essa liberdade é defendida de forma firme e intransigente, sem qualquer censura, mas sob responsabilidade.

É comum a colisão entre tais liberdades, o que revela uma contraposição dialética de interesses juridicamente protegidos. O que deve prevalecer? Vimos que a esta indagação não há uma resposta pronta e previamente delineada. Ambos interesses devem ser analisados no caso concreto, ao lado das limitações que cada um deles sofre, revelados pelos parâmetros que a evolução jurídica axiológica traçou.

Sopesadas tais circunstâncias casuisticamente, em torno dos valores e dos princípios garantidos constitucionalmente, e violado o direito à proteção da vida íntima, surge o dano moral, cuja responsabilidade caminha para a teoria objetiva e coletiva, sem prejuízo dos prejuízos materiais daí decorrentes.

A cumulação das indenizações é plenamente possível, a teor do reconhecimento doutrinário antigo e, mais recentemente, pela garantia constitucional e pelo reconhecimento sumular do Superior Tribunal de Justiça (Súmula 37).

A questão do valor indenizatório, embora para alguns se deva reconhecer o arbítrio judicial na sua fixação, integra, a nosso ver, a teoria da indenização equânime, em razão das circunstâncias genéricas fixadas, por exemplo, pelo art. 53 da Lei de Imprensa, ou mesmo pelo atual Código Civil, no qual merece destaque o juízo da eqüidade judicial.

A limitação que se propõe, porém, não se confunde com o regime tarifário, que me parece ultrapassado, principalmente após o advento da legislação consumerista. Os limites na fixação do valor indenizatório devem existir, a fim de que não se crie, nessa matéria, um absolutismo judicial desenfreado, como se quer com a nova Lei de Imprensa, incompatível com o sistema de freios e contrapesos, do qual nós, brasileiros, somos signatários.

Já a prevenção do dano, decorrente da violação do direito à intimidade, está sendo objeto de acirradas discussões, surgindo daí duas posições absolutamente antagônicas. De um lado, entende-se que a atuação judicial preventiva constitui censura prévia, o que é incompatível com o sistema constitucional atual (CF, art. 220, *caput*). De outro, advoga-se a tese de que a ação cautelar judicial é perfeitamente possível, já que nenhuma ameaça de lesão a direito pode ser subtraída da apreciação do Poder Judiciário.

A riqueza dos fatos sociais faz com que as diversas formas de manifestação de convivência social se toquem e se interrelacionem. Quando o fato social se transmuda, pelo toque da norma, em fato jurídico, o exercício do direito, das ações, pretensões ou exceções, podem exigir a subalternização do interesse de um sujeito em favor do outro.

Daí, o exercício de um direito poder entrar em choque com outro direito, de titularidade, natureza e objeto diversos. Isto acontece com freqüência, revelando-se fato do dia-a-dia, como o conflito entre o direito à intimidade e o direito à informação, cuja conseqüência pode ser, a depender de qual dos interesses triunfe, a lesão moral, hipótese em que a vida privada, a liberdade de informação e a responsabilidade por dano moral devem coexistir, para dar uma resposta adequada ao choque de direitos e interesses.

Procuramos, afinal, demonstrar a influência do direito ao respeito à intimidade frente aos direitos de primeira, segunda e terceira gerações (fala-se em direitos de quarta geração).

Sob o primeiro enfoque, vimos que a intimidade decorreu da liberdade individual, especialmente, pela garantia da liberdade de pensamento. Em particular, as opções sexuais, com seus múltiplos reflexos jurídicos, dela decorreram. Mas, em relação a ela, apontamos as limitações ao seu exercício, como no caso do absurdo "direito de andar nu" pela Inglaterra, pretendido por aquele inglês, ou então, das gritantes e exageradas manifestações eróticas ou sensacionalistas nos meios de comunicação de massa.

Claro está que a liberdade individual deve ser garantida de forma positiva, pois a chamada "liberdade negativa" – a dos impedimentos –, na verdade não é liberdade. Mas, ainda assim, aquela liberdade deve ser exercida com responsabilidade. Se a liberdade sexual constitui uma manifestação da intimidade, ela deve, por outro lado, ser exercida com responsabilidade, como ocorre em relação ao conteúdo dos princípios constitucionais do planejamento familiar, da paternidade responsável e da unidade familiar.

No tocante aos direitos de segunda geração, procuramos delinear, claramente, o princípio da igualdade substancial ou material, no sentido de se coibir qualquer forma de discriminação social. O estado de saúde da pessoa, aspecto integrante de sua intimidade, não pode ser alvo de discriminação profissional, educacional, desportiva ou cultural. Na verdade, os direitos sociais devem ser garantidos de forma igualitária, de acordo com as aptidões intelectuais de cada pessoa.

Em relação aos direitos de terceira geração, notamos que a coletividade, principalmente no Brasil, onde o inconsciente coletivo assume níveis assustadores, deve dispor de informações jornalísticas ou publicitárias adequadas e verdadeiras, sem apelos a manifestações abusivas, que ferem o mínimo de ética e tomam proporções negativas a ponto de ferir a intimidade familiar, que deve ser respeitada.

Por outro lado, os crescentes avanços tecnológicos atingem, sobremaneira, os postulados jurídicos traçados por nossa assembléia constituinte. A Internet, por exemplo, possibilita, de forma difusa, a intromissão na vida íntima de cada pessoa, bem como a manipulação educacional na órbita familiar, de modo a provocar graves prejuízos, notadamente, para as crianças.

E mais: uma outra forma difusa de manipulação – a genética – pode provocar, de forma descontrolada, a morte ou a desconstituição da essência do ser embrionário – o aspecto mais íntimo do ser humano –, que tem o direito natural de se desenvolver livremente.

Em síntese, o Brasil elevou à categoria de princípio fundamental da República a dignidade da pessoa humana, assim como traçou, como um de seus objetivos fundamentais, a construção de uma sociedade livre, justa, solidária, sem desigualdades sociais e muito menos sem quaisquer formas de discriminação, de modo a prevalecer, sempre, os direitos humanos, dentro de um personalismo livre e digno.

REFERÊNCIAS

AGESTA, Sanchez. **O Estado de Direito na Constituição Espanhola de 1978**. Coimbra: Boletim da Faculdade de Direito, 1980.
AIETA, Vânia Siciliano. **A Garantia da Intimidade como Direito Fundamental**. Rio de Janeiro: Lumen Juris, 1999.
ALEXY, Robert. **Colisão de Direitos Fundamentais e Realização de Direitos Fundamentais no Estado de Direito Democrático**. Porto Alegre: Faculdade de Direito da UFRGS, 1999. v. 17.
_____. **Teoria de Los Derechos Fundamentales**. Madrid: Centro de Estudios Constitucionales.
ALMEIDA, Carlos Ferreira. **Os Direitos dos Consumidores**. Coimbra: Almedina, 1982.
ANDRADE, J. C. Vieira de. **Os direitos fundamentais na Constituição Portuguesa de 1976**. Coimbra: Almedina, 1987.
ANDRADE, José Carlos Vieira de. **Os Direitos Fundamentais na Constituição Portuguesa de 1976**. Coimbra: Almedina, 1987.
ARENDT, Hannah. **A dignidade da política**. Tradução de Helena Martins. Rio de Janeiro: Relume Dumará, 1993.
_____. **A vida do espírito – o pensar – o querer – o julgar**. 3. ed. Rio de Janeiro: Relume Dumará, 1995. p. 116.
_____. **Entre o passado e o futuro**. 2. ed. São Paulo: Perspectiva, 1972. p. 162.
_____. **Reflections on Little-Rock**. New York: Dissent, 1959.
_____. **A Condição Humana**. 10. ed. Tradução de Roberto Raposo. Rio de Janeiro: Forense, 2000.
ARIÈS, Phillippe; DUBY, Georges. **História da Vida Privada**. São Paulo: Companhia das Letras, 1990. v. I.
BARBOSA, Marcelo Fortes. **Garantias Constitucionais de Direito Penal e de Processo Penal na Constituição de 1988**. São Paulo: Malheiros, 1993.
BARBOSA, Rui. **Escritos e Discursos Seletos**. Rio de Janeiro: José Aguilar, 1960.
BASTOS, Celso Ribeiro; MARTINS, Ives Gandra. **Comentários à Constituição do Brasil**. São Paulo: Saraiva, 1988.
BASTOS, Celso Ribeiro. **Curso de Direito Constitucional**. 17. ed. São Paulo: Saraiva, 1996.
BEARDSLEY, E. **Privacy, autonomy and selective disclusure**. New York: Atherton Press, 1971.
BERLIN, Isaiah. Dois Conceitos de Liberdade. *In*: **Quatro Ensaios sobre a liberdade**. Brasília: UnB, 1988.
BESSONE, Darcy. **Do Contrato**. São Paulo: Saraiva, 1997.
BIDNEY, David. **Theoretical Anthropology**. New York: Schocken Books, 1970.
BITTAR, Carlos Alberto. **Os Direitos da Personalidade**. 3. ed. Atualizada por Eduardo Carlos Bianca Bittar. Rio de Janeiro: Forense, 1999.
_____. **Reparação civil por danos morais**. 2. ed. São Paulo: RT, 1994.
BOBBIO, Norberto. **A Era dos Direitos**. Tradução de Carlos Nélson Coutinho. Rio de Janeiro: Campus, 1992.

_____. **Direito e Estado no Pensamento de Emanuel Kant**. 4. ed. Tradução de Alfredo Fait. Brasília: UnB, 1997.
_____. **Igualdade e Liberdade**. 2. ed. Tradução de Carlos Nelson Coutinho. Rio de Janeiro: Ediouro, 1997.
_____. **O Positivismo Jurídico**. São Paulo: Ícone, 1996.
_____. **Teoria do Ordenamento Jurídico**. 9. ed. Brasília: UnB, 1997.
Boletim IBCCRIM, n. 45, de ago. 1996; n. 54, maio 1997; n. 98, jan. 2001; n. 100, mar. 2001, São Paulo.
BONAVIDES, Paulo. **Curso de Direito Constitucional**. 7. ed. São Paulo: Malheiros, 1997.
BOSSERT, Gustavo A. **Régimen jurídico del Concubinato**. 4. ed. Buenos Aires: Astrea.
BRASIL, Ângela Bitencourt. **Informática Jurídica**. Rio de Janeiro: A. Bittencourt Brasil, 2000.
BREUVART, Jean Marie. Le Concept Philosophique de la Dignité Humaine. **Le Supplément-Revue D'Éthique et Théologie Morale**. Paris, n. 191, déc. 1994.
BRUNNER, Emil. **La Justicia, Doctrina de las Leyes Fundamentales del Orden Social**. Tradução de Luis Récasens Siches. México: Universidad Nacional Autónoma, 1961.
BUCCI, Eugênio. **Sobre Ética e Imprensa**. São Paulo: Companhia das Letras, 2000.
_____. Show de Horrores não é jornalismo. **Folha de S. Paulo**, Caderno "Tendência/Debates", 28 out. 2000.
BURKE, Peter. **Vico**. Tradução de Roberto Leal Ferreira. São Paulo: Unesp, 1997.
CABESTAN, Jean-Pierre. Sida et droit en Chine Populaire. *In*: FOYER, Jacques; KHAÏAT, Lucette (Orgs.). **Droit et Sida – comparasion internationale**. Paris: CNRS, 1994.
CALANDRA, H. N. **Transexualismo**. São Paulo: Revista do Instituto de Pesquisas e Estudos – Divisão Jurídica, Bauru ago./nov. 1996.
CALDAS, Pedro Frederico. **Vida Privada, Liberdade de Imprensa e Dano Moral**. São Paulo: Saraiva, 1997.
CAMARGO VIANA, Rui Geraldo. Direito à Moradia. **Revista de Direito Privado**. São Paulo: RT, n. 2 abr./jun. 2000.
CAMPOS, Maria Luiza Saboia. **Publicidade**: Responsabilidade Civil Perante o Consumidor. Cultural Paulista, 1996.
CANARIS, Claus – Wilhelm. **Pensamento Sistemático e Conceito de Sistema na Ciência do Direito**. 2. ed. Tradução de A. Menezes Cordeiro. Lisboa: Fundação Calouste Gulbenkian.
CANOTILHO, José Joaquim Gomes. **Direito Constitucional e Teoria da Constituição**. Coimbra: Almedina.
CAPPELLETTI, Mauro. **Efficacia di prove illegittimamente ammesse e comportamento della parte**. Itália: Rivista di Diritto Civile, 1961.
CARRIÓ, G. R. **Principi Di Diritto e Positivismo Giurídico**. Bologna: Il Mulino, 1980.
CASTANHO DE CARVALHO, Luis Gustavo Grandinetti. **Direito de Informação e Liberdade de Expressão**. Rio de Janeiro; Renovar, 1999.
_____. **Liberdade de Informação e o Direito Difuso à Informação verdadeira**. Rio de Janeiro: Renovar, 1994.
CERNICCHIARO, Luiz Vicente; COSTA JÚNIOR, Paulo José. **Direito Penal na Constituição**. 2. ed. São Paulo: RT, 1991.
CHAMOUN, Ebert. **Instituições de Direito Romano**. 5. ed. Rio de Janeiro: Forense, 1968.
CHASEN, Jerry Simon. **The Rights of Authors, Artists and Others Criative People**. 2. ed. Southern Illinois: University Press, 1992.
CHÂTELET, François. **História da Filosofia**. Rio de Janeiro: Jorge Zahar 1980. (8 v.), v. 4.
CHAVES, Antonio. **Lições de Direito Civil**. São Paulo: José Bushatsky e Universidade de São Paulo, 1972. v. 3.
CIFUENTES, Santos. **Derechos Personalíssimos**. 2. ed. Buenos Aires: Astrea, 1995.

COSTA JÚNIOR, Paulo José da. **O Direito de estar só – Tutela Penal da Intimidade**. 2. ed. São Paulo: RT, 1995.
COULANGES, Numa Denis Fustel de. **La Cité Antique**. 9. ed. Paris: Hachette, 1881.
CRETELLA JÚNIOR, José. **Comentários à Constituição brasileira de 1988**. 2. ed. Rio de Janeiro: Forense, 1990. v. 1.
DE CICCO, Cláudio. **Direito: Tradição e Modernidade**. 2. ed. São Paulo: Ícone, 1995.
_____. **Uma Crítica Idealista ao Legalismo – A Filosofia do Direito de Gioele Solari**. São Paulo: Ícone, 1995.
DE CUPIS, Adriano. **I Diritti della personalitá**. Milão: Giuffrè, 1950.
_____. **Os Direitos da Personalidade**. Tradução de Adriano Vera Jardim e Antonio Miguel Caeiro. Lisboa: Livraria Morais, 1961.
DE SOUZA, Rabindranath Valentino Aleixo Capelo. **O Direito Geral de Personalidade**. Coimbra: Coimbra, 1995.
DI FRANCO, Carlos Alberto. O Tempero da Mídia. **Jornal O Estado de S. Paulo**, 15 fev. 1999.
DIAS, Maria Berenice. Efeitos Patrimoniais das Relações de Afeto. **Revista AJURIS**, n. 70, 1997.
_____. **União Homossexual – O preconceito & a Justiça**. Porto Alegre: Livraria do Advogado, 2000.
DIAZ, Elias. **Legalidad-legitimidad en el socialismo democratico**. Madrid: Civitas, 1978.
DINIZ, Maria Helena. **Curso de Direito Civil Brasileiro – Teoria Geral do Direito Civil**. 16. ed. São Paulo: Saraiva, 2000. v. 1.
_____. **O estado atual do Biodireito**. São Paulo: Saraiva, 2001.
DOTTI, René Ariel. **Proteção da Vida Privada e Liberdade de Informação**. São Paulo: RT, 1980.
DUMONT, Louis. **Le Renoncement dans lês religions de l'Inde**. Paris: HH, 1959.
_____.**O Individualismo – Uma perspectiva Antropológica da Ideologia Moderna**. Tradução de Álvaro Cabral. Rio de Janeiro: Rocco, 1993.
DWORKIN, Ronald. **Taking Rights Seriously**. Massachusetts – EUA: Harvard University Press Cambridge, 1980.
DYSON, Esther. **Realese 2.0**: a nova sociedade digital. Tradução de Sônia T. Mendes Costa. Rio de Janeiro: Campus, 1998.
EKMEKDJIAN, Miguel Ángel. **Derecho a la Información**. Buenos Aires: Depalma, 1992.
ELUF, Luiza Nagib. Cinquenta anos de televisão. **Folha de S. Paulo**, Caderno "Tendências/debates", 13 out. 2000.
ESPIELL, Hector Gros. **Los Derechos Económicos, sociales y culturales en sisema interamericano**. San José: Libro Livre, 1986.
ÉSQUILO. **Orestéia**. Tradução de Mário Gama Cury. Rio de Janeiro: Zahar, 1991. p. 25.
FACHIN, Edson Luiz. **Elementos Críticos de Direito de Família**. Rio de Janeiro: Renovar, 1999.
FALCÃO, Alcino. **Comentários à Constituição**. Rio de Janeiro: Freitas Bastos, 1990. v. 1.
FARIA, Bento. **Código Penal Brasileiro Comentado**. Rio de Janeiro: Record, 1959. v. VI.
FARIA, Cássio Juvenal. **Comissões Parlamentares de Inquérito**. São Paulo: Paloma, 2000.
FEBBRAJO, Alberto. **Funzionalismo Strutturale e Sociologia Del Diritto nell'Opera di Niklas Luhman**. Milão: Giuffrè, 1975.
FEREIRO, Candido Conde-Pumpido. La Libertad de Información y libre Circulación de Noticias en España: proclamación y limites. **Boletim da Faculdade de Direito**. Coimbra, v. LXV, 1989.
FERNANDES, Milton. **Proteção Civil da Intimidade**. São Paulo: Saraiva, 1977.
FERNÁNDEZ, Antonio Aguilera. **La Libertad de Exprerssión del Ciudadano y la Libertad de Prensa ou Información**. Granada: Comares, 1990.

FERNÁNDEZ-ARMESTO, Felipe. **Verdade – Uma História**. Tradução de Beatriz Vieira. Rio de Janeiro: Record, 2000.
FERRAZ JÚNIOR, Tércio Sampaio. **Sigilo de Dados: direito à privacidade e os limites à função fiscalizadora do Estado**. São Paulo: Revista da Faculdade de Direito da USP, 1993. v. 88.
FERREIRA FILHO, Manoel Gonçalves. **Comentários à Constituição brasileira de 1988**. São Paulo: Saraiva, 1990. v. 1.
_____. Manuel Gonçalves. **Comentários à Constituição Brasileira de 1988**. 2. ed. São Paulo: Saraiva, 1997.
FERREIRA, Ivette S. A Intimidade e o Direito Penal. **Revista Brasileira de Ciências Criminais**. São Paulo: RT, n. 5, 1994.
FERREIRA, Pinto. **Comentários à Constituição brasileira**. São Paulo: Saraiva, 1989. v. 1.
Folha de S. Paulo, Caderno "eleições", 28 out. 2000.
Folha de S. Paulo, Carderno "TV Folha", 29 out. 2000.
FRAGOSO, Heleno Cláudio. **Lições de Direito Penal**. 7. ed. parte especial.
FRANÇA, Rubens Limongi. Manual de Direito Civil. 3. ed. São Paulo: RT, 1975. v. 1.
FREGADOLLI, Luciana. **O Direito à Intimidade e a Prova Ilícita**. Belo Horizonte: Del Rey, 1998.
GAARDER, Jostein et al. **O Livro das Religiões**. Tradução de Isa Mara Lando. São Paulo: Cia. das Letras, 2000.
GADE, Christiane. **Psicologia do Consumidor**. 5ª reimp. São Paulo: Pedagógica e Universitária, 1980.
GALVES, Carlos Nicolau. **Manual de Filosofia do Direito**. 2. ed. Rio de Janeiro: Forense, 1996.
GARCIA, Angeles Mateos. **A Teoria dos Valores de Miguel Reale (Fundamento de seu tridimensionalismo jurídico)**. Tradução de Talia Bugel. São Paulo: Saraiva, 1999.
GARCIA, Maria. **A Inviolabilidade Constitucional do Direito à Vida. A questão do aborto – necessidade de sua descriminalização – medidas de consenso**. São Paulo: Cadernos de Direito Constitucional e Ciência Política, 1998. v. 24.
GASPARI, Hélio. **O Globo**. 'Opinião', de 19 jan. 2000.
GAUDEMET, Jean. **Institutions de l'antiquité**. Paris: Recueil Sirey, 1967.
GAVISON, Ruth. Privacy and the limits of law. **The Yale Law Journal**, v. 89, n. 3, 1980.
GIANFORMAGGIO, Letizia. L'Interpretazione della Costituzione tra Aplicazione di regole ed Argomentazione basata su Principi. **Rivista Internazionale di Filosofia del Diritto**, IV série – LXII, gen/mar. de 1985.
GIANNOTTI, Eduardo. **A Tutela Constitucional da Intimidade**. Rio de Janeiro: Forense, 1987.
GIDDENS, Anthony. **A Transformação da Intimidade**. Tradução de Magda Lopes. São Paulo: Fundação Unesp, 1992.
GOMES CANOTILHO, J. J.; MOREIRA, V. **Constituição da República Portuguesa Anotada**. 2. ed. Coimbra: Coimbra, 1984. v. 1.
GOMES FILHO, Antonio Magalhães. **Direito à Prova no Processo Penal**. São Paulo: RT, 1997.
GOMES, Luiz Flávio; CERVINI, Raúl. **Interceptação telefônica**. São Paulo: RT, 1997.
GOMES, Orlando. **Direitos da personalidade**. Rio de Janeiro: Forense.
GORMLEY, Ken. One hundred years of privacy. **Winconsin Law Review**, n. 5, 1992.
GRECO FILHO, Vicente. **Interceptação Telefônica**. São Paulo: Saraiva, 1996.
_____. **Tutela Constitucional das Liberdades**. São Paulo: Saraiva, 1989.
GRINOVER, Ada Pellegrini. **Liberdades Públicas e Processo Penal**: as interceptações telefônicas. São Paulo: RT, 1982.

_____. **Novas Tendências do Direito Processual – Interceptações Telefônicas e Gravações Clandestinas no Processo Penal**. Rio de Janeiro: Forense, 1990.

GRINOVER, Ada Pellegrini; FERNANDES, Antonio Scarance; GOMES FILHO, Antonio Magalhães. **As Nulidades no Processo Penal**. São Paulo: RT, 1997.

GROSS, Hyman. Standards of Law. **Annual survey of american law**. New York, 1968.

GUIMARÃES, Marilene Silveira. Reflexões acerca de questões patrimoniais nas uniões formalizadas, informais e marginais. *In*: ALVIM, Tereza Arruda (Coord.). **Direito de Família: aspectos constitucionais, processuais e civis**. São Paulo: RT, 1995, v. 2.

HABERMAS, Jürgen. **Mudança Estrutural da Esfera Pública**. Tradução de Flávio R. Khote. Rio de Janeiro: Tempo Brasileiro, 1984.

HAGGARD, S.; KAUFMAN, R. O Estado no início e na consolidação da reforma orientada para o mercado. *Apud* LOURDES, Sola. **Estado, Mercado e Democracia**. Rio de Janeiro: Paz e Terra, 1993.

HARLAND, David. Control de la Publicidad y Comercialización. Inserido na obra coletiva **Defensa de los Consumidores de Productos y Servicios**. Tradução para o espanhol: Rosana Stiglitz. Buenos Aires: Ediciones La Rocca, 1994.

HESSE, Konrad. **Escritos de Derecho Constitucional**. Madrid: Centro de Estudios Constitucionales, 1983.

HESSEN, Johannes. **Filosofia dos Valores**. 5. ed. Coimbra: Arménio Amado, 1980.

HIRONAKA, Giselda Maria Fernandes Novaes. Família e casamento em evolução. **Revista de Direito de Família**. São Paulo, v. 1, 1999.

HÖFFNER, Joseph. **Colonialismo e Evangelho**. Rio de Janeiro: Presença-EDUSP, 1973.

HUNGRIA, Nelson. **Comentários ao Código Penal**. Rio de Janeiro: Forense, 1954. v. VIII. **Informativo do STF** 160, 162 e 185, 197.

JABUR, Gilberto Haddad. **Liberdade de Pensamento e Direito à Vida Privada**. São Paulo: RT, 2000.

JENNINGS, Charles; LORI, Fena. **Priv@cidade.com – como preservar sua intimidade na era da Internet**. Tradução de Bazán Tecnologia e Lingüística. São Paulo: Futura, 2000.

JESUS, Damásio E. **Interceptação de Comunicações Telefônicas**. Revista dos Tribunais. São Paulo, v. 735, jan. 1997.

JOLIVET, Régis. **Curso de Filosofia**. Rio de Janeiro: Agir, 1970.

JOUVENEL, Bertrand. **Du Pouvoir, Histoire naturelle de as Croissance**. Genève: Les Editions du Cheval Ailé, Constant Bourquim.

KAYSER, Pierre. **La Protection de La Vie Privée par Le Droit**. 3. édition. Paris: Economica.

KELSEN, Hans. **La Función de La Constitución**. Traduzido para o espanhol por Enrique Bein. Buenos Aires: Libreria Hachette, p. 80-88.

_____. **Teoria Comunista del Derecho y del Estado**. 2. ed. Buenos Aires: Emece, 1958.

_____. **Teoria Pura do Direito**. 3. ed. São Paulo: Martins Fontes, 1991.

KÖHLER, Joseph. **Das Recht an Briefen**. Archiv für Bürgerliches Recht. t. 7, 1904.

LAFER, Celso. **A Reconstrução dos Direitos Humanos. Um Diálogo com o Pensamento de Hannah Arendt**. 3ª reimp. São Paulo: Cia das Letras, 1999.

LARENZ, Karl. **Derecho Civil – parte general**. Tradução de Macías-Picave e outro. Madrid: Edersa, 1978.

_____. **Metodologia de la Ciencia del Derecho**. Tradução de Enrique Gimbernat Ordeig. Barcelona: Ediciones Ariel, 1994.

LAWRENSE, Stone. **The Road to Divorce, England 1530-1987**. Oxford: Oxford University Press, 1990.

LIBÂNIO, João Batista. Ética Jornalística. **Revista Ave Maria**. São Paulo, ago. 1998.

LINDON, Raymond. **La Création prétiorienne en matière de droits de la personnalité et son incidence sur la notion de famille**. Paris: Dalloz, 1974.

_____. **Les Droit de la Personnalité**. Paris: Dalloz, 1983.

_____. **Une Création Pretorienne**: Les Droits de la Personalité. Paris: Dalloz, 1974.

LINDZEY, Gardney; HALL, Calvin S.; THOMPSON, Richard F. **Psicologia**. Rio de Janeiro: Guanabara Koogan, 1977.

LOPES, Maurício Antonio Ribeiro. A Dignidade da Pessoa Humana: estudo de um caso. **Revista dos Tribunais**. São Paulo: RT, v. 758.

LOPES, Vera Lúcia O. Nusdeo. **O Direito à Informação e as Concessões de Rádio e Televisão**. 1. ed. São Paulo: RT, 1997.

LOS MOZOS, Jose Luis. **Metodologia y Ciencia en el Derecho Privado Moderno**. Madrid: Revista de Derecho Privado, 1977.

LOTUFO, Renan. **Direito Civil Constitucional**. São Paulo: Max Limonad, 1999.

LUÑO, Antonio E. Pérez. Antônio-Enrique. La protección de la intimidad frente a la informática en la constituición española de 1978. **Revista de Estudios Políticos**, n. 9/59, 1981.

_____. **Derechos Humano, Estado de Derecho y Constitución**. 4. ed. Madrid: Tecnos, 1991.

KUJAWSKI, Gilberto de Mello. Liberdade de Expressão. Artigo publicado no jornal **O Estado de São Paulo**, 04 dez. 1997.

MACEDO JÚNIOR, Ronaldo Porto. Privacidade, mercado e informação. **Boletim Informativo**, n. 20 da Escola Superior do Ministério Público do Estado de São Paulo, ago. 1999.

MACIEL DE BARROS, Roque Spencer. TV e degradação humana. **Jornal da Tarde**. São Paulo, 11 fev. 1999.

MAITLAND, F.W. **The Constitucional History of England**. Cambridge University Press: Cambridge, 14ª. ed., 1961, p. 425.

Mandado de Segurança 21.729/DF – Rel. Min. Marco Aurélio.

MANUEL, Catharine. Contexte epidémiologique et contexte social. *In*: **Sida – les enjeux éthiques**. Paris: Doin, 1994.

MARANHÃO, Odon Ramos. **Manual de Sexologia Médico-legal**. São Paulo: RT, 1972.

MARTINS, Ives Gandra Silva. O Poder de Destruir. **Jornal Notícias Forenses**. São Paulo, 2000.

MATTIA, Fábio Maria. Direitos da Personalidade: aspectos gerais. **RF** 262/79.

MAY, Rollo. **O Homem à procura de si mesmo**. 26. ed. Tradução de Áurea Brito Weissenberg. Petrópolis: Vozes, 1999.

MELLO, Celso Antônio Bandeira de. **Curso de Direito Administrativo**. 11. ed. São Paulo: Malheiros, 1999.

MELLO FILHO, José Celso. **Constituição Federal Anotada**. 2. ed. São Paulo: Saraiva, 1986.

MESQUITA, José Ignácio Botelho de. Dano Moral – Lei de Imprensa. **Revista Jurídica**. Porto Alegre, n. 251, 1998.

MIGUEL, Alfonso Ruiz. **Filosofia y Derecho en Norberto Bobbio**. Madri: Centro de Estudios Constitucionales, 1983.

MIRABETE, Júlio F. **Processo Penal**. São Paulo: Atlas, 1992.

MIRANDA, Darcy Arruda. **Comentários à lei de imprensa**. 3. ed. São Paulo: RT, 1995.

MIRANDA, Jorge. **Manual de Direito Constitucional**. 3. ed. Coimbra: Almedina, 1988. t. II, IV, VII.

_____. **Textos Históricos do Direito Constitucional**. 2. ed. Lisboa: Imprensa Nacional, 1990. p. 13.

MIRANDA, Pontes de. **Comentários à Constituição de 1967**. Rio de Janeiro: Forense, 1967. v. 5.

_____. **Tratado de Direito Privado**. 1. ed. Atualizado por Vilson Rodrigues Alves. Campinas: Bookseller, 2000, t. VII.

MONTEIRO DE BARROS, Alice. **Proteção à Intimidade do Empregado**. São Paulo: LTr, 1997.

MORAES, Alexandre. Direitos humanos fundamentais e a Constituição de 1988. *In*: (Coord.). **Os Dez anos da Constituição Federal**. São Paulo: Atlas, 1999.
_____. **Direitos Humanos Fundamentais**. 2. ed. São Paulo: Atlas, 1998.
MOREIRA ALVES, José Carlos. **Direito Romano**. 3. ed. Rio de Janeiro: Forense, 1971. v. I.
MORENTE, Manuel Garcia. **Fundamentos de Filosofia**. 8. ed. São Paulo: Mestre-Jou, 1980.
MORISSETTE, Rodolphe. **La Presse et les Tribunaux**. Montreal: Wilson & La Fleur Itée, 1991.
MORICI, Sílvia. **Homossexualidade**. Porto Alegre: Artmed, 1998.
MOURA ROMEIRO, João Marcondes. **Dicionário de Direito Penal**. Rio de Janeiro: Imprensa Nacional, 1905.
NAGIB, Luiz E. Nosso Direito ao Lazer. Artigo publicado no jornal **O Estado de S. Paulo**, 25 nov. 1997.
NERY JÚNIOR, Nelson. **Princípios do Processo Civil na Constituição Federal**. 2. ed. São Paulo: RT, 1995.
NERY JÚNIOR, Nelson; NERY, Rosa Maria Andrade. **Código de Processo Civil Comentado**. 4. ed. São Paulo: RT, 1999.
NESTROVSKI, Arthur. O Peso das Palavras. Artigo publicado na **Folha de S. Paulo**, 02 jan. 2001.
NORONHA, E. Magalhães. **Direito Penal**. São Paulo: Saraiva, 1979. v. 2.
Notícias Populares, n. 13.382, p. 9, 20 dez. 2000.
O Estado de S. Paulo. O Tempero da Mídia, ed. 15 fev. 1999.
OLIVEIRA, Moacyr de. **Evolução dos Direitos da Personalidade**. São Paulo: RT, v. 402.
OLIVER, Martyn. **História Ilustrada da Filosofia**. 1. ed. Tradução de Adriana Toledo Piza. São Paulo: Manole, 1998.
PARENT, W. A. **Recent Work on the concept of privacy**. American Philosophycal Quarterly, n. 20, 1983.
PARSONS, Talcott. **Sociedades**: Perspectivas Evolutivas e Comparativas. São Paulo: Pioneira, 1969.
PEREIRA, Caio Mário da Silva. **Instituições de Direito Civil**. 2. ed. Rio de Janeiro: Forense, 1966. v. I.
PERLINGIERI, Pietro. **Perfis do Direito Civil – Introdução ao Direito Civil Constitucional**. Tradução de Maria Cristina de Cicco. Rio de Janeiro: Renovar, 1997.
PERNOUD, Régine. **Lumière du Moyen Age**. Paris: Bernard Grasset, 1954.
PERROT, Michelle. **O nó e o ninho**. São Paulo: Abril, 1993.
PINA, Antonio Lopes. **La Garantia Constitucional de Los Derechos Fundamentales**. Madrid: Civitas Universedad Complutense, 1992.
PINHO, Rodrigo César Rebelo. **Teoria Geral da Constituição e Direitos Fundamentais**. São Paulo: Saraiva, 2000.
PIOVESAN, Flávia. **Temas de Direitos Humanos**. São Paulo: Max Limonad, 1998.
POPP, Carlyle. **A AIDS e a Tutela Constitucional da Intimidade**. Curitiba: Juruá, 1991.
PRATA, Ana. **A Tutela Constitucional da Autonomia Privada**. Coimbra: Almedina.
Processo 2000.71.00.009347-0: Ministério Público x INSS. 3ª Vara Federal Previdenciária da Circunscrição Judiciária de Porto Alegre-RS, Juíza Simone Barbisan Fortes.
PUGLIESE, Giovani. **Aspetti Civilistici della Tutela del Diritto della Personalità nell Ordinamento Italiano**. Milano, 1964.
RADBRUCH, Gustav. **Filosofia do Direito**. 4. ed. Tradução de L. Cabral de Moncada. Coimbra: Arménio Amado, 1961.
RAVÀ, A. **I Diritti sulle propria persona**. Torino: Torinense, 1901.
RAWIS, John. **Uma Teoria da Justiça**. São Paulo: Martins Fontes, 1997.
REALE, Miguel. **Filosofia do Direito**. 6. ed. São Paulo: Saraiva, 1972. v. I.

_____. **Fontes e Modelos do Direito. Para um Novo Paradigma Hermenêutico.** São Paulo: Saraiva, 1997.
_____. **Linha Evolutiva da Teoria Tridimensional do Direito.** São Paulo: Revista da Faculdade de Direito da USP, 1993. v. 88.
_____. **Pluralismo e Liberdade.** São Paulo: Saraiva, 1963.
_____. **Variações sobre a Cultura.** Artigo publicado no jornal **O Estado de S. Paulo**, 27 dez. 1997.
Reclamação 602-6 do STF – Rel. Ilmar Galvão.
Recurso Especial 148.897/MG – STJ.
Recurso Especial 121.642/DF – STJ – 1ª T.
Recurso Especial 95.347/SE, 5ª T. do STJ – Rel. Min. Edson Vidigal.
Reportagem do programa "Fantástico", exibido em 21.01.2001, pela TV Globo do Brasil.
Revista dos Tribunais, n. 488, 603, 691, 735.
Revista Exame Info: São Paulo, a. 12, n. 131, fev. 1997.
_____: São Paulo, a. 14, n. 162, de 23 set. 1999.
Revista Forense, n. 328.
Revista Isto é. Detetives – bisbilhoteiros em profusão. Edição 1.298, 17 ago. 1994.
Revista Veja. Edição 1.682, 10 jan. 2001.
_____. Edição 1.684, 24 jan. 2001.
RIPERT, G. **Lé déclin du droit.** Paris: Librairie Générale de Droit et de Jurisprudence, 1949.
ROBERT, Jaques. **Libertés Publiques.** Paris: Éditions Montchrestien, 1971.
ROBLEDA, Olis. **Il diritto degli schiavi nell'antica Roma.** Roma, 1976.
RODOTÀ, S. **Présentation Générale des Problèmes liés au Transsexualisme.** Pays Bas: Vrije Universiteit, 1993.
RODRIGUEZ, Concepción. **Honor, Intimidad e Imagen.** Barcelona: Bosch, 1996.
RTJ, n. 84, 110, 122 e 162.
ROVIGHI, Sofia Vanni. **História da Filosofia Contemporânea.** Tradução Ana Pareschi Capovilla. São Paulo: Loyola, 1999.
RUBIO, Delia Matilde Ferreira. **El Derecho a la Intimidad**: analise del art. 1.071 bis del Codigo Civil a luz de la doutrina, la legislación comparada y la jurisprudencia. Buenos Aires: Universidad, 1982.
SAMPAIO, José Adércio. **Direito à intimidade e à vida privada.** Belo Horizonte: Del Rey, 1998.
SANCHÍS, Luis Prieto. **Sobre Principios y Normas**: problemas del razonamento jurídico. Madrid: Centro de Estudios Constitucionales, 1992.
SANTA MARIA, José Serpa de. **Direito à Imagem, à Vida e à Privacidade.** Belém: Cejup, 1994.
_____. **Direitos da Personalidade e a Sistemática Civil Geral.** Campinas: Julex, 1987.
SANTAMARIA, Massimo Ferrara. **Persona – diritti della – Nuovo Digesto Italiano.** Torino: Torinese, 1939.
SARTRE, Jean-Paul. **O Existencialismo é um Humanismo.** Tradução de Vergílio Ferreira. São Paulo: Abril Cultural, 1978.
SCALISI, Antonino. **Il Valore della Persona nel sistema e i nuovi diritti della personalità.** Milano: Giuffrè, 1990.
SCARPELLI, Uberto. **La Filosofia del Diritto di Gentile e de Critiche di Gioele Solari.** Turim: Giappichelli, 1954.
SCIASCIA, Gaetano; CORREIA, Alexandre. **Manual de Direito Romano.** São Paulo: Saraiva, 1951. v. II.
SIDOU, J. M. Othon. **Direito à Intimidade.** São Paulo: RT, 1970. v. 421.
SILVA, Edson Ferreira da. **Direito à Intimidade.** São Paulo: Oliveira Mendes, 1998.

SILVA, José Afonso. **Curso de Direito Constitucional Positivo**. 18. ed. São Paulo: Malheiros, 2000.
SÓFOCLES. **Antígona**. Tradução de Mário Gama Cury. Rio de Janeiro: Zahar, 1991. p. 47
SOMMER SANTOS, Marco Fridolin. **A Aids sob a perspectiva da responsabilidade civil**. São Paulo: Saraiva, 1999.
SUANNES, Adauto. **As Uniões Homossexuais e a Lei 9278/96**. COAD, ed. especial, out./nov. 1999.
SZANIAWSKI, Elimar. **Direitos de Personalidade e sua Tutela**. São Paulo: RT, 1993.
TARDE, Gabriel. **A opinião e as massas**. São Paulo: Martins Fontes, 1992.
TEPEDINO, Gustavo (Coord.). **Problemas de Direito Civil – Constitucional**. Rio de Janeiro: Renovar, 2000.
TJRJ – 11ª Câm. Cív. – Ap. Cív. 3.059/9.
TJRJ – 17ª Câm. Cív. – Ap. Cív. 14.979/98.
TJRJ – 5ª Câm. Cív. – Ap. Cív. 3.920/88.
TJRJ – 9ª Câm. Cív. – Ap. Cív. 14.332/98.
TJSP – – 5ª Câm. Cív. – Ap. Cív. 247.425 – Rel. Coelho de Paula.
TJSP – 2ª Câm. Cív – Ap. Cív. 235.341.
TJSP – 3ª Câm de Dir. Púb. – Ap. Cív. 241.337-1 – j. em 30.04.1996.
TJSP – Ag. de Inst. 171.0841 – Rel. Euclides de Oliveira.
TOBEÑAS, José Castan. **Los Derechos de la Personalidad**. Madrid: Reus, 1969.
TOBEÑAS, José Castan. **Los Derechos del Hombre**. 4. ed. Madrid: Reus, 1992.
TOCQUEVILLE, Alexis de. A Liberdade de Imprensa. Da Coleção **Os Pensadores**. São Paulo: Abril, 1979.
_____. **O Antigo Regime e a Revolução**. Brasília: UNB, 1979.
TORRES, João Camilo Oliveira. **O positivismo no Brasil**. 2. ed. Petrópolis: Vozes, 1957.
TORRES, José Henrique Rodrigues. **A Censura à Imprensa e o Controle Jurisdicional da Legalidade**. São Paulo: RT, 1994. v. 705.
TRABUCCHI, Alberto. Instituciones del Derecho Civil. **Revista de Derecho Privado**. Madrid, v. I, 1967.
TRF – 4ª R. – Ap. Cív. 96.04.38388-4 – Rel. Juiz Carlos Sobrinho.
USERA, Raúl Canosa. **Interpretacion Constitucional y Formula Politica**. Madrid: Centro de Estudios Constitucionales, 1988.
VENOSA, Sílvio de Sálvio. **Direito Civil – Teoria Geral – Introdução ao Direito Romano**. 4. ed. São Paulo: Atlas, 1996.
VIEIRA, T. R. O Direito à Saúde e o Transexual. **Revista Jurídica da Faculdade de Direito da Alta Paulista**. São Paulo, n. 2, 1999.
VILLEY, Michel. **La Formation de la Pensée Juridique Moderne**. Paris: Montcherétien, 1975.
VIVIEN, Alexandre François Auguste. **Études Administratives**. 3. ed. Paris: Librairie de Guillaumin, 1859. v. 2.
WESTIN, Alan. **Privacy and Freedon**. New York: Athenure, 1967.
XIFRAS-HERAS, Jorge. **A Informação – Análise de uma liberdade frustrada**. São Paulo: Edusp, 1995.
ZANNONI, Eduardo et al. **Responsabilidad de los Medios de Prensa**. Buenos Aires: Astrea, 1993.

ÍNDICE ALFABÉTICO

A

- Acádio. Sumérios, os acádios e os amoritas: o Código de Hammurabi. 50
- Afeto. Intimidade, a sexualidade e o afeto. 324
- Alemanha. Positivação jurídica da intimidade na época contemporânea. 345
- Amorita. Sumérios, os acádios e os amoritas: o Código de Hammurabi. 50
- Analítica existencial da intimidade. 295
- Anarquismo. 190
- Aristóteles. Fundamentos aristotélicos sobre o direito à intimidade. 97
- Assírio. Civilizações egípcia, hebraica e assíria e a intimidade. 37
- Assírios e o 2º Império da Babilônia. 47
- Axiologia. Pluralismo axiológico e o valor da intimidade. 268

B

- Babilônia. Segundo Império da Babilônia, os Persas e o sigilo financeiro. 53
- Brasil. Positivação jurídica da intimidade na época contemporânea. 334

C

- Características jurídicas. Intimidade como direito e suas características jurídicas. 328
- Civilizações Mesopotâmicas e a intimidade. 49
- Civilizações egípcia, hebraica e assíria e a intimidade. 37
- Código Civil de 2002. Princípio da coexistência eqüânime entre os direitos fundamentais constitucionais e os direitos civis do Código Civil de 2002. 216
- Código de Hammurabi. Sumérios, os acádios e os amoritas: o Código de Hammurabi. 50
- Código de Manu. Hindus, o Código de Manu, os macedônios e os essênios. 54
- Coexistência entre direitos. Princípio da coexistência eqüânime entre os direitos fundamentais constitucionais e os direitos civis do Código Civil de 2002. 216

- Comte. Positivismo social comtiano. 186
- Comunicação de dados. Sigilo da correspondência e das comunicações de dados. Sua violação. 376
- Concepções cosmogônicas e cosmológicas a respeito da intimidade. 61
- Conclusão. 457
- Conflito entre o direito à intimidade e a liberdade de expressão. 427
- Constitucional. Influência do cristianismo na construção do Estado e na formação constitucional dos direitos individuais. 136
- Constitucional. Princípio da coexistência equânime entre os direitos fundamentais constitucionais e os direitos civis do Código Civil de 2002. 216
- Construção jusfilosófica grega. 59
- Contemporaneidade. Positivação jurídica da intimidade na época contemporânea. 334
- Convivência justa das liberdades. Princípios da unidade, da razoabilidade ou proporcionalidade e da convivência justa das liberdades. 429
- Correspondência. Sigilo da correspondência e das comunicações de dados. Sua violação. 376
- Cosmogônico. Concepções cosmogônicas e cosmológicas a respeito da intimidade. 61
- Cosmológico. Concepções cosmogônicas e cosmológicas a respeito da intimidade. 61
- Crença religiosa. Liberdade de expressão e a crença religiosa. 359
- Cristão. Igreja dos Cristãos e seus efeitos políticos. 133
- Cristianismo. Influência do cristianismo na construção do Estado e na formação constitucional dos direitos individuais. 136
- Culto à intimidade. Orgias e o culto à intimidade introspectiva (as escolas filosóficas). 75

D

- Dano moral. 448
- Dano patrimonial. 454
- Declarações políticas internacionais e os fundamentos do direito à intimidade... 172
- Declarações universais contemporâneas de proteção aos direitos fundamentais e a definição do direito à intimidade. 207
- Democracia. Ideais sofistas, o pensamento ilustrado e a democracia. 90
- Dignidade da pessoa humana. Idealismo jurídico-social e a dignidade da pessoa humana. 194
- Direito Privado. Evolução dos hominídeos e o Direito Privado. 29
- Direito Romano e a doutrina do Estado. 128
- Direito à intimidade. Conflito entre o direito à intimidade e a liberdade de expressão. 427

- Direito à intimidade. Declarações políticas internacionais e os fundamentos do direito à intimidade. 172
- Direito à intimidade. Declarações universais contemporâneas de proteção aos direitos fundamentais e a definição do direito à intimidade. 207
- Direito à intimidade. Estrutura principiológica do direito à intimidade e sua expressão. 229
- Direito à intimidade. Fundamentos aristotélicos sobre o direito à intimidade. 97
- Direito à intimidade. Influência jurisprudencial e doutrinária no fortalecimento do direito à intimidade no século XIX e no início do século XX. 217
- Direito à intimidade. Sistema feudal e o modernismo na construção do direito à intimidade. 151
- Direito à intimidade. Vertentes do idealismo e a formulação do direito à intimidade. 183
- Direito do Egito antigo e a intimidade religiosa e familiar. 37
- Direito inato. Intimidade e a liberdade como direitos inatos. 244
- Direitos civis do Código Civil de 2002. Princípio da coexistência equânime entre os direitos fundamentais constitucionais e os direitos civis do Código Civil de 2002. 216
- Direitos da personalidade entre os hebreus. 43
- Direitos fundamentais. Declarações universais contemporâneas de proteção aos direitos fundamentais e a definição do direito à intimidade. 207
- Direitos fundamentais constitucionais. Princípio da coexistência equânime entre os direitos fundamentais constitucionais e os direitos civis do Código Civil de 2002. 216
- Direitos fundamentais da vida íntima e da pesquisa do genoma. 436
- Direitos individuais. Influência do cristianismo na construção do Estado e na formação constitucional dos direitos individuais. 136
- Direitos naturais. Reações filosóficas à tirania da intelectualidade e a tentativa de reconhecimento concreto dos direitos naturais (Thomasius, Leibniz e Kant). 179
- Domicílio. Inviolabilidade domiciliar e a vida íntima. 373
- Doutrina. Influência jurisprudencial e doutrinária no fortalecimento do direito à intimidade no século XIX e no início do século XX. 217

E

- Egípcio. Civilizações egípcia, hebraica e assíria e a intimidade. 37
- Era das Luzes, a vida social e individual perante teorias do poder. 166
- Escola filosófica. Orgias e o culto à intimidade introspectiva (as escolas filosóficas). 75
- Essênios. Hindus, o Código de Manu, os macedônios e os essênios. 54
- Estado. Direito Romano e a doutrina do Estado. 128

- Estado. Influência do cristianismo na construção do Estado e na formação constitucional dos direitos individuais. 136
- Estados Unidos da América. Positivação jurídica da intimidade na época contemporânea. 342
- Estrutura principiológica do direito à intimidade e sua expressão. 229
- Evolução dos hominídeos e o Direito Privado. 29
- Existencialismo. Analítica existencial da intimidade. 295
- Existencialismo. Filosofia existencial e a intimidade. 283
- Expressão. Conflito entre o direito à intimidade e a liberdade de expressão. 427
- Expressão. Diversas caracterizações ontológicas da intimidade e sua expressão. ... 301
- Expressão. Liberdade de expressão do pensamento. 354
- Expressão. Liberdade de expressão do sigilo profissional. 399
- Expressão. Liberdade de expressão e a crença religiosa. 359
- Expressão. Liberdade de expressão e a liberdade de informação. 402
- Expressão. Liberdade de expressão, intimidade e a SIDA. 395
- Expressão. Liberdade de expressão, o homossexualismo e o transexualismo. 389
- Expressão. Liberdade de expressão sob o paradigma da proteção à intimidade. . 351

F

- Família. Interdependência entre a família e a vida pública. 71
- Família. Liberdade de expressão nas relações familiares. O relacionamento homoerótico familiar. 363
- Família. Relações sociais entre os integrantes da família e dos genos. 64
- Fases paleolítica e neolítica e a vida íntima. 34
- Feudalismo. Sistema feudal e o modernismo na construção do direito à intimidade. 151
- Feudalismo e a vida privada. 151
- Filosofia. Reações filosóficas à tirania da intelectualidade e a tentativa de reconhecimento concreto dos direitos naturais (Thomasius, Leibniz e Kant). 179
- Filosofia existencial e a intimidade. 283
- Formação das frátrias e seus reflexos no instituto da intimidade. 69
- Formação do Estado. Princípio de governo na formação do Estado e o indivíduo diante essa nova realidade. 125
- França. Positivação jurídica da intimidade na época contemporânea. 340
- Frátrias. Formação das frátrias e seus reflexos no instituto da intimidade. 69
- Fundamentos aristotélicos sobre o direito à intimidade. 97

G

- Genoma. Direitos fundamentais da vida íntima e da pesquisa do genoma. 436

- Genos. Relações sociais entre os integrantes da família e dos genos. 64
- Governo. Princípio de governo na formação do Estado e o indivíduo diante essa nova realidade. 125
- Grécia. Construção jusfilosófica grega. 59
- Grécia. Regime político grego e a intimidade. 111

H

- Hebraico. Civilizações egípcia, hebraica e assíria e a intimidade. 37
- Hebreus. Direitos da personalidade entre os hebreus. 43
- Hegel. Idealismo hegeliano. 185
- Hindus, o Código de Manu, os macedônios e os essênios. 54
- História. Materialismo histórico. 187
- Hominídeos. Evolução dos hominídeos e o Direito Privado. 29
- Homossexualismo. Intimidade e o homossexualismo. 307
- Homossexualismo. Liberdade de expressão, o homossexualismo e o transexualismo. 389

I

- Ideais sofistas, o pensamento ilustrado e a democracia. 90
- Idealismo. Vertentes do idealismo e a formulação do direito à intimidade. 183
- Idealismo hegeliano. 185
- Idealismo jurídico-social e a dignidade da pessoa humana. 194
- Igreja dos Cristãos e seus efeitos políticos. 133
- Ilimitação do exercício ativo da intimidade. 288
- Império da Babilônia. Assírios e o 2º Império da Babilônia. 47
- Individualidade. Positivismo jurídico e a individualidade. 115
- Indivíduo. Princípio de governo na formação do Estado e o indivíduo diante essa nova realidade. 125
- Influência do cristianismo na construção do Estado e na formação constitucional dos direitos individuais. 136
- Influência jurisprudencial e doutrinária no fortalecimento do direito à intimidade no século XIX e no início do século XX. 217
- Informação. Liberdade de expressão e a liberdade de informação. 402
- Informação. Liberdade de informação pela Internet. 416
- Informação. Limites à liberdade de informação e à de informática. 443
- Informação jornalística. Liberdade. 404
- Informação publicitária. Liberdade. 412
- Informática. Limites à liberdade de informação e à de informática. 443

- Intelectualidade. Reações filosóficas à tirania da intelectualidade e a tentativa de reconhecimento concreto dos direitos naturais (Thomasius, Leibniz e Kant). 179
- Interdependência entre a família e a vida pública. 71
- Internet. Liberdade de informação pela Internet. 416
- Intimidade. Analítica existencial da intimidade. 295
- Intimidade. Civilizações Mesopotâmicas e a intimidade. 49
- Intimidade. Civilizações egípcia, hebraica e assíria e a intimidade 37
- Intimidade. Concepções cosmogônicas e cosmológicas a respeito da intimidade. 61
- Intimidade. Conflito entre o direito à intimidade e a liberdade de expressão 427
- Intimidade. Declarações políticas internacionais e os fundamentos do direito à intimidade 172
- Intimidade. Declarações universais contemporâneas de proteção aos direitos fundamentais e a definição do direito à intimidade. 207
- Intimidade. Diversas caracterizações ontológicas da intimidade e sua expressão. 301
- Intimidade. Estrutura principiológica do direito à intimidade e sua expressão. 229
- Intimidade. Filosofia existencial e a intimidade. 283
- Intimidade. Formação das frátrias e seus reflexos no instituto da intimidade. 69
- Intimidade. Fundamentos aristotélicos sobre o direito à intimidade. 97
- Intimidade. Ilimitação do exercício ativo da intimidade. 288
- Intimidade. Liberdade de expressão, intimidade e a SIDA. 395
- Intimidade. Liberdade de expressão sob o paradigma da proteção à intimidade. 351
- Intimidade. Limites ao direito à intimidade nesse conflito. 440
- Intimidade. Ontologia da intimidade. 281
- Intimidade. Orgias e o culto à intimidade introspectiva (as escolas filosóficas). ...75
- Intimidade. Pluralismo axiológico e o valor da intimidade. 268
- Intimidade. Positivação jurídica da intimidade na época contemporânea. 334
- Intimidade. Princípio antrópico e a afirmação do respeito à intimidade. 83
- Intimidade. Princípio da liberdade: fundamento da intimidade e da liberdade de expressão. Seus reflexos em vista do princípio da dignidade humana. 254
- Intimidade. Regime político grego e a intimidade. 111
- Intimidade. Renascimento e o direito à intimidade. 158
- Intimidade. Transformações sociais e as origens da intimidade 29
- Intimidade, a sexualidade e o afeto. 324
- Intimidade como direito e suas características jurídicas. 328
- Intimidade e a Teoria de Hubmann. 315
- Intimidade e a liberdade como direitos inatos. 244
- Intimidade e o homossexualismo. 307
- Intimidade e o transexualismo 319

Espaço Jurídico Vazio e a Tutela da Intimidade 477

- Intimidade e os sentimentos. 303
- Introdução. 15
- Introspectivo. Orgias e o culto à intimidade introspectiva (as escolas filosóficas). 75
- Inviolabilidade domiciliar e a vida íntima. 373
- Itália. Positivação jurídica da intimidade na época contemporânea. 344

J

- Jornalismo. Liberdade de informação jornalística. 404
- Jurídico. Idealismo jurídico-social e a dignidade da pessoa humana. .. 194
- Jurisprudência. Influência jurisprudencial e doutrinária no fortalecimento do direito à intimidade no século XIX e no início do século XX. 217
- Jurisprudência. Princípio da razoabilidade à luz da jurisprudência. 438
- Jusfilosofia. Construção jusfilosófica grega. 59

K

- Kant. Reações filosóficas à tirania da intelectualidade e a tentativa de reconhecimento concreto dos direitos naturais (Thomasius, Leibniz e Kant). 179

L

- Lei. Tirania da lei. 118
- Lei lógica da não-contradição. 428
- Leibniz. Reações filosóficas à tirania da intelectualidade e a tentativa de reconhecimento concreto dos direitos naturais (Thomasius, Leibniz e Kant). 179
- Liberdade. Intimidade e a liberdade como direitos inatos. 244
- Liberdade. Princípio da liberdade: fundamento da intimidade e da liberdade de expressão. Seus reflexos em vista do princípio da dignidade humana. 254
- Liberdade. Princípios da unidade, da razoabilidade ou proporcionalidade e da convivência justa das liberdades. 429
- Liberdade de expressão. Conflito entre o direito à intimidade e a liberdade de expressão. 427
- Liberdade de expressão do pensamento. 354
- Liberdade de expressão do sigilo profissional. 399
- Liberdade de expressão e a crença religiosa. 359
- Liberdade de expressão e a liberdade de informação. 402
- Liberdade de expressão, intimidade e a SIDA. 395
- Liberdade de expressão nas relações familiares. O relacionamento homoerótico familiar. 363

- Liberdade de expressão, o homossexualismo e o transexualismo. 389
- Liberdade de expressão sob o paradigma da proteção à intimidade. 351
- Liberdade de informação. Limites à liberdade de informação e à de informática. 443
- Liberdade de informação jornalística. 404
- Liberdade de informação pela Internet. 416
- Liberdade de informação publicitária. 412
- Limites à liberdade de informação e à de informática. 443
- Limites ao direito à intimidade nesse conflito. 440
- Lógica. Lei lógica da não-contradição. 428

M

- Macedônios. Hindus, o Código de Manu, os macedônios e os essênios. 54
- Materialismo histórico. 187
- Mesopotâmia. Civilizações Mesopotâmicas e a intimidade. 49
- Modernismo. Sistema feudal e o modernismo na construção do direito à intimidade. 151
- Moral. Dano moral. 448

N

- Não-contradição. Lei lógica da não-contradição. 428
- Neolítico. Fases paleolítica e neolítica e a vida íntima. 34

O

- Ontologia. Diversas caracterizações ontológicas da intimidade e sua expressão. 301
- Ontologia da intimidade. 281
- Orgias e o culto à intimidade introspectiva (as escolas filosóficas). 75

P

- Paleolítico. Fases paleolítica e neolítica e a vida íntima. 34
- Patrimonial. Dano patrimonial. 454
- Pensamento. Liberdade de expressão do pensamento. 354
- Pensamento ilustrado. Ideais sofistas, o pensamento ilustrado e a democracia. 90
- Período pós-revolucionário e a tirania instalada. 176
- Persas. Segundo Império da Babilônia, os Persas e o sigilo financeiro. 53

- Personalidade. Direitos da personalidade entre os hebreus. 43
- Pesquisa. Direitos fundamentais da vida íntima e da pesquisa do genoma. 436
- Pluralismo axiológico e o valor da intimidade. 268
- Política. Igreja dos Cristãos e seus efeitos políticos. 133
- Política. Regime político grego e a intimidade. 111
- Política internacional. Declarações políticas internacionais e os fundamentos do direito à intimidade. 172
- Portugal. Positivação jurídica da intimidade na época contemporânea. 348
- Positivação jurídica da intimidade na época contemporânea. 334
- Positivismo jurídico e a individualidade. 115
- Positivismo social comtiano. 186
- Princípio antrópico e a afirmação do respeito à intimidade. 83
- Princípio da coexistência eqüânime entre os direitos fundamentais constitucionais e os direitos civis do Código Civil de 2002. 216
- Princípio da dignidade humana. Princípio da liberdade: fundamento da intimidade e da liberdade de expressão. Seus reflexos em vista do princípio da dignidade humana. 254
- Princípio da liberdade: fundamento da intimidade e da liberdade de expressão. Seus reflexos em vista do princípio da dignidade humana. 254
- Princípio da razoabilidade à luz da jurisprudência. 438
- Princípio de governo na formação do Estado e o indivíduo diante essa nova realidade. 125
- Princípios. Estrutura principiológica do direito à intimidade e sua expressão. 229
- Princípios da unidade, da razoabilidade ou proporcionalidade e da convivência justa das liberdades. 429
- Princípios e sua influência no sistema jurídico. 231
- Proporcionalidade. Princípios da unidade, da razoabilidade ou proporcionalidade e da convivência justa das liberdades. 429
- Publicidade. Liberdade de informação publicitária. 412

R

- Razoabilidade. Princípio da razoabilidade à luz da jurisprudência. 438
- Razoabilidade. Princípios da unidade, da razoabilidade ou proporcionalidade e da convivência justa das liberdades. 429
- Reações filosóficas à tirania da intelectualidade e a tentativa de reconhecimento concreto dos direitos naturais (Thomasius, Leibniz e Kant). 179
- Referências. 461
- Reformas jurídicas de Sólon e seus reflexos. 111
- Regime político grego e a intimidade. 111
- Regimes totalitários modernos e o ser individual. 197

- Reino Unido. Positivação jurídica da intimidade na época contemporânea. 346
- Relação familiar. Liberdade de expressão nas relações familiares. O relacionamento homoerótico familiar. 363
- Relacionamento homoerótico familiar. Liberdade de expressão nas relações familiares. 363
- Relações sociais entre os integrantes da família e dos genos. 64
- Religião. Liberdade de expressão e a crença religiosa. 359
- Renascimento e o direito à intimidade. 158
- Reparação de dano. Responsabilidade: a exigência de reparação do dano. 448
- Responsabilidade: a exigência de reparação do dano. 448
- Revolução. Período pós-revolucionário e a tirania instalada. 176
- Roma. Direito Romano e a doutrina do Estado. 128

S

- SIDA. Liberdade de expressão, intimidade e a SIDA. 395
- Século XIX. Influência jurisprudencial e doutrinária no fortalecimento do direito à intimidade no século XIX e no início do século XX. 217
- Século XX. Influência jurisprudencial e doutrinária no fortalecimento do direito à intimidade no século XIX e no início do século XX. 217
- Segundo Império da Babilônia, os Persas e o sigilo financeiro. 53
- Sentimento. Intimidade e os sentimentos. 303
- Ser individual. Regimes totalitários modernos e o ser individual. 197
- Sexualidade. Intimidade, a sexualidade e o afeto. 324
- Sigilo da correspondência e das comunicações de dados. Sua violação. 376
- Sigilo financeiro. Segundo Império da Babilônia, os Persas e o sigilo financeiro. 53
- Sigilo profissional. Liberdade de expressão do sigilo profissional. 399
- Sistema feudal e o modernismo na construção do direito à intimidade 151
- Sistema jurídico. Princípios e sua influência no sistema jurídico. 231
- Social. Idealismo jurídico-social e a dignidade da pessoa humana. 194
- Sociedade. Relações sociais entre os integrantes da família e dos genos. 64
- Sociedade. Transformações sociais e as origens da intimidade. 29
- Sofismo. Ideais sofistas, o pensamento ilustrado e a democracia. 90
- Sólon. Reformas jurídicas de Sólon e seus reflexos. 111
- Sujeitos de direito como valor. 237
- Sumérios, os acádios e os amoritas: o Código de Hammurabi. 50

T

- Teoria de Hubmann. Intimidade e a Teoria de Hubmann. 315

- Teorias do poder. Era das Luzes, a vida social e individual perante teorias do poder. 166
- Thomasius. Reações filosóficas à tirania da intelectualidade e a tentativa de reconhecimento concreto dos direitos naturais (Thomasius, Leibniz e Kant)...... 179
- Tirania. Período pós-revolucionário e a tirania instalada. 176
- Tirania da intelectualidade. Reações filosóficas à tirania da intelectualidade e a tentativa de reconhecimento concreto dos direitos naturais (Thomasius, Leibniz e Kant)... 179
- Tirania da lei. 118
- Totalitarismo. Regimes totalitários modernos e o ser individual. 197
- Transexualismo. Intimidade e o transexualismo. 319
- Transexualismo. Liberdade de expressão, o homossexualismo e o transexualismo. 389
- Transformações sociais e as origens da intimidade. 29

U

- Unidade. Princípios da unidade, da razoabilidade ou proporcionalidade e da convivência justa das liberdades. 429

V

- Valor. Sujeitos de direito como valor. 237
- Valor da intimidade. Pluralismo axiológico e o valor da intimidade. 268
- Vertentes do idealismo e a formulação do direito à intimidade. 183
- Vida individual. Era das Luzes, a vida social e individual perante teorias do poder. 166
- Vida íntima. Direitos fundamentais da vida íntima e da pesquisa do genoma. 436
- Vida íntima. Fases paleolítica e neolítica e a vida íntima................... 34
- Vida íntima. Inviolabilidade domiciliar e a vida íntima. 373
- Vida pública. Interdependência entre a família e a vida pública. 71
- Vida social. Era das Luzes, a vida social e individual perante teorias do poder. . 166
- Violação. Sigilo da correspondência e das comunicações de dados. Sua violação. 376

JURUÁ
EDITORA

Esta obra foi impressa em oficinas próprias, utilizando moderno sistema de impressão. Ela é fruto do trabalho das seguintes pessoas:

Professores revisores:
Adão Lenartovicz
Dagoberto Grohs Drechsel

Editoração:
Elisabeth Padilha
Emanuelle Milek

Índices:
Emilio Sabatovski
Iara P. Fontoura
Tania Saiki

Acabamento:
Afonso P. T. Neto
Anderson A. Marques
Bibiane A. Rodrigues
Luciana de Melo
Luzia Gomes Pereira
Maria José V. Rocha
Nádia Sabatovski
Sueli de Oliveira
Willian A. Rodrigues

Impressão:
Dorival Carvalho
Marcelo Schwb

"A compreensão é a chave do entendimento, da convivência pacífica e da liberdade."

Luiz Márcio M. Martins